U0652423

JIANCHAZHIKUCHENGGUO

检察智库成果

第4辑

主　编／童建明
副主编／谢鹏程　邓思清

中国检察出版社

《检察智库成果》
编 委 会

编委会主任：童建明

编委会成员：万 春　王松苗　苗生明　冯小光

张相军　胡卫列　高景峰　于洪滨

邓 云　赵志刚　朱建华　谢鹏程

主　　编：童建明

副 主 编：谢鹏程　邓思清

学 术 秘 书：陈 磊　倪 娜　许慧君

卷首语

　　2019 年是检察机关在新的历史坐标下主动调整与提升的一年。以重塑性内设机构改革为切入点，检察机关适应新时代人民群众更高水平的司法需求，主动更新、转变司法理念，对刑事、民事、行政、公益诉讼检察职能进行整体布局调整，检察机关思想理念、机构设置、工作机制实现新的飞跃，"四大检察"法律监督总体布局有力向前推进。

　　实践发展永无止境，解放思想永无止境，如何不断推进实践基础上的理论创新始终是理论研究工作面临的重大课题。一年来，检察理论研究围绕"做优、做强、做实、做好"四大检察的履职目标及时"解新题""答难题"，形成了一批能够协助领导决策、推动改革创新、达成解决方案的理论成果，检察理论研究问题意识不足、实践面向不够等问题一定程度上有所改观，2019 年度检察人员在知名期刊上发表文章的数量翻了一番。本辑《检察智库成果》继续选择本年度部分优秀成果，按照从宏观到具体、从制度改革到实践应用的编排逻辑，分为深化检察改革、做优刑事检察、做强民事检察、做实行政检察、做好公益诉讼检察五个专题，与关心检察工作和检察理论研究的热心读者们分享。

　　第一专题"深化检察改革"。新时代人民群众对检察工作提出了新的更高要求，惟有持续推进检察改革、不断优化检察职能，才能向社会提供更好的检察产品、法治产品。2019 年，检察机关主动融入国家治理体系和治理能力现代化进程，对内设机构和检察业务进行了系统性、整体性、重塑性改革，检察机关"四梁十柱"的总体框架已经建立。检察改革研究的重点也从宏大叙事为主向结合微观专题研究转变，研究如何在深抓落实中做好改革的"精装修"。本专题主要围绕新时代检察工作的发展方向、法律监督体系的完善、检察办案改革、捕诉一体改革等集中展示相关成果。

　　第二专题"做优刑事检察"。刑事检察是检察机关的传统主业，在反贪转隶、检察职能重塑的背景下，这项工作也面临转型与优化。"捕诉一体"推开以来，如何加强和改进侦查活动监督、避免诉讼监督职能弱化，确保侦查权在法治轨道上运行等问题，亟待理论研究解决。实践中不起诉权存在不敢用、不愿用、不会用以及不当适用的现象，故有必要总结不起诉权行使的实践经验、推动不起诉权的合理适用，促进检察机关充分履行法定职责。如何理解、适用和完善认罪认罚从宽制度，确保检察机关在办理认罪认罚案件过程中正确、充分行使法定职权，成为理论界和实务界关注的焦点。本专题以上述三个热点问题的研究成果为切入点，对做优刑事检察的路径进行探讨。

第三专题"做强民事检察"。针对当前民事诉讼监督质效不高、权威不足的问题，高检院党组提出民事诉讼监督要树立精准监督的理念，健全以"精准化"为导向的民事诉讼监督机制。如何实现民事诉讼的精准监督既是2019年全国民事检察工作的核心，也是民事检察理论研究的重点。本专题选取了三篇成果，涉及民事诉讼精准监督的实现路径和民事执行检察监督的模式探讨，期待读者能够从中萃取有价值的思想火花。

第四专题"做实行政检察"。在"四大检察"中，行政检察地位特别，一方面，行政诉讼监督兼具监督审判权、行政权的"一手托两家"的职能；另一方面，新时代行政检察的发展空间在很大程度上影响甚至决定检察制度的成长空间。如何在新形势下补强短板，做实行政检察，为法律监督职能全面协调充分发展贡献行政检察力量，是今后一个时期内行政检察工作与行政检察理论研究的重点。本专题聚焦新时代行政检察工作的职能定位、发展方向与制度设计，向大家推介2019年度行政检察理论研究的最新成果。

第五专题"做好公益诉讼检察"。建立检察机关提起公益诉讼制度是以法治思维和法治方式推进国家治理体系和治理能力现代化的一项重要制度安排。2019年，为进一步提升公益诉讼案件质量，全国检察系统开展了公益诉讼案件"回头看"工作；为进一步扩大公益保护范围，各地检察机关进行了"等外"探索，公益诉讼检察工作得到快速发展，相关研究也呈现繁荣发展的态势。本书最后一专题围绕公益诉讼检察基础理论、诉讼权利义务分配、诉讼程序规范、证明规则等问题，选取部分优秀成果，以期对公益诉讼检察的发展有所裨益。

新时代检察事业蓬勃发展，为检察理论创新与繁荣提供了无尽动力，检察理论研究依然在路上，期待更多研究者加入，共同为我国检察制度完善、法治事业发展贡献智慧。

目　录

■ 做强民事检察

■ 做实行政检察

■做好公益诉讼检察

深化检察改革

关于检察工作的若干问题[*]

张 军^{**}

2019 年 1 月 15 日，习近平总书记在中央政法工作会议上发表重要讲话，对政法队伍建设提出明确要求，强调政法系统要把专业化建设摆到更加重要的位置来抓。最高人民检察院党组就贯彻落实中央政法工作会议精神作出决定：加大检察系统全员培训力度，最高人民检察院院领导要在全系统讲授政治性极强的检察业务，服务人民群众、服务社会发展新的更高水平的需求。

党的十九大报告明确指出，中国特色社会主义进入新时代，我国社会主要矛盾已经转化为人民日益增长的美好生活需要和不平衡不充分的发展之间的矛盾。社会主要矛盾发生转化，具体表现就是过去是解决"有没有"的问题，现在则要解决"好不好"的问题，难度无疑更大。解决新时代发展不平衡不充分问题，体现在方方面面。检察机关怎样结合工作实际，把习近平总书记全面依法治国新理念新思想新战略真正理解、贯彻、落实到位？有没有深入思考？近期一些正当防卫案例为什么引起广泛关注？就是因为新时代人民群众物质生活总体得到满足甚至是极大满足后，注意力发生了转变，在民主、法治、公平、正义、安全、环境等方面提出了内涵更丰富、标准更高的需求。与此同时，检察机关提供的法治产品、检察产品无论从量上还是质上都相对不足，深化司法体制改革就是要努力通过供给侧改革解决这些问题。

一、更新检察办案理念

所谓理念，就是指导、引领我们办好检察案件的思想、灵魂。对检察机关而言，就是习近平总书记全面依法治国新理念新思想新战略，就是司法政策、检察政策。理念要与时俱进、常思常新，因为社会是发展的，司法办案总会遇

---

* 本文节选自张军检察长在 2019 年最高人民检察院领导干部业务讲座上的授课。转自《人民检察》2019 年第 13 期。

** 最高人民检察院党组书记、检察长。

到新情况。实践中有的检察官往往就案办案，认为事实证据没有问题，法律已经公布了，套得上就没有错误，就能够满足社会发展的需要，把自己仅仅等同于一个司法办案的"工匠"。相对于满足人民群众新时代日益丰富的，在民主、法治、公平、正义、安全、环境等方面更高的要求，无疑远远不够。检察机关的职能是什么？案件处理依法公正的价值追求怎么体现？一类案件高发、多发，深层次的问题是什么？为什么现在办案要有更高的要求？这些都需要深入思考。

不容否认，一个时期以来，社会上、司法机关内部往往把检察机关只看作犯罪的追诉人。相当一部分检察人员往往也认同这样的标签，体现在个案办理上，就存在可捕可不捕的倾向于捕，可诉可不诉的倾向于诉，可宽可严的倾向于严，可轻可重的倾向于重。实际上，作为国家法律监督机关的人民检察院，捍卫的是法律不折不扣的正确实施，实事求是、依法准确、客观公正才是根本的价值追求。《刑法》《刑事诉讼法》第1条关于立法目的的规定是一样的：惩罚犯罪，保护人民。《刑事诉讼法》第2条关于任务的要求是正确应用法律，惩罚犯罪分子，保障无罪的人不受刑事追究；第52条则规定收集能够证实犯罪嫌疑人、被告人有罪或者无罪、犯罪情节轻重的各种证据。为什么要求有罪或者无罪、犯罪情节轻重的证据都要收集？第一是惩罚犯罪，不放纵；第二是不伤及无辜；第三就是罪责刑要相适应。不放纵犯罪、不伤及无辜、罪责刑相适应，哪一个要多考虑一些，哪一个更重要呢？不同时期着力处就不同，特殊时期有特殊时期的背景和当时的政策考量。严打时期，对严重危害社会治安类犯罪，实行的是可捕可不捕的捕，可诉可不诉的诉，可判可不判的判，要求的是从重从快。但是进入新时代，不放纵犯罪、不伤及无辜、罪责刑相适应必须是"三位一体"，应当并重。在追诉理念上，法律的规定和检察机关一直强调的都是：罪与非罪存疑，按无罪处理；轻罪重罪存疑，按轻罪处理，这实际也是中华法系早已形成的慎刑思想，宁失不经，不伤无辜。

新修订的《检察官法》第3条、第5条明确规定：检察官必须"维护社会公平正义""秉持客观公正的立场""尊重和保障人权，既要追诉犯罪，也要保障无罪的人不受刑事追究"。《检察官法》修订特别作出这样新的规定，就是要让我们始终牢记这样一个理念，检察机关是犯罪的追诉人，同时也是无辜者的保护人，追诉中的公正司法人。疑罪两难选择中，有罪无罪，轻罪重罪，权衡利弊宁肯错放，宁可错轻，不可错诉、错重。如果以前是可轻可重倾向于重，进入新时代理念就要更新。要树立起新的司法理念、检察理念，只有这样才能落实好习近平总书记的要求，努力让人民群众在每一个司法案件中都能感受到公平正义。如果错放了，有了新的更充分的证据，还可以重新提起公诉、审判。而一旦错诉、错判，虽然也可以改，但给当事人造成的伤害，给司法公信造成的损害，给社会造成的伤害是巨大的，真正挽回谈何容易！这样的理念变化、调整是贯通整个检察职能的，不仅适用于办理刑事案件，也适用于民事检察、行政检察和公益诉讼检察案件的办理。

（一）围绕以人民为中心的政治要求担负起检察机关的责任

2019 年全国两会最高人民检察院工作报告的主题词就是以人民为中心。以人民为中心必须在检察工作中认真落实。司法实践中，存在一些见怪不怪的处理司法问题的理念方法，跟不上形势发展、人民群众要求。不久前，有一篇反映恶意传播艾滋病病毒引起社会恐慌的报道，专家呼吁完善立法，从重从严予以惩处。因为涉及犯罪人感染艾滋病病毒不能及时收押等问题，需要认真研究解决。来自各方面的意见中，有人提出对艾滋病人涉嫌犯罪应当羁押的，要慎用监管措施。什么意思？就是本应收进去的不要收，慎用监管措施，避免艾滋病在监所内传播。这样的建议就没有体现以人民为中心。把有罪且本当羁押的艾滋病人放到社会，可能造成更大的危害。从更好维护人民群众安全感角度出发，应该无一例外依法收押收治，防止这些人在社会上自暴自弃、恶意传播艾滋病。检察机关在具体办案提出处理意见时，就要这样结合实际认真思考如何在检察工作中实实在在体现讲政治，怎么具体落实好以人民为中心。

（二）善于把握和解决好个案背后的深层次社会问题

从具体案件中发现和促进解决深层次的社会问题，以体现检察官的职业敏感、社会责任：是满足于做一个"过得去"的检察官，还是努力成为一名有检察官身份的司法大家？2018 年最高人民检察院抗诉一起性侵未成年人案件，在列席最高人民法院审判委员会时，发现这不是偶然的一起个案。进一步了解性侵未成年人相关案件后，发现在当前这是一个突出的社会问题。因此，抗诉改判之后，最高人民检察院给教育部发出历史上的"第一号检察建议"，建议教育行政部门加强对相关问题的预防和治理。通过办理这个案件，不仅纠正了个案，而且促进修改了最高人民法院原有规范性文件中女生宿舍不是公共场所的规定。按照《刑法》第 237 条关于强制猥亵罪的规定，如果认定是在公共场所猥亵，就可以在 5 年以上判刑。女生宿舍是不是追诉犯罪中的公共场所？这个问题最高人民检察院在抗诉的时候阐释得很清楚，认为应该认定女生宿舍为公共场所，最高人民法院采纳了这个意见。办理类似案件，对个案背后反映出来的问题，检察官是不是做了认真思考？要做一名优秀的检察官，就不能满足于做一名办案"工匠"，而要努力学习提升，把自己提高到"大家"的层级，通过办案引领社会正义和价值取向，通过办案总结纠正存在的社会治理问题，通过办案推进司法解释的制定修改完善。不只有检察长、副检察长才能够担当"大家"，新时代，每一名检察官都应当努力成为社会发展需要、人民群众信任满意的司法"大家"。

（三） 把握好立法原意办理核准追诉案件

《刑法》规定了追诉时效制度，明确法定最高刑为无期徒刑、死刑的，如果20年以后认为必须追诉的，须报请最高人民检察院核准。这样的规定，立法本意应该是以不追诉为原则，以追诉为例外。实践中是否这样把握的呢？一名犯罪嫌疑人24年前和村里一个熟悉的妇女通奸，通奸以后女的要钱，不给就要让对方日子过不消停，犯罪嫌疑人于是把这个女的给害死了。24年以后，通过在被害人身上提取的DNA把犯罪嫌疑人找到了。司法机关认为犯罪性质、情节、后果都特别严重，要追诉，案件报送最高人民检察院。类似的案件，考虑是否追诉的时候，就要认真思考为什么法律规定由最高人民检察院核准？就是要严格把握，从国家利益、社会发展稳定的大局考虑，从国家层面去判断，而不仅仅是从发案的具体地方去考虑要不要追诉，更不应该仅仅因为当事人或者其家属上访、有诉求的倾向就决定追诉。在办案中一定要从立法本意出发，认真研究、稳妥慎重作出处理。还有一个案件，20多年前，一个17岁的孩子被一个成年人带着杀了一个人，20年以后无论从核准追诉的立法本意来讲，还是从对当年未成年人教育、感化、挽救的政策看，都不应该再追究当时这个未成年人的刑事责任了。就因为不追究可能影响这个地方所谓的"稳定"，就层层报上来。用这样的思维方式、理念指导办案，实际上就是以不作为、不担当去执行国家的法律规定，那是不称职的。

进入新时代，人民群众在民主、法治、公平、正义、安全、环境等方面有新的、更高的要求，我们做好人民群众的工作就要有更多的付出，不是"敲锣打鼓、按部就班"就可以实现的。在做的过程中，是消极敷衍，还是认真负责围绕着法的精神、进步的司法理念去做，是知难而退、浅尝辄止，还是尽全力去做，效果是完全不同的，需要我们在很多方面下大功夫、苦功夫。比如，用好司法救助资金。检察机关在刑事办案的初始环节，如果在考虑认罪认罚从宽制度运用，决定批捕、起诉的时候把该救助的救助了，矛盾有效化解了，案件的处理是不是就可以更顺畅？让当事人更早地拿到救助，无疑促进了认罪认罚从宽制度的运用，办案的社会效果是不是更好？老百姓是不是也就能够更实在地感受到社会的温暖，幸福感、获得感更实？检察机关应该担起这个责任，努力把检察追诉环节的工作进一步做实、做好。

（四） 准确认定正当防卫

2018年以来一系列涉及正当防卫案件引发社会关注。如果按照惯常思维、传统司法理念，这些典型案件在司法机关都可能作为有罪案件在侦查、批捕、审查起诉。那么就要反思，为什么这几个案件的社会舆情、公众感受都一致认为是正当防卫，而司法机关一开始不是这么认为？以下几个方面的因素需要在更新司法理念中加以反思：一是传统司法观念影响。这些案件之所以一开始甚至炒热以后，都被司法机关作为犯罪案件去对待，很大程度上是传统司法观念的影响，尤其是受正当防卫不能"明显超过"必要限度传统理解的束缚，没有把法与不法、正义与非正义、见义勇为与不法侵害作出根本区别。对涉案行为的性质没有首先依法界定，而只是当作一般的伤害案件、侵权案件，看一看谁受伤了，谁先动手了，谁的力度更大，就作出认定。把正当防卫行为只看作加害行为与侵害行为的对抗，没有看到行为背后人的动机目的、行为的社会和法律性质，因此也就没有把司法应该支持什么、约束什么、制裁什么这个灵魂体现出来。固守传统观念，没有考虑到法和不法的区别，更谈不上体现法不能向不法让步的理念了。二是受以上缺乏灵魂的司法观念影响，脱离实际、学理地对防卫时机、防卫手段、防卫力度、防卫后果等作出种种不切实际的限制，没有把活生生的人、把自己摆进去，真正贴近实际、融入案情去设身处地考虑：如果是自己遇见同样的不法侵害会有什么反应？比如，一个人高马大的犯罪分子，有恃无恐地对自己加害，跟他进行搏斗，心理上怕不怕？对于正常人的应激反应、弱者的恐惧心理与激烈搏斗之下难以判断是不是已经获得了安全、不能自控的持续防卫行为之间是什么关系，没有作实际考虑，而是用事后的判断，用超脱世外、办公室里的那种"冷静"给正当防卫人提出一条条不可能的限制。正是因为以往这样的刑法理念、司法实践，才有了《刑法》第20条第3款规定，对正在进行行凶、杀人、抢劫、强奸、绑架以及其他严重危及人身安全的暴力犯罪，采取防卫行为，造成不法侵害人伤亡的，不属于防卫过当，致死、致伤上述不法侵害人都不承担刑事责任。这样的法律规定要结合《刑法》第20条第2款的适用来思考，把自己放在当时环境中去考虑当事人的反应，而不是进行事后的分析。三是司法机关在处理客观上已造成重大伤亡案件的时候，往往存在息事宁人的办案心态。很多时候不是从与犯罪作斗争、严格依法维护正当防卫人合法权益的角度考虑怎样引领社会法律意识的养成，怎么真正体现法不能向不法让步，没有积极主动地去做这方面的思考，也就是缺乏习近平总书记强调的斗争精神。案发了，怎么和非法行为作斗争，向已经被正当防卫致死的犯罪嫌疑人的家属说明道理，向社会说明法理？息事宁人是什么意思？就是你的行为把人家致死了，适用缓刑或者作个相对不起诉可以了，以传统司法观念认为当事人应该接受、也会接受。还有的是怕作无罪处理后，要对此前的羁押给予国家赔偿。这些思想都应当改正。同时，要做好善后工作，如果发现被正当防卫致死方的近亲属确实存在生活困难，符合民政救助的情况，也要帮助协调解决。

涉及正当防卫问题，司法实践中也要防止法律适用中的矫枉过正，特别要注意确属防卫过当，或者本不属于正当防卫的斗殴、伤害行为，像防卫挑拨、假想防卫等，因为受一时舆论的影响，把不是正当防卫作为正当防卫处理。如果那样，违背立法本意，社会治安秩序将受到严重挑战。总体来说，一个时期以来，检察机关通过不起诉权的行使纠正了社会关注的一些案件，得到了广泛认可。但是这一类案件的处理，以及背后司法理念的转变，也说明检察机关过去责任担当有不够的地方。近来对几起正当防卫案件依法履职，就是检察机关认真思考如何在新时代满足人民群众对民主、法治、公平、正义等方面的新需求，努力在供给侧提供更多更好的法治产品、检察产品。

检察官履职要客观公正，这是中外法学界、司法实务界的共识，还首次写进了检察官法。实际上，个案起诉与否不仅是个司法技术问题，在理念上深层次解决好不起诉权问题，根本还在于如何认识、正确运用好检察权。检察机关既有追诉有罪，也有保护无辜者的法定职责，收集证据也要注重有罪无罪、罪轻罪重证据全面收集，适用法律更要全面考虑；在认定事实、适用法律有疑难时，罪轻罪重，按照罪轻处理；有罪无罪，按照无罪处理，就是宁失不经，不伤无辜。检察机关要严格履行客观公正的义务，努力改变检察就是诉、就是重惩的片面履职形象和可能给社会带来的误解。在这样的理念指导下，对非公有制经济、中小企业的司法保护，更要始终注意落实好习近平总书记"三个没有变"的要求，给予平等保护。在当前形势下，对民营企业负责人犯罪，可捕可不捕的，政策倾向于不捕；可诉可不诉的，政策倾向于不诉。只有依法适当地倾斜，才能把中央精神、对民营企业的扶助真正落实到位。

二、发挥好检察官的主导责任

2018年7月中央政法委召开的全面深化司法体制改革推进会强调，构建起诉讼以审判为中心、审判以庭审为中心、庭审以证据为中心的刑事诉讼新格局。这样一个十分重要的要求，检察机关是不是作了认真学习、思考？这个要求揭示了诉讼的本质、审判的本质、庭审的本质，实际上也提出了检察机关应当在庭审中、在刑事诉讼中发挥好主导责任的问题。

为什么强调庭审以证据为中心，必然影响到对检察官主导责任的认识呢？谁负责庭审的举证责任？检察官！没有证据就没有庭审，有什么样的证据就有什么样的庭审。起诉的是贪污罪，结果证据只能认定为挪用公款罪，那就是一个挪用公款案件的庭审了。检察官承担指控、证明犯罪的法定职责。狭义的指控、证明犯罪不是在批捕、审查起诉过程中，而只发生在审判环节的庭审中。检察官指控、证明犯罪的主导责任责无旁贷，必须承担，也只能由检察官来承担！许多检察官还没有意识到这个问题。具体怎么理解检察官在庭审中指控、证明犯罪的主导责任？庭审前的主导责任问题得到一致认可。刑事案件要由检察机关来审查批准逮捕，捕与不捕，采取何种强制措施，检察机关要对案件的走向、证据的收集给予指引，侦查机关要按照检察机关的意见去补充侦查、收集证据、完善事实的认定，这就是通常所说的引导。如果侦查机关移送审查起诉时，检察机关要求补充侦查的内容没有或者不足，怎么办？退回补充侦查，继续给予指引。检察机关推进捕诉一体，侦查机关非常认同，道理也在于此——捕与诉贯通，对侦查环节的指引也做到了连贯一致。对于检察机关诉前阶段的主导责任，大家都还比较认同，也是毫无疑问！那么，在法庭上检察官是不是主导呢？检察官不诉，法院哪来的案子？不诉不理！检察官是主动起诉，法官主要围绕起诉指控的犯罪事实在法庭上查明真相。检察官能摆脱起诉指控、证明犯罪的主导责任吗？法庭上检察官指控什么犯罪事实，适用哪一法律条款，就得拿出相应的证据、理据来，拿不出来法院就可能宣告无罪、改变案件定性！检察官拿出证据、理据，才有下一步的控辩双方质证辩论，这些都紧紧围绕起诉中的指控、示证来展开，检察官的履职不是主动的吗？不是在主导吗？有的人说，法庭上恐怕还是审判长发挥主导作用吧！审判长在庭审中履行的是指挥庭审的职责，在庭上按照程序要求检察官宣读起诉书，然后围绕起诉开始法庭调查。辩护人有什么意见，也是围绕检察官的起诉指控来发表，不可能我们起诉指控的是甲，辩护人抛开甲却独自在说乙。即使辩护人认为指控甲不当，首先也要辩清楚为什么不该指控甲！所以，法官在庭上就是一听一断，所谓"沉默的法官、争斗的当事人"。如果把控方和辩方视为当事人，说的就是这个道理。那么争斗、控和辩是由谁引发的？公诉人！但是在以往的庭审实践中往往不是这样，有时候法官和辩护律师争论起来，个别甚至走向极端，把辩护律师逐出法庭。法官在这个时候表现出了异常的"主导"作用，原因很多，但大多情况是因为公诉人在法庭上没有正常发挥其应有的主导职责。为了确保裁判有理、有力，法官只能代替检察官跟辩护人争辩起来，因为法庭上不把道理讲清楚，可能就判不下去，于是越俎代庖，跟辩护人争辩起来，越位了。法官的越位主要是因为检察官主导责任没有发挥好。

2018年，最高人民检察院代表团访问新加坡，我在和新加坡总检察长黄鲁胜先生谈起检察官主导责任时，他完全认可。实际上，从我国检察机关法律监督的宪法定位和刑事诉讼法的制度设计看，检察官在整个刑事诉讼中是承担主导责任的。这种主导责任不仅体现在庭前，而且体现在审判期间，包括审判后检察官认为判决不当的还要抗诉。执行阶段也是这样。刑事执行检察监督是一个特殊的制度模式，也必须积极主动去发现执行环节的违法，这不也是在主导吗？主导责任涉及的检察理论与实践问题，要认真加以研究。提出主导责任决不意味着你高我低，或者是权力上的主次，而是要让我们意识到责任！更重的责任！正确、充分地履职。比如，在庭前是主导责任，那就要考虑怎么去发挥好，如果不批捕，能不能把道理讲清楚，让侦查机关信服，不再提出无谓的复议、复核；捕了，能不能把下一步继续侦查的要求列清楚？最高人民检察院调研组在江西检察机关阅卷，发现有的退回补充侦查提纲只写要查什么事。为什么查？收集证据的目的是什么？没有写。能不能把它写清楚？写清楚了，侦查人员才明白，才能更好地补充证据。道理、目的写清楚，是要使案件移送审查起诉以后能够顺利诉出去，从而避免再一次退回补充侦查。在审判中是主导，那就要求公诉人必须以负责任、更高一筹的指控证明犯罪能力，使以庭审为中心、以证据为中心的刑事审判落到实处。

修改后的《刑事诉讼法》确立的认罪认罚从宽制度，更是一个十分典型的以检察官主导责任为基础的诉讼制度设计，有人把它称为中国版的"诉辩交易"。根据这个制度，检察官要更加负责、明确地在庭前即与犯罪嫌疑人就案释法：如果认罪，案件将会依法从宽处理。检察官把道理讲清楚，让辩护人与犯罪嫌疑人沟通达成一致意见，犯罪嫌疑人同意检察官提出的量刑建议，签署认罪认罚具结书，案件将起诉到法庭，这就是在践行检察官的主导责任。适用认罪认罚从宽制度处理的案件，绝大多数是检察官提出的建议。从试点情况看，检察官提出的量刑建议96%以上都被采纳了，再次充分说明了主导责任是实实在在的。《刑事诉讼法》特别明确规定，法官原则上应该采纳检察官提出的量刑建议，如果认为不妥，得要求检察官重新提出量刑建议，如果检察官调整了量刑建议，法官仍认为不妥，才可以直接作出裁判。这说明检察官的责任更重了。以前的庭审，检察官把案件、被告人诉出去就认为基本完成了任务。如今，庭前的认罪认罚工作，庭上的量刑建议，检察官也要斟酌再三。要认真思考怎样把检察官的主导责任履行好、履行到位，实现双赢多赢共赢。在2019年的全国两会上，最高人民检察院按照全国人大代表对检察工作报告提出的意见，把检察官在刑事诉讼中的主导责任写进了工作报告。检察官都要认真思考，努力把新时代赋予的更重责任扛在肩上，切实发挥好在刑事诉讼中的职能作用。

三、加强检察理论研究

在检察理论研究方面，检察机关的工作总体上还是短板，是明显的弱项，需要引起高度重视。省市一级检察机关要将理论研究作为自己的责任，最高人民检察院检察理论研究所、国家检察官学院、法律政策研究室、检察日报社，包括最高人民检察院机关每一个业务部门都要更加重视检察理论研究工作。《宪法》赋予了检察机关法律监督职权，那么法律监督与诉讼活动中的公安机关、法院之间的制约是一个什么关系？检察机关作为司法机关行使司法权，但同时享有对司法工作人员部分职务犯罪的立案侦查权（具有行政权性质），他们之间是什么关系？中国特色社会主义检察制度在中国共产党的绝对领导下，有什么具体特点？如何统筹于中国特色社会主义法律制度、法律理论体系中？与各国检察制度、理论及背后的政治、经济、文化、社会、历史、民族传统的异和同在哪里？原因是什么？这些问题要不要搞清楚，是不是已经搞清楚了？

如果不能很好地、令人信服地回答这些问题，那么检察道路、检察理论、检察制度、检察文化自信就是你让我信，这种"信"是不坚定的。只有自己弄懂了以后，我坚信，那才是发自内心、源自信仰的自信。我们广大检察官是不是做到了这一点？怎样把检察理论建设着手加强起来？要从具体工作着手、切入。一是主动和法学理论界加强沟通。最高人民检察院成立了民事行政检察监督案件专家委员会，这是一个沟通桥梁，怎样用好？目前十几个省一级检察机关建立了专家委员会，还有十几个正在建立。最高人民检察院建了，省一级检察机关建了，市一级、县一级检察机关都可以用，邀请专家研究讨论检察疑难案件，相关检察官旁听，既学习了个案法律运用的分析方法，又促进了深层次理论与实践问题的把握，要重视用好这请上门的培训。二是加强具体检察业务研究。善于从实践中探寻理论、理念上的东西。用实践去验证中国特色社会主义检察理论，再用理论来指导、深化检察实践。"检答网"的开通运用，证明了各级检察官的潜质和学习的热情，说明了是上级检察机关、最高人民检察院供给侧改革不够，满足这方面需求的产品供给不足。上级检察院还要积极改进工作。加强检察理论研究，要发挥好检察官群体的作用。如何"谋发展、重自强"，检察理论研究是重中之重，也是基础工作中的基础。这项工作每一位检察官都是责任主体，相关研究单位更是责无旁贷，最高人民检察院检察理论研究所、国家检察官学院、法律政策研究室、检察日报社都要给予特别重视、支持、引导，鼓励检察官加强检察理论和实务研究，这是一个基本的要求。三是与法学研究机构建立起紧密的联系。主动和全国著名法学期刊建立联系，研究怎样把检察理论研究和法学期刊的建设紧密地结合起来，为中国特色社会主义检察理论研究搭建更好的平台。

《国家检察官学院学报》《中国刑事法杂志》要认真思考学报、杂志的办刊方向，责任是什么？检察机关的理论刊没有自己的特色，很难办出水平来。没有检察特色，怎能办得过院校、研究机构的报刊，吸引来更多有水平的"大家"

供稿？实际上，检察官的研究能力还是相当强的。就2018年核心期刊检察官发文数量看，全年检察人员在各类期刊发表文章2590篇，有430篇刊载在核心期刊上，覆盖了14种法律核心期刊，包括《中国法学》《法学》《当代法学》，等等。34种非法学的综合性期刊也在刊登检察人员的文章。提高检察官理论研究水平，关键是持续、深度地联系、培养检察官作者。比如，可以邀请有研究能力的检察官召开研讨会、搞笔谈，围绕检察改革、"四大检察"等理论和实践问题进行深入研讨。特别是要认真思考研究新时代人民群众对民主、法治、公平、正义、安全、环境等方面的新需求与检察理论供给的差距，有针对性地去引导约请检察官加强研究。检察理论研究是一块沃土，要靠各级检察人员特别是专职理论研究单位去探索、耕耘。"检答网"上就有很多理论性、实践性都很强的问题，更是一座高品位金矿，要组织好深度挖掘。要在《检察日报》不定期刊载"检答网"上的经典问答，主动积极地促进检察官思考。

四、构建检察业务质量评价指标体系

最高人民检察院正在建设统一业务应用系统2.0版。征求用户需求意见中，办案一线检察官希望填报的数据越少越好，以减轻耗时间和精力的劳动，而检务管理部门希望数据越具体、越充分越好，以方便各方面需求使用。这个平衡要靠各级检察机关共同努力，用智慧去满足检务管理和回应基层减少重复劳动的需要。

在征求各地意见和最高人民检察院研究统一业务应用系统建设时，各地对检察业务质量评价指标体系作了认真思考。初步研究，最高人民检察院提出了"案－件比"这一全新办案质量评价指标体系概念。所谓"案－件比"是指：当事人、老百姓被举报、诉至或者自己主动将他人举报、诉至司法机关，司法机关立案后，这就是"案"。用老百姓的话说，自己有个"案子"在公安，在法院有个"案子"，等等。什么是"件"？就是公安机关、检察院、法院依照诉讼法规定的程序，在办理案件过程中，在自己相关的办案环节，在司法统计或者自己办案管理系统中，作为一个案件来统计的"案子"。不同司法机关统计的针对特定当事人的同一个"案子"，均自然地作为自己办案环节的一个或多个"案件"。也就是说，"案件"一般都远远多于当事人自己认为的在司法机关的那一个"案子"。比如，公安机关立案后是一个"案件"；检察机关批捕该案又是一个"案件"；起诉该案，统计上又是一个"案件"；法院受案后，该案进入一审程序，统计上又是一个"案件"；该案二审、再审后又会分别多出一两个"案件"。也就是说，在统计上共批捕多少"案件"，起诉多少"案件"，抗诉多少"案件"，这些都可能是同一个当事人的同一个"案子"的不同"案件"。对于当事人来讲，经过了公安机关、检察院、法院，自己的一个"案子"至少被办成三五个"案件"。据此不难看出，总体来讲，"件"和"案"之间的比越高，司法资源付出就越多，司法人员就越辛苦，案件的质效，至少当事人自己认为的案件质效往往就越低，案件的政治效果、社会效果、法律效果和当事人的感受可能就越差。无疑，最好的"案－件比"就是1∶1。检察机关受案后起诉到法院，一审宣告有罪，判决生效，当事人服判，那么检察机关和法院办理该案的"案－件比"均为1∶1，当事人由此可能最大限度地感受到了"案子"办理过程中的公平正义和效率。

按照这样一个理念，最高人民检察院对2015年1月到2018年11月检察机关办理的490多万件案件作了一个统计分析，检察机关近4年时间总体的"案－件比"是"1∶1.4"。按照这个案件比，大部分案件是1∶1结案了，受理后即诉出去，或者是受理后不捕，不再移送审查起诉了，这就以最少的司法投入、最少的诉讼环节、最少的办案时限办结了当事人的案子。但是，也有相当部分的"案－件比"是1∶2、1∶3，就意味着检察机关在这一部分案件办理中，一案经历了多次反复。分析发现，凡是"案－件比"畸高的地方，案件退案补查率远远高于其他地方。其中有一个省退案补查率全国第一。退案补查得多，印证了统计的"案－件比"高的原因，反映出办案的质量问题。内设机构改革后，实行捕诉一体，要认真思考如何更好地发挥批捕这个环节的引导侦查取证作用。审查起诉，没有确实把握就不能勉强"硬诉"。每一位检察官都要结合学懂弄通做实习近平新时代中国特色社会主义思想，深入研究弄通政治性极强的检察业务，以问题为导向，抓住、攻克薄弱环节，不断提高检察机关办案质量与效率，对党的事业负责，对人民利益负责。民事行政申诉案件抗诉后，法院改变原判决比例的升降情况，不捕不诉复议复核后改变原决定比例的升降情况，起诉以后宣告无罪案件比例的升降情况等数据，地方检察机关每月、每季度都要有统计分析，最高人民检察院每季度、每半年、全年要做若干次统计分析，从中会诊全国检察业务发展情况是不是顺畅，有什么问题。经过这样的服务经济社会发展、政治性很强的业务分析、研判，及时精准有效地加以督导，以提醒检察机关有关业务部门改进相关工作。

新时代，要紧密联系检察工作实际，把习近平总书记全面依法治国新理念新思想新战略运用好，从而更好体现检察业务建设以人民为中心的发展要求。这项工作，首先要从最高人民检察院、省级检察机关做起。只有这样，才能把检察队伍建设得更强，把政治性极强的检察业务进一步做实、做好、做到位。

（原载于《国家检察官学院学报》2019年第5期）

新时代检察机关法律监督体系初探

张本才 *

人民检察制度与党领导的人民政权相伴而生，与国家的法治发展相随，成为具有鲜明中国特色的社会主义法治体系的重要组成部分。党的十八大以来，党中央对全面依法治国作出一系列重大部署和决策，提出一系列全面依法治国新理念新思想新战略，以前所未有的力度推进司法体制改革，取得了明显成效。党的十九大以来，以宪法第五次修改，国家监察体制改革，刑事诉讼法和人民检察院组织法修改及修订为标志，检察机关法律监督体系经历深刻调整。新一届最高人民检察院党组审时度势，深刻领会、准确把握中国特色社会主义进入新时代这个历史方位的重大判断，深入贯彻落实习近平新时代中国特色社会主义思想，树立符合新时代需求和法治精神的检察工作新理念，提出"讲政治、顾大局、谋发展、重自强"的总体要求，主动应对形势发展变化，推动"四大检察"全面协调充分发展，法律监督体系建设开启新的征程。同时，还必须看到检察机关法律监督职能的法律规定还比较原则，理论上、实践中还存在争论和探索，检察机关法律监督在全面依法治国进程中的地位作用还需要进一步加强。在新的历史起点上，检察机关应当以习近平新时代中国特色社会主义思想为指导，完善法律监督的观念体系、职权体系和运行体系三大结构，在办案中监督，在监督中办案，切实履行好维护国家政治安全、确保社会大局稳定、促进社会公平正义、保障人民安居乐业的职责任务。

一、新时代法律监督体系建设的新特征新要求

从世界历史看，国家强盛往往同法治相伴而生。法治兴则国兴、法治强则国强。中国特色社会主义发展进入新时代的一个突出特征就是国家综合实力显著增强，比历史上任何时期都更接近中华民族伟大复兴的目标。新时代推进全面依法治国是为推动实现"两个一百年"奋斗目标，实现中华民族伟大复兴

---

* 上海市人民检察院检察长。

的中国梦提供法治保障。检察机关的法律监督是中国特色社会主义法治体系中特点鲜明的成分，是支持和参与法治国家、法治政府、法治社会一体化建设的重要力量。新时代检察机关法律监督体系建设应当准确把握世情、国情、党情和民情的新特征新变化，及时准确回应新需求。

（一）党的领导和法治关系更加明确

党和法治的关系是法治建设的核心问题。坚持党的领导是中国特色社会主义最本质的特征，是社会主义法治的根本要求和基本法治国情。依法治国进入新时代的首要特征就是党的领导和法治中国建设的关系更加清晰、明确。习近平总书记指出，社会主义法治必须坚持党的领导，党的领导必须依靠社会主义法治。2014 年，党的十八届四中全会提出加强党内法规制度建设，将党依据党内法规管党治党，作为建设社会主义法治国家的有力保障。"推进党的领导制度化、法治化，既是加强党的领导的应有之义，也是法治建设的重要任务。"2018 年，宪法第五次修订明确党的领导是中国特色社会主义的本质特征。2019 年《中国共产党政法工作条例》颁布，第一次以党内基本法规形式规范党对政法工作的领导，阐述党的领导和政法工作的关系。五年来，党在全面依法治国中总揽全局、协调各方的领导地位进入制度化、理论化和法治化的更高阶段，新时代法治建设中党的领导核心作用将更加关键，党的领导能力和水平将更加成熟。

（二）以人民为中心的发展理念更加突出

以人民为中心是新时代坚持和发展中国特色社会主义的根本立场。习近平总书记指出，坚持人民主体地位，必须坚持法治为了人民、依靠人民、造福人民、保护人民。中国特色社会主义法治道路的根本目的是保障人民权益。进入新时代，人民群众对美好生活的向往更多向民主、法治、公平、正义、安全、环境等方面延展，人民群众对执法乱作为、不作为以及司法不公现象的意见比较集中。法治建设领域要积极推行"供给侧改革"，提升执法办案的质效和公信力，根据人民群众的长远利益谋划推进立法、执法和司法工作，努力让人民群众在每一个司法案件中感到公平正义，不断解决人民群众最关心最直接最现实的法治需求。检察机关作为国家法律监督机关，应当加大对人民群众生命健康、人格尊严、身份隐私的法律保护力度，加大对社会公众共同关心的破坏生态环境资源、食品药品安全案件的执法力度，降低人格权益受重大侵害案件中人民群众诉讼和证明成本。同时，增强普法工作的亲和力、说服力，聚焦普法工作重点，引导人民群众运用法治手段保障权益，提升人民群众自主参与立法、执法、司法过程的能力素质。

（三）防控重大风险能力的要求更高

进入新时代以来，国家现代化建设取得巨大成就，同时仍然面临许多长期风险隐患，改革开放的考验、市场经济的考验、外部环境考验都具有长期性和复杂性。法律是不可突破的社会底线，是防范重大风险的"警戒线"，是遏制风险扩大的"安全网"。确保法律统一正确有效实施，结合执法办案防范重大风险隐患是各级司法机关、政法干警不可推卸的责任。新时代多种趋势并存，多种可能存在，多种矛盾交织，检察机关作为党领导下的法律监督机关，必须承担起防范化解重大风险重要实践者和保障者的职责使命，坚持守土有责、守土尽责，把防范化解重大风险工作做实做细做好。强化风险意识，既要"低头办案"，还要"抬头看路"，常观大势、常思大局，在对个案和类案、法律和政治、社会和民生的交替审视中科学预见形势发展走势和隐藏其中的风险挑战，为群众和政府分忧解难。

（四）保障经济高质量发展的作用更加凸显

"行大道者，法治天下；谋万世者，以法为基"，法治是治国理政的基本方式，对经济社会发展具有重要的引领和规范作用。改革开放 40 年，中国的法治和经济发展相辅相成、相互作用，法治为经济的健康发展发挥了重要的引领、促进和保障作用。2017 年中央经济工作会议作出我国经济已由高速增长阶段转向高质量发展阶段的重大判断。高质量发展要求坚持以法治为引领，克服"发展要上、法治要让"的错误认识，深刻领会新时代经济发展质量、效率、公平和可持续的辩证关系，树立"重大改革要于法有据"的红线思维。检察机关在履行法律监督职责时，要着眼于经济、社会和环境的长远、可持续发展，为健全现代经济体系提供制度保障，为完善产权制度和要素市场化配置保驾护航，优化法治化营商环境，平等保护各类经济主体公平竞争、有序发展。

（五）法治在全面开放新格局中的重要性上升

40 年的改革开放，极大地成就了中国，也深刻地影响了世界。实践启示我们：开放带来进步，封闭必然落后。新时代必须坚持对外开放的基本国策，实行积极主动的开放政策，形成全方位、多层次、宽领域的全面开放新格局。改革与法治建设相辅相成，没有改革开放原动力和内在需求，就不可能有中国特色社会主义法治和依法治国的成功实践；没有法治和依法治国如影随形的重要保障，改革开放难以取得真正成功。习近平总书记强调指出："中国走向世界，以负责任大国参与国际事务，必须善于运用法治。在对外斗争中，我们要拿起法律武器，占领法治制高点，敢于向破坏者、搅局者说不。"① 检察机关作为法治体系的重要组成部分，必须为扩大开放提供更有力的法治保障。

二、新时代检察机关法律监督的观念体系

法律制度是政治制度的一个子集。在西方法学理论中，尽管法律原则和法律规则自称中立、客观，但它们都隐藏着实质性的和富有争议的政治承诺。习近平总书记指出，每一种法治形态背后都有一套政治理论，每一种法治模式当中都有一种政治逻辑，每一条法治道路底下都有一种政治立场。② 检察机关法律监督的观念体系，以中国特色社会主义的政治理论为基础。新时代法律监督的观念体系特别要吸收马克思主义中国化的最新成果，突出以习近平新时代中国特色社会主义思想为指导，以人民为中心、以办案为重心、以改革为动力，以双赢多赢共赢为目标，推进"四大检察"全面充分协调发展。

（一）始终坚持党对检察工作的绝对领导

党政军民学，东西南北中，党是领导一切的。实践证明，坚持党对政法工作的绝对领导是政法工作不断取得新成就、赢得新发展的首要条件和根本保证。坚持党的领导不是口号，而是要落实在检察工作的方方面面。在思想上，把学习贯彻习近平总书记重要讲话精神作为首要政治任务，树牢"四个意识"、坚定"四个自信"、坚决做到"两个维护"。在行动上，根据中共中央2019 年 1 月实施的《中国共产党政法工作条例》规定，严格落实重大事项请示报告制度，对重大事项、重大案件依规向党委请示汇报。用好政治督察、政治巡视等工作制度，确保中央、最高人民检察院各项重大部署在检察机关得到不折不扣的执行。特别是在办理重大案件、推进重大改革、作出重大部署等过程中，更加注重强化政治思维，运用政治智慧，确保既打好法律牌，又算好政治账。

（二）落实以人民为中心的发展思想

以人民为中心指明了政法机关的初心使命。检察院是人民检察院，检察工作的终极目的是为人民服务，要以"我将无我、不负人民"的追求，在一切工作中贯穿以人民为中心的思想。检察机关要以常态化问需问计为工作起点。改进调查研究方法，既要走进基层、走入群众，贴近一线问需问计，又要建立健全以考察司法绩效为主的第三方测评机制，提升调查研究的科学性。以人民

① 习近平：《加强党对全面依法治国的领导》，载《求是》2019 年第 4 期。
② 参见王耀海：《坚持马克思主义法学思想的指导地位》，载《学习时报》2017 年 7 月 3 日第 3 版。

群众关切为工作重点，深入开展扫黑除恶专项斗争，打击破坏资源环境、危害食品药品安全犯罪，积极参与社会治理，防堵行政监管漏洞。还要进一步在服务便捷化、精准化、智能化上下功夫。着力推进检察服务大厅建设，升级12309检察服务平台、加强典型案例发布和"以案释法"等工作，让人民群众从具体生动的案例中体会检察为民的"温度"。

（三）树立革命化、正规化、专业化、职业化的队伍建设理念

习近平总书记在2019年中央政法工作会议上发表重要讲话，提出"加快推进政法队伍革命化、正规化、专业化、职业化建设，努力打造一支党中央放心、人民群众满意的高素质政法队伍"。[①] 人民满意的高素质政法队伍首要标准是革命化，要当好党和人民的"刀把子"，确保"刀把子牢牢掌握在党和人民手中"，发挥维护稳定、惩治腐败、革除积弊、切除影响社会发展毒瘤的作用。同时，要把专业化建设摆到更加重要的位置来抓。新形势新任务对政法队伍专业化建设提出了新要求，专业化建设要突出实战、实用、实效导向，全面提升政法干警的法律政策运用能力、防控风险能力、群众工作能力、科技应用能力、舆论引导能力。对于检察队伍来说，要提升在服务大局、竞争协作中的对标能力；在业务工作中放大优势、推动强项更强的优化能力；在司法办案中解难题、除顽疾的突破能力；在化解社会矛盾和风险中的价值输出能力，特别是作为检察机关"立身之本"的司法能力。

（四）提升服务保障大局的司法理念

着眼大局、把握大局、服从大局、服务大局、维护大局，是党的优良传统和成功经验，也是不断提高党的创造力、凝聚力、战斗力的重要条件和可靠保障。服务大局是检察工作的重要使命，是发挥检察职能作用的基本途径，是彰显检察机关地位作用的有效载体。检察机关自觉服务保障大局对标要"准"是前提。打赢"三大攻坚战"是当前决胜全面建成小康社会的重大任务，事关国家经济社会发展大局稳定。检察机关要深入贯彻落实中央部署要求，结合检察办案，坚决防控金融风险，保障和改善民生。推动长江经济带发展、推动长三角更高质量一体化发展是党中央作出的重大决策，是关系国家发展的重大战略，上海承担着重要使命和责任，上海市检察机关更要找准工作着力点和发力点，服务保障长江经济带发展，立足上海更好服务全国改革发展。

（五）坚持全面协调充分的自身发展理念

做优刑事检察、做强民事检察、做实行政检察、做好公益诉讼检察工作，

---

① 人民日报评论员：《打造一支高素质政法队伍》，载《人民日报》2019年1月20日第1版。

推动刑事、民事、行政、公益诉讼"四大检察"全面协调充分发展，是检察机关在国家监察体制改革、改革开放和检察机关恢复重建40周年新起点上，把握新时代历史方位，顺应当代中国法治发展和人民群众对检察机关法律监督日益增长的现实需求作出的重大抉择。实现"四大检察"职能全面协调充分发展，一方面要强化刑事诉讼程序主导地位，积极履行修改后刑事诉讼法和修订后人民检察院组织法中的新增职能，发挥好捕诉一体办案模式的优势，强化对刑事诉讼程序全过程的监督，探索应用调查核实、听证审查等法律监督新手段。另一方面要解决"刑强民弱"问题，提升公益诉讼的层次和水平，让强项更强，把弱项补强，在办案质效和司法能力的双提升上下功夫，以空前力度推进民事、行政和公益诉讼业务建设，以核心能力、核心团队培养为重点，全面增强干警办理各类案件的能力和水平。

（六）贯彻双赢多赢共赢的监督理念

最高人民检察院检察长张军在最高人民检察院第一期学习贯彻习近平新时代中国特色社会主义思想培训班开班式上提出，树立双赢多赢共赢的监督理念，共同推进严格执法、公正司法。① 检察机关的法律监督在中国特色社会主义法治体系中是一种防错、纠错的程序性机制和制度安排，在实践中不能有"高人一等"或者"你赢我输"的想法，要避免和其他机关的"零和博弈"和"程序僵局"，在共同的价值目标下，实现法律实施的双赢、多赢、共赢。在刑事诉讼中，检察机关要积极推动以审判为中心的刑事诉讼制度改革，只有庭审程序在定罪量刑中发挥决定性作用，才能从制度机制上保证侦查、审查起诉、审判的质量，实现更高质量、更高层次的相互配合，相互制约，共同严防冤假错案底线，实现案件质量的"多赢"。在民事行政诉讼法律监督中，不能为监督而监督、停留在浅层吹毛求疵、重复监督、"乞讨式"监督，必须以解决现实问题特别是普遍性、典型性、顽固性问题为目的。还要下大力气改进和加强检察公共关系建设，顺民心、听民意、察民情，让公众充分了解、支持、信任检察工作，为强化法律监督提供有利的舆论环境，让人民群众在每一个司法案件中感受到公平正义。

三、新时代检察机关法律监督的职权体系

法律监督是中国特色社会主义检察制度的最鲜明特征，也是最显著优势。

---

① 参见姜洪：《深入学习贯彻习近平新时代中国特色社会主义政法思想》，载《检察日报》2018年5月10日第1版。

我国宪法和人民检察院组织法都明确规定人民检察院是国家法律监督机关，赋予检察机关行使法律监督的专门职权。检察机关的法律监督和检察权是一体的，检察机关行使检察权是实行法律监督的具体表现形式，法律监督则是检察权的本质属性。刑事诉讼法、民事诉讼法和行政诉讼法在经历多轮修改后，检察机关的法律监督职权得到不断充实强化，2018 年人民检察院组织法修订，界定检察机关 8 个方面主要职权，标志着刑事、民事、行政、公益诉讼"四大检察"法律监督职权的总体布局基本形成。2019 年全国检察长会议上，张军检察长对"做优刑事检察工作、做强民事检察工作、做实行政检察工作、做好公益诉讼工作"作出具体部署。结合上海市检察机关先行先试，开展司法体制综合配套改革的实践，围绕如何进一步发展"四大检察"提出几点思考。

（一） 强化刑事检察的程序主导责任

刑事检察在检察机关法律监督格局中一直居于重要地位，是履行法律监督职能的主力。2018 年检察机关探索捕诉一体办案模式，对于提高办案效率和质量，强化刑事检察具有重大意义。为做优刑事检察监督，需要在捕诉一体办案模式基础上，从用好新增诉讼职权和补强监督短板两个方向着力，完善刑事检察职能。

一是充分履行不捕、不诉检察职能。办理好检察诉讼环节退出程序的案件，充分行使审查批捕、审查起诉职能。适应风险社会刑法扩张的现实，主导宽严相济刑事政策尺度，控制审前羁押率，把好入罪和出罪关口。坚持不枉不纵的职责立场，严格界定"可捕可不捕、可诉可不诉"的案件范围和判断标准，构建完善相对独立的不捕、不诉"检察标准"。二是在认罪认罚案件中积极履行主导责任。认罪认罚从宽制度写入刑事诉讼法，丰富完善检察机关公诉裁量权限，程序把关作用更加突出。下一步要扩大认罪认罚从宽制度适用至重罪案件、职务犯罪案件、经济犯罪案件；与法院协商制定适合本地实际的量刑建议标准，对经济犯罪可以根据追赃退赔情况设置较高的量刑优惠尺度，鼓励被告人积极弥补犯罪造成的损失；进一步完善酌定不起诉适用条件，解决适用条件控制过严问题，增强检察环节对案件繁简分流的程序调控作用。三是补强检察环节前端监督薄弱点。目前，检察机关刑事诉讼监督局限于受理的报捕、报诉案件，而一部分未进入检察诉讼环节，未有效纳入检察监督视野。有必要设置专业化办案组织，专门负责检察前终结诉讼案件跟踪监督、开展类案监督，以及督促监督效果等工作，努力消除监督盲区，实现对判决执行前刑事诉讼监督的全覆盖。四是加强对财产强制措施的专门监督。实践中对财产强制措施的监督附属于侦查措施监督，不利于防止刑事手段不当插手经济纠纷，平等保护各类产权，使企业家安心放心。有必要确立财产强制措施监督在刑事诉讼监督体系中的专门地位，通过专项监督活动、办理刑事申诉案件、开展类案监督和检法联席会议等方式，逐步形成财产强制措施运用、救济和监督的制度规范体系。五是积极运用刑事司法协助手段保障国家利益。国际刑事司法协助法实施后，检察机关依法履行司法协助职责，运用法律武器参与对外斗争，拓展刑事检察职能保障国家利益和公共利益的效力空间，完善域内刑事程序与域外司法协助的程序衔接。

（二）夯实民事检察的基层基础

相对于刑事检察，民事检察起步较晚。2012 年修改后民事诉讼法明确检察机关对民事诉讼活动全过程的监督职责。在监督职权配置上，分州市检察院和省级检察院以生效裁判监督为主，基层检察院以民事审判活动违法和执行活动违法监督、违法调解和虚假诉讼监督为主。民事检察承载人民群众对司法公正的巨大期待，但自身基础还比较薄弱，三级检察机关监督办案"倒三角"格局尚未改变，做强民事检察必须从基层基础的监督办案抓起。

一是确立客观公正的诉讼监督标准。目前，民事检察办案主要依靠法院改判和采纳监督意见来衡量，缺乏相对独立的监督判断标准。从社会热点案件看，个别审判人员明显偏离人民群众普遍正义感的判断、偏离行业专门标准的判断时有发生，严重损害人民群众对司法公正的信赖。检察机关要深入民商事审判各专门领域，在办案中总结归纳客观公正的检察监督标准，并通过一系列有影响力的监督案例，起到监督一件、警示一片，通过办案监督司法裁判，彰显社会公平正义。二是通过生效裁判监督案件强化监督基本功。基层检察院工作重点虽然不在生效裁判监督，但基层检察院检察官可以通过办理一审生效裁判监督案件快速提高业务水平。在办理二审生效裁判监督案件中，基层检察院检察官可以协助上级检察院检察官办案，提出监督建议，调取同级法院案卷材料，对不支持当事人申诉或终止审查的案件，配合做好服判息诉工作。三是发挥检察一体化优势强化监督力度。扩大上级院跟进监督模式的适用范围，覆盖基层检察院办理的生效裁判监督之外的全部监督案件，并对基层检察院办案实行一案一分析，将监督结果提交上一级检察院备案，对监督效果不好的案件逐级提请上级检察院跟进监督。

（三）拓展行政检察的监督手段

行政检察在"四大检察"体系中被称为"弱项中的弱项""短板中的短板"，需要通过监督效果明显的典型案例，打开行政检察在政府、社会中的影响。目前，检察机关的行政监督有诉讼方式和非诉讼方式两种。通过行政诉讼监督、提起行政公益诉讼，将有关行政行为置于诉讼的程序框架内进行合法性和适当性审查。诉讼仅能在个案中实现对公共利益的保护，容易出现碎片化的问题，难以在全局上对行政权运行形成影响。因而需要以非诉讼方式适度延伸法律监督服务保障作用，形成诉讼方式和非诉讼方式相结合的法律监督治理体系。

一是探索对规范性文件的附带性司法审查。2018年上海市检察机关对接行政机关的备案审查机制，探索对行政规范性文件监督的新路径，将各级法院行政诉讼、检察院行政诉讼监督和公益诉讼涉及规范性文件的审查，规范性文件的合法性审查或备案审查等工作纳入衔接审查范围，进一步形成行政监督和司法监督的合力。二是探索建立多元化诉讼衔接机制。建立行政诉讼监督和行政公益诉讼、刑事公诉的多元化衔接机制，利用可以同时追究刑事、民事和行政责任的优势，整合司法资源，增强监督合力。在对生效行政裁判进行诉讼监督时，不能仅以抗诉数、检察建议数来衡量成效，还要关注不特定社会公众利益损害，以及相关行政部门的执法行为，综合运用检察建议、督促起诉、提起公益诉讼等手段，对行政机关工作人员涉嫌违纪违法线索，依法移交监察委处理，强化监督效果。三是探索建立合宪性审查程序机制。法律法规的合宪性问题比较容易在行政诉讼监督案件中暴露出来，建议建立相关工作机制落实《立法法》第99条规定内容，即各级法院、检察院在办案中发现相关法律法规违反宪法，可以将该问题层报最高人民法院、最高人民检察院，由最高人民法院、最高人民检察院依法书面提交全国人大宪法和法律委员会开展审查。

（四）深化公益诉讼的监督效果

检察机关提起公益诉讼完善了保护国家利益和社会公共利益的法律制度体系，同时强化了检察机关的法律监督职能，进一步推进公益诉讼需要厘清三个关键问题：

一是科学设定公益诉讼效果评价标准。公益诉讼的效果不应唯立案数、起诉数而论，而是要看是否妥善解决公益受损问题，是否推动相关主体保护公益，是否形成严格执法和公正司法的良性互动，应当建立起主要以促进地区经济社会和谐发展为导向的科学评价体系。二是公益诉讼案件范围拓展至"等外"。目前，公益诉讼案件主要涉及两大类6个领域：民事公益诉讼包括环境保护、食品药品安全、英烈名誉保护3个领域，行政公益诉讼包括生态环境和资源保护、国有资产保护、国有土地使用权出让3个领域。公益诉讼最核心的目的是保护公益，最基本的出发点是能够回应社会各界特别是人民群众对侵害公共利益行为的关切。建议以维护人民群众重大利益为标准，将公益诉讼的案件范围拓展至历史文物保护、公民信息安全和受教育权、安全生产等领域，上海目前在这方面已经做了一些有益尝试，取得了初步成效。三是探索公益诉讼案件跨区域办理。就上海来说，要依托长三角跨区域检察协作平台和跨行政区划检察院改革，探索将环境资源类公益诉讼案件集中至跨行政区划检察院管辖。一方面，深入推进最高人民检察院关于长三角环境保护一体化检察协作机制的探索力度，由最高人民检察院通过指定管辖的方式，在公益诉讼的具体个案上实现跨省管辖，在长三角区域内率先形成一、二审上下衔接，相对完整的互涉公益诉讼体系。另一方面，在沪苏浙三省市交界区域建立的长三角一体化发展示范区内，探索建立包括公益诉讼案件办理的区域检察协作一体化新机制。

四、新时代检察机关法律监督的运行体系

法律监督从法律条文变成现实的社会关系离不开检察机关的组织结构、权力配置和管理方式等机制要素，它们共同构成法律监督的运行体系，直接影响着法律监督的实施效果。办案是检察机关履行法律监督职能的基本方式，张军检察长强调，离开办案，检察机关就什么权力也不能行使，谈监督就是空中楼阁，不能落地。要在办案中监督，在监督中办案，必须把办案作为监督履责的过程和基本手段。① 法律监督的运行体系以办案为核心，以检察办案的质量和效率为目标，做强做实新时代法律监督的运行体系，就是要健全完善检察机关办案机制。

（一）构建专业化集约化扁平化组织结构体系

检察机关办案组织结构包括内设机构和办案组织两个方面。以往检察机关办案组织法律地位不清，内设机构实行诉讼职能和专业纵横分割，程序分工过细，而专业分工粗疏。什么样的案件一个人都能办，是千篇一律"一张脸"对着人家好几个"专业脸"。2018 年新修订的人民检察院组织法明确办案组织基本形式。2019 年初上海市检察机关根据最高人民检察院部署，完成三级检察机关内设机构改革，形成新的法律监督组织结构体系。下一步还要以专业化建设为引领，以组织结构优化为支撑，推动办案团队提升办案质效，提升司法能力。

一是理顺上下业务指导关系。改革后基层检察院业务机构数量精简明显，一个业务部门要承担原来多个部门的职能，三级检察机关之间要坚持职能对应

---

① 参见史兆琨：《以办案为中心，开展法律监督新探索》，载《检察日报》2018 年 7 月 24 日第 1 版。

而不是机构对应，不搞上下"一般粗"，必须根据新的组织结构实际，及时修订各部门办案职责、检察官岗位说明书、检察官权力清单，上下级检察院业务指导关系说明，确保各项办案工作衔接顺畅，特别是各项监督工作和检察改革责任到位、力度不减。二是立足专业化打造核心办案团队。办案组织和内设机构共同承担专业化建设任务，在不增加机构数的前提下，结合区域实际需求设立特色检察办案组织，建设各项业务核心办案团队。如上海市检察机关在科创中心建设功能承载区设置知识产权检察官办案组，重点保障科技创新企业合法权益；在崇明区检察院设置"生态检察"检察官办案组，服务保障生态岛建设；各基层检察院设置公益诉讼检察官办案组，充分行使新增职能。三是建设好检察辅助人员队伍。检察辅助人员是检察官司法办案不可缺少的团队辅助力量，要落实检察官助理、书记员、检察技术人员和司法警察职务序列管理改革。探索建立预备检察官制度，引导检察官助理加强业务学习和实务锻炼，做好从检察官助理向检察官转变的能力衔接。多渠道引进和集中培养相结合，培养专业化检察技术人才队伍。广泛开展司法警察大练兵活动，加强基本法律理论、检察业务专业知识、专业技能和体能的培训，提升履职能力。

（二）构建规范有序的调查核实监督手段

根据新修订的《人民检察院组织法》第21条规定，检察院行使法律监督职权，可以进行调查核实。检察机关的法律监督职权主要依托三大诉讼程序实施，诉讼程序的关键在于证据，因而调查核实就成为法律监督职权行使的关键方式。当前，涉及法律监督调查职能的法律条文还比较概括，检察机关调查流程不规范，缺乏刚性保障机制，以及部分司法人员、行政机关工作人员自觉接受监督的意识淡漠等都制约了检察机关调查职能的行使，影响了非法证据排除、民事行政诉讼监督和检察公益诉讼工作的有效开展，有必要进一步强化检察机关法律监督调查职能，提升规范化水平。

一是区分三类法律监督调查职能的性质。目前，在刑事诉讼监督、民事行政诉讼监督和公益诉讼中有三类调查核实，各自适用的程序、对象和目的均不相同，排除非法证据调查核实主要针对侦查机关，而民事行政诉讼监督和检察公益诉讼的调查核实则可能针对行政机关、企业事业单位和自然人，其制度刚性和保障机制应当区别对待。二是规范明确调查手段。法律和司法解释虽然赋予检察机关调查核实权，但对调查核实手段均未明确规定。要以具体列举形式规范检察机关调取案卷材料、讯问、询问、要求办案人员说明情况、提供公益诉讼所需证据材料等调查手段。重大公益诉讼案件的调查活动可以邀请人大代表、政协委员、行政机关、律师代表参加，扩大检察公益诉讼工作的影响，形成法律监督合力。三是建立监督线索管理统一平台。依托检察机关原有的职务犯罪线索统一管理平台，建立对监督线索的受理、分流、查办和信息反馈机制，进而实现法律监督调查和民事、行政检察与公益诉讼的有效衔接。在检察公益诉讼的诉前程序中，还可以构建与法院、公安、行政监管部门、银行等单位的调查联动平台。

（三）构建面向全院全员全过程的司法监管机制

"谁办案谁负责、谁决定谁负责"是检察机关落实司法责任制的根本要求，完善法律监督体系既要赋予检察官依法相对独立的办案决定权，又要明确办案责任，强化监督制约。司法责任制改革以来，上海市检察机关形成授权、行权、限权等一整套配套监管机制。在此基础上，还要进一步实现监督方式从微观的个案审批，向全院、全员、全过程的智能化监督，构建起全方位、立体化监管体系，确保检察权规范运行，提升司法公信力。

一是加强担任领导职务检察官的审核把关作用、检察委员会的决策把关宏观指导作用。通过落实入额领导干部办案，发挥检察长对重大案件的决策把关、疑难案件的标杆引领、普通案件的质量监督作用。进一步明确检察委员会讨论决定重大疑难复杂案件的范围，发挥检察委员会的宏观指导作用，依托检察委员会通报案例建立检察机关案例指导制度，为检察官办理新型案件，厘清法律适用、证据判断常见问题提供具体指引。二是探索建立适应新办案模式的监督机制。严格捕诉一体办案规程，细化办案留痕、监督审核要求，规定绝对和存疑的不捕、不诉案件一般要提交检察官联席会议讨论，对绝对不捕、不捕后又不诉等案件实行重点评查。对公安机关不服不批准逮捕、不起诉决定提起复议复核案件更换案件承办人。研究规范调查核实运行规程，对其他司法机关涉嫌诉讼违法的行为人进行调查的，对检察机关在办刑事案件当事人进行调查可能影响案件进程的，以及其他具有重大影响的调查核实活动，须经检察长（副检察长）批准方可启动。三是完善事后案件质量监督保障机制。根据司法责任制改革后检察权运行新情况，优化案件质量评查程序和标准，建立季度、年度和专项案件质量评查报告机制，进一步提高案件评查比例，覆盖所有业务及所有检察官，评查结果纳入检察官绩效考核。建立跨检察院交叉评查机制，评查员通过授权可在系统内跨检察院调阅案件卷宗，实时在线进行交叉评查。修订个案评鉴制度，制定实施细则，落实个案司法责任，实行错案责任倒查，建立评鉴委员会，规范评鉴程序和评鉴决议的运用。

（四）构建信息化数据化的法律监督方式

近年来，政法机关不断加强科技信息化建设，云计算、大数据等现代科技已经开始融入政法领域，在提高执法办案效率，提升司法服务质量，推进以审判为中心刑事诉讼制度改革带来广阔前景。云计算、大数据等新技术"连接一切"和智能化的特点，与法律监督职能的运行特征相适应，是检察机关实现法律监督职能"内涵式增长"的杠杆，检察机关要主动拥抱新技术，丰富法律监督的手段，拓展参与社会治理的途径。

一是实现法律监督标准数据化。通过大数据、人工智能的深度应用，把统一的证据标准镶嵌到办案程序之中，形成数据化的证据标准，减少司法任意性，使法律监督建立在更加扎实的证据基础上。如上海通过刑事案件智能辅助办案系统，将公检法统一适用的证据标准嵌入办案系统，提供规范性证据指引，统一证据的提取、固定、保全要求，引导办案人员调查取证、排除非法证据，及时发现和纠正办案中的问题和瑕疵。二是建立检察机关法律监督大数据平台。探索运用大数据技术集中整合零散案件数据，实现对各类案件变化情况的及时准确把握，提高法律监督决策的时效性和针对性。通过对全国检察机关统一业务应用系统、案件管理系统等内部数据库的数据整合，加强对海量案件资源的深度挖掘分析，实时监测法律监督中存在的突出问题，动态研判检察工作发展变化趋势，形成大数据驱动型的法律监督创新模式。三是推动政法机关信息数据互联互通。法律监督既包含检察机关与其他政法机关的互相制约，也包含互相配合、相互协作的内容。因此，进一步打通检察机关与其他政法机关、行政机关业务系统的信息数据壁垒，如依托涉罪人员信息系统进行公、检、法、司信息跨单位共享，实现检察机关与其他政法机关办案数据全面互联互通、信息资源全面共建共享，探索法律监督效能最大化的最优路径。

（原载于《人民检察》2019年第13期）

论确立整体检察监督观

王祺国[*]

自 2016 年底在北京、山西、浙江 3 省市开展国家监察体制改革试点，到 2018 年 3 月全国人民代表大会通过《中华人民共和国监察法》，国家监察制度全面建立，检察机关长期以来的反贪、反渎侦查职能主体上转隶到各级监察委员会。这几年，修改后的民事诉讼法、行政诉讼法、刑事诉讼法不断丰富检察机关对诉讼活动的法律监督职能，特别是新规定了民事、行政公益诉讼职能和对司法人员刑讯逼供、滥用职权等 14 个相关职务犯罪的侦查职能。[①] 2018 年 10 月，全国人大常委会还对施行近 40 年的人民检察院组织法作出重大修改，明确了检察机关法律监督的职能类别、机构设置、人员分类、组织保障、办案程式等。在这样的形势下，法学理论界和司法实务界对中国检察机关是宪法规定的国家的法律监督机关的认识空前一致，并对新时代中国检察机关突出法律监督主责主业、实现社会公平正义寄予期待。据公开信息，全国各级人民检察院向同级人民代表大会报告 2018 年度检察工作中，赞成票和比例普遍超过往年，检察工作报告均获高赞成票通过。应当说，中国检察机关以宪法定位为导航，以强化法律监督为主线的转型发展已经进入新历程，中国检察制度正在走向成熟定型，确立整体检察监督观[②]势在必行。

---

* 浙江省人民检察院副检察长，一级高级检察官，全国检察业务专家。

① 2017 年 6 月 27 日第十二届全国人民代表大会常务委员会第二十八次会议通过《关于修改〈中华人民共和国民事诉讼法〉和〈中华人民共和国行政诉讼法〉的决定》，正式确立检察公益诉讼制度。2018 年 10 月 26 日第十三届全国人民代表大会常务委员会第六次会议《关于修改〈中华人民共和国刑事诉讼法〉的决定》第三次修正，明确"人民检察院在对诉讼活动实行法律监督中发现的司法工作人员利用职权实施的非法拘禁、刑讯逼供、非法搜查等侵犯公民权利、损害司法公正的犯罪，可以由人民检察院立案侦查"。即修改后的《刑事诉讼法》第 19 条明确规定，对司法工作人员刑讯逼供、徇私枉法等 14 个罪名，检察机关依法有权立案侦查。

② 2014 年 9 月 5 日习近平总书记在庆祝全国人民代表大会成立 60 周年大会上的讲话中指出，"要健全申诉控告检举机制，加强检察监督，切实做到有权必有责、用权受监督、侵权要赔偿、违法必追究"。这是习总书记首次提出"检察监督"的概念，使《宪法》规定的检察机关是国家的法律监督机关的职能更加科学概括。法学者表述的"检察机关法律监督"与"检察监督"系同一内涵。

一、整体检察监督观提出的时代背景

17 世纪中后期，意大利、法国等欧洲国家以立法确立了检察制度，这是近代法治文明进步的重大成果。中国没有检察制度的历史渊源，1906 年清末北洋政府时期才从大陆法系的德国、日本等国家引进检察制度，并成为一项属于法院范畴的新型法律制度。[①] 在法学理论上，这样的检察制度就是公诉制度，与英美法系检察机关隶属政府的模式并没有本质区别。新中国的检察制度是在废除国民党六法全书和伪法统的基础上，立足中国国情，充分借鉴苏联的法律监督理论和法律监督模式的历史条件下逐步建立起来的。1954 年新中国第一部宪法确立了检察机关与人民法院平行的司法机关的地位，并在职能上赋予了法律监督的性质。新中国检察机关在宪法地位上的独立性，表明了中国检察制度走的不完全是传统检察制度即国家公诉制度的路子，法律监督是中国检察制度重要的价值导向。由于政治运动的此起彼伏，特别是十年"文革"社会主义法制遭受极大破坏，新中国经历了检察机关被撤销、检察制度名存实亡的十余年法制大倒退的深重历史时期。1978 年，伴随党的十一届三中全会作出改革开放、拨乱反正的重大战略决策，为保证国家法律的统一正确实施，中央决定恢复重建检察机关，中国检察制度浴火重生。在深刻总结新中国社会主义法治道路不平坦发展、新中国检察制度不寻常波澜中，1982 年制定的《宪法》第 129 条（修改后的《宪法》第 134 条）明确规定"中华人民共和国人民检察院是国家的法律监督机关"。至今，中国检察机关是国家的法律监督机关的宪法定位一直没有改变过。2017 年 9 月，习近平主席在致第二十二届国际检察官联合会年会的贺信中明确指出："中国检察机关是国家的法律监督机关，承担惩治和预防犯罪、对诉讼活动进行监督等职责，是保护国家利益和社会公共利益的一支重要力量。"[②]

中国检察机关的宪法定位 30 余年初心不变，按理说，无论是法律监督制度样式，法律监督理论体系，还是法律监督实践锤炼，都应当是较为成熟定型了。然而，由于中国检察制度在宪法制度上既有司法制度的特征又有法律监督制度的属性，宪法规定的国家法律监督机关的地位长期得不到基本法上的全面充分呼应，法律监督职能主要停留在刑事诉讼、民事诉讼、行政诉讼和最新的

---

① 参见闵钐编：《中国检察史资料选编》第一编"清末和民国的检察史资料"，中国检察出版社 2008 年版。

② 详见新华社《习近平致信祝贺第二十二届国际检察官联合会年会暨会员代表大会召开》，2017 年 9 月 11 日，载中国共产党新闻网 http://cpc.people.com.cn/n1/2017/0911/c64094-29528034.html。

公益诉讼领域，较为充分规定的法律监督职能则是在检察机关有司法权的刑事诉讼领域；而反贪、反渎侦查职能长期成为检察机关毋庸置疑的工作中心，这就决定了中国检察监督以职务犯罪侦查为轴心的职能分布和实践运行一直处于重刑轻民、重实体轻程序、重打击轻保护、重诉讼轻非诉讼的结构性失衡状态，一定意义上讲是一种畸形发展状态；办案与监督脱节，在司法体制长期地方化、行政化、部门化的条件下，多样性、分散性、可选择性的检察监督必然出现低、小、散、虚的诟病，实践中检察监督的权威性频频遭到挑战，检察监督的公信力常常陷入危机。所有这些，使人们对中国检察机关是国家的法律监督机关心存疑虑，普遍认为中国检察机关其实就是一个诉讼型的法律监督机关。而人们对侦查职能是行政属性几乎没有异议，由此对中国检察权的属性产生了司法性、监督性、行政性的多元认识，以法律监督属性统领检察监督制度一直难以真正落地生根。恢复重建以来的检察发展轨迹表明，中国检察制度严重缺乏整体性的法律监督制度设计和稳定性的法律监督制度发展。2016 年夏，检察机关为了理顺林林总总的法定职能，曾经研究提出"刑事检察、职务犯罪侦查和预防、民事检察、行政检察、控告申诉检察"五大检察监督体系[①]，因为不久后开展国家监察体制改革试点，这五大检察监督体系便只能停留在当时的设想。不过，这些设想多少为今天中国检察机关法律监督体系的构建提供了历史借鉴。

进入新时代，我国社会的主要矛盾已经转化为"人民日益增长的美好生活需要和不平衡不充分的发展之间的矛盾""人民美好生活需要日益广泛，不仅对物质文化生活提出了更高要求，而且在民主、法治、公平、正义、安全、环境等方面的要求日益增长"[②]。顺应社会主要矛盾的深刻变化，为人民、为社会提供更多更好的法治产品、检察产品成为新时代检察工作的重大使命。所以，新时代确立整体检察监督观，推进检察监督全面协调充分发展，归根结底，是由新时代社会主要矛盾发生全面深刻变化所决定的。而新时代全面依法治国方略的深入实施，更使我们在法治广阔视野上科学认识中国检察制度、确立整体检察监督观成为必然。一是贯彻习近平总书记重要法治思想之必然。习近平总书记关于"依法治国，首先是依宪治国；依法执政，关键是依宪执政""加强国家机关监督""检察机关是国家的法律监督机关、检察官是公共

---

① 2016 年 7 月 20 日，第十四次全国检察工作会议在吉林省长春市召开，会议提出了"刑事检察""职务犯罪侦查和预防""民事检察""行政检察""控告申诉检察"五大检察监督体系，并强调指出，"检察监督体系是检察机关在党领导下依法履行法律监督职能的制度体系，是中国特色社会主义法治体系的重要组成部分"。

② 2017 年 10 月 18 日习近平总书记在中国共产党第十九次全国代表大会上作的《决胜全面建成小康社会夺取新时代中国特色社会主义伟大胜利》的报告。

利益的代表"等一系列重要法治思想，必须在新时代检察事业的发展中得到全面深刻领会和全面深入贯彻。二是维护宪法最高法治权威之必然。"宪法的生命在于实施，宪法的权威也在于实施"，宪法具有最高的法治权威，其规定的检察机关是国家的法律监督机关的地位、检察制度是国家的法律监督制度，必须得到理论上的充分认同，以充分体现社会主义检察制度的制度自信和理论自信，彰显社会主义检察制度的国情特色和制度优越性。三是全面依法治国的治国方略深入实施之必然。推进法治五大体系建设中特别是高效的法治实施体系和严密的法治监督体系建设过程中，检察机关作为有司法特性和诉讼特点的国家的法律监督机关，应当以宪法规定的"国家的法律监督机关"为做好一切检察监督工作的出发点，以法律监督属性统筹各项检察工作，主导各项检察职能行使，确保从整体上推动检察机关各项法律监督工作全面协调充分发展。

新时代，中国检察制度进入转型发展，这为加快成熟定型、确立整体检察监督观提供了可能。一是国家监察体制改革和国家监察制度立法，使检察机关整体上突出法律监督主责主业成为可能而可行。自 1979 年第一部刑事诉讼法授权检察机关职务犯罪侦查职能以来①，随着反贪、反渎侦查工作越来越繁重，检察机关的注意力无不集中到职务犯罪侦查职能上，对检察工作的评价也主要聚焦职务犯罪侦查成效上，其结果必然是在整体上严重影响中国检察制度是国家的法律监督制度的理论认同和实践认同，牵制着对检察机关法律监督职能整体上的科学谋划。反贪、反渎侦查职能的转隶为理性认同检察机关是国家的法律监督机关、为检察机关回归法律监督主责主业创造了主客观有利条件。二是近年来刑事、民事、行政三大诉讼法的重大修改，不仅调整、丰富了检察机关在三大诉讼活动中传统的法律监督职能的内容与方式；还确立了检察机关提起民事、行政公益诉讼的制度，保留了检察机关对司法人员相关的 14 个职务犯罪立案侦查的职能。这为检察机关以法律监督为主线构建法律监督新格局提供了前所未有的法治条件。当前，检察机关提出了"刑事检察、民事检察、行政检察和公益诉讼"四大检察监督体系全面协调充分发展，这一检察监督新格局已经得到第十三届全国人民代表大会第二次会议作出的决议所确定。三是新一轮检察改革和检察监督新理念，集中体现在整体性、系统性强化法律监督上。如最高人民检察院公布的机构改革方案，十个检察业务厅就是对应四大检察监督领域设置的；又如，最高人民检察院发布的《2018—2022 年检察改革工作规划》也是在强化法律监督大前提下从整体上、类别上、层次上规划的；再如，最高人民检

① 1979 年《中华人民共和国刑事诉讼法》第 13 条第 2 款规定，"贪污罪、侵犯公民民主权利罪、渎职罪以及人民检察院认为需要自己直接受理的其他案件，由人民检察院立案侦查和决定是否提起公诉"。

察院倡导法律监督工作全面协调充分发展新理念，主张法律监督不是"我高你低、你输我赢"的统一体理念，强调法律监督要树立"双赢多赢共赢"的共同体理念，等等，都突出了从整体上考量、谋划和推动新时代检察机关的法律监督工作。

二、整体检察监督观的基本特征

整体检察监督观是一个以法治思维全景式认识中国检察机关法律监督工作的哲学视野。从现实法治条件看，它的基本内涵主要体现在三个维度上：1. 宪法维度上有三层含义：（1）检察机关是国家的法律监督机关，依法独立公正行使检察权，不受行政机关、社会团体和公民个人的干涉。（2）检察制度是国家的法律监督制度，与国家的监察制度、审判制度等具有同等位级的宪法地位。（3）检察机关是自上而下的法定领导关系，其基本目的是从组织、制度整体上保障法律监督工作，保证国家法律的统一正确实施。2. 基本法维度上有三层含义：（1）检察机关是国家的法律监督机关的宪法地位和法律监督的基本法治属性，需要在基本法立法层级上得到充分体现和实现，基本法对法律监督职能的授权是检察机关开展法律监督工作的基本法律依据，法规和司法解释都不能对作为国家权力的法律监督职能进行授权和限制。（2）检察监督职能除了作为宪法性法律的《人民检察院组织法》有概括性规定之外，具体都规定在刑事诉讼法、民事诉讼法和行政诉讼法等三大基本的程序法之中。这说明检察监督是有法定范围、法定程序严格限制的，是专门性的国家法律监督制度。（3）诉讼性、司法性是检察监督制度的重要特征，也是与其他法治监督制度，如权力机关的监督制度、国家监察制度、审计监督制度等的主要区别。3. 职能配置维度上有三层含义：（1）要从检察监督总体立场和结构优化出发，统筹分布在三大诉讼领域的各项检察监督职能，强化检察监督整体功能和效能，形成全面协调充分发展的检察监督工作新格局，坚决避免检察监督工作分工变成分家、各司其职变成各自为政，陷入顾此失彼、厚此薄彼的狭隘的孤立的境地。（2）遵循检察监督属性和诉讼规律，构建分类科学、运行有序、良性互动、融合发展的检察监督类别化体系，使各类别化的检察监督工作既按照自身的属性、规律全面协调发展，又形成相互照应、互为支持的检察监督循环系统，实现各项检察监督工作功能和质效最大化。（3）切实把宪法规定的法定的领导体制优势转化为推进整体检察监督工作一体发展的现实优势，打破检察监督部门化、区域化、利益化壁垒，通过加强省级以上检察监督的科学规划、深化改革、统筹指导，确保检察监督工作稳步、有序开展，确保国家法律的统一正确实施。

整体检察监督观与当前检察工作强调的"讲政治、顾大局、谋发展、重自强"的总要求在内在上是高度契合的，它是新时代检察监督理念的集中概括和反映，处于统领地位。以我国宪法规定的政治体制和政权体制为根本遵循，笔者认为，整体检察监督观有四个鲜明的特征：

1. 政治性。我国宪法规定了中国共产党的领导核心地位，坚持党对检察工作的绝对领导，坚持用习近平新时代中国特色社会主义思想指导检察监督工作，这是检察机关必须始终牢固坚持的最高政治原则和法治原则，是检察机关树立和践行整体检察监督观的根本政治保证。习近平总书记多次指出，法治工作是政治性很强的业务工作。检察机关作为国家的法律监督机关，是党领导全面依法治国条件下守护社会公平正义的最后一道防线，对打击犯罪、保障人权、维护稳定、促进发展，都有着十分重要的职能作用。从现实出发，在当前和今后相当长的时间里，不以检察机关意志为转移的干预依法独立公正行使检察权、影响法律监督的各种消极因素还会顽固存在，从整体上加大法律监督力度、提高法律监督权威，更需要党不断加强和改进对检察工作的领导。检察机关要主动依靠党的领导，坚持正确的政治方向，积极把整体上加强法律监督工作作为实现党领导下全面依法治国的重要途径，作为推进国家治理体系和治理能力现代化的重要方式。要坚决落实全面从严治党的方针，严格执行国家监察制度，对涉嫌职务犯罪案件依法及时与国家监察调查在程序上、措施上进行无缝对接；要主动加强对14个相关司法人员职务犯罪罪名开展立案侦查中与监察委员会的信息互通、线索移送、调查处理等工作，特别是要严格建立、执行重大复杂案件的通报制度，既要确保办案质量、效果，更要补充补强国家监察制度在司法环节的落地见效，以从整体上增强国家的法律监督制度、国家的监察制度在司法领域的惩腐合力。

2. 法治性。确立整体检察监督观必须坚持法治思维和法治方式，以法治为基本标尺和规范准绳。整体检察监督观追求检察监督在法治范畴内整体质能更强大、整体功效更明显，实现法律监督工作"1+1＞2"的良好效果。这就更加要求检察机关坚持"法无授权不得为，法定职责必须为"的基本法治定律，严格认真把握好每一项法律监督职能的底线和边界，每一项法律监督职能延伸和衔接的法治途径，在追求法律监督工作既治标又治本、实现效果最大化过程中，不偏离法律监督的法治精神和法治航线，在任何时候经得起历史、事实和法律的检验。要防止在打造整体检察监督观过程中法律监督观念的自我膨胀、泛化，越是在整体上加强法律监督工作，就越要遵循法律监督的谦抑性、中立性、民主性和有限性法则，以理性激发法律监督活力，实现有限的法律监督资源集约利用、有度的法律监督功能效果倍增。强调法治性，就要毫不动摇地坚持依法独立公正行使检察权、法律面前人人平等、尊重和保障人权等宪法、法律的基本原则，以法治化保证检察监督的生命力，增强检察监督的整体权威性和公信力。

3. 统筹性。确立整体检察监督观应当坚持以点带面、统筹兼顾的科学发展观基本原理，既要保证刑事检察监督、民事检察监督、行政检察监督和公益诉讼检察监督等四大检察监督在整体上全面协调充分发展；又要保证四大检察监督体系各自全面协调充分发展，不可因为主客观原因，让整体和局部法律监督结构失衡，导致新的不平衡、不协调、不充分。要讲究检察监督的智慧和艺术，战略和战术相统一，辩证处理好重点与一般、数量与质量、治标与治本、内部与外部等一系列新型检察监督关系，统筹监督立案（撤案）、纠正违法、抗诉、再审检察建议等法定监督方式，做到精准监督、有效监督；要立足特点和规律，把办案优势切实转变为治理优势，做好充分运用检察建议的后半篇文章。要在围绕中心、服务大局中找准检察监督的重点和着力点，以点带面推动各项检察监督工作朝着更高质量和更好效果目标迈进，形成以问题和效果为导向的检察监督良性循环的法治生态。

4. 一体性。中国检察机关法定领导体制，既是确立整体检察监督观的宪法基础，又是有效落实整体检察监督观的法治保障。检察机关确立、践行整体检察监督观，依托宪法规定的全国范围内的检察领导体制，是极为重要、管用的法治屏障。领导体制的一体性是中国特色社会主义检察制度的重要国情特色，显现了国家的法律监督职能及其实现需要得到统一而强有力的一体的组织、制度保证，以在全面协调充分发展的法律监督工作中，既保证实现检察机关的法律监督工作自上而下"一条龙"；又保证各地各级检察机关开展法律监督工作"一盘棋"。只有把法定领导体制优势切实转变为推动整体检察监督的体制优势，增强领导力、执行力，纵向合拍、横向合力，才能有效克服行使法律监督职能的各种地方和外部不正当影响、干扰，保证法律监督意志的恒性和法律监督活动的刚性。

三、要完善加强整体检察监督的专门立法①

整体检察监督观是重要的法治观，它集中体现了中国特色社会主义检察制

---

① 笔者在《人民检察》1994 年第 10 期上发表《应当立一部法律监督法》，同年在《现代法学》第 4 期上发表《论新形势下加强法律监督工作》一文中又呼吁完善法律监督立法是加强法律监督的当务之急。2015 年，笔者与时任浙江省人民检察院检察长的陈云龙同志再次在《人民检察》第 1 期发表《论检察机关在维护宪法权威中的职能作用》，呼吁健全对检察机关法律监督的立法。2010 年和 2011 年，全国人大代表陈云龙检察长在全国"两会"上提议加强检察机关法律监督立法。2019 年，全国人大代表、浙江省人民检察院贾宇检察长在全国"两会"上又提出了制定"法律监督法"的议案。2019 年 3 月 4 日，全国政协委员、中国人民大学教授、著名诉讼法学专家汤维建在《检察日报》上撰文《检察立法的完善尤为迫切的有两部》，他指出：为了使检察机关在新时代更加卓有成效地履职尽责，确保法律监督权的贯彻落实，确保公益诉讼的顺利推进，应当尽快将相关法律提上立法规划的议事日程加以考虑。这其中尤为迫切的立法有两部：一是"人民检察院监督法"，二是"人民检察院公益诉讼法"。应该说，对检察机关法律监督立法完善的认识在不断统一与深化。

度法治地位、制度属性、理论源点、现实诉求。今天，在全面依法治国、建立更加健全而有权威的中国特色社会主义法治体系的新时代，应当从整体上加强检察监督法律制度，完善检察监督立法。这是中国检察制度进入新时代最终成熟定型的根本保证。主要理由如下：

第一，专门立法是中国检察制度的宪法地位所决定的。我国宪法规定检察机关是唯一的国家法律监督机关，这"唯一性"说明只有检察机关才独立拥有国家法律监督机关的宪法地位；而检察制度是中国特色的国家法律监督制度，在国家法治监督体系中自成体系、独具作用。检察机关作为国家重要司法机关之一，承担着国家的法律监督职能，其属性、机制、运行、方式、效力，均有着极为独特的法治构造、价值和功能，不可以也不应当被其他国家法治制度从整体上替代、吸收。不然，社会主义法治同样会遭受历史上曾经有过的大倒退、大破坏。从我国宪法规定的国家制度法治化实现路径看，大多数有专门的基本法对应或在基本法层面上有充分的反映。如为了加强各级人大常务委员会的监督工作，全国人大常委会专门制定了《监督法》；为了加强国家的监察制度，全国人民代表大会专门制定了《监察法》；为了加强审计工作，全国人大常委会专门制定了《审计法》等。从司法制度看，刑事、民事、行政三大诉讼法都是围绕审判这个中心进行诉讼制度、证据制度等系统设计的，审判整体制度形态远比检察制度发展早、发育好，已经成熟定型。相对而言，检察监督制度既无专门立法，又无在其他基本法上全面、充分地反映，职能主要散见于三大诉讼法之中，法律制度的供给较为薄弱，应当按照宪法规定的重要国家制度的法治化路径，完善在基本法层面检察监督制度的专门立法。

第二，专门立法是检察监督发展方向的内在要求所决定的。党的十九大已经把全面依法治国确立为新时代国家治理的重要方略之一，我国已经进入"四个全面"战略布局下推进国家治理体系和治理能力现代化的新时代。与之相适应，检察监督全面协调充分发展应当得到法律上更充分的保障。应当清醒地认识到，作为国家的法律监督制度，检察监督重要的发展方向就是进入行政执法领域，行政执法领域不应当成为检察监督的盲区，甚至是禁区。全面依法治国强调"法治国家、法治政府、法治社会"一体打造，必须全面建设法治政府，而法治政府建设既要靠内力，也要靠外力。今年的全国人民代表大会上，李克强总理所作的《政府工作报告》中明确指出"政府工作人员要自觉接受法律监督、监察监督和人民监督"。检察监督就是推进依法行政、建设法治政府重要的外部力量。如同国家监察制度对所有公权力和公职人员的廉洁从政做到全覆盖一样，作为国家的法律监督制度，检察监督应当对严格执法、公正司法活动做到全覆盖。这样的检察监督制度才符合宪法规定的"检察机关是国家的法律监督机关"的地位和意义。当前以行政公益诉讼制度为标志，检察监督实质上已经进入了生态环境、食品药品、国有财产保护、国有土地使用权转让等行政执法领域，以诉前程序的检察建议为主要方式开展上述行政执法活动的法律监督，效果明显，各方认可。以诉讼领域为出发点的中国检察机关法律监督通向行政执法活动的窗户已经打开；一直以来就是在三大诉讼领域来设计中国检察监督职能的历史即将过去；对诉讼领域着力完善、强化检察监督，对非诉讼的行政执法领域不断发展、拓宽检察监督空间的时代已经到来。这就需要从整体上推进检察监督制度的立法完善。

第三，专门立法是解决由来已久检察监督不力的根本出路。对中国这样一个缺乏法治和监督传统的国家，实行全面依法治国、加强法律监督、维护公平正义，对于社会和民众有着非常现实和直接的重要意义。多年来，中国检察机关一直为践行"加强法律监督、维护公平正义"的主题而艰苦地努力着、勇敢地探索着，但是在检察监督范围局限在诉讼领域，法定监督职能、途径、方式、效力等又存在法律规定严重不足的主要矛盾面前，检察监督只能在法律障碍面前无奈止步。检察监督法律供给不足直接导致培育监督能力上的不足，检察监督的专门人才严重短缺，这些均严重影响检察监督整体上的权威性和公信力。实践中，由于检察机关的实际地位与法治地位有很大的落差，检察监督时常遭受被监督机关在程序上、职能上、事实上的反制、抵销、搁置甚至否定。近年来，全国大多数省级人大常委会出台了《关于加强检察机关法律监督工作的决定》，有些地方党委也对加强检察机关的法律监督工作制定规范性文件。这为检察机关排解监督困境、加强检察监督营造了良好的政治、法治环境，也为加快国家层面完善检察监督立法提供了充分的思想准备、宝贵的实践经验。有鉴于法律监督制度是国家制度，根本出路就是基本法层面上完善检察监督的立法。我们期待全国人大常委会把完善法律监督立法纳入立法规划，制定一部集检察机关各项诉讼与非诉讼法律监督职能，融合法律监督实体与程序、原则与模式、方式与效力、义务与责任等为一体的专门的检察监督法或作出加强检察监督的专门决定。

当前，紧要的是要从立法层面上解决全国检察机关员额检察官职业资格在全国范围内的贯通问题。现在的员额检察官仍然是属地检察司法资格，员额检察官只可办理任命其法律职务的人大常委会所在地的检察机关的案件，而要办理其他检察机关的案件，则必须经过这些地区的人大常委会的检察官职务任命。全国范围之内、全省范围之内、不同层级和不同地区之间，员额检察官的职业资格彼此割裂、不能支援，既造成全国员额检察官人才资源得不到优化配置、充分使用，导致大量浪费，又造成一些地区检察机关因检察官编制人数严重短缺长期存在的案多人少的矛盾难以缓解。一些重大的法律制度、改革举措也因为员额检察官资格的割裂而无法有效落实，如认罪认罚从宽制度、捕诉一体改革举措，只要案件侦查、审判不是同一层级和同一地区，就不可能理所当然地由一个员额检察官或一个办案组在逮捕、起诉、出庭、监督全流程地执行好、落实好。而跨地区检察机关办理同一个案件的不同程序、层级中要由不同员额检察官办理，必然造成重复劳动、效率低下，不符合优质高效、诉讼经济原则。笔者认为，中国检察机关实行自上而下的法定领导体制，检察官制度是全国性的统一的法律制度，各地检察机关的员额检察官都依法经过所在地人大常委会的任命，只要经过最高人民检察院和上级检察机关的批准，员额检察官就应该被允许在经过批准的范围内依法履行检察职责，依法办理相关案件。从整体上保证全国员额检察官能够有条件、有序调动，既极大地盘活员额检察官这一稀缺的法律专门人才的存量，调动全体员额检察官的工作积极性；又能够保证法律监督和办案工作的连续性、完整性，从整体上促进各项检察监督工作全面协调充分发展。对此，只要全国人大常委会对《人民检察院组织法》《检察官法》作出相应立法解释，授权最高人民检察院、上级人民检察院依法批准不同地区、不同层级的员额检察官跨区域、跨层级的履职资格，这一问题就能够从根本上得到解决。这样的立法解释是增强中国特色社会主义检察制度自信、增强检察监督活力和权威的特别重大而有现实意义的大事。如果该项立法解释能够出台，将与我国诉讼中的异地管辖、指定管辖制度和实践中重大疑难复杂案件交办、督办制度一起，极大地增强检察机关整体上依法独立公正行使检察权，促进社会公平正义，维护国家法律统一正确实施的能力和水平。

四、完善整体检察监督相应的工作体制机制

（一）优化履行整体检察监督职能的机构设置

当前，以刑事检察监督、民事检察监督、行政检察监督和公益诉讼检察监督"四大检察监督"板块为基础的新一轮检察机构改革正由上而下有序进行；以捕诉一体为主要标志按犯罪大类设置的审查逮捕、审查起诉、诉讼监督、申诉复查、犯罪预防等刑事检察监督职能集中归口的改革模式正在推广，[①] 检察

---

① 当前，刑事申诉复查职能重新归属原刑事检察部门，与捕诉一体改革后续办案相衔接。这里要正视的是，刑事申诉复查不是刑事诉讼必经程序，是一种监督纠错和权利救济相统一的特别程序。要发挥这种程序的法律功能，必须强调机制的监督性、制约性和回避性。近年来检察机关监督纠正一批有影响的严重冤错案件，与2012年刑事申诉复查职能改革由控告申诉检察部门承担有内在关系。立足实践检验和监督规律，从增强检察监督权威性和公信力出发，对刑事申诉复查机制值得进一步反思和完善。

机构改革既突出了专业性，又强调了整体性。笔者认为，目前确定的检察监督四大板块尚没有、也不能把法律赋予检察机关承担的对司法人员相关职务犯罪的侦查职能（下称司法人员职务犯罪侦查职能）列入其中。这项特殊的职务犯罪侦查职能有着补充、补强国家监察制度在司法领域落地生根的政治意义，有国家监察和法律监督双重属性；涉嫌司法人员职务犯罪分散在刑事、民事、行政三大诉讼的各个环节；职务犯罪侦查工作与其他检察监督工作的条件、运作、目标有着很大不同，完全不能被其他的检察监督领域所吸收和替代。司法人员职务犯罪侦查职能对整体上保证检察监督的力度和权威有着现实而深远的影响，对检察机关法律监督工作全面协调充分发展有着"四两拨千斤"的战略性、内生性支撑作用。所以，笔者认为，中国检察机关应当建立"4+1"的检察监督板块，即如前所述的四大检察监督板块加上司法人员职务犯罪侦查职能板块。同时，司法人员职务犯罪侦查职能应当统一由一个专门的检察工作机构或者办案组织主体承担，并形成由上而下有组织、有机制的一体化侦查工作体系。当前，最高人民检察院决定，由刑事执行检察监督部门承担这一职务犯罪侦查职能，并主要由设区市检察机关刑事执行检察部门承担。这应当有实践检验和探索研究的空间，因为刑事执行检察部门并不是一个专门性的侦查机构，它本身有着繁重复杂的刑事执行监督任务，而司法人员涉嫌的 14 个罪名的职务犯罪涵盖三大诉讼领域，特别是民事诉讼、行政诉讼领域，刑事执行检察部门并无侦查、专业上的任何优势。为此，这项新型的职务犯罪侦查职能的运行模式需要在实践基础上、整体上、系统上不断优化。与此同时，检察内部业务机构的数量在四级检察机关中呈上多下少的结构，而越往下走办案任务就越重，尤其是基层检察机关是开展法律监督的主力军和主战场，整体检察功能强不强、功效好不好，基层是基础是保证，不能因为上下机构、职能的不对称、交叉性、重叠性影响整体检察监督有序有效开展。要以检察一体化为总路径，健全上下左右检察机关整体上加强法律监督的体制机制，优化各项检察监督职能运行方式并形成一体合力。

（二）积极探索建立跨区域的检察院

党的十八届四中全会作出的决定中明确指出，要探索建立跨区域的法院、检察院。这几年全国法院系统的跨区域法院建设迈出新的步伐。以杭州为起点又在北京、广州设立的互联网法院，在北京、上海、广州等市设立的知识产权法院，在上海设立的金融法院等，其审判管辖、职能已经跨区域。而检察系统迄今为止没有迈出实质性步伐，从保证国家法律的统一正确实施、维护社会主义法治的公平正义和权威尊严来讲，检察机关探索建立跨区域的检察机构或机制，更有着必要性、紧迫性。公益诉讼制度是新时代重大而新颖的检察监督制度，是中国检察机关以公益诉讼的形态开展对行政执法活动法律监督的第一步，对中国检察机关全面落实国家法律监督机关宪法制度意义重大。从法律规定的生态环境、食品药品等公益诉讼领域看，跨区域的案件普遍而突出。借鉴杭州互联网法院在杭州铁路运输法院增挂牌子的成功经验，结合铁路政法体制与地方政法体制全面深度融合的趋势，笔者认为有必要将全国铁路检察系统从整体上改制为跨区域的公益诉讼检察体制。当前，经过严格试点、批准，可以在基层铁路检察院增挂某某公益诉讼检察院牌子，作为一个完全独立的基层检察院，同时又是省级检察机关的派出机构，集中专门办理省域内和跨省域的公益诉讼案件是完全可行的。从检察机构改革看，它本身也可以是省级检察机关的一个公益诉讼业务部门。这为检察机构改革中有限机构、职能的整合、优化创造了新的空间。

要以一体化为依托创新跨区域检察巡回工作制度，最高人民法院的巡回法庭制度已经全面法治化，而检察机关的巡回检察工作仍然局限在刑事执行检察监督领域特别作为对监狱、看守所的检察监督重要方式。应当看到，巡回检察有着优良的传统，是自上而下加强一体性的法律监督和实现检察领导关系的重要途径，应当在全国范围内开展常态的和专项的巡回检察工作作出制度安排，推进全国检察机关法律监督工作一体化、动态化进程。适应国家重大的改革、发展战略，检察机关的跨区域工作机制应当加快建立，如长三角一体化就必然推进长三角法治的一体化，这就需要建立长三角一体化的检察监督工作机制，为长三角的一体发展提供一体化的司法保障。京津冀协同发展、长江经济带建设、粤港澳大湾区建设等，也需要在跨区域的检察监督的协同发展上作出制度性安排。

（三） 完善开放共赢的检察监督工作机制

整体检察监督观必定是面向社会、面向基层、面向群众的。针对我国检察监督长期处于封闭、孤立的状况，当前和今后应当根据围绕主责主业、全面协调充分发展的路线图，立足切实可行，加快完善开放互动、合作共赢的检察监督平台。（1）加快健全执法、司法全流程信息化共享机制。要以信息化推进行政执法与刑事司法相衔接的工作机制全面全程落地生根，以信息化畅通侦查、起诉、审判、执行、监督等刑事诉讼各个环节，以信息化透视民事、行政诉讼活动的真实情况，为从整体上加强检察监督提供不竭的源头活水。（2）建立乡村检察官制度。保证人民群众的高水平、多元化的获得感、幸福感、安全感是检察机关加强整体检察监督的强大动力和奋斗目标，精准扶贫、乡村振兴离不开法治的服务和保障。广阔天地，大有作为，检察官是公正的使者和公益的代表，中国检察官应当坚定地走进乡村、走进群众，在服务群众、推进基层治理法治化的同时，从群众中汲取法律监督的养分，不断加强和改进基层基础的检察监督工作。（3）倡导在基层公安机关设立检察工作机构试点工作。基层公安机关是社会治理的主力军，侦查是执行刑事诉讼法的基础和源头。检察机关刑事侦查、立案活动的法律监督应当与侦查活动同频共振、步调一致，要把配合功能与监督功能有机统一起来，关口前移、重心下沉。在基层公安机关设立检察工作机构，既有利于提高办案质量、效率、效果，又有利于及时发现问题、有效开展监督，这是事半功倍的、有益的实践探索，是与基层公安机关共同打造双赢多赢共赢的平台。它使得构建分工负责基础上的新型检警一体化、大控方工作格局有了可靠的载体，值得从整体上探索完善。

应当注意到，整体检察监督观的全面确立，要求检察机关加强中国检察制度、世界检察制度的宏观深入研究，多从共性和规律性出发，找到中国检察制度与世界检察制度融合发展的基点，避免中国检察制度因为特色而融入不了世界检察舞台和潮流；更为重要的是要在习近平新时代中国特色社会主义思想的指导下，深刻总结新中国检察制度在国家政治、政权制度中的地位和作用，以及新中国检察制度发展、完善的规律、特点，下大力气夯实中国检察制度的基础理论和科学体系。同时，要从全面协调充分发展的检察格局出发，从整体上完备检察监督受理反馈体系、质量考评体系、案件管理体系、人才培养体系、信息智能体系、服务保障体系和公共关系体系，增强检察监督的循环性和美誉度，保证检察监督在整体上朝着更高质量、更高水平全面协调可持续发展。

（原载于《法治研究》2019 年第 3 期）

逻辑的转换：检察机关内设机构调整与捕诉一体

张建伟[*]

检察机关内设机构，以组织法逻辑或者诉讼法逻辑进行构造，虽然几经变化，其格局始终遵循着上述逻辑。内设机构调整，采取的是分工越来越细的走向，刑事检察部门分离出来批捕部门和公诉部门，就是如此。及至未成年人犯罪案件检察部门分立，检察机关内设机构出现了逻辑上或曰设定标准上的不统一乃至冲突，刑法逻辑开始出现在检察机关内设机构调整的议题中，形成取刑法逻辑舍诉讼法逻辑的局部现象。近期最高人民检察院率先进行的内设机构调整，成为全国检察机关内设机构调整的先声。在法律监督根本职能这一逻辑起点不变的前提下，明显变化是在刑事公诉和审查批准逮捕领域，以刑法逻辑取代刑事诉讼法逻辑，形成新的、幅度较大的内设机构格局，实行"捕诉一体"，同时强化民事诉讼监督、行政诉讼监督和公益诉讼，形成三大民行部门的分立，让检察机关内部有焕然一新之感。如今最高人民检察院内设机构调整已经完成，其他检察机关内设机构调整将渐次展开。检察机关内设机构调整引起法律界广泛关注，对于这一调整涉及的理论和实践层面的问题，值得进一步分析，其中的逻辑关系，尤其值得关注，本文即从这一角度展开探讨，以期为检察机关内设机构调整提供一种分析思路和某些建议。

一、内设机构的逻辑起点："法律监督"及其范围拓展

美籍华人梁厚甫先生曾经撰文感叹我们不重视逻辑上的同一律。不能在同一律下使用同一概念和判断，势必造成对一些问题的讨论难以形成共识，在学术讨论中也会增加学术对话上的困难。例如杜鹃、夜豹、子规，是同一种鸟；荷花、菡萏、芙蕖、莲花，是同一种花，这是名词有异，内容相同。日本的"搜查"与我国的"搜查"不是一回事，倒是与我国的"侦查"同义；日本的"手纸"指的是信，也与我国的"手纸"（指的是卫生纸）迥然不同。毫

---

* 清华大学法学院教授、博士生导师。

无疑问，在同一概念之下进行讨论，才有学术对话的可能性，才能形成一致的意见。

以此观之，检察机关作为法律监督机关，这一宪法定位是检察体制和检察权配置围绕的核心，自然也是内设机构设置与调整的逻辑出发点。但是，到底该如何理解"法律监督"，如何进行内设机构调整才有利于突出检察机关法律监督机关的宪法定位，显然离不开对于"法律监督"的本意的解读。我国虽然属于社会主义法系国家，但是并未全面移植苏联检察制度，因此，虽然都称为"法律监督"机关，我国与苏联的检察体制与职权配置差异很大，其逻辑起点并不完全相同。我国检察机关在不完全等同于苏联检察制度的逻辑脉络中寻找法律监督职能的着力点，试图通过内部机构调整来强化检察职能，这一努力体现为当前对于扩大检察机关监督范围的尝试上。笔者认为，正确认识检察机关是法律监督机关这一基本命题，才能对检察体制和检察职权配置的现状乃至检察机关在国家法治大局中的作用有一个清晰的认识，也才能够认识到如今法律监督职能的局限性，寻求突破这一局限性的方法。

社会主义法系之检察机关，以法律监督作为自己的根本职能，此一根本职能定位，源于苏联。苏联检察机关作为法律监督机关，自有其逻辑。俄国十月革命以后，新的苏维埃国家由多个加盟共和国组成，这个庞大国家的统一性成为执政者需要考虑的对象。列宁维护国家统一的办法具有现代色彩，他认为国家要维护统一，其途径为法制统一。维护法律统一的任务，落在检察机关肩上。这一选择，有其历史原因。在沙俄时期，检察官兼有监察官与检察官合二为一的职能，既有司法职责，也有监察百官的责任。苏联检察机关作为法律监督机关，其监督的含义是"一般监督"，即对机关、企业、事业单位乃至工厂、农庄无不可以监督。如列宁所言："检察长有权利也有义务做的只有一件事：注意使整个共和国对法制有真正一致的理解。不管任何地方差别，不受任何地方影响。"① 他还指出："检察长的责任是使任何地方政权机关的任何一项决定都不同法律抵触，所以检察长有义务仅仅从这一观点出发，对一切不合法律的决定提出异议，但是检察长无权停止决定的执行，而只是必须采取措施，使整个共和国对法制的理解绝对一致。"②

值得注意的是，一般监督范围，源自对于"法律监督"之"法律"的理

---

① 《列宁全集》（第43卷），人民出版社1987年版，第195页。转引自王建国等：《中俄检察制度比较研究》，法律出版社2017年版，第71页。

② 《列宁全集》（第43卷），人民出版社1987年版，第195页。转引自王建国等：《中俄检察制度比较研究》，法律出版社2017年版，第196页。

解。苏联之"法律监督"是对所有现行有效的法律的执行情况进行监督，如列宁在提到"法制""法律"时乃是泛指一切法律："法制不能有卡卢加省的法制，喀山省的法制，而应是全俄统一的法制，甚至是全苏维埃共和国联邦统一的法制。"这种监督范围自然覆盖所有的地方政权机关，包括立法、司法、执法机关，一般监督也就顺理成章了。

苏联解体之后，俄罗斯联邦检察机关仍然延续了苏联检察机关的法律监督职能，"从1992年以及此后历次修改的《俄罗斯联邦检察院组织法》对于俄罗斯检察机关的法律监督职权作出的规定看，俄罗斯检察机关行使的检察权仍然是以履行法律监督为主要职责、具有司法属性的检察监督职能。虽然，俄罗斯的司法改革一直在探索俄罗斯检察权是定位为司法权，或是法律监督权，或是行政权，其检察机关的监督职能也曾经有削弱的趋势，但主流的根深蒂固的观念仍然认为检察权是具有司法权属性的一种国家权力。并且，随着俄罗斯检察机关在维护俄罗斯联邦法制统一职能的发挥，检察机关再次被授以维护法制统一和遏制犯罪的重任"。① 这表明，法律监督作为检察机关的根本职能定位是有生命力的，并未随着俄罗斯意识形态和国家根本制度的变化而走向终结。

我国检察机关法律监督职权有其可大力拓展的空间，"法律监督"是一个覆盖面很广、有纵深性的概念。尽管到目前为止，与苏联相比，我国检察机关宪法定位的"法律监督机关"，其"法律监督"之"法律"并非涵盖一切现行有效的法律，只局限于与诉讼相关的法律，亦即检察机关对诉讼活动进行监督涉及之法律，包括实体法也包括程序法，监督的对象主要是参与广义的诉讼活动的公安机关和人民法院。

苏联依照法制统一向国家统一的逻辑走向设计检察机关法律监督职能，与苏俄十月革命以后的国家形势有密切关系。我国虽然也存在维护国家统一的突出问题，但是制度的选择、设计与苏联不同：我国不是依靠一个高权重的机关体系维护法律统一以维护国家统一，检察机关的法律监督并未与维护国家统一产生逻辑上的联结，检察机关维护法律统一的职能只是保持刑事侦查权和审判权的正当行使，因此立法中涉及检察职权的具体设计中存在对于"法律"内涵的立法限缩现象。这就使得我国检察机关作为法律监督机关不可能获得超越行政机关和人民法院的上位者的地位，其监督具有范围特定化的意义。易言之，从严格的"法律监督"的含义看，我国检察机关与苏联相比，具有局部意义，并非完整意义上的法律监督。

基于"法律监督"之"法律"理解上的不同，对于检察机关法律监督职

---

① 王建国等：《中俄检察制度比较研究》，法律出版社2017年版，第77页。

能的作用的认识也存在巨大差异，检察体制设计自然也与苏联检察体制有所不同。在苏联，一般监督的范围很宽，监督的目的又是通过它达到维护国家的统一，所以苏联检察机关必须不受地方势力控制，实行垂直领导，即所有的检察长都只服从苏联总检察长的指挥和命令，不受制于其他机关、团体和社会组织以及个人的干预。因此，为苏联检察机关量身打造的体制是垂直领导而非双重领导。以此观察其体制背后的基本观念，不受地方权威部门的控制乃是垂直领导体制的基本要义。

我国检察机关与一般监督职能有过交集，1951年《中央人民政府最高人民检察署暂行组织条例》第2条规定："中央人民政府最高人民检察署，对政府机关、公务人员和全国国民之严格遵守法律，负最高的稽查责任。"按照该条例第3条规定，各级检察机关对于"全国各级政府机关、公务人员和全国国民是否严格遵守全国人民政治协商会议共同纲领、人民政府的政策方针和法律法令"负有检察职责。1954年《人民检察院组织法》第3条规定："最高人民检察院对于国务院所属各部门、地方各级国家机关、国家机关工作人员和公民是否遵守法律，行使检察权。"第4条规定地方各级人民检察院"对于地方国家机关的决议、命令和措施是否合法，国家机关工作人员和公民是否遵守法律，实行监督"。到了1979年，恢复重建后的人民检察院的检察职能受到限缩，局限于诉讼监督的范围，亦即监督范围局限于司法领域和刑事侦查领域以及诉讼过程，监督的对象主要是公安机关和人民法院。维护国家统一与维护法制统一未能联结在一起，检察机关在国家治理层面的作用没有得到充分发挥。即使在实行一般监督的时期，对于我国检察机关应当实行双重领导还是垂直领导体制，认识上存在不足，因此在检察体制设计的逻辑上有所偏离。法律监督局限于诉讼监督之后，由于监督对象是公安司法机关，在体制上无须顾虑地方的影响与控制，只要能够发挥对公安机关和人民法院的监督即可，因此，我国检察机关实行的双重领导制度也就顺理成章了。这种双重领导制度背后的逻辑是，地方权威部门及其人员并非监督对象，因此不存在被监督对象反噬监督者的问题，而且地方权威部门的领导可以弥补中央权威部门的监督之不足，发挥对于地方检察机关施加监督与控制的作用，采行双重领导制度就成为一种必然选择。

由于"法律监督"理解上的窄化，在维护法制统一方面，我国检察权行使的空间局限于司法过程、刑罚执行过程以及刑事侦查过程，这使得检察机关在一些需要发挥法律监督职能的场合，还难以发挥作用。但是，"法律监督"的概念与意义，可以被重新诠释与评估，当检察机关在国家和社会治理方面具有的作用被认识之后，检察机关的监督范围会获得拓宽的机会。检察机关近年来在这一方面作出了努力，典型的表现是，检察机关试图借助于行政公益诉讼这一诉讼类型，将监督范围拓展到行政执法领域，这预示了检察机关未来法律监督的前景，尽管我国检察机关"法律监督"之"法律"范围与苏联检察机关的"法律监督"之"法律"的范围仍然存在明显差距，但检察机关在宪法上的"法律监督机关"的定位有着进一步解释的空间。

检察机关在法律监督范围的拓展方面做出的努力值得肯定，一是通过公益诉讼将法律监督向行政领域延伸，监督方式上增加民事公益诉讼和行政公益诉讼，使法律监督的手段得以增加；二是在维护宪法和法律方面拓展新的路径，最高人民检察院进一步明确自己的主要职责，强调"依法向全国人民代表大会常务委员会提出法律解释要求，向全国人民代表大会常务委员会提出对行政法规、地方性法规、自治条例和单行条例是否符合宪法和法律进行审查的要求"。这一职责包含了人民检察院在合宪性审查方面能够发挥的作用，使人民检察院的监督范围有所拓宽。

公益诉讼制度的成长与民事诉讼和行政诉讼监督的强化，影响到当前的内设机构调整，民事诉讼检察部门与行政诉讼检察部门分立，并且增加检察人员的配置，必然有利于强化检察监督存在的短板，使检察监督在诉讼领域形成齐头并进的全方面监督，改变民行诉讼监督弱化的局面。

公益诉讼部门的建立，成为检察机关内设机构调整的一项重要内容，公益诉讼是检察机关法律监督的一大增长点。十八届四中全会的《关于全面推进依法治国若干重大问题的决定》，确认"检察机关在履行职责中发现行政机关违法行使职权或者不行使职权的行为，应当督促其纠正"，这将检察机关的监督延伸到了行政领域。2015 年检察机关推动的公益诉讼改革的尝试，得到立法的积极回应，2017 年 6 月 27 日修改《民事诉讼法》和《行政诉讼法》，确立了在民事诉讼和行政诉讼中的公益诉讼制度。在实践中可以获得诉讼利益的有力论证，在理论上可以从"法律监督"本意上获得支持，成为在完整意义上的"法律监督"之逻辑自然发展的一环，在检察机关法律监督职能上找到制度的灵感来源。当然，公益诉讼究竟是否属于法律监督范畴，值得进一步探究。没有检察机关的法律监督职能，仍然可以从检察机关的公共利益维护者的性质出发配置诉权，这样公益诉讼就属于单纯的诉权范畴，而无关乎法律监督职权。但是诉权与法律监督职权并非非此即彼的关系，检察机关公益诉讼的来源是否源于法律监督权，取决于制度设计者建立公益诉讼的出发点是否以法律监督为逻辑起点，以及现在的公益诉讼的实践是否自觉以法律监督职能的发挥为指导原则。在这两个方面，我国检察机关在创立和推动公益诉讼制度方面的指向是很明确的，就是为了更好地发挥法律监督职能。易言之，法律监督职能显然是我国检察机关公益诉讼的逻辑起点，公益诉讼制度的建立也进一步使检察机关法律监督的本意得以显现。

二、内设机构的职能布局：诉讼与诉讼监督的关系

有论者指出"内设机构既是检察权分解的结果和组织表现形式，也是检察官行使检察权的行政组合。内设机构设置的不同逻辑，体现了对检察权分类和运行在理论上的不同认识，这种认识指导下的内设机构设置会导致检察权运行方式的不同，进而影响到法律监督职责能否全面、平衡、充分履行"。① 检察机关内设机构的设置，与检察机关根本职能下的具体职能配置密切相关，也是对检察机关具体职能之间关系的认识的反映。

在法律监督这一根本职能之下，检察机关有着若干具体职能，包括两类：一类是诉讼监督职能，另一类是诉讼职能。在刑事诉讼领域，检察机关的诉讼监督职能包括立案监督职能、侦查监督职能、审判监督职能、执行监督职能。此外，检察机关还在刑事诉讼领域之外担负民事诉讼监督职能与行政诉讼监督职能。检察机关的诉讼职能包括审查批准逮捕、侦查、公诉诸项具体职能。

检察机关的诉讼职能是不是属于法律监督性质？对于这一问题，存在一种"泛监督论"的观点——由于我国宪法将人民检察院定位为法律监督机关，法律监督这一基本职能与具体职能的关系，就成为一般到特殊、概括到具体的关系。因此，在很长时期内，检察机关将具体的诉讼监督职能与诉讼职能都看作法律监督职能的具体表现，亦即检察机关的具体诉讼监督职能和诉讼职能都是法律监督性质，而且在司法实践中，诉讼职能与诉讼监督职能也往往密不可分。如审查决定逮捕本身就被看作诉讼监督的手段，而且审查批准逮捕过程中更容易发现侦查活动中存在的问题，这一诉讼环节是检察机关履行侦查监督职能的适当场合。

由于诉讼职能被看作监督职能的一部分，诉讼监督手段较为薄弱的问题在一定程度内得到了掩盖，特别是，侦查权被看作监督手段之一，该项权力又是一项强而有力的权力，因此就不能说在有侦查权的情况下监督权是软弱无力的权力了。

就理论层面言之，将诉讼职能看作法律监督职能的具体表现形式，在逻辑上是讲得通的。且看侦查权，侦查的对象是国家机关工作人员或者国家工作人员，检察机关行使侦查权的锋芒所指，是某些国家公权力机关及其人员，无论

---

① 邱学强：《恢复重建以来检察机关内设机构改革的历史经验与启示》，载《检察日报》2018 年 11 月 13 日。

过去的侦查权范围还是现在窄化了的侦查权范围，都有对于国家公权力的监督和纠弹性质。再看公诉权，从监督者的视角观察，凡犯罪者，属于公诉案件，皆由检察机关提起公诉，提起公诉本身也可以说具有以公诉权维护法治的作用，对于违反刑法的行为加以纠举就是检察机关发挥监督作用的表现，这一诉讼行为与法律监督职能具有精神的贯通性。

不过，将诉讼监督与诉讼混合在一起，诉讼监督的独立价值被模糊化了。因此，近些年来，一些地方检察机关尝试将具体监督职能与诉讼职能分离。这种分离，基于监督是监督、诉讼是诉讼的两分观点，认为监督职能从诉讼职能中分离出来才能显现其独立价值，才能有意识地进行独立的制度建构，发挥其独特的作用。将诉讼职能与诉讼监督职能结合在一起，容易弱化监督职能，使监督职能依附于诉讼职能而失去独立性。另外，将诉讼监督职能与诉讼职能分离，由不同的检察业务部门分掌，由不同的检察官办理诉讼案件和诉讼监督事务，避免诉讼职能与诉讼监督集于一个部门、同一检察官带来的角色冲突。有论者指出："几年前，学界与检察实务界提出了批捕、起诉等诉讼职能与侦查监督、审判监督、执行监督等诉讼监督职能适度分离的观点，在职能区分的基础上，分离两种职能的机构设置方案亦在某些检察机关付诸实施。这种分离主要有两种方式，一种是部门内分开，即于侦查监督部门及公诉部门内设监督专组专门从事诉讼监督业务，如北京市人民检察院第二分院曾经采取的机构设置方式；另一种则是部门分离，即在批捕部门、公诉部门外，另设刑事诉讼监督部门，专司侦查监督与审判监督等监督职责，如湖北省人民检察院曾进行的机构设置改革。"

诉讼监督职能与诉讼职能在理论上是可分的。从诉讼制度沿革史上看，诉讼职能本来不依赖于诉讼监督职能而长期存在，至今大多数国家检察机关没有诉讼监督职能，只有诉讼职能，可见诉讼职能与诉讼监督职能是可分的。另外，通过诉讼监督的内容、程序以及监督主体的设定等方面，也可以将诉讼监督职能与诉讼职能分开，使诉讼监督与诉讼形成铁路上的双轨。在理论先导之下，实践得以跟进，一些地方检察机关就此进行了尝试：有的地方检察机关将侦查监督工作与审查批准逮捕工作分开，分别成立侦查监督部门和审查批准逮捕部门；将审判监督工作与公诉工作分开，分别成立审判监督部门与公诉部门。有的地方检察机关将立案监督、侦查监督、审判监督和执行监督进行一定整合，将其与公诉等诉讼职能部门区别开来。

不过，诉讼监督职能在实践中是否能够与诉讼职能彻底分开，是值得深究的问题。从诉讼监督的材料来源看，立案监督与执行监督都有自己的材料来源，可以不依赖于诉讼职能，立案监督、执行监督与诉讼职能，无论理论层面还是实践层面都是可以分开的；但是侦查监督与审判监督的材料来源的主要渠道是审查批准逮捕与审查起诉，审查批准逮捕与审查起诉是诉讼职能的内容，长期以来，检察机关通过履行审查批准逮捕与审查起诉等诉讼职能来发现监督线索并随带进行监督，"从操作实践看，分离职能和机构的主要问题在于，诉讼监督的信息来源不够，诉讼监督所凭借的手段不足，同时还存在两方面检察官的协调以及诉讼效率的问题"。① 实践中分开，造成检察工作烦琐化，容易降低侦查监督和审判监督的效率，得失比较，所失大于所得。

值得注意的是，检察机关诉讼监督职能与诉讼职能的关系分立的观点，也许带来其他意外的影响。1996 年刑事诉讼法修改中，这种观点就一度影响到检察权的配置。例如，那次修改刑事诉讼法过程中，学者大多认同这样的主张，即人民检察院是法律监督机关，既然承担法律监督之责，诉讼职能的战线就不要拉得太长，只有压缩其诉讼职能，才能使检察机关在履行法律监督职责时更为超脱。当时锋芒所指，是检察机关的侦查权范围，试图通过刑事诉讼法修改将检察机关的经济案件侦查权转给公安机关。1996 年刑事诉讼法修改限缩了检察机关的侦查权范围，在检察机关诉讼监督职能没有得到增进的情况下，检察机关实实在在的诉讼职能行使的范围得到了缩小。

近期最高人民检察院内设机构的调整，除了原有的民事诉讼检察、行政诉讼检察以及刑事执行检察部门之外，并未将刑事诉讼监督单列出来成立独立的部门负责监督工作，不仅如此，原来专司监所检察（刑事执行检察）的部门还被赋予了侦查权，突出了侦查权的诉讼监督性质（2018 年刑事诉讼法修改将 14 个罪名留给检察机关的目的是保障诉讼监督有一定的手段和力度）。最高人民检察院"在办案中监督，在监督中办案"的检察职能调整的思路在这次内设机构调整中得以凸显，这一思路与将诉讼监督职能与诉讼职能分立的思路显然是不同的。有论者指出："一些地方检察机关在机构改革探索中，强调诉讼职能与诉讼监督职能的分离，可能就会推导出在内设机构设置方面把诉讼监督部门单独设立的结论，这背后折射的就是对办案与监督关系的不同认识。实际上，履行各项法律监督职责要贯穿于检察办案中，就是要在办案中监督、监督中办案。离开办案，法律监督就是无源之水、空中楼阁，无法落地。办案是基础，监督也是为了促进和支持依法、正确、优质、高效办案。必须把监督寓于办案，把办案作为监督履责的过程和基本手段。"② 最高人民检察院的内

① 龙宗智：《检察机关内部机构及功能设置研究》，载《法学家》2018 年第 1 期。
② 邱学强：《恢复重建以来检察机关内设机构改革的历史经验与启示》，载《检察日报》2018 年 1 月 13 日。

设机构调整，对于诉讼监督和诉讼的关系，提供了与此相同的实践答案。

三、逻辑的转换：内设机构调整及其功能解析

检察机关内设机构的调整是检察体制改革的一项重要议题，这项议题随着检察机关"大部制"调整到最高人民检察院内设机构重新设定，引起法律界极大关注。"大部制"将检察机关内设机构进行整合，试图改"处""科"为"部"，对内设机构进行了称谓上的去行政化。检察机关"大部制"调整，试图整合检察力量，服务于增强检察职能的目标。这项调整是在不改变原有的检察机关内设机构基本格局的前提下进行的，尽管进行了部门整合，实际上只是将检察机关既有的内设部门进行了归类，冠以"部"的名义，下面仍设有"处""科"，保持原来内设机构的人员配置和职责分工，与近期检察机关内设机构的大调整相比，存在力度上的差别。不过，伴同"大部制"改革进行的虚化部门负责人在业务管理方面的责任，将检察权向检察官下放，实行"扁平化"管理，这些改革内容是可圈可点，值得赞赏的。

当前检察机关内设机构的调整，令人耳目一新：检察体制改革通常由下至上推动，较少由上至下发动，甚至存在"下改上不改、上推下不动"的问题。检察机关近期进行的内设机构的调整，先从最高人民检察院改起，对检察机关内设机构做了系统性、整体性、重构性的改革，再进一步带动全国检察机关重构内设机构的重大举措。这一调整，主要内容是将最高人民检察院侦监厅和公诉厅撤销，刑事检察部门按照犯罪领域大类分为4个部门，每个部门均实行捕诉一体的办案机制，由此最高人民检察院内设机构共分为10个部门，依次从第一厅到第十厅，按照数字排序，不再从各业务部门名称上概括其主要承担的职能。最高人民检察院内设机构调整以后，各地检察机关将按部就班进行相应调整。一些省级检察机关表示将对自己的内设机构进行对应设计，还有的地方检察机关在最高人民检察院提供的内设机构的基本框架内进行部分调整，以适应本地检察实践的实际需要。

检察机关内设机构的调整，体现了检察机关体制上基本逻辑的转换。检察机关内设机构原来遵循的是组织法逻辑，也可以说是诉讼法逻辑。所谓组织法逻辑，是指按照组织法规定的检察机关的具体职能设定内设机构，从新中国检察机关建立以来，检察机关内设机构主要是从组织法确认的检察机关具体职权出发而设置的，如1954年根据新颁布的《人民检察院组织法》将检察机关内设业务机构分为一般监督厅、侦查厅、侦查监督厅、审判监督厅和劳改监督厅。1978年恢复重建以来，检察机关内设业务机构几经更迭，大体是按组织法和诉讼法为依据进行布局和调整，1979年《人民检察院组织法》第20条规

定："最高人民检察院设置刑事、法纪、监所、经济等检察厅，并且可以按照需要，设立其他业务机构。地方各级人民检察院和专门人民检察院可以设置相应的业务机构。"按照这一规定，检察机关的内设机构设置为刑事检察部门、法纪检察部门、监所检察部门、经济检察部门、信访部门等，1982 年以后为精简机构将法纪部门与经济检察部门合并为一个部门。1985 年以后，各级检察机关为更有力查处涉税犯罪案件，设立税务检察机构，在税务部门设立了税务检察室。1987 年信访部门改称控告申诉检察部门，1988 年法纪检察部门与经济检察部门分立，1989 年经济检察部门改称贪污贿赂检察部门，后改为反贪污贿赂局（最高人民检察院设立反贪污贿赂总局）。此外，检察机关还设立了民行检察部门，法纪检察部门改称渎职侵权检察部门（2005 年统一改称"反渎职侵权局"），最高人民检察院还设有铁路运输检察厅和死刑复核检察厅。[①]

总的来看，检察机关内设机构按照组织法要求，大体可以分为刑事检察部门、民行检察部门、监所检察部门以及侦查部门。多年来，检察工作分工渐细，一些部门进行了拆分，各地检察机关陆续实行"捕诉分离"，由原来的刑事检察部门分离为批捕部门与公诉部门。检察机关内设机构的称谓随后也发生变化，将批捕部门改称侦查监督部门，将监所检察部门改称刑事执行检察部门，借以突出检察工作的法律监督性质。内设机构方面的组织法逻辑与诉讼法逻辑基本一致，诉讼法逻辑的内设机构表现为两个方面，一是按照诉讼法类型分为刑事诉讼、民事诉讼和行政诉讼等内设机构区块，刑事诉讼部门又按照刑事诉讼过程分为侦查、侦查监督、公诉、刑事执行等内设部门，大体对应着刑事诉讼各个诉讼阶段。组织法逻辑或诉讼法逻辑的内设机构设置，突出了检察机关的法律监督性质，与法律监督这一根本职能下的具体职能直接对应，检察机关内设机构与检察职能的逻辑脉络和逻辑关系较为突出，契合着检察机关本质属性与根本职能。

近期检察机关进行的内设机构调整，在刑事检察领域，打破了刑事诉讼法逻辑下的内设机构设计，转化为刑法逻辑的内设机构设计。从内设机构调整的指导思想看，内设机构调整是在遵守宪法确立的法律监督根本职能之下的调整，以检察机关具体职能为内设机构职能分工的依据，亦即检察机关具体职能不会减少，仍然保持原来的基本结构并试图对法律监督的范围与方式有所拓展和强化。

不同于过去的检察机关内设机构设置的是，如今检察机关内设机构摆脱了

---

① 邱学强：《恢复重建以来检察机关内设机构改革的历史经验与启示》，载《检察日报》2018 年 1 月 13 日。

按照刑事诉讼流程配置内设机构的逻辑，转变为按照刑法逻辑进行刑事检察内设机构的设置。总体上，还是按照诉讼法类型设定检察机关内设机构的基本框架，检察机关内设机构可以区分为刑事诉讼、民事诉讼和行政诉讼的三大诉讼监督板块，其中刑事诉讼板块又区分为批捕起诉（原刑事检察）、刑事执行检察和侦查几个部分。民事检察、行政检察和公益诉讼三大部门分立，有利于强化民事诉讼监督、行政诉讼监督，这正是检察机关近年来着力实现的强化诉讼监督的目标，将公益诉讼单列，也有利于公益诉讼制度的独立、健康发展，有利于创造这一新的检察机关发挥作用的领域获得强劲发展的机会。检察机关内设机构中变化较大的，是将刑事诉讼流程分工设立部门（侦查监督部门和起诉部门）和分别配置办案人员，改为诉讼流程分工合并为由同一部门乃至同一检察官全程负责，即刑事诉讼法学者普遍关注的"捕诉一体"——其实，不仅是"捕诉一体"，这些部门的职能整合包含刑事案件的审查逮捕、审查起诉、出庭支持公诉、抗诉以及相关的立案监督、侦查监督、审判监督、补充侦查、受理申诉都由同一内设部门承担。

原有的刑事检察部门，按照刑法逻辑调整内设机构，大体格局是分为：一般犯罪案件；危害国家安全、公共安全犯罪，故意杀人、抢劫、毒品等犯罪案件；国家监察委员会移送的职务犯罪案件；破坏社会主义市场经济秩序犯罪案件；未成年人犯罪案件。此外，原刑事执行检察部门负责对监狱、看守所和社区矫正机构等执法活动的监督之外，还负责对法律规定由最高人民检察院办理的司法工作人员利用职权实施的非法拘禁、刑讯逼供、非法搜查等侵犯公民权利、损害司法公正犯罪以及按照刑事诉讼法规定需要由人民检察院直接受理的其他重大犯罪案件的侦查。

按照刑法逻辑调整原来刑事检察领域的内设机构，适应当前追究犯罪的实际需要，突出了刑法意义上的专业化思维，有利于各个内设机构对于自己负责的犯罪大类提升刑法专业化水平，在刑法应用方面有望获得专业主义的提升。这种内设机构，也有利于与公安机关和人民法院内设机构的对接，后者也趋向于按照犯罪大类进行内设机构设置，形成公检法三家内设机构逻辑的一致性，便于在诉讼活动中实行对接。

值得赞赏的是，当前的内设机构调整，不再按照内设机构的主要职责而概括其名称，是很妙的制度设计。这是因为，这种按照数字排列各个内设机构，各个内设机构有着预先明确的职能界限，不至于混同，同时也方便职能调整和人员调配，可以更好地体现检察一体化原则，形成检察机关以及检察官的整体感。这种内设机构调整，也方便检察机关重设侦查部门，重组侦查力量。在检察机关侦查权转隶后，原有的内设机构中侦查部门已经整体迁出，要在内设机构中重设侦查机构，尚有一定难度。当前最高人民检察院赋予第五检察厅以自侦案件的侦查权，是在检察机关现有的职权格局进行优化职权配置的选择结果，但是将侦查权与执行检察权放在一起，未可称为最佳选择——从工作量的合理分配看，将自侦案件的侦查权赋予刑事执行检察部门有其合理性，但是执行检察与刑事侦查两种职能固然有部分重合，毕竟差异较大，何况刑事侦查需要较高的侦查专业化要求。在技术条件快速变化的今天，侦查活动的专业化要求更高，有必要设置专门的侦查部门，组建专业化的侦查力量，以适应侦查活动的实际需要。在目前的制度环境下，以数字排列的内设机构，便于各部门职能分工和调整，检察机关重设侦查机构的愿望可以籍此获得实现的机会。

四、内设机构调整下的"捕诉一体"

从起初的刑事检察部门进行"捕诉分离"看，增强部门之间制约和专业化以及合理分配工作量是主要考量因素。有论者指出："世纪之交，在职能分立、强化内部监督制约原则指导下，刑事检察部门分设为侦查监督部门和公诉部门，开始捕诉分离，这就是检察权的分解。内设机构设置本身就蕴含着职能分立和内部监督。对于这种职能分立和内部监督的程度及其效果，需要用辩证的、历史的思维进行综合评价，把握好质量与效率、内部监督与外部监督、司法责任制、专业素养和能力提升，与有关机关工作衔接等各方面因素。"[①] 检察机关内设机构调整，使内部机构本着诉讼流程的制约格局发生了变化，势必使原来的强化内部监督制约原则不再成为捕诉职能关系的考量因素，由此引发的刑事诉讼法学者对于捕诉质量和对于批捕权地位矮化的忧虑，外化为对于"捕诉一体"的质疑。

内设机构调整，有望终结此前刑事诉讼法学领域出现的"捕诉一体"争议。随着检察机关内设机构方案得以确定并公开，对于"捕诉一体"持有反对意见的论者可以确切了解"捕诉一体"是检察机关内设机构调整的必要条件和必然结果，"捕诉分开"的刑事诉讼法逻辑与内设机构调整后的刑法逻辑存在明显冲突，需要进行逻辑转换，这种逻辑转换的结果，必然要求"捕诉一体"。如果不实行"捕诉一体"，只能按照两个途径解决"捕诉分离"问题：一是将刑事检察部门的几大内设机构再各自一分为二，例如职务犯罪案件检察部门分为职务犯罪案件批捕（侦查监督部门）和职务犯罪公诉部门，这样一来，检察机关内设机构又要增加很多，形成权力分散，不利于提高效率，国家

---

① 邱学强：《恢复重建以来检察机关内设机构改革的历史经验与启示》，载《检察日报》2018年1月13日。

决策编制的机关未必会接受这样的烦琐设计，可以预见，几乎不太可能完成改革目标。二是将刑事检察内设机构内部再分为批捕组（侦查监督组）和公诉组，实行内设部门内的"捕诉分离"，对于某些检察机关来说，或者基于特定情况来说，实行这种部门内"捕诉分离"并非不可行，但是对于全国检察机关来说，统一做出这种制度安排并没有可行性。内设机构调整后，大多数检察机关每一内设部门的办案人员并不多，基层检察机关的员额制加剧了人案矛盾，在内设部门内再细分为批捕组与公诉组，从办案人数来说，就不具备条件，显然是不可行的。

"捕诉一体"成为检察机关内设机构调整的必要配套措施，由此引出的批捕与起诉质量的担忧，还需要通过检察实践加以验证。无论如何，检察机关在行使批捕权与公诉权的时候，应当密切注意批捕与公诉质量，避免对司法公正产生不利影响。

由此引出的一个思考是，公开听证方式是不是保障或者提升批捕与起诉质量的有力手段？检察权行使方式是否以"司法化""诉讼化"为方向，值得追问。事实上，无论"捕诉分离"还是"捕诉一体"，以听证方式进行批捕或者审查起诉，只能限于少数必要案件，这些案件，具有特定情形，确实需要采取听证方式进行审查的，才以庭审或者准庭审方式进行职权活动，其他案件既无必要、也无可能全面进行所谓"司法化""诉讼化"。"捕诉一体"之后，案件的批捕与起诉均由同一检察部门乃至同一检察官承担，以听证方式进行公开审查，更不可全面推行，否则会造成一个案件的两个环节由同一检察官举行公开听证的重复活动现象，殊无必要。

近些年来，刑事诉讼法学界多有主张批捕、公诉之"司法化""诉讼化"者，人云亦云，颇为热闹。有的地方检察机关不察，也随之起舞，一些检察机关还展开了批捕或者起诉"司法化""诉讼化"的试点。其实，批捕、公诉之"司法化""诉讼化"的说法经不起严格检视：

其一，所谓"司法化"乃指过去不是司法活动性质，现在转化为司法。依此观之，检察机关在我国是司法机关，其职能活动具有司法性质，何来"司法化"一说，想要"化"到哪里去？

其二，同理，检察机关的职能活动受诉讼法规制，属于诉讼活动的组成部分，具有诉讼法上的效力。这些都表明，检察机关的批捕、起诉等职能活动具有诉讼性质，并不需要"诉讼化"，在逻辑上，也无法从诉讼"化"到诉讼。

其三，法院处理案件，不都以庭审方式办理，如减刑、假释，就是学者通常诟病的"行政审批方式"，连法院处理案件的某些环节都不是采取"司法化""诉讼化"的做法，检察机关审查批准逮捕、审查起诉却都要"司法化"

"诉讼化"，这种见解显然经不起推敲。学者所谓"司法化""诉讼化"，是将"司法""诉讼"作狭义理解，即将其等同于审判，"司法方式""诉讼方式"也便成为法院开庭审理的代名词。检察机关审查批捕和审查起诉，多年来被学者诟病为行政审批方式，他们认为应当以庭审方式或者准庭审方式（听证方式）加以改造，体现为：

1. 多方参与性。相关机关、当事人或其辩护人、诉讼代理人在检察机关主持下，共同参与到批捕审查或者起诉审查活动中来。

2. 时空同一性。在同一时空内，相关各方参与到审查活动中，在庭审或者听证中，利益各方各自发表自己的意见，提供证据，检察机关的办案人员听取其意见，以便作出决定。

3. 急诊大夫式办案。对于公安机关提请批准逮捕的案件，公安机关应在提请之时将犯罪嫌疑人押解到检察机关，检察机关随即以开庭方式就是否逮捕犯罪嫌疑人作出决定。

这种思路并不新鲜，无非想将一些国家或者地区法院决定羁押模式复制于我国检察机关审查批准逮捕和审查起诉领域。背后的逻辑是，批捕权应当归属于法院，当前的制度设置存在严重缺陷而又无法依愿改为法院行使审查批准逮捕的权力，那么不妨退而求其次，由检察机关"山寨"法院的羁押决定生成模式。

然而，以急诊大夫式进行审查批准逮捕工作是否优于当前的办案方式，值得追问。我国检察机关审查批准逮捕，需要对案卷材料进行全面审查，其中包括各种证据，也包括诉讼文书。检察官需要对案件事实、证据和罪名认定以及符合逮捕条件与否进行全面审查，并非如许多国家或者地区主要侧重于羁押必要性审查，如果以庭审或者听证方式进行审查，差不多就是法院庭审活动的复制。许多案件，争议并不大，检察机关讯问犯罪嫌疑人、听取当事人及其辩护人和诉讼代理人的意见以及进行证据的核实工作即可作出决定，不必非要创造出个司法竞技的场面进行审查。用几个小时坐诊式审查是否在案件质量方面就优于现在的审查方式，也不无疑问。另外，为了进行听证，将公安机关办案人员、辩护人等召集在一起，可能造成他们时间、精力上的无谓浪费，目前也没有可以强制公安机关办案人员到场"陪练"的制度，其必要性和可行性值得深究。

如今经过审判程序的改变，简易程序的扩大适用以及速裁程序的确立，一个案件的在庭时间压缩成二十几分钟、十几分钟乃至几分钟，该案的审查批准逮捕和审查起诉却还要以类似庭审的方式搞上几个小时，似乎并不相称。

然则是否检察机关不可以准庭审方式进行批捕与起诉审查活动？答案是否定的，根据案件的具体情况和司法实践的需要，对于重大、疑难、争议大和社会关注度高的案件，检察机关可以采取听证形式进行批捕与起诉的审查工作，以期达到较好的法律效果和社会效果。

在我国检察机关内设机构调整的同时，捕诉"司法化""诉讼化"有望获得检讨的机会，让检察权的行使方式的议题获得澄清的机会，使检察机关内设机构调整促进对检察体制中的检察权配置和检察权行使方式的再思考，避免检察改革在盲从某些并不严谨的学术观点中有所迷失。

五、结论

检察机关内设机构调整，是近年来检察体制改革中最引人注目的一项改革。这一改革背后有其逻辑自洽性，了解检察体制的基本逻辑和逻辑的转变，可以更好地理解和把握检察体制存在的问题、改革的空间和未来的走向。近期最高人民检察院带动的内设机构调整，体现了在法律监督根本职能这一逻辑起点之下展开的拓展法律监督范围的努力，这反映在公益诉讼作为诉讼一种形态的异军突起以及检察机关强烈的通过公益诉讼拓宽法律监督渠道的努力。民事诉讼检察部门与行政诉讼检察部门分立，也是在法律监督根本职能之下加强诉讼监督的具体表现。"法律监督"是一个具有纵深性的、涵盖面很广的概念，当前主要局限于诉讼监督，但是这一概念可以进行重新诠释，人民检察院未来在国家和社会治理层面的作用得到重新认识，"法律监督"的范围还会有进一步拓宽的机会。

检察机关内设机构中原本存在组织法逻辑和诉讼法逻辑，在刑事检察领域是按刑事诉讼法逻辑建构内设机构的，当前的内设机构调整体现了以刑法逻辑取代刑事诉讼法逻辑，"捕诉一体"就是这种逻辑转变的结果。刑法逻辑打造下的刑事诉讼检察领域内的内设机构，有利于刑法意义上的专业化，这与近些年来按照犯罪领域的大类进行内设机构的改造的趋势相一致，如未成年人犯罪的审判和检察部门的设立，虽然植根于未成年人司法应有的特别程序和司法制度，但毕竟是根据犯罪主体类型来建立内设机构的，至于职务犯罪检察部门、经济犯罪检察部门等，更是体现了以刑法中犯罪类型来设立内设机构的基本思路。这种逻辑的转变，有望为"捕诉一体"的学术争议画上一个句号，但是这一争议含有的刑事诉讼意义上的专业化问题仍然值得重视，检察机关内设机构调整涉及的"捕诉一体"，其实践方式和效果，都值得在内设机构调整的检察实践中加以缜密观察，检察机关在司法实践中也应就此作出努力，以保障司法活动中的程序公正与实体公正都能得到均衡实现。

（原载于《国家检察官学院学报》2019 年第 2 期）

论捕诉一体化的合理适用

陈　实[*]

一、问题的提出

审查逮捕和审查起诉一直是我国刑事诉讼法赋予我国检察机关的两项重要职权。检察体制改革，尤其是刑事检察体制的调整势必会牵涉到审查逮捕和审查起诉权力的配置和行使，进而产生捕诉关系的处理问题。在 21 世纪初的检察体制改革过程中曾出现对于公安机关移送的刑事案件，由受理案件的检察官在法定权限内完成审查批捕、起诉、出庭公诉，履行立案监督、侦查监督、审判监督职责的一种新型捕诉关系，即"捕诉一体化"的办案机制（又称"捕诉合一"机制）。[①] 这一被改革地人民检察机关认为是"冲破办案旧模式，办案质量和效率从整体上得到提高"的刑事检察新举措，曾引发全国多地检察机关效仿，但也遭到诸多批评和质疑，以致在 2005 年被最高人民检察院明确叫停。其中的原因在 2005 年召开的全国检察机关第二次侦查监督工作会议上被总结为："审查逮捕是侦查监督的首要职责，是开展立案监督、侦查活动监督的重要基础，也是侦查监督工作为构建和谐社会服务的重要途径。在防止冤错案件发生上，它是一道非常重要的关口。捕诉分离是诉讼规律的科学总结，捕诉合一，不利于保证案件质量。有的地方搞捕诉合一的，除个别经批准进行机构设置整体改革试点的以外，一律要纠正过来。个别整体改革试点单位将捕诉两个机构合署办公的，在审查批捕、公诉环节必须由不同的承办人办理。"[②]

捕诉一体化虽然早已被叫停，但是并未就此彻底消失。近年来，有些地方检察机关在检察体制改革过程中再次将审查逮捕和审查起诉职能集中行使。

---

　*　中南财经政法大学法学院副教授、中南财经政法大学法治发展与司法改革研究中心研究人员。

　①　参见徐柳媚：《推行刑检改革新举措，检察机关办案速度全面提升》，载《深圳特区报》2002年 9 月 21 日。

　②　袁正兵、崔佐钧、刘金林：《防止冤假错案要严把捕人关》，载《检察日报》2005 年 5 月16 日。

2018 年 7 月，最高检察机关更是明确提出要统一履行审查逮捕和审查起诉职能，实行捕诉一体化。[①] 因为曾经有过被否定和叫停的历史，捕诉一体化的卷土重来引起了学界和司法界的空前关注，并再度引发强烈的批评和反对。反对者所持的理由与若干年前有的学者所持的理由大体相同：（1）基于捕诉一体化改革过程中出现的弊端。例如，审查逮捕条件随着捕诉一体化而人为拔高，造成该捕的未捕，批捕后案件事实和证据发生变化，不应起诉的案件又被人为起诉。[②]（2）认为捕诉一体化办案机制违背捕诉分离的基本诉讼规律，捕诉权集中行使会削弱检察机关的内部监督，甚至容易造成冤假错案。[③] 与若干年前不同的是，虽然遭到更为激烈的反对，但是最高检察机关的决心却并未因此而动摇，反而坚定地提出将捕诉一体化作为组建专业化刑事办案机构的切入点和突破口在全国检察机关推行。

一项改革举措跨越十余年反复出现，改革机关的态度前后截然不同，并且能引发学界和实务界激烈争论的现象实不多见。当前最高检察机关明确、坚决的态度或许使得捕诉一体化的推行不再有悬念，但是围绕这一问题的讨论不应就此止步。关于捕诉一体化办案机制，现有的研讨还不够深入，一系列核心问题还未得到充分的揭示。例如，捕诉一体化究竟如何在捕诉关系中产生，其本质是什么？禁而不绝反映出捕诉一体化具有怎样的实践理性和内生逻辑？在新一轮司法体制改革背景下的捕诉一体化又是否能体现诉讼理性和制度价值？检察机关应当如何推行捕诉一体化？围绕这些问题，笔者试图推进研究并作出回答。

二、捕诉一体化本质之澄清

捕诉一体化存在于由来已久的捕诉关系之中。新中国成立以来，我国检察机关审查逮捕和审查起诉两项职能的归口关系经历了从内设机构到办案组织的分合调整，正是在这一演进过程中捕诉一体化应运而生。但是，应当澄清的是，捕诉一体化办案机制在本质上是检察机关办案组织的职能改革，而并非检察机关内设机构的设置问题。

---

① 参见刘嫚：《最高检明确机构改革实施"捕诉合一"》，载《南方都市报》2018 年 7 月 26 日。

② 参见陈建松：《实行"捕诉合一"后对逮捕条件的思考》，载刘建柱主编：《检察业务探索：深圳市第十届检察理论研讨会获奖论文集》，中国检察出版社 2005 年版，第 352 页。

③ 参见陈瑞华：《异哉：所谓"捕诉合一"者》，载"中国法律评论微信公众号"，2018 年 5 月 29 日。

（一）从内设机构到办案组织的捕诉关系

1954 年，《中华人民共和国宪法》《中华人民共和国人民检察院组织法》和《中华人民共和国逮捕拘留条例》颁布实施。由于这些法律、条例在明确检察机关对违法犯罪行为具有刑事检察权的同时还赋予检察机关批准逮捕权，因此涉及检察机关审查逮捕与审查起诉之间的职能设置，即捕诉关系的问题。在经历短暂的捕诉机构分设之后，从 1962 年到 1999 年，最高人民检察院一直将审查逮捕和审查起诉职能集中归口由刑事检察部门行使。① 1996 年，《中华人民共和国刑事诉讼法》（以下简称《刑事诉讼法》）经过了第一次"大修"，为了强化刑事诉讼监督职能，最高人民检察院于 1999 年进行机构改革，将刑事检察厅分设为"审查批捕厅"和"审查起诉厅"，又于 2000 年将审查批捕厅更名为"侦查监督厅"。需要指出的是，从 1962 年到 1999 年，捕诉职能虽然长期集中归口行使，但是具体办案仍由不同的人员负责。这从 1963 年最高人民检察院制定的《审查批捕、审查起诉、出庭公诉工作的试行规定（修改稿）》"各级人民检察院办理批捕、起诉案件，应当实行'专人审查，集体讨论，检察长决定'的制度"的规定中可以看出。这种专人审查，三级审批的办案制度，在 1980 年制定、1991 年修改的《人民检察院刑事检察工作试行细则》中也得到一以贯之的坚持。换言之，审查逮捕和审查起诉职能在内设机构的集中归口虽然长达 30 余年，但是在办案机制上捕与诉仍然是分离的。然而令人不解的是，在 1999 年最高人民检察院将审查逮捕与审查起诉职能机构分设后，捕诉职能反而走向一体化。这里的转折点是 1999 年最高人民检察院推行的"主诉检察官办案责任制"改革。

作为最高人民检察院在 1999 年大力推行的改革措施，主诉检察官办案责任制是指主诉检察官在检察长的领导下，相对独立地行使审查起诉、出庭支持公诉职权，履行相关法律监督职责并承担相应责任的办案制度。② 不过，在最高人民检察院于 2000 年制定的《关于在审查起诉部门全面推行主诉检察官办案责任制的工作方案》中却有这样一条规定："主诉检察官承办案件时对需要采取、变更、撤销逮捕的应当提出意见，报请检察长决定。"从这里可以看

---

① 1957 年以前，最高人民检察院将审查批捕归口"侦查监督厅"，审查起诉归口"审判监督厅"。1962 年最高人民检察院内设"一厅""二厅""三厅"3 个淡化监督色彩的机构，捕诉职能都归口一厅。1979 年《中华人民共和国人民检察院组织法》颁布，检察机关设置刑事、法纪、监所、经济等检察部门，捕诉职能归口刑检部门。参见王松苗、王丽丽：《对高检院 24 个职能部门历史沿革的初步梳理》，载《检察日报》2009 年 10 月 12 日。

② 参见王建南、李景娟、王国宾：《主诉检察官制度的产生、内涵及其意义》，载《中国刑事法杂志》2000 年第 1 期。

出，虽然该改革方案旨在强化公诉部门审查起诉的职责，但是在具体举措中已经将审查起诉与审查逮捕关联起来，使主诉检察官的职权进一步扩大，对是否批捕具有"准审查权"。质言之，经由最高人民检察院主推的主诉检察官责任制改革，实际上在检察办案组织的层面为捕诉职能连接开启了程序入口，也为捕诉职能的一体化提供了制度空间。① 2000 年，广东省深圳市人民检察院按照最高人民检察院的统一部署在全市检察机关刑检部门实行"主诉检察官制度"，同时推行"捕诉职能集中行使制度"，以求彻底打破过去集体讨论、集体负责以及审查逮捕与审查起诉由不同的办案人员负责的办案模式，捕诉一体化办案机制因此应运而生。

（二）作为办案组织职能配置的捕诉一体化

从捕诉一体化办案机制的发展过程可以清楚地看到，该机制产生于检察办案组织的职能改革。明确这一点对于理解捕诉一体化办案机制的本质及其在程序法理上的意义十分重要。因为无论是过去还是当前，检察机关一直存在一种片面甚至错误的认识，即只把捕诉关系问题当作其内设机构设置的问题予以对待，认为捕诉是分立还是一体化属于其内部业务机构管理问题，并不涉及刑事程序法理。此外，也有部分学者持相同的看法。例如，有学者认为："捕与诉之分与合，属于检察机关内部的职能分工，涉及的是内设机构如何设置的组织法意义上的问题，对于诉讼法效力上没有影响。因此'捕诉合一'并无诉讼法理上的障碍。"② 导致出现这种片面认识的原因从表面上看，可能与捕诉一体化近年来回潮的背景有关。最高人民检察院于 2011 年发布《"十二五"时期检察工作发展规划纲要》并召开第 13 次全国检察工作会议，会议强调了检察机关内设机构的改革，随后全国各地人民检察机关陆续对内设机构进行了整合，并随之出现了捕诉一体化的办案模式。此外，当前最高检察机关对于实行捕诉一体化的表态也是在新一轮检察机关内设机构改革的背景下提出的，因而在客观上给人形成一种印象，即捕诉一体化是在检察机关机构改革中出现的、属于内设机构调整合并的产物。除此之外，导致出现上述片面认识错误的更为根本的原因是对检察"办案组织"这一概念含义的模糊以及其与"内设机构"概念的混淆。

---

① 这个思路在最高人民检察院于 2000 年 8 月印发的《关于公安机关刑侦部门、检察机关批捕部门、起诉部门加强工作联系的通知》中体现得更为明显，该通知强调"批捕部门、起诉部门应树立刑事诉讼的全局观念，加强工作联系和协调"，并提出了若干具体的方式和办法。

② 张建伟：《"捕诉合一"的改革是一项危险的抉择？——检察机关"捕诉合一"之利弊分析》，载《中国刑事法杂志》2018 年第 4 期。

如同审判组织之于审判权，检察办案组织是检察权运行的载体和细胞，是检察机关最基本的办案单元。不同于内设机构的调整，检察办案组织及其职权配置事实上会形成不同的检察权运行机制。二者之间的核心区别是：前者属于司法行政职能管理范畴，受检察组织法调整；而后者属于司法权运行机制问题，与诉讼法理相关，不能混为一谈。① 就捕诉一体而言，是将批捕和起诉两种职能集中由同一名检察官行使，因而在本质上是捕诉职能在检察办案组织层面的一体化，而与检察机关内设部门是否分立整合并无直接关系。因此，必须明确的是，对于捕诉一体化，不能仅从检察机关内设机构层面予以看待，而应当在诉讼制度和刑事司法法理中予以检视。

三、捕诉一体化内生逻辑之探究

学界对捕诉一体化历来都是批判有余，而对其内生逻辑却鲜有关注。不了解实践，对现实缺乏基本关怀是导致理论界与实务界在捕诉一体化问题上难以形成有效对话的主要原因。应当看到，在捕诉关系改革的问题上，地方检察机关的步伐明显迈得更大。这主要是因为较之最高检察机关，地方检察机关的改革无须承担较大的政策风险。但更重要的是，处于办案一线的检察机关有着更为迫切的改革需求和动力。法国学者布迪厄认为，制度绝非僵化的教条，也并非由单一力量直接决定，而是有其独特的产生机理和运行逻辑，理解制度必须深入其运行的具体场景，即场域之中。② 进入司法的具体场景可以发现，捕诉一体化是在多重因素叠加影响下，检察机关通过重新配置办案资源，改革内部办案模式从而对新的司法场域的一种回应。

（一）缓解案多人少的积案压力

美国学者波斯纳指出，效率是驱动司法程序的重要动机，法律程序像市场交易一样，当交易成本过大导致效率很低时，参与者会促使程序改变以降低交

---

① 对于"办案组织"的问题，最高人民检察院于2000年力推的主诉检察官办案责任制改革实际上已经触及，只不过当时"办案组织"这一概念还远未建构。检察机关首次使用"办案组织"这一概念，是在最高人民检察院于2011年制定发布的《"十二五"时期检察工作发展规划纲要》中。该纲要提出要"探索建立权责明确、协作紧密、制约有力、运行高效的办案组织模式"。从这一表述中可以看出，当时对于办案组织的认识还处于探索阶段。而检察机关真正开始探索和建立办案组织则是在2014年中共中央启动司法体制改革试点之后，为了落实、完善司法责任制，2015年，最高人民检察院下发《关于完善人民检察院司法责任制的若干意见》，其中首次提出了健全司法办案组织及运行机制的要求，并对检察办案组织作了专门的规定。

② 参见［法］布迪厄：《法律的力量——迈向司法场域的社会学》，强世功译，载《北大法律评论》编辑委员会编：《北大法律评论》（第2卷第2辑），法律出版社1999年版，第499页。

易成本。[①] 案多人少的积案压力正是检察机关在不同时期调整捕诉关系，实行捕诉一体化的主要逻辑，并主要表现为以下两个方面。

一是捕诉案件数量剧增的直接影响。从犯罪学的角度看，40 年来的改革开放史，同时也是一部刑事犯罪增长史。据统计，1981 年到 2009 年，公安机关刑事案件立案数由 89 万件增至 558 万件，增长 5.26 倍。刑事发案率由每 10 万人 89.6 上升到每 10 万人 419.1，增长了 3.68 倍。[②] 尤其是 20 世纪 90 年代末至 21 世纪初，伴随商品经济的快速发展，各种社会矛盾明显暴露，刑事发案率在短期内直线上升。全国年刑事立案数从 20 世纪 80 年代的约 50 万件快速增至 300 万件，2000 年突破 400 万件大关，出现"犯罪高峰"现象。[③] 与剧增的案件数相比，检察机关的办案编制增长却非常缓慢。据统计，1988 年至 2011 年，我国检察官数量由 11.2 万人增长到 15.1 万人，增长率仅为 34%，每 10 万人的检察官数量由 10.20 人增长到 11.21 人，增长率仅为 10%，而同期人民检察院审查批捕、决定逮捕案件数量却增加了 1.19 倍，提起公诉的案件数量增加了 2.13 倍，检察官数量的增长远远低于工作量的增长。[④] 这一数据在改革开放的前沿阵地表现得更为显著。据统计，在全国率先推行捕诉一体化的广东省深圳市，20 世纪 90 年代中后期的平均刑事发案率是 20 世纪 90 年代以前的 2 倍。[⑤] 仅从 1999 年到 2004 年，广东省深圳市检察机关年受理批捕、起诉案件数合计上升了 190%，而 5 年来全市检察机关刑事检察部门的人员从 191 人增加至 214 人，增长率仅为 12%。[⑥] 案件数量剧增的压力显而易见。这是地方检察机关将捕诉职能在办案组织层面一体化以节省办案资源，增加办案人手，提高审查效率的直接动因。[⑦]

案多人少的压力对捕诉关系变化的影响在近些年来捕诉一体化回潮的现象中也表现得十分明显。例如，以往刑事犯罪率在全国并不算高的新疆维吾尔自治区，在 2009 年 7 月 5 日乌鲁木齐市发生打砸抢烧严重暴力事件之后刑事政

---

① 参见［美］理查德·A.波斯纳：《法律的经济分析》（下册），蒋兆康译，中国大百科全书出版社 1997 年版，第 678 页。

② 参见朱景文：《中国近 30 年来诉讼案件数量分析》，载《法制日报》2012 年 1 月 18 日。

③ 参见曹凤：《第五次高峰：当代中国的犯罪问题》，今日中国出版社 1997 年版，第 14 页。

④ 参见朱景文主编：《中国法律发展报告 2012——中国法律工作者的职业化》，中国人民大学出版社 2013 年版，第 4 页。

⑤ 参见田洪昌：《深圳特区刑事犯罪的研究与对策》，载《社科纵横》2003 年第 1 期。

⑥ 参见刘良龙：《人手增一成办案多两倍》，载《深圳商报》2005 年 5 月 24 日。

⑦ 实际上积案压力并非仅存于检察机关，公安机关和审判机关在同时期也面临同样的问题。例如，2000 年前后，公安机关和审判机关分别推行了"侦审合一"和"普通程序简化审"的办案机制改革以缓解积案压力，而这两项改革举措同样也引发了一些争议和批评。

策收紧，案多人少的问题开始凸显，该自治区检察机关随之将捕诉关系调整为捕诉一体化。又如，2010 年以来，捕诉一体化制度回潮集中于长三角、珠三角和环渤海地区的地方检察机关，而这 3 个地区正是我国经济活跃、犯罪率高、案多人少矛盾最突出的 3 大经济带。① 尤其是 2015 年，在检察官员额制改革推行之后，由于各种复杂的原因，基层办案机关案多人少的矛盾更为突出，为了缓解积案压力，包括北京、吉林、浙江、湖北、湖南等首批司法体制改革的试点省（市）几乎都将捕诉关系调整为捕诉一体化。

二是捕诉审查方式变化的间接影响。捕诉审查的基本立法趋向是规范化和诉讼化，这在刑事诉讼法的两次修改中体现得比较明显。为了应对 1996 年《刑事诉讼法》对逮捕程序的修改，最高人民检察院在 1999 年制定的《人民检察院刑事诉讼规则》中提高了逮捕审查的程序要求，如认为报请批准逮捕的证据存疑时要对证据进行复核，对不批准逮捕并通知补充侦查的，在作出不批准逮捕决定时还要列出补查提纲，以及逮捕审查后要统一填写"三书"（《逮捕案件审查报告》《逮捕案件审批表》和《阅卷报告》）。为了进一步严格逮捕的适用和强化侦查监督职能，地方检察机关还要求不批准逮捕必须经检察委员会研究讨论或者向上级人民检察院汇报决定。在 2012 年《刑事诉讼法》的修改过程中，立法又增加了检察机关在捕诉环节的一系列程序要求，如审查批捕阶段的讯问犯罪嫌疑人、询问证人、听取辩护律师意见，非法证据审查排除，捕后羁押必要性审查，以及审查起诉阶段听取辩护人和诉讼代理人意见，根据辩护人申请调取证据材料，参加庭前会议等。

应当说，程序的增加和完善、法律文书的统一和细化以及相关绩效管理制度的建设都对捕诉审查具有规范意义，但同时也势必会大大增加捕诉审查的成本。1996 年修改《刑事诉讼法》时将拘留后提请审查逮捕的期限从 3 天增加到 7 天（按工作日计算只增加了 2 天），但实践中检察机关普遍反映增加的时限难以应对因审查方式变化而带来的办案强度和时间压力。② 另外，自 1996年起，为了扭转以前公安机关滥用移送审查起诉中的退回补充侦查程序以延长侦查期限的局面，刑事诉讼法将审查起诉阶段退回补充侦查的次数修改为以两次为限。但事实上，除了侦查机关以外，由于审查起诉时间紧张，检察机关也

---

① 参见白建军：《从中国犯罪率数据看罪因、罪行与刑罚的关系》，载《中国社会科学》2010年第 2 期。

② 参见王立民：《法定批捕期限与司法实践的矛盾》，载《河北法学》2000 年第 1 期。因审查逮捕效率低下，最高人民检察院后来在一些地方检察机关试点的基础上作出了调整，如将逮捕审查的文书由三书合并为一书，即《审查逮捕案件意见书》。

常常利用补充侦查程序延长审查期限。① 立法对退查次数作出限制之后，检察机关显然难以再加利用。而要在法定的 1 个月之内完成讯问犯罪嫌疑人、询问证人、调取核实相关证据、制作法律文书、内部审批流转等事项，审查起诉的时间常常捉襟见肘。② 因此，捕诉审查方式的立法变化在客观上降低了办案效率，加剧了案多人少的矛盾。这也是促使检察机关调整捕诉关系的主要原因。因为捕诉分立占用的办案人员更多，尤其捕和诉的一些重复性审查消耗了大量的办案时间，而实行捕诉一体化，捕诉审查均由同一人完成，节省了办案人员，审查起诉效率显著提升。

（二）消除捕诉紧张关系的诉求

1996 年《刑事诉讼法》修改时将逮捕的证据条件从原来的"主要犯罪事实已经查清"放宽为"有证据证明有犯罪事实"。这一修改旨在将逮捕的证明标准与起诉和定罪的证明标准区别开来，避免因逮捕条件过于严格而导致逮捕适用率较低。③ 同时，作为配套改革措施，公安机关长期以来作为逮捕替代措施大量使用的收容审查制度被取消。应当说，当时的立法改革有利于逮捕这一强制措施回归其程序属性和功能，并使公安机关的羁押手段趋于规范化。然而始料未及的是，这一立法改革同时也引起一系列其他变化，尤其是对公安机关办案质量、侦诉关系、捕诉关系造成巨大的冲击。这是促使捕诉一体化产生的另一个原因。

一方面，1996 年以前，在审查逮捕与审查起诉同为"主要犯罪事实已经查清"的证据条件下，虽然捕诉分立，但是不至于产生审查标准掌握上的分歧。1996 年之后，逮捕条件放宽，捕诉审查标准不再一致。在捕诉分立的情况下，对于是否应该逮捕以及捕后能否起诉的问题，公安机关与检察机关之间，以及检察机关捕诉部门之间开始产生分歧。另一方面，由于逮捕的证据要求放宽，因此侦查机关在提请逮捕时的案件证据不再像过去那样已经趋于符合起诉时的证据要求，犯罪嫌疑人的主要犯罪事实可能还远未查清。而逮捕后的羁押期限有严格限制，侦查机关也不能像过去那样利用期限模糊且弹性极大的收容审查措施来争取办案时间，在捕诉分立的情况下，审查起诉部门无法与审查批捕部门衔接，更无法介入侦查，导致侦查机关在批捕之后移送审查起诉的案件在证据方面常常达不到起诉的标准。加之 1997 年公安部为了提高侦查效率推行"侦审一体化"改革，预审制度被取消，从而使得侦查机关内部案件

---

① 参见邓七一：《退查制度的完善及执行》，载《中国刑事法杂志》1997 年第 4 期。
② 参见蓝向东：《对刑事办案期限最大化倾向及其例外的思考》，载《人民检察》1999 年第 4 期。
③ 参见郎胜主编：《关于修改刑事诉讼法的决定释义》，中国法制出版社 1996 年版，第 95 页。

审查机制真空化，进一步导致移送审查起诉的案件质量降低。[①]

有数据表明，1996 年《刑事诉讼法》修改以后，审查起诉阶段对公安机关侦查移送案件的退回补充侦查率明显升高，一些地方检察机关的退查案件数甚至占到受案总数的 1/3 以上。[②] 而在退回补充侦查后，又出现大量的超期补查、补查不力或无法补查原案送回等现象，进而又造成不起诉率升高。例如，捕诉一体化的先行者广东省深圳市人民检察院 1999 年对不起诉案件的一份调查报告显示，1996 年《刑事诉讼法》修改之后，该市存疑不起诉案件明显增多，占全部不起诉案件的 70% 以上，其中公安机关侦查案件存疑不起诉占普通刑事案件不起诉的比例迅速上升，1998 年为 44.28%，1999 年上升至 54.8%。[③] 该报告进一步举例分析，造成存疑不起诉的主要原因正是刑事诉讼法修改后，批捕与审查起诉的条件存在客观差距，侦诉机关之间、捕诉部门之间对前述条件的把握不一致，以及侦查机关在逮捕后移送起诉案件达不到起诉标准所致。例如，对于走私案件，批捕部门一般认为只要有走私行为，数额达标即可批捕，而起诉部门则认为还必须具有走私的故意，明知是走私逃避关税的，才能提起公诉，因而造成诸多走私案件因为主观故意最终难以认定或者无法补查而存疑不起诉。[④] 2012 年《刑事诉讼法》再次修改逮捕条件，列举了逮捕的情形，规定了 3 种特殊的逮捕条件以及转化逮捕的条件。这些规定虽然有利于缓解侦诉机关之间对逮捕审查标准理解的矛盾，但是捕后侦查机关移送起诉案件证据质量不高的问题仍然存在，捕诉分立之下存在的捕诉办案人员之间的认识分歧问题并未消除。地方检察机关的调查报告显示，自 2012 年《刑事诉讼法》实施以来，审查起诉阶段的退补现象仍然十分突出，其中，因侦查质量不高而实质性退补，以及检方认为证据未达到起诉条件但为规避不起诉率高而退补作撤案处理仍是主要原因。[⑤] 因此，通过调整捕诉关系使捕诉产生

[①] 参见李夏渝：《论我国现行预审机制的弊端及立法调整——兼论"侦审合一"的合法性与消极作用》，载《犯罪研究》2002 年第 3 期。

[②] 参见陈伦钊：《新刑事诉讼法实施以来退回补充侦查的调查》，载《中国刑事法杂志》1999 年第 3 期。

[③] 实践中不起诉的实际比例可能更高，因为检察机关内部一直有"不诉指标"的限制，当不起诉案件数逼近或将超过指标限制时，对于公安机关经两次退查仍未获得充分证据的案件，检察机关往往选择拒收，将案件滞留在公安机关，其中有不少是重大复杂、社会影响恶劣的案件。而公安机关在被检察机关拒收案件后，又常常对犯罪嫌疑人进行长期羁押或者取保候审。参见付善海：《退回补充侦查出现的新情况及对策》，载《检察实践》2000 年第 2 期。

[④] 参见郑利辉：《对深圳市检察机关办理不起诉案件情况的调研与思考》，载《中国刑事法杂志》2000 年第 1 期。

[⑤] 参见天津市滨海新区塘沽区检察院课题组：《新刑诉法语境下程序倒流探析》，载《广西政法管理干部学院学报》2014 年第 5 期。

连接，使捕诉部门能够提前介入侦查实施引导，降低退补率和不起诉率，以提高捕诉案件质量，消除捕诉审查之间的分歧，是检察机关实行捕诉一体化的现实需要。

（三）办案责任评价的内外诱因

司法行为评价机制虽不是正式程序规则，"但却建构了一种组织成员行为活动相对可察与受约束的制度环境，并使得司法人员内心深处的功利化动机有了明确的方向和具体的目标"。① 在评价机制的影响下，程序功能不同、目的相异的捕诉程序被彼此关联起来，甚至形成利益捆绑。这是导致捕诉一体化出现的又一个重要原因。

首先，国家赔偿法的错捕评价是捕诉一体化的外在诱因。1995 年，《中华人民共和国国家赔偿法》（以下简称《国家赔偿法》）正式实施，其中第 15 条、第 19 条规定，对没有犯罪事实的人的逮捕属于侵犯人身权利的错捕，作出逮捕决定的检察机关为赔偿义务机关，要承担相应的赔偿责任。应当说，坚持"结果归责原则"对确系无辜但被逮捕的人给予赔偿的方式与国际立法经验相符，但将批捕行为一律定性为"错捕"，并将程序决定机关作为过错责任和赔偿义务机关的做法与诉讼规律相悖。② 这种由结果主导程序的国家赔偿方式给检察机关带来极大的压力。为了减少错捕率和赔偿率，检察机关则将实体与程序关联起来，从是否能起诉以及能否胜诉的结果方面去考量批捕。因此，2000 年最高人民检察院在推行主诉检察官责任制改革时赋予主诉检察官对决定逮捕的准审查权，以及地方检察机关进一步将捕诉一体化也就不难理解了。经 2010 年、2012 年两次修订的《国家赔偿法》继续沿用"结果归责原则"，虽然删除了"错捕"的字样，但是仍然规定对采取逮捕后，决定撤案、不起诉或者判决宣告无罪终止追究刑事责任的受害人不区分情形地进行赔偿，并且还进一步强化了检察机关的赔偿范围和义务。对于检察机关而言，虽然没有错捕的定性风险，但是捕后不诉的归责赔偿风险仍然现实存在，因此仍然需要在办案机制上对捕诉职能作关联考量，以减少和规避赔偿责任。

其次，检察机关内部办案绩效考评是推动捕诉一体化的内在诱因。最高人民检察院自 1995 年起开始探索建设绩效考核制度，要求以职务（岗位）规范和工作任务为依据对检察官进行考核，并将考核事宜授权地方检察机关具体实

---

① 郭松：《组织理性、程序理性与刑事司法绩效考评制度》，载《政法论坛》2013 年第 4 期。

② 参见陈春龙：《国家赔偿法律制度的确立、发展与健全》，载《哈尔滨工业大学学报（社会科学版）》2014 年第 5 期。

施。① 而地方检察机关在指标量化、考评打分的条线考核体系中遵循的是以最终案件处理结果衡量捕诉办案质量的结果导向标准。即一方面从是否起诉和被追究刑事责任的追诉结果考核批捕的正确与否，如已批准逮捕的犯罪嫌疑人，因没有犯罪事实或者依法不应追究刑事责任而撤案、绝对不起诉、判无罪的，公诉部门存疑不起诉的，对办案人员要扣分；另一方面又从最终是否起诉和判处有罪的实体结果考核不批捕的正确与否，如对有逮捕必要的犯罪嫌疑人作出不批准逮捕决定，后被起诉至法院判处有期徒刑以上刑罚，并已发生法律效力的，对办案人员也要扣分。② 并且，在检察机关对审查逮捕质量的专项考评体系中也体现了这种结果导向思维。例如，最高人民检察院于 2006 年出台的《人民检察院审查逮捕质量标准（试行）》中规定"没有犯罪事实或者依法不应当追究刑事责任的人批准逮捕的，是错捕"。其中，"审查逮捕时，有证据证明有犯罪事实，但批准逮捕之后，因主要证据发生变化而认定没有犯罪事实或者不能证明有犯罪事实，或者法律、司法解释有新规定而不认为是犯罪的，是因事实证据和法律变化的错捕"，而"撤案、不起诉、被判决无罪"均属能认定的错捕。最高人民检察院于 2010 年对上述试行标准做了完善，如修正了错捕的部分情形，但该标准仍然将批准逮捕后，犯罪嫌疑人被决定不起诉或者被判处管制、拘役、单处附加刑或者免予刑事处罚的认定为办案缺陷。这使得捕诉之间的利益关联仍然存在。③ 可见，检察机关的内部评价制度实际上也已经将捕与诉的办案质量完全勾连，使捕诉关系成为利益捆绑关系。而在捕诉分立，尤其是具体办案人员不同的情况下，要符合考评指标实际很难做到，要使捕诉利益形成一致，不因办案组织和标准不一而产生内耗的对策，就是将捕诉审查交由同一个办案组织负责。

四、捕诉一体化诉讼理性之揭示

如同理解捕诉一体化的内生逻辑一样，讨论捕诉一体化是否可行也必须结合我国刑事司法的实践场域。脱离经验事实，仅从纯粹的价值哲学和封闭的理论推演出发否定一个具有实践理性的制度多少有些轻率和不负责任。立足于司法场域对捕诉一体化进行考量，会发现其与诉讼规律并不必然排斥，并且有利于推动当前的司法体制改革，其诉讼理性和制度价值应当被重新认识。

---

① 参见《检察官考核暂行规定》第 4 条、第 8 条的规定。
② 参见万毅、师正清：《检察院绩效考核实证研究》，载《东方法学》2009 年第 1 期。
③ 参见《人民检察院审查逮捕质量标准》第 23 条、第 26 条第 1 款的规定。

（一）捕诉一体化与批捕职权的归属不宜混谈

一直以来，有人对捕诉一体化持否定的态度，认为审查逮捕与审查起诉是不同性质的两种职能（前者是对限制犯罪嫌疑人人身自由这一强制措施的审查权，属于应当由中立司法机构进行审查的司法性权力；后者是对涉嫌犯罪的行为进行审查及发动起诉的权力，属于行政性的公诉权范畴），进而主张对这两种不同性质的权力不能混同行使。① 笔者认为，这一观点貌似合理，其实已超出捕诉一体化问题的讨论范畴。

讨论捕诉一体化问题首先要基于审查逮捕和审查起诉已经并且一直都是检察机关的两种职能这一基本前提。与一般诉讼原理和国际经验不同，捕诉两种职能在我国一直以来都是由检察机关行使。当前需要探讨的是捕诉两种职能在检察办案组织层面能否进一步集中行使的问题。而所谓审查逮捕权是司法审查权，不应与公诉性质的权力混同行使的论断已经超越问题的外延，其否定的不仅仅是捕诉一体化，还包括批捕权归属于检察机关这一基本前提。需要指出的是，这种理据进路回避了对捕诉一体化的利弊分析和价值衡量，将讨论转换到逮捕权归属的问题上，虽然在逻辑上并不关联，但是其构成讨论的前置性问题，因此仍有必要予以廓清。

即使抛开捕诉一体化的问题，批准逮捕权归属于检察机关在我国也是相对合理的。从诉讼原理看，逮捕审查是司法性审查，但并非指绝对由法院和法官审查。联合国《公民权利和政治权利国际公约》对逮捕权主体的要求是"审判官或授权行使司法权力的官员"。诚然，由法官审查批准逮捕是最理想的制度安排，但是这需要一系列司法体制的配套。我国司法体制无论是在过去、当前还是在未来可预见的时期都难以支持这种制度安排。首先，人民法院在刑事司法领域的主要功能仍然是致力于与公安机关和检察机关一起打击和惩罚犯罪。"在法院同时拥有审判权的情况下，如果法院做不到中立，根据现有的考核机制，法院很可能对自己批捕的人都定罪判刑，这可能对犯罪嫌疑人、被告人更不公平。"② 其次，将批捕权赋予人民法院还将涉及宪法、法律的修改，司法机构组织重设，办案人员增加，办案经验积累等一系列复杂问题，可谓牵一发而动全身，其中很多困难和障碍非短期内所能克服。事实上，在司法改革的过程中曾有过数次将人民检察院的审查批捕权移交人民法院行使的动议，但是均被最高司法机关予以婉拒就能说明问题。而检察机关在我国的宪制中本来就是与审判机关平行设立的司法机关，这与国际公约对逮捕权行使主体的要求

① 参见陈瑞华：《异哉：所谓"捕诉合一"者》，载"中国法律评论微信公众号"，2018年5月29日。
② 李昌林：《审查逮捕程序改革的进路》，载《现代法学》2011年第1期。

是基本符合的。加之检察官自清末变法以来在我国历史上的绝大多数时期都被赋予逮捕决定权，业已形成久远的制度传统和经验。① 新中国成立以来检察机关被赋予法律监督机关的地位，批捕职能一直被视为侦查监督职能并被强化，逮捕审查未必有如一些批评者所言的缺乏基本的中立性。另外，对于所谓"以捕代侦""构罪即捕"的现象也要客观看待，这些问题与很多因素相关，如"侦查中心主义"的司法体制，逮捕审查中缺乏对必要性条件的审查，检察机关内部考核指标的设定等，问题的产生并非都因为逮捕权归属于检察机关而产生。因此，由检察机关行使逮捕审查权虽非最理想的制度安排，但在我国却具有历史和现实的依据，是相对合理的制度选择。综上所述，对逮捕权归属的问题值得关注并宜作长远规划，但在当前捕诉一体化问题的讨论中，这种价值哲学的理论貌似有理，实际上却脱离了经验事实的司法场域。

（二）捕诉一体化不会消解审查逮捕以及削弱内部监督

对于捕诉一体化还有两个令各方担忧的问题：一是审查逮捕程序可能因审查起诉的介入而丧失独立性和中立性；二是会削弱捕诉职能之间的相互制约，易产生冤假错案。应当说，这两个方面的问题是捕诉一体化所涉及的核心问题，引发各方担忧在某种程度上不无道理，但笔者认为，实际上这些质疑仍然是理论上的假说演绎，与司法实践可能存在较大的差异。

第一，捕诉一体化不会削弱审查逮捕程序的独立性。首先，捕诉一体化的本质是将捕诉职能在办案组织层面集中配置，而并非审查逮捕和审查起诉两种程序的合并。不论捕诉是否一体化，捕与诉在立法上都是两个不同阶段的程序，在诉讼活动中也是一先一后发生的，两个程序的适用在时空上不可能发生混同，因而审查逮捕在诉讼程序意义上的独立性不会丧失。其次，即使实行捕诉一体化，也是审查起诉的程序功能事实上前移并部分融入审查逮捕程序，而不是相反。质言之，是前一程序部分吸收后一程序的功能，而不是后一程序吸收前一程序的功能，因而作为前程序的审查逮捕的独立性不会因此丧失。当然，在这种情况下，按照一般的办案思维，可能难免出现以审查起诉的思维去把握审查逮捕的情况，因而逮捕审查的条件会被人为拔高，并使审查逮捕的程序性功能受到一定的抑制。应当注意的是，虽然这种抑制可能会在一定程度上产生"可捕而未捕"的现象，但从结果看，这是一种有利于被追诉人的"正向抑制"。从这一点来讲，捕诉一体化实际上又有利于矫正以往长期存在的逮捕率畸高的积弊，使逮捕在实际效果上表现出"谦抑性"，从而回归强制措施

---

① 参见陈瑾昆：《刑事诉讼法通义》，法律出版社 2007 年版，第 119 页。

的程序功能。

第二，捕诉一体化不会消解审查逮捕程序的中立性。首先，在笔者看来，质疑捕诉一体化有损审查逮捕程序中立性的观点与质疑批捕权归属于检察机关有损审查逮捕程序中立性的观点其实是异曲同工的。因为从现实看，在批捕权归属于检察机关的情况下，即使捕诉分立，审查批捕的办案人员也不会不考量检方的整体利益。因此，捕和诉集中于某一办案机关，与在办案机关内再集中于一个办案组织实际上并无本质的差别。其次，人们习惯于根据角色和地位给司法主体贴上是否中立的标签，但事实往往并非如此。比如法官，因其不承担控诉职能而被外界一致认为是司法中立的代言人，但实际情况常常相反，一些专门性研究成果显示，法官往往才是隐藏的偏私者。① 事实上，司法活动是否中立并不完全取决于参与者扮演的角色，而主要取决于司法程序的构造和运行。我国刑事诉讼法和司法解释已经为检察机关的批捕程序确立了讯问犯罪嫌疑人、询问证人等诉讼参与人以及听取辩护律师意见的准司法化审查方式。尤其是近年来，检察机关进一步强化了审查逮捕的程序要求，如对不批准逮捕的案件应当说明理由，② 对律师提出的不构成犯罪、无逮捕必要、不适宜羁押、侦查活动有违法犯罪行为等书面意见以及相关证据材料的，检察人员应当审查材料，当面听取意见，并在审查逮捕意见书中说明是否采纳的情况和理由等。③ 可见，与过去不同的是，审查逮捕已经初步具备司法审查的程序构造，其中内含的中立性要求并不会因审查者的不同而改变。捕诉一体化不会改变批捕的程序结构，因而审查逮捕的程序中立性也不会因此被消解。此外，还有学者将捕诉一体化与审查逮捕程序的诉讼化对立起来，认为捕诉一体化有碍于审查逮捕程序的诉讼化。④ 但这种观点与事实并不相符。比如，在未成年人案件的刑事检察中，较早就采取了捕诉一体化与审查逮捕听证相结合的办案方式并且取得良好的效果。⑤ 在过去的几年中，捕诉一体化的回潮恰恰是同审查逮捕程序诉讼化改革同步进行的。从实际情况看，捕诉一体化并没有对审查逮捕的诉讼化造成明显的障碍，反而形成了制度互补。

---

① 美国学者对法官尤其是初审法官中立性的质疑以及偏私性进行了系统研究。参见 ［美］杰罗姆·弗兰克：《初审法院——美国司法中的神话与现实》，赵承寿译，中国政法大学出版社 2007 年版，第 157 页。

② 参见《人民检察院审查逮捕质量标准（试行）》第 20 条的规定。

③ 参见最高人民检察院《关于审查逮捕阶段讯问犯罪嫌疑人的规定》第 13 条的规定。

④ 参见张泽涛：《构建中国式的听证审查逮捕程序》，载《政法论坛》2018 年第 1 期；闵春雷：《论审查逮捕程序的诉讼化》，载《法制与社会发展》2016 年第 3 期。

⑤ 参见顾文：《未成年人刑事检察制度检视——健全"捕诉监防"一体化工作模式的现实思考》，载《上海政法学院学报》2015 年第 5 期。

第三，捕诉一体化不会弱化检察机关内部的监督制约。首先需要明确的是，审查逮捕与审查起诉在性质、目的和审查方式上皆有区别，二者本来并不存在相互监督制约的关系。只不过基于两个职能都归属于检察机关并且在捕诉分立的情况下，表面上看起来似乎可以在内部形成监督制约，然而这只是学者们的美好想象。现实情况是，一方面，审查逮捕在前，审查起诉在后，捕诉分立时，因为个案复杂的原因经常发生批捕后起诉部门认为不构成犯罪或证据不够确实充分而反复退查的情况。捕诉办案人员之间常常不是互相监督制约，而是互相推诿扯皮。另一方面，在捕诉分立的情况下，看似存在捕诉职能部门之间的监督制约，但实际上最终的审查决策常常都归于分管刑事检察工作的副检察长。尤其是在出现意见分歧时，分管副检察长往往出于维护检方整体利益的考虑作出决定起诉的协调性决策。因此，所谓的内部监督制约其实并非如外界想象的那样存在或者奏效。在捕诉分立的情况下，办案人员之间的分歧和内耗很大，甚至有造成错案的风险；而在捕诉一体化的情况下，则可以将审查逮捕与审查起诉做关联性考量，消除了捕诉之间存在的人为认识差异，统一审查标准和责任，避免产生内耗。

（三）捕诉一体化利于推进以审判为中心的诉讼制度改革

党的十八届四中全会决定要"推进以审判为中心的诉讼制度改革"。这一宏大的改革命题包括两大内涵和目的：一是旨在扭转我国长期以来形成的侦查活动封闭运行，缺乏必要的制约和引导，侦查行为和过程基本不受控制，侦查结论对诉审机关形成话语主导的"侦查中心主义"的诉讼异化格局。[①] 二是要使庭审成为查明事实、认定证据、保护诉权、公正裁判的关键环节和主要方式，坚持以庭审为中心，切实发挥庭审的决定性作用。[②] 从根本上讲，推进以审判为中心的诉讼制度改革，有赖于公、检、法三方之间关系的调整和重构。[③] 但是，从我国复杂的社会形态和固化的政法体制出发，三机关之间的关系在相当长的时期内难以发生根本变化。[④] 尤其在检警关系方面，虽然近十年来学界一直致力于研究和推动我国检警体制改革，力图将检警关系从松散并立模式转变为检主警辅模式，但是应该认识并承认，类似于欧陆国家的检警一体和检察指挥侦查模式与我国政法权力体系相异排斥，改革设想基本无法实现。

---

① 参见陈瑞华：《论侦查中心主义》，载《政法论坛》2017 年第 2 期。

② 参见沈德咏：《论以审判为中心的诉讼制度改革》，载《中国法学》2015 年第 3 期。

③ 参见左卫民：《审判如何成为中心：误区与正道》，载《法学》2016 年第 6 期。

④ 参见刘忠：《从公安中心到分工、配合、制约——历史与社会叙事内的刑事诉讼结构》，载《法学家》2017 年第 4 期。

因为中共中央在作出"推进以审判为中心的诉讼制度改革"决定的同时，重申并强调"我国刑事诉讼法规定公检法三机关之间分工负责、互相配合、互相制约，这是符合中国国情、具有中国特色的诉讼制度，必须长期坚持"。①因此，立足于三机关之间的政法"体制关系"一时难以改变的现实前提，考虑从重点诉讼阶段和行为入手，通过调整和改变办案"机制关系"，尤其是改变侦诉关系，才是推动以审判为中心的诉讼制度改革的正道。

循此进路，捕诉一体化的功能和价值在以审判为中心的诉讼制度改革背景下值得被认真对待。在当前的立法规则和司法体制下，能介入并对侦查活动形成一定制约的只有检察机关。而在"分工、配合、制约"的三机关关系以及封闭的"流水车间"式的刑事诉讼活动中，检察机关事实上能干预侦查活动的只有捕与诉两个程序环节。尤其是逮捕审查程序，由于处于侦查活动进行之中，对侦查行为的审查和干预力度较大，但因其主要指向对人身自由羁押的审查判断，因此制约侦查的程序功能仍较为薄弱。另外，受逮捕条件的影响，在提请审查逮捕时侦查活动尚未完全展开，主要犯罪证据尚未获取，因而在审查逮捕环节检察机关事实上难以对侦查行为进行有效的引导和制约。而在审查起诉程序中，虽然可以对所有侦查活动进行审查，但是实证研究显示，由于侦查活动已经终结，因此这种审查注定是一种软弱无力的"马后炮"式的审查。②因而在捕诉分立的情况下，检察机关介入侦查的渠道不通畅，缺陷明显，侦诉不连接，检察机关的侦查制约功能难以有效发挥。相反，在捕诉一体化的情况下，审查批捕的程序环节向审查起诉开放，审查起诉程序的功能得以前置，在审查批捕过程中便能以面向起诉的视角和标准介入侦查，实现对侦查行为全面、深入、具体的引导和约束。这一方面使得检察机关能有效制约和规范侦查行为，避免或减少非法证据的产生，逐步扭转侦查强势和不受控制的侦查中心主义格局；另一方面，由于检察机关实质性地介入侦查，全面掌握侦查情况，因此能提升侦查机关的证据意识和取证效果，使侦诉程序能面向审判，并有利于公诉机关提高起诉和指控的效果，逐步促进庭审实质化。总之，捕诉一体化办案机制能真正实现侦诉连接，改善侦诉关系，提高侦诉质量，最终有利于形成审前程序以起诉为中心，审判程序以庭审为中心，整个刑事诉讼以审判为中心的诉讼格局，符合当前以审判为中心的诉讼制度改革的要求。

---

① 习近平：《关于〈中共中央关于全面推进依法治国若干重大问题〉的决定的说明》，载《人民日报》2014年10月29日。

② 参见左卫民、赵开年：《侦查监督制度的考察与反思——一种基于实证的研究》，载《现代法学》2006年第6期。

五、捕诉一体化实施方案之设计

世界上从来没有完美无缺的制度和改革举措，捕诉一体化在一定程度上也会产生弊端，但其明显的侦诉连接和以诉制侦的制度功能，以及有利于推动审判中心主义改革的制度价值不应被否认。从利弊权衡和价值选择方面考量，捕诉一体化在当前我国的司法场域中具有相对合理性。当前的务实之举，是要在发挥捕诉一体化办案机制功效的同时，最大限度地减少和控制其弊端的产生，而不是盲目地批判该制度。

（一）捕诉一体化的制度试行

根据实践理性而作法律试行的制度性安排是我国法律规范产生及变革的重要类型和经验创举。"制度变革期间需要强调法律的认知和弹性，法律试行正是减轻即存结构的负荷，便于制度变革的一种重要操作性装置，即只有当法律作为一种可变物得到广泛体验时才具有实证上的妥当性。"[1] 事实上，制度试行也是包括检察机关在内的实务部门制度生产的常见方式。对于捕诉一体化，亦可采取制度试行的方式。需说明的是，捕诉一体化的制度试行应当特别注意以下 3 个方面的问题。

第一，限制捕诉一体化的适用层级。捕诉一体化是一种有利于提高审查效率，以及引导和制约侦查的办案机制，而需要采取捕诉一体化的应当是办案量大、案件类型丰富复杂的检察机关。我国检察机关从中央到地方在层级上设置有 4 级，但处在办案一线的是地方区（县）和市一级的检察机关。尤其是区（县）一级检察机关，承办和消化了全国 80% 以上的案件。[2] 省级检察机关办案量相对不多，最高检察机关则更为稀少。并且，从不同层级检察机关的业务功能定位和权限划分的角度看，最高和省级两级检察机关除了少量法定管辖范围的办案以外还承担着领导、指挥下级检察机关的业务指导功能，以及审查、复议、复核案件的业务监督功能。因此，推行捕诉一体化原则上应限于在市和区（县）两级检察机关中进行。

第二，尊重地方实践理性模式。捕诉一体化虽来自地方实践，但全国地方检察机关在办案数量、员额、业务素质、部门关系等方面可谓千差万别。应当注意，一方面，虽然近年来捕诉一体化有回潮的趋势，但是未实行捕诉一体化的地方检察机关在全国仍占多数。另一方面，采取捕诉一体化的地方检察机关

---

[1]　季卫东：《法治秩序的建构》，中国政法大学出版社 1999 年版，第 165 页。
[2]　参见韩亦君：《基层人民检察院主任检察官办案责任机制的构建》，载胡卫列、韩大元主编：《第十届国家高级检察官论坛论文集》，中国检察出版社 2014 年版，第 290 页。

也存在多种不同的实践模式：（1）典型模式，如广东省深圳市的捕诉集中行使模式；（2）复杂案件轮案模式，如四川省成都市龙泉驿区人民检察院实行的普通案件实行捕诉一体模式，职务犯罪案件、经济犯罪案件，以及犯罪嫌疑人5人以上、侦查卷宗5本以上的案件视为复杂案件，单独进行轮案模式；（3）复杂案件交叉办案模式，如湖北省武汉市东西湖区人民检察院对普通案件采用捕诉一体模式，对复杂案件采用AB组交叉办案模式；（4）命案模式，如山西省朔州、太原两市对命案实行捕诉一体模式等。因此，对于是否实行捕诉一体化以及具体怎样实行不宜采用"一刀切"的模式，应当充分尊重地方实践理性，由地方检察机关根据自身的实际情况酌情采用。

第三，捕诉一体化的评估与调整。制度试行具有实验性和试错性，意味着需要对制度试行的实施效果进行评估、确认以及必要的控制和调整。捕诉一体化在一些地方检察机关的短期尝试以及小范围试点即便收获预期效果，也不意味着在全国推行就一定合适和成功。因此，当前全面推行捕诉一体化，最高检察机关和地方检察机关必须建立相应的评估和调整机制。一方面，要对捕诉一体化的实际效果进行评价，如办案数量、周期、人员之间的比例等办案效率、效果，以及捕诉审查的退补率，对侦查机关的引导率、纠正违法率等侦诉关系效果；另一方面，要对捕诉一体化之后可能引发的程序指标和办案质量变化进行监测，尤其是对不捕率、不起诉率可能产生的大幅度或非正常变化，要密切关注和及时分析。对于办案指标出现不稳定，办案质量出现下降的地方，应当及时调整甚至暂停制度的试行。

（二）捕诉一体化的制度配套

由于诉讼活动是个有机的系统，其中细小的调整都有可能引起系统内的变化，因此在实行捕诉一体化时，必须做系统性的程序设计和制度安排，考虑其可能带来的问题和影响，并做好必要的制度配套。根据理论分析并结合实践情况，实行捕诉一体化要考虑的制度配套至少应围绕以下3个方面展开。

第一，审查逮捕的实质化。实行捕诉一体化最可能产生的弊端就是办案人员完全以起诉标准来衡量批捕标准，不能起诉的不予批捕，或者能够起诉的一律批捕，从而导致批捕沦为起诉的附庸，审查逮捕的程序功能被消解。因此，在推行捕诉一体化的同时，要保障审查逮捕程序的实质化。对此可从以下3个方面入手：一是加强对逮捕必要性要件的审查。刑事诉讼法上逮捕条件的设置偏重犯罪的证据和罪责条件，对于逮捕必要性的条件则规定模糊，检察机关批捕时对逮捕必要性的审查也缺乏清晰的指引，这是导致以往"构罪即捕"和"不诉不捕"的重要原因。如果这一问题不能得到有效解决，那么实行捕诉一体化之后问题势必变得更为严重。因此，在实行捕诉一体化的同时，必须将批捕时的审查重点从犯罪的证据条件和罪责条件转向审查逮捕必要性条件。对此，最高人民检察院与公安部于 2015 年共同制定的《关于逮捕社会危险性条件若干问题的规定》中对逮捕必要性的具体条件、情形、证据和审查处理已作出明确的规定，应当严格遵照适用。二是可建立听证式的审查和合议制审查制度。目前，根据检察机关的司法解释和批捕专门性规定，逮捕审查已经初步建立准诉讼化的结构。在此基础上，有条件的检察机关可进一步建立听证式审查制度。尤其是针对逮捕必要性条件的审查，办案人员认为有必要的，应当召集侦辩双方以听证的方式审查决定。对于一些复杂案件、特殊类型案件还可考虑建立合议制逮捕审查制度，由承办检察官和办案组织其他检察官合议投票决定。另外，无论采用哪种审查方式，都必须加强逮捕审查的说理。三是强化羁押必要性审查。为防止捕诉一体化后的简单化办案或者过分追求办案效率，出现漠视被逮捕人权利的一捕到底现象，还应强化羁押必要性审查。对此，最高人民检察院于 2016 年出台的《人民检察院办理羁押必要性审查案件规定（试行）》已作出专门性的规定，但仍有两点值得进一步完善：一是要使羁押必要性审查主体与捕诉审查主体相分离，以保障审查的实质性；二是犯罪嫌疑人、被告人及其法定代理人、近亲属、辩护人提出的羁押必要性审查申请或者意见不被接受的，可赋予其向上一级人民检察机关申请复议的权利。

第二，切断捕诉利益关联。在以往的捕诉关系中，捕诉同质化现象很突出，表现为捕后必诉，甚至存在即使逮捕后案件情况发生变化，不符合起诉条件也强行起诉的现象。有学者将这一现象称为"捕诉同质化"，并部分归因于捕诉一体化办案机制。[①] 对此，前文已有述及，实际上这种现象在捕诉分立时也大量出现，其主要原因与捕诉是分立还是一体关系不大，而是内外部评价机制不合理地将捕诉利益关联甚至捆绑所致。捕诉一体化产生的部分原因恰恰是为了应对这种不合理的评价机制。正因如此，检察机关才将捕诉一体化形象地称为"谁批捕、谁起诉"。但问题在于，捕诉一体化虽然能在一定程度上减轻检察机关的评价风险，但是却无助于捕诉同质化现象的消除，甚至在捕诉一体化的情况下会使这一现象变得更加严重。因此，为了使捕诉一体化之后捕诉职能不至于交叉混同和彼此牵扯，应当对现行检察机关的评价机制进行改革完善。尤其是对审查逮捕的评价，应当注重从审查行为和程序的合规性（如审查方式是否合法、审查期限是否超期、有无侵犯犯罪嫌疑人及其辩护人诉讼权利、审查决定是否充分说理）等方面对办案人员进行考察。同时，应避免将实体结果作为考核依据，要在评价体系中改变将逮捕、起诉与定罪利益捆绑的

---

① 参见汪海燕：《检察机关审查逮捕权异化与消解》，载《政法论坛》2014 年第 6 期。

评价机制，对符合逮捕条件但最终作出国家赔偿的案件不做消极评价，从而切断捕诉利益关联，使审查逮捕和审查起诉各自发挥应有的程序功能。

第三，强化侦查监督的引导功能。捕诉一体化不仅仅是检察机关办案机制的变化，还会对整个审前程序尤其是对侦查活动产生影响。首先，实行捕诉一体化后，逮捕条件势必会在一定幅度内人为收紧，审查标准将趋于站在起诉的立场上从严把握，因此侦查机关在提请逮捕时证据条件必须符合审查标准。尤其是过去被漠视的逮捕必要性条件有无相应证据支持，以及涉嫌犯罪及罪责的证据是否确实充分，能否基本满足起诉的要求应成为审查重点。要符合逮捕审查标准，侦查机关必然要收集更多的证据，并难以避免地要强化对犯罪嫌疑人的人身控制。根据实践经验，侦查机关通常会先对犯罪嫌疑人先行拘留以便获取证据。而在捕诉一体化后，拘留时间势必会延长或者超期。甚至在一些对口供依赖程度较高的案件，如黑社会性质组织犯罪等案件中，不排除侦查机关会大量采取指定居所监视居住措施以控制犯罪嫌疑人。其次，实行捕诉一体化后，因为逮捕条件从严把握，当侦查机关提请逮捕的一些案件达不到审查标准时会被不批准逮捕或者退回补查，而其中一些有侦查难度的案件，侦查机关可能会采取变相羁押犯罪嫌疑人的措施。另外，实行捕诉一体化后，因逮捕审查面向起诉收紧，批捕后侦查机关可能会认为案件基本达到起诉条件或者趋于侦查终结，而放任逮捕后的继续侦查。因此，在实行捕诉一体化的同时，必须加强对侦查活动的监督引导：一是加强对提请逮捕前强制措施实施的监督，尤其是对拘留适用的情形和时限，以及指定居所监视居住等强制措施的适用是否合法合理进行监督；二是加强对侦查机关对不批准逮捕决定的执行以及变更强制措施的监督，防止侦查机关采用不合法方式变相羁押犯罪嫌疑人；三是加强捕诉期间的侦查引导，尤其是通过听证会、侦查意向书、补查提纲等方式，引导侦查机关强化侦诉证据意识，提升侦查质量。

（原载于《法商研究》2019年第5期）

司法改革背景下的捕诉关系路径选择

郭 华[*] 李红霞^{**}

长期以来，检察机关为强化内部监督制约，将批捕权和起诉权进行分离，在检察机关内部设立了侦查监督部门和公诉部门，形成"捕诉分离"的办案机制。然而，随着社会环境及司法体制机制的深入变革，围绕检察机关内设机构改革的方向，尤其是批捕权和起诉权应该如何配置，在法律界出现了不同声音。最高人民检察院按照中央政法委关于优化机构职能体系的要求，在2018下半年开始在全国范围内推动检察机关专业化建设，实行"捕诉一体"，与此同时，也有很多人对"捕诉一体"提出了诸多质疑。面对各种争论，笔者认为"世异则事异"，目前以审判为中心的诉讼制度改革和员额制检察官、司法责任制等一系列司法体制改革已经为新时代的捕诉关系提出了更高要求和调整契机，在目前条件下"捕诉一体"是一条适合中国国情的捕诉关系路径，其对于充分发挥检察机关各部门的职能效用，进一步增强检察机关公诉能力，具有重要的现实意义。

一、捕诉关系路径选择的司法理念

批捕权和公诉权一直被视为检察机关权力体系的支柱，而所谓的"捕诉一体"是指把检察院所具有的批捕权和公诉权统一起来，检察机关对本院管辖的同一刑事案件的适时介入、审查逮捕、延长羁押期限审查、审查起诉、诉讼监督等办案工作，原则上由同一办案部门的同一承办检察官办理的工作模

　＊ 中央财经大学法学院教授，博士生导师，诉讼法学、金融学博士后合作导师，研究方向：诉讼法学、证据法学、金融犯罪与金融监管制度。
　＊＊ 中央财经大学法学院博士研究生，天津市人民检察院第三分院检察官，研究方向：诉讼法学、证据法学。

式①。"捕诉分离"则是将批捕权和起诉权分别交由检察院的两个部门中的两名检察官行使并分别履行审查逮捕、审查起诉及法律监督等职能的办案模式。"捕诉分离"机制设置的目的是希望通过增加一个环节，强化内部监督，从而保证案件质量。有学者认为，从表面看这两种观点是对捕诉两种权能如何配置的不同意见，实质上这两种观点背后蕴含着十分深刻的司法理念，同时认为"捕诉一体"最关心的是程序的效率，"捕诉分离"则更注重对权力的制约和限制②。那么，如何在两者之间做出科学的选择呢？笔者认为，根据时代特点和具体的司法环境选择适合司法实践的改革路径是最重要的，具体到检察机关批捕权和公诉权的配置，则应以提高公诉效益为宗旨。

（一）捕诉关系路径选择应以适应时代发展和满足司法实践需要为标准

检察机关恢复重建之初，最高人民检察院对于批捕权和公诉权在检察机关内部的配置方面并没有统一的要求，当时各地检察机关出现了捕诉一体、捕诉分立两种模式。最高人民检察院在 1996 年召开的全国检察机关第二次刑事检察会议上，就提出将批捕和起诉分设为不同的两个部门。随后，全国检察机关普遍设立了独立的批捕部门和公诉部门，这种"捕诉分离"的模式为各地检察机关所采用，且一直延续至今，但是在该办案模式运行过程中，也经常会出现各类问题。2015 年，最高人民检察院开始推行首批司法体制改革试点工作，吉林省被纳入首批试点省市之后，该省检察院把公诉一处、二处，侦查监督一处、二处，未检处整合成刑事检察部，探索形成了"捕诉一体"的办案模式。可以说，从检察机关恢复重建至今，围绕"捕诉一体"和"捕诉分离"的路径选择从未停止过。那么，在新一轮司法改革背景下，捕诉关系究竟如何调整才能使检察机关更加有效地履行审查逮捕和审查起诉等相应职能，这是本文需要深入探究的问题。

笔者认为，所有的改革和制度设计均应该顺应时代发展变化，与当下的社会形势和司法实践需要相适应，若出现与现有社会背景以及制度环境相脱离的现象，就很难做出哪种制度更为科学合理的判断。目前，党的十八届四中全会通过了《中共中央关于全面推进依法治国若干重大问题的决定》，提出"推进以审判为中心的诉讼制度改革，确保侦查、审查起诉的案件事实证据经得起法律的检验"。该项制度改革针对的是以侦查为中心的刑事诉讼构造，强调定罪的事实和证据均要经过法庭的举证、质证、辩论，保证庭审在裁判中的决定性

---

① 叶青：《关于"捕诉合一"办案模式的理论反思与实践价值》，载《中国刑事法杂志》2018 年第 4 期，第 3—11 页。

② 孔璋：《现行检察体制内捕诉关系的论证》载《人民检察》2004 年第 5 期。

作用，目的在于确立审判在刑事诉讼中的中心地位，推进以审判为中心的诉讼制度改革，需要侦查机关进一步完善调查取证的方式；也要求检察机关必须强化对证据的审查，切实树立证据裁判意识，可以说该制度对侦查以及批捕、起诉工作提出了新要求。然而，在具体的司法实践中，就侦查监督部门与公诉部门而言，基于两个部门在职能需求方面存在的差异，基本上还停留在各自为战的层面上，并由此引发办案质量不高与办案效率较低等各种问题，甚至还出现一些冤假错案等，确实难以应对以审判为中心的诉讼制度改革给检察机关带来的挑战。随着改革的不断深入，各方面制度得到不断完善，且相应的各项条件也在趋于成熟，这就使得以检察机关审查逮捕、审查起诉这两项最重要职权作为突破，加强检察资源整合，积极探索捕诉关系新路径已经迫在眉睫①。基于此，本文经分析认为，在新一轮司法改革的背景下，在检察机关内部实行"捕诉一体"更符合司法实践需求。

（二）捕诉关系路径选择应以提高公诉效益为宗旨

就现代刑事诉讼而言，效益亦是其基本价值目标，关于效益价值归结起来主要包括两个方面的内容：一是刑事诉讼程序应该与经济效率要求相符合，简单来说应该通过对司法资源进行科学配置来解决诉讼成本高昂、案件积压严重、司法活动拖延等难题，这就要求重视诉讼的及时性，即应迅速地、毫不迟延地进行诉讼；二是要确保诉讼结果与司法公平、司法正义要求相符合，并可以据此取得良好的社会效果。效益本身就包含有公正精神，诉讼效益实际上是借助最为经济的方式来实现公正这个目标。从这个层面上来说，人们追求效益，实际上是在追求公正、追求秩序、追求自由②。受到西方经济分析法学逐渐兴起的影响，效益价值在进入民众视野之后日益受到重视，在设计各类具体法律制度时均须考虑该标准。

我国刑事诉讼理论因受苏联的影响较大，对刑事诉讼程序分为若干个不同的阶段，而在不同的阶段中，与之相对应的诉讼主体往往也不同，各诉讼阶段相互之间是并列关系，并无刑事诉讼中心之说，也就是通常所说的诉讼阶段论，有学者对此进行研究时指出，这样的诉讼程序犹如铁路警察，各管一段。特别是在检察院内部，出于对权力制约的考虑，又将批捕权和公诉权分别交由两个部门行使，导致同一个案件在检察机关要被两个部门的两名检察官分别进行审查，浪费了大量的人力、物力，也致使案件的审查期限相对较长，不利于提高公诉的经济效率。随着社会的不断发展，"捕诉分离"模式所具有的局限

---

① 郭烁：《适应鲜活实践彰显"捕诉合一"价值》，载《检察日报》2018年7月12日第3版。
② 刘作凌：《公诉制度的效益价值分析》，载《湖南科技大学学报》2018年第2期。

性更是日益凸显，一个案件移送至检察院后，诉讼程序亦被切割成几个阶段，自然也就没有一个检察官能完整地行使刑事检察权，导致检察权应具有的完整性未能得以体现，这就使得没有一个检察官能对案件整个诉讼流程具有大格局视野，必将会对侦查工作引导不利，影响案件质量。诉讼阶段论设计的最初目的是相互配合，相互制约，然而过去的经验告诉我们，司法实践中各个阶段之间往往是配合有余，制约不足，公安机关以其强大的侦查力量和相对较高的政治地位，主导了整个诉讼程序，当公安机关侦查并对事实作出认定后，检法基本上无法改变该事实，这就使得公诉以及庭审仅仅停留在形式层面上，公诉效益更无从体现。针对上述问题，党的十八届四中全会明确提出要对诉讼制度进行改革，强调要以审判为中心，这意味着我国将着重凸显审判程序所具有的中心地位，同时也意味着审判程序将在诉讼程序中起到决定性作用，可以说该诉讼制度改革也与现代刑事诉讼理念要求是吻合的。随着这一诉讼制度改革的不断深化，对检察机关的公诉工作必然提出更高要求，检察工作也应该随之进行调整。然而，批准逮捕和审查公诉作为专门的司法活动，关系着具体个案中公平正义的实现，同时也需要国家花费大量司法资源，其中包括许多人力、物力、财力等，所以在改革时必须注重其效益，否则必然是毫无价值的。

二、"捕诉一体"优于"捕诉分离"的实践考察

"捕诉分离"与"捕诉一体"办案机制，均有其产生的深刻历史背景和理论基础，但是在目前的市场经济条件下和"以审判为中心"、司法责任制的诉讼改革的大背景下，哪种路径能够更好地达到检察机关内部司法资源的优化组合，使现行捕诉关系更能适应起诉引导侦查和以审判为中心的刑事诉讼发展要求，更有利于提高公诉效益，实践才是检验制度的最好的标准。本文拟从司法实践的角度对"捕诉分离"与"捕诉一体"两种路径进行对比分析，探寻在目前司法改革背景下"捕诉一体"所具有的优越性。

（一）诉讼经济效率方面

在我国目前司法改革这背景下，对司法资源进行合理调整，并在此基础上设置相应的检察机关内部机构是大势所趋，而具体的改革则需要重点考虑以下因素：司法责任制、案件业务量和检察官数量等①。当前，我国正处于社会转型期，刑事案件高发，一方面是刑事案件数量的不断增长，另一方面则是检察人员没有得到相应增加，这就使得检察官所承担的办案任务非常繁重，该问题

---

① 龙宗智：《检察机关内部机构及功能设置研究》，载《法学家》2018年第1期。

目前已十分严峻。以 2017 年为例，全国范围内检察机关侦查监督部门受理审查并批准逮捕的犯罪嫌疑人共计为 135 万人，与同期相比共增加了 24.4%；公诉部门，受理移送起诉人数在 200 万人以上，与同期相比共增加了 19.8%。由此可见，检察机关"案多人少"的矛盾问题仍然很突出，这些现象在基层检察院尤为明显①。一线办案人员工作任务非常繁重，然而"捕诉分离"机制却要求检察院的机构多重设置，一个案件先是由公安机关提请检察机关批准逮捕，在 7 天之内作出是否批准逮捕的决定，之后又移送至起诉部门，要求公诉部门办案人再次对案件进行审查，在目前检察机关办案人员明显不足的情况下，若处理一个案件需要重复开展工作，显然加大了诉讼成本，浪费了本身就较为有限的司法资源②。

在推进司法改革过程中需要注重对司法体制基本价值的体现，效率亦是司法体制的基本价值之一。司法只有及时为当事人提供救济，公正的实现才有其意义③。但是由于侦查监督部门与公诉部门分别阅卷、提讯、审查案件，撰写法律文书，就会出现两部门工作重复及部分案件办案期限过长等问题。同时，"捕诉分离"机制在不必要的辗转周折过程中所出现的审查期限拖延等问题，实际上也是变相延长了犯罪嫌疑人审前的羁押时间，不利于对嫌疑人的人权保障。

反思我们目前普遍采用的"捕诉分离"办案机制，在诉讼公共资源大量投入的同时，其诉讼效率的价值目标并没有获得产出的最大化，而"捕诉一体"办案机制中的检察官则可以在审查批捕阶段就可以对案件全面了解，在审查起诉阶段就会节省大量的人力、物力和时间，大大节约了诉讼成本，也大幅度提高了诉讼效率；在进行证据审查这方面，需尽量减少检察官出现重复劳动，这也是有效缓解检察院案多人少矛盾问题的有效方法④。所以"捕诉一体"在司法实践中更符合诉讼经济原则的要求，且经过笔者查询资料，发现有大量的数据和案例能够说明这一问题。

例如，2000 年 1 月，深圳检察机关开始推行"捕诉一体"办案机制当年，

---

① 梁艳华、常建党：《破解基层院"案多人少"矛盾的路径探析》，载《中国检察官》2017 年第 23 期，第 79 页。

② 汪建成、王一鸣：《检察职能与检察机关内设机构改革》，载《国家检察官学院学报》2015 年第 1 期，第 43—59 页。

③ 江国华、周海源：《司法体制改革评价指标体系的建构》，载《国家检察官学院学报》2015 年第 2 期，第 12—19 页。

④ 简言：《"捕诉合一"：提供更加优质"法治产品"》，载《检察日报》2018 年 6 月 21 日。

刑事案件办案效率获得明显提升，平均节省了1/3以上的审查期限[①]。

2015年，贵州省的岑巩县检察院在采用"捕诉一体"后，该年受理审查逮捕案件共计64件，79人；受理审查起诉的案件共计145件，182人。在审查逮捕案件的办结时间方面，最短的只需2天时间，而在平均办案期限方面，仅用时4.5天；审查起诉案件最短办结期限只有1天，平均办案期限也仅需11天。案件审结率高达100%，且没有出现错案[②]。

2017年4月1日开始，湖南省长沙市雨花区检察院率先在湖南省开展"捕诉一体"试点工作。过去受理一起审查起诉案件，平均需要时间为58天，而在推行"捕诉一体"后则只需29天，办案效率得到明显提升，在节约司法资源方面取得重大成绩[③]。

2018年6月，黑龙江省大庆市让胡路区检察院采用"捕诉一体"办案机制后，对李某犯盗窃罪一案提起公诉，该案庭审仅花费了10分钟，且当庭作出判决。该案从报捕开始到作出判决共计用了13天，若在过去则需要30天左右[④]。

从最高人民检察院办公厅2018年5月28日公布的《检察机关内设机构捕与诉职能行使有关情况》来看，吉林省实行"捕诉一体"办案机制后，批捕、起诉时间分别缩短12.3%和12.4%。上海市实行"捕诉一体"的基层检察院办案效率提升50%。太原市小店区检察院实行"捕诉一体"后办案周期平均缩短30%。

为了更好地分析对比"捕诉一体"以及"捕诉分离"哪个模式更有助于提升办案效率，本文以"捕诉分离"时审查批捕需要7天，审查起诉需要30天为例（湖南省长沙市雨花区除外，因上述材料中已经给出其具体办案期限），计算上述部分检察机关在"捕诉一体"机制中的办案效率提升情况，归纳于表1。从表1的计算数据来看"捕诉一体"办案机制在缩短办案期限方面的效果更为明显，能有效促使办案效率大幅提升。

---

① 吴德群、郭卫群：《"捕诉合一"提高办案率》，载《深圳特区报》2005年5月31日。

② 杨光军：《岑巩检察院试行"捕诉合力"机制》，载《法制生活报》2019年4月11日。

③ 阮占江、郑涛：《同一案件批准逮捕和审查起诉由一名检察官负责记者探访湖南首个捕诉合一基层试验田》，载《法制日报》2018年7月6日。

④ 韩兵、何其伟、沙云晴：《大庆让胡路：探索"捕诉合一"模式提升办案质效》，载《检察日报》2018年6月15日。

表1 "捕诉一体"对办案效率的影响

效率	吉林省	上海市	太原小店区	湖南省长沙市雨花区	平均
"捕诉分离"（天）	37	37	37	58	42.25
"捕诉一体"（天）	32.4	18.5	25.9	<29	<26.45
提升幅度	12.4%	50%	30%	>50%	>37.4%

（二）保证案件质量方面

在"捕诉分离"办案机制下，由于负责批捕的检察官不负责起诉工作，所以其对捕后侦查并不十分关心，加之公安机关关注的是逮捕率，案件批准逮捕后，收集证据自然不如捕前尽心尽力了。所以，由于侦查机关对于逮捕之后继续完善证据的内在和外在的动力不足，怠于继续侦查取证，就造成移送起诉时证据情况与提请逮捕时候证据情况差别不大。而当案件移送审查起诉后，审查起诉部门认为需要补充侦查时，有些证据就会因为时过境迁而难以补充。所以说，在"捕诉分离"机制中批捕之后到移送审查起诉之前是法律监督的薄弱地带，"捕诉分离"机制弱化了检察机关的法律监督效果[①]，不利于保证案件质量。

另外，在司法实践中，由于不同阶段案件证据情况不同，或者由于部分法律或司法解释规定的不明确，往往会出现各种分歧问题，经常存在侦查监督部门对案件有一种理解，而公诉部门的看法却可能完全不同的情况。侦查监督和公诉两个部门均属于检察机关内设部门，由于对同一案件存在不同的解读，容易导致侦查机关无所适从，甚至会影响案件的侦查工作。为解决我国检警分离模式下公诉对侦查引导不足这一问题，"捕诉一体"亦具有其值得推广实行的内在合理性。因为"捕诉一体"是由一名检察官对侦查工作进行整体监督。审查案件的重点就是审查证据，而侦查违法主要是与侦查取证密切相关，如果检察官不注重监督侦查工作，非法证据和瑕疵证据就很难被发现，自然也就无法确保起诉案件的质量[②]。"捕诉一体"要求"谁捕谁诉"，为能使自己批捕的案件顺利起诉，这就使得负责批捕的检察官从批捕开始就会对侦查工作非常关注。基于上述原因，在侦查过程中，检察官就会从起诉的角度对侦查取证工

[①] 丁浩勇：《"捕诉衔接"机制研究》，载《中国检察官》2016年第11期，第42—44页。

[②] 尹吉、王梦瑶：《捕诉合一：符合司法实践需求的时代选择》，载《检察日报》2018年6月27日。

作进行指导，对侦查活动进行全方位的监督，因而取证引导也会更精准，法律监督的效果也会更好、案件质量自然会得到提高①。

截至 2018 年 4 月，除了未成年人检察部门和监察委移送的案件实行"捕诉一体"外，全国共有 200 个检察院实行了"捕诉一体"，笔者从目前收集到资料来看，各地检察机关在实行"捕诉一体"后办案质量均得到不同程度的提高。例如，朔州市检察院采用"捕诉一体"后，选拔任命了 5 名主任检察官，这 5 名主任检察官普遍具有丰富的经验，由他们负责领导介入命案的侦查工作。经过为期 1 年的试运行后，朔州检察机关介入的命案共计为 29 起，平均审查起诉时间仅为 1 个月左右，且没有出现退回补充侦查或者存疑不起诉等各类情况，办案效果非常理想。采取这种模式能有效避免多头决策引发的效率低以及责任模糊等问题。此外，通过对太原市检察院在实行"捕诉一体"后介入的 60 多起命案来看，不管在办案效率方面，还是在办案质量方面，均得到明显提升②。

再如，太原市晋源区检察院在办理郭某非法持有毒品案件时，检察官在批捕时就要求严查郭某持有毒品的来源，账户资金的来源，通话记录和社会关系等，最终核实了贩卖毒品的事实，取得良好效果。在该院与公安分局召开的联席会上，公安机关对检察机关"捕诉一体"机制给予高度评价，认为与检察官联系更密切，取证能力和水平均得到提高③。

另外，根据最高人民检察院办公厅 2018 年 5 月公布的数据来看，"捕诉一体"与"捕诉分离"相比较更有利于提升案件质量，具体情况归纳于表 2。

表 2 "捕诉一体"对办案质量的影响

| 捕后不诉、撤诉或者轻判情况 | 捕后不诉案件 2016 年至 2017 年（捕诉一体）比 2013 年至 2014 年（捕诉分离）下降 12.5%，撤诉案件下降 36.7% | 太原市检察机关"捕诉一体"后，捕后起诉 4451 人，有罪判决率达 100% | 7 个基层院，2 个基层院不存在捕后不诉案件。另外 5 个基层院捕后不诉率均在 5% 以内 | 捕后轻罪判决率为 8.5%，比"捕诉分离"的单位低 6.6% |

---

① 该案例来源于最高人民检察院办公厅 2018 年 5 月 28 日公布的《检察机关内设机构捕与诉职能行使有关情况》。参见邓思清：《捕诉合一是中国司法体制下的合理选择》，载《检察日报》2018 年 6 月 6 日。

② 左燕东：《捕诉合一主任检察官全程负责检察机关办理命案推行新模式》，载《山西日报》2015 年 4 月 17 日。

③ 夏继金：《质疑"捕诉合一"》，载《人民检察》2003 年第 9 期，第 50—51 页。

由此可见，"捕诉一体"办案机制中的检察官从受案开始就能够站在起诉高度对侦查部门进行全程引导和监督，注重检警关系优化，同时还促使侦查监督力度实现提升，有利于保障案件质量，实现司法公平公正。

（三）培养专业人才方面

目前，不管是侦查监督部门还是在公诉部门，都非常注重人才队伍建设，并均以建立一支高素质专家型人才队伍作为人才培养目标[①]。有人提出检察官专门做批捕或者起诉工作，更有利于专家型检察人才的培养。对于上述观点，笔者认为，首先，这种熟练程度是建立在一定工作量的基础上的，从全国检察机关办理的案件量来看，即使是"捕诉一体"，每个检察官的办案量也是较高的，那么在这种状况下，每一名检察官在工作一段时间后都会对自己的工作十分熟练。其次，有人认为"捕诉分离"机制更有利于专家型检察人才培养，实际上是从局部工作的熟练程度讲的，但是我们应该清楚地认识到"捕诉分离"机制中的检察官是仅负责诉讼程序中的一道"工序"，对于整体的刑事诉讼程序是不了解的。这让笔者想到《摩登时代》里面的工人，这些工人仅对某个生产步骤特别熟悉，而对于整个生产流程是不清楚的，这就导致这些工人永远只能是流水线上的一名普通工人，很难培养出专家型人才。实际上"捕诉分离"中的检察官也面临类似的问题，"捕诉分离"机制中，检察官仅仅了解自己手中的工作，对于检察工作的全局是不了解的，那么这样的检察官也很难对检察工作提出全局性的、有建设性的意见，这对于推动检察工作不断向前发展也是极为不利的。"捕诉一体"中检察官要对自己批捕和公诉的案件负责，为了更好地完成批捕和公诉工作，检察官必须注重提升自身综合素质，促使自身在专业以及其他相关知识方面实现拓展，即在广度以及深度方面均能获得相应提升，对其知识结构进行优化，而做好这些方面的工作，必定有助于提升检察官的工作能力和水平，从而可以有效提升检察官队伍的专业化水平。所以说，从长远和全局的角度来讲，"捕诉一体"更有利于培养出真正了解检察工作的专家型人才。

近年来，我国受国际司法理论和实践影响，司法理念已经从职权主义向保障人权、维护公平正义转变，公正和效率也是我国检察机关所必须遵循的基本原则，检察机构必须要适应司法形势，作出相应改革。然而，任何一项司法改革都应重点考虑其经济效益和在司法实践中的可操作性，否则将是纸上谈兵，毫无价值，甚至还会导致司法的倒退。毫不例外，检察工作的改革也必须立足

---

① 曹军：《基层院"捕诉合一"做法不应提倡》，载《人民检察》2004 年第 11 期，第 62 页。

我国司法实践情况，探索一条符合诉讼规律，能够兼顾公正与效率的捕诉关系路径。前文从我国检察司法实践出发，通过对比分析"捕诉分离"和"捕诉一体"两种办案机制，可以发现"捕诉一体"能够促使检察官站在起诉的高度在最短的时间内引导侦查机关补充完善证据，更有助于提高诉讼效益和案件质量。可以说"捕诉一体"是提高司法效率，节省司法资源，实现公平正义的客观要求。

三、对"捕诉一体"质疑的回应及制度完善建议

在当前司法改革的大背景下，"捕诉一体"确实能够有效地整合了有限的司法资源，加快批捕起诉一体化的节奏，缩短办案周期，防止错捕错诉，提高办案的质量[①]。然而，任何机制看起来似乎都不是完美无缺的，很多人也对"捕诉一体"机制提出了各种质疑，有人认为"捕诉一体"在具体司法实践中会使得"捕诉分离"中的批捕和起诉两个部门之间的这种互相监督制约格局被打破，提出了"谁来监督监督者"的问题。也有人认为"捕诉一体"减少了对侦查工作监督的次数，从"捕诉分离"的两次监督，变成了一次监督，不利于保证监督效果[②]。也有人认为，"捕诉一体"压缩了辩护空间，不利于保障人权等，以上这些担忧确有一定的道理，而且"捕诉一体"在司法实践运行中也难免会遇到各种各样的问题，针对以上对"捕诉一体"的质疑和运行中可能存在的问题，本文做如下思考并提出完善建议。

（一）关于"谁来监督监督者"的问题：探索推进刑事案件听证审查制度

有人认为，人民检察院之所以设立侦查监督和公诉两个职能部门，是因为这两个部门之间可以相互监督、相互制约。而"捕诉一体"模糊程序界限，弱化监督制约机制，是我国刑事司法领域"重配合，轻制约""重效率，轻公正"的陈旧观念的反映，是刑事法治倒退的表现[③]。会引发人为淡化原本存在的内部监督制约机制现象，这与刑事诉讼规律要求不吻合，简单来说会导致内部监督制约机制化为乌有。1996年刑事诉讼法修改后，最高人民检察院为回应"谁来监督监督者"的质疑提出了批捕以及起诉分设两个机构的相应要求，

① 刘源吉：《群众维权意识重于守法意识状态下如何改进检察工作》，载《中国检察官》2010年第11期，第11—12页。

② 赵燕：《错捕问题研究》，载《中国刑事法杂志》2001年第3期，第81—87页。

③ 陈瑞华：《异哉，所谓"捕诉合一"者》，载"中国法律评论微信公众号"https：//mp.weixin.qq.com/s/Rr8Y7hTf6vbnWfWbJ_－f6Q，2018年5月29日发布。

并在全国范围内形成这种"捕诉分离"的新格局。然而，时至今日，世易时移，尤其随着司法改革的不断深入，各方面的情势都发生了很大的变化，对检察工作的监督已经不仅仅局限于两个不部门之间的相互制约，而是全方位立体的监督和制约，甚至还包括检察官自律的不断加强。一是检察官责任制促进司法公正。全国检察机关不断深化司法体制综合配套改革，全面落实司法责任制。高检院已经在全国全面推行检察官办案责任制，并认真贯彻落实"谁办案谁负责，谁决定谁负责"的责任制度，一旦发生错案就要启动追责程序，这些司法改革措施必将会倒逼检察官慎用手中权力，对于促进严格公正司法具有十分重要的意义。二是案件考核考评制度不断完善。目前，全国各级检察院均成立了案件管理部门，全国检察机关所办理的案件均已实现网上办理、案件全流程监控。一些案件管理部门还成立了专门的案件质量评查小组，对检察官的执法办案情况进行规范。三是当事人维权意识不断增强。改革开放以来，群众的维权意识经历了由觉醒到增强的过程，开始用法律手段来保障自己的权益。其实质上也对检察工作也形成了一股强有力的监督力量。四是检察官素质的显著提高。现如今，检察官的素质得到了大幅度提升，大多数检察官都经过4年到7年的法学教育，通过了被称为中国最难的司法考试，如果要成为一名员额检察官，还要通过入额考试等，经过层层选拔才能独立办案。所以每一名检察官都很珍惜来之不易的"殊荣"，更加自律也是自然而然的。五是律师水平不断提升。法学教育水平的提高不仅仅提升了检察官、法官的能力和水平，与此同时律师队伍的能力和水平也在不断提升，尤其是以审判为中心的司法改革不断深入，诉辩双方的对抗性不断增强，也使得检察官必须严把案件质量关，审慎办案。

基于以上几点原因，检察官要面临来自多方面的监督和压力，其对自身的要求自然是非常严格的。在当前形势下，继续采用"捕诉分离"机制最合理的理由已经不存在。但为了确保检察权在阳光下运行，提升检察机关司法公信力，可以在"捕诉一体"的基础上引入刑事案件中听证审查制度，对于疑难复杂案件或者对于是否逮捕存在争议的案件，邀请人大代表、政协委员以及人民监督员参加并发表意见，该项制度能够改变以往书面审查逮捕封闭办案的模式，增强检察机关审查逮捕工作的透明性，使社会各界能够亲身参与办案过程，真切感受司法的公开公正。目前，已经有一些地区的检察机关建立了该项制度，如安徽省宣城市泾县检察院就已经开始实行该制度，并且取得了很好的法律效果和社会效果。

（二）关于对侦查活动的法律监督问题：建立信息共享机制和证据收集情况通报机制

有学者认为，检察机关借助审查批捕和审查起诉这两个环节，可以前后两次来监督侦查活动，而如果推行"捕诉一体"这种方式，这就意味着两次监督出现压缩，导致检察机关对侦查活动的监督力度出现弱化现象，使得过去存在的法律监督格局不复存在①。笔者认为，监督的效果不能仅凭监督的次数多少来衡量，主要还在于监督的质量和效果。有时人为地增加几道工序，只是徒增工作量，而且还会导致互相推诿和扯皮的现象时有发生。如前文所述，当前对检察工作的监督和制约是来自各个方面的，且由于司法责任制改革的全面推行，一旦发生错案，就要启动追责程序，检察官必然会慎用手中权力，严格依法办案。所以，如采用"捕诉一体"，检察官为使自己批捕的案件顺利起诉，其对案件的关注和重视程度是远远高于"捕诉分离"中各个检察官的对案件的关注和重视程度的。所以"捕诉一体"更有利于应对以审判为中心的司法改革，有利于公诉机关有效发挥对侦查的引导和监督功能。从应对法庭质疑和辩护人挑战的角度来讲，也更有利于有针对性地引导侦查人员收集、补充证据②。

另外，"捕诉一体"能够统一检察机关对刑事案件的意见，避免"捕诉分离"中两个部门对同一案件的理解和处理存在矛盾之处，反而不利于对侦查活动的监督。"捕诉一体"还能够增强检察引导侦查活动的时效性，使公诉环节需要的证据能够在批捕环节就对侦查机关提出取证要求，避免部分证据因时间推移而丧失取证时机。对于"捕诉一体"对侦查活动监督的效果方面，从最高人民检察院办公厅2018年5月28日公布的《检察机关内设机构捕与诉职能行使有关情况》统计的数据分析，上海市实行"捕诉一体"的基层检察院一次退捕率为7%，二次退补率1%，比"捕诉分离"的分别低29.1个百分点和8.1个百分点。山西省实行"捕诉一体"后纠正漏罪同比上升90.6%，纠正漏犯同比上升68.3%，监督撤案同比上升80%。从上述数据能够看出"捕诉一体"办案机制对侦查活动的监督效果更为显著。

为能够更好地适应以审判为中心的诉讼制度改革需要，促使检察机关能提升对侦查活动监督的有效性，本文建议建立侦查机关和检察机关信息共享机

---

① 陈瑞华：《异哉，所谓"捕诉合一"者》，载"中国法律评论微信公众号"https://mp.weixin.qq.com/s/Rr8Y7hTf6vbnWfWbJ_ - f6Q/2018年5月29日发布。

② 姜涛、蒋国强：《庭审中心主义视域下的检察制度改革》，载《河北法学》2016年第1期，第23—40页。

制，检察机关能够在线实时了解侦查机关的侦查情况，尤其是证据的收集情况，随时监督和指导侦查机关的侦查活动。同时可以建立证据收集情况通报机制，实行"捕诉一体"后的检察机关在审查案件时排除的非法证据以及对瑕疵证据的补正意见，可以统计后通报给侦查机关，便于侦查机关了解自身工作中存在的问题和不足，树立程序公正意识，防止今后工作中再出现类似问题，从根本上提高办案质量和诉讼效率。

（三）关于对嫌疑人的权利保障问题：建立检察官和辩护人之间有效的沟通机制

于 2004 年 3 月 14 日召开的第十届全国人民代表大会第二次会议上，通过了《中华人民共和国宪法修正案》，并在《宪法》第 33 条中增加了"国家尊重和保障人权"的内容，此举被称为"人权入宪"。在 2012 年 3 月 14 日召开的第十一届全国人民代表大会第五次会议上，审议并通过了《关于修改〈中华人民共和国刑事诉讼法〉的决定》。其中，"尊重与保障人权"入法成为此次修法的一大亮点，也是刑事法制捍卫宪法原则的具体举措，使得我国人权保障事业迎来了又一次实质性的飞跃。事实上，刑事司法是人权保障事业非常重要的系统化工程，尤其是刑事司法中的刑事羁押，更是与当事人人身自由权等这些重要权利息息相关。为此，有学者认为，在"捕诉分离"机制下，嫌疑人和辩护人有两次向检察机关提出辩护意见的机会。如推行"捕诉一体"，嫌疑人获得辩护的机会则只有一次，这就可能会导致辩护效果大打折扣[①]，不利于对犯罪嫌疑人的权利保障。北京大成律师事务所刑委会主任赵运恒律师也认为律师辩护机会实质上减少，可能影响案件的公平公正。

毋庸置疑，律师确实可以有效监督侦查权的合法行使，特别是在个案中，律师的介入可以与检察机关形成监督合力，扫清侦查监督的死角[②]。而"捕诉分离"机制确实给了嫌疑人和律师两次辩护机会，表面上看辩护机会增加了，但是辩护机会的增加并不等同于辩护效果同时得到加强。事实上，在司法实践中，"捕诉分离"机制使得辩护人必须要向负责批捕和起诉的两名检察官说明辩护意见，而两名检察官对案件的观点未必一致，与批捕的检察官沟通之后，还要继续与负责公诉的检察官沟通，在批捕的辩护意见到了起诉阶段可能还要继续更改。使得案件的走向具有很多不确定性，那么辩护意见的针对性也就会

[①] 刘东海、张立强：《试论构建轻微刑事案件"捕诉合一"机制的必要性与可行性》，载《法治与社会》2009 年第 10 期，第 23—24 页。

[②] 李伟民、隗永贵：《获得律师帮助权观照下侦查阶段辩护权的困境与进路》，载《河北法学》2015 年第 4 期，第 169—175 页。

较差，辩护意见一旦失去针对性，辩护效果自然也会大打折扣。"捕诉一体"对于辩护人的利处在于，沟通案件的成本减少，案件的确定性增加，在审查批捕阶段，辩护人说服检察官作出不批准逮捕决定的，非羁押措施可以延续至庭前，适用认罪认罚程序的概率也会增加。而且在公诉人向法院提出量刑建议时也会有所体现，辩护人对于上述情况也会提前有所了解，辩护意见也会有所侧重，法庭辩护也将更具有针对性，辩护效果也会随之增强。在具体司法实践中"捕诉一体"能使得审限有效缩减，这也能够确保犯罪嫌疑人免于遭受长期的讼累①。另外，"捕诉一体"能够进一步加强对侦查工作的监督，有利于提高案件质量，这也必然有利于保障人权。

但为能进一步提升辩护效果，更好地保障嫌疑人的权利，笔者建议在法律中增加侦查机关提请批捕，检察机关受理审查批逮案件后，应当立即通知辩护律师的相关规定。事实上辩护效果如何，关键在于律师与检察官的沟通是否有效，而不在于沟通次数的多少。虽然目前法律规定律师在审查逮捕、审查起诉环节有提出辩护意见的权利，但是对于检察官而言，这不是主动地要听取律师意见，也不是双方互相交流。所以检察机关就应当完善现有制度，细化听取意见程序，尤其是对于实行"刑事辩护全覆盖"的地区，要求对所有的案子都应当听取律师意见，并做到双向的有效交流，避免走形式的敷衍。

四、结语

检察改革是我国司法改革中的重要组成部分，也是完善我国检察制度非常重要的途径。进行检察改革活动，这本身就是一项复杂的系统性工程，牵涉面较广，受制因素较多，其中的难度可想而知。每一项检察改革措施得以推行，都意味着向相应的改革目标又迈进了一步②。中央和最高人民检察院关于机构改革的总意见中对机构改革的目标有所反映，如应体现精简性、统一性及效能性等。而学者提出的学术意见，这对于我们深入思考检察机关机构改革的特殊规律也有很多可以借鉴之处③。通过本文分析，"捕诉分离"办案机制在计划经济时代得以问世，而随着社会的发展，其已显露出诸多弊端。目前，在以审判为中心和司法责任制等一系列司法改革的大背景下"捕诉一体"机制具有其内在优势，亦符合中央关于机构改革的总方针，大幅度提升了诉讼效益，能

---

① 向泽选：《新时期检察改革的进路》，载《中国法学》2013 年第 5 期，第 123—136 页。

② 徐鹤喃、张步洪：《检察机关内设机构设置的改革与立法完善》，载《西南政法大学学报》2007 年第 1 期，第 32—41 页。

③ 向泽选：《新时期检察改革的进路》，载《中国法学》2013 年第 5 期，第 123—136 页。

够适应起诉引导侦查、以庭审为中心的刑事诉讼要求，从实用主义这个立场进行分析，"捕诉一体"具有向全国范围内推广的必要性。但我们也应该清楚地意识到"捕诉一体"机制给我们新时代的检察工作提出了很多挑战。面对挑战，各级检察机关要做好充分的准备：首先，检察机关要建立与之相配套的科学的考核机制，淘汰不合理的考评指标，处理好"捕"与"诉"的关系，避免出现"凡捕必诉""箭在弦上不得不发"的局面。其次，作为"捕诉一体"部门的检察官，要抓紧时间补齐法学理论和法律法规方面的短板，为做好"捕诉一体"检察业务打下坚实基础。另外，在实行"捕诉一体"的初期可以考虑由来自两个部门的检察官组成办案组，通过双方的互动交流，促进检察业务水平的不断提升，以期更好地适应"捕诉一体"的工作需要。

（原载于《河北法学》2019 年第 7 期）

检察官办案监督情况实证分析[*]

朱 玉[**] 金 石[***] 黄 涛[****]

自 2016 年实行检察官员额制改革后，甘肃省三级检察院进行了人员分类管理，共遴选员额检察官 2104 人，其中省检察院 110 人，市级检察院 495 人，县级检察院 1499 人。全省各级检察院检察官行使办案权力的依据是 2017 年 6 月 13 日省检察院司改领导小组审议通过的《甘肃省人民检察院检察官授权范围的规定（试行）》《甘肃省市级检察院检察官授权范围的规定（试行）》《甘肃省基层检察院检察官授权范围的规定（试行）》，对检察官行使办案权力的监督机制则分散在授权规定中，最高人民检察院、甘肃省检察院其他规定和检察体制改革中的一些配套制度也涉及检察官办案监督机制。为全面掌握甘肃省检察官办案监督情况，研究分析存在的问题及原因，提出针对性的对策建议，笔者在全省范围内对相关问题进行了书面调研，后组织两组人员对部分地区进行了实地调研。

一、甘肃省检察官办案监督基本情况

（一）部分市级检察院制定了相关制度规定，以强化对检察官办案的监督

兰州市检察院出台了《兰州市检察机关司法办案内部监督制约办法》，对检察官办案权力进行了规制；白银市检察院制定了《白银市检察机关完善办案责任制指导意见》，对落实"谁办案谁负责、谁决定谁负责"的要求进行了具体细化；酒泉市检察院印发了《酒泉市检察机关检察官司法办案内部监督工作规定（试行）》《酒泉市检察机关检察官司法办案内部监督工作实施细则

* 本文系 2018 年最高人民检察院检察理论研究重点课题（编号：GJ2018B07）的阶段性研究成果。
** 甘肃省人民检察院检察长。
*** 甘肃省人民检察院研究室主任。
**** 甘肃省人民检察院检察官。

（试行）》，对开展检察官司法办案专项监督和专业监督进行了明确规定；平凉市检察院制发了《平凉市检察机关司法办案内部监督实施意见（试行）》，构建了"事前防范、事中控制、事后评查、公开透明"的办案监督管理机制；陇南市检察院出台了《陇南市人民检察院院领导和部门负责人直接办理案件实施细则》、武威市检察院制定了《武威市人民检察院关于院领导直接办理案件的规定（试行）》，明确了院领导、部门负责人作为检察官时的办案权责。

（二）在内部监督方面的探索

1. 监督组织对检察官办案组、独任检察官的监督。监督组织是目前检察官办案的主要监督主体，包括检察长（副检察长）、检委会、案管部门、纪检部门、检察官联席会议、检察官绩效考核委员会等。如兰州市检察院明确了监督主体的权责，对其权限、监督流程进行了清单式管理，强化主体责任落实；酒泉市检察院建立了检察长、副检察长检查机制，检察长、副检察长经常性地对检察官的办案工作进行检查。各级检察院积极探索建立检察官联席会议制度，对联席会议的程序、案件讨论的范围进行了细化，在帮助检察官提高办案质量的同时也强化了对办案工作的监督。如庆阳市西峰区检察院在办理范某某非法吸收公众存款案、白某某等人涉嫌黑社会性质组织犯罪案等过程中，检察官联席会议形成的参酌意见在提高检察官办案质效、强化检察官办案监督方面发挥了重要作用。张掖市检察院建立了党风廉政建设联络员制度，在每个办案部门设立党风廉政建设联络员，对办案过程中党风廉政建设主体责任落实、执行党的六大纪律、办案纪律等情况进行跟踪监督。

2. 主办检察官对检察官办案组的内部监督。以检察官办案组形式办理的案件，主办检察官的监督权和办案权合二为一，监督权体现在主办检察官要对办案组中检察官行使办案权的行为进行监督，办案权体现在主办检察官要对办案组形成的案件结论行使决定权，依据"谁决定谁负责"的原则，主办检察官负办案主体责任。

3. 检察官、检察辅助人员、书记员的相互监督。这三类人员组成了最基本的检察官办案组织，日常办案中联系最为紧密。但截至目前，检察官对其他两类人员的监督权责、监督范围等尚无具体、明晰的规定，其他两类人员对检察官办案的监督规定也不明确，三类人员相互之间的监督管理依然是传统的行政管理模式。三类人员相互之间的监督制约存在缺位和不到位的问题。

（三）在外部监督方面的探索

1. 人大对检察官办案的监督。各地进一步完善了检察机关定期向人大报告工作制度，确保了人大对检察工作的充分了解和有效监督；进一步健全了对检察官的选举和罢免制度，切实强化了人大对检察官的考核与监督。

2. 特约检察员对检察官办案的监督。各级检察院积极推进并落实特约检察员制度，对于部分不起诉等案件，邀请特约检察员监督，给检察官提供不同视角的意见建议。

3. 律师对检察官办案的监督。各级检察院进一步强化律师在诉讼活动中的作用，对律师提出的举报、批评及建议及时予以答复和反馈，保障律师的阅卷权和调查取证权，通过对律师权利的充分保障，加强对检察官办案的监督。

4. 媒体对检察官办案的监督。各级检察院进一步加强了与新闻媒体的联系，使他们充分享有知情权和监督权，提升了检察工作的透明度；进一步加大了检务公开力度，自觉接受媒体舆论监督。

5. 人民群众对检察官办案的监督。各地不断拓宽监督渠道，通过设立举报箱、在网站创设接受监督专栏等形式畅通监督渠道，以强化人民群众对检察机关的监督。

二、检察官办案监督机制存在的问题及原因

（一）监督主体不明确

监督权和办案权界限不清晰，导致部分监督主体行使的权力性质不明确，具体表现在检察长（副检察长）对于案件的审核属于监督权还是办案权界定不明晰。根据检察官授权的相关规定，检察长（副检察长）审核案件有三种情形：一是一般审核。此类审核主要是指经检察长授权，由主办检察官、独任检察官行使，但须提请检察长（副检察长）审核。当检察长（副检察长）不同意主办检察官、独任检察官处理意见时，可以要求复核或提请检委会讨论决定，也可以直接作出决定。对此，监督主体不参与办案，仅行使单纯的监督权。二是特殊审核。此类审核是由检察长（副检察长）或检委会以决定的形式作出，授权规定将此类权力主体仅限定为检察长（副检察长）或检委会，当此类监督主体作为主办检察官参与办案时，既表现出监督属性，又表现出办案属性，在其改变办案组审查意见时，所行使的是监督权还是办案权规定不明确。对此，调研中多数检察院认为行使的是办案权，理由是主办检察官要对其决定的事项承担办案责任，检察官绩效考核也将此类情形界定为办案，随即产生"院领导办理的案件谁来监督"的问题。三是单纯的程序性审核。此类审核是指经检察长授权，由独任检察官决定的事项，例如按照授权规定由检察官单独决定的调查、出庭等事项。需要使用车辆、抽调法警，以及在检察辅助人员不固定的情况下配置随行辅助人员等事宜，目前检察官无权决定，实践中各

级检察院均须履行一定的审批程序。按照授权规定，此类事项副检察长不需要承担办案责任，但需要承担行政监管责任，涉及内容也体现行政管理特点。实践中，部分副检察长在审批过程中对案件调查事项的必要性提出质疑，对需要调查的案件内容、办案地点、办案组组成人员进行实质性了解，对于此类情况是属于监督办案还是干预办案，界限并不明晰，需要进一步明确审核的权力性质和范围。

（二）监督职责不明确

监督职责不明确主要表现在以下三个方面：一是上级检察院对下级检察院的监督职责不明确，未能充分发挥监督作用。目前仅限于备案、对下级检察院请示案件的答复、案件质量评查时抽查部分案件以及公益诉讼案件的层报审批等，对于不同业务条线的办案监督缺乏相应的程序和权责规定。二是案管部门监督职责不明确。各级检察院普遍存在对案管工作职能定位认识不清的问题，片面突出案管的服务职能，对案管的监督职能不重视。案管部门对办案的监督程序方面多，实体方面少，监督程序也不够规范统一。三是检察长（副检察长）、检委会、检察官的监督职责不具体，操作性不强。监督人员对检察官办案中司法程序、行为规范、办案纪律等方面的发现、纠错、反馈程序不规范，特别是对于检察辅助人员的管理仍然是行政管理模式。

（三）监督机制不完善

随着司法体制改革的不断深入，"放权"是趋势。实现捕诉一体后，刑事检察官的决定权将进一步扩大，旧的监督制约机制过于行政化，部门负责人管理职能、监督责任和办案主体同一化，难以保证监督制约的有效性和案件处理的公正性。适应司法体制改革和内设机构改革的办案监督机制尚未完全形成，原有的行政化审批程序在部分检察院不同程度存在。各级检察院对于事后监督重视，事前、事中监督机制建设尚存在欠缺。监督机制不完善还表现在：缺乏检察官对检察辅助人员的监督机制；案件评查机构、专家咨询机构设立不规范，运行模式不统一；检察官联席会议的提起、讨论案件的范围不统一，发挥的作用不明显；公益诉讼案件由于暂不能录入全国检察机关统一业务应用系统（以下简称"统一业务应用系统"），存在流程监控缺失的问题；监督结果的运用不明确，监督结果尚不能有效影响检察官的绩效考核。

（四）监督能力不强

监督主体的法律素养和专业能力有待进一步提高。具体表现在：一是案管队伍的素质能力还不能完全适应工作需要。一定数量的聘用制书记员配置在案管部门，由于该类人员缺乏办案实践经验，致使监督工作难以有效开展，难以在事前和事中对办案工作进行有效监督。二是监督意识和监督能力尚不适应工作要求。部分院领导和干警对办案监督的重要性认识不足，认为既然是"放权"，办案责任由承办检察官承担，不愿监督，或者怕监督不专业、不到位而不敢监督。

三、强化检察官办案监督的对策建议

加强检察官办案监督，一是要严格按照司法责任制改革的目标和要求坚定推进，坚决防止"穿新鞋走老路"；二是要妥善处理"放权"与"监督"的关系，对检察官既充分授权，又强化权力监控，做到"放权"不"放任"。

（一）明确监督主体和监督职责

一是一般案件的监督主体。各级检察院检察长、副检察长、被授权的部门负责人，对于经检察长授权，由主办检察官、独任检察官行使，但须提请检察长（副检察长）审核的办案事项行使监督权。对主办检察官、独任检察官办案中的法律适用、事实认定、程序规范进行审查，可以要求办案检察官汇报基本案情，说明审查结论、处理意见的依据。

二是特殊案件的监督主体。检察长直接办理的案件，包括检察长作为检察官办案组主办检察官办理的案件，建议把监督主体明确为上一级检察院检察长或检委会。理由是检察长办理的案件一般是重大疑难复杂案件，或者是社会影响大、关注度高的案件，检察长作为办案主体，如果同时又是监督主体，会出现自己办案自己监督的问题，由本院检委会进行监督亦存在问题。检察机关上下级之间是领导与被领导的关系，因此，由上一级检察院检察长或检委会作为此类案件的监督主体无论是理论上，还是实践中均具有可行性。副检察长直接办理案件的监督主体建议确定为本院检察长或检委会，检察长可以通过独立审核、咨询专家委员会、决定召开检委会等形式作出审核决定。

三是单纯审批事项的监督主体。此类事项是检察官决定权范围内的事项，例如程序性用印等，建议监督主体确定为各级检察院案管部门，检察长（副检察长）对此不再承担监督职责。此类事项应当随着统一业务应用系统的升级、更新，实现检察官决定后即可办理，案管部门对程序规范进行监督。对于用车、用人等事项则需要界定是属于司法事务还是行政管理事务，分别明确管理制度和监督程序。

四是检察官办案组的监督主体。要明确检察官对检察官助理、书记员的监督权责，首先需要明确检察官助理、书记员的权责范围，并根据其所从事的业务工作进一步具体细化。建议三级检察院办案组织基本固定，便于司法责任的落实。调研中各地均反映办案组不能按照司法体制改革要求落实到位，主要问题在于辅助人员配备不到位，或者起不到辅助人员的作用。按照检察机关内设机构改革的要求，部门调整后，人员配备势必更加规范，当务之急是细化和落实检察官助理的岗位职责。

五是案件流程监督主体。目前，全省多数检察院仍采取系统自动轮案和人工分案相结合的方式。为防止人工分案范围扩大，应当严格限制以案件重大疑难复杂为由，将分案权力让渡于分管副检察长或部门负责人。司法体制改革配套制度已经为检察官办理重大疑难复杂案件提供了帮助途径，如检察官联席会议等，不存在必须通过人工分案来解决检察官办案水平不高，无能力办理重大疑难复杂案件的问题。因此，应当坚持自动轮案。鉴于案管部门案件录入和随机分案基本是由新进书记员来完成，员额检察官的监督责任不能充分体现的现状，建议系统分案及流程监控的监督主体应当明确为案管部门的员额检察官，同时对案管部门员额检察官的权责进行细分。

（二）建立健全监督机制

应坚持司法责任制改革的方向和目标不动摇，严格按照权责一致要求对检察官的办案权力进行监督。一是依托智慧检务，提高案件流程监控智能化水平，并尽快解决公益诉讼案件无法进入统一业务应用系统的问题。二是建立专家咨询委员会，为疑难复杂案件的办理、审核、评价，以及本院业务部门、下级检察院提出的法律适用问题请示提供咨询意见。建议省市级检察院成立专家咨询委员会，制定专家咨询委员会工作办法，咨询事项由专家咨询委员会统一出具咨询意见。三是完善检察官联席会议制度。进一步规范完善检察官联席会议的工作程序，使检察官联席会议真正成为检察官办案的参谋和助手。明确会议参加人员发现检察官办案中存在明显违反法律程序或规定的情形，应当向检察长或分管副检察长报告，以此来增强检察官联席会议的监督功能。四是完善案件质量评查机制。为防止案件评查仅仅停留在案卷装订、程序性事项核查和文字纠错等细节问题上，建议进行案件质量评查时，对于评查中发现的案件实体性问题，特别是存在错案可能的，应当提请至省检察院，由省检察院检委会专职委员或全国、全省检察业务专家对个案进行复查，如果认为确有错误，应当提请检察长提交检委会审定。五是完善分案和流程监控制度。除极个别情况外，坚持系统自动轮案。尽快实现所有案件网上办理、审批和流转，强化对司法办案的全程监控和实时监督。

（三）强化纪检监察全程监督

一是加强日常管理和监督。针对检察官办案易发、多发问题，强化运用执纪问责"第一种形态";加强制度防腐,落实领导干部过问、干预办案记录制度,做到定期检查和不定期抽查相结合。二是开展常态化检务督察,抓早抓小不走过场,对发现的问题及时通报,督促整改。三是加强检察官廉洁教育。利用网站、微信公众号、短信平台等,发布典型案例、廉政心语、预警提示,将廉洁教育触角深入检察官办案活动的各个方面。四是强化执纪问责。把纪检监察工作融入案件质量评查整改全过程,严格执行错案责任追究,及时发现和纠正司法不规范等突出问题。

（四）提升监督队伍整体素能

监督工作是专业性、实践性很强的工作,需要把监督队伍的素能提升摆到更加重要的位置,注重培养专业能力和专业精神。应树立"监督者自身素能更要过硬"的理念,各级检察院检察长、副检察长应带头学业务讲业务,不断提升素质能力,成为监督检察官办案的行家里手。应完善监督人才培养,针对不同监督主体分类培训,提高教育培训的针对性和实效性。

（原载于《人民检察》2019年第6期）

检察办案模式法律问题研究[*]

上海市人民检察院第二分院课题组^{**}

检察办案是检察权力运行的行为形态，更是检察机关依法履行检察法律监督职能的主要行为形态和载体。在这个意义上，可以说检察办案是检察机关存在于国家政体的理由。检察办案作为检察基础理论中的一个"原命题"，长久以来却并无清晰、科学、明确的界定，对其认识上的分歧与争论伴随着检察改革的推进愈加明显，这在一定程度上影响了检察办案模式的合理化构建。课题组将探析检察办案的本质特征，对其认识误解予以辨正，并在此基础上提炼检察办案在"检察一体"、亲历性、客观公正义务履行等方面的特定要求，确立检察办案应当遵循且不容偏离的几个界限。

一、检察办案的界定与多维审视

（一）检察办案的学理辨别

检察办案，很多人将其视为形式化检察案件办理行为过程的紧缩词，这种简单化认识在多数情况下不影响交流，但因其未能提炼出检察办案的本质特征，不能为检察办案活动和其他非办案检察活动提供明确的区分标准。从法律规范的角度，尤其从《人民检察院组织法》第 2 条规定出发来审视检察办案，检察办案是人民检察院实施追诉犯罪等履行法律监督职能活动的总称。课题组认为，法律规范下的检察办案主体是人民检察院，^① 这与相关法律规定在表述具体审判办案主体时，突出地直接指称"合议庭"办案存有很大的不同。检

---

* 本文系最高人民检察院 2018 年重点课题"检察机关办案模式研究"（项目批准号：GJ2018B04）的阶段性研究成果。

** 课题组负责人：陈思群。课题组成员：董明亮、林喜芬、杨志国、梅屹松、郭宝合、黄翀、魏华、李思远。

① 《人民检察院组织法》《刑事诉讼法》《民事诉讼法》《行政诉讼法》等法律中，除审查批准逮捕、检察人员回避等极少数事由明确由检察长决定外，其他与办案相关的活动条文都明确由"人民检察院"实施。

察办案是一种集合型的由检察长带领或领导检察官及其他检察人员的整体履职活动，除追诉犯罪外，还包括其他法律监督履职活动。从该履职活动特有的属性上，可以对检察办案进行更细致、更具辨析性的内涵界定，即检察办案是检察人员，在检察长领导下，依据法定授权，或根据检察长指令在法定的程序中，运用法定的方法，发现犯罪或其他违法事实，代表国家提起（刑事/民事）诉讼，提出公诉、公益诉讼主张，指控并证明犯罪或其他违法事实，或者对相关权力主体违法等不正确履职行为依法提出纠正意见的专业化、职业化的认识判断和提出检察主张的活动。这一概念决定了，检察办案特指检察机关中检察人员所实施的活动，但并不意味着检察主体实施的所有活动都属于检察办案。检察办案具有如下四个特征，这四个特征构成了判别检察办案是与否的标准。

一是检察办案具有法律属性。检察办案的权力由法律赋予，办案的主体、办案标准、办案程序与方式等均为法律所严格规范，因此说检察办案是法定化的活动。检察办案是受法律严格约束的活动，这里的法律是《立法法》所限定的法律，即是指带有普遍约束效力的规范。

二是检察办案带有公权力属性。检察办案是国家检察权力的适用过程，其作出的相关决定将对检察相对方（个人或者机关）的权利义务或职责履行产生影响。检察权力效应在检察办案中有着必然的显现，这里的权力内容是《人民检察院组织法》所规定的检察职权内容。

三是检察办案呈现认识判断属性。检察办案是职业化、专业化的认识判断活动，以及基于这种认识判断活动而形成的检察主张。检察办案是法定的检察主体所从事的专业化、职业化活动，这一活动需要检察认知主体对发生在过去的事实进行回溯性认识，依据专门的知识进行判断并得出确定性结论，并将这种认识以法定的形式，向法定的其他主体进行反映或证明。这种专业化、职业化的认识判断和检察主张形成活动，包含事实认定和法律适用两个部分，缺一不可。检察办案结论除了典型地向法院证明外，还包括以法定形式告知被监督主体或者以法定方式向当事人宣布等。

四是检察办案暗含国家属性。检察官依法以检察办案为活动形态履行法律监督职能，其行为都具有法定的国家行为属性。检察办案是法定主体依法律授权，以国家检察的名义实施的行为。这一行为特征使其与检察机关以单位名义实施但不带有国家权力属性的行为（如进行民事活动）相区分。同样，检察人员以个人名义实施的不带有国家属性的行为亦应排除在检察办案之外。

（二）判别检察办案的常见性误区

过往由于缺乏精细化判别的内在需求，检察办案类型及范围在以往属于认识的模糊地带。这导致了时至今日，判别检察人员的履职行为是否属于检察办案存在比较常见的误区。

一是限制性认定检察办案。限制性认定检察办案的一种表现是仅将检察诉讼活动视为办案。持这种观点的人认为，检察办案只包括自行侦查、审查逮捕、审查起诉、出庭公诉、民行案件审查、公益诉讼案件办理这类检察诉讼化活动。立案监督、侦查监督、审判监督、执行监督这类检察监督活动附属于检察诉讼办案，不能独立评价为检察办案活动。限制性认定检察办案的另一种表现是将检察办案限定于调查取证、提审讯问、出庭公诉、审结报告撰写等这类案件直接办理活动，而将对检察办案及其决定形成有着关键作用的幕后研判指挥、把关审批等活动排除在检察办案活动之外。依照前文所确立的检察办案内涵和特征，这两种认识均属于对检察办案的不恰当的限制性认定。

这种限制性地认识检察办案表现的产生，源于不能充分正确地认识检察办案和检察监督，以及两者之间的关系。检察办案不仅仅包括检察诉讼活动，还包括检察监督活动，此两种活动同属于检察职权履行，且检察办案与检察监督之间，存在"用"和"体"的关系，检察办案为"用"，服从服务于检察监督之"体"。检察监督对于检察办案具有内在规定性的特征。

基于检察权力运行整体性活动的特征，案件办理中的幕后研判指挥、把关审批等活动也具有检察办案的共同特征，不应被排除在检察办案之外。幕后研判指挥、案件审批等常出现于检察侦查及疑难复杂案件办理之中，上述检察活动多以团队作战，高级别、经验丰富的检察官起到指挥、把关作用。否认上述活动为检察办案的一个主要理由在于，本轮司法改革以实现司法责任制为核心，幕后指挥、案件审批会导致司法责任的弥散，不利于实现"谁办案谁决定"。事实上，《关于完善人民检察院司法责任制的若干意见》中关于检察官办案组办案（第3条）、自侦案件办理（第6条）、诉讼监督案件等其他法律监督案件办理（第7条）、检察长（分管副检察长）的办案权限（第10条）等条文肯定了幕后研判指挥乃至案件审批是特定案件办理的重要形式。司法责任制改革并不是要完全剔除上述办案形式，而是要在权责明晰的基础上实现"谁办案谁负责、谁决定谁负责"。幕后研判指挥、审批等适用于特定类型案件办理，不管是现在还是未来都将是检察机关不可或缺的办案方式。① 这种权力运行方式的存在，一定意义上体现了对检察办案权力行使的慎重，更是源自

---

① 从权力配置完善的角度，未来应细化适用于审批办案方式的案件范围的划定。如可以综合案件类型标准、刑期标准、意见分歧标准来设定。相关论述具体详见上海司法改革成效评估的实证研究重大课题组：《中国司改上海样本成效实证评估（下）》，载《东方法学》2018年第5期，第141页。

宪法和组织法对检察的行政性运行和管理的模式规定。

二是过宽认定检察办案。过宽认定的表现是将所有与案件办理有关的检察活动均视为办案，如认为检察院内部的检务督察、案件质量评查、案件流程监控、接待律师阅卷、检察调研等检察司法行政管理活动和其他办案辅助活动都是检察办案。

检察机关内部办案质量控制活动不是检察办案。这类活动包括检务督察、办案质量评查、案件流程监控等，其有一定的程式性，貌似也具有事实认定和法律判断的活动过程。但是上述活动欠缺检察权力的外部运用特征，即没有以国家检察的名义向外行使检察职权。检务督察、案件质量评查、案件流程监控等活动中可能涉及案件事实和法律判断，但其聚焦的是检察官办案的合法性与正当性，相应的法律判断亦聚焦于此，表现的是检察权力运行的自我约束和完善。易言之，这种事实认定和法律判断针对的是检察官的办案行为，而并非办案所涉及的事实本身。某些时候，案件质量控制活动中所涉及的事实与案件事实可能会具有一定的关联性。如评查认为检察官认定事实错误，可能会基于证据认定本应确立的事实。但是这种事实认定与法律判断不具有对外性，即不能基于评查直接作出影响检察相对人的法律判断和决定。如果发现检察官办案确实存在重大违法导致案件处理不公，之后纠正法院判决或者重新作出检察决定的行为属于检察办案，但这和之前的检察办案质量评查、流程监控等已不是同一检察办案活动。

单纯的辅助性办案事务、检察研究活动不是检察办案。这类检察活动与办案有着紧密的关联，某些岗位甚至必须要懂检察业务的人员才能完成，因此极容易让人将其与检察办案混淆。常见的辅助性检察办案事务活动包括案卷接收、案卷移送、案件分配、赃物保管、文书印刷盖章、接待律师阅卷等。办案研究指检察机关内部就法律适用、工作机制等重要问题所开展的调查研究，此类研究服务于检察办案与检察工作管理，如在统计某一类案件办理数据的基础上，分析并破解办案法律适用疑难；统计检察官办案数据，就其办案绩效进行考核。上述两类检察活动虽然也服务于检察办案，但其本身没有认定案件事实并进行法律判断的环节，也不蕴含检察职权行使的内容，因此，不属于检察办案。当然，辅助性办案事务和检察研究工作对于检察办案而言，是不可或缺的，前者以自洽的方式细化了检察办案管理，后者则对检察办案的合法性、准确性起了极其重要的保障作用。

（三）不同视角下的检察办案分类

检察权并非单一型权力，在过往一元本质主义认识论之下，曾异常纠结于它的本质属性究竟是行政权还是司法权。我国的检察机关作为法律监督机关，检察权的本质属性是法律监督，同时又兼具了行政性和司法性的复合型属性权力。其中，法律监督权力属性为"体"，而人民检察院组织法和诸诉讼法赋予检察权力以行政性、司法性属性，则为"用"。检察对行政性和司法性属性的拥有，完全是为了服务于法律监督本质性权力的实现。由检察权的此种权力特性所决定，我国的检察办案呈现出不同的形态。在不同的标准维度下，检察办案划可以分出不同的类型。

以检察职权内容界分，检察办案可以分为诉讼型办案和纯监督型办案以及自行侦查办案。在此两类之下，诉讼型办案又可分为刑事检察办案、民事检察办案、行政检察办案和公益诉讼办案；纯监督型办案又可以分为立案监督办案、侦查监督办案、审判监督办案、执行监督办案和执法监督（监狱、看守所执法）办案；自行侦查办案，则是在宪法、法律授权下，为了保证相关国家机关及其工作人员依法正确履行职权，而以侦查追究违法履行职权。依据检察职权划分确立办案类型有助于全面了解检察办案，避免对其产生简单化、片面化认识。

根据办案人数及检察决定作出方式，检察办案可以划分为检察独任型办案、检察协作型办案、检察合议型办案和检察审批型办案。检察独任型办案，即由一名检察官独自办理案件，独任办案并不意味着所有事情都由检察官一人承担。司法办案中的事务性工作，可以由检察辅助人员协助完成。检察协作型办案即由两名以上检察官组成办案组办理案件，办案组确定一名检察官为主办检察官，由其组织、指挥办案组办理案件。涉案人员众多、疑难复杂的"专案"多采用检察协作型办案。不同于法院的是，检察协作型办案由主办检察官在职权范围内对办案事项作出决定，并不像法院合议庭采用合议的方式作出决定。检察合议型办案，也是由多名检察人员共同办理案件，但与检察协作型办案不同的是，其以少数服从多数的方式作出检察决定。检察机关的合议型办案只适用于检委会办理案件，"检委会是我国检察办案中唯一明确以合议制行使检察权的场合""虽然检察长可以在与多数检委会意见相左的时候将案件报请上级院或同级人大，但这并不影响检察委员会基本的合议制色彩"。[①] 检察审批型办案，即是指检察办案过程中，存在着检察官审查，上级检察官审核，检察长审批决定等多层把关的环节。上述办案类型划分，有助于在对比中把握检察办案中权力运作模式的差异。

根据办案主体，检察办案分为普通检察官办案和上级检察官直接审查办

---

① 龚培华、吴真：《检察机关案件种类和办案方式研究》，上海检察业务专家 2017 年度检察课题稿。

案。检察权具有行政属性，检察办案中普通检察官和上级检察官所享有的检察办案权限存在差异。根据《人民检察院组织法》第 29 条，[①] 检察官在检察长领导下开展工作，重大办案事项由检察长决定，故最完整意义上的检察办案权由检察长享有，检察官依据授权履行职责，可以在职权范围内作出办案决定，签发法律文书。根据最高检察院制发的《关于检察长、副检察长、检察委员会专职委员办理案件有关问题的意见》，上级检察官（主要指检察长、副检察长）办案包括：作为主办检察官或者独任检察官办理案件，带头办理重大复杂敏感案件、新类型案件和在法律适用方面具有普遍指导意义的案件；参加检察委员会会议讨论决定重大、疑难、复杂案件，在审阅案卷材料基础上提出处理意见；对其他检察官办案组织或者独任检察官办理案件的重大事项，在审阅案件卷宗材料、参加案件讨论基础上作出决定；依照案件请示办理工作有关规定，听取下级检察院汇报案件，在审阅案件卷宗材料、参加案件讨论基础上提出书面处理意见或者决定；结合案件办理，对检察工作中发现的社会治理问题主持研究提出检察建议，与被建议单位进行沟通协调，并跟踪督促被建议单位整改落实等 8 种方式。[②]

除此以外，根据案件办理源头，检察办案还可以分为外源性办案（案件线索、事实发现等由检察机关以外的单位完成）和内源性办案。"前者在某种意义上说更多地体现了检察司法权，大多具有司法活动所特有的被动性；后者则更多体现了检察机关的法律监督权和行政权属性，具有更强的主动性特点。"[③]

办案类型的区分是对检察工作认知结构体系的划分，合理区分检察办案之间的区别有助于深化对检察办案的理解，上述对检察办案的界分初步显现了检察办案的独特性（相较于公安办案、法院办案）和复杂性。合理区分检察办案可以为检察管理决策提供理论支撑，指导与完善检察实践。

[①] 《人民检察院组织法》第 29 条规定："检察官在检察长领导下开展工作，重大办案事项由检察长决定。检察长可以将部分职权委托检察官行使，可以授权检察官签发法律文书。"

[②] 参见 2019 年 4 月最高人民检察院制发的《关于检察长、副检察长、检察委员会专职委员办理案件有关问题的意见》。

[③] 傅跃建、张晓东：《检察办案活动的运行机理与评价标准》，载黄河主编：《深化依法治国实践背景下的检察权运行——第十四届国家高级检察官论坛论文集》，中国检察出版社 2018 年版，第787 页。

二、作为特殊认识判断活动的检察办案

（一）不同类型检察办案中的"认识判断"同质要素

检察办案本质上是在对发生在过去的事实予以认识和揭示的基础上，进行法律判断的活动。就认知维度而言，检察认识不能通过一般感知的方式从简单经验上直接把握案件事实，它属于回溯性的历史认识的一种。不过，与纯粹的历史认识不同的是，司法认识对象的历史事实是一种构成要件事实，即对由法律规范的、特定的类型化（即法律构成要件）的事实进行的认识。① 这种规范性的认识以形成构成要件具备与否、行为属性、对行为人应予何种法律处置的判断为终结。

不同类型的检察办案之间具有共同的"认识判断"因素。一是以证据为认识方法和载体对过去发生的事实进行回溯性认识。诉讼类检察办案中，无论是审查批捕、审查起诉等刑事办案，还是民事、行政案件申诉案件审查，抑或是提起公益诉讼，都要对案件事实进行认识重构。与之区分度较大的检察监督类办案也要借助证据对违法事实进行认定构建。二是检察办案要在事实认定的基础上进行法律判断，这种法律判断的内容包括合法性认定、法律处置意见等。如刑事审查起诉案件办理中，检察官要通过证据审查确定犯罪嫌疑人是否构成犯罪，构成何种犯罪，应该接受何种刑事处罚。检察监督类案件办理也要进行法律判断，如公安、法院等刑事司法人员在案件办理中的行为是否规范，就其不规范提出法律纠正意见。诉讼型检察办案和监督型检察办案在法律判断上存在略微的区别：前者聚焦涉案人员行为的合法性，后者则聚焦职权行为的规范性。三是以法定的形式公开认识判断结果。如刑事案件办理中，会制作逮捕决定书、不批准逮捕决定书、起诉书、不起诉决定书等，监督案件办理中会制发纠正违法通知书、检察建议书等，载明认识判断的结果和法律处置意见。四是所有上述认识和活动，都是由法定的主体在法定程序中进行。

"认识判断"要素是判别是否属于检察办案的核心特征，不具备该要素的检察活动不是检察办案。依据不同标准所划分的检察办案类型应该都能找到该核心特征。以上级检察官办案为例，虽然在审批审核方式之下，上级检察官可能不参与提审等活动，但是其通过审批完成了对案件事实的认定和法律判断。这种活动，也就应当被认定为办案活动。与之相反，检察官助理等辅助人员虽然参与了提审等一系列办案的辅助工作，但是他们并不参与检察认识和决定，

---

① 樊崇义主编：《诉讼原理》，法律出版社 2004 年版，第 331 页。

只能认定其工作属辅助办案，而非实质性办案。

（二）检察办案认识判断活动的特殊性与局限性

检察办案是一种特殊的认识判断活动。第一，认识的对象是发生在过去的案件客观事实，是一种对过去的回溯性认识，由"果"到"因"决定了亲身观察体验、亲眼目击等发现方法无法运用于其中，而只能通过证据方法对过去予以间接性重构。检察认知主体不具备以相同或相似的形式重复或再现案发当时情形的能力，即便存在着产生某一犯罪行为的相同的环境条件，也不能指望着通过犯罪再次发生来回溯过往的事实。第二，其是需要遵循司法特有认知规则与认知规律的认识判断活动。纯粹一般意义的人类认知活动所作的一般历史性探究，其认识结果对社会生活不一定产生必然的直接影响。而检察认识结果则能直接投射于现实生活之中，影响特定主体的权利义务，因而该认识活动便受到更多规则的严格约束。发现事实并不是检察认识判断活动唯一且最重要的目的，避免过度侵犯人权、权力运行节制等现代刑事诉讼理念与价值导向对检察认识活动确立了非法证据排除、追诉期限等诸多规制，这在一定程度上限制了事实发现。这就是说，检察对案件事实的认识判断活动必须严格合法，在法定的程序中，以法定的方法进行。一切的认识活动，都由法予以规范。第三，检察认识判断活动不同于法院的司法认识判断。检察认识判断服务于证明的需要，其不是一种终局性的实体认识判断，相关认识判断活动的开展更具主动性，其在证据运用、事实判定等诸多方面与法官认识判断存在差异。在向度上，检察认识判断活动，既有自向的认识确信，又要有他向的充分证明。

检察认识判断活动的特殊性也决定了其存在着诸多局限性。第一，作为回溯性的认识，借助证据所进行的推论，在结果上必然包含着一定程度的或然性，检察认识的对象特征决定它的认识结果无法像规律性认识那样能接受实践的反复检验，对该结果的检验往往只能借助时间之手来完成，只能等待更有效的证据的出现。[①] 第二，认识活动包含着对价值和利益的判断，包含着对各种相互冲突的价值和利益的权衡和取舍，该认识判断活动受到了严格的程序约束。如程序规制下认识手段的有限性制约对过往事实100%再现，办案时间的限定决定了只能最大限度地接近客观真实，证据对反映案件事实认识的承载局限性和案件事实真相的易逝性决定了往往无法复原过往事实的所有细节。所以，对于检察认识活动的程序规则：一方面，我们要肯定这种程序规制是人们将最能发现和反映案件真实情况的认识程序上升为法定程序，是人们最佳的认

① 樊崇义主编：《诉讼原理》，法律出版社2004年版，第328页。

识程序选择；另一方面，也要看到它对认识所具有的限制效应。第三，检察认识判断活动是一种单方主动性查明，法院的认识判断活动在一方证明一方证伪的"二造"活动中展开。虽然法律对两者有着共同的查明事实要求，但这种认识运作制度的差异，决定了检察认识判断的全面性可能弱于法院，在接近事实真相上更为不易。

（三）基于特殊认识判断活动的办案容错性需要

无论是伦理导向还是制度约束，检察办案被期望准确地认定事实，正确地适用法律。但是，检察办案的认识判断活动属于罗尔斯程序正义分类下的不完善的程序正义，即使法律被仔细地遵循，过程被公正地恰当引导，还是有可能达到错误的结果。[①] 检察办案是一种特殊的认识判断活动，单纯以错案追责，不符合认知规律，需要对检察办案有一种容错性考量。

容错性考量是理性地看待检察办案的必然结果。如同前文所述，检察办案是一种特殊的历史性回溯认识活动，除非能乘坐时光机回到案发当时目睹案发过程，否则间接性、逆向性的检察认识判断活动就难以完全避免事实认识上的错误。如果承认检察办案中无论事实认定，还是法律适用都属于主观性的认识判断活动，那么就必须意识到该主观性认识活动受到人的经验、偏好等主观认识能力和客观认识条件的影响。如果无法消弭办案主体的个体差异，也就必须允许办案主体在遵循既有程序和实体规范的前提下，可能得出不尽相同的判断，美国最高法院大法官经常以 5∶4 作出裁判即是明证。特别是在刑事诉讼中，犯罪人为了逃避法律追究，总是千方百计试图毁灭伪造证据、制造假象，引诱司法人员陷入错误，这必然增加认识的难度，司法工作比一般工作更易出错是不争的事实。[②]

容错性考量是检察公正司法必不可少的保障基石。如果苛刻地要求凡是检察办案出现错误，均要追责，最直接的结果就是检察人员不敢基于证据作出最符合内心确信的认识判断。这将逻辑性地导致两种情形出现：一是检察工作成为高危职业，难以吸引符合条件、优秀的人员加入；二是在事实认定、法律适用存在疑难时，检察人员将以自身被追责的风险最小化来作出决定，而不是以公正司法为目标。如为避免案件被判无罪而追责，检察官将动辄以不捕、不诉来终结案件，而不是积极地在工作中做"加法"，破解疑难追诉犯罪。

当然，需要明确的是，容错性考量不等于任何情形下都不对检察办案人员

---

① ［美］约翰·罗尔斯：《正义论》，何怀宏等译，中国社会科学出版社 1988 年版，第 79—82 页。

② 参见朱孝清：《错案责任追究的是致错的故意或重大过失行为——再论错案责任》，载《人民检察》2015 年第 21 期，第 9 页。

追责。由于认识判断的特殊性，检察办案难以避免完全不发生认识上错误，但不能由此就陷入案件事实的不可知论。"就司法证明而论，司法人员要查清案件的全部事实情况，对任何案件都是不可能的，但是对于已破案、已查清的案件事实来说，基本犯罪事实或主要犯罪事实的认定是能够达到准确无误的地步的。"① 检察办案人员如果不遵循法律规范，没有尽到必要的履职注意义务，故意或者在重大过失之下错误认定事实或者适用法律，应当承担司法责任。② 故意或者重大过失造成错案，表明行为人具有非难的可能性，对此应当予以追责。这样就会有利于增强办案责任心，有利于彰显社会公平正义，有利于贯彻权责一致原则。③

三、检察办案不容偏离的几个界限

（一）合理彰显"检察一体"

"检察一体"原初是对近代大陆法系检察制度内部组织构建以及权能运行的原理性概括和总结，该原理的主要内容涉及检察权的统一性、等级性以及检察官相对独立。在我国，"检察一体原理是指所有检察机关和检察人员在共同的法律监督目标下结成一个自上而下的有机整体，内部遵循上命下从的领导原则和相互配合的工作原则，外部则遵循独立判断、独立责任的原则"。④ "检察一体"在我国的存在，其根本理由是《宪法》第 137 条第 2 款有关"最高人民检察院领导地方人民检察院和专门人民检察院的工作，上级人民检察院领导下级人民检察院的工作"的规定；此外，《人民检察院组织法》第 36 条前段规定"人民检察院检察长领导本院检察工作，管理本院行政事务"，也是其存在的条件。如有论者指出，我国的检察权以对其他公权力进行监督为核心内容，以此为特征的检察权行使，单独以承办检察官一人难以独当，更加需要凭借检察一体的组织优势以保障监督的有效性。⑤

"检察一体"在检察办案中显现为办案指挥审批，职务收取、承继、转移

---

① 陈光中主编：《刑事诉讼法学》，中国人民公安大学出版社、人民法院出版社 2004 年版，第199 页。

② 最高人民检察院《关于完善人民检察院司法责任制的若干意见》第 32 条规定："司法办案虽有错案发生，但司法人员履行职责中尽到了必要的注意义务，没有故意或者重大过失的，不承担司法责任。"

③ 朱孝清：《错案责任追究的是致错的故意或重大过失行为——再论错案责任》，载《人民检察》2015 年第 21 期，第 11 页。

④ 甄贞等：《法律监督原论》，法律出版社 2007 年版，第 90—99 页。

⑤ 陶建平：《检察权运行的结构化逻辑》，载《东方法学》2017 年第 6 期，第 115 页。

等特有的制度性安排，检察官在检察长领导下开展工作，检察长对未授予检察官决定的案件或事项进行审批审核，行使最终的决定权。上级检察官（检察长、副检察长）在审批审核中不同意承办检察官的处理意见时，可以要求检察官复核或提请检察委员会讨论决定，也可以直接作出决定，或者实行职务移转，将案件交由其他检察官办理。检察长在审批、审核中可以利用更高层级的权力对案件作出处理决定，但也要对决定承担相应司法责任。本轮检察改革之前，检察机关内部科层化审批办案还将部门的科处长纳入其中，从而形成了最为典型的检察办案"三级审批制"。

"检察一体"也显现于上下检察机关办案的领导关系中。我国确立了上级检察院和下级检察院的领导关系，这和上下级法院之间的监督关系形成了迥然差异。根据《人民检察院刑事诉讼规则（试行）》、最高人民检察院《关于加强上级人民检察院对下级人民检察院工作领导的意见》等司法解释和规范性文件，上级检察院对下级检察院办案行使备案、审批等领导职权。上级检察院认为下级检察院的决定错误的，有权指令下级检察院纠正，或者直接依法撤销、变更；可以对下级检察院管辖的案件指定管辖，可以直接办理下级检察院管辖的案件。实务中检察官根据上级院检察长之指挥、命令而越辖区办案时，"检察一体"理论构成了检察官越辖区办案合法性的基础。①

"检察一体"保证了检察工作统一协调、高效运转，有利于排除各种办案阻力、干扰，保证法律统一正确实施，②该原则的贯彻深刻地影响了我国现有检察办案模式建构。"检察一体"理论为我国现有检察办案模式提供了理论支撑和注解，检察办案模式改革中不能完全背离检察机关所特有的"检察一体"属性。首先，不能片面强调"去行政化"，行政属性天然地蕴含于检察权之中，且为宪法法律所确认，是和法院司法权运行的区别所在；其次，应当保障并优化检察长对检察官办案的领导而非消除其领导，检察长在个案中的审批和对重大办案事项的决定是不可或缺的检察办案方式；最后，正视"检察一体"与检察官独立办案之间内在的紧张与冲突，在明晰办案责任的基础上，既要求检察官个人独立判断，又辅以完善的职务收取及职务转移制度，保障"检察一体"的贯彻。

---

① 参见万毅：《人民检察院组织法修订中的若干问题——评〈人民检察院组织法〉修订草案第二次审议稿》，载《东方法学》2018 年第 6 期，第 10 页。

② 朱孝清、谢鹏程、邓思清、万毅：《检察官相对独立性研究》，中国检察出版社 2017 年版，第 3 页。

（二） 正确实现检察办案亲历性

亲历，意指亲身经历。① 作为重要的诉讼司法原理，司法亲历性指"司法人员应当亲身经历案件审理的全过程，直接接触和审查各种证据，特别是直接听取诉讼双方的主张、理由、依据和质辩，直接听取其他诉讼参与人的言词陈述，并对案件作出裁判"。② 检察权所具有的司法属性，暗含了亲历办案的内在要求。增强办案亲历性是司法责任改革在内的检察改革的理论原点之一。

增强检察办案亲历性契合检察权的司法属性要求。检察办案中的认识判断具有复杂性，甄别证据，尤其是甄别言词证据真伪，单纯的纸质审查无法注意到陈述人的神态、表情与语调，欠缺近距离的察言观色有可能会遗漏判断言词真伪的重要信息，更难准确地形成心证。在卷宗主义诉讼制度条件下，承办、审核、审批等检察办案应当亲自审阅案件卷宗，接触第一手证据材料。单纯地听取案件汇报或者阅看他人撰写的审查报告，案件细节在多人传递中有被有意无意过滤裁剪的风险，导致影响对案件形成准确的认识判断。

原则上，检察办案与法院司法办案都要求亲历性，但两者在实现途径上又不完全等同，不能将法院的办案亲历性要求简单复制粘贴成为检察办案要求。首先，检察办案的亲历性要求需与"检察一体"相协调，并与卷宗主义诉讼制度相适应。审判的办案亲历性表现为时间、场所、方式的唯一性。简言之，就是"开庭"，即在法庭上主持案件的开庭审理。而检察办案的亲历性，具有一定的多样性。例如，可以主持并亲自侦查、补充侦查、审阅案卷、复核证据、收集证据等。检察办案也并不排斥案件审批审核，允许上级检察院、上级检察官在一线检察官亲历案件事实和证据的基础上，以审阅书面报告和有重点地审阅案卷材料的方式参与决策。③ 其次，检察办案所处在的特定环节的客观条件限制检察办案完全遵循亲历性原则。一是办案期限限制。检察办案种类繁多，不同案件办理设定了不同的办案期限，某些办案期限极短客观上限制了完全按照亲历性的要求审查证据。如对公安机关提请逮捕的审查期限只有 7 天，《刑事诉讼法》只规定三种特定情形下应当讯问犯罪嫌疑人，不具备上述情形的可以不讯问犯罪嫌疑人，④ 不需要当面复核证人证言。二是检察办案不在诉

---

① 中国社会科学院语言研究所词典编辑室编：《现代汉语词典》，商务印书馆 2015 年版，第1051 页。

② 朱孝清：《与司法亲历有关的两个问题》，载《人民检察》2015 年第 19 期，第 5 页。

③ 参见朱孝清：《检察官相对独立论》，载《法学研究》2015 年第 1 期，第 149 页。

④ 《刑事诉讼法》第 88 条规定："人民检察院审查批准逮捕，可以讯问犯罪嫌疑人；有下列情形之一的，应当讯问犯罪嫌疑人：（一）对是否符合逮捕条件有疑问的；（二）犯罪嫌疑人要求向检察人员当面陈述的；（三）侦查活动可能有重大违法行为的。"

讼终局性环节，证据和事实处于变动之中，这决定了不可能如法院那般以庭审方式实现亲历性办案。如审查起诉中发现证据存在问题，要么退补，要么自行补充侦查，视补侦情况重新认定案件事实。"如要采取直接言词、集中展示的办法，既不可能也无必要，国家的司法资源也难以承受。"① 最后，检察权是一种主张性权力，其在绝大多数情况下不作出影响相对方的终局性决定，在存在后道环节检验的情况下，不需要以庭审的直接言词、交叉询问等形式的办案亲历性来保障检察决定的准确无误。

（三）保障客观公正义务履行

检察官客观公正义务是世界不同法系国家和地区普遍接受、国际准则确认的一项重要法律制度，是指检察官应当超越追诉职能，代表国家维护法律的尊严与公正，成为国家法律的捍卫者。"客观义务中的'客观'，有两个语义导向，一是客观真实，即发现案件事实真相；二是客观公正，要求客观公正地看待和处理案件，包括客观而无偏倚地认定事实与适用法律。"②

在我国，客观公正义务对检察办案提出了诸多内在要求：一是检察官办案，尤其是在刑事追诉中，应当避免使自己当事人化，客观公正地审查证据并作出决定。二是诉讼办案服从服务于监督办案，而非倒置地重诉讼办案、轻监督办案。我国检察诉讼办案是法律监督的实现方式，检察办案不能迷失在追诉之中，而忘却法律监督，从而偏离实现司法公正的终极目标。三是检察诉讼办案与监督办案应实现融合与协调，做到寓监督于办案之中。

客观公正义务对检察办案之形塑还在于其可以中和"检察一体"潜在的负面因素。有学者研究指出，遵循检察官客观公正义务需保障检察官相对独立：检察办案中坚持客观立场，必须保证检察官对案件证据、法律问题进行独立审查、思考判断的空间，不受外界的干扰和影响，必然要求检察官在办案中具有相对独立性；检察办案要忠于事实真相，不仅要求其具有发现真相的能力，更要具有勇气和担当，为此法律要赋予检察官特殊身份保障，使其相对独立；检察办案要追求实体公正和维护程序公正，决定和要求检察官在诉讼中具有相对独立的地位。③ 正因为两者之间的紧密联系，检察官办案相对独立在"检察一体"的原则性要求之下获得了制度空间。无论是"检察一体"，还是检察官办案相对独立，都服从服务于公正司法和保障国家法律统一正确实施。

---

① 朱孝清：《检察官相对独立论》，载《法学研究》2015 年第 1 期，第 149 页。

② 龙宗智：《检察官客观义务论》，法律出版社 2014 年版，第 5 页。

③ 朱孝清、谢鹏程、邓思清、万毅：《检察官相对立性研究》，中国检察出版社 2017 年版，第 140—143 页。

在这个意义上，两者在本质上并不矛盾。只不过在制度安排上两者应注意协调，具体表现为"检察一体"要求上命下从，但对明显违法的指令检察官有责任和义务拒绝执行。检察官在坚持己见和遵循上级指令出现冲突时，可以向上级提出职务移转，由上级指派他人办理案件。客观公正义务所要求的检察官相对独立办案与"检察一体"形成张力，故而两者的协调平衡成为检察办案模式改革的旋律之一。

四、结语

检察权的复合性决定了检察办案的特殊性，检察办案既不简单地等同于法院司法办案，也有别于单纯的行政性办案。长久以来，我们缺乏精细化判别检察办案的标准，理论上也未对精细化判别检察办案予以足够的重视。充分认识检察办案所内在具有的法律属性、公权力属性、认识判断属性、国家属性，可以为我们判别是否属于检察办案提供标准，有助于澄清实践中存在的过宽认定检察办案或者不当限缩认定检察办案的认识误区，保障检察办案责任制、员额制等改革深化推进。检察办案是以证据为认识方法和载体对过去发生的事实进行回溯性认识，并在事实认定的基础上进行法律判断的活动，"认识判断"要素是判别是否属于检察办案的核心特征。理性看待作为特殊认识判断活动的检察办案，就要在强化司法责任制的当下合理构建案件办理容错空间。深入审视其与法院司法办案在认识判断向度、方法等方面的差异，就要在检察办案模式改革构建上既借鉴，又不简单复制粘贴。检察办案应合理彰显"检察一体"的要求，完善而非完全废除办案审批。检察办案亲历性要求不同于法院，推动检察办案亲历性不能过激与偏颇。检察办案应保障客观公正义务之履行，使检察官相对独立与"检察一体"形成内在张力，共同实现国家法律统一正确实施。

（原载于《东方法学》2019年第5期）

检察官办案问题研究

邓思清[*]

为了贯彻落实党的十九大报告"深化司法体制综合配套改革，全面落实司法责任制"的要求，切实有效推进检察改革，检察机关在实行检察官员额制改革后，如何建立员额检察官考核机制，员额检察官递补、淘汰机制，确保能者上、平者让、庸者下，就成为当前需要研究的重要问题。从检察实践看，要建立科学合理的符合员额制改革要求的新型的员额检察官考核机制、员额检察官递补和淘汰机制，就必须研究和解决办案的内涵、类型和数量计算等基本问题。

一、办案的内涵

关于什么是办案，目前学术界和检察实务界尚有不同的认识，主要有检察业务说、一线办案说、折中说三种观点。[①] 其中，检察业务说认为，检察官办案是指检察官为履行宪法和法律赋予的检察监督职能，根据法律规定或者检察长授权，通过直接或者间接的方式行使检察权，在职责范围内对案件作出处理决定或者提出处理意见，并承担相应司法责任的一种履职行为。一线办案说认为，检察官办案就是指检察官在检察一线从事职务犯罪侦查、审查逮捕、审查起诉等活动，而诉讼监督以及案件管理、法律政策研究等非一线业务工作，则不宜界定为办案。折中说认为，检察改革后的检察官办案，既不能囿于传统上的办理批捕、公诉等诉讼案件，也不能泛指检察机关的所有业务工作都看作办案，而应当紧紧围绕检察职能范围、检察工作规律、司法责任制改革的精神要求，对检察办案作出科学合理的界定。从检察职能上说，司法（诉讼）职能和监督职能都是检察职能，因而除了审查批捕、审查起诉等传统的业务活动是

---

* 最高人民检察院检察理论研究所副所长、法学博士。

[①] 参见谢鹏程、邓思清主编：《检察官办案业绩考核机制研究》，中国检察出版社 2018 年版，第 16—18 页。

办案外，审查、监督等诉讼监督活动也是办案。从检察工作上说，检察官直接办理案件，亲力亲为是办案，检察长审批案件、检察委员会讨论案件，间接决定案件也是办案。从司法责任上说，检察官决定案件，对案件结果承担责任是办案，上级检察官对案件的指导、督办、答复等，只要给出明确的意见，对案件最后处理发挥了实际作用，就要承担一定的责任，也是在办理案件。

我们认为，上述各种观点是从不同的角度来认识办案的，都有一定的合理性。但是，要准确地界定办案的内涵，还需要从词义和诉讼理论上进行分析。具体来说，办案是"办理案件"的简称，由"办理"和"案件"两个词组成。

所谓"案件"，是"特指涉及诉讼和违法的事件"。[①] 可见，案件包括"涉及诉讼的事件"（即诉讼案件，包括刑事案件、民事案件、行政案件）、"涉及违法的事件"（即一般违法案件）。关于诉讼案件，根据诉讼理论，要成立该类案件，就应当具备诉讼的基本要素或者要件，包括形式要件和实体要件。[②] 其中，形式要件包括以下三方面的内容：（1）已进入诉讼程序。即有关事件已由法律规定的国家机关将其作为一个案件进行受理并立案，已进入法定的诉讼程序。（2）要有受理或立案文书。受理或立案文书是国家法律机关对案件进行处理的根据，也是有关事件人员获得案件当事人身份的依据，因而是一个诉讼案件成立的重要条件。（3）要有相应的案卷材料。即作为一个诉讼案件，应当有相应的案件材料，包括当事人的基本情况、案件事实材料、证据材料等。实体要件应当包括以下三方面的内容：（1）要有诉讼主体。即要有参与诉讼的国家机关和案件当事人，如刑事案件要有公安机关、人民检察院、人民法院以及犯罪嫌疑人或被告人、证人、被害人等，民行案件要有原告和被告等。（2）要有诉讼内容。即诉讼活动要处理的问题或纠纷，如刑事案件要有涉嫌犯罪的客观事实存在，民行案件要有明确的诉讼请求。（3）要有诉讼根据。即诉讼存在的事实和法律依据。如刑事案件要有符合法律规定的犯罪构成要件，民行案件要有民事法律或者行政法律上的依据。一般违法案件，就是有关国家机关查处的一般违法行为，例如公安机关查处的违反《治安管理处罚法》的行为等。从执法实践来看，要成立这类案件，除了具备一定的形式要件外，也应当具备以下三方面的实体要件：（1）存在涉嫌违法的行为或事

---

① 参见中国社会科学院语言研究所词典编辑室编：《现代汉语词典》，商务印书馆 2005 年版，第 11 页。

② 参见李扬：《刑事诉因制度研究》，载《政法论坛》2009 年第 2 期；邵明：《民事之诉的构成要素与诉的识别》，载《人民司法》2008 年第 5 期等。

实；（2）有关国家机关发现并进行查处的具体行为；（3）违法行为要符合法律规定的构成要件。

就检察机关来说，从实践来看，检察官办理的案件包括上述两类案件，即诉讼案件和一般违法案件。其中，诉讼案件，就是根据刑事、民事、行政诉讼法的有关规定，按照法定程序而进入检察机关的管辖范围，由检察机关负责处理的案件。诉讼案件是检察机关处理的主要案件，也是检察机关职能的重要体现。目前诉讼案件主要包括以下几类具体案件：（1）职务犯罪侦查案件①；（2）刑事审查批捕和公诉案件；（3）民事公益诉讼案件；（4）行政公益诉讼案件；（5）民事行政诉讼抗诉案件等。一般违法案件，即检察机关的监督案件，是指检察机关作为法律监督机关，发现公安机关、法院及其工作人员在诉讼活动中存在违法行为时，或者发现行政机关在行政执法过程中存在较严重违法行为时，依法通过调查取证并提出处理意见的案件，如立案监督案件、羁押必要性审查案件、行政公益违法监督案件等。

所谓办理，即处理事务或事情，就是有关国家机关或工作人员依照法定职权处理有关事务或事情的活动。就检察机关来说，办理就是检察机关或检察官依照职权处理案件的活动，即检察机关或检察官通过行使检察职权，对案件进行审查并作出相应处理意见或者决定的活动。由此可见，办理应当具备以下四大要素：（1）要有合法的主体，即检察机关或检察官；（2）要有明确的对象，即具体的案件；（3）要行使具体的检察职权，实施具体的行为；（4）要作出具体的处理意见或者决定。只有具备上述四个要件的活动，才属于办理活动。

总之，检察官办案，就是指检察官通过行使具体的检察职权，对案件进行处理并作出相应处理意见或者决定的一种诉讼活动。可见，要构成办案，应当具备以下条件：（1）要有合法的主体，即检察机关或检察官；（2）要有明确的对象，即具体的案件；（3）要有行使具体检察职权的诉讼作为，即对案件行使检察职权，实施具体的诉讼行为；（4）要有确定的诉讼结果，即对案件作出具体的处理意见或者决定；（5）要有明确的责任风险，即对案件的处理意见或决定存在出错的可能性，检察官要承担相应责任的风险。

二、办案的类型

关于办案的类型，目前实务界主要存在三种不同的观点。第一种观点认

---

① 在反贪职能转隶后，检察机关不再办理贪污受贿、渎职侵权等职务犯罪案件，但在对诉讼活动实行法律监督中发现司法工作人员利用职权实施的非法拘禁、刑讯逼供、非法搜查等侵犯公民权利、损害司法公正的犯罪案件，检察机关可以进行立案侦查。

为，可以将检察机关的办案归纳为三种类型：（1）实体性办案。即检察官要经过讯问、询问、会见律师、调阅案卷、收集证据、认定事实、适用实体性法律后，对案件提出处理意见或者直接作出处理决定。（2）程序性办案。即对案件内容进行程序性审查，办案周期不明显，原则上为履行文书审批、签发等法律手续的职务办理行为。（3）指导性办案。即具有对下业务指导职能，通过对个案进行程序和实体指导把关、提出具体意见办理的行为。① 第二种观点认为，可以将办案分为直接办案和审批决定办案。② 根据检察官行使检察权的大小，一般案件由检察官直接行使权力并作出决定，这种办案为直接办案；重大疑难复杂等案件由检察长（副检察长）或检委会决定，这属于审批决定办案。第三种观点认为，可以将办案分为亲历办案和指导办案。对案件进行直接接触、亲力亲为，作为承办人，对案件作出处理决定或者提出处理意见的，为直接办案；对案件的处理进行指导、督办的，并给出明确意见的，则属于指导办案。指导办案主要是指负有指导、监督管理职责的上级检察官，对重大疑难复杂或敏感案件，进行程序和实体上把关、指导和督办，对案件处理提出具体意见的行为。③ 对个案指导、督办意见一般应当以书面的方式作出，上级检察官承担相应的责任。

我们认为，上述各种观点都具有一定的合理性，因为对我国检察官办案类型存在不同的认识，是由我国检察机关职能的复杂性和检察机关的领导体制决定的。根据法律规定，我国检察机关承担着多种检察职能，包括部分职务犯罪侦查、审查批准和决定逮捕、审查起诉、诉讼监督、司法救济、公益诉讼等检察职能。④ 可见，检察机关的检察职能不像法院的审判职能那样单一，而且呈现多样性，因而承担不同检察职能的各个业务部门的工作特点差异很大，其办案形式也应当多样化。同时，检察机关系统实行上级领导下级的检察一体领导体制，这与法院系统的监督体制也不同，这也决定了检察机关内部的办案方式比法院的办案方式更为复杂，除了检察官亲自办案外，上级检察官的业务领导活动也应当属于一种办案方式。

如何对检察官的办案进行分类，我们认为，按照不同的标准，可以进行不

---

① 参见牟国清：《基层检察院检察官办案有关问题探讨》，载谢鹏程、邓思清主编：《检察官办案业绩考核机制研究》，中国检察出版社2018年版，第27页。
② 参见谢鹏程、邓思清主编：《检察官办案业绩考核机制研究》，中国检察出版社2018年版，第19页。
③ 参见段明学：《检察官绩效考核"四议"》，载谢鹏程、邓思清主编：《检察官办案业绩考核机制研究》，中国检察出版社2018年版，第34页。
④ 检察机关的反贪职能转隶后，只承担诉讼活动中发现的部分职务犯罪案件的侦查职能。

同的分类，例如以行使具体检察职权的性质不同为标准，可以将检察官的办案分为司法办案和监督办案；以是否直接收集证据或接触案件当事人、案卷材料为标准，可以将检察官的办案分为一线办案（或直接办案）、二线办案（或间接办案）两大类；以检察官办案人数多少为标准，可以将检察官的办案分为独任检察官办案和检察官办案组办案等。

虽然对检察官的办案可以进行上述不同的分类，但从现实需要上来看，我们认为，将检察官的办案分为一线办案和二线办案两大类更为适宜。其中，一线办案包括独任检察官办案和检察官办案组办案；二线办案包括审批办案和指令办案。这是因为：这种分类更符合党中央的明确要求。2015 年 3 月 24 日，习近平总书记在主持中央政治局第二十一次集体学习时对司法责任制作出重要批示，"凡是进入法官、检察官员额的，要在司法一线办案，对案件质量终身负责。"因此，我们在对检察官的办案进行分类时，必须体现党中央和习总书记的明确要求。同时，将检察官的办案分为一线办案和二线办案更符合检察改革的发展趋势。当前司法责任制改革是检察改革的核心，其改革的目的和价值取向在于鼓励入额的检察官去一线办案，使检察机关的办案力量向办案一线倾斜，逐步减少二线办案的检察官，缩减二线办案数量，从而使检察官具有独立性，成为真正的办案主体，这是我国司法改革的发展趋势。因此，将检察官的办案分为一线办案和二线办案，可以突出一线办案的重要地位，明确二线办案的范围，有利于逐步实现司法责任制改革的价值目标。

此外，将检察官办案分为一线办案和二线办案还有利于办案指标的科学设置。办案指标设置是对入额检察官办案工作量进行考核的重要依据。办案指标如何设置，是针对所有办案类型来设置还是针对一线办案来设置，可能存在不同的观点，但是我们认为，办案指标应当针对一线办案来设置，不应当针对二线办案来设置。这是因为：（1）对二线办案设置办案指标没有意义。二线办案包括审批办案和指导办案，这两种办案都是检察官领导的办案方式，是必须承担的办案任务，不存在完不成的情况，因而对其设定指标是没有意义的。（2）对二线办案设置办案指标会造成办案数量的重复计算。对一个案件来说，除了检察官对案件进行审查办理外，还会存在上级领导对案件的审批活动，如果将检察官的办案活动算作办理一个案件，再将上级领导的审批活动算作办理一个案件，就会出现在一个诉讼阶段对办案数量进行重复计算的问题，这显然是不合理的。（3）对一线办案设置办案指标可以对入额检察官进行考核。习近平总书记对司法责任制曾作出重要批示，即"凡是进入法官、检察官员额的，要在司法一线办案，对案件质量终身负责"。因而对设置一线办案指标可以对入额检察官进行考核，促使入额检察官去一线办案，减少审批性办案。

这里需要说明的是，我们不对二线办案设置办案指标，并不意味着二线办案活动不算办案工作量，其工作量可以通过折抵的方式解决，即减少入额检察官领导一线办案的指标数量。具体来说，入额的检察长、副检察长、检委会专职委员、部门正职、部门副职在履行"一岗双责"中，根据其承担的领导和管理工作量大小①，适当减少其一线办案的指标数量。②

三、办案数量的计算

办案数量的计算，即检察官对案件行使了哪些职权，才算作办理了一个案件，这是检察机关对入额检察官进行办案业绩考核的一个重要问题。关于办案数量的计算，目前检察实务界主要有案件难易程度说、诉讼阶段说、诉讼阶段结果说三种不同的观点。案件难易程度说认为，应当根据犯罪嫌疑人人数、卷宗、涉嫌罪名、作案次数、金额多少等因素，将案件划分为一般案件、疑难案件、特别疑难案件三类，按照1∶2∶3的比例计算案件数量。③ 有的认为，在计算案件数量时，应当考虑案件的繁简程度（犯罪嫌疑人人数、罪名数、案件类型等），设定折算比例来计算案件数量，如办理案件每增加一名犯罪嫌疑人或一个罪名，多计1/5件，适用普通程序开庭，每案多计1/5件，公开听证（审）一次，多计1/5件，封顶计5件案件；办理侵犯知识产权罪、危害食品类犯罪、合同诈骗罪等案件的，每件按2件案件计；办理本区首例新罪名、新

---

① 根据我们调查，各地检察院的领导都承担一定量的领导和管理工作，以市院副检察长为例，其领导和管理工作主要包括以下12项：（1）参加三会（党组会、检察长会、检委会），每周一次；（2）参加本院和市委组织的各种政治学习会议；（3）参加市里各部门的会议，如消防部门、林业部门、土地部门等的联席会议等；（4）参加上级院的各种会议，如业务部署会议、业务培训学习会议等；（5）筹备各种会议，如下级院检察人员的培训会议、上级院交办的各种会议等；（6）参加调研活动；（7）处理请示汇报工作，包括对下级院的请示研究处理、研究拟定向上级院的请示汇报工作；（8）听取所负责的业务部门负责人汇报工作并作出有关指示；（9）负责对重大、疑难、复杂和敏感案件与公安、法院、纪委等部门进行协调工作；（10）接待上级领导、采访、案件当事人和其他人员等；（11）负责本院规范性文件的起草工作，如果涉及其他部门，还需要与公安、法院、司法局等进行协调；（12）负责所分管部门人员的人事调配工作等。

② 例如检察长，由于其要统揽全局，领导全院的检察工作，领导和管理工作量巨大，对其可以大大减少办案指标数量，只要其每年能够直接办理1件以上重大、疑难或复杂的案件即可。对于副检察长，其领导和管理工作量大约占其全部工作量的2/3以上，可以将其办案指标设置为一般检察官办案量的25%（四轮一排）。对于专职委员，其领导和管理工作量要小于副检察长，可以将其办案指标设置为33%（三轮一排）。至于部门正职、副职的办案指标，可以分别设置为50%（两轮一排）和75%（三轮两排）。

③ 参见刘斌：《检察官绩效考核考评机制的构建与运行》，载谢鹏程、邓思清主编：《检察官办案业绩考核机制研究》，中国检察出版社2018年版，第65页。

类型案件，每件按 2 件计。[①] 诉讼阶段说认为，诉讼阶段是检察官处理案件需要经过的诉讼环节，不同的诉讼阶段由不同的检察官来负责处理案件，因而案件经历一个诉讼阶段，就应当算作一个案件。[②] 诉讼结果说认为，目前检察官都必须在统一业务应用系统中办理案件，检察官办理案件只有对案件作出处理结果，才算办结案件，统一业务应用系统才会在该诉讼阶段产生一个案件的记录，该案件才能进入下一个诉讼阶段。因而只有对案件作出处理结果，才能算作办理一个案件，如果没有诉讼结果，就不能算作办理一个案件。[③]

我们认为，诉讼阶段说基本上是合理的，这是因为：一方面，它符合诉讼法的基本要求。我国诉讼法规定，一个案件要经历若干个不同的诉讼阶段，不同的诉讼阶段由不同的机关或者人员来处理，因而以诉讼阶段作为计算机关或人员办案数量的依据是合理的。另一方面，它符合司法实践中的做法。从目前司法实践来看，无论是法院还是检察院，在案件统计上，都是以诉讼阶段为依据来计算的，例如法院一审多少案件、二审多少案件，检察院批捕多少案件、审查起诉多少案件、抗诉多少案件等。同时，案件难易程度说和诉讼结果说都存在一定的问题，例如案件难易程度说虽然考虑到案件的复杂程度和工作量大小，但是却没有考虑到司法实践的做法，司法实践中法院和检察院都不是按照案件难易程度大小来统计案件数量的，因而该说不符合目前的实际情况。诉讼结果说虽然与诉讼阶段说一样，以诉讼阶段作为案件计算的基本标准，但是又将诉讼的结果作为案件计算的一个条件，检察官办理案件只有对案件作出处理结果（诉讼结果），才算办理一个案件，没有形成诉讼结果的，就不算办理一个案件，这对于没有诉讼结果的办案活动，如检察官对案件审查后退回补充侦查的办案活动，显然是不合理的。

虽然诉讼阶段说是比较合理的选择，但是，在按照该观点来计算案件时，应当符合以下三个条件：（1）在一个诉讼阶段。即案件是在检察环节的一个诉讼阶段办理的，包括部分职务犯罪案件侦查阶段、审查逮捕和审查起诉阶段等。（2）行使一类检察职权。即检察官办理案件行使的是一类检察职权，而不是具体的一种检察职权。检察权的种类包括检察侦查权、刑事公诉权、民行

---

① 参见刘莎莎：《浅议检察官办案数量、质量评估指标》，载谢鹏程、邓思清主编：《检察官办案业绩考核机制研究》，中国检察出版社 2018 年版，第 164 页。

② 参见任海新、邓萍、谭青松：《检察官办案的数量标准和计算方式》，载谢鹏程、邓思清主编：《检察官办案业绩考核机制研究》，中国检察出版社 2018 年版，第 151—152 页。

③ 参见陈冰、关建华：《检察办案数量初探》，载谢鹏程、邓思清主编：《检察官办案业绩考核机制研究》，中国检察出版社 2018 年版，第 191 页。

公诉权、诉讼监督权等。① （3）一个检察官办理。即案件在一个诉讼阶段是由一个检察官具体办理的，如果由多个检察官办理，也只能算作一个案件，而不能算作多个案件。但是，在司法实践中，要准确地计算检察官的办案数量，还应当研究和解决以下四个具体问题：

一是退回诉讼程序的情况下如何计算案件数量。即检察官在一个诉讼阶段对案件进行审查后，认为不符合法定要求而将案件退回前一个诉讼阶段，如果该案件再回到该诉讼阶段办理，如何计算检察官的办案数量。在检察实践中，检察官办理案件程序逆流的现象时有发生，如检察官在办理审查起诉案件时，通过一系列审查活动后，认为案件存在事实不清、证据不足时，可以退回公安机关补充侦查，这就属于办案程序逆流的现象。如果公安机关补充侦查后，再将案件移送检察机关审查起诉，在这种情况下如何计算检察官的办案数量。我们认为，这里存在两种情形：（1）该案件再回到审查起诉阶段时，如果仍由原作出退回补充侦查决定的检察官办理。在这种情形下，该检察官对该案件前后两次办理，只能算作办理一个案件，而不能算作办理两个案件。因为案件基本上还是原来的案件，检察官还是一个检察官，案件也只经历审查起诉一个诉讼阶段，虽然该检察官前后对案件进行了两次审查，但第二次审查的内容相对简单，工作量不大，因而不宜再算作办理一个案件。（2）该案件再回到审查起诉阶段时，由另一个检察官办理。在这种情形下，该案件前后经由两个不同的检察官办理，这两个检察官都对该案件进行了一系列审查活动，对他们应当分别算作各办理一个案件。因为前后两个检察官都是第一次对案件进行审查，都进行了一系列的审查活动，其难易程度和工作量基本相当，因而都应当算作办理一个案件。

二是诉讼阶段合并的情况下如何计算案件数量。即案件经历两个诉讼阶段，但由一个检察官办理案件时，该检察官应当算作办理一个案件还是两个案件。在检察实践中，出于提高诉讼效率或者特殊保护的考虑，对于某些特殊案件，如未成年人犯罪案件，检察机关通常将审查批捕程序与审查起诉程序合并，由一个检察官办理，在这种情况下对该检察官的办案数量应当如何计算。我们认为，对于诉讼阶段合并的情况，如捕诉一体，虽然检察官办理案件经历两个诉讼阶段，对案件进行了两次审查，但是，第二次审查的内容相对简单，工作量不大，因而应当按办理一个案件计算。这是因为：在目前深化检察改革中，为了提升检察官的专业素能，提高检察官办案质量和效率，有效解决案多人少的问题，实行捕诉一体的改革势在必行，也是新时代检察工作发展的客观

---

① 参见朱孝清、张智辉主编：《检察学》，中国检察出版社 2010 年版，第 326 页。

需要。在实行捕诉一体的情况下，所有检察官的办案情况都是一样的，都要经历审查批捕和审查起诉两个阶段，工作量基本相当，如果都按照办理一个案件来计算，既便于对检察官办案业绩进行考核统计，也不存在对某个检察官不公平的问题。

三是在一个诉讼阶段行使多种类别检察职权的情况下如何计算案件数量。即检察官在一个诉讼阶段对案件行使一种检察职权时，发现案件存在其他违法情况需要查清时，检察官又行使另一种检察职权，在这种情况下，应当如何计算该检察官的办案数量。在检察实践中，检察官在一个诉讼阶段办案时，有时需要行使两种检察职权，比如检察官在审查起诉阶段，在行使审查起诉权时，如果发现公安机关在收集案件证据上存在违法行为时，还应当行使诉讼监督权，在此情况下应当如何计算该检察官的办案数量。我们认为，检察官在一个诉讼阶段，如果对案件行使两种检察职权，如审查起诉权和诉讼监督权，实际上是在办理两种案件，即诉讼案件和监督案件，其工作量应当大于办理一种案件，因而对该检察官应当计算作办理两个案件。在目前检察实践中，检察官发现诉讼活动中存在违法行为时，虽然也进行了一些调查等活动，但没有将其作为一个案件来处理，没有形成办案所要求的基本要件，难以算作办理一个案件。但是，随着检察改革的深入推进，监督案件应当作为一类案件来办理，检察机关应当制定相应的立案标准、办案程序、办案期限、办案结果等规定。如果检察官发现诉讼活动中存在违法行为时，按照规定的程序办理这类监督案件，并形成了相应的案卷材料、处理决定等办案的基本要素，就应当算作办理一个案件。

四是检察官办案组办理案件的情况下如何计算每个检察官的办案数量。即检察官办案组在一个诉讼阶段对案件进行办理时，对该检察官办案组中的每个检察官应当如何计算其办案数量。在目前司法责任制改革中，检察机关对以往的办案方式进行了重大改革，即将检察机关集体办案方式改为检察官个人办案方式，具体包括检察官独任办案和检察官办案组办案两种方式。其中，检察官办案组办案是指由几个检察官及其助手组成固定办案组或者临时办案组来办理案件，如果检察官办案组在一个诉讼阶段办理了一个案件，那么对该办案组中的每个检察官应当如何计算其办案数量。我们认为，从检察实践来看，一般来说，检察官办案组所办理的案件都是重大疑难复杂案件或者社会敏感案件，其办案工作量较大，为了体现在办案工作量上的公平性，在计算检察官办案组中每个检察官的办案数量时，可以将办案组的办案量视为每个检察官的办案数量。

（原载于《人民检察》2019 年第 5 期）

检察委员会司法责任承担之探讨[*]

杨承志[**]

一、责任前提

根据最高人民检察院 2015 年公布的《关于完善人民检察院司法责任制的若干意见》（以下简称《若干意见》）第 32 条第 2 款规定，检察人员与司法办案活动无关的其他违纪违法行为，依照法律及《检察人员纪律处分条例（试行）》等有关规定处理。可见，检察人员承担司法责任的前提是与司法办案活动有关，检察委员会作为一个集体组织，其工作方式主要是会议审议，于是，有两个问题值得进一步研究：一是何为司法办案活动？二是检察委员会审议案件是否属于司法办案活动？

首先，不应认为只有具体的办案活动，如审查批捕、审查起诉、调查核实、制作法律文书等才是办案活动，而法律适用和案件决策不是办案活动。根据"谁办案谁负责、谁决定谁负责"的要求，司法办案的实质是运用司法裁量权对于案件作出处理。办案活动大体可分为三个阶段：具体的办案活动、法律适用活动、案件决策活动，它是一种层层递进的过程，前一阶段是为后一阶段服务的，认为具体的办案活动是办案，而更加重要的法律适用和案件决策活动反而不是办案的观点是错误的。对于检察委员会审议案件来说，虽然不是具体的办案活动，但确实属于法律适用和案件决策，从这个角度上讲，检察委员会审议案件的活动应当是办案活动。

其次，不应认为所有介入办案过程的行为都是办案，要将那些单纯的文书签发活动从办案概念中剥离。根据《若干意见》第 39 条规定，检察长（副检察长）除承担监督管理的司法责任外，对在职权范围内作出的有关办案事项

* 本文系 2018 年度最高人民检察院检察应用理论研究重点课题《司法责任制视角下检察委员会运行机制研究》的阶段性研究成果。

** 贵州省人民检察院副检察长。

决定承担完全责任。对于检察官在职权范围内作出决定的事项，检察长（副检察长）不因签发法律文书承担司法责任。检察官根据检察长（副检察长）的要求进行复核并改变原处理意见的，由检察长（副检察长）与检察官共同承担责任。检察长（副检察长）改变检察官决定的，对改变部分承担责任。众所周知，就检察委员会审议案件来说，不是单纯的文书签发活动，而是对于案件处理结果具有实质影响的审议活动。其具有法律适用性质，并实质性地影响了案件办理进展、决定了案件处理结果，因而检察委员会审议案件的活动是办案活动。

二、责任主体

当出现应向检察委员会追责的情况时，承担责任的主体范围如何确定？由于检察委员会是一个由多名委员组成的集体组织，因而以下问题需要探讨：

一是检察委员会作为一个集体组织，是否可以承担集体责任？这个问题应区分实然和应然两个层面。从实然层面看，根据《若干意见》第40条规定，检察官向检察委员会汇报案件时，故意隐瞒、歪曲事实，遗漏重要事实、证据或情节，导致检察委员会作出错误决定的，由检察官承担责任；检察委员会委员根据错误决定形成的具体原因和主观过错情况承担部分责任或不承担责任。由此可见，这里只是规定委员个人可以承担责任，而没有规定检察委员会作为一个集体可以承担责任。可见，要求检察委员会承担集体责任目前并没有规范依据，也可以说，目前讨论的检察委员会司法责任仅指检察委员会委员因审议案件而承担的个人责任。从应然层面看，检察委员会作为一个集体组织，其审议和决策过程毕竟与独任检察官或检察官办案组不同，仅仅规定委员个人责任并不完全符合权责一致的要求。检察委员会作为一个集体组织应当完善其集体司法责任承担机制，只是在具体的范围、程度、责任形式上需要进一步研究。

二是检察委员会责任与委员个人责任的划分。应当明确，检察委员会委员个人办理的案件不属于检察委员会承担司法责任的范围。在改革过中，有不少检察机关出台了领导干部带头办案的工作制度，就检察委员会委员直接办理案件的类型、形式和数量等作出明确规定，如有的地方检察院内部规定，具有重大影响的案件、疑难复杂案件和新型案件以及在证据运用或法律适用方面具有指导意义的案件，可纳入检察委员会委员直接办案的范围。这些由检察委员会委员带头办理的案件，如果没有提交检察委员会审议，则不属于检察委员会承担司法责任的范围。

三是检察委员会主持人与其他委员之间的责任划分。在检察委员会审议案件时，检察委员会主持人除发表个人意见外，还承担重要的会议组织职责，如根据最高人民检察院 2009 年公布的《人民检察院检察委员会议事和工作规则》第 18 条、第 21 条至第 23 条的规定，主持人有引导委员发言、总结审议情况、决定另行审议、会后报告检察长（受委托主持时）等多项重要职责。可见，主持人对于检察委员会最终决定具有重要影响，因此，检察委员会讨论案件违反民主集中制原则，导致检察委员会决定错误的，主持人应当承担主要责任。

三、追责程序

追责程序包括两个方面：一是追责程序如何启动，二是如何认识和处理检察机关与检察官惩戒委员会在追责程序上的衔接关系。根据最高人民检察院 2007 年公布的《检察人员执法过错责任追究条例》第 15 条规定，可以将检察委员会委员分为两类：一是检察长、副检察长和检察委员会专职委员，二是其他检察委员会委员。对于第一类委员，无论是其个人办理的案件，或者是提交检察委员会审议的案件，其司法责任的确定由上一级检察机关受理、调查。而对于其他检察委员会委员的司法责任，究竟由上一级检察机关受理、调查还是由本级检察机关受理、调查，并无明确规定。有观点认为，其他检察委员会委员的责任认定应由本级检察机关负责。① 笔者并不完全同意该观点。因为根据《检察人员执法过错责任追究条例》第 15 条规定，虽然其他检察委员会委员属于"其他检察人员"的范围，但对于责任追究并不必然由本级检察机关负责，因为"必要时上级检察院也可以直接受理、调查"。那么，问题的关键就在于追究其他检察委员会委员司法责任时，是否属于"必要时"？笔者认为，对于其他检察委员会委员，如果是其个人办理的案件，出现可能追责的情况时，应由本级检察机关进行受理、调查。如果是涉及参与审议检察委员会案件时，应当认为属于有必要由上一级检察机关进行调查处理的情形。一是检察委员会各个委员的司法责任承担应当作为一个整体，不应当割裂开来进行受理、调查和追究。二是检察委员会讨论的往往是涉及本级检察机关的重大疑难复杂案件，即使是其他检察委员会委员也往往是本级检察机关的中层领导，由上级检察机关追究责任更加客观中立。

此外，在最高人民法院、最高人民检察院 2016 年公布的《关于建立法官、检察官惩戒制度的意见（试行）》（以下简称《惩戒意见》）发布后，各省已经陆续设立了检察官惩戒委员会。那么，对于检察委员会司法责任的追究，是

---

① 参见朱超然：《新办案机制下检察委员会制度的完善路径》，载《人民检察》2017 年第 23 期。

否需要检察官惩戒委员会介入？如果需要，其在介入过程中发挥的作用是什么？笔者认为，首先，在认定检察委员会司法责任过程中应当有检察官惩戒委员会的介入。根据《惩戒意见》第2条、第12条规定，惩戒的对象是员额检察官违反检察职责的行为。在检察官员额制改革后，检察委员会委员均已成为员额检察官，并且，如前文所述，检察委员会委员审议案件的活动当然属于履行检察职责的行为。因此，认定检察委员会司法责任应当有检察官惩戒委员会的介入。其次，关于检察官惩戒委员会介入其中发挥作用的问题。根据《若干意见》第42条规定，对于检察人员涉嫌承担司法责任的调查核实，由检察机关纪检监察部门进行。根据《惩戒意见》第5条、第20条规定，惩戒委员会的作用主要是，在检察机关对追责事实调查核实的基础上，对是否应当追责及责任形式向检察机关提出建议性意见，而最终的处罚决定权仍在检察机关。综合以上分析，笔者认为，检察委员会司法责任的一般追责程序可以归纳为：发现检察委员会委员涉嫌承担司法责任的情况→上一级检察机关纪检监察部门调查核实→报检察长决定→移送省检察官惩戒委员会→惩戒委员会提出惩戒意见后回复检察机关→检察机关根据有关规定追究纪律、行政或刑事责任。

四、责任范围

责任范围是指检察委员会应对哪些决定事项承担责任。按照"谁决定谁负责"的要求以及权责一致的原则，检察委员会的责任范围应当与其审议案件范围相适应，那么，责任范围问题一定程度上就是检察委员会审议案件的范围问题。关于这一问题，当前存在两种观点：一种观点认为，检察委员会应当同时审议案件的法律适用问题和证据、事实认定问题，理由主要是案件中法律问题与事实问题难以区分。[①] 另一种观点则认为，检察委员会应将主要精力集中于法律适用问题，尽量减少或避免介入案件事实认定。[②]

相比较而言，笔者更倾向于后一种观点。其一，认为检察委员会应限于讨论案件中的法律适用问题，有相关规范性文件为依据。根据《若干意见》第37条第3款"属于检察长（副检察长）或检察委员会决定的事项，检察官对事实和证据负责，检察长（副检察长）或检察委员会对决定事项负责"、第40条规定，显然是将事实和证据问题与法律适用问题分开的，并且是由检察官对于案件事实和证据问题负责的。既然检察委员会不对案件事实和证据负责，就

---

① 参见张少林：《浅谈司改背景下检察委员会的适度司法化》，载《东方法学》2016年第4期。

② 参见汪海燕、王宏平：《司法改革背景下检察委员会的职能定位》，载《国家检察官学院学报》2018年第1期。

不宜讨论决定案件中的事实证据问题。其二，讨论法律适用问题，有利于发挥检察委员会的优势。检察委员会作为人数众多的集体组织，无法进行具体的办案活动，这也是以往质疑检察委员会缺乏司法亲历性的根源。但司法亲历性主要是指事实和证据的审查，而不是法律适用，正如有学者认为，在案件事实确定的情况下，正确决定法律适用问题对于司法亲历性的要求是大大弱化的。①其三，认为检察委员会应讨论法律适用和事实证据的观点，往往是对法律适用问题作了狭窄的理解，从而将一部分法律适用问题理解成了事实证据问题。即使在案件事实和证据均已查清的情况下，也可能存在非法证据排除、证据规则运用、根据事实和证据判断构成此罪或彼罪等问题，对于这些问题的判断必须运用法学理论及法律规定，其应属于法律适用问题。需要说明的是，笔者反对检察委员会讨论证据和事实认定问题，主要是反对讨论那些案件基本事实和证据尚不清楚，提交检察委员会就是为了让检察委员会作风险决策的情况。其四，认为检察委员会应讨论法律适用和事实证据的观点，往往认为案件中法律问题和事实问题无法区分，但这一看法未必正确，如有学者指出，事实问题与法律问题的区分与甄别是现代司法制度构建的一个重要前提。②

五、责任形式

根据《若干意见》第32条规定，司法责任共有三种类型，分别是：故意违反法律法规责任、重大过失责任和监督管理责任。第36条规定，对于负有监督管理职责的检察人员因故意或重大过失怠于行使或不当行使监督管理权，导致司法办案工作出现严重错误的，应当承担相应的司法责任。根据以上规定，从是否具体参与办案角度进行划分，可以将司法责任分为具体办案责任和监督管理责任。所谓具体办案责任，是指《若干意见》第34条所规定的11种具体办案活动中的故意行为以及第35条规定的8种过失行为。所谓监督管理责任，是指《若干意见》第32条及第36条规定的监督管理责任。并且，由于《若干意见》第36条也将监督管理责任划分为故意和重大过失两种责任类型。那么，综合来看，司法责任共有4种主要形式：具体办案故意责任、具体办案过失责任、监督管理故意责任、监督管理过失责任。针对检察委员会来说，其司法责任形式应当对应哪一种？

首先，检察委员会委员不应当承担具体办案责任（故意或过失）。如前文

---

① 参见汪海燕、王宏平：《司法改革背景下检察委员会的职能定位》，载《国家检察官学院学报》2018年第1期。

② 参见陈杭平：《论"事实问题"与"法律问题"的区分》，载《中外法学》2011年第2期。

所述，虽然检察委员会审议案件活动对案件处理结果具有实质影响，属于办案活动，但审议案件活动不能等同于具体办案活动。并且从规范的角度分析，《若干意见》第 34 条规定的 11 种故意行为以及第 35 条规定的 8 种过失行为，很难从其中找出与检察委员会委员审议案件行为的对应关系，因此可以排除检察委员会承担具体办案责任的可能性。

其次，检察委员会委员不能承担监督管理过失责任。监督管理过失责任在学理上称为监督过失，"监督过失可以分为两种：一是缺乏对被监督者的行为的监督所构成的狭义监督过失。二是由于没有确立安全管理体制所构成的管理过失"。"在狭义的监督过失中，存在着被监督者的过失。即被监督者的过失行为直接造成了结果，但监督者对被监督者的行为负有监督义务，……由此可见，狭义的监督过失，实际上是二人以上过失竞合，即被监督者的一般过失与监督者的监督过失竞合在一起导致了结果的发生。"① 根据以上监督过失的原理，在狭义监督过失的场合，虽然检察委员会身处监督者的地位，但由于检察委员会决定是多数委员集体合议的结果，委员个人过失行为与案件结果之间的因果关系难以确定。并且，严重办案后果是由于具体办案人员重大过失行为直接导致的，因此，可以否定委员个人过失与办案结果之间的因果关系，故在狭义的监督过失中检察委员会不应当承担责任。另外，检察委员会也不能承担第二种监督过失责任，即由于没有确立安全管理体制所构成的管理过失责任，因为这显然与审议案件行为没有对应关系。

既然检察委员会不能承担具体办案故意或过失责任，也不能承担监督管理过失责任，则其承担责任的形式只有一种，即监督管理故意责任。笔者认为，检察委员会的监督管理故意责任是指，检察委员会委员在审议案件过程中滥用职权的责任，也就是利用自己检察委员会委员身份故意发表不合理意见或错误表决的责任。并且，根据《若干意见》第 36 条规定，检察委员会委员承担司法责任，还应当以其滥用职权的行为在客观上"导致司法办案工作出现严重错误"为必要条件。

（原载于《人民检察》2019 年第 11 期）

---

① 张明楷：《刑法学》（第五版），法律出版社 2016 年版，第 296 页。

检察官联席会议制度实践考察

——以北京市检察机关为样本的分析

田向红* 于 泽**

一、检察官联席会议制度的设置

2013 年 12 月，最高人民检察院发布《检察官办案责任制改革试点方案》，明确了"谁办案、谁决定、谁负责"的司法体制改革任务，并于 2014 年 1 月在全国 7 个省份 17 个检察院开始试点，正式拉开了检察官办案责任制改革试点工作的帷幕。随后，试点地方检察院结合实际积极探索，在检察机关的办案组织形式、检察官权力清单、司法责任划分等方面积累了有益经验。① 其中，检察官联席会议制度就是办案责任制改革试点成果之一。

作为司法体制改革后检察权运行的一种新模式，检察官联席会议是根据议题内容，由跨单位、跨部门或者同一部门内的三名以上检察官共同参加，开展个案讨论、类案研究或业务学习交流，发表的意见供检察官决策参考的一种选择性咨询联席会议制度。检察官联席会议制度的前身可追溯到主诉检察官办案责任制下运行的主诉检察官联席会制度。在司法责任制改革背景下形成的检察官联席会议制度是对原有主诉检察官联席会制度的发展与创新。一方面，司法责任制改革中对检察官联席会议制度的职能和运行有了初步的规范。主诉检察官办案责任制下的主诉检察官联席会制度作为一种非正式制度，虽然有长期运行的实践积累，但并未有统一的规范性文件进行规定。司法责任制改革中，最高人民检察院于 2015 年 9 月发布《关于完善人民检察院司法责任制的若干意

---

* 北京市人民检察院公诉部主任。
** 北京市通州区人民检察院检察官助理。
① 如，北京市人民检察院印发《北京市人民检察院司法责任制改革试点工作实施意见》，并陆续制定了检察官权限清单、检察官履职清单、检察官追责清单和检察官亲历清单，全面完整地界定了检察官办案权限、岗位职责、追责范围和专属事项。

见》对检察官司法责任制作出了体系化的具体规定，并在业务部门负责人职责中列明"召集检察官联席会议，对重大疑难复杂案件进行讨论，为承办案件的检察官或检察官办案组提供参考意见"。北京市、江苏省、河南省等地检察机关根据司法实践，陆续制定了本地区的检察官联席会议工作办法。另一方面，检察官联席会议的作用和地位较之原有的主诉检察官联席会制度更加凸显。随着司法责任制改革的推进，对检察官放权范围的扩大，检察官的办案主体地位愈加凸显，检察官独立决定的情形增多，检察官联席会议作为提供咨询服务的平台，[①] 在保证检察官依法独立办案、落实"谁办案谁负责、谁决定谁负责"要求的同时，可以突破个人在知识结构、司法经验等方面存在的局限性，为疑难复杂案件办理提供辅助性智力支持，从而确保全面落实检察官办案责任制与保证办案质量有机统一，保障司法办案和检察监督的效果。

二、检察官联席会议制度运行实践及成效

（一）运行的基本情况

司法责任制改革以来，北京市检察机关公诉部门和刑事审判监督部在 8 个月内就召开检察官联席会议 403 次，涉及 529 项议题。[②] 其中，437 项议题为个案讨论，20 项议题为类案讨论，72 项议题为综合事项。从实践来看，检察官联席会议已初步形成了规范化运行机制，在个案办理、类案指导、业务学习、人才培养等方面均发挥了积极作用。

经检察官联席会议讨论的 437 件个案中，有 326 件案件的承办人意见得到了检察官联席会议意见的支持，占 74.6%；有 67 件案件未形成统一意见；有 44 件案件不支持承办人意见。支持承办人意见的 326 件案件已审结 287 件，或会后直接审结，或上报检察委员会、汇报上级机关，均是按一致意见处理。其中，119 件作不起诉处理，54 件已获法院判决支持，另有 61 件由检察机关作出是否受理、是否取保候审、是否批准逮捕等决定。联席会议的讨论大大增强了检察官对案件的内心确信，有效坚定了检察官处理案件的决心。与承办人意见不完全一致的 111 件案件已审结 92 件。其中，32 件直接采纳检察官联席会议形成的意见，22 件经上报检察委员会或汇报上级机关后亦采纳了联席会议的意见，检察官联席会议意见的采纳率达 58.7%，且 54 件中有 18 件已获得法院判决支持，11 件作不起诉处理。这充分表明联席会议的处理意见具有

---

① 《北京市人民检察院检察官联席会议工作办法（试行）》第 2 条规定，各业务部门应当建立检察官联席会议制度，为检察官办理案件及研究决定有关事项提供咨询服务。

② 数据统计范围自 2016 年 8 月 1 日至 2017 年 5 月 1 日。

很强的参考价值和很高的专业水准，检察官联席会议有效发挥了确保疑难复杂案件质量的思想库、智囊团作用。

（二）运行机制初步形成

北京市各级检察机关在实践中先后形成了一定的检察官联席会议运行机制。其中，北京市检察院第二分院、第四分院的公诉部和刑事审判监督部，大兴区检察院公诉部和知识产权案件检察部，西城区检察院、朝阳区检察院、石景山区检察院、房山区检察院、顺义区检察院、昌平区检察院公诉部均形成了本部门的检察官联席会议工作办法。2017年8月，北京市检察院根据本地区实践，制定《北京市检察机关检察官联席会议工作办法（试行）》（以下简称《工作办法》），明确了检察官联席会议的适用范围、组织形式、运行程序，配套制度等。

其一，会议内容方面，重大、疑难、复杂案件，新型、典型案件，类案法律适用争议，重要业务规范性文件，业务分析和业务工作总结报告，重要的业务学习研究，以及检察长（副检察长）、部门负责人、检察官认为可以提交检察官联席会议讨论研究的其他案件或事项等，都可提交检察官联席会议讨论研究。检察官在联席会议上对案件或事项发表的意见，供承办检察官或部门负责人、检察长（副检察长）决策时参考。其二，会议程序方面，主要采取部门负责人自行召集或检察官提请部门负责人召集两种启动形式。会议由部门负责人或者该负责人指定的检察官主持。参会人员一般以本部门检察官为基础，必要时也可以邀请其他部门、其他院检察官参加。通常按照承办检察官汇报，参会人员提问讨论、发表意见，主持人对讨论意见进行归纳总结等程序进行。检察官讨论案件情况予以记录并归入案件卷宗。此外，《工作办法》还建立了检察官联席会议统计分析和定期通报、激励机制等配套制度。下一步，北京市检察机关将探索建立专业化检察官联席会议制度，并加强相关配套设施建设，在新型办公区建设中，设置专门的检察官联席会议室，配备各种设备等。

（三）优势作用充分显现

随着实践的逐步深入，检察官联席会议在办案咨询、类案指导、业务交流等方面的优势作用也得到了充分显现。

一是成为疑难复杂个案的"会诊室"。根据前文统计，北京市检察机关公诉部门依托检察官联席会议讨论个案约占研讨议题总数的82.6%。经检察官联席会议研讨后就个案处理形成的倾向性意见，为承办检察官决策提供了有力参考。特别是一些重大新型复杂案件，经提请检察官联席会议集体研究，可为承办检察官提供思考问题的多重视角。如，北京市检察院公诉部通过检察官联席会议研讨办理的死刑案件、敏感案件及刑民交叉案件，既开阔了检察官的办案思路，又有效打击了犯罪。

二是成为加强类案指导的"思想库"。同类案件在法律适用和证据标准上会因为办案个体的差异存在分歧，检察官联席会议能够有效解决检察官办案独立性增强所伴生的司法标准不统一问题，提高检察公信力。如，北京市检察院公诉部召集三级院召开跨单位、跨部门的检察官联席会议，就司法实践中存在争议的涉虚假身份证件、赌博机、枪支等十个类案，研究制定了公安、法院均认可的司法标准或刑事处理政策，形成了《关于办理使用虚假身份证件案件若干问题的意见》《关于赌博机标准界定专家论证会纪要》等十个类案办理指引。朝阳区检察院充分利用检察官联席会议平台研讨相关业务规范，形成了《涉众型经济犯罪案件办案指南》《非法吸收公众存款案件审查批准逮捕证据规范》等多个办案指引。

三是成为常态化业务交流的"学习角"。司法实践中，多数检察院积极利用检察官联席会议平台，组织检察官统一学习最新发布的司法解释、指导性案例，集中学习重要的业务规范性文件，积极推进阶段性业务分析和业务工作总结，充分发挥检察官联席会议在指导业务、促进学习等方面的积极作用。

三、检察官联席会议制度运行实践中存在的主要问题

检察官联席会议与一般的内设机构会议相比，业务性、专业性更强，但其在效力上又不及检察委员会，仅具有参考性。这就导致实际运行中，该制度在议题范围、研讨内容和会议程序等方面存在诸多问题。

（一）议题范围方面

一是提请讨论的案件数量在检察官之间分布不均衡。根据目前司法实践中已形成的工作机制和工作办法，多数仅概括规定了提交讨论案件的范围，涵盖了检察官办理案件中可能遇到的多数案件类型和法律问题，但对于该范围内的个案是否均有必要提交联席会议讨论并无明确标准。实践中，联席会议的案件数量和议题范围在很大程度上有赖于承办案件的检察官和部门负责人的个人把握，不可避免地存在有的检察官提请议题较多、有的检察官提请不足的情况。

二是个案讨论比例较高，联席会议功能发挥不充分。由于人案矛盾一定程度上存在，加之时间有限，解决个案实际问题的需求要大于分析总结类案的需求，导致利用检察官联席会议进行跨部门、跨学科、跨行业联合培训交流较少。检察官联席会议制度自运行以来，主要还是侧重于业务研讨，利用检察官联席会议开展学习培训的功能发挥得不够充分。业务研讨方面也主要集中在个

案讨论，类案研究虽然取得一定成效，但议题仅占总议题的 3.8% 。①

三是检察官联席会议应否作为向检察委员会或上级检察机关汇报的前置性程序把握标准不尽一致。司法实践中，有的检察院要求由检察委员会或上级检察机关决定的案件必须经检察官联席会议讨论，但部分向检察委员会或上级检察机关汇报的议题并不存在争议。如果这一部分议题也须经检察官联席会议讨论，无形中会增加检察官的工作事项。

（二）研讨内容方面

一是参会检察官缺乏案件亲历性，一定程度上影响研讨质量。实践中，有的检察院没有硬性要求检察官联席会议召开前提供案件讨论报告等会议材料的时间，也有的案件临时应检察官要求召集联席会议进行讨论，导致准备时间有限。由于没有参与所提请案件的阅卷、讯问，参加联席会议的检察官对事实和证据更多地依赖于承办检察官的汇报，缺乏对案件的亲历性，对案件事实和证据的把控程度远不如承办检察官。这就导致参会检察官发表的意见可能会缺乏深入严密的分析、论证而影响发言质量，或者容易形成多种分歧意见。

二是发言内容缺乏对内对外约束性，不同程度地影响研讨成效。在全面落实办案责任制的背景下，非汇报事项由检察官自主决定并负责，检察官联席会议上形成的意见仅作为办案参考，对办案检察官无法律强制力。因此，参会检察官不需要对其发言承担法律责任，也不需要对参与讨论的案件结果承担法律责任。虽然检察官的发言情况一般也会在联席会议记录中予以列明，但目前约束制度尚不完备，导致部分检察官对会议议题的重视不够，发言具有一定的随意性，出现对自己承办案件趋于发表保守意见，对他人承办案件趋于发表激进意见的情况。

三是检察官助理参会率较低，一定程度上影响后备人才的培养。检察官联席会议虽然有检察官助理列席参会的情形，但一般而言，多数仍是由检察官参会进行讨论。实践中，存在一些具有丰富办案经验的检察官助理因为种种原因尚未能入额的情形，这就导致个别有价值的意见未能在联席会议发表，无法为承办检察官提供参考。更为重要的是，检察官联席会议本身也是学习交流的平台，检察官助理的参会率较低会导致其错失良好的培训学习机会，从而在一定程度上影响检察官后备人才的培养。

（三）会议程序方面

一是运行规范仍不够完善。检察官联席会议目前主要根据内部文件予以规

---

① 数据来源于前文的北京市检察机关检察官联席会议实践，即 529 项议题中有 20 个议题为类案讨论。

范，尚无统一的法律和规章制度，且部分内部文件规定也较为概括。从司法实践来看，由于对检察官联席会议参会人员、召开时间、讨论议题、会议程序等规定尚不完善，导致现阶段检察官联席会议的召开和运行仍具有一定的随意性。如存在参会人数不稳定；讨论焦点分散、不明确；讨论未严格按照顺序发言或发言时间过长；主持人职责不明确，对于发言人意见缺少最终归纳、总结等问题，影响了检察官联席会议的成效。

二是反馈机制不顺畅。对于讨论的个案，有的检察院或在下次召开联席会议时予以通报，或由内勤部门公示；有的检察院仅由承办检察官在审查报告中说明联席会议意见；也有部分检察院反映联席会议讨论后缺乏沟通与交流，尚欠缺及时有效的反馈制度。特别是经联席会议讨论后仍须补充侦查、完善证据的案件，因承办检察官在会后短时间内无法作出决定，办案周期较长，往往导致反馈不到位，参会检察官不能及时了解案件最后处理结果，不利于强化或修正已形成的认知结果。

四、完善检察官联席会议制度的建议

基于上述实践中暴露的问题，可以考虑从会议内容、运行机制、会议程序等方面入手，进一步丰富完善检察官联席会议制度，充分发挥其在辅助检察官决策、提高办案质量等方面的优势作用。

（一）明确联席会议内容，拓展联席会议职能

一是规范提交检察官联席会议的案件标准。从有利于实践的角度出发，可在检察官联席会议工作办法中对联席会议的讨论案件范围作出明确规定。提交讨论的案件议题一般应为法律问题，涉及案件事实及证据采信等需要检察官亲历后确定的问题，可由检察官决定是否提交联席会议讨论。考虑到案件亲历性和严控案件质量的要求，对一些案件事实认定作出重大改变的案件、不捕不诉案件、重大敏感案件、社会广泛关注的案件或者新型典型案件，一般也可提交联席会议讨论。部门负责人在议题范围的把握上应发挥审核把关作用，可就是否有必要召开联席会议向检察官提出自己的建议，供检察官参考。

二是丰富议题内容，拓展联席会议功能。开展类案研究，针对办理类案过程中发现的法律适用、证据标准等问题，由检察官分享办案经验，发表意见建议，统一司法标准，解决实践问题。建立学习机制，将学习新近出台的法律法规、司法解释、规范性文件等纳入检察官联席会议题，加强检察官的业务学习。探讨检察官联席会议解决内设机构综合事项的新机制，借助检察官联席会议平台，从提升办案水平、提高政治敏感度、增强应对舆论媒体能力等方面出

击，解决内设机构综合性事务。

三是结合司法责任制改革，不断完善联席会议职能。在司法责任制改革中，各级检察院的权限清单内容不完全一致，权限清单的内容也将随着改革的深入不断调整。检察官联席会议虽无明确的权限清单，但其作为会诊疑难复杂案件的平台，在业务内容上与检察官、检察长（副检察长）、检察委员会的权限清单有着密切联系，应当随着司法责任制改革的推进，不断完善会议职能。一方面，可以尽量将疑难案件、类案问题内部解决；另一方面，检察官联席会议的讨论记录也可为检察委员会提供参考，从而发挥作为检察委员会过滤器和减压阀的作用。

（二）完善运行机制，提升联席会议质量

一是规范联席会议组织管理，提高联席会议发言质量。规范提请召开联席会议的程序，确保检察官在上会前能够收到会议材料，充分了解案件证据及事实情况。确定联席会议的案件讨论程序以及工作办法，形成检察官联席会议纪要制度。检察官参加联席会议时应认真听取汇报人的汇报，及时发现问题，积极思考，发表意见应进行必要的说理论证，不能只发表观点。会议讨论内容应记录建档，可由检察官签名后附卷保存。检察官联席会议讨论情况应当在审查报告中予以记录，从而提高会议严肃性和发言慎重性。

二是加强人才队伍建设，提升检察业务水平。要发挥集体优势，切实做好重大、疑难、复杂案件讨论工作，就要充分发挥检察官主体作用，将检察官联席会议制度的完善与队伍建设相结合，不断提升检察官知识储备和办案经验。此外，还应加强对检察官助理的业务培训，扩大列席会议的范围，为检察官助理提供业务学习交流的机会和平台，加强检察官后备力量的培养。

三是加强反馈和成果转化，提高检察官联席会议实效。建立备考机制，在案件有结果后定期对案件讨论情况以及发言情况进行评查，保证检察官联席会议的质量。探索将检察官联席会议参与情况作为业绩评价参考依据之一的可行性，对发言质量不高的情况应及时汇总，并定期通报。建立检察官联席会议专报制度，定期将检察官联席会议的具体情况以专报形式向主管领导汇报，并及时将联席会议讨论成果转化为办案参考，或形成学习资料、调研成果，及时实现信息共享，提升检察官参与积极性。

（三）加强程序规范，提高联席会议效率

一是做好会前准备工作。合理安排会议召开频率和会议时间，非特殊情况，尽量不安排临时会议。提出议题的检察官应在检察官联席会议召开前准备好汇报材料，并给参会检察官保留必要的阅读材料、查阅资料的时间，以确保会上可开展有针对性和有效率的讨论。因故未能按时出席的检察官可于会后补充意见或提交书面意见，由承办检察官安排专人记录、汇总。对于跨院、跨部门召开的联席会议，应提前商定联席会议的时间，确定参会人员。

二是灵活确定参会人员范围。对于一些专业性较强或争议点较集中的案件可根据情况缩小参会人员范围，集中在有相关办案经验的检察官范围内进行讨论，既达到案件讨论咨询效果，又提升会议效率。对于一些敏感复杂案件也可根据案件需要借助"外脑"，适当扩大联席会议成员，将专家或鉴定人等角色引入联席会议，负责解答专业性问题，提高联席会议意见的科学性和精准性。

三是完善联席会议程序。明确主持人、承办检察官、参会检察官的角色定位。讨论发言时，在主持人的组织下严格按照顺序发言，他人发言时不可随意打断。承办检察官进行个案汇报时应做到突出关键性问题，提高效率，避免事无巨细。参会检察官发言时应准确把握发言时间，针对议题的难点、疑点发表意见，对于其他检察官已经阐述的意见和理由不再赘述，提高联席会议议事效率。

四是注意会议保密要求。对于一些不宜提请检察官联席会议进行公开讨论的案件，如政治敏感案件、督办案件等，应当严格遵守办案纪律，确保案件安全办理。参加检察官联席会议的人员应当依法遵守保密规定。退回补充侦查的原因和结果等涉及办案秘密的事项，不向无关人员泄露。在讨论案件及议题作出决定前，联席会议讨论情况应当保密。联席会议的会议材料、会议记录等均需严格保密，未经批准，不向他人提供。

（原载于《人民检察》2019年第6期）

做优刑事检察

刑事侦查与法律监督

孙　谦[*]

引言

为规范侦查权行使，各国都设置了专门的监督制约机制。检察制度自诞生起即与限制侦查权紧密相连，"以一受严格法律训练及法律拘束之公正客观的官署，控制警察活动的合法性，摆脱警察国家的梦魇"。[①] 在我国，检察机关的侦查活动监督是对刑事侦查活动是否合法进行的专门法律监督，旨在发现和纠正侦查违法行为，是区别于刑事立案监督、审查逮捕的狭义的侦查监督。可以说，刑事诉讼程序中侦查权所及之处，均应有监督。我国的侦查活动监督制度与其他国家和地区侦查权控制模式在遏制侦查恣意、保障公民权利、维护公平正义等价值取向上是一致的。

公正是法治的生命线，司法不公对社会公正具有致命破坏作用。[②] 在刑事诉讼中，侦查环节对于收集证据、指控犯罪至关重要，是国家权力与公民权利、打击犯罪与保障人权矛盾冲突的交汇点。侦查权的强制性最高，对公民权利的影响也最大。遍观刑事司法史，刑事诉讼结果不公往往根源于错误的侦查，程序不公也集中体现为侦查权的擅断与滥权。刑事诉讼的法治化，首先是侦查的法治化。规范侦查活动，控制侦查权，对于公平正义的实现至关重要。

侦查活动监督是防范侦查权滥用，推进严格公正司法的重要制度安排，是法治中国建设稳步推进的具体体现。但是，我们必须清醒地看到，因刑讯逼供、暴力取证、非法取证导致的错案仍未杜绝，刑事侦查不规范导致的负面舆情事件时有发生，损害了司法公信，影响了司法权威。侦查违法的重要原因之

＊ 最高人民检察院副检察长，二级大检察官，法学博士、教授。

① 林钰雄：《检察官论》，法律出版社 2008 年版，第 6—7 页。

② 参见《中共中央关于全面推进依法治国若干重大问题的决定》，人民出版社 2014 年版。

一是监督缺位。这固然与长期以来注重犯罪控制的社会价值取向、配合有余监督不足的理念偏差、流水线式的诉讼构造等因素有关，但监督制度自身的问题也应引起足够的重视。一是监督滞后情况突出。一些在侦查阶段结案的刑事案件、封闭实施的侦查行为未纳入监督范围；大多数监督发生在侦查行为结束甚至侦查阶段终结后，时效性不强。二是监督程序不规范。三是监督手段单一。检察建议、纠正违法强制性不够。四是监督工作与信息化社会、大数据时代不相适应。

进入新时代，侦查活动监督不仅要解决固有问题，还应当面对新形势。一是全面推进依法治国对监督质效提出了更高要求。法治中国承载着人民对美好生活的向往，随着公众程序观念、权利意识的提升，社会对侦查违法的关注度不断提高，对公平、正义、安全的需求日益增长，确保侦查活动依法进行是法治"供给侧改革"的重要内容，检察机关应着力解决监督不力、制约不够的问题。二是司法体制改革给侦查活动监督提出了新的任务。党的十八届四中全会提出"完善对限制人身自由司法措施和侦查手段的司法监督""加强对刑讯逼供和非法取证的源头预防""健全冤假错案有效防范、及时纠正机制"[①] 等多项改革内容直指侦查权监督制约。丰富监督途径、优化监督模式、强化监督手段，是检察机关需要研究的新课题。三是加强人权司法保障更加需要检察机关当好"法律守护人"。加强人权司法保障的要求，决定了侦查活动监督必须在救济权利、制裁违法方面发挥更大作用，让诉讼中的法定权利变为实有权利。四是侦查体制机制新特点倒逼监督转型发展。随着侦查机关治安管理与刑事侦查职能深度整合，侦查权下移，侦查模式发生重大变化；大数据、警务云的重要作用日益凸显，侦查科技化水平提升，侦查活动监督的时空场域、对接机制深刻变化。在新形势下，加强和改进侦查活动监督，确保侦查权在法治轨道上运行，是检察机关面临的时代性课题。

一、侦查活动监督的基本原理与原则

侦查活动监督体系是检察机关法律监督体系的组成部分。中国特色社会主义道路、理论体系、制度体系是全面推进依法治国的根本遵循，更是侦查活动监督体系、机制完善的根本遵循。要从我国的法律传统、法律文化等基本国情出发，借鉴国外有益经验，完善侦查活动监督制度。

---

① 参见《中共中央关于全面推进依法治国若干重大问题的决定》，人民出版社 2014 年版。

（一）侦查活动监督的基本原理

1. 关于权力制约

权力不受约束，就会如脱缰野马失去控制，蜕变为"绝对的权力"，导致"绝对的腐败"。① 刑事侦查权是以国家强制力为后盾的，以限制或剥夺公民人身自由和财产为主要内容的国家权力，包括拘留、逮捕、搜查、扣押、通缉等直接限制公民人身自由和财产的诸多侦查手段，可以说是"最危险的权力"。侦查权一旦不受约束，当可以随意逮捕、任意搜查、强行扣押时，国家必将面临警察国家的危险。所以，加强对侦查权的监督制约，是遏制权力扩张本性的必然要求。侦查权内部控制，是约束权力的第一道防线。然而，审批式的内部控制更侧重于上级对下级的统御，权力约束效应有限。强化审批、权柄上移还可能产生权力部门化、部门权力利益化的负面效果，而一旦审批流于形式，侦查的合法性便全靠侦查人员的道德自律。"如果人都是天使，就不需要任何政府了。如果是天使统治人，就不需要对政府有任何外来的或内在的控制了。"② 道德完人的稀缺性决定了建立在个人良知之上的柔性约束往往难以奏效，也不符合现代法治的要求。人性并不可靠，制度可能失灵，侦查权的内部控制，并不足以遏制权力滥用。"如果人和制度不灵了呢？那就要去监督，保证制度是刚性的、是真正的笼子，保证人在制度规范下行动。"③ 强化对侦查权的外部监督，是实现有效制约的理性选择。检察机关的侦查活动监督就是对侦查权力监督制约的中国模式。

2. 关于国家治理

"全面依法治国是中国特色社会主义的本质要求和重要保障。"④ 法治的本质是规则之治，以规则设定行为导向与惩戒标准，让合法与违法有清晰的界限，使人们对未来有稳定预期和行为指引，人民的生活才更有尊严和保障，这是党和国家长治久安的根基。国家的法治化，基本要求是刑事诉讼的法治化；刑事诉讼的法治化，首先是侦查的法治化。刑事侦查权是国家内政权力中最具强制力的权力之一，真正正视对侦查权的监督约束是国家权力自我克制的体现，是法治国家发展程度的试金石。根据我国政治体制特点，由专门的法律监督机关——检察机关对包括侦查程序在内的诉讼过程进行法律监督，监督侦

① ［英］阿克顿：《自由与权力》，侯健、范亚峰译，商务印书馆 2001 年版，第 342 页。

② ［美］汉密尔顿等：《联邦党人文集》，程逢如等译，商务印书馆 1980 年版，第 264 页。

③ 张军：《强化新时代法律监督　维护宪法法律权威》，载《学习时报》2012 年 12 月 2 日。

④ 习近平：《决胜全面建成小康社会夺取新时代中国特色社会主义伟大胜利》，人民出版社 2017 年版，第 22 页。

权在诉讼活动中的依法行使，这是一种科学的制度设计。侦查活动监督的目的即是监督侦查权合法运行、遏制权力恣意、保障诉讼参与人的人权，是在侦查程序中推进国家治理体系和治理能力现代化的重要体现。

3. 关于人权保障

我国已将"尊重和保障人权"写入宪法，作为基本原则加以确立。在刑事诉讼中，保障人权就是保障无罪的人不受刑事追究，保障有罪的人经人道合法的程序判处刑罚，保障诉讼参与人享有合法的诉讼权利。人权，从一个高高在上的人类理想走下神坛，成为人之为人而应享有的权利后，才走入了刑事司法的视野，才得以受到刑事法律的保护。当代人权理论的创始人、英国哲学家米尔恩指出，现代人权理论包括生命权、公平对待的公正权、获得帮助权、不受专横干涉这一消极意义上的自由权、被诚实对待权、礼貌权以及儿童受照顾权等基本权利。[①] 侦查权针对的正是人的自由权、公正权、获得帮助权以及财产权和隐私权等人权体系中最基础的权利。对侦查权的放任就是对基本人权的漠视，这种漠视将摧毁人们对法治的信仰。保障人权是宪法对公民的庄严承诺，监督侦查权力依法行使就是对人权最底线的保障。

4. 关于正当程序

"公正是法治的生命线。"[②] 正当程序是司法公正的重要保障。"国家在剥夺或者限制公民、法人的权利时，必须经过正当合理的法律程序，否则就不得作出此类决定。"[③] 一方面，正当程序是实体公正的保障。在追求实体公正的过程中，任何看似"捷径"的侦查行为，因为违反了正当法律程序，不仅偏离了公正的程序轨道，实质上也很可能已经走向了实体公正的对立面。媒体曝光的诸多冤假错案，无不是在违反正当程序的情况下丧失实体公正的。另一方面，程序的形式正当性可以满足人们对公正的获得感。正义要以看得见的方式实现。此外，"可见的"法律程序因其规制权力的合法运行，这种形式的正当还可以化解当事者的不满、平息舆论的质疑、增强司法的权威性。遵守正当法律程序，是司法公正对侦查权运行的基本要求，侦查监督就是保证实现这一基本要求的外部机制。

---

① 参见［英］A. J. M. 米尔恩：《人的权利与人的多样性——人权哲学》，夏勇、张志铭译，中国大百科全书出版社1995年版，第171页。

② 习近平：《在十八届中央政治局第四次集体学习时的讲话》，载《人民日报》2013年2月25日。

③ 樊崇义：《刑事诉讼法哲理思维》，中国人民公安大学出版社2010年版，第333页。

（二）侦查活动监督原则

1. 监督法定原则

监督法定原则是程序法定原则在监督中的具体体现。监督法定"是指检察机关在进行诉讼监督时，必须按照法律规定的程序在法律规定的职权范围内进行，不能超越法律的规定"。[①] 我国《宪法》规定，"中华人民共和国人民检察院是国家的法律监督机关"。《刑事诉讼法》进一步规定，"人民检察院依法对刑事诉讼实行法律监督"。一方面，检察机关应当严格依照法律的授权和法律规定的程序开展侦查活动监督，准确认定侦查违法事实，恪守监督的法定条件，规范开展监督工作，防止滥用监督权。另一方面，应当严格依法主动监督。凡是法律要求检察机关监督的，检察机关就应当监督，确保法律统一正确实施，实现防止滥权、保障人权的监督目的。

2. 监督比例原则

侦查活动监督中的比例原则是指，侦查监督方式的选择必须与侦查行为的违法程度相适应，并控制在必要限度内。监督比例原则体现的是一种"有节制"的权力观，即把握好权力行使的边界和尺度。在监督范围上，不能把触角延伸到不该监督不能监督的领域，不能盲目追求监督范围的宽泛。实践中存在将消极取证、讯问力度不够、侦查思路偏差等作为侦查违法事项予以纠正的情况，这是对监督范围的误解。对于未使用强制手段、不侵害相对人基本权利的任意侦查行为以及侦查策略选择，不应属于监督范围。在监督方式上，要区分侦查行为的违法程度和强制程度，在多层次、多种类、刚柔并济的监督方式中，选择与之相应的、最低限度的监督方式，不能简单地不加区分地适用最严厉的监督方式。这既是权力的自我克制，也是保障侦查合法有序进行和实现打击犯罪诉讼目的的要求。

3. 监督有效原则

监督有效原则是针对监督的效果而言，通过监督，使侦查机关接受监督意见，使违法侦查行为得到纠正，使侦查违法后果得到改正或消除，保障相对人合法权利，就达到了监督的目的。贯彻监督有效原则，一是树立双赢的监督理念。这是对监督方式方法的要求，监督者要站在提升侦查法治化水平和保障诉讼顺利进行的视角，探索侦查机关能接受愿接受的监督方式，在监督手段上灵活运用、刚柔并济，既敢于监督，更善于监督，充分展现监督智慧，实现监督的双赢。二是提升监督品质。监督方式得当，监督意见精准，是侦查机关主动

① 孙谦、童建明：《论诉讼监督与程序公正》，载《人民检察》2010 年第 22 期。

接受监督、信服监督的基础，也是监督权威的前提。三是增强监督刚性。"无救济即无权利，无后果即无监督"，通过监督行为产生相应的法律后果，是监督意见发挥效力的重要方式。具体而言，一方面要丰富刚性的监督手段，如排除非法证据、宣告侦查行为无效、提出违法人员处分建议等；另一方面要强化既有监督手段的刚性，如检察建议无正当理由应被采纳、纠正意见落实情况应当反馈、向社会公开监督事项，等等。

二、侦查活动监督的途径

侦查活动监督途径，是指侦查活动监督的路径与切入点。传统侦查活动监督途径，主要是通过在审查逮捕和审查起诉中发现监督线索，开展监督活动。通过这一途径，固然为发现和纠正侦查违法行为提供了依托，但路径的单一，也使侦查活动监督存在监督范围窄、监督滞后等问题。这就需要在传统途径之外，进一步拓展侦查活动监督的途径，拓宽知情渠道，前移监督时间。从时间空间、线上线下多维度拓展监督途径，提升监督的及时性、全面性、有效性。

（一）在时间上拓展：提前介入

1. 以审判为中心诉讼制度下"提前介入"的必要性

以审判为中心，就是以庭审为中心；以庭审为中心，实质是以证据为中心。所以说，以审判为中心的刑事诉讼制度改革，就是在我国刑事诉讼中确立"证据裁判规则"。我国检察机关在刑事诉讼中的功能、作用决定其必须增强审前主导能力和主动监督作用。"检察机关对侦查的监督为法治所需要，这种监督必须加强，尤其强调其落在实处而不是空悬于法律。"[1] 监督途径单一导致监督来源受限，监督的路径向前延伸是必然方向。"在案件正式移送起诉前介入侦查程序，几乎是各国通例。"[2] 以德国等大陆法系国家为代表的"检警一体"模式下，"检察官有权指挥刑事警察进行对案件的侦查，警察机关在理论上只被看作检察机关的辅助机关，无权对案件作出实体性处理"。[3] 以美国等英美法系国家为代表的"检警分立"模式下，虽然检察机关和警察机构不存在隶属关系，但检察官对警察侦查取证活动的指导参与作用是不容忽略的。[4] 可见，无论哪种模式，为有效制约侦查权，防止侦查权滥用，检察机关在一定程度上参与到侦查中，引导和监督侦查活动依法进行，都是其基本职责

---

① 龙宗智：《评检警一体化兼论我国的检警关系》，载《法学研究》2000年第2期。
② 龙宗智：《"提前介入"必须具体分析》，载《法学》1989年第12期。
③ 陈兴良：《检警一体：诉讼结构的重塑与司法体制的改革》，载《中国律师》1998年第11期。
④ 参见陈卫东、郝银钟：《侦、检一体化研究》，载《法学研究》1999年第1期。

所在。

提前介入，主要是指重大疑难复杂案件正式移送批捕和起诉前，由检察机关及时介入公安机关的侦查活动，引导其侦查取证，并对侦查活动是否违反法定程序、是否符合诉讼要求、是否侵犯犯罪嫌疑人合法权利进行法律监督。提前介入性质上属于检察权引导、监督侦查权的一种方式，通过引导，"就具体案件中证据的采纳标准和采信标准向侦查人员提供指导性意见，特别是就证据的合法性和证明的充分性提供指导性意见，可以提高办案的质量，防止侦查工作步入违法的误区或者把案件做成'夹生饭'"。① 通过"提前介入"途径，检察机关发挥引导和监督作用，预防侦查活动违法，并对已经发生的侦查违法行为及时予以监督纠正。

2. 提前介入的价值

一是引导侦查取证。在侦查活动开展的早期阶段，对侦查活动的方向和重点提出建议，对定罪证据之外的量刑证据、有罪证据之外的无罪证据等容易被忽视的方面予以提示，对取证程序的合法性、规范性予以引导；对已获取的证据材料从证明力上予以分析，并有针对性地提出补充、完善意见，确保证据的确实、充分与合法。

二是引导准确定性。在提前介入过程中，对疑难复杂案件进行会商研究，发挥检察机关在审查证据、适用法律、把握刑事司法政策方面的作用，引导公安机关对案件作出准确定性。

三是监督纠正侦查活动违法。通过提前介入，能够比较及时、全面地了解公安机关侦查活动的开展情况，发现侦查活动违法，并能够第一时间监督纠正，实现对侦查活动违法行为的早发现、早处理。侦查违法行为越早得到纠正，越能保障案件质量，避免案件"带病"进入下一诉讼程序。

3. 提前介入的定位

从检警关系层面考察，提前介入旨在对公安机关的侦查活动予以引导、规范和监督，既有配合，又有制约，两者不可偏废。一味配合忽略监督，抑或只顾监督罔顾配合，均有失偏颇。正确理解和定位提前介入，需要注意以下三个方面：

（1）提前介入不能与检察官客观义务相冲突。检察官客观义务指"检察官在刑事诉讼中不是一方当事人，检察官对无论有利还是不利被告的情况都要注意，检察官与法官都是客观法律准则和实现真实正义的忠实公仆。不仅要勿

---

① 何家弘：《构建和谐社会中的检警关系》，载《人民检察》2007 年第 23 期。

纵，还要勿枉"。① 其核心要义是：坚持客观立场、忠于事实真相、实现司法公正。② 检察官应谨记自己的客观义务，重视无罪、罪轻的证据收集，重视自身的监督职能，切忌将自己摆在单纯追诉的立场。

（2）提前介入要避免干扰公安机关侦查权合法行使。"提前介入"中的"介入"不是"干预"，强调检察官在职责范围内参与到侦查活动中去，发挥相应作用。提前介入是引导侦查，而非指挥、领导侦查，要秉持"参与但不干预、参谋而不代替"的基本原则。在介入过程中对案件发表的意见具有建议性质，作为公安机关侦查工作中的参考意见。通过科学合理的建议，引导、促使侦查机关合法、科学办案。

（3）提前介入应避免"绑架"逮捕、起诉职能。要建立提前介入与后续逮捕、起诉的遮断机制，防止先入为主，防止影响后续批捕起诉的独立判断。由提前介入，到审查逮捕，再到审查起诉，主体同一并不意味着前手必然绑架后手。前后认识的变与不变取决于所处诉讼阶段的证据、事实情况。制度设计上，需要进一步明确三者之间内在各自不同的任务、操作规范，强化司法责任制的约束，避免因提前介入而背负"不得不捕""不得不诉"的负担。

4. 提前介入的构建

提前介入的类型。分为依职权介入和依申请介入。依职权介入是检察机关在公安机关未提出申请的情况下，在法律授权的范围内，主动介入引导侦查工作。依申请介入，指检察机关应公安机关申请予以介入。

（1）提前介入的案件范围。法律将提前介入的范围规定为重大疑难复杂案件。具体而言，可以包括：证据标准高、易发生违法取证的命案；涉案人数多、组织性强、危及国家社会安全稳定的暴恐、黑恶案件；专业性强、法律适用难以把握的金融证券、知识产权、非法集资类新型复杂案件；社会关注度高、容易快速发酵传播的网络舆情案件，等等。③ 对于依侦查机关申请介入的案件，可以不受上述范围限制。

（2）提前介入的时间。对于重大疑难复杂案件，可在知悉后第一时间介入，不受公安机关是否立案的限制。这样有利于介入更加及时，特别是社会舆论高度关注的重大敏感案件，越早介入，越能够及时发挥执法司法合力，更好地回应社会关切。

---

① 林钰雄：《检察官论》，法律出版社 2008 年版，第 20—21 页。
② 朱孝清：《检察官负有客观义务的缘由》，载《国家检察官学院学报》2015 年第 3 期。
③ 参见刘辰：《侦查监督论》，中国人民公安大学出版社 2018 年版，第 242—243 页。

（3）提前介入的方式。检察官可根据需要，"参与公安的现场勘查、调查取证、讯问被告、讨论案件"[①] 等侦查活动。这既是法律规定"参与其他侦查活动"的应有之义，也是进行有效引导、监督的必要手段。

（二）在空间上拓展：对公安派出所侦查的监督

侦查工作开展到哪里，监督工作就应当延伸到哪里。随着公安侦查体制机制改革的深入，公安派出所在承担原有社会治安管理职能之外，在刑事侦查中的职能作用越来越凸显。强化对公安派出所侦查的监督，已经成为完善侦查监督职能的一个重要方面。

1. 对公安派出所侦查监督的现实必要性

近年来，随着公安警力下沉，派出所办理刑事案件的数量不断上升，一些地方办理的刑事案件数占当地办案总数的 70% 以上，有的甚至超过 80%。[②] 此外，派出所除办理盗窃、故意伤害等"轻罪"案件外，有些地方派出所也办理毒品、故意杀人等"重罪"案件。从履行监督职能出发，从强化重大、复杂案件侦查监督角度考虑，都需要对公安派出所侦查活动予以监督。这里强调一个观点：对派出所侦查活动进行监督，是伴随着派出所承担侦查职能而产生的。如果派出所不承担刑事案件侦查，这种监督则没有必要了。

2. 对公安派出所侦查监督的探索与实践

为履行对派出所侦查活动监督职责，最高人民检察院于 2015 年至 2016 年在山西、吉林、江苏等 10 个省 1064 个基层检察院开展公安派出所侦查监督工作试点，8370 个公安派出所参与其中。试点期间，检察机关对违法侦查活动提出纠正意见 15162 件次，派出所刑事案件质量普遍得到提高，不捕率明显下降，捕后撤案明显减少，捕后作无罪处理明显减少，监督效果显现。[③]

3. 对派出所侦查监督的理念更新

检察机关对派出所侦查的监督，要从简单纠错向双赢转变。单纯为纠错而监督的理念已难以适应新时代检察工作的更高要求，监督的最终目的和意义在于使侦查机关提高侦查活动质量，既有效打击犯罪，又切实保障人权。因此，要把确保证据合法性、提升指控犯罪的效果作为对公安派出所刑事侦查活动监

---

① 龙宗智：《"提前介入"必须具体分析》，载《法学》1989 年第 12 期。

② "如江苏省南京市公安局基层派出所办理的刑事案件占全部刑事案件的 80%；四川省攀枝花市这一比例为 71%，中心城区派出所比例高达 83%；四川省成都市成华区这一比例为 75%。"参见元明、张庆彬：《公安派出所刑事执法的检察监督》，载《国家检察官学院学报》2013 年第 6 期。

③ 参见徐日丹：《最高检召开全国电视电话会议部署对公安派出所刑事侦查活动监督工作》，载《检察日报》2017 年 3 月 30 日。

督的主要工作目标。在开展监督工作过程中，通过"监督＋配合＋提升"，促进侦查人员提高证据意识、取证能力，防止因取证不及时、不规范导致证据灭失，或出现证据证明力不够等问题，达到有效指控犯罪和保证无罪人不受追诉的目的。

（三）在科技上拓展：智慧监督

移动互联网、大数据以及人工智能等新技术的迅猛发展，深刻影响人们的工作和生活方式，推动社会变革和进步。检察机关作为国家治理体系的重要组成部分，要树立拥抱科技的理念，充分利用科技手段，在法律监督途径上主动转型，实现侦查活动监督工作的现代化。一方面，信息技术的快速发展和应用为辅助侦查活动监督提供了技术支撑。监督线索发现难、监督滞后、监督标准不一等问题有了技术解决之道。另一方面，随着公安机关智慧警务建设的深入推进，促使侦查活动监督向科技化智能化转型，在检察与科技的深度融合中实现侦查活动监督工作的提质增效。

三、强制性措施的监督

强制性措施是侦查机关从保障诉讼出发，对公民基本权利进行的干预、处分，包括对人的强制、对物的强制和对人格尊严、隐私权等权利的强制。① 作为侦查权的重要组成部分，强制性措施以国家强制力为后盾，不征求相对人意见，直接施加物理强制或者课予义务，要求相对人服从。在侦查手段中，强制性措施是强制力最高的。犯罪是对社会关系的破坏，追诉犯罪过程中适用强制性措施是"以暴制暴"，是执法司法机构履行职责"不得已"的行为。

（一）强制性措施监督中的价值平衡

强制性措施是一柄双刃剑，适用得当，以最小代价排除诉讼障碍，保障诉讼的顺利进行；适用不当，则构成对公民权利的无端侵犯，影响司法公信，破坏社会稳定。因此，如何合理适用强制性措施，既满足控制犯罪的需要又使其对权利的干预降到最低限度，一直是刑事司法面对的两难选择。"刑事诉讼的历史亦即合理限制强制性措施的历史。"② 对强制性措施的监督制约，要在以下法律价值中寻求平衡：

---

① 高景峰、杨雄：《新刑事诉讼法强制性措施解读》，中国检察出版社 2012 年版，第 1—5 页。
② ［日］高田卓尔：《刑事诉讼法》，青林书院 1984 年版，第 144 页。

1. 公共安全与法律安全的平衡

公共安全有赖于高效惩治犯罪，维护社会秩序，使正义得到伸张。法律安全则体现为公民不受公权力无端侵扰，不必担心无理拘留、违法查封等来自侦查权滥用的侵害，享受"免于恐惧的自由"。只要侦查仍然由有欲望、会犯错的具体的人来实施，二者之间的矛盾就始终存在。针对这一问题，现代各国均实行强制性措施法定主义，即强制性措施适用必须符合立法的明确规定。这是形式层面的强制性措施法治，也是强制性措施监督的法律渊源。

2. 权利克减与权力谦抑的平衡

国家权力来自公民让渡，公民享受国家强制力保障的良好社会秩序，也负有一定的容忍义务，其中之一就是在犯罪后忍受强制性措施，这是强制性措施正当性的来源。① 但公民权利克减，绝不意味着为打击犯罪可以不择手段、不问是非、不计代价。权力谦抑要求审慎适用强制性措施，充分考虑是否为侦查所必须、更轻缓的替代措施是否可行，在非强制手段能够满足侦查需要的情况下尽可能不用强制手段，在必须使用强制手段时尽可能选择轻缓的而非严厉的手段。这是实质层面的强制性措施法治。强制性措施的监督就是要确保侦查权不越界，有底线。

3. 实体正义与程序正义的平衡

刑事诉讼中的实体正义强调穷尽方法查明真相，有效惩治犯罪。程序正义则要求"正义不仅要实现，而且要以看得见的方式实现"。在强制性措施适用中，体现为将强制性措施的决定权与执行权分离。引入外部监督制约，限制强制性措施适用。这在一定程度上影响侦查效率，但是打破侦查系统的封闭性，强化对强制性措施的程序控制，会有效提升侦查程序的法治水平。

4. 权利宣示与权利救济的平衡

"无救济则无权利。"法律宣示保护公民人身自由、财产权等基本权利，但只有当"政府承担起义务来保护那些权利所保护的利益的时候，个人才具有相称的条件来拥有人权"。② 这种"义务"在刑事诉讼中即为权利救济。最低限度的救济机制应当允许相对人针对涉及限制、剥夺基本权利的强制性措施，向侦查机关以外的有权机关申诉，以诉权制约侦查权。审前程序中，检察机关是当事人权利的救济主体。③ 强制性措施监督机制，是权利救济的申诉渠道，也是权利的保障。

---

① 参见李建明：《强制性侦查措施的法律规制与法律监督》，载《法学研究》2011 年第 4 期。

② ［英］约瑟夫·拉兹：《人权无需根基》，岳林译，章永乐校，载《中外法学》2010 年第 3 期。

③ 宋英辉等：《刑事诉讼原理》，北京大学出版社 2014 年版，第 186 页。

（二）强制性措施监督中的突出问题

为防范强制性措施的滥用，保障公民的合法权利，各国均采用"以权力制约权力"模式，设置了对强制措施的外部监督制约机制。① 然而，我国司法实践中，侦查机关强制性措施恰恰是监督的薄弱环节，大量涉及基本权利强制处分的侦查手段、强制性措施处在侦查活动监督视野之外。最突出的问题表现在，对以拘留为代表的限制人身自由的强制性措施、以查封扣押冻结为代表的限制财产的强制性措施的监督明显不足。

人身自由是最基本的人权，在公民自由和权利中居于基础性地位。在限制人身自由的强制性措施体系中，拘留的强度仅次于逮捕，都是在一段时间内完全剥夺人身自由，从羁押状态来看，二者强制程度相同。"公民的合法的私有财产不受侵犯。"② 财产权也是写入宪法予以保护的基本权利，承载着人的尊严和价值，是公民追求幸福生活的先决条件。虽然查封、扣押、冻结并不直接作用于公民人身，但与剥夺人身自由的强制性措施一样，都是"干预人民受宪法所保障之基本权利的行为"，③ 二者在性质上并无二致。目前，我国对拘留和查封、扣押、冻结的监督机制亟待完善。一是检察机关无法对强制性措施的决定适用、延长期限等重大事项进行事前审查。二是强制性措施执行过程中封闭运行，检察机关难以进行事中监督。三是相对人申诉救济机制不健全。

对强制性措施的监督制约不足，难以有效遏制侦查权滥用，司法实践中违法拘留和查封、扣押、冻结问题时有发生。

在拘留适用中，违法问题主要表现在两方面。一方面是随意扩大拘留适用范围，对不符合条件的案件适用拘留措施。另一方面是违法延长拘留期限，拘留时间普遍顶格执行。如违反法律对延长拘留期限理由的限定，以拘代查，只拘不查；对法定延长拘留期限理由扩大理解，随意认定，甚至造成超期羁押。

在查封、扣押、冻结适用中，违法问题主要有以下三类：一是随意扩大查封、扣押、冻结范围，不区分个人财产和企业法人财产，不区分违法所得和合法财产，不区分涉案人员财产和家庭成员财产，对与案件无关的财产查封、扣押、冻结；二是超期查封、扣押、冻结，结案后不及时解封、解冻非涉案财物；三是查封、扣押、冻结财物管理不规范，导致财物遗失、毁损。随着社会

---

① 参见孙长永：《强制侦查的法律控制与司法审查》，载《现代法学》2005年第5期。

② 《宪法》第13条第1款。

③ 林钰雄：《刑事诉讼法》（下册），中国人民大学出版社2005年版，第236页。

发展和公民权利意识的觉醒，财产权保护日益受到重视，财产权保护的综合效益也不断彰显。滥用强制性措施，不当甚至违法限制公民财产权，不仅损害权利人本身，往往也会对经济发展、社会稳定造成损害。刑事司法实践中，侦查机关针对企业尤其是民营企业财产不当采取查封、扣押、冻结措施的情况时有发生，干扰企业正常经营。

强制性侦查措施滥用，侵犯人身自由和财产权，既是刑事司法问题，也关系到民心向背、社会稳定。"对执法司法状况，人民群众意见还比较多，社会各界反映还比较大，主要是不作为、乱作为特别是执法不严、司法不公、司法腐败问题比较突出。有的政法机关和干警……滥用强制性措施，侵犯公民合法权益；不仅严重败坏政法机关形象，而且严重损害党和政府形象。"① 党的十八届四中全会要求"完善对限制人身自由司法措施和侦查手段的司法监督"。②《国家人权行动计划（2016—2020）》将其作为保障公民权利和政治权利的重要内容。③

当下需要做的，一是探索"从制度上保证检察机关对侦查机关刑事拘留案件的知情权"。④ 知情是监督的前提，完善侦查机关与检察机关刑事案件信息共享平台，同时进一步发挥派出所、看守所派驻检察机制，实现对强制性措施违法情形的早发现、早纠正。二是健全申诉救济机制，发挥诉权对侦查权的制约作用。⑤ 要充分运用好《刑事诉讼法》第 117 条赋予检察机关对强制性措施违法的救济权。设定严格的权利告知规则，要求侦查人员在实施查封、扣押、冻结时，明确告知犯罪嫌疑人及其近亲属有向检察机关提出申诉的权利。同时，丰富检察机关的调查核实手段，充分运用确认侦查行为无效、排除非法证据的处置措施，增强申诉救济机制中的监督刚性。

四、侦查活动监督的方式

侦查活动监督要发挥监督效果，必须凭借一定的手段和方式。新修订的

---

① 习近平：《严格执法，公正司法》，中共中央文献研究室：《十八大以来重要文献选编》（上），中央文献出版社 2014 年版，第 717 页。

② 参见《中共中央关于全面推进依法治国若干重大问题的决定》，人民出版 2014 年版。

③ 参见《国家人权行动计划（2016—2020）》，载中华人民共和国国务院新闻办公室网站 http://www.scio.gov.cn/wZ/Document/1492804/1492804_1.htm，最后访问日期：2019 年 5 月 20 日。

④ 元明、何桂兵：《建立刑事拘留检察监督工作机制的思考》，载《人民检察》2011 年第 6 期。

⑤ 根据立法机关有关人员对刑诉法规定的解读，设置针对违法侦查行为申诉控告机制的立法初衷是"使司法机关及其工作人员在采取强制措施、侦查措施的时候，受到一定的限制和监督"。参见郎胜：《中华人民共和国刑事诉讼法释义》，法律出版社 2012 年版，第 269 页。

《人民检察院组织法》第21条明确了检察机关对三大诉讼进行监督时可以进行调查核实，并依法提出抗诉、纠正意见、检察建议。这使检察机关在强化监督方式的同时，从基本法律层面对调查核实在刑事诉讼全程中的运用作出明确规定，增强了监督手段，提升了监督能力。

（一）关于调查核实

调查核实属于监督手段的范畴，指检察机关为查明是否存在诉讼违法行为或者损害公益行为而进行的核查工作。[①] 尽管早在2012年刑事诉讼法就已经明确规定了检察机关对非法证据的调查核实职能，[②] 但是对调查核实的运用仍然存在不同认识，在实践中，认为检察机关调查核实权依据不足而不理解、不支持、不配合调查的情况时有发生。因此，需要对调查核实从理论上进一步厘清。

1. 调查核实权的正当性

调查核实是法律监督的应有之义，是侦查活动监督的重要保障。法律监督权的正常行使必须辅之以必要的措施与手段。而调查核实权的设置，是保证法律监督工作有效运行的关键要素。"没有调查就没有发言权"，无论检察机关开展何种监督活动，首先必须了解行为是否违法、违法的程度如何，才能进行有效的监督。在没有充分调查核实基础上的监督，也是对被监督者最大的不负责任。法律监督若依据被监督机关愿意不愿意调查、调查的效果如何而定，也就丧失了独立存在的价值。[③]

调查核实是证据裁判原则在侦查活动监督中的具体体现。侦查活动监督案件属于由原案派生出来的"案中案"。[④] 侦查活动监督的调查核实也是一个对侦查违法行为的证据收集、审查、判断的过程，没有调查核实，监督的事实依据基础不牢，也难以令人信服。[⑤] 通过讯问原案犯罪嫌疑人，询问办案人员，

---

① 万春：《检察法制建设新的里程牌——参与〈人民检察院组织法〉修订研究工作的体会》，载《国家检察官学院学报》2019年第1期。

② 为落实中央关于"依法明确、规范检察机关调查违法、建议更换办案人等程序，完善法律监督措施"的改革任务，最高人民法院、最高人民检察院、公安部、国家安全部、司法部在2010年联合制定了《关于对司法工作人员在诉讼活动中的渎职行为加强法律监督的若干规定（试行）》，其中明确规定了检察机关调查核实司法工作人员渎职行为的程序、措施等。2012年《刑事诉讼法》修改时，吸收了改革成果，在第55条（现行《刑事诉讼法》第57条）规定了检察机关对非法取证线索应当调查核实。

③ 参见张智辉：《论检察机关的调查权》，载《国家检察官学院学报》2006年第1期。

④ 侦查机关办理的刑事案件是原案，解决的是犯罪嫌疑人的罪责问题；监督案件则是监督纠正侦查机关在办理刑事案件过程中的侦查违法行为，是由原案派生出来的案件。

⑤ 黄河、赵学武：《侦查监督的现状、问题及发展方向》，载《人民检察》2016年第21期。

调取讯问笔录、讯问录音录像等措施，用实实在在的证据，得出扎扎实实的结论。检察机关调取的证据当然具有证明案件事实的效力，它与其他诉讼主体提供的证据在证明力上没有强弱之分，只是在证明对象方面有所区别。

2. 调查核实的基本属性

调查核实是法律监督的手段和工具，是为查清与监督有关的案件事实服务的。从严格意义上讲，调查核实权并不是一项独立的法律监督职权，而是检察机关行使法律监督职权的一项权能和措施，对各项法律监督职权正确、有效行使发挥着重要的保障性作用。① 检察机关通过调查核实权的行使，了解并确认侦查活动中的违法现象或不当行为，当然具有法律监督属性。

作为一种防错、纠错的程序性机制和制度安排，检察机关的法律监督不具有终局性实体决定权。② 作为保障法律监督正常运行的必要手段，调查核实也是一种程序性的、过程性的权力，实质是启动法定的纠错程序，并不具有实体处分的意义。

虽然侦查活动监督的调查核实范围是侦查违法行为，对象涉及侦查人员，但是调查核实的目的是保障监督职能的有效履行，既不同于侦查机关对刑事犯罪的侦查行为，也不同于监察机关对职务犯罪的调查活动，不得限制被调查对象的人身自由或者财产权利。调查核实是一种非强制性的手段，但是《人民检察院组织法》第 21 条明确了被监督对象的配合调查核实义务。配合义务以及相应保障措施，可以解释为调查核实权的一种附随效力，即为保障调查核实权顺利实施而采取的一种必要手段。③

3. 调查核实的范围

《人民检察院组织法》第 21 条在规定调查核实权时，并没有对开展调查核实的范围进行限定。在侦查活动监督中，虽然《刑事诉讼法》把非法取证行为作为调查核实的重点，但是侦查活动点多面广，既有对犯罪嫌疑人、证人的讯问、询问，也有对书证、物证的搜查、扣押、勘验、鉴定等。为准确认定和依法纠正侦查违法行为，在把侦查人员以非法方法收集证据的行为列为调查核实重点的同时，调查核实的范围应当涵盖所有违反《刑事诉讼法》有关规定，严重侵犯当事人合法权利或者严重影响侦查工作依法公正进行的侦查行为。

---

① 高翼飞：《检察机关的调查核实权及其实现路径》，载《检察日报》2019 年 3 月 18 日。

② 参见张军检察长在政法领导干部学习贯彻习近平新时代中国特色社会主义思想专题研讨班上的报告《强化新时代法律监督 维护宪法法律权威》。

③ 万毅：《〈人民检察院组织法〉第 21 条之法理分析》，载《国家检察官学院学报》2019 年第 1 期。

4. 调查核实的方式方法

2013 年《人民检察院刑事诉讼规则（试行）》第 70 条在《刑事诉讼法》第 57 条的基础上，规定了 8 种调查核实手段：讯问犯罪嫌疑人，询问办案人员，询问在场人员及证人，听取辩护律师意见，调取讯问笔录、讯问录音、录像，调取、查询犯罪嫌疑人出入看守所的身体检查记录及相关材料，进行伤情、病情检查或者鉴定以及其他调查核实方式。随着 2018 年《人民检察院组织法》明确了检察机关的调查核实权，需要在实践中不断探索规范调查核实的方式方法。

5. 调查核实的程序

调查核实程序包括启动、实施、处置等主要环节。程序启动涉及检察机关的权力配置运行问题，既要考虑到效率又要注意避免权力的滥用。一方面，从监督的实际效率出发，程序启动首先应当保障调查核实工作及时迅速地开展，避免过于烦琐的审批流程而导致的时间延误；另一方面，为了防止行使调查核实权的随意性，调查核实程序的启动也需要设置一定的内部制约机制。在调查核实权的运行过程中，应当坚持规范性。为确保获取的证据的合法性，调查核实的实施应当具备相应程序要素，比如两名以上的检察人员进行、证人证言应当当场与证人核对并由其签名等。基于调查核实的非强制性，在运用中要严格遵循不得限制被调查核实对象的人身自由或者财产权利的要求，务必防止调查核实与侦查不分，滥用调查核实权。

（二）关于监督方式

侦查活动监督的方式是指人民检察院对于已经确认的侦查违法行为进行纠正、处理的形式。在多年的实践中，检察机关主要运用纠正违法、检察建议等监督方式，并得到法律的确认。在新时代需要不断完善监督方式体系，根据监督事项选择合适的方法开展监督。

1. 现有监督方式的种类

从现行的法律和司法解释的规定看，检察机关的监督方式主要包括检察建议、纠正违法、纠正非法取证、排除证据、建议更换办案人、移送职务犯罪线索、纠正漏捕、纠正漏诉等。上述监督方式，可以分为制裁性监督方式和建议性监督方式。比如排除证据、移送职务犯罪线索就是制裁性监督方式，附有相应的法律后果；检察建议、纠正违法等是建议性监督方式，针对暴露的问题提出建议。也可以分为刚性监督方式和柔性监督方式。排除证据和移送职务犯罪线索，属于刚性很强的监督方式。排除证据的后果是直接否定侦查机关的侦查违法行为，取得的证据材料不能成为定案的根据，是一种强有力的程序性制裁。① 移送职务犯罪线索的后果是实施违法行为的侦查人员将面临刑事追诉。其余的监督方式，或多或少具有督促侦查机关启动纠正程序的功能，侦查机关有义务按照检察机关的意见进行纠正，并将纠正情况通知检察机关。

2. 监督方式的运用现状和存在问题

从司法实践看，监督方式的范围不断丰富，司法解释先后赋予了检察机关建议更换办案人、移送职务犯罪线索、排除因取证程序违法而影响证据真实性的证据、排除不能补正且不能合理解释的瑕疵证据等多种措施，监督效力不断提升。《人民检察院组织法》在司法实践的基础上明确了检察机关提出纠正意见、检察建议等权力，并规定了被监督对象将采纳纠正意见、检察建议的情况书面回复的义务，监督程序不断规范。

但是监督方式仍然存在较为突出的问题：一是监督方式体系的层次性不够。检察机关诉讼监督的内容散见于各个诉讼阶段，关于监督方式的规定也就分散在相关法律的各个角落，缺乏集中、详细的关于诉讼监督方式的规定。② 二是监督方式的有效性不足。从我国关于侦查活动监督的法律规范来看，许多条文仅有行为模式，而无法律后果的规定。三是比例原则运用存在偏差。一些地方检察机关为监督而监督，片面追求纠正违法数量，存在轻率、随意的情形，这是滥用监督权的行为，与法律监督的目的背道而驰。

3. 提升监督的效力和质量

从长远看，为实现宪法对检察机关的法律监督定位，应当不断完善监督方式，增强监督效力，提高监督质量。

一是完善监督方式。可以探索赋予检察机关宣告侦查行为无效的裁量权。对于侦查终结案件，存在重大违法或多种违反程序情形，可能导致冤假错案的，检察机关可以作出违法侦查行为无效的决定，建议侦查机关更换办案人、重新开展侦查。

二是增强检察机关监督方式的刚性。检察建议是规范司法行为、维护司法公正的重要手段。要执行好最高人民检察院制定的《人民检察院检察建议工作规定》，强化检察建议的督促落实，完善送达程序，建立抄送制度，明确回复期限，提升检察建议的刚性。

---

① 程序性制裁是通过对违反法律程序的侦查、公诉和审判行为宣告无效、使其不再产生所预期的法律后果的方式，来惩罚和遏制程序性违法行为。参见陈瑞华：《程序性制裁理论》，中国法制出版社 2005 年版，第 535—537 页。

② 赵成、熊正：《诉讼监督方式的完善》，载《国家检察官学院学报》2010 年第 6 期。

三是对监督方式的运用应当遵循比例原则。监督方式要与侦查行为的违法程度相适应，对于严重侵犯当事人合法权利或者严重影响诉讼工作依法公正进行的违法行为，应当适用力度较大的监督方式，比如刑讯逼供，侵犯了犯罪嫌疑人诉讼主体地位和人格尊严，可以适用排除证据、纠正非法取证、更换办案人等多种方式予以监督，对于构成犯罪的，可以立案侦查。对于违法性质、情节、后果较轻的，应当适用程度较轻的监督方式，以体现监督的理性和节制。

五、关于侦查活动监督的办理模式

模式，指事物的标准形式或标准样式。[①] 侦查活动监督模式，则指在实践中客观形成的较为稳定、带有普遍性的监督权行使方式。长期以来，侦查活动监督的开展是在对诉讼案件的审查中同时进行的。检察官一般在审查逮捕、审查起诉的过程中附带审查侦查活动是否合法，如果发现侦查违法线索，视情选择启动监督工作，监督遵循"发现与受理—制作监督意见—审核签发—发出纠正意见"的步骤，因监督模式具有行政化特点，可称为"审批模式"。"审批模式"是检察机关在长期的监督实践中形成的，依托于对诉讼案件的办理，采取"谁发现谁办理，谁办理谁跟踪"的监督方式，对监督案件与诉讼案件、监督程序与诉讼程序未作严格区分。随着司法体制改革的逐渐深入和刑事司法制度的不断完善，2012年修改刑事诉讼法时，确立了我国非法证据排除规则，提出了对检察机关排除非法证据的明确要求。这一规则的确立，自然对侦查活动的监督范围、监督标准、监督程序都提出了更高的要求，原有"审批模式"已然不能满足现代侦查活动监督工作的需要。为适应法律对侦查活动监督的更高要求，为监督活动更加有效规范开展，检察机关开始探索重大监督事项案件化办理模式。[②]

（一）案件化模式的构建

"案件化模式"是对"重大监督事项案件化办理模式"的简称，意味着对违法情节较重、需要调查核实的重大监督事项当作案件来办理，建立以证据为

---

① 参见中国社会科学院语言研究所词典编辑室：《现代汉语词典》（第5版），商务印书馆2005年版，第961页。

② 重大监督事项案件化办理萌芽于地方检察实践，经江苏、北京、上海等地探索，写入《"十三五"时期检察工作发展规划纲要》，2019年最高人民检察院《关于人民检察官司法办案有关问题的指导意见》中，将案件分为诉讼案件和监督案件两类，将监督案件与诉讼案件适当分离，为监督事项案件化办理提供了操作指引。

核心的监督程序和管理制度，实现监督全程留痕。案件化模式有着不同于审批模式的构成特点。

1. 主体要素。监督案件是由原案派生出来的"案中案"，是为了确保原案证据符合合法性要求、诉讼活动遵循法定程序的制度安排。根据启动程序的不同，监督案件可以分为依申请启动和依职权启动两类。两者在诉讼构造上是不同的。依申请启动的监督案件是典型的"控辩裁"三角形构造，即侦查机关与犯罪嫌疑人、诉讼参与人两造，检察机关居中裁决。依职权启动的监督案件，则形成检察机关—侦查机关的两方构造，作为侦查违法行为受害人的犯罪嫌疑人或者诉讼参与人是有利害关系的第三人。侦查活动监督的对象由侦查主体和侦查违法事实构成。侦查主体指侦查机关和侦查人员。侦查违法事实则包括侦查违法行为、侦查违法结果、因果关系、主观过错等内容。在这些因素中，侦查违法行为是监督案件的核心要素，也是侦查违法事实的核心内容。

2. 程序要素。监督案件的办理程序应当是一个完整的流程，包括线索受理、调查核实、监督处理、跟踪督促等环节，通过强化程序的严密性、参与性、救济性，保障监督案件办理的公正性。

3. 证据要素。证据是案件办理的基础与核心要素。所谓案件化模式，实质是构建以证据为核心的监督工作模式。其一，把强化证据意识贯穿于整个程序的设置之中，树立"线索发现源于证据、调查核实围绕证据、认定处理依靠证据"的理念，重视监督证据的收集、固定和分析。不仅要收集证明侦查活动有无违法行为的证据，而且要收集证明违法行为情节轻重的证据，坚持用证据说话，用证据定性。其二，针对案件化模式流程化特点，探索建立差异化证明标准。例如线索受理环节，遵循"有线索和迹象表明可能发生违法行为"的较低证明标准；认定处理环节，证据要达到"证明被监督行为违法的事实清楚，证据确实充分，能够排除合理怀疑，足以影响司法公正"的较高证明标准。证明标准从低到高，符合法律监督工作规律。其三，承办检察官本人参与证据的调查核实。亲历性是司法属性的重要内容。坚持收集证据的亲历性，也是案件化办理的内在要求。检察官要通过直接查阅卷宗材料、直接听取犯罪嫌疑人、辩护律师等诉讼参与人的意见、复查同步录音录像、向侦查人员调查核实情况等活动，还原侦查活动过程，了解线索背后的事实真相，从而得出准确的监督结论。

4. 文书要素。诉讼文书是办案的载体，也是推进办案进程的依据。目前，检察机关在办理监督案件过程中，无论是依附型监督案件，还是独立型监督案件，囿于没有独立的调查案件文书，都不加区分地一律使用诉讼案件文书，这与调查案件的性质不相匹配。因此，调查时所用法律文书应当与调查性质相协调，体现调查的对象特点、手段特点、效力特点等，而不能与诉讼案件文书混同使用。

（二）案件化模式流程

线索受理和分流。无论是控告申诉部门受理的线索，还是办案人员从审查诉讼案件中发现的线索，通过线索审核，然后根据待查事实的情况进行分流，分别进入案件化模式、审批模式或者撤销监督程序。

初查立案。立案是监督线索转化为监督案件的标志，是防止随意监督和滥用监督的安全阀。监督线索，经初查，符合立案标准的，依法立案。监督案件立案需要登记案由和案号，实行一案一号。

调查核实。调查核实是侦查活动监督运行的关键，也是检察机关查清侦查违法事实的重要手段和保障。调查的目的是查清侦查违法事实，即要查清违法主体、侦查违法行为、违法结果、主观过错，为监督工作奠定事实基础。

审查认定。审查认定是保障侦查活动监督科学决策的需要。通过法定程序对是否存在侦查违法事实，以及违法程度作出认定，说明确认违法的理由和依据，进而提出监督意见。在审查认定过程中，秉持双赢的理念和充分沟通的原则，视情要求侦查机关对侦查行为的合法性进行说明，或者就拟认定的违法事实、监督措施听取侦查机关、侦查人员的意见。

监督处理。监督处理是根据认定侦查违法事实，对侦查违法行为、证据或者侦查人员提出监督处理意见。监督处理方式既可以多种并用，也可以单独适用。依据认定的侦查违法事实对侦查违法行为、证据或者侦查人员进行监督处理。监督决定应当送达侦查机关和侦查人员，同时告知救济的渠道。有控告、申诉、举报人的，也应当向其告知监督处理决定。

复查复核。复查复核为被监督对象提供了救济途径，防止错误监督。侦查机关、侦查人员可以依法申请复查复核，控告人、申诉人可以依法提出申诉，督促检察机关依法监督。

跟踪督促。跟踪督促监督决定的实施情况，以检验、评价监督效果。尽管侦查机关有义务接受检察机关依法监督的决定，向检察机关反馈监督决定的执行情况，但是检察机关更应当主动跟踪收集侦查机关的反馈意见，保障监督决定落到实处。

结案归档。检察机关依据监督案件各方对监督决定的反馈意见，审视监督效果，实现监督目的的，可以结案。监督案件办理终结，参照诉讼案件卷宗的管理要求，及时归档保管。

结语

在全面推进依法治国的新形势下，司法体制改革的决策部署、人民群众的法治期待、人权保障的时代要求、侦查办案的发展变化都对强化侦查权监督制约提出了新的要求。检察机关作为法律监督机关，专门行使侦查监督权，监督侦查权依法行使，是义不容辞的责任和义务。监督只是手段，促进严格公正司法、确保法律统一正确实施才是根本。侦查阶段的权力结构、诉讼流程等方面还有许多需要研究、解决的问题，侦查活动监督的法治化、现代化，依然任重而道远。

（原载于《国家检察官学院学报》2019 年第 4 期）

论不起诉权的合理适用

童建明[*]

不起诉权是检察机关对侦查终结移送起诉的案件，经过审查后，依法终止刑事诉讼，不再将犯罪嫌疑人提起公诉交付审判的一种职权。今年以来，检察机关在福建赵宇正当防卫案、河北涞源反杀案中依法行使不起诉权，获得了民众的普遍支持，也引发了专家学者们对不起诉权行使的热议，认同赞赏者有之，反驳质疑者亦有之。而在司法实践中，一些检察机关仍然把公诉权行使的重点放在起诉权和抗诉权上，不起诉权履行不充分、不全面的现象还较为突出。故有必要及时总结不起诉权行使的相关实践经验，深化对不起诉权在公诉工作、检察职能中地位和作用的认识，丰富不起诉制度的相关理论，推动检察机关更加全面充分地履行好检察职责。

一、不起诉权在检察职能中的地位和作用

公诉权是检察职能中的一项基本性权力，是指国家对犯罪进行追诉与否的权力。在刑事诉讼中，检察机关对犯罪嫌疑人涉嫌犯罪的事实进行审查，对符合起诉条件的犯罪嫌疑人提起公诉进入审判程序，对不应或不必提起公诉的则有权决定不起诉。可见，起诉权与不起诉权就像一枚硬币的两面，是公诉权的一体两面。如果说起诉权是一种积极的公诉权，那么不起诉权可视为一种消极的公诉权，两者都是公诉权的重要组成部分。

历史地看，我国检察机关的不起诉权一直处于不断的发展变化中。1979年制定的刑事诉讼法赋予了检察机关免予起诉权和法定不起诉权。1996年第一次修订后的刑事诉讼法将免予起诉修改为酌定不起诉，同时规定检察机关对证据不足，不符合起诉条件的案件，可以作出存疑不起诉的决定。2012年刑事诉讼法第二次修订，在保留法定不起诉、酌定不起诉和存疑不起诉的同时，赋予了检察机关在未成年人刑事案件特别程序中可以附条件不起诉的权力。

---

[*] 最高人民检察院副检察长。

2018 年第三次修订的刑事诉讼法又新增了检察机关在特殊情形下,即犯罪嫌疑人自愿如实供述涉嫌犯罪的事实,有重大立功或者案件涉及国家重大利益的,经最高人民检察院核准,检察机关可以作出不起诉决定,也可以对涉嫌数罪中的一项或者多项不起诉。这种特殊情形下的不起诉与法定不起诉、酌定不起诉、存疑不起诉以及附条件不起诉共同构成了当下我国检察机关不起诉权的五种类型。伴随着不起诉权的丰富和完善,检察机关的不起诉裁量空间逐步延展,与起诉法定主义的基本理念互补衔接,使得公诉权兼具了原则性与灵活性。

作为公诉权的重要组成部分,不起诉权在检察职能中具有重要地位,在强化检察官客观公正义务、保障无罪的人不受刑事追究、贯彻宽严相济刑事政策、落实诉讼经济原则等方面发挥着积极作用。

(一) 不起诉权是检察官履行客观义务的重要制度体现

"检察官的客观义务最早是以实体真实主义和职权审理主义为基本原理的德国法学的产物。……检察官为了发现真实情况,不应站在当事人的立场上,而应站在客观的立场上进行活动,这就是赋予检察官的'客观义务'。"[①] 1877 年德国制定并通过的帝国刑事诉讼法正式规定了检察官客观义务,这一规定沿袭至今,即现行《德国刑事诉讼法典》第 160 条第 2 项:检察官不仅应当侦查对被指控人不利的情况,还应当侦查对其有利的情况,并且负责收集有丧失之虞的证据。该立法例随后散播至欧陆及亚洲其他大陆法系国家与地区。"在欧洲大陆国家如比利时、丹麦、希腊、意大利、荷兰、葡萄牙、西班牙等国的刑事司法构造中都能或多或少找到德国法上客观义务的痕迹,……在亚洲,包括日本、我国台湾地区、澳门特别行政区的刑事诉讼中也都规定了检察官的客观义务。"[②] 2019 年 4 月,全国人大常委会通过的《检察官法》第 5 条第 1 款规定:"检察官履行职责,应当以事实为根据,以法律为准绳,秉持客观公正的立场。"据此,检察官的客观义务在中国法中正式确立。由于不同国家和地区在检察制度和诉讼结构上的差异,检察官客观义务的内涵不尽相同,但至少在三个方面有共通之处:一是全面收集和开示证据;二是避免不当起诉;三是为被告人利益提起法律救济活动。[③] 这其中,避免不当起诉就包括检察官须有效行使不起诉权。众所周知,检察官审查起诉的结果无外乎两种:一种是提起公诉,另一种是不起诉。如果说前者体现了检察官的追诉职能,那么后者则是

① [日] 松本一郎:《检察官的客观义务》,载《法学译丛》1980 年第 2 期,第 50 页。
② 程雷:《检察官的客观义务比较研究》,载《国家检察官学院学报》2005 年第 4 期,第 20 页。
③ 参见韩旭:《检察官客观义务论》,法律出版社 2013 年版,第 18 页。

检察官履行客观义务的具体反映。检察官代表国家行使公诉权，提起指控、追诉犯罪是检察官义不容辞的责任，但强烈的追诉倾向容易使检察官偏执为"诉讼一造之当事人""打击犯罪的急先锋"，甚至异化为"冷酷无情的国家猎人""无所不用其极的追诉者"。① 为了平抑这种过分的追诉倾向，赋予检察官不起诉权可以时刻警醒他们肩负"法律的守护人""公益的担当者"的职责，摆脱片面追诉犯罪的控方立场，恪守客观公正义务，注意和兼顾对犯罪嫌疑人有利、不利的所有事实和证据，对无罪和不需要判处刑罚的犯罪嫌疑人及时作出不起诉决定，避免不当追究。联合国《关于检察官作用的准则》（1990 年 9 月 7 日通过）第 13 条规定了检察官的客观义务，"检察官必须不偏不倚、客观公正的地行使职权"。第 14 条又进一步解释道，"若一项不偏不倚的调查表明起诉缺乏依据，检察官不应提出或继续指控，并应竭力阻止诉讼程序"。② 可见，不起诉权已然成为强化检察官履行客观义务的重要制度体现。

（二） 不起诉权是保障无罪的人不受刑事追究的重要制度保障

习近平总书记指出，"全面推进依法治国，必须坚持公正司法"。实现公正司法最基本的要求之一就是确保无罪的人不受刑事追究，不起诉权恰恰是实现这一要求的重要制度保障。首先，不起诉权具有对侦查办案的纠错功能。我国传统刑事诉讼承继苏联诉讼阶段论的理念，"刑事案件从其开端的时候起直到判决的执行为止是向前运动的，是逐渐发展的"。③ 这个过程中循序进行、相互连接而又各自相对独立的各个部分，称为"刑事诉讼阶段"。④ 我国刑事诉讼通常划分为：立案、侦查、起诉、审判和执行五大阶段。"每一个诉讼阶段都是完整的，有其本身的任务和形式的一个整体。只有完成了前一阶段的任务，才能将案件移送至下一个阶段，如对这种任务执行不当的时候，就会将案件发还原阶段重行处理。"⑤ 可见，在诉讼阶段论下，"法律规定了分阶段处理案件的程序"，⑥ 后一阶段对前一阶段所办理的案件在事实证据认定、法律规

---

① 参见万毅：《检察官客观义务的解释与适用》，载《国家检察官学院学报》2015 年第 6 期，第 50 页。

② 程味秋等编：《联合国人权公约与刑事司法文献汇编》，中国法制出版社 2000 年版，第 264 页。

③ ［苏］切里佐夫：《苏维埃刑事诉讼》，中国人民大学刑法教研室译，法律出版社 1955 年版，第 56 页。

④ 参见张建伟：《审判中心主义的实质内涵与实现途径》，载《中外法学》2015 年第 4 期，第 865 页。

⑤ ［苏］切里佐夫：《苏维埃刑事诉讼》，中国人民大学刑法教研室译，法律出版社 1955 年版，第 56 页。

⑥ ［苏］И.В. 蒂里切夫等编著：《苏维埃刑事诉讼》，张仲麟等译，法律出版社 1984 年版，第 8 页。

范适用等方面上都有一个再认识、再深化的过程，同时也伴随着后程序对前程序的纠错功能。具体就起诉阶段而言，在审查起诉过程中，检察机关通过对前一阶段侦查机关移送过来的案卷材料和证据的审查，将那些证据不足的案件退回公安机关补充侦查，对那些达不到起诉标准的案件及时终止，对不构成犯罪或不需要判处刑罚的犯罪嫌疑人及时作出不起诉决定，宣告其在法律上无罪。如此，不但可以使犯罪嫌疑人从讼累中及早解脱，还能有效抑制侦查阶段萌发的冤错案件在检察环节的发展。其次，不起诉权具有防范审判恣意的功能。传统的纠问式诉讼中，纠问法官独揽追诉和审判两大职权。由于缺乏分权制衡，法官裁判时，先前有罪的追诉倾向早已先入为主，裁判难期公正，被告人已然沦为诉讼的客体、治罪的对象。随着现代社会控审分离制度的形成，控诉权划归检察机关独立行使，法院专司审判，权力的分离和职能的分隶可以确保两个权力主体彼此节制，犯罪嫌疑人、被告人的合法权益被侵犯的可能性大为降低。就公诉对审判的制约而言，在控审分离的制度下，法院奉行不告不理的诉讼原则，"检察官扮演把关者角色，在诉讼法上之目的，乃透过诉讼分权机制，保障终局裁判之正确性与客观性"。① 具言之，对未经起诉的被告人及其所涉犯罪事实，法院不得自行审判。检察机关通过审查起诉对侦查终结的案件在诉至法院前进行筛选过滤，通过合理行使不起诉权将那些不符合起诉条件或没有必要提起公诉的案件分流出审判程序，从而有效调控进入审判的案件数量，限制法官的审判范围，避免恣意裁判对当事人合法权益的侵害。

（三）不起诉是贯彻宽严相济刑事政策的重要制度环节

宽严相济刑事政策是党中央在构建社会主义和谐社会新形势下提出的一项基本刑事政策，贯穿于刑事立法、刑事司法和刑罚执行的全过程，是惩办与宽大相结合政策在新时期的继承、发展和完善。宽严相济刑事政策强调根据犯罪的具体情况，实行区别对待，做到该宽则宽，当严则严，宽严相济，罚当其罪，打击和孤立少数，教育、感化和挽救大多数，最大限度地减少社会对立面。不起诉权的制度设计正是落实宽严相济刑事政策的重要诉讼环节。一方面，检察机关在审查起诉工作中，坚持起诉法定主义要求，对于犯罪人主观恶性大、严重危害社会的犯罪坚决追诉，从严惩治，落实了严的要求。另一方面，检察机关兼顾起诉便宜主义，充分考虑起诉的法律效果和社会效果，合理运用起诉裁量权，对于初犯、从犯、预备犯、中止犯、防卫过当、避险过当、未成年人犯罪、老年人犯罪以及亲友、邻里、同学同事等纠纷引发的案件，根

---

① 林钰雄：《检察官论》，法律出版社 2008 年版，第 14 页。

据起诉的必要性，依法适用不起诉权，激励那些可罚可不罚的犯罪嫌疑人尽早认错悔悟，并通过赔礼道歉、赔偿损失、刑事和解等，取得被害人谅解，减少社会对抗，减轻甚至消除危害后果，则是在追求宽的效果，兑现宽的政策。2018年，全国检察机关对犯罪情节轻微、依法可不判处刑罚的决定不起诉102572人，同比上升25.5%；对不构成犯罪或证据不足的决定不起诉34398人，同比上升14.1%；对涉嫌轻微犯罪并有悔罪表现的未成年人附条件不起诉6959人，同比上升16%。[①] 这些数字充分体现了检察机关在贯彻宽严相济刑事政策中宽严有度，依法从宽，当宽则宽，合理适用不起诉权取得的成绩。不起诉的裁量权已经成为司法实践中检察机关贯彻宽严相济刑事政策的重要司法裁量活动。

（四）不起诉是落实诉讼经济原则的重要程序设计

刑事诉讼中的诉讼经济原则要求司法机关和诉讼参与人投入尽量少的司法资源获得较大的诉讼收益，实现诉讼的基本价值——客观公正。现代社会犯罪数量显著激增，犯罪类型愈发多元，犯罪手段日渐隐秘，给刑事司法系统带来了巨大挑战。众所周知，作为一项现实的司法活动，刑事诉讼必然要消耗大量的司法资源。拖沓冗长的诉讼程序显然不足以应对日益增长的犯罪案件。"公正不是刑事诉讼的唯一价值目标，能否对效率进行充分的关注以及能否在公正与效率之间保持适当平衡也是衡量司法公正的一项重要标准。"[②] 要以有限的司法资源应对汹涌的犯罪浪潮以及不断增长的诉讼需求，必须坚持诉讼经济原则，对诉讼制度进行必要的结构性调整。这其中建立酌定不起诉、附条件不起诉就是贯彻诉讼经济原则的重要举措。"在刑事追究利益不大，优先考虑程序的经济性或者有其他的法律政治利益与刑事追究相抵触的时候，尽管存在着行为嫌疑，检察院仍可以对此不立案侦查、提起公诉。"[③]

检察机关合理适用不起诉权，尤其是科学适用酌定不起诉，之所以能够提高诉讼效率，节约司法资源，实现诉讼经济，主要源于三个方面：首先，不起诉权的及时行使可以缩短诉讼周期，节约有限的审判资源。当前，为了落实以审判为中心的诉讼制度改革，践行庭审实质化，遵循刑事诉讼法的规定，法院开庭审理刑事案件，除了庭前会议和开庭前的准备工作外，庭审必须要经过权

[①] 参见张军：《最高人民检察院工作报告——2019年3月12日在第十三届全国人民代表大会第二次会议上》，载《最高人民检察院公报》2019年第2号，第3—4页。

[②] 陈卫东：《公正和效率——我国刑事审判程序改革的两个目标》，载《中国人民大学学报》2001年第5期，第96页。

[③] ［德］约·阿希姆·赫尔曼：《〈德国刑事诉讼法典〉中译本引言》，李昌珂译，载《德国刑事诉讼法典》，中国政法大学出版社1995年版，第15页。

利告知、公诉人宣读起诉书、法庭调查、法庭辩论、被告人最后陈述等环节，即使是被告人认罪认罚的案件，适用速裁或简易程序也必须走完如宣读起诉书，对具结书内容的真实性、自愿性进行审查，被告人最后陈述等"规定动作"，公诉案件控、辩、审三方还必须到场。这自然会耗费各方面的司法资源，延长诉讼周期。如果检察机关对没有争议、不需要判处刑罚的轻微刑事案件及时作出不起诉决定，就可以避免后续的审判和执行程序，不仅可以提高诉讼效率，还可以节约出相当一部分审判资源，投入那些应当提起公诉，需要进行审判的案件上。其次，不起诉权的行使还使得刑事案件在审判前被及时分流、适时终结，节约了后续审判中为出庭公诉、指控犯罪所须投入的检察资源，实现了检察资源的合理配置和有效运用。最后，不起诉权的行使还为犯罪嫌疑人提供了更早的出罪化程序，使其尽早从冗长的讼累中解脱出来，避免了犯罪嫌疑人不必要的资源投入，减轻了其诉讼负担。

二、敢用善用不起诉权，发挥好不起诉权的积极功效

多年来的司法实践证明，公正行使不起诉权，对于贯彻落实党和国家的刑事政策、实现刑事司法惩罚犯罪和保障人权相统一、化解社会矛盾、维护社会稳定都有重要的现实意义。但是，不起诉权在实践中仍然存在不敢用、不愿用、不会用以及不当适用的现象。有些检察人员缺乏担当，怕担责任，担心不起诉会引发舆情风险，影响检法、检警关系，不敢适用不起诉权；有些检察人员纠结于不起诉审批程序烦琐、考评机制复杂，不愿适用不起诉权；有些检察人员陷入法条主义、机械司法的窠臼，僵化套用犯罪构成要件，不考虑法律的原则精神和制度要求，不会适用不起诉权；还有极少数检察人员夹带私心私利，枉顾事实证据，该起诉的不起诉或者明显无罪的情形按照证据不足或微罪不诉处理，不当适用不起诉权。针对上述问题，检察机关应从理念更新、制度创新和配套措施完善等方面进一步激发广大检察人员敢用善用不起诉权的勇气和信心，促推不起诉权的规范行使。

（一）树立正确的不起诉权适用理念

理念新则天地宽。进入新时代，面对新形势和新要求，检察机关应当在继承中更新不起诉权的适用理念，敢用善用不起诉权，努力发挥不起诉权的积极功效。

1. 坚持"疑罪从无"

《尚书》有载："与其杀无辜，宁失不经。"检察机关应摒弃"疑罪从有""疑罪从轻"的错误起诉观，坚持"疑罪从无""存疑不诉"的不起诉理念，

对于证据不足不符合起诉条件的犯罪嫌疑人坚决不诉。为了贯彻"疑罪从无"的办案理念，检察机关应当在审查起诉阶段主动听取辩护方、侦查方对案件的不同意见，严把审前阶段案件的事实关、证据关、法律关，确保检察机关对在案证据的审查客观全面，对证据不足不起诉的决定客观公正。值得注意的是，我国 2012 年修订刑事诉讼法时增加了非法证据排除规则，检察机关也因此担负起审前阶段排除非法证据的重要职责。在审查起诉阶段，检察办案人员应全面审查核实证据，既要审查在案证据是否确实、充分，还要审查侦查机关所提交的证据是否合法规范，对于采用刑讯逼供等非法方法收集的非法证据须坚决排除。如果排除了非法证据导致在案证据明显达不到起诉标准的，就应当坚持存疑不诉，杜绝案件带病起诉。

2. 坚持可诉可不诉的不诉

过去，在"重打击、轻保护"错误理念的影响下，部分检察人员执着于片面追诉，"构罪即诉"的倾向在实践中多有出现，不起诉尤其是酌定不起诉的适用率总体不高。从统计数据看，2014 年至 2018 年，5 年间检察机关决定不起诉的人数和比率逐年上升，2014 年到 2018 年不起诉人数分别是 80020人、81087 人、90694 人、114994 人、140650 人，不起诉率从 2014 年到 2018年分别是 5.3%、5.3%、5.9%、6.3%、7.7%。其中，法定不起诉人数占审结不诉人数的比例逐年降低，分别是 8.6%、7.4%、6.4%、4.9%、4.4%。证据不足不起诉人数的占比则大体持平，分别是 21.9%、26%、24.6%、21.9%、20.7%。相对而言，酌定不起诉人数的占比分别是 69.4%、66.6%、69%、72.9%、74.9%，从 2015 年逐年升高，但占审查起诉案件量的比例依然偏低。5 年来，检察机关起诉到法院的案件，从最终的裁判结果看，法院最终判管制、拘役、缓刑、免刑、单处罚金刑等轻缓刑的总人数占同期生效判决总人数的比例每年分别为 49%、48.8%、49.7%、44.6%、44.5%，这些案件适用酌定不起诉可能会有更好的效果。鉴于此，检察办案人员今后应当秉持客观公正的立场和义务，努力改变检察就是诉、就是追、就是重惩的片面履职形象，贯彻可诉可不诉的不诉的办案理念，建立起诉必要性审查制度，从案件事实状况、犯罪嫌疑人个人情况、公共利益、刑事政策等多方面出发，确立诉与不诉的考量因素与操作标准，通过合理适用不起诉权提升执法层次和办案效果。

3. 注重司法办案的效果导向

从我国刑事诉讼的立法来看，酌定不起诉、附条件不起诉、速裁程序和简易程序都可适用于轻微刑事犯罪，在适用情形和启动条件上存在竞合。这体现出我国刑事诉讼一定程度上存在多元化的案件处理模式，即同一类型的案件，案情较为接近甚至相同，但最终适用的程序不同，处理结果也有差异。究其原因，司法办案在恪守以事实为根据、以法律为准绳的同时，还须从化解社会矛盾，平衡社会关系，维护社会稳定出发，把握好办案的效果导向。多元化的案件处理模式，恰恰为司法机关追求最优的办案效果提供了多重选择路径。在坚持依法办案的前提下，检察机关在合理适用不起诉权的过程中，也应当树立司法办案效果导向的理念，根据不起诉制度和简化审程序不同的结案效果灵活分流。具体来说，无论是速裁程序还是简易程序，最终都是以轻缓的有罪判决对被告人进行标签化处理。这种有罪标签往往会影响被告人未来回归社会，有时对于被害人亦无实益。因此，检察机关对于初犯、偶犯以及民间纠纷引起的轻微犯罪不宜导入审判流程，以酌定不起诉或者未成年犯罪嫌疑人附条件不起诉处理既可化解社会矛盾，还能修复破损的社会关系，对于犯罪嫌疑人悔过自新，回归社会有相当的积极意义。但是，对于涉及公共利益的轻微刑事案件，被告并非初犯且有再犯之虞；或是不起诉会影响普通民众的守法意愿；抑或减损刑罚的威吓效果，则不宜适用酌定不起诉，而应考虑起诉至法院，通过有罪判决给予其有力的惩罚。

（二）依法全面准确地理解和适用不起诉权

一段时期，检察机关不起诉的案件数量常常在低位徘徊，以至于审查起诉无法发挥应有的把关过滤功能，检察机关被矮化为给公安"背书"，给法院"端饭"的角色。这其中固然有诸多因素的影响，但一个不容忽视的原因就是检察机关在会用善用不起诉权方面还存在不足，未能充分发挥不起诉制度在案件筛选、审前程序分流、司法人权保障方面的积极作用。为此，有必要从以下几个方面多下功夫：

1. 正确区分不起诉的种类和适用条件

我国刑事诉讼法规定的不起诉可以分为五种，即法定不起诉、证据不足不起诉、酌定不起诉、附条件不起诉和特殊情形下的不起诉。如前所述，法律赋予检察机关的不起诉权是在历次修法中不断丰富和完善的，厘清五种不起诉的适用条件和范围是避免不当适用不起诉权的前提和基础。

其一，《刑事诉讼法》第177条第1款规定的法定不起诉是因为案件缺乏法定诉讼条件而不应当起诉。法定不起诉的情形具体包括：犯罪嫌疑人没有犯罪事实或者有《刑事诉讼法》第16条规定情形之一的，即"情节显著轻微、危害不大，不认为是犯罪的；犯罪已过追诉时效期限的；经特赦令免除刑罚的；依照刑法告诉才处理的犯罪，没有告诉或者撤回告诉的；犯罪嫌疑人、被告人死亡的；其他法律规定免予追究刑事责任的"，检察机关应当在审查起诉阶段作出不起诉决定，终止追诉程序。

其二，《刑事诉讼法》第 175 条第 4 款的证据不足不起诉是因为指控犯罪的证据不足而不能起诉。[①] 特别是对于两次补充侦查的案件，如果检察院仍然认为证据不足，不符合起诉条件，应当做出不起诉的决定。

其三，《刑事诉讼法》第 177 条第 2 款规定的酌定不起诉，也称为相对不起诉、罪轻不起诉、微罪不起诉，是对具备起诉条件，但犯罪情节轻微，依照刑法不需要判处刑罚或者免除刑罚的，检察机关可以作出不起诉决定。酌定不起诉的情形具体包括两种：一是犯罪情节轻微，依照刑法规定不需要判处刑罚的。指的是刑法第 37 条规定的"对于犯罪情节轻微不需要判处刑罚的，可以免予刑事处罚"的情形。二是免除处罚的。指的是刑法规定的应当或者可以免除刑罚的情形，包括自首、重大立功、犯罪预备、犯罪中止、防卫过当、避险过当、从犯和胁从犯等。[②]

其四，《刑事诉讼法》第 282 条的附条件不起诉，是指对于未成年人涉嫌刑法分则第四章、第五章、第六章规定的犯罪，可能判处一年有期徒刑以下刑罚，符合起诉条件，但有悔罪表现的，人民检察院可以作出附条件不起诉的决定。

其五，《刑事诉讼法》第 182 条第 1 款规定的特殊情形的不起诉，是指犯罪嫌疑人自愿如实供述涉嫌犯罪的事实，有重大立功或者案件涉及国家重大利益的，经最高人民检察院核准，人民检察院可以作出不起诉决定，也可以对涉嫌数罪中的一项或者多项不起诉。

法律和相关司法解释规定和细化了上述五种不起诉的适用情形，检察机关应当根据五种不起诉各自的特点，结合类案，进一步探索规范不起诉的适用标准，细化不起诉的条件和流程，正确合理地用对用好不起诉权，避免不起诉权的不当适用。例如，一些省级检察院就在全省范围内出台了检察机关附条件不起诉的工作规定；一些地市级检察院还制定了专门文件，明确了对危险驾驶、交通肇事、故意伤害等常见罪名酌定不起诉的适用情形；还有一些检察院针对本地区常见多发的轻微案件相继开展专题调研、试点探索，研究制定这些案件的不起诉标准，以增强不起诉工作的规范性。这些地方性经验和做法都值得总结和提炼。

---

① 《人民检察院刑事诉讼规则（试行）》第 404 条规定，具有下列情形之一，不能确定犯罪嫌疑人构成犯罪和需要追究刑事责任的，属于证据不足，不符合起诉条件：（一）犯罪构成要件事实缺乏必要的证据予以证明的；（二）据以定罪的证据存在疑问，无法查证属实的；（三）据以定罪的证据之间、证据与案件事实之间的矛盾不能合理排除的；（四）根据证据得出的结论具有其他可能性，不能排除合理怀疑的；（五）根据证据认定案件事实不符合逻辑和经验法则，得出的结论明显不符合常理的。

② 参见李寿伟主编：《中华人民共和国刑事诉讼法解读》，中国法制出版社 2018 年版，第 434 页。

2. 从原则、精神和政策出发合理适用不起诉权

社会生活是千变万化的，法律不可能穷尽所有的社会现象、行为活动、现实情形。仅仅从条文出发，生搬硬套，机械适用，可能会陷入教条主义、本本主义的司法窠臼。在正确理解不起诉相关法律规定的前提下，检察办案人员还应准确把握不起诉的制度要义，理解制度背后的法理逻辑和制度设计的预期目标，这是提升不起诉权的适用能力和水平，从会用到善用的关键一环。以酌定不起诉为例，我国奉行起诉法定主义，兼采起诉裁量主义。原则上，只要犯罪嫌疑人符合法律规定的起诉条件，公诉机关就必须提起公诉。但在某些情形下，虽然有足够的证据证明确有犯罪事实，并且具备起诉的条件，但检察机关斟酌各种情形，认为不需要判处刑罚时，可以裁量决定适用酌定不起诉。如《日本刑事诉讼法》第 248 条规定，"根据犯人的性格、年龄及境遇、犯罪的轻重、情节以及犯罪后的态度，认为没有必要追诉时，可以不提起公诉"。[①]《德国刑事诉讼法典》第 153 条第 1 项规定，"程序标的为轻罪时，如果犯罪人罪责轻微，且不存在追诉的公共利益，经负责开启审判程序的法院同意，检察院可以不追诉。……"其中，"是否存在公共利益，这需要看刑罚的目的，检察院要审查，是否出于特殊预防或一般预防目的，或出于在具体犯罪上的公共利益，或为了避免对被害人更大的伤害，或因被害人的公众地位或非同寻常的犯罪后果，而需要继续程序，此处检察院具有广阔的评断空间"。[②]《荷兰刑事诉讼法》第 167 条规定的起诉便宜原则，允许检察官给予公共利益的考量而放弃起诉或提起公诉，"根据荷兰最高检察院发布的国家起诉条例，检察官基于公共利益可以放弃起诉的包括但不限于以下 5 种情形：（1）如果刑罚之外的手段更为可取，或更为有效，如行政手段、民事手段；（2）基于犯罪行为的原因，起诉是不合适、不公正或者无益的，如犯罪没有造成危害，不适于加诸刑罚；（3）基于行为人的原因，起诉是不合适、不公正或者无益的，如行为人的年龄或者健康状况；（4）起诉可能危害国家利益，如未来安全、和平和秩序，或者适用新的立法；（5）起诉可能危害被害人的利益，如赔偿已经支付"。[③]

我国现行《刑事诉讼法》第 177 条第 2 款仅原则性地规定了酌定不起诉的适用条件——"犯罪情节轻微，依照刑法不需要判处刑罚或者免除刑罚"，

---

① [日]田口守一：《刑事诉讼法》（第七版），张凌、于秀峰译，法律出版社 2019 年版，第199 页。

② 《德国刑事诉讼法典》，宗玉琨译注，知识产权出版社 2013 年版，第 146 页。

③ 何家弘：《刑事司法大趋势——欧盟刑事司法一体化为视角》，中国检察出版社 2005 年版，第 300 页。

完全照搬法律规定，检察机关在司法实践中往往墨守成规，不敢轻易适用酌定不起诉，最终的结果往往就是对案件一诉了之。有鉴于此，在正确理解酌定不起诉法律条文的前提下，检察机关要学会以正确的理念为指导，以政策的要求为方向，结合对立法精神的理解以及刑事政策的把握，借鉴国外的相关经验，灵活设定和掌握酌定不起诉的标准，在现有基础上适度扩大酌定不起诉的适用范围，实现司法公正和办案效果的有机统一。

3. 结合法律中新程序、新制度以及改革新方向综合适用不起诉权

在正确区分五种不起诉适用的法定情形，准确把握不起诉制度要义和运用逻辑的基础上，检察机关还要结合法律修订后的新程序、新制度综合适用不起诉权。2012 年刑事诉讼法修订后，不起诉权可以适用的程序空间从普通程序延伸到了特别程序。在未成年人刑事案件诉讼程序、当事人和解的公诉案件诉讼程序中，检察机关可以根据案情采用附条件不起诉和酌定不起诉。2018 年修订后的刑事诉讼法又新增了认罪认罚从宽制度，规定对于犯罪嫌疑人认罪认罚的可以依法从宽处理。这其中的"从宽处理"既包括实体上的从宽处罚，也包括程序上作出不起诉决定，及时终止诉讼。法律的修改扩大了不起诉权的适用范围，检察机关应当以修法为契机，加大对不起诉权与不同程序、制度衔接运用上的理论研究和实践探索，加强不起诉权在新程序、新制度中的衔接适用。

（三）重视不起诉配套措施的适用

根据刑事诉讼法和《人民检察院刑事诉讼规则（试行）》的规定，检察机关决定不起诉的案件，可以根据案件的不同情况，对被不起诉人予以训诫或者责令具结悔过、赔礼道歉、赔偿损失。对被不起诉人需要给予行政处罚、处分或者需要没收其违法所得的，检察机关应当提出检察意见，移送有关主管机关处理。这七种非刑罚方法是适用不起诉的配套措施，也被称为"起诉替代措施"。① 另外，2012 年刑事诉讼法增设未成年犯罪嫌疑人附条件不起诉。法律进一步扩大了"起诉替代措施"的种类和范围——检察机关作出附条件不起诉决定的，在考验期内，被附条件不起诉的未成年犯罪嫌疑人还要按照检察机关的要求接受矫治和教育，如向社区或者公益团体提供公益劳动、完成戒瘾治

---

① 起诉替代措施，顾名思义，是指已经构成犯罪、符合起诉条件的轻微刑事案件，允许控诉机关结合案件具体情况自由裁量作出不起诉或不移送起诉的决定，或者在作出这些决定的同时，采用其他措施对犯罪嫌疑人作出处理，如予以警告、罚款，责令其向被害人赔偿损失、提供社区服务等，甚至径行无条件不起诉而撤销案件，这些决定和措施统称为起诉替代措施。参见冯亚景、蔡杰：《公诉机关起诉替代措施研究》，载《中国刑事法杂志》2006 年第 1 期，第 92 页。

疗、心理辅导等。检察机关作出不起诉决定仅仅是终结了刑事追责程序，对被不起诉人其他法律责任的追究，以及相应的教育改造还需检察机关单独或与有关单位配合完成。针对被不起诉人的惩戒、矫治和教育，检察机关所采用的措施手段是法律规范明确赋予的，属于不起诉权的自然延伸。

从司法实践来看，一些检察机关较好地利用了"起诉替代措施"。如某地检察机关在作出附条件不起诉决定时召开了训诫庭，邀请办案民警、未成年犯罪嫌疑人所在学校老师和地方社工参加，通过批评教育、责令改正等方法的运用取得了良好的犯罪预防效果。在笔者近期调研过程中，某区人民检察院在办理一起"80后"网约车司机醉驾案中也采用了不起诉案件的公开宣告模式。该案犯罪嫌疑人血液中酒精含量刚刚超过 80mg/100ml，认罪态度较好，检察机关最终酌定不起诉。不起诉决定以公开宣告的模式进行，采取网上直播，被告人、公安交警人员、网约车主管部门、值班律师到场，不起诉决定当场宣告的同时对被不起诉人进行训诫。另外，检察机关同交管部门也事先作了细致沟通，在宣告不起诉时，行政交管部门也作出了行政处罚决定，吊销了被不起诉人的驾驶证，并作出行政罚款。除此以外，不起诉决定宣告后，检察机关还向网约车主管部门公开送达了检察建议，建议对网约车行业的司机加强管理，堵塞行业监管漏洞。

作出不起诉决定并非不起诉权行使的终点。"起诉替代措施"的综合运用不仅可以提升教育矫治功能，扩大法治宣传效果，还能最大限度地促进社会综合治理。这是提升检察机关不起诉权适用效能的重要制度设计，是检察机关维护公共利益、参与社会治理的重要方式，是新时代检察工作提升新境界和新水平的重要举措，值得进一步总结和推广。

三、规范不起诉权的行使，有效防止滥用

任何一种权力的行使都必须有相应的监督制约，否则将导致权力的扩张和滥用，从而使权力失去应有的效用和公正立场。检察机关在敢用善用、用足用好不起诉权的同时，应当警惕不起诉权的滥用和泛化，避免矫枉过正，从一个极端走向另一个极端。为了避免检察官滥用不起诉权，有必要建立监督制度，采取预防措施，保障不起诉权的正确适用，不断提升不起诉权在司法运用中的规范性，在"不枉"的同时做好"勿纵"。从世界范围看，大多数国家都规定了对不起诉权的制约机制。我国法律和相关司法解释也确立了制约不起诉决定的相关规定，在严格遵守的同时，还可以探索建立一些配套的工作制度。

（一）合理设置内外监督制约机制

就外部监督而言，现行刑事诉讼法对检察机关的不起诉权规定了三种监督

制约机制，包括公安机关的复议复核机制、被害人和被不起诉人的申诉机制以及被害人的自诉机制。对此，检察机关应当主动接受、积极配合，对确实不符合不起诉条件的案件依法及时纠正，撤销不起诉决定，提起公诉。在加强外部监督的同时，要优化内部监督制约机制。当前一些地方检察机关为了防止不起诉权的滥用，设置了不少不起诉决定的审批程序；有的对起诉率进行考核，发挥考核的指挥棒作用，从导向上控制不起诉权的行使，但在一定程度上掣肘了不起诉权的科学高效行使，有违司法规律。不起诉案件的审批程序还可以再进行精简，决定不起诉的权限也可以探索适当下放，以此可解放办案检察人员的手脚，激发他们办理不起诉案件的信心和动力。不起诉案件是否一律都要由检察长或检察委员会集体研究决定，需要认真总结评估。设定这样的程序，固然可以保障案件质量，但也不可避免地导致了诉讼拖延，降低了不起诉权的适用率。未来的司法实践中，可以考虑将部分情节简单、无争议案件的不起诉决定权逐步授予检察官行使；对拟作不起诉的重大、疑难案件，由检察长或检委会审议决定，以防止权力被滥用。这样区分不同情况、因案制宜，既能保证不起诉案件的质量，又可以依法积极行使不起诉权。最终，通过外部倒逼与内部解套相结合，确保不起诉权既不被虚置不用，也不被泛化滥用。

（二）发挥公开听证制度的保障作用

当前，推进公民有序参与司法已成为我国司法改革的一项重要内容。从公民参与刑事诉讼活动的角度来看，公民参与的范围并不局限于审判这一环节，而是从侦查、起诉一直到执行环节，都有公民参与的可能。以审查起诉环节为例，1948年，"日本就制定了《检察审查会法》，从一般民众中任意选出审查员对检察官不起诉公诉的处分妥当与否进行审查"。[①] 可见，在日本，检察审查会是审查检察官不起诉处分的制度，其目的是反映公民对公诉权运行的意见、衡量公诉权行使是否公正，检察官的不起诉决定是否适当。[②] 在我国，完善不起诉公开审查机制的试点探索也一直在持续。近年来，一些地方检察机关对符合不起诉条件的部分案件专门召开听证会，建立公开审查制度，召集案件当事人、其他诉讼参与人，邀请人大代表、政协委员、侦查人员、基层组织代表、司法所社区矫正工作人员、相关业务专家等参加，就不起诉问题共同交换意见，积极听取各方的想法，最后作出决定，增强了不起诉活动的透明度，确

---

① ［日］松尾浩也：《关于裁量起诉主义》，王亚新译，载西原春夫主编：《日本刑事法的形成与特色》，中国法律出版社、日本国成文堂出版社1997年版，第156页。

② 参见［日］田口守一：《刑事诉讼法》（第七版），张凌、于秀峰译，法律出版社2019年版，第227页。

保了不起诉案件的公正、准确处理。对于这项新制度，各地可进一步试点探索，形成可复制、可推广的制度样本和地方经验。

（三）做好不起诉案件的文书说理和论证

检察机关应强化不起诉案件说理，努力将案子既"办得准"又"说得清"，增强不起诉决定的说服力。2018 年以陆勇代购抗癌药案为原型的电影《我不是药神》一度成为社会热议的焦点话题。检察机关对陆勇作出的不起诉决定，特别是其充分的文书说理，赢得了社会各界的广泛赞誉。与判决裁定一样，不起诉决定作为案件的终局性处理意见应当坚持说理。检察机关在作出不起诉决定时，通过对不起诉的释法说理，将案件中如何采信证据、认定事实、适用法律向社会公开，接受社会监督，既可以有效规范自身行为，确保不起诉权的正当行使，还可树立检察机关的良好形象，增强司法公信力。今后，应当进一步研究探索如何增强不起诉文书的说理性和公开性，制定相应的不起诉案件说理工作规定，区分法定不起诉、酌定不起诉和证据不足不起诉等不同类型案件的重点说理内容，因"案"制宜，以群众能够接受的方式进行说理，让不起诉案件接受"阳光监督"。

（原载于《中国刑事法杂志》2019 年第 4 期）

量刑建议的若干问题

陈国庆[*]

为规范量刑程序，促进量刑活动的公开、公正，2010 年"两高"联合制定规范性文件探索量刑规范化改革，全国检察机关也全面推行量刑建议工作，逐步提高量刑建议的规范化水平，不断积累量刑建议工作的经验。2014 年以来，全国部分城市先后开展了刑事案件速裁程序和认罪认罚从宽制度试点，引入量刑建议的合意机制，检察机关量刑建议的价值和功能进一步凸显。2018 年刑事诉讼法在修订过程中充分吸纳了刑事案件速裁程序和认罪认罚从宽制度试点的内容，从立法层面明确了检察机关量刑建议的地位和作用。

一、检察官提出量刑建议的意义

随着司法体制改革的深入和刑事诉讼法的修订，法律要求检察机关要明确提出量刑建议，对于认罪认罚案件，检察机关应当提出量刑建议，人民法院一般应当采纳检察机关提出的量刑建议，即除了法律规定的几种情况以外，原则上均应采纳检察机关的量刑建议。这对检察机关量刑建议工作赋予了更重要的职责，提出了更高的要求。

（一）量刑建议是现代国家治理和法治国家建设的重要体现

认罪认罚从宽制度对国家治理现代化具有重要的政治意义、社会意义、法律意义。该制度不仅有利于提高司法效率、节省诉讼资源，还有利于化解社会矛盾、促进社会和谐，是一项新的、重要的刑事司法制度。其中，检察机关与犯罪嫌疑人、被告人达成认罪认罚协商并予以一定程度的量刑减让是"从宽"的主要形式。认罪认罚基础上恰当的宽大处理，"体现对犯罪嫌疑人、被告人权益的充分尊重，也利于彰显刑事追诉的人文关怀"[①]，是认罪认罚制度化解社会矛盾、减少社会对抗的核心途径。而从宽幅度过大或过小，会直接引起被

---

* 最高人民检察院副检察长。
① 陈卫东：《认罪认罚从宽制度研究》，载《中国法学》2016 年第 2 期，第 52 页。

害人不满、被告人失望、公众猜疑，甚至可能导致认罪认罚从宽制度价值实现的落空、司法权威的受损。因此，量刑在一定程度上决定了认罪认罚制度的效果，检察机关只有落实好量刑建议工作，才能保障认罪认罚从宽制度价值的最大化实现，进而实现现代国家治理和法治国家建设的重要目标。

（二）量刑建议是促进量刑公正的强劲推动力

以往，量刑问题常常被认为是法官垄断的裁量范畴，检察机关在提起公诉时往往也只提出定罪意见，对量刑问题不提或提出笼统的从重、从轻的意见。我国刑事诉讼制度曾将定罪和量刑问题置于同一庭审程序中解决，长期以来形成重定罪、轻量刑的传统，量刑公正被有意无意地忽视。随着人民对司法公正需求的不断提高、刑事诉讼制度的不断完善、司法改革的深入推进，2010年起"两高"推动的量刑规范化改革为促进量刑公正拉开了序幕；2012年刑事诉讼法修订明确将定罪和量刑程序适当分离；2018年刑事诉讼法修订进一步确立量刑建议的作用和地位，赋予其更多内涵。量刑建议制度的不断完善，改善了量刑程序不透明的问题，有助于实现量刑程序的公开公正；推动了量刑辩论，有助于法官充分听取控辩双方量刑意见，居中裁判；在认罪认罚从宽制度中更是凝聚共识、化解矛盾、提升效率、促进公正的有效制度载体。

（三）量刑建议是认罪认罚从宽制度的基础

适用认罪认罚从宽制度的前提是认罪认罚，落脚点则是从宽处理，而从宽的核心在于量刑。在认罪认罚案件中，被告人既要认罪又要认罚，才能获得从宽处遇。① 而认罚主要体现在同意检察机关的量刑建议。因此，检察机关提出量刑建议是体现量刑减让、实体从宽的关键，也是达成认罪具结的前提，是认罚内涵的有形载体。推动认罪认罚从宽制度的适用，量刑建议必须先行，可以说，没有检察官的量刑建议，就没有认罪认罚从宽制度的存续。

（四）量刑建议是凝聚控辩合意的重要载体

量刑建议"一端连接着犯罪嫌疑人的认罪认罚具结书，另一端则关系着人民法院的判决"②，是认罪认罚协商启动与判决生效、诉讼终结的桥梁。认罪认罚案件中，检察官需要和犯罪嫌疑人、被告人及其辩护律师（包括值班律师）对量刑问题进行协商。控辩协商达成一致，签署的认罪认罚具结书是检察机关提出量刑建议的依据，故量刑建议是凝聚了控辩合意的重要载体。同

---

① 参见王爱立主编：《中华人民共和国刑事诉讼法修改条文解读》，中国法制出版社2018年版，第8页。

② 吴宏耀：《凝聚控辩审共识，优化量刑建议质量》，载《检察日报》2019年6月10日第3版。

时，量刑建议不仅要体现控辩双方对量刑问题的共识，还要能够得到法院的认可和采纳。这就要求检察官在刑事诉讼活动中，不仅要在定罪问题上发挥重要作用，而且要在量刑问题上发挥更重要的作用。

二、量刑建议开展的总体情况和存在问题

"两高三部"联合出台《关于规范量刑程序若干问题的意见（试行）》（以下简称《规范量刑程序意见》）后，最高人民检察院也出台了《人民检察院开展量刑建议工作的指导意见（试行）》（以下简称《量刑建议指导意见》），部署和推进人民检察院提起公诉案件的量刑建议工作。量刑规范化改革到目前已经实施了近十年的时间，检察机关量刑建议工作取得了明显成效，不管是量刑建议提出的数量、比例，还是量刑建议的采纳率，都得到稳步提升。特别是刑事案件速裁程序和认罪认罚从宽制度试点以来，基层检察机关量刑建议的规范化和精准度明显提高，检察官提出量刑建议的能力明显增强。

（一）量刑建议开展的总体情况

1. 量刑建议适用范围不断扩大

在量刑建议探索阶段，由于量刑标准缺乏明确规定，加之对量刑规律把握不够，检察机关一般仅对案情简单、适用简易程序的案件提出量刑建议。随着量刑规范化建设的不断推进，量刑指导意见的出台，量刑方法和量刑标准逐步完善和细化，量刑建议适用的范围不断扩大。经统计，量刑建议的提出率总体上呈逐年递增趋势，大部分省份量刑建议工作推进有序，2018 年，重庆、北京、天津、贵州、江苏等地提起量刑建议数量占提起公诉人数的 80% 以上。目前，常见 23 种罪名已经有明确的量刑标准，涵盖了 90% 的刑事案件，为检察机关提出量刑建议提供了重要的参考指引。而且，不少地方检察机关结合当地司法实践，对辖区的常见罪名量刑标准进行归纳，会同法院明确基准刑起点、量刑从宽幅度的不同层级、适用缓刑的标准、罚金的标准等，对减少检法量刑的认识分歧，扩大量刑建议的适用范围，统一量刑标准发挥了积极作用。特别是在认罪认罚从宽制度试点之后，提出量刑建议成为检察机关的法定义务，量刑建议适用范围进一步扩大，已不限于常见的 23 种罪名。

2. 量刑建议精准度逐步提升

2010 年《量刑建议指导意见》确立了以相对确定的幅度刑建议为主、绝对确定刑建议为辅的工作原则。传统实践中，检察机关绝大部分案件都是提出幅度刑建议，不少量刑建议的幅度很大，甚至照搬了法定刑的幅度，量刑建议

的作用不够明显。但认罪认罚从宽制度试点以来，检察机关审前主导作用进一步凸显，倒逼检察机关量刑建议逐步精准化，幅度刑建议的范围逐步缩小，确定刑建议比例上升。如重庆检察机关在今年1—5月，提出确定刑建议人数占提出量刑建议总人数的61.98%；四川成都市检察机关更是实现了全部案件确定刑建议。部分基层检察机关充分应用大数据分析，从类案判决中提取量刑要素，对类案判决的刑罚进行分析，形成较为精确的量刑建议区间供检察官参考，帮助检察官提出确定刑建议。如广州市南沙区检察院，依托量刑智能辅助系统，90%以上的认罪认罚案件提出精准量刑建议，95%以上的精准量刑建议被法院采纳，有效提升了量刑建议的精准度。

3. 量刑建议采纳率稳步提高

量刑建议采纳率一定程度上可以反映检察机关量刑建议的质量。在量刑建议探索初期，主要以幅度刑建议为主且幅度较大，有的甚至只提出法定刑幅度，在这种情况下，只要罪名和法定情节的认定没有变化，法院都会在量刑建议的幅度内量刑，但这样的高采纳率并不能真正反映出量刑建议的质量。在认罪认罚从宽制度试点后，对量刑建议的精准度要求越来越高，从粗放型的幅度刑建议到相对确定的幅度刑建议，量刑建议的采纳率一定程度上有所下降，试点地区平均采纳率为92%，部分地方的量刑建议采纳率甚至低于60%。但随着认罪认罚从宽制度的深入推进，各地公检法机关也加强协作配合，共同规范类案量刑证据收集指引，明确量刑程序规范，细化类案的量刑标准等，实现了检察机关量刑建议的精准度和法院的采纳率的同步提高。当前，在量刑建议精准度大幅提高的前提下，采纳率能够达到64.9%，部分地区量刑建议采纳率能够超过80%，有的地区采纳率甚至超过90%。四川成都大邑区检察院等部分基层检察院在全部提出确定刑量刑建议的情况下采纳率达到100%。

4. 量刑建议以书面建议形式为主

根据《量刑建议指导意见》，人民检察院提出量刑建议，一般应制作量刑建议书，根据案件具体情况，也可以在公诉意见书中提出。实践中，对于简单案件一般在提起公诉时，以量刑建议书的形式提出，对于重大疑难复杂案件，检察官更倾向于结合庭审情况，综合案件事实、情节和被告人认罪态度等，在发表公诉意见时以口头方式提出。认罪认罚从宽制度试行后，"两高三部"明确要求，一般应当在起诉书中明确量刑建议，因此，对于认罪认罚案件，量刑建议大多直接在起诉书中提出。也有实务观点认为，量刑建议需要根据庭审情况进行调整，灵活易变，不宜在起诉书中表述，否则变更起诉书将带来较烦琐的程序，不利于及时诉讼，仍以量刑建议书的形式提出。文书样式虽有不同，但以正式的书面方式提出量刑建议已成为主流。

5. 量刑建议智能化逐步应用

量刑方法和量刑标准是准确提出量刑建议的前提，但同时量刑建议又带有司法经验因素，需要结合区域犯罪形势，结合刑事司法政策，提出合理的量刑建议。随着"智慧检务"建设不断推进，大数据技术在量刑建议中的应用增多。通过类案大数据提取量刑要素，分析法院量刑尺度，各地在量刑建议智能化上进行了有益探索，量刑智能辅助系统也正在得到逐步应用，为检察官提出准确的量刑建议提供了有效的参考和帮助。如广州市南沙区检察院对 90% 以上的认罪认罚案件提出精准量刑建议，95% 以上的精准量刑建议得到法院采纳，就是通过量刑智能辅助系统的帮助，有效提升了量刑建议精准度；青岛市院依托"智慧检察官"办案平台，建立"量刑建议计算器"系统，不断完善系统中常见罪名的量刑情节，对罪名量刑标准进一步细化，实现对部分罪名精准计算量刑等。

（二）量刑建议工作面临的主要问题

1. 对量刑建议重要性认识不足，发展不平衡问题突出

部分检察机关和检察官对量刑建议工作的重视程度不够，仍然存在"重定罪、轻量刑"的倾向，认为量刑是法院的工作，检察机关只要定罪准确即可，没有把量刑建议作为公诉权的重要组成部分。由于认识上的不足，部分检察机关量刑建议工作推进缓慢，有的地区提出量刑建议的比例不到 20%，难以适应认罪认罚从宽制度对量刑建议工作提出的新要求。部分检察官还存在畏难情绪，认为量刑建议客观上增加了工作量和办案难度，提出量刑建议的动力不足。同时，量刑建议主要集中在基层检察机关，主要办理重大案件的分州市院由于所办案件复杂和社会维稳等因素，长期以来倾向于不提量刑建议，间接导致重大案件领域推进认罪认罚从宽困难重重。

2. 量刑建议规范化面临新问题，量刑建议方式各地差异较大

《规范量刑程序意见》和《量刑建议指导意见》明确了量刑建议的要求和提出方式等。但随着司法责任制改革、认罪认罚从宽制度的确立，量刑建议的提出、调整方式、决定权限等都面临新的要求。例如，认罪认罚从宽制度试点文件要求在起诉书中直接提出量刑建议。认罪认罚从宽制度正式确立后司法实践对此仍有不少争议。有的观点认为量刑建议往往受制于被告人的认罪认罚表现，相较于犯罪事实和法律适用容易发生变化，不宜在起诉书中直接表述；也有相反观点认为认罪认罚案件经过控辩协商已经达成具结，发生变化的可能性较小，在起诉书中直接载明量刑建议更能直接体现检察机关兑现承诺。对于提起公诉后，量刑证据或者认罪认罚态度发生变化后，如何调整量刑建议，实践中也存在多种不同的做法。有的直接当庭作出变更，有的庭前出具量刑建议调

整书，有的庭后出具新的量刑建议书等。调整量刑建议是否需要征得检察长的意见，也存在不同做法。这些问题都亟须加以规范和明确。

3. 量刑建议精准化面临新的挑战

量刑建议的精准化是今后的发展方向，但是对于是提出确定刑建议还是相对确定的幅度刑建议，尚存在不同认识。部分法官对检察机关提出确定的量刑建议仍心存抵触，认为这限制了法官的自由裁量权，导致基层检察机关推进确定刑建议较为困难。同时，检察机关内部对于提出确定刑建议也存在一定畏难情绪，一方面部分检察机关量刑建议经验不足，担心对确定刑建议把握不准；另一方面部分基层检察机关将量刑建议的采纳与否作为考评指标，客观上降低了检察官提出确定刑建议的积极性。为了避免量刑建议不被法院采纳，检察官会倾向于采用较大幅度的量刑建议。从量刑建议的方式看，目前仍普遍以幅度刑建议为主，确定刑建议的比例不高，与量刑建议精准化的要求还存在差距。

4. 量刑建议能力和经验仍有待提升

由于长期形成的"重定罪、轻量刑"的观念和司法惯性，检察官缺乏量刑建议方面的经验，对量刑的规律把握不够，对量刑的方法掌握不准，很多时候满足于将案件诉出去，法院能够作出有罪判决即可，不关注量刑问题。在量刑建议工作推行后，也大多以提出幅度刑建议为主。认识不足和训练不够，导致多数检察官量刑建议工作的能力和经验比较欠缺，难以适应认罪认罚从宽制度下量刑建议精准化的要求，这已经成为当前制约量刑建议工作的一个突出的问题。

5. 庭审中量刑辩论普遍不足

刑事诉讼法和《规范量刑程序意见》中将定罪和量刑的审理适当分离，旨在增强控辩双方对量刑的调查和辩论，最终实现量刑的准确公正。但在实践中，定罪和量刑相对分离的庭审模式未有效落实，庭审仍聚焦案件的事实、证据和法律适用，对量刑关注不够。即使是认罪案件，也很少单独针对量刑进行法庭调查和辩论。由于量刑的调查和辩论不够充分，不可避免地出现裁判中量刑更多依赖于法官个人的判断和裁量的情况。

三、认罪认罚从宽制度下量刑建议的几个问题

认罪认罚从宽制度是一项不同于已往认罪从宽制度的重大制度创新，是中国特色的司法协商制度的探索。其不仅在推动案件繁简分流、节约诉讼司法资源上具有重要意义，更在化解社会矛盾、促进国家治理体系和治理能力现代化上具有重大意义。认罪认罚从宽制度中，控辩协商是关键，量刑建议是核心。伴随着量刑规范化改革和认罪认罚从宽制度的深入推进，2018 年修订的刑事

诉讼法首次将量刑建议纳入法律，明确量刑建议在认罪认罚案件中具有一定的刚性效力，量刑建议的核心作用得到了广泛关注。从量刑建议制度十余年的发展来看，理论界与实务界对量刑建议的认识也经历了从探索到逐渐认可，再到认同量刑建议精准化发展方向的过程。当然，在量刑建议不断精准化的过程中，也遇到不少理论与实务中的难点问题值得探讨。

（一）关于提出确定刑量刑建议的问题

实践中提出量刑建议主要存在三种方式，一是确定的量刑建议，即在法定刑幅度内提出确定的刑种和明确的刑期的量刑建议；二是幅度刑量刑建议，即提出确定的刑种和带有一定幅度的刑期的相对具体的量刑建议；三是概括刑量刑建议，即只提出对刑种的量刑建议或者提出法定刑幅度内量刑的建议。第三种方式是量刑建议探索初期较为粗放式的量刑建议模式。在认罪认罚从宽制度下，应以哪种量刑建议方式为原则，既是量刑建议的模式问题，也是理论与实务中的难点问题，仍存在一定的争议。有观点认为，提出幅度刑量刑建议有利于法官根据具体案件和庭审变化充分运用裁量权实现罪责刑相适应，且检察人员量刑建议的能力和经验不足，不宜提出确定刑建议。[①] 也有观点认为，认罪认罚从宽制度下，为了增强量刑协商过程及其结果的稳定性、权威性与延续性，进一步固化具结书的签署效力，提高量刑建议"精准性"，检察机关宜提出确定刑量刑建议，且确定刑量刑建议与人民法院的审判权并不实质冲突。[②]

犯罪嫌疑人自愿认罪并与检察机关针对量刑建议开展认罪协商，达成认罚合意，也即量刑具结，这是认罪认罚从宽制度的特殊安排。检察机关根据认罚合意提出的量刑建议有别于以往的量刑建议，它是凝聚控辩双方乃至被害方意见在内的多方合意的结果。检察机关不是单纯的追诉立场，而是在全面审查定罪量刑的事实证据基础上，在罪责刑相适应原则下，秉持客观公正立场，基于多方合意提出的量刑建议，是代表国家兑现对诉讼当事人的承诺的集中体现。在已形成共识的基础上庭审中再发生事实情节不确定和证据变化的可能性很小，而充分量刑协商的结果必然是确定的，因此确定刑量刑建议是司法机关兑现量刑减让、促进达成认罪量刑协商、维护制度稳定的重要方式，更符合制度价值的内生需求，更有利于认罪认罚从宽制度功效的发挥，更有利于量刑规范化及量刑标准的统一。在认罪认罚案件中，量刑建议的确定性是量刑建议不断走向精准化的重要方面。基于认罪认罚从宽制度的内在机理和价值功能，本文赞成对认罪认罚案件原则上应当提出确定刑量刑建议，即对刑种、刑期、刑罚

---

① 参见潘申明：《论量刑建议模式的选择》，载《华东政法大学学报》2013 年第 6 期，第 72 页。
② 樊崇义：《关于认罪认罚中量刑建议的几个问题》，载《检察日报》2019 年 7 月 15 日第 2 版。

执行方式等提出明确、确定的量刑建议，当然，对于一些新类型、不常见的尚未形成统一的量刑标准的案件，以及量刑情节复杂的重罪案件等不宜提出确定刑量刑建议的，也可以提出相对确定的幅度刑量刑建议，或者提出从严或从宽处理的建议。

1. 认罪认罚案件中量刑建议是控辩协商合意的结果，确定的量刑建议是合意最直接、最充分的体现

在认罪认罚案件中，量刑建议是认罪认罚具结书的核心内容，此时检察机关的量刑建议不是基于控诉立场要求追诉犯罪而提出的刑罚请求，而是基于控辩双方，并结合了被害方意见，对案件事实及量刑情节的共识基础上形成的定罪量刑的合意。确定的量刑建议是这一合意最直接、最充分的体现。犯罪嫌疑人、被告人的认罪认罚是具体明确的，"认罪"不能仅做宣告性的认罪表示，而应当提供具体的犯罪细节。① 相应地，司法机关给予的量刑减让也应当是明确的，提出确定刑建议不仅是检察机关追诉犯罪职能的体现，更是兑现法律明确的对认罪认罚的犯罪嫌疑人、被告人从宽处理的郑重承诺。值得指出的是，是否接受量刑建议是控辩双方协商合意的结果。在检察机关提出量刑建议后，犯罪嫌疑人、辩护律师也可以依法提出从轻、减轻的意见，符合法律规定及法定从宽幅度的，检察官也可以调整量刑建议，形成双方合意的量刑建议。

2. 确定刑量刑建议有助于达成控辩协商，并增强认罪认罚适用的稳定性

从犯罪嫌疑人、被告人的心理预期来说，"一个人深陷囹圄而脱罪无望，自然希望落在自己头上的刑罚能轻则轻，这构成了认罪认罚从宽处理程序的心理基础"。② 在其已经放弃对抗，选择与司法机关合作后，必然希望得到的是检察机关提出的明确的从宽建议。而幅度刑建议使犯罪嫌疑人、被告人在心理预期上仍然处于不确定的状态。试点期间的实践证明，即使犯罪嫌疑人、被告人同意检察机关的幅度刑建议，其心理预期也仍然是量刑建议幅度的中线以下。如果法院在量刑建议幅度的中线以上甚至顶格上线判罚，则超出了犯罪嫌疑人、被告人的心理预期，虽然判罚仍在量刑建议幅度内，但其从心理上则认为量刑偏重，基于此种心理而提出上诉的案件并不鲜见，这不利于认罪认罚从宽制度的稳定适用。究其根源，幅度的量刑建议还是在于控辩协商的不充分，最终必然影响到认罪认罚从宽制度的稳定性。刑事诉讼制度设计赋予量刑建议

---

① 参见魏晓娜：《完善认罪认罚从宽制度：中国语境下的关键词展开》，载《法学研究》2016 年第 4 期，第 83 页。

② 张建伟：《认罪认罚从宽处理：内涵解读与技术分析》，载《法律适用》2016 年第 11 期，第 5 页。

一定刚性，正是为了实现"最大限度地消弭了'可以'从宽的不确定状态"。① 实现立法初衷，客观上要求量刑建议确定化。故"从犯罪嫌疑人角度看，作为认罪认罚具结书的最基本内容之一，检察机关的量刑建议不能过于笼统或大而化之，而应当为认罪认罚的犯罪嫌疑人提供相对确定的量刑预期，以降低诉讼进程的不确定性"。②

3. 确定刑量刑建议有助于诉讼分流，并助益法官对重大疑难复杂案件的办理

认罪认罚从宽制度一个重要的法理价值即是在维护司法公正的前提下对诉讼效率的追求。全国人大法工委在立法解释中也明确，认罪认罚从宽"有利于实现案件的繁简分流，有助于简案快审、难案精审，节约司法资源，有利于提高重大案件的审判质量和效果"。③ 提出确定刑量刑建议更符合诉讼经济原则。一方面，对于认罪认罚已经达成合意的案件提出确定刑建议，法官只需确认犯罪嫌疑人、被告人认罪认罚是在充分了解制度内涵和后果基础上的自愿选择，即可直接采纳量刑建议作出判决，无须重复审查事实证据以及在幅度的量刑建议内进行二次考量。而幅度刑建议节省法官审判时间的意义有限，制度的效率价值也无从体现。确定刑建议基础上的速审速判，实现诉讼分流、程序简化，才能真正解决巨大案件量对法官带来的诉讼压力，从而将更多的精力聚焦在重大疑难复杂案件和不认罪案件的审理中。另一方面，确定刑量刑建议增强了认罪认罚从宽制度适用的稳定性，明确了犯罪嫌疑人对刑罚的心理预期，减少了因被告人心理预期的错位而产生的上诉，能够节约二审司法资源。

4. 认罪认罚案件在审前阶段已经解决定罪量刑的争点，具有提出确定刑建议的可能

反对提出确定刑量刑建议的重要原因之一就是案件事实、证据的复杂易变性。④ 不可否认，对于不认罪及重大复杂案件而言，由于证据的可变性和不确定性，法院据以定罪量刑的事实可能在不同诉讼阶段发生变化，幅度刑建议为可能变化的定罪量刑提供了空间。但对于认罪认罚案件来说，最易发生变化的口供成为稳定的言词证据，在案件已经事实清楚、证据确实充分，量刑情节已查清的情况下，提起公诉后发生变化的可能性极小。这也是刑事诉讼法规定简易程序审理的案件可以简化法庭调查和法庭辩论，速裁程序审理的案件甚至可

① 杨立新：《认罪认罚从宽制度理解与适用》，载《国家检察官学院学报》2019年第1期，第54页。

② 吴宏耀：《凝聚控辩审共识，优化量刑建议质量》，载《检察日报》2019年6月10日第3版。

③ 王爱立、雷建斌主编：《刑事诉讼法立法精解》，中国检察出版社2019年版，第21页。

④ 潘申明：《论量刑建议模式的选择》，载《华东政法大学学报》2013年第6期，第72页。

以省略法庭调查和法庭辩论的根本所在。即使发生变化，刑事诉讼法也允许检察机关调整量刑建议，重新与被告人达成量刑具结，彻底反悔的，也可以进行程序转换。因此，认罪认罚案件中提出确定刑建议完全可行，并有法律程序予以保障。另外，也有观点认为，检察官提出确定量刑建议的能力和经验不足。相较于法官而言，检察官开展量刑建议的时间较短、经验有限，有能力上的短板。应当看到，随着量刑智能化水平的提高，量刑建议精准化带来的倒逼机制，加之对检察官的职业技能培训，经过一段时期的磨合和学习，检察官的量刑建议能力和经验一定能得到提升。从认罪认罚从宽制度试点的情况来看，量刑建议的采纳率达到96.02%以上。[①] 在德国，检察官量刑建议采纳率不会超过30%，在日本，法官的量刑90%以上都低于检察官的求刑，量刑建议采纳率不足10%。[②] 即使考虑中外司法制度差异，检察机关量刑建议在刑事审判中的建设性作用也应得到充分肯定，实现确定刑量刑建议的客观条件是具备的。当然，在实践中，检察官还要多与法官沟通量刑经验，以迅速提升精准量刑议的能力。

5. 从量刑建议的历史发展沿革看，确定刑量刑建议更符合量刑建议制度的发展趋势

从量刑建议的发展历程看，经历了从最初探索、进行试点、写入法律这样一个逐步渐进、不断深入的过程。在十来年的发展过程中，量刑建议呈现出从粗放向精准演进的制度趋势。2009年最高人民法院《量刑程序指导意见（试行）》中规定，"检察机关的量刑建议应当是一个幅度"；2010年最高人民检察院公诉厅《人民检察院开展量刑建议工作的指导意见》明确"检察机关提出量刑建议一般应当是一个相对明确的量刑幅度，只有当确有必要时，才可以提出确定的刑期"。2010年"两高三部"《规范量刑程序意见》规定，"对于公诉案件，人民检察院可以提出量刑建议。量刑建议一般应当具有一定的幅度。"2012年《人民检察院刑事诉讼规则（试行）》提出："……建议判处有期徒刑、管制、拘役的，可以具有一定的幅度，也可以提出具体确定的建议。"从2010年量刑建议全面推开以来，检察机关提出量刑建议主要是以幅度刑为原则，而且幅度较为粗放。2016年认罪认罚从宽制度启动试点，试点文件中明确"量刑建议一般应当包括主刑、附加刑，并明确刑罚执行方式，可以提出相对确定的量刑幅度，也可以根据案件具体情况提出确定刑期的量刑建

---

① 胡云腾主编：《认罪认罚从宽制度的理解与适用》，人民法院出版社2018年版，第278页。
② 苏镜祥：《量刑建议实证分析——以检察机关量刑建议的采纳率为对象》，载《政治与法律》2013年第2期，第15页。

议，建议判处财产刑的，一般应当提出确定的数额"。各试点地区检察机关探索提出确定刑量刑建议，提升量刑建议的精准水平，两年的试点过程中，试点地区提出确定刑量刑建议的占比达到29.4%。① 2018 年认罪认罚从宽制度全面推开以来，部分地区量刑建议精准化水平进一步提升。部分地区实现了以确定刑建议为主的量刑建议方式，例如，重庆检察机关提出确定刑量刑建议占全部量刑建议的62.05%；四川成都市检察机关在认罪认罚案件中全部提出确定刑量刑建议。当然，绝大部分地区检察机关，特别是非认罪认罚从宽制度试点地区，仍习惯于以幅度刑量刑建议为主，但即便如此，原先的粗放模式量刑建议已基本被取代，量刑建议的幅度进一步限缩，量刑建议精准化已成为趋势。

（二）关于认罪认罚是否作为独立的量刑情节

《刑事诉讼法》第 15 条规定，"犯罪嫌疑人、被告人自愿如实供述自己的罪行，承认指控的犯罪事实，愿意接受处罚的，可以依法从宽处理"。这是认罪认罚案件从宽的法律依据。但对于认罪认罚案件如何从宽，如何理解认罪认罚与自首、坦白等法定情节的关系，认罪认罚是否应作为单独的量刑情节予以评价也存在不同认识。有观点认为，在现有的量刑指导规范文件中对于自首、坦白、当庭认罪等认罪量刑情节和赔偿被害人损失、退缴赃款、达成刑事和解等认罚量刑情节均有明确的从宽标准，足以据此确定认罪认罚的从宽幅度，无须将认罪认罚作为单独量刑情节规定从宽幅度。② 也有观点认为，认罪认罚从宽和自首、坦白之间，在量刑方面虽有重合和联系，但认罪认罚从宽应当是自首、坦白、认罪之外一个新的独立的量刑情节。唯有如此，才能真正地体现其在诉讼过程中的立法本意——激励犯罪嫌疑人、被告人认罪认罚的积极性，才能真正促使其悔罪，实现重新做人的社会效果。③ 本文赞成将认罪认罚作为单独的量刑情节予以评价，即在自首、坦白等从宽情节基础上，应再给予适当从宽考虑，犯罪嫌疑人将更有获得感，可以鼓励其在认罪的基础上尽早认罚，凸显认罪认罚从宽制度的功能和价值。

首先，就认罪认罚从宽的本意和内涵而言，独立评价有利于体现制度优势，符合立法原义。立法解释阐明，在确保认罪认罚从宽制度实施过程中，应当依法告知当事人相关法律规定，使其了解到认罪认罚可以从宽处罚这一法律

---

① 周强：《最高人民法院、最高人民检察院关于在部分地区开展刑事案件认罪认罚从宽制度试点工作情况的中期报告》，载《全国人民代表大会常务委员会公报》2018 年第 1 期，第 89 页。

② 杨立新：《认罪认罚从宽制度理解与适用》，载《国家检察官学院学报》2019 年第 1 期，第54 页。

③ 樊崇义：《认罪认罚从宽与自首坦白》，载《人民法治》2019 年第 1 期，第 54 页。

精神，鼓励其认罪认罚。① "从宽"，是认罪认罚从宽制度的重要激励价值所在。承认认罪认罚具有区别于其他从轻量刑情节的独立价值是鼓励犯罪嫌疑人、被告人认罪认罚的最好激励。对认罪认罚作出独立的从宽价值评价有助于鼓励不具有其他法定、酌定从轻情节的犯罪嫌疑人、被告人认罪认罚；也有助于鼓励犯罪嫌疑人、被告人在法定、酌定情节之外基于认罪认罚优惠选择与司法机关合作。从立法背景看，对于已经认罪认罚的犯罪嫌疑人、被告人，要在充分考虑其认罪认罚情况的基础上，结合其犯罪的事实、情节等，依法采取宽缓的强制措施、适用便利的诉讼程序，提出从宽处理的量刑建议，依照从宽量刑等。立法解释也表明了结合犯罪嫌疑人、被告人犯罪的事实、情节基础上，要充分考虑认罪认罚情况予以从宽，说明认罪认罚情节是项单独的从宽情节，而不是既有法定、酌定量刑情节的概括表述。

其次，认罪认罚不仅具有实体效果，还具有重要的程序价值。无论是刑法规定的自首、坦白认罪情节，抑或是量刑指导意见中退赃退赔、赔偿谅解、刑事和解等认罚情节，都着重从实体意义上予以评价。但认罪认罚不仅具有实体效果，还具有重要的程序价值。较为一致的共识是，从宽"既指实体上的依法从轻、减轻或免除处罚，又指程序上适用较轻的强制措施和从简的诉讼程序"。② 具体而言，在侦查阶段，体现为采取非羁押强制措施以及向检察机关提出从轻量刑和程序从简的建议，以及对于特殊案件的撤销。③ 在审查起诉阶段，体现为检察机关作出不起诉决定、提出从轻的量刑建议、适用较轻的强制措施、向审判机关提出程序从简的意见等。在审判阶段，体现为通过速裁程序、简易程序等方式实现程序从简从快，以及接受检察机关的量刑建议，提高诉讼效率。认罪认罚从宽制度是借鉴其他国家和地区辩诉交易制度等有益经验形成的具有中国特色的司法协商制度，其程序价值除体现在节约诉讼资源、提升司法效率外，还体现在司法民主、司法协商、司法参与的充分彰显。刑法意义上的自首、坦白认罪情节，以及以鼓励修复社会关系为退赃退赔、赔偿谅解、刑事和解等认罚情节已经无法包涵认罪认罚从宽制度的上述程序价值。故有必要赋予其独立的从宽量刑评价，以体现其更为丰富的程序价值内涵。

当然，如何解决认罪认罚情节与自首、坦白等情节在主观认罪上的重合因素，值得完善量刑指导意见时予以考虑。自首、坦白等情节不可避免地可能包含认罪要素，将认罪认罚情节作为单独情节予以评价时未免会带来重复评价之

---

① 王爱立、雷建斌主编：《刑事诉讼法立法精解》，中国检察出版社 2019 年版，第 26 页。

② 朱孝清：《认罪认罚从宽制度的几个问题》，载《法治研究》2016 年第 5 期，第 36 页。

③ 对于具有重大立功或涉及国家重大利益的案件经法定程序可撤销案件。

嫌。为避免重复评价导致的罪责刑不匹配的弊端，可以通过从宽幅度的精细设定予以完善。

（三）关于"从宽"可否跨档减刑或者免刑问题

《刑事诉讼法》第15条规定"可以依法从宽处理"，"从宽"除包括从轻外，是否包括减轻和免除处罚也是实践中遇到的问题。有观点认为，《刑事诉讼法》第15条是认罪认罚从宽的法律依据，与坦白、自首等法条具有同等意义。部分案件基准刑在跨档临界点，不减轻处罚则无法兑现从宽承诺，故"从宽"应当包括减轻和免除在内。具体从轻、减轻或免除处罚幅度，可以根据量刑指导意见计算后综合权衡决定。相反意见认为，从宽处理应在刑法量刑情节条款范围内依法从宽。根据刑法规定，自首可以从轻或者减轻处罚，坦白一般也只从轻处罚，认罪认罚虽作为单独量刑情节，但仍依赖于认罪情节，如果理解为可以从轻、减轻或者免除处罚，则需要修改刑法与之相衔接。不能根据刑事诉讼法的规定直接对被告人减轻处罚。[①]

本文认为，《刑事诉讼法》第15条的从宽还需要结合刑法坦白、自首等条款来应用，对于减轻、免除处罚，必须有刑法上的减轻或者免除处罚情节作为依据，否则只能在法定刑幅度内提出从轻处罚的量刑建议，不宜直接依据第15条减轻或者免除处罚。

首先，刑法是定罪量刑的总纲，从宽处罚不得违背罪刑法定的基本原则。《刑法》第3条明确规定了罪刑法定的原则，定罪量刑的情节必须法定化，也即刑法典化。1997年修订刑法时所确立的重要原则是制定"统一的刑法典"，即将定罪量刑的所有内容都设计在一部刑法典中。由此可见，足以影响定罪量刑各种法定情节及其从宽、从严程度都应该在实体法上有所反映，以刑法既有的量刑条款为限度。在对认罪认罚从宽这一条文进行立法解释时也阐明，认罪认罚从宽"要在法律规定的范围内从宽，也就是从轻、减轻或者免除处罚，而不是就量刑讨价还价、无边退让"。[②] 故刑法是确定刑事责任的总纲，从宽处理仍应当以刑法为基础，遵循自首、坦白情节本身具有的从轻、减轻、免刑的裁量空间提出量刑建议。

其次，刑事诉讼法上的从宽处罚系原则性规定而非实体法上从宽情节。2018年刑事诉讼法修订，草案一审稿和二审稿征求意见过程中，都有人提出应当明确从宽处罚的含义，建议改成"从轻、减轻或者免除处罚"；但也有人

---

① 参见周光权：《论刑法与认罪认罚从宽制度的衔接》，载《清华法学》2019年第3期，第32页。

② 王爱立、雷建斌主编：《刑事诉讼法立法精解》，中国检察出版社2019年版，第26页。

提出，从宽处理涉及犯罪嫌疑人、被告人的实体权利，应当在刑法中规定。①最终立法仍笼统规定"从宽处理"有两个因素。一是《刑事诉讼法》第 15 条从宽处理的内涵较为宽泛，既体现在实体上的从宽处罚，也体现在诉讼程序上的从宽。包括采取更为轻缓的强制措施、适用更加便利、快捷的诉讼程序、起诉裁量，甚至还包括侦查阶段撤销案件等。只有概括规定"从宽"才能涵盖多元化的从宽精神。二是在刑事诉讼法中不宜明确从宽的具体形式，实体意义上的从宽处理需要刑法予以明确。如果认为可以直接适用《刑事诉讼法》第 15 条的从宽规定，减轻或者免除处罚，势必带来司法实践的混乱。刑法中根据自首、坦白、立功等情节的不同价值，明确了可以从轻或者减轻、免除处罚，并没有笼统规定"从宽"，就是防止司法实践无所适从，带来适用的混乱，导致罪责刑不相适应。

（四）量刑建议从宽幅度应当体现阶段性梯度

速裁程序和认罪认罚从宽制度试点过程中，部分试点单位探索不同认罪认罚阶段"3 - 2 - 1"的量刑递减模式。具体而言，就是根据诉讼阶段的差异而区别量刑减让的比例：在侦查阶段认罪认罚的最高从宽 30%；在审查起诉阶段认罪认罚的最高从宽 20%；在审判阶段认罪认罚的最高从宽 10%。从宽幅度是否完全合理科学可以进一步探讨，这种通过"从宽"幅度的精细设置体现出正向激励的模式得到了实务界的普遍认可，其背后的从宽差异化原则基本成为共识：一方面认罪认罚与非认罪认罚案件量刑结果之间要有一定的差异；另一方面认罪认罚的不同诉讼节点量刑减让的幅度要有一定的差异。

首先，不同诉讼阶段设置量刑减让梯度具有激励尽早认罪功能。犯罪嫌疑人越早认罪认罚，越有利于查明事实真相，越有利于节约司法资源，越有利于修复社会关系。从认罪认罚从宽制度的初衷和价值出发，为敦促犯罪嫌疑人尽早认罪认罚，根据当事人认罪认罚的不同诉讼阶段设置阶梯化从宽幅度，提出在侦查、起诉、审判阶段认罪认罚从宽依次递减的幅度，既符合司法规律，也具有较强的激励效应。当然具体运用中还需要结合认罪认罚的真实性和彻底性进行综合评价，避免机械适用，要注意办案效果。

其次，罪责刑相适应原则要求根据认罪认罚的不同阶段给予不同的量刑从宽。罪责刑相适应原则既是我国刑法的基本原则，也是指导量刑的基本原则，认罪认罚从宽的裁量也必须遵循这一原则。20 世纪以来，"刑罚的重心由对犯罪的等价报应与等价威慑转向对犯罪人的教育、感化与改造"，刑罚的裁量应

---

① 王爱立、雷建斌主编：《刑事诉讼法立法精解》，中国检察出版社 2019 年版，第 21—22 页。

当更加注重与人身危险性相适应，甚至"与犯罪人的人身危险性的大小相适应成为矫正刑时代配刑的基本准则"。[①] 人身危险性是行为人实施犯罪行为的可能性。通常，犯罪人主观恶性的固化程度越高，再犯可能性越大，其人身危险性也越大。因此，行为人犯罪后认罪悔罪态度可以在一定程度反映其主观恶性的固化程度。基于此，其他国家和地区刑法理论与实践一般将行为人犯罪后的态度作为裁量刑罚的重要参考因素。比如，《德国刑法典》第 46 条明确将"行为后的态度"作为量刑的重要参考因素。[②] 也就是说，行为人分别在侦查、审查起诉、审判阶段认罪认罚可以体现出其人身危险性逐渐递增，根据认罪认罚的不同阶段给予不同幅度的从宽处罚，具有合理性，也符合刑罚理念。

最后，从宽幅度的阶梯性设置有利于缓解有限司法资源与日益繁重的刑事诉讼负担之间的矛盾。趋利避害是人的天性，特别是在决定是否认罪认罚以及何时认罪认罚的过程中，行为人往往会权衡如何选择才能对自己最为有利。认罪认罚从宽制度的重要价值之一就是引导、鼓励行为人自愿认罪认罚。行为人越早认罪认罚，节约司法资源的效果越明显，如果每个认罪认罚案件的行为人都选择在最后的审判阶段认罪认罚，那么，认罪认罚制度的目的必将大打折扣，甚至有落空的风险。同时，犯罪嫌疑人为修复社会关系、节省司法资源作出的努力越多，从宽幅度就理应越大。因此激励行为人尽早认罪认罚才能最大限度地实现认罪认罚从宽制度的目的，而要实现此目的，就要给行为人提供尽早认罪认罚的驱动力。对不同阶段认罪认罚采取阶梯式从宽量刑，认罪认罚越早给予的从宽幅度越大，反之，认罪认罚越晚给予的从宽幅度就越小。

当然，基于罪责刑相适应的基本原则，从宽幅度的差别性应当在合理限度内体现，合理从宽既要发挥制度的激励作用，又不能违背法律规定、公序良俗。刑罚主要还是应以犯罪嫌疑人的犯罪性质及其严重程度决定，从宽折扣过大将导致对罪行的错误评价，不符合罪责刑相一致，也由此会带来量刑失衡、司法失信、无辜者认罪、冤假错案，甚至司法腐败等一些列问题。"过大的量刑折扣可能损害公众对司法的信心，特别是在重罪案件中，也有可能刺激无辜者答辩有罪"。[③] "两高"应当通过量刑指南等形式，确定从宽幅度标准，增加社会和犯罪嫌疑人的心理预期和司法确定性，增强量刑的精准性。

[①] 邱兴隆：《刑罚理性评论——刑罚的正当性反思》，中国政法大学出版社 1999 年版，第 66—70 页。

[②] 《德国刑法典》，徐久生、庄敬华译，中国方正出版社 2004 年版，第 103 页。

[③] 熊秋红：《认罪认罚从宽的理论审视与制度完善》，载《法学》2016 年第 10 期，第 102 页。

（五）从宽中应体现量刑平衡

量刑的任务就是对被告人判处与其所犯罪行以及所应当承担的刑事责任相匹配的刑罚。在此基础上要求在司法整体公正与案件个体公正之间维持一种相对的平衡，以维持整体司法公正的指导方向和司法公信力。随着司法大数据的逐渐广泛运用，类案量刑失衡问题得到一定缓解，并有望在大数据的辅助下进一步得到解决。但对于部分犯罪嫌疑人、被告人认罪认罚、达成刑事和解的案件，共犯间的量刑平衡问题仍然需要给予关注。

一方面，对于认罪认罚的犯罪嫌疑人、被告人应当给予从宽优惠，这是恢复性司法的基本要求；另一方面，基于报应论要注重对共同犯罪案件的量刑平衡。应当说，报应论与恢复性司法的冲突是天然存在的，报应论要求实现对共同犯罪全体被告人在量刑上的平衡，恢复性司法要求对与被害人达成刑事和解、平息了社会矛盾的被告人从宽处理。从宽中不可避免地可能产生同案被告人间的量刑失衡。当部分共犯适用认罪认罚，而另一部分共犯没有认罪认罚时，从宽带来的量刑失衡问题就出现了。有观点提出两条解决路径："一是限制从宽，即为了实现全案量刑的平衡，而又不与共犯处罚原则相悖，应当限制和解共犯的从宽幅度；二是全面从宽处罚，即为了不影响刑事和解价值的实现，又要满足全案的量刑平衡的要求，对本不应从宽的普通共犯做适当从宽处罚。"① 司法实践更偏向于前种方式，即适当限制部分共犯的从宽幅度以达到共同犯罪内的量刑均衡。②

认罪认罚态度和表现决定了行为人人身危险性的不同，降低了刑罚可责性，故量刑上予以一定从宽是符合罪责刑相适应原则的。但对量刑平衡的考量是多维度的，既有立法与司法上的维度，也有个案与类案的维度，还有空间上与时间上的维度等。同样，在个案共同犯罪内的量刑均衡也不能忽视。既要考量共同犯罪的社会危害性，也要考虑共同犯罪人的人身危险性。共同犯罪人的不同认罪认罚态度和表现决定了其人身危险性的不同。但即便如此，在主犯认罪认罚、从犯没有认罪认罚的情形下，为保障个案的量刑平衡，主犯从宽后所承担的刑罚一般也不得轻于从犯。

---

① 参见陈建桦：《部分共犯适用刑事和解量刑问题的一体化研究》，载《湖南师范大学社会科学学报》2013 年第 4 期，第 85 页。

② 最高人民法院《关于适用〈中华人民共和国刑事诉讼法〉的解释》第 505 条规定："对达成和解协议的案件，人民法院应当对被告人从轻处罚；符合非监禁刑适用条件的，应当适用非监禁刑；判处法定最低刑仍然过重的，可以减轻处罚；综合全案认为犯罪情节轻微不需要判处刑罚的，可以免除刑事处罚。共同犯罪案件，部分被告人与被害人达成和解协议的，可以依法对该部分被告人从宽处罚，但应当注意全案的量刑平衡。"从司法解释看，也认可前种解决方案。

当然，对于这个问题也不宜绝对化，刑罚是多重价值的共同体现，对主从犯刑罚的确定，同样需要考虑多重因素。对于主犯可能具有自首、立功、退赃退赔等从宽处罚情节，按照量刑方法，主犯的宣告刑低于从犯的，也并非不可以在从犯的刑罚之下确定刑罚。因此，在确定共同犯罪被告人的刑罚时，应当充分考量各种因素，综合考虑社会观念等因素，提出区别化的量刑建议，避免出现量刑失衡，冲击一般民众朴素的公平正义观念。

（六）科学评价法官对量刑建议的采纳

由于量刑建议的实质内涵及指向，量刑建议采纳率往往是评估量刑建议改革成效的最主要指标体系，[①] 同样也是评价检察机关量刑建议质量和落实认罪认罚从宽制度的重要指数。在认罪认罚从宽制度试点期间，量刑建议采纳率超达 96.02%。在我国司法制度中，检察机关不仅代表国家行使追诉权，还可以对量刑的畸轻畸重提出监督，无形中构成了对法院量刑的制衡。必须清醒地认识到，量刑建议采纳率一定程度反映了检察机关量刑建议的质量，但评价量刑建议的质量高低不能简单地以采纳率高低为标准。

我们认为，刑事诉讼法在认罪认罚从宽制度的程序设计中，要求检察机关提出量刑建议并且要求除非量刑建议明显不当的法院应当采纳，在一定程度上就是将法官自由裁量权作出部分让渡，实现司法资源的优化配置，提升诉讼效率。当然，检察机关也应当充分尊重法院在量刑活动中的自由裁量权，不能仅仅因为法院未采纳量刑建议就提出抗诉予以纠正。同样在评价量刑建议时，也要充分考虑法官的自由裁量权，不能因为法官量刑裁判与量刑建议有出入就认为量刑建议质量不高。可以考虑，如果最终量刑与量刑建议的偏离值或者偏离度在合理范围内，法官裁量确有相应理由，应尊重法官的自由裁量权，此种情况不宜提出抗诉纠正，此类量刑建议也不能认为属于建议不当或者质量不高。

四、完善认罪认罚案件量刑建议的措施

刑事诉讼法明确了认罪认罚案件量刑建议的内容，赋予了量刑建议制度刚性，从立法上为检察机关提出量刑建议提供了明确的法律依据，也对量刑建议工作提出了更高的要求。从实务出发，检察机关提高量刑建议质量应着重注意以下几个方面：

---

① 苏镜祥：《量刑建议实证研究——以检察机关量刑建议的采纳率为对象》，载《政治与法律》2013 年第 2 期，第 151 页。

（一）提高对量刑建议重要性的认识

量刑建议权本质上属于公诉权，量刑建议和指控犯罪一样，都属于公诉权的具体权能。[①] 量刑建议的制度功能和价值不容忽视，它既有利于制约法官的自由裁量权，加强审判监督，促进量刑公开、公正，保障司法公正，也有利于完善刑事审判程序和刑事诉讼结构，提高诉讼效率和当庭宣判率，还有利于提高公诉人素质能力。特别是在认罪认罚从宽制度中，量刑建议是检察机关在诉讼中发挥主导作用的重要体现。推进量刑建议的精准化发展，推广确定刑量刑建议，要求检察官要摒弃"重定罪、轻量刑"的倾向，认识到量刑建议权的重要意义和价值，注重对量刑情节的查证、审查，督促侦查机关全面收集量刑证据、信息，学习法院的量刑经验，切实承担起在指控犯罪定罪和量刑上的主导责任，做好量刑建议工作。

（二）修订完善量刑指导意见，增强量刑建议的可操作性

现有的量刑指导意见虽涵盖了常见的 23 个罪名，但仍难以满足深入推进量刑建议工作的需要。"两高"应当协同推进，逐步扩大和完善量刑指导意见中罪名范围，统一量刑标准，力争使量刑标准更加贴近办案实践，更加具有可操作性和指引性，为精准提出量刑建议、准确裁量刑罚打牢制度基础。各地的社会治安状况、法治治理水平都有不同，具体的量刑尺度必然有所差别，最高司法机关制定的量刑标准为照顾全国适用的普遍性，不可能一刀切，地方检法机关可以发挥主观能动性，积极和同级法院沟通，结合地方实际细化量刑标准。当然，应当认识到，相对明确、适当抽象的标准，并非直接套用计算的量刑建议模板，仍然会有一定的弹性和裁量空间。有明确的标准对于司法人员开展量刑工作确有帮助，但量刑活动不是机械的加减乘除，还需要结合具体案件情节、社会危害性、刑事司法政策进行综合判断考量。检察官还应当充分考虑个案的特殊性，充分运用检察裁量权，根据案件实际情况准确提出量刑建议，做到法理情的有机结合，司法才有温度，才能让人民群众在每一个案件中感受到公平正义。

（三）进一步完善量刑建议程序

现有的量刑建议程序规范已经不适应刑事诉讼法的要求，不适应司法责任制的要求，不适应捕诉一体办案机制改革的要求。"两高"需要抓紧修改《规范量刑程序意见》，在一些重要问题上达成共识，特别是目前基层检法机关存在争议的问题。同时也需要抓紧修改《量刑建议指导意见》，对量刑建议提出

---

① 参见朱孝清：《论量刑建议》，载《中国法学》2010 年第 3 期，第 5—6 页。

的时机、形式、方法、审批、调整等程序问题予以进一步的规范。检察官要充分发挥捕诉一体办案模式的优势，加强审前引导，把好审查逮捕关，及时督促侦查机关加强对量刑证据的收集；要完善量刑建议的协商和释法说理机制，在办理认罪认罚从宽案件中，充分听取犯罪嫌疑人、被害人、辩护人等诉讼参与人关于量刑的意见，把量刑建议的理由和依据讲清楚，争取达到各方都能接受的效果。

（四）发挥大数据智能辅助系统的作用

目前，部分地方检察院充分应用量刑建议智能辅助系统，梳理同类罪名的量刑标准和尺度，辅助检察官提出量刑建议，总体效果不错。大数据、智能化与检察工作的结合，有效提升了量刑建议的精准度。在了解各地检察机关智能辅助系统运用的情况、充分论证的基础上，要组织研发可以普遍适用的量刑建议辅助系统。同时，也要正确认识量刑智能辅助系统的作用，大数据和智能化确实能为司法人员提出精准量刑建议提供最直接的计算方法，但每个案件背后都有其特殊性，要结合每个案件的具体情况综合考量，不能把量刑建议变成简单的公式计算，而要实现罪责刑相适应。量刑智能辅助系统只能是检察官提出量刑建议的参考，要在参考值的基础上，充分考量犯罪数额、数量、结果之外的不可量化的情节因素，充分运用检察裁量权，提出精准、合理的量刑建议。

（五）多措并举全面提升检察官量刑建议的能力和水平

尽管从2010年以来全国检察机关就全面开展了量刑建议工作，但实践中检察官还存在对量刑建议重视程度不够，对法院量刑的规律研究不够，对量刑的方法掌握不够等问题。速裁程序和认罪认罚从宽试点工作在全国18个省份开展，在试点地区量刑建议工作虽然整体上提升很快，但非试点地区对此仍相对陌生，检察官普遍感到在量刑方面本领恐慌，能力存在短板。试点地区也存在需要进一步规范和精准化的问题。提高检察官量刑建议的能力，要积极探索，采取多种措施，既要通过集中培训、邀请资深法官授课、邀请检察实务专家传授经验，更要在实践中主动锻炼提高，加强对裁判文书的分析，总结提炼量刑规律和标准，把量刑指导意见学懂、学透、学深，快速补齐短板。只有切实提升量刑建议能力，才能真正做到量刑建议精准、合理，让被告人信服，让法官采纳。

（原载于《中国刑事法杂志》2019年第5期）

检察环节非羁押诉讼研究[*]

张志杰^{**}

党的十八届三中全会审议通过的《中共中央关于全面深化改革若干重大问题的决定》明确提出要"完善人权司法保障制度"。刑事强制措施直接关系公民的人身权利，集中体现了一个国家的人权保障与法治文明的发展程度。以拘留、逮捕为代表的羁押性强制措施，是强制力最高的侦查手段，在保障诉讼方面的作用不可替代，是任何国家诉讼程序中不可或缺的一部分。但是，羁押具有剥夺公民人身自由的效果，与其他刑事强制措施一样，其本质是对基本权利的侵犯。① 长期以来，我国刑事案件存在较高拘留率、逮捕率，羁押期限缺少节制，羁押适用较普遍等问题。大量可以适用羁押替代性措施的犯罪嫌疑人在判决前处于被羁押状态。从建设法治文明、贯彻人权保障原则出发，应当进一步严格限制羁押适用，完善羁押替代性措施，逐步构建非羁押诉讼体系。检察机关在刑事诉讼中处于承上启下的关键环节，应当在推进非羁押诉讼的进程中发挥主导作用。

一、非羁押诉讼的提出背景

非羁押诉讼，即在法院作出判决以前，对符合法律规定、案件具体条件允许的犯罪嫌疑人、被告人采取取保候审等强制措施，让其在未被剥夺人身自由

* 本文系 2018 年度最高人民检察院检察理论研究重点课题《检察环节开展非羁押诉讼程序问题研究》（编号：GJ2018B11）的研究成果。

** 最高人民检察院检察委员会专职委员、二级大检察官。本文作者还有：张庆彬，最高人民检察院第一检察厅二级高级检察官；陈希君，最高人民检察院第一检察厅主任科员；许勃，山东省人民检察院第一检察部主任；张春丽，山东省人民检察院第三检察部四级高级检察官；董海波，山东省东营市人民检察院侦查监督处处长；束斌，山东省东营市河口区人民检察院检察长。

① 如德国学者罗科信指出："刑事诉讼法中的强制性措施均为对基本权利之侵犯。"参见［德］克劳思·罗科信：《刑事诉讼法》，吴丽琪译，法律出版社 2003 年版，第 273 页。日本学者田口守一认为："所谓强制性措施，就是侵害个人重要利益的处分。"参见［日］田口守一：《刑事诉讼法》，张凌、于秀峰译，中国政法大学出版社 2010 年版，第 32 页。

的状态下参与诉讼活动的诉讼模式。

（一）未决羁押适用存在的问题

从刑事程序看，无论是否羁押，犯罪嫌疑人、被告人都要经历侦查、审查起诉、审判等阶段，强制措施在刑事诉讼中原本就是保障性的手段，以强制措施的不同区分诉讼模式似乎缺少独立意义。必须注意到，羁押普遍化、恣意化、长期化等问题是我国刑事诉讼的痼疾。将非羁押诉讼作为一种诉讼模式提出，是对司法实践问题的有力回应，旨在破除未决羁押①率过高的传统，为刑事诉讼提供另一种进路。因此，有必要系统审视我国刑事诉讼中羁押适用存在的问题。

一是未决羁押成为诉讼常态。联合国《公民权利与政治权利国际公约》第9条明确规定，"等待审判的人被置于羁押状态不应当是一般的原则"。无论是注重正当程序模式的英美法系国家，还是注重犯罪控制模式的大陆法系国家，基本都确立了对刑事被追诉人②在被法院作出有罪判决前以"非羁押为原则，羁押为例外"的适用原则或事实状态，③判决前被羁押的犯罪嫌疑人、被告人比例很低。而我国通过修改刑事诉讼法细化、提高了拘留、逮捕的条件，虽然近年来批捕率呈下降趋势，但仍高于国际上一些主要国家的平均水平，未决羁押成为诉讼常态。

二是未决羁押期限缺少节制。为尽可能地减少羁押对未决犯罪嫌疑人、被告人人身自由的影响，未决羁押应尽可能地短暂，及时撤销或变更。而我国司法实践中存在羁押对追诉活动的依附化问题，羁押时间基本与办案时间默认等同，延长或重新启动羁押期限缺少实质审查，羁押必要性审查机制尚不完善，导致犯罪嫌疑人、被告人一旦被拘留或逮捕，就基本处于长期羁押状态，"一押到底""久押不决"现象较为突出。

三是羁押后被判轻刑率高，不符合比例性原则。拘留、逮捕等羁押性强制措施主要适用于罪行较重、社会危险性较大的犯罪嫌疑人、被告人，如果不加区分地对可能判处较轻刑罚、没有社会危险性的犯罪嫌疑人、被告人适用，易消解强制措施本身的正当性。可见，轻刑案件羁押问题仍有较大的改善空间。

---

① 未决羁押在不同国家有不同称呼。英美法系国家普遍称之为"审前羁押"，德国称之为"待审羁押"，法国称之为"先行羁押"，日本称之为"勾留"（直译为羁押），等等。我国没有单独的未决羁押制度，而是将羁押融合于拘留和逮捕措施中，羁押是拘留和逮捕的当然状态和必然结果。

② 本文将刑事被追诉人界定为法院作出有罪判决之前的犯罪嫌疑人、被告人。

③ 参见王贞会：《羁押替代性措施改革与完善》，中国人民公安大学出版社2012年版。

（二）问题的根源

司法实践中出现这种状况，主要受到法律传统、司法理念、立法规定等主客观多方面因素的影响。

一是司法理念的偏差。司法实践中，一些办案人员没有准确把握现行刑事诉讼法的基本精神，没有牢固树立"惩治犯罪与保障人权并重""少捕慎捕"等司法理念，存在"重实体轻程序""重打击轻保护"和"以捕代侦""构罪即拘""构罪即捕"的倾向，办案中过分强调刑事拘留、逮捕的作用，过分依赖通过羁押取得犯罪嫌疑人、被告人口供来突破案件，不能依法全面客观收集证据，不能结合犯罪情节、认罪态度、民事赔偿情况等综合判断如何适用强制措施，而是机械地"一押到底"，甚至"不在押不受理"。

二是传统法律文化影响。受我国传统法律文化长期以来形成的绝对主义刑罚观、权力本位观等因素影响，社会公众更关注对犯罪的惩治，忽视对人权的保障，在心理上对打击犯罪的期望值远远超过诉讼中侵犯人权的失望值。一旦某人被确定为犯罪嫌疑人或被告人，就被打上了罪犯的标签，社会大众会自觉不自觉地产生歧视心理，认为犯罪嫌疑人或被告人被羁押是理所应当，不被羁押就是司法不公。而对犯罪嫌疑人、被告人权利受到公权力侵害的情况，则基于对权力的敬畏和盲从而选择漠视或放弃申诉控告，这种思想在潜移默化中影响着刑事拘留、逮捕等强制措施的适用。

三是制度设计不够完善。我国刑事立法更多地注重惩罚功能而非保护功能。现行刑事诉讼法进一步贯彻了人权保障等理念，但在制度设计上仍没有完全突破"以羁押为主"的限制。例如，对逮捕条件的社会危险性证明这一核心条件缺乏客观确定的标准；对取保候审、监视居住的适用标准规定模糊，可操作性不强，法律约束力不足；办案机关拥有过多自由裁量权，羁押性强制措施在操作上较为便利，导致逮捕大量适用。又如，法律规定"犯罪嫌疑人、被告人被逮捕后，检察机关仍应当对羁押必要性进行审查"。但这种捕后羁押必要性审查，只赋予了检察机关建议权，实际效果易打折扣。

四是运行机制不够健全。按照我国宪法和刑事诉讼法的规定，公安机关、检察机关和法院三机关之间是分工负责、互相配合、互相制约的关系，但因其所站角度不同，往往从不同利益角度出发适用刑事强制措施，没有建立统一有效的强制措施适用运行机制，执（司）法协作不够顺畅，特别是取保候审和监视居住等非羁押性强制措施缺乏有效的案件办理、监管和救济机制，使得非羁押性强制措施不能有效适用于刑事诉讼的全过程。

（三）非羁押诉讼发展的新形势

一是人权保障理念的逐渐深入对未决羁押提出考问。随着法治建设的不断进步和经济社会的发展，公民的法律意识、权利意识、监督意识、人权保障意识在不断增强，对司法的关注度尤其是对涉及人身自由等基本人权的关注度持续升温，对司法机关保障人权、减少羁押、理性平和司法的愿望更加迫切，构建非羁押诉讼制度符合我国全面推进依法治国的时代背景。尤其是随着法治进程的不断推进，减少审前羁押、重视人权保障已经成为我国刑事诉讼的发展趋势。

二是法律制度的不断完善为非羁押诉讼提供了制度支撑。2004年宪法修正案将"国家尊重和保障人权"正式写入宪法。刑事诉讼法也将尊重和保障人权纳入刑事诉讼任务，确立了非法证据排除规则、强化辩护人诉讼作用等，扩大羁押替代性措施的适用，"保障每一位公民人身自由免受国家权力非法和恣意侵犯"，[①] 同时从实体与程序两个方面明确羁押适用的条件，体现了"非羁押为原则、羁押为例外"的基本理念，彰显了让犯罪嫌疑人在非羁押状态下参与刑事诉讼的立法意图。如在未成年人犯罪等案件中，非羁押性强制措施的优先适用已成为趋势。[②]

三是认罪认罚从宽制度对非羁押诉讼提出迫切需求。随着认罪认罚从宽制度的全面铺开，推进非羁押诉讼的需求也更加迫切。作为人权保障原则在刑事司法领域的体现，认罪认罚从宽制度与非羁押诉讼的内在价值具有一致性，降低羁押适用率，是程序从宽的重要体现，而减少羁押时间，则是提升办案质效的关键。从实现案件繁简分流、简案快审角度出发，在认罪认罚案件中，应尽可能采取非羁押诉讼的模式，在采取取保候审等非羁押性强制措施的基础上缩短办案时限，从而在更高层次上实现控制犯罪与人权保障、司法公正与效率的平衡。

二、非羁押诉讼的理论基础

（一）非羁押诉讼的法理基础

推进非羁押诉讼，不仅是解决实践问题的突破口，也是实现刑事诉讼实体与程序正义的路径。

---

① 卞建林：《论我国审前羁押制度的完善》，载《法学家》2012年第3期。

② 中央综治委预防青少年违法犯罪工作领导小组、最高人民法院、最高人民检察院、公安部、司法部、共青团中央《关于进一步建立和完善办理未成年人刑事案件配套工作体系的若干意见》中明确规定，公安机关办理未成年人刑事案件，对未成年人应优先考虑适用非羁押性强制措施，加强有效监管；羁押性强制措施应依法慎用，比照成年人严格适用条件。最高人民检察院《关于人民检察院办理未成年人刑事案件的规定》中也规定，对未成年人审查逮捕案件，要严格限制适用逮捕措施，可捕可不捕的不捕。

第一，无罪推定原则的基本内涵。意大利刑法学家贝卡利亚在《论犯罪与刑罚》中提出无罪推定以来，经过 200 多年的发展，无罪推定原则已经成为现代法治国家通行的一项重要刑事司法原则。应当注意到，贝卡利亚在提出这一原则时即已说明，无罪推定不仅仅是指"在法官判决之前，一个人是不能被称为罪犯的"，还意味着"只要还不能断定他已经侵犯了给予他公共保护的契约，社会就不能取消对他的公共保护"。① 未决羁押从本质上与无罪推定相悖，只不过从保护公共利益出发，世界各国将未决羁押的适用视为无罪推定的例外，但例外的范围仅限于保障诉讼的合理需要。同时，无罪推定原则的确立，使得未决羁押时刻承受着错误适用的负担，必须接受反复审视。"设若受到怀疑之犯罪嫌疑人，最后经被证实为一无辜之第三者时，在程序上，国家已对该犯罪嫌疑人赋加无法恢复之不利益处分。"② 因此，在刑事诉讼的全过程，犯罪嫌疑人、被告人应当按照无罪人对待。③ 将犯罪嫌疑人、被告人视为无罪之人，充分保障其应享有的人身自由，让获得取保候审等非羁押性强制措施成为权利，正是非羁押诉讼与无罪推定原则精神的契合之处。

第二，人权保障原则的基本要求。人权包含很多种权利，其中人身自由权是基本人权，不仅在人权中占有前提性地位，是人权的其他内容存在的物质性基础，而且是人的一切权利的物质性基础，是人权最重要的部分之一。④ 而羁押对人身自由的剥夺，则是强制措施中最严厉的形态。正是基于人身自由与羁押性强制措施的紧张状态，近代以来的人权思想，其核心在于控制刑事诉讼中的强制措施并使之合理化，在此意义上，刑事诉讼的历史亦即合理限制强制措施的历史。⑤ 非羁押诉讼是在保障诉讼的前提下，尽可能地减少对人身自由权的剥夺，避免羁押性强制措施的滥用或误用，最大限度保障人权。

第三，诉讼效率原则的有益支撑。诉讼效率原则要求在刑事司法程序中以较少的资源投入获得尽可能大的收益。从经济学角度考虑，国家对犯罪嫌疑人、被告人进行未决羁押必须修建监管场所、配置监管人员、配备相关设施，耗费大量司法资源。同时，与羁押相关的"以捕代侦""久押不决"等问题，延缓诉讼进程，也是对司法资源的浪费。而非羁押诉讼，降低审前羁押率、羁押时间，可以在很大程度上减少诉讼成本，从而使司法资源的配置更加合理，实现诉讼效益最大化。

---

① ［意］贝卡利亚：《论犯罪与刑罚》，黄风译，中国法制出版社 2005 年版，第 37 页。
② 傅美惠：《侦查法学》，中国检察出版社 2016 年版，第 198 页。
③ 参见岳礼玲：《刑事审判与人权保障》，法律出版社 2010 年版，第 125—131 页。
④ 参见孙谦：《论逮捕与人权保障》，载《政法论坛》2000 年第 4 期。
⑤ 参见［日］高田卓尔：《刑事诉讼法》，青林书院 1984 年版，第 144 页。

第四，恢复性司法的实现途径。与以报应刑和目的刑为基础的报应性司法和矫正性司法不同，恢复性司法着眼于未来，强调对话和协调。非羁押诉讼可以通过刑事和解等方式，对犯罪嫌疑人、被告人不予羁押，使其真诚悔悟并采取实际行动对被害人予以赔偿，在获得被害人谅解的同时，使犯罪嫌疑人、被告人能够继续之前的正常生活，既有利于修复被破坏的社会关系，也有利于犯罪嫌疑人、被告人复归社会。

（二）非羁押诉讼的原则

非羁押诉讼的原则，是指在程序设计与制度适用中必须遵循的基本要求，一方面应考虑刑事诉讼正当程序标准，另一方面也应考虑强制措施适用的特点。一是程序法定原则。程序法定原则的前身是程序保留原则，英美法系国家称为正当程序原则，是在刑事诉讼领域具有全局性指导意义的基本原则，其包含两个层面的含义：其一，立法层面，即刑事诉讼程序应当由法律事先明确规定。其二，司法层面，即刑事诉讼活动应当依据国家法律规定的程序进行。[1] 我国刑事诉讼法对取保候审、监视居住等非羁押性强制措施的适用条件、程序、人员范围作了规定，既不能自行设定其他非羁押性强制措施，也不能随意改变、增设取保候审、监视居住的适用条件、范围、程序。

二是比例性原则。作为公法领域的"帝王条款"，凡是涉及国家公权力对公民私权利干预的情况，均应适用比例性原则，即公权力采取的手段与目的之间必须合乎比例。具体到强制措施适用中，首先应满足适合性原则，即具体强制措施应符合保障诉讼的目的或有助于实现该目的，而不能与该目的相背离或用于其他目的。其次应满足必要性原则，控制犯罪与保障人权的平衡是刑事诉讼制度发展的一条重要规律，……二者一定要保持适当的平衡，在最大限度保障人权的同时，一定要充分考虑控制犯罪的能力和需要。[2] 即在达成保障诉讼目的过程中，如有多种手段能够实现该目标，只能选择那些最必要的、对公民不会造成损害或损害最小的强制措施。最后应满足相称性原则，"限制基本权的手段之强度，不应超过达成目的所需的范围，同时因其限制所造成之不利益，不得超过其所欲维护之利益"。[3] 适用非羁押诉讼，减少未决羁押，本身就是比例性原则的彰显。在非羁押诉讼制度构建中，还应注意对具体非羁押性强制措施的选择，应在保障诉讼的前提下，尽可能选择适用对相对人侵害最小的手段，将对公民权利的影响降到最低。

---

① 参见《辞海》，上海辞书出版社 2002 年版，第 137 页、第 281 页、第 755 页、第 1945 页。

② 参见孙谦：《关于修改后刑事诉讼法执行情况的若干思考》，载《人民检察》2015 年第 7 期。

③ 林钰雄：《刑事诉讼法》，中国人民大学出版社 2005 年版，第 233 页。

三是司法审查原则。司法审查原则是指在对犯罪嫌疑人、被告人采取羁押措施时，必须经法官或司法官员通过公开庭审，充分听取侦控方、被追诉方及辩护人意见后，居中作出是否羁押的决定。根据我国刑事诉讼法规定，除逮捕由检察机关审查决定外，其余四种强制措施均可由侦查机关自行决定和执行，司法审查原则在强制措施体系中还未确立。构建非羁押诉讼制度，一方面，应将全部强制措施纳入司法审查体系，如对不符合羁押标准，但还需要进一步侦查的犯罪嫌疑人，检察机关需要对其是否符合拘留、取保候审、监视居住条件予以监督。另一方面，还应按照司法审查的程序要求，完善各项强制措施的决定、执行程序，建立检察机关的审查机制、监督机制，阻断侦查机关与刑事被追诉人的直接对话，排除控辩双方权利（力）不对等状况。[1]

四是司法救济原则。对刑事强制措施进行司法救济，指的是将有关机关对刑事被追诉人作出剥夺或限制人身自由的决定合法与否的问题，提交给第三方进行司法审查和及时变更。各国审前羁押普遍遵循有权力必有救济的原则，设置了相应的救济程序。如法国规定，包括预审法官作出的司法监督裁定、自由与羁押法官作出的先行羁押裁定，当事人都有权上诉到上诉法院预审庭，对其进行上诉审查。[2] 推行非羁押诉讼，需要在刑事诉讼法层面增加相应的司法救济程序，确保已被羁押的被追诉人能够将羁押的合法性问题提交给司法机关进行持续审查，及时纠正不合法、不必要的羁押，进而充分保障犯罪嫌疑人、被告人的基本诉讼权利。

（三）非羁押诉讼的基本特征

一是最低伤害性。非羁押性强制措施不会直接剥夺犯罪嫌疑人、被告人的人身自由，仅需对其人身自由予以必要限制。这种对人身自由的限制可以是电子监控、遵守宵禁、禁止接触特定人员等直接限制，也可以通过缴纳保证金或有价实物，具结保证，交出驾驶证、出入境证件等间接手段。

二是诉讼全程性。逮捕权、部分延押权虽然由检察机关行使，但在办案过程中，案情在侦查、起诉、审判环节均可能发生变化。因此，非羁押诉讼的理念和执行过程涉及刑事立案侦查、审查逮捕、审查起诉、法院审判四个环节，贯穿刑事案件办理全过程，公安机关、检察机关、法院均需要予以执行。

三是程序保障性。非羁押性强制措施作为拘留、逮捕等羁押性强制措施的替代，必然与羁押在目的指向上具有同一性，即在保障人权的语境下，以非羁

---

[1] 参见王贞会：《羁押替代性措施改革与完善》，中国人民公安大学出版社 2012 年版。

[2] 参见史立梅等：《刑事诉讼审前羁押替代措施研究》，中国政法大学出版社 2015 年版，第153 页。

押的方式保障刑事诉讼的顺利进行。对非羁押性强制措施采取多样化的种类设置，供司法机关根据情况选择适用，对增强诉讼程序的保障性具有积极意义。

四是适度限制性。非羁押诉讼以对犯罪嫌疑人、被告人采取取保候审等非羁押性强制措施参与诉讼活动为标志性特征，只能对犯罪嫌疑人、被告人的人身自由予以适度限制，不能直接或变相剥夺。相关立法设置应保证犯罪嫌疑人、被告人享有充分的会见律师、亲友等自由。

三、检察机关开展非羁押诉讼的实践探索

检察机关作为刑事诉讼活动的中间环节，在推进非羁押诉讼进程中起着承上启下的主导作用。近年来，全国检察机关在最高人民检察院的指导下，积极探索开展非羁押诉讼，取得了良好的效果，为进一步推进非羁押诉讼提供了鲜活的实践样本。

（一）构建非羁押诉讼全程保障机制

非羁押诉讼工作的推动需要公安机关、检察机关、法院等办案单位的通力协作和整体联动，应具备非羁押诉讼的外部环境。以河南省为例，该省检察机关年均办案量居全国前五位，每年羁押犯罪嫌疑人体量大、羁押率高。2007年起，河南省检察院指导郑州市检察院、濮阳市检察院开展非羁押诉讼试点工作。2011年，在先期试点工作基础上，河南省检察院积极牵头与河南省高级法院、省公安厅达成推行非羁押诉讼制度的共识，并会签下发了一系列文件，在全省开展非羁押诉讼工作，非羁押诉讼制度在实践中不断得到完善。应该说，办案单位统一思想认识，合力推进，为在整个刑事诉讼环节做好非羁押诉讼工作提供了坚强的组织制度保障。[①]

（二）捕前协商分流引导不捕直诉

当前，审前羁押率过高成为制约非羁押诉讼开展的难题。为解决这一问题，山东省东营市检察机关加强与侦查机关沟通，共建提请逮捕前协商工作机制，细化提请逮捕条件，突出以轻微刑事案件捕前过滤分流为重点，通过严把审查逮捕入口关，推动改变"构罪即捕"的非理性司法状况，明确了非羁押诉讼的适用标准、案件范围和类案提请逮捕标准，统一执法、司法尺度。如，建议侦查机关对不符合条件的案件不再提请逮捕，并及时变更强制措施，采取非羁押方式直接起诉；对于提请逮捕案件证据存在重大缺陷、不符合逮捕条件、证明材料不能说明社会危险性的，以发出《建议不提捕意见函》的形式

---

① 2013年，河南省审前非羁押人数首次超过羁押人数，非羁押率远高于全国平均水平。

建议侦查机关不提请逮捕，或者建议补充完善证据材料后再提请逮捕，从源头上截留了不符合条件的案件进入审查逮捕环节，有效降低了提请逮捕率，提高了审查逮捕质量和办案效率。

（三）探索赔偿保证金制度促进非羁押性强制措施的依法适用

实践中，刑事案件赔偿是否到位是进行刑事和解的重要条件，也是判断犯罪嫌疑人社会危险性高低、是否适用非羁押性强制措施的重要依据。在一些轻微刑事案件中，考虑到犯罪嫌疑人主观恶性、赔偿意愿和被害人意愿，需要由检察机关、公安机关进行协调，促使双方达成和解，积极化解矛盾，降低羁押性强制措施的适用。但对于一些一时难以达成和解、存在涉法涉诉风险的案件，办案机关在适用非羁押性强制措施时往往有所顾虑，不敢依法大胆适用。为此，浙江省、河南省郑州市、山东省德州市等地检察机关，针对交通肇事、轻伤害等轻微刑事案件被害人"狮子大开口"和"上访绑架逮捕"等实践难题，与当地省市公安机关、法院、司法行政部门等探索开展了轻微刑事案件赔偿保证金（提存）制度，将其作为非羁押诉讼的配套保障措施，收到了良好成效。①

（四）研发"电子手表"监控平台强化非羁押诉讼保障功能

为强化取保候审的诉讼保障功能，防止因取保脱逃不能保障诉讼程序顺利进行的风险，山东省东营市河口区检察院研发了"电子手表"智能监控平台系统，为取保候审的人员佩戴"电子手表"，通过北斗卫星、基站等多种定位模式，对佩戴"电子手表"的人员进行实时定位和轨迹查询。当佩戴"电子手表"人员擅自离开规定的区域或强行破拆手表时，系统会自动向侦查人员发送报警信息，便于办案单位及时发现犯罪嫌疑人是否脱逃，并及时处置。2016年3月，山东省检察院在全省开展试点，并出台全省检察机关侦查监督部门开展非羁押诉讼工作的实施意见，全面推广非羁押诉讼工作，有效降低了审前羁押，加强了人权保障，提高了诉讼效率，降低了司法成本，收到了较好

---

① 该制度对有可能判处 3 年有期徒刑以下刑罚的交通肇事、轻伤害等轻微刑事案件，犯罪嫌疑人认罪悔罪，有赔偿能力和赔偿意愿，由于被害人一方的赔偿诉求不合理或者无法与被害人一方取得联系等原因，致使无法达成刑事和解的，在犯罪嫌疑人向检察机关或公安机关提供其具有赔偿能力证明、表明赔偿意愿，并向公证部门、公安机关、财政特设专户或双方认可的第三方缴纳一定数额的赔偿保证金后，检察机关可以作出不批准逮捕决定，并建议公安机关对犯罪嫌疑人采取非羁押措施，或者商请公安机关不再提请逮捕。

的社会效果和法律效果。①

（五）积极开展羁押必要性审查加强人权保障

2016 年，最高人民检察院出台《关于贯彻执行〈人民检察院办理羁押必要性审查案件规定（试行）〉的通知》《关于贯彻执行〈人民检察院办理羁押必要性审查案件规定（试行）〉的指导意见》，对羁押必要性审查规定的贯彻落实提出具体要求，将羁押必要性审查办案数量与规范化检察室等级评定相挂钩，对办案数量与办案比例提出量化要求。各地检察机关认真贯彻落实最高人民检察院的决策部署，采取多种措施加大办理羁押必要性审查案件力度，立案数、建议数、采纳数、占逮捕数比例等核心业务指标均创历史新高，建议被采纳数同比翻一番多，有效保障了被羁押人的合法权益。

四、健全完善非羁押诉讼程序的构想

借鉴检察实践的有益探索，处于诉讼中间环节的检察机关可以向前、向后延伸职能，通过加强与侦查、审判机关协调沟通、共同推进，发挥主导作用，将非羁押诉讼程序贯穿刑事诉讼的全过程。

（一）捕前引导侦查阶段检察机关参与非羁押诉讼程序构想

1. 强化引导侦查，构建案件合理分流不捕直诉程序。一是建立健全检察机关侦查监督与公安内部行政执法监督相衔接机制。检察机关应加强与承担着对内监督职责的公安机关法制等部门的沟通联系，通过定期情况通报、数据交换、召开联席会、业务培训、业务座谈交流等方式，消除分歧、达成共识、更新理念，提高对非羁押诉讼的理念认同，为非羁押诉讼的开展夯实理论基础，引导规范并减少不必要的刑事拘留措施的适用。二是加强引导减少不当羁押。通过提前介入侦查，就具体案件中证据采纳标准和采信标准向侦查人员提供指导性意见，引导公安机关对案件作出准确定性，及时收集、固定、完善证据，减少报捕并提高报捕案件质量。对明显不符合逮捕条件的，及时建议侦查机关变更强制措施，减少不当羁押。三是构建同步监督机制，规范刑事强制措施适用。为克服对侦查活动监督迟延、监督滞后等问题，检察监督应注意由事后监督向适当同步监督转型。检察机关可以通过在市县级公安机关执法办案中心设

---

① 据统计，山东省各办案单位共为3500 余名犯罪嫌疑人和被告人佩戴电子监控手表，仅有 2 人发生脱逃，后经公安机关追逃已经到案并判决。此外，通过羁押成本统计分析，山东省羁押成本在每人每年 7500 元至 15000 元，而"电子手表"相关软件及智能手表目前均由研发公司投资，办案机关仅需要缴纳每块手表每月 25 元租金，大大节约了司法成本。

立侦查监督检察室、巡回检察等方式，查询公安机关警务信息综合应用平台信息，实时掌握侦查办案及强制措施适用情况，动态开展监督活动。四是建立轻微刑事案件捕前过滤分流机制。探索建立轻微刑事案件捕前协商工作机制，对明显不具有社会危险性或在报捕前可以化解矛盾纠纷的轻微刑事案件，可商公安机关不再提请逮捕直接起诉，实现合理分流，从源头上截留不符合逮捕条件的案件进入审查逮捕环节，有效控制轻刑案件的审前羁押比例。

2. 强化对刑事拘留措施的法律监督程序机制建设。一是建立刑事案件侦查备案通报机制。知情权是法律监督的组成部分，是履行侦查监督职责的前提和基础。公安机关应将一定时期内刑事案件的发案、立案、破案、采取强制措施情况向检察机关备案通报，为检察机关开展侦查监督提供知情渠道，有条件的地方也可以探索搭建信息共享平台，借助大数据、信息化，打通检察机关对刑事案件立案伊始的监督通道，使刑事侦查活动在法律监督视野下进行。二是建立拘留措施异议申诉救济程序。建议赋予诉讼参与人对于侦查人员违法采取刑事拘留等侵犯当事人合法权益的行为，向检察机关提出控告的权利，这是构建司法式监督机制的有效途径，能够及时启动救济程序，有效规范侦查行为，维护诉讼参与人合法权益。三是建议将拘留期限延长至 30 日的决定权限，赋予同级检察机关行使，以实现对延长拘留期限的有效监督。

3. 重构取保候审强制措施适用制度机制。一是明确对事实清楚、证据充分，没有社会危险性的轻微刑事案件"以适用取保候审等非羁押性强制措施为原则，以羁押措施为例外"的基本原则。二是完善取保候审配套保障措施的种类，构筑多元化、层进式的取保候审保证方式。例如，对犯罪情节轻微、没有社会危险性的案件可以增加保证人数量或增加财产保证的种类，为犯罪嫌疑人获得取保候审机会增加可能性。三是完善脱保的惩戒机制。对犯罪嫌疑人、被告人违反取保候审规定的，除可以逮捕外，对情节恶劣的，可以对脱保行为进行刑事犯罪评价，增设条款纳入刑法的脱逃罪。对保证人怠于履行保证责任的，加大行政罚款力度，同时增加对保证人行政违法拘留的规定。

4. 创新非羁押性强制措施适用的诉讼保障程序机制建设。一是借鉴山东省东营市"电子手表"智能监控平台系统的经验做法，建议立法明确将电子监控手段作为取保候审的配套保障措施，解决电子监控手段适用上的立法障碍，有效增强取保候审、监视居住的刚性，在充分保障人权的同时，降低诉讼成本，提高诉讼效率。二是借鉴浙江等地的经验做法，建立轻微刑事案件赔偿保证金制度，通过自愿缴纳保证金的形式，将犯罪嫌疑人认罪认罚、积极赔偿寻求和解的态度固定下来，帮助检察机关更加准确地衡量犯罪嫌疑人的社会危险性，准确判断可能被判处的刑罚，准确适用强制措施，减少不必要的羁押。

（二）审查逮捕阶段检察机关落实非羁押诉讼程序构想

1. 建立健全社会危险性证明程序机制。证据是刑事诉讼的核心，对社会危险性的认定必须以证据为基础。"由于我国在立法上没有对逮捕必要性证据的条件及标准作出明确规定，导致公安机关轻视、忽视对逮捕必要性相关证据的收集，也令检察机关对逮捕必要性条件的审查陷入无米之炊的尴尬境地，直接影响了逮捕必要性条件的有效适用"。① 因此，必须在实践中推动建立健全社会危险性条件证据证明制度。即公安机关在提请逮捕犯罪嫌疑人时，应当收集、固定并随案移送犯罪嫌疑人是否具有社会危险性的证据，依据在案证据不能认定犯罪嫌疑人具有社会危险性的，并经检察机关要求公安机关无法补充移送的，检察机关应当依法作出犯罪嫌疑人不具有社会危险性、不批准逮捕的决定。

2. 完善逮捕条件的全面审查机制。对公安机关提请逮捕案件，除一些特殊情形外，检察机关必须全面准确把握逮捕条件，既应对有证据证明有犯罪事实，可能判处徒刑以上刑罚的条件进行审查，也应对犯罪嫌疑人是否具有社会危险性条件进行审查。判断社会危险性时应以"在案证据"为基础，而不是"在卷证据"。以公安机关移送的社会危险性相关证据为依据，并结合案件具体情况来综合加以认定。必要时可以通过讯问犯罪嫌疑人、询问证人等诉讼参与人、听取辩护律师意见等方式核实相关证据。

3. 完善非羁押诉讼风险评估机制。如何科学考量犯罪嫌疑人、被告人被释放期间违反约定义务的可能性，内容涉及犯罪情节、事后表现、品格等诸多方面。在实践探索的基础上，逐步建立完善科学有效的非羁押诉讼风险评估机制，② 是推进非羁押诉讼的重要保障。

4. 建立健全有争议案件逮捕公开审查程序机制。逮捕是最严厉的刑事强制措施，是对公民权利的重大干预，涉及犯罪嫌疑人人身自由的宪法权利，通过公开听证的方式审查，符合司法规律的要求。对于案件事实清楚，证据收集到位，不涉及国家秘密和商业秘密，对是否构成犯罪、是否具有社会危险性方面争议较大的案件，可以召开调查庭，听取侦查人员、犯罪嫌疑人、辩护人、被害人及其诉讼代理人的意见，全面客观地综合各方意见作出是否批准逮捕的

① 参见樊崇义主编：《公平正义之路——刑事诉讼法修改决定条文释义与专题解读》，中国人民公安大学出版社2012年版，第352页。

② 例如，上海市闵行区检察院率先采用定量评估方法，对未成年犯罪嫌疑人适用取保候审的诉讼风险进行评估，整体上将犯罪行为、个人情况、家庭概况、保障条件作为四大变量，每个变量又分为若干子变量，子变量对诉讼风险的影响被划分为高、中、低三档，分别对应不同的分值，通过打分评估适用取保候审的诉讼风险。

决定。这种检察官相对独立、公开透明、多方到场、兼听保障的审查方式，符合司法体制改革的精神，有利于及时回应社会关切，有助于提升司法规范化水平，体现公平正义，也有利于强化逮捕的司法属性，真正做到兼听则明。

（三）起诉阶段检察机关推进非羁押诉讼程序构想

1. 推进认罪认罚情形下的非羁押直诉程序构建。认罪认罚从宽制度与非羁押诉讼具有内在品质的一致性，推进非羁押诉讼，应有效借力认罪认罚从宽制度，大力推进非羁押直诉机制建设。一是通过加强检警衔接，引导侦查机关在侦查初期尽量促成犯罪嫌疑人认罪认罚后，商侦查机关走直诉程序，不再提请逮捕；协商不一致或确有提请逮捕必要的，检察机关应依法审查，犯罪嫌疑人在审查逮捕环节认罪认罚确无逮捕必要的，依法作出不捕决定。二是全面听取辩护律师意见。案件进入审查起诉环节后，检察机关应主动听取辩护律师或值班律师意见，充分发挥辩护律师作用，能够适用认罪认罚从宽制度以及犯罪嫌疑人确无羁押必要的，及时变更为非羁押性强制措施，充分保障犯罪嫌疑人的合法权利。三是完善认罪认罚案件捕诉衔接和诉审衔接机制。犯罪嫌疑人在审查逮捕环节认罪认罚情况及后续非羁押性强制措施的执行情况，应作为审查起诉阶段的重点审查内容，如犯罪嫌疑人出现脱逃或翻供、串供、毁证等情形的，应及时作出批捕决定或建议侦查机关重新提请逮捕。提起公诉后，被告人认罪认罚、自愿签署认罪认罚具结书确无羁押必要的，检察机关也可以及时向法院提出变更强制措施的建议。

2. 构建重新计算侦查羁押期限司法审查程序。根据我国刑事诉讼法规定，对于侦查期间发现犯罪嫌疑人另有重要罪行的，侦查机关可决定重新计算侦查羁押期限。重新计算羁押期限实质上是对犯罪嫌疑人的二次逮捕，由侦查机关自行决定，难以起到制衡侦查权力，保障公民合法权利的作用。而重新计算侦查羁押期限权力一旦被滥用，会严重侵犯公民的人身自由权利，损害司法的公正权威。同时，检察机关的事后监督也难以挽回业已造成的侵害，监督实效不强。因此，建议立法将重新计算侦查羁押期限的决定权赋予检察机关，增设司法审查程序加以监督制约。对于需要重新计算侦查羁押期限的案件，应当报经检察机关审查批准后方可适用。

3. 健全延押案件的司法审查程序。延长侦查羁押期限，既关系保障刑事诉讼活动依法进行，又关系维护犯罪嫌疑人合法权益，对于惩治犯罪和保障人权具有独立的司法价值。[①] 推进非羁押诉讼，检察机关应当切实把好延押关

---

① 参见"延长侦查羁押期限问题研究"课题组：《延长侦查羁押期限案件实质审查的实践问题与模式重构》，载《中国人民公安大学学报》2018年第3期。

口。一是建立实质性审查程序。坚决避免走形式走过场，既应审查案件是否符合延长羁押期限条件，又应对原批捕决定进行二次考量，对不符合延押条件或原批捕决定错误的，依法作出不批准延长羁押期限的决定，并监督公安机关及时变更为非羁押性强制措施。二是增设当事人诉讼参与和救济程序。改变当前延押制度行政化的审批操作模式，增强司法属性，赋予犯罪嫌疑人、被告人相应的申辩权，注意听取其辩护人的意见，将继续羁押必要性作为审查重点，尤其应将认罪认罚等情况作为是否有延押必要的重要考量因素。对于批准延押的案件，被羁押人或其家属不服的，可以启动申请复议程序。

4. 畅通羁押必要性审查运行机制。一是强化依申请启动审查的运行保障机制。实践中，羁押必要性审查多依职权而启动，应加强对被羁押人的权利告知，依法保障其享有充分的参与权和知情权，便于被羁押人积极有效地行使申请变更强制措施的权利，进一步扩大羁押必要性审查制度的实践功效。二是建立办案机关联动协调机制，做到理念统一、步调一致，确保羁押必要性审查工作在整个刑事诉讼环节的顺畅衔接、高效运行。三是完善社会调查风险评估程序。为保证羁押必要性审查案件质效，有效降低强制措施变更风险，积极向被害人及其诉讼代理人、社区、单位等进行社会调查征求意见，围绕被羁押人的平时表现，有无社会危险性，是否存在激化社会矛盾、影响诉讼程序顺利进行等方面规范羁押必要性审查工作。同时，充分动员犯罪嫌疑人所在单位、学校、社区等部门，作为取保候审的辅助监管部门，与公安机关形成联动互助监管体系，并借助"互联网＋"等信息科技手段，建立完善的社会控制机制，确保羁押必要性审查的依法有效开展。

非羁押诉讼是一项复杂的系统工程，需要以树立和逐渐强化人权保障的基本理念为先导，以刑事诉讼强制措施的不断细化和完善为核心，以步伐协调一致的司法环境和配套跟进的体制机制为保障来推动它的不断健全完善。检察机关作为刑事诉讼重要参与者，需要继续为推动非羁押诉讼立法完善和制度创新不断努力，为最终形成具有中国特色的非羁押诉讼制度发挥应有的主导性作用。

（原载于《人民检察》2019 年第 14 期）

不批准逮捕复议复核的若干问题

元　明* 　张庆彬** 　覃剑峰***

审查逮捕是检察机关办理普通刑事案件的第一道关口，在确保案件事实证据经得起法律检验方面承担着重要责任，不批准逮捕复议复核是检察机关对逮捕条件把握准确与否的直接体现，反映了检察机关审查逮捕工作的质量和水平。笔者通过调研分析发现，当前不批准逮捕复议复核工作中存在一些普遍性的问题，有必要进一步统一思想认识，采取有效应对措施，实现"在确保质量的前提下，降低逮捕率"的目标。

一、关于公安机关提请复议复核和改变原决定数量上升的问题

近年来，公安机关提请复议复核和改变原决定数量逐年上升，主要原因有以下几个方面：一是检察机关不批准逮捕案件逐年增加。相应地，不批准逮捕复议复核案件数也有所增长。二是新型疑难复杂案件日益增多。涉众型经济犯罪、网络犯罪、侵犯知识产权犯罪、金融犯罪等新型疑难复杂案件法律适用问题层出不穷，公安机关与检察机关对这类案件的定性、证据标准认识分歧较大，导致不批准逮捕和提请复议复核案件增多。三是公安机关复议复核的启动程序存在一定的随意性。根据我国《刑事诉讼法》第92条规定，公安机关对于检察机关不批准逮捕的决定认为有错误的，可以要求复议。如果意见不被接受，可以向上一级检察机关提请复核。对于什么情况可以认定为"有错误"缺乏具体客观的标准，且法律没有规定不予受理的情形，公安机关也缺乏内审机制，对案件承办人所提复议复核意见一般不再把关。四是公安机关、检察机关执（司）法理念不尽一致。公安机关与检察机关职能不同，公安机关侧重于追诉犯罪，办案中存在"重打击轻保护""以捕代侦"和"构罪即报捕"

---

* 　最高人民检察院第二检察厅厅长，全国检察业务专家。

** 　最高人民检察院第一检察厅二级高级检察官。

*** 　最高人民检察院第一检察厅检察官。

的倾向。检察机关更加重视实现打击犯罪与保障人权及法律监督职能发挥之间的平衡，强调贯彻"少捕慎捕"的理念。五是司法责任制、绩效考核制度的多重影响。一方面，司法责任制、绩效考核制度往往是办案人员的指挥棒，在促进办案人员提高自身能力、依法审慎履行职责方面发挥了重要作用。另一方面，司法责任制和绩效考核制度使办案人员除了考虑案件的事实、证据和法律适用外，还要考虑案件的最终处理结果，甚至存在为规避办案风险而人为拔高批准逮捕标准的情况。同时，批准逮捕数也是公安机关一项重要考核标准，如果犯罪嫌疑人提请批准逮捕后不被批准就会影响考核得分，有的公安机关为规避考核风险而随意提请复议、复核。六是不批准逮捕说理不全面、不透彻且缺乏针对性。一些检察机关的不批准逮捕说理书既不详细列明犯罪嫌疑人的具体行为，也不区分其在犯罪中的作用，对社会危险性较小的具体依据及理由更是一笔带过，使不批准逮捕理由说明书难以起到释法析理的作用，不能让公安机关信服。七是一些检察人员办案能力不强。审查判断案件事实证据这一基本功不扎实，没有牢固树立证据"三性"要求的理念，没有认真审查推敲犯罪构成要件，对案件事实证据缺少深入分析和论证，导致草率作出不批准逮捕决定。

二、关于对公安机关未及时移送相关证据和发现新证据的问题

公安机关未及时移送证据是导致检察机关不批准逮捕数量上升的重要原因。针对这一问题：一是检察机关应加强与公安机关的联系沟通，在审查逮捕过程中如发现影响案件事实认定、定性等方面的关键证据，而公安机关提请批准逮捕时未附卷的，应当及时和公安机关沟通，要求公安机关在审查逮捕期限内及时移送相关证据，并告知未及时移送的不利后果。如果公安机关未收集重要证据但能在短时间内补充收集，应要求其在审查逮捕法定时限内补充取证及时移送。二是通过讯问犯罪嫌疑人、询问证人等诉讼参与人核实完善证据。三是对于重大疑难复杂案件，主动或应邀提前介入侦查，围绕取证重点、证据标准、提请批准逮捕的证据要求等提出有针对性的意见建议，引导公安机关有的放矢地开展侦查工作，确保提请批准逮捕时全面移送在案证据。四是对于经检察机关建议，公安机关仍未及时移送证据的，检察机关依据现有证据该不批准逮捕的应依法作出不批准逮捕决定。对于发现新证据的，公安机关应当重新提请批准逮捕，不能提请复议复核。

三、关于案件不批准逮捕后诉讼顺利进行的问题

要辩证看待不批准逮捕与保障诉讼顺利进行的关系。为确保不批准逮捕后

诉讼的顺利进行：一要树立正确的司法理念。不批准逮捕后，可能有少部分犯罪嫌疑人逃跑，这是正常现象，也是程序正义应有的代价。随着信息化和科技的发展，社会管控力度的加大，犯罪嫌疑人逃跑的成本增加，逃跑概率将不断降低。二要建立不批准逮捕案件监督台账。实行"谁承办谁监督"责任制，办案人员作出不批准逮捕决定后，要将不批准逮捕案件情况在监督台账上登记，由其定期跟踪不批准逮捕案件后续进展情况，并针对不同类型的不批准逮捕案件适时跟进监督措施。三要探索推行"电子手铐"等监控措施。探索借鉴一些地方"电子手铐"监控平台措施，对适用取保候审、监视居住措施能够保障诉讼顺利进行的犯罪嫌疑人，在依法作出不批准逮捕决定的同时，建议公安机关为犯罪嫌疑人佩戴"电子手铐"，以防止犯罪嫌疑人逃避侦查。四要加强羁押替代性措施的保障性以及对认罪认罚从宽制度的宣讲。强化取保候审等羁押替代性措施的保障性，探索扩大保证人范围，赔偿保证金提存，增加替代性措施种类，完善取保候审告诫制度，将认罪认罚从宽制度与刑事案件速裁程序有效结合，加快刑事诉讼进程，减少无社会危险性不批准逮捕后犯罪嫌疑人逃避诉讼的风险。五要进一步完善网上通缉等追逃体系建设，确保逃跑的犯罪嫌疑人能在最短时间内被抓获归案。

四、关于增强不批准逮捕的说理性和针对性的问题

增强不批准逮捕的说理性和针对性是解决认识分歧，减少不批准逮捕复议复核的重要措施：一是规范不批准逮捕说理文书格式。不批准逮捕理由说明书应包括案件类型、理由论证、总结等部分。首先，应直接指出案件属于何种类型的不批准逮捕案件。其次，理由论证部分应形成层层建构、井然有序的有机体。最后，为总结性或提示性内容。二是完善不批准逮捕说理文书内容。严格落实最高人民检察院 2017 年公布的《关于加强检察法律文书说理工作的意见》和 2012 年下发的《关于加强侦查监督说理工作的指导意见》，根据不批准逮捕案件的具体类型，确定说理的侧重点，对全案证据的合法性、关联性、客观性以及证据证明力等进行综合分析，确保不批准逮捕说理的针对性。对不构成犯罪不批准逮捕的，应从犯罪构成、犯罪情节、证据认定、法律适用等方面进行全面分析阐述。对存疑不批准逮捕的，应从证据间的矛盾点、能否排除合理怀疑、证据链是否严密等方面进行分析，同时制作补充侦查提纲，做好引导侦查工作。对无逮捕必要不批准逮捕的，着重从法律依据和刑事政策上分析社会危险性，切实做到不批准逮捕说理有理有据，尽可能让公安机关认同并接受，减少复议复核情况的发生。三是说理方式应当改变。比如，应从单一的书面说理形式向书面说理与当面交流说理相结合的方式转变；还可以当面宣告的

方式进行不批准逮捕说理，通过当面沟通互动，及时回答疑问，说清说透检察机关作出不批准逮捕决定的理由，争取理解与支持。四是加强对不批准逮捕案件文书说理的监管工作。提高办案人员释法说理的责任心，侦查监督部门应加强对文书说理质量的事中监管，案件管理部门应加强对文书说理质量的事后督查，督促承办人提升法律文书的说理质量。五是要发挥优秀案例和文书的规范引领作用。通过公布典型案例，对一些有代表性的分歧意见进行示范说理，形成规范的说理内容，增强说理的理论性和权威性。

五、关于部分公安机关提请复议复核较为随意的问题

解决部分公安机关提请复议复核较为随意的问题，需双方共同努力：一是加强与公安机关的沟通互动，统一执（司）法办案标准。检察机关应主动加强与公安机关的沟通，建立完善联席会议、信息通报等常态化工作机制，定期通报信息，协调解决工作机制上的问题，并就办案中证据标准和法律适用存在的分歧进行研讨，推动双方在证据标准、事实认定、法律适用等方面统一执（司）法尺度。完善双向旁听案件讨论、重大疑难案件公安机关听取检察机关意见建议机制，做好介入侦查、引导取证工作。同时，双方还可以通过联合制定规范性文件、联合培训、选编典型指导案例等形式，统一执（司）法办案标准，引导双方统一认识、减少分歧。二是明确公安机关对不批准逮捕决定启动复议复核的程序和条件。有必要与公安机关制定提请复议复核的实体条件和程序，对公安机关的复议复核申请权作出适当的限制。三是健全完善不批捕复议复核案件的考评机制。对公安机关而言，不能仅追求复议复核改变原决定的数量，而应综合考虑提请复议复核的案件质量，防止随意启动复议复核程序，避免浪费司法资源。对检察机关而言，可加大对不批捕复议复核案件的评查力度，及时掌握此类案件的发展态势，也可探索将不批捕提请复议复核率、改变原决定数等指标以适当方式纳入考评范围，防止错误行使不捕权。四是探索推进不捕复议复核双向说理工作。公安机关认为检察机关不批准逮捕的决定有错误的，提请复议复核时要详细说明理由。首先，认为犯罪嫌疑人具有"社会危险性"情形的，应当移送证明该情形的证据材料。其次，认为犯罪嫌疑人具有"曾经故意犯罪"情形的，应当移送司法机关生效的法律文书或者从《全国违法犯罪人员信息库》中摘录的相关前科情况、有关电话查询记录等材料。再次，认为犯罪嫌疑人具有"身份不明"情形的，应当移送反映查找、核实犯罪嫌疑人身份信息的过程和结果的材料。最后，认为犯罪嫌疑人具有"违反取保候审、监视居住规定，情节严重"情形的，应当移送相关材料。

六、关于在捕诉一体背景下进一步提高不批捕率的问题

捕诉一体对正确把握审查逮捕条件提出了新要求：一要树立正确的司法理念。牢固树立人权意识、程序意识、证据意识，进一步强化理性、平和、文明、规范的司法理念，坚决摒弃"构罪即捕"等错误思想，进一步适应以审判为中心的刑事诉讼制度改革，坚持打击犯罪与保障人权、配合侦查与监督侦查、实体公正与程序公正的有机统一，确保案件质量。二要准确掌握批准逮捕的标准。秉持批准逮捕的自身独立价值，遵循证据裁判规则，严格按照刑事诉讼法规定的批准逮捕条件和程序要求审查案件，加强对可能判处刑罚的预判，在个案中寻求批准逮捕诉讼保障功能和人权保障功能的平衡。三要精细化审查。捕诉一体要求承办人对批准逮捕阶段的证据审查更加细致，转变证据审查方式，特别是对证据存在罪与非罪的原则性、根本性矛盾的案件要全面审查证据，在对每个证据的合法性、关联性和证明力逐一进行审查判断的基础上，把全案证据联系起来进行综合判断。探索建立重大案件逮捕公开听证制度，兼听则明，确保逮捕的准确性和接受度。四要建立科学合理的逮捕质量评价和责任追究体系。评价体系应符合司法规律，以审查逮捕当时的事实、证据和法律来客观评价办案的质量，而不能简单地以批准逮捕后撤案、不提起公诉以及判决无罪等结果来倒推办案人员的责任。五要完善案件考评机制。落实"谁办案谁负责、谁决定谁负责"的司法责任制，进一步优化权力清单，在放权的同时加强监督管理。加大对不批准逮捕复议复核案件的评查力度，及时掌握此类案件的发展态势。坚持审查逮捕质量防控措施，通过数据动态监测、逮捕质量定期评查通报等手段，进一步强化对案件质量的动态监控和自我评查。六要加强学习培训。针对侦查人员和检察人员的不同特点，积极开展互相学习、专题培训、岗位练兵等活动，探索建立一线办案人员交流任职、交叉培训制度，增进相互了解，进一步加强对法理、法律法规、司法解释适用的准确理解和把握。全面提高证据收集审查判断能力，切实改变办案过度依赖口供的现状，通过排除证据之间的矛盾点及合理怀疑，对证据的真实性、关联性与合法性作出准确判断。

（原载于《人民检察》2019 年第 7 期）

论检察机关的提前介入：
法理、限度与程序

朱全宝[*]

一、问题的提出

检察机关的提前介入发端于 20 世纪 80 年代初，在"严打"背景下，出于"快捕快拆、提高效率"的需要，全国多地检察机关开展了提前介入公安机关刑事侦查的活动。[①] 之后，为了巩固检察机关提前介入的成效，推进提前介入工作规范化发展，最高人民检察院、公安部等有关部门联合出台了文件，明确了提前介入的范围与方式。[②] 1996 年《刑事诉讼法》修改后，随着最高人民检察院"引导取证"的提出，一些地方检察机关开始探索提前介入、引导取证、强化监督的工作机制。2001 年河南省淮阳县公安局出现了全国首家"检察指导侦查室"。[③] 2007 年北京市海淀区出台了全国首个《检警关系指导规则》，[④] 一些学者也提出了检察机关引导侦查、检警一体化等构想。[⑤]

近年来，随着聂树斌、佘祥林等一批冤假错案被曝光，针对命案如何防止出现冤假错案已成为公众关注的焦点，中央政法委、最高人民检察院、最高人

---

[*] 宁波大学法学院副教授，挂职宁波市鄞州区人民检察院副检察长。

[①] 参见冯仁强、张海峰：《检察机关提前介入刑事侦查的思考》，载《公安学刊（浙江警察学院学报）》2011 年第 3 期。

[②] 1988 年最高人民检察院与公安部联合出台《关于加强检察、公安机关相互联系的通知》，要求对于特别重大的案件、重大集团案件、复杂的大要案、影响大的反革命案件、影响大的涉外案件、公安机关要求或者检察机关认为有必要的案件，检察机关要提前介入。

[③] 牛学理：《从"三三制"到"检察引导侦查"》，载《检察日报》2002 年 7 月 5 日第 5 版。

[④] 赵暖芷：《检警联手取证：由惯例到制度》，载《民主与法制》2008 年第 3 期。

[⑤] 参见龙宗智：《评检警一体化——兼论我国的检警关系》，载《法学研究》2000 年第 2 期；吕继东：《检察引导侦查程序构建》，载《江苏警官学院学报》2003 年第 5 期。

民法院相继出台了有关文件，① 要求检察机关提前介入命案的侦查，从源头上引导公安机关取证，防止冤假错案。从各地检察机关的实践探索来看，除命案外，涉恐、涉暴、涉黑、涉外、交通肇事、危害校园安全、性侵未成年人等案件，检察机关均有提前介入，尤其是对特殊时期或敏感时间的社会焦点案件，检察机关第一时间派员介入已经成为回应公众关切、重塑司法形象的必然要求。

随着 2018 年《宪法修正案》的通过和《监察法》的出台，检察机关作为国家法律监督机关的宪法定位愈加明朗，检察机关的侦查权虽受到了很大程度的缩减，② 但其法律监督职能有所强化，法律监督主责主业的确立已成为新时代检察机关转型发展的普遍共识和基本途径。③ 提前介入制度的实施和完善正是检察机关聚焦主责主业、做实做强法律监督的重大举措。检察机关通过提前介入重要刑事案件，实现对侦查活动被动、静态、事后的监督方式向主动、动态、同步的监督方式转变。由此，检察机关的法律监督功能得以增强、法律监督实效得以提升。2018 年 7 月以来，"吉林长春长生疫苗事件""浙江乐清滴滴顺风车司机奸杀案""江苏昆山宝马男被反杀案"等相继受到社会舆论的广泛关注，公众在对这些事件、案件进展情况寄予关切的同时，对检察机关第一时间派员提前介入诸类事件、案件的做法赞许有加。④ 不仅如此，《监察法》的出台使得监察委员会工作人员职务违法或犯罪是否接受检察机关法律监督的问题也浮出水面。最高人民检察院张军检察长对此给予了正面回应：应监察委

---

① 中央政法委出台了《关于切实防止冤假错案的规定》（中政委〔2013〕27 号）；2013 年 7 月，最高人民检察院发布《关于切实履行检察职能防止和纠正冤假错案的若干意见》；2013 年 9 月，最高人民法院发布《关于建立健全防范刑事冤假错案工作机制的意见》。

② 根据《监察法》第 11 条第（二）项：对涉嫌贪污贿赂、滥用职权、玩忽职守、权力寻租、利益输送、徇私舞弊以及浪费国家资财等职务违法和职务犯罪进行调查；依此，原本由检察机关履行的职务犯罪侦查职能已经被监察机关的监督、调查、处置职能所取代。但根据新修改的《刑事诉讼法》第 19 条第 2 款：人民检察院在对诉讼活动实行法律监督中发现司法工作人员利用职权实施的非法拘禁、刑讯逼供、非法搜查等侵犯公民权利、损害司法公正的犯罪，可以由人民检察院立案侦查。对于公安机关管辖的国家机关工作人员利用职权实施的其他重大的犯罪案件，需要由人民检察院直接受理的时候，经省级以上人民检察院决定，可以由人民检察院立案侦查。由此，检察机关仍然保留了部分职务犯罪侦查权。

③ 张军：《强化新时代法律监督维护宪法法律权威》，载《学习时报》2019 年 1 月 2 日第 1 版。

④ 参见刘子阳：《检察机关频频提前介入热点案事件引关注》，载《法制日报》2018 年 9 月 5 日第 3 版。

员会要求，检察机关可以提前介入。① 不得不说，"提前介入"已频繁进入公众视野。从理论层面看，检察机关的提前介入一直以来是一个富有争议的话题，有关检察机关提前介入的法理依据、法律性质、价值基础等，学界意见不一。② 从实践层面看，各地做法亦不尽相同，检察机关提前介入的主体、方式、时机、程度、效果等均有一定的差异。尤其在《监察法》实施背景下，针对监委办理的职务犯罪案件，检察机关能否提前介入以及如何介入等问题，已经成为检察机关完善提前介入制度所无法回避的新时代课题。此外，检察机关的提前介入尚面临一些亟待突破的困境，比如介入的主体如何确定、介入的时机如何判定、介入的范围如何限定、介入的程度如何把握等，以及检察机关如何破解任务与角色的矛盾、如何突破"张力"与"合力"的理论困境③等。这些问题的解决都有待理论界与实务界的共同努力。

二、检察机关提前介入的法理剖析

检察机关的提前介入必然涉及检察权与侦查权的属性、检察机关与侦查机关的关系定位，学界对此多有论述。陈兴良、陈卫东等学者早在20世纪90年代即倡导"检警结合"。④ 龙宗智、倪培兴等学者则认为检警之间应保持适度的分立。⑤ 从世界范围内看，检察机关与侦查机关的关系通常受一国国情、司法传统和政治体制等因素影响而存在差异，"检警结合"与"检警分立"模式

---

① 张军检察长认为，按照现在的《监察法》和《刑事诉讼法》的规定，监察委员会的工作人员如果有违法或者涉嫌犯罪情形，还是由纪委、监委依法进行调查处理。涉嫌犯罪的，向检察机关移送起诉，有些案件，检察机关还可应监委要求提前介入，了解情况。参见《国新办举行2019年首场新闻发布会最高检领导就内设机构改革答记者问》，载 http://www.spp.gov.cn/tt/201901/t20190103_404282.shtml，最后访问日期：2019年1月22日。

② 有关"提前介入"，不少学者持支持态度，也有学者对此表示担忧，"这样做极易发生公、检二机关在侦查中职责混淆不清，不仅破坏了分工负责的原则，而且会大大削弱甚至取消相互制约的作用"。参见张仲麟、傅宽芝：《关于"提前介入"的思考》，载《法学研究》1991年第2期；"检察有时为了侦查形成合力不得不在某些侦查监督方面妥协让步"。参见董邦俊：《检察引导侦查之应然方向》，载《法学》2010年第4期。

③ 参见吴杨泽：《论检察机关的提前介入机制》，载《重庆理工大学学报（社会科学）》2017年第2期。

④ 参见陈兴良：《诉讼结构的重塑与司法体制的改革》，载《人民检察》1999年第1期；陈卫东、郝银钟：《侦、检一体化模式研究——兼论我国刑事司法体制改革的必要性》，载《法学研究》1999年第1期。

⑤ 参见龙宗智：《评检警一体化——兼论我国的检警关系》，载《法学研究》2000年第2期；倪培兴：《论司法权的概念与检察机关的定位——兼评侦检一体化模式（下）》，载《人民检察》2000年第4期。

也是各有优劣。① 综合国内外的研究和实践，检察机关提前介入具有一定的法理基础。

（一）提前介入的法理基础

有关检察机关提前介入的法理基础，理论界和实务界尚存争议，归纳起来，主要有三种观点："诉讼职能说""法律监督说""综合说"。"诉讼职能说"认为提前介入是检察机关公诉职能的延伸，检察机关通过提前介入公安机关的侦查活动，引导取证，以保障证据的合法性和有效性、提升诉讼效率。"有利于检察官行使控诉职能，检察官有权指挥刑事警察对案件进行侦查"②"法律监督说"认为提前介入是宪法赋予检察机关履行法律监督职责的表现。检察机关通过提前介入，实现对公安机关侦查活动主动、动态、同步的监督，有助于其更好更有效地履行法律监督职责。③ "综合说"则试图融合前述两种观点，认为检察机关的提前介入具有实现公诉职能和履行法律监督之双重价值。④ 三种观点各异，反映了学界和实务界价值认知层面的分歧，由此导致地方检察机关对提前介入制度理解上的迷茫和偏差，最终形成了地方检察机关实践做法上的各异。"诉讼职能说"突出检察机关提前介入的实践功能即实现诉讼保障职能，却忽略了检察机关对侦查机关的宪法功能即权力制约与监督，不利于刑事诉讼结构的平衡与人权的司法保障，与法治精神相悖。"法律监督说"固然强调检察机关的宪法定位和功能，但忽视了检察机关提前介入的现实使命和实践价值，与"以审判为中心"的诉讼制度改革也不十分契合。以审判为中心即"侦查、起诉活动应当面向审判、服从审判要求"，⑤ 检察机关提前介入旨在保证证据的合法性和有效性，从而为提升审判质量和效率服务。相较于"诉讼职能说"和"法律监督说"，笔者更倾向于"综合说"，其较为

---

① 以法国、德国为代表的大陆法系国家多采"检警合一"模式，检察机关处于刑事诉讼中控诉职能的核心，对警察有指挥侦查的权力，侦查权是为公诉权做准备，检察官与警察是一个整体。参见毛延平：《侦诉关系研究》，法律出版社 2003 年版，第 366 页。以英国、美国为代表的英美法系国家，公诉权与侦查权相分离。检察官和警察之间分工负责，但检警之间并非没有配合和制约，比如英国的检察机关在具体案件上会向警察机关提供专业意见，作为警察机关侦查的重要参考。美国检察机关还享有部分侦查权，对于公职人员的职务犯罪往往是由检察官来侦查。参见张彩凤：《比较司法制度》，中国人民公安大学出版社 2007 年版，第 127 页。

② 参见陈兴良：《诉讼结构的重塑与司法体制的改革》，载《人民检察》1999 年第 1 期。

③ 参见但伟、姜涛：《侦查监督制度研究——兼论检察引导侦查的基本理论问题》，载《中国法学》2003 年第 2 期。

④ 参见秦炯天、蔡永丹：《"检察引导侦查"机制的反思与展望》，载《中南大学学报（社会科学版）》2009 年第 3 期。

⑤ 龙宗智：《"以审判为中心"的改革及其限度》，载《中外法学》2015 年第 4 期。

全面地阐释了提前介入机制的宪法功能和实践价值。检察机关通过提前介入既实现了检察权对侦查权制约与监督的动态化和同步化，从而促进了宪法功能的落实；又避免了侦查机关取证的延迟、疏漏和非法，从而保障了诉讼职能的实现。"综合说"亦可从司法实践和经验得到印证，"实践中，具体实施提前介入机制的部门多为检察机关的侦查监督部门和公诉部门，检察介入的实践目的和预期价值是双重的①"。

（二）提前介入的法律依据

针对检察机关的提前介入，目前尚无明确的法律规定，但并非没有法律支撑。首先，2018 年新修改的《宪法》第 134 条规定：中华人民共和国人民检察院是国家的法律监督机关。检察机关提前介入公安机关的侦查活动，符合宪法对其法律监督机关的定位。承前述，从法理基础分析，检察机关的提前介入具有履行法律监督职责的预期目的，通过提前介入，实现对侦查活动被动、静态、事后的监督方式向主动、动态、同步的监督方式转变，监督功能得以增强，监督实效得以提升。其次，《刑事诉讼法》《人民检察院刑事诉讼规则（试行）》等法律、司法解释亦有原则性的规定。《刑事诉讼法》第 87 条规定了"必要的时候，人民检察院可以派人参加公安机关对于重大案件的讨论"。相较于《刑事诉讼法》的简单规定，最高人民检察院出台的《人民检察院刑事诉讼规则（试行）》则对检察机关提前介入的时机和范围作了原则性规定。第 361 条规定了"对于重大、疑难、复杂的案件，人民检察院认为确有必要时，可以派员适时介入侦查活动，对收集证据、适用法律提出意见，监督侦查活动是否合法"。第 567 条规定"人民检察院根据需要可以派员参加公安机关对于重大案件的讨论和其他侦查活动"。这些规定为检察机关的提前介入奠定了法律基础和法律精神。此外，最高人民检察院相继发布了有关规范性文件，② 地方检察机关在实践探索上亦出台了具体规定，这些文件或规定虽"只是检察机关的部门规定，从法律效力上来看是远远不够的"，③ 但却共同构成

---

① 袁枫、张仁杰、李德胜：《检察机关提前介入机制的实践困境反思——以公安机关承办的刑事案件为视角》，载《北京警察学院学报》2014 年第 6 期。

② 2016 年最高人民检察院发布《"十三五"时期检察工作发展规划纲要》，要求检察机关完善介入侦查、引导取证，建立重大疑难案件侦查机关听取检察机关意见和建议制度，从源头上提高报捕案件质量，推动建立新型良性互动检警关系。2017 年，最高人民检察院下发《未成年人刑事检察工作指引（试行）》规定，具体可明确为未成年人是犯罪嫌疑人或者是被害人的重大、疑难、复杂案件，未检部门认为有必要的，均可提前介入侦查。

③ 太原市人民检察院课题组：《检察机关提前介入"命案"侦查工作机制研究》，载《中国检察官》2013 年第 6 期。

了检察机关提前介入的规范基础。

三、检察机关提前介入的限度厘定

检察机关的提前介入尽管具备一定的法理基础和宪法法律支撑，现实层面亦十分契合"以审判为中心"的诉讼制度改革需要，但这种介入不是随时进行的，也不是毫无边界的。有必要对检察机关提前介入的时间（时机）和空间（范围）作出限定，以防止介入的恣意和任性。检察机关只有把握好介入的"度"，才能真正发挥"提前介入"的功能和价值，才不至于背离制度设计的初衷。

（一）提前介入时机的确定

介入时机的确定是提前介入制度首先需要解决的问题。检察机关介入侦查虽已经明确为"提前介入"，但提前介入之"提前"究竟是什么时间？何时介入才算是"提前"而不是"超前"甚或"延后"？提前介入的时间节点在哪里？若介入太早，公安机关的侦查尚未有具体线索或眉目，此时，检察机关难以就取证或其他侦查活动提供有针对性的引导，既耗费了司法资源，也达不到介入的实效；若介入太晚，公安机关取证已基本完成或侦查基本终结，此时检察机关提前介入的必要性已经丧失，通过提前介入对公安机关侦查活动进行动态、直接监督的初衷也就难以实现。显然，介入时机的选择至关重要，也十分艰难。对此，学界观点各异，[①] 司法实践层面做法不一，在某种程度上，不得不说检察机关的提前介入已经陷入了时机选择上的困境。笔者认为，这种困境的出现既有检察机关与公安机关不同的司法职责使然，公安机关担负犯罪侦查的职责，注重犯罪证据搜寻和破案定案时效性的追求，而检察机关承担着犯罪追诉和法律监督的双重职能，侧重对案件取证的合法性和有效性进行审查和把关；也有各地侦查人员和检察人员办案水平和业务素质差异的缘故，各地区各司法人员对提前介入的认知不同、理解不一，检警之间沟通协调程度各异、案件复杂情形有别，这些都给介入时机的选择和确定带来了很大挑战。鉴于此，检察机关提前介入时机的确定应具体案件具体分析、具体取证具体对待，不宜作统一规定，具体可分四种情形：一是对以口供证据为主的案件，可从公安机

---

① 有论者认为，提前介入时机的确定以是否有确定犯罪嫌疑人为界限，案件的侦破阶段，检察人员不宜介入。参见熊正：《提前介入侦查需要把握好时机及程序》，载《检察日报》2007 年 6 月 28 日第 3 版；也有研究者认为，命案应自案发时就邀请检察机关介入命案现场勘查，一般案件应自第一次讯问犯罪嫌疑人时就开始介入。参见太原市人民检察院课题组：《检察机关提前介入"命案"侦查工作机制研究》，载《中国检察官》2013 年第 6 期。

关第一次讯问犯罪嫌疑人时开始介入；二是对证据完整性和合法性有较高要求的案件，应从证据开始收集时即介入；三是对需要现场勘查以获得重要证据的案件，应从现场勘查时介入；四是对法律适用争议较大的案件，可从立案之时介入。

（二）提前介入范围的限定

承前述，刑事诉讼法对提前介入只作了原则性规定，"必要的时候，人民检察院可以派人参加公安机关对于重大案件的讨论"。一方面，究竟何为"必要"？这里既包含了检察机关对提前介入时机的研判，也说明了检察机关对介入的案件类型有一定的选择权或者说自由裁量空间。关于介入时机的确定前文已作分析，这里只讨论介入的案件类型或者范围。另一方面，究竟何为"重大"？这里检察机关仍然有较大的解释空间和选择空间。对此，学界也存在一定争议。有的主张以量刑为基准，将可能判处 10 年以上有期徒刑的认定为重大案件。[1] 有的以社会危害性和案件取证难度为衡量标准，将重大恶性案件、取证困难的重大疑难案件认定为重大案件，有的认为只能对重大疑难案件中的部分取证工作介入而不能全案提前介入。[2] 从实践层面看，立法上的原则性规定在赋予检察机关一定选择权的同时，也给各地司法实务带来了困扰。有的地方侧重于命案提前介入机制的建构，山西省检察机关在提前介入命案侦查方面已经取得了一定成效；[3] 有的地方对发生重大交通事故的案件，规定检察机关应当提前介入。广西自治区人民检察院与公安厅共同制定的《检察机关刑检部门与公安机关交通管理部门办案工作衔接办法（试行）》规定：交通刑事案件有重大人员伤亡、重大财产损失，可能引发重大群体性事件的，检察机关应当及时、依法提前介入。[4] 有的检察机关介入特大电信网络诈骗案件，[5] 有的检察机关介入危害校园安全案件，[6] 有的检察机关介入性侵未成年人案件[7]等。

① 冯仁强、张海峰：《检察机关提前介入刑事侦查的思考》，载《公安学刊（浙江警察学院学报）》2011 年第 3 期。

② 王湖、汪德庆：《提前介入引导取证需要解决的四个问题》，载《检察日报》2012 年 8 月 27 日第 3 版。

③ 杨司等：《完善检察机关提前介入命案侦查机制》，载《人民检察》2016 年第 14 期。

④ 邓铁军：《发生重大交通事故检察官须提前介入引导取证》，载《广西法治日报》2014 年 11 月 19 日第 1 版。

⑤ 参见张海婷、林立群：《提前介入引导侦查》，载《吉林日报》2017 年 12 月 18 日第 5 版。

⑥ 参见徐日丹：《检察机关提前介入快捕快诉危害校园安全案件》，载《检察日报》2010 年 5 月 7 日第 1 版。

⑦ 参见刘子阳：《检察机关频频提前介入热点案事件引关注》，载《法制日报》2018 年 9 月 5 日第 3 版。

显然不同地方、不同层级的检察机关对"重大案件"的认知和解读并不相同，检察机关在提前介入的案件类型或范围上也是做法各异。理论上的分歧和司法实践上的不确定性由此可见一斑。笔者认为，我国《宪法》第 140 条和《刑事诉讼法》第 7 条均规定了公检法三机关是分工负责、互相配合、互相制约的关系，这是处理好检警关系的基础和前提。就检察机关的提前介入而言，案件范围上既不能过宽过深，不能干预公安机关一般的刑事侦查活动、挤压公安机关相对独立的侦查空间；也不能过窄过浅，不能让检察机关的提前介入如蜻蜓点水、流于形式。因此，在介入范围的限定上，既要平衡检察机关与公安机关权力行使上可能产生的冲突，又要考虑检察人员和侦查人员之间办案水准和业务素质上的差异，还要权衡检察机关的提前介入与侦查机关的常规侦查之间所产生的主导博弈。鉴于此，笔者建议由最高人民检察院和公安部就提前介入的原则和案件类型作出统一规定，然后各地区在充分考虑到其司法资源和案件现状的基础上，就检察机关提前介入的具体案件和内容进一步出台细化的执行制度。

四、检察机关提前介入的程序规范

明确了检察机关提前介入的法理依据，在把握提前介入时机和范围的基础上，需要对检察机关提前介入的具体程序即程序的启动、介入行为的实施、程序的终结等作出规定，以推进提前介入工作规范化发展。

（一）提前介入的启动

提前介入程序的启动通常有两种方式：一是应公安机关的邀请而介入。即公安机关在立案和侦查活动中，发现案情重大、取证困难或者其他有碍侦查取证的重大疑难案件，可以邀请检察机关参与案件讨论或现场勘察等活动。检察机关基于介入时机和限度的研判，作出是否派员提前介入的书面决定并回复公安机关。二是检察机关的主动介入。检察机关通过日常的侦查监督工作、上级检察机关或有关机关的交办、当事人请求或媒体曝光等多种渠道发现有提前介入公安机关侦查活动的必要时，应以书面形式通知公安机关予以介入。这需要建立完善的刑事案件备查制度，[①] 为检察机关掌握案情和介入决策提供信息和参考。同时，基于提前介入的法律性质和目的，结合各地的实践成效，介入的主体应主要来自检察机关的侦监部门和公诉部门，在案件报捕前，介入应由侦监部门负责；案件涉及未成年人的，未成年人检察部门可以派员介入；对重大

①　邓思清：《检察权研究》，北京大学出版社 2007 年版，第 402 页。

疑难案件，也可以由侦监、公诉部门联合介入，此有利于确保审查逮捕阶段和审查起诉阶段满足相同证据规格，① 契合了以审判为中心的刑事诉讼制度改革。当然，在"捕诉一体"的检察改革背景下，提前介入的主体即为刑事检察部门的检察官。

（二）介入行为的规范

在明确检察机关提前介入的案件范围基础上，对其介入的具体内容和手段均应作出细化的规定。基于检察机关的宪法定位和职责要求，结合各地实践，笔者认为检察机关在具体介入上主要有以下内容：（1）文书审查，书面审查公安机关在侦查活动中形成的各种法律文书、材料（包含犯罪嫌疑人的有关信息）；（2）现场取证，列席现场勘验、检查、复验、复查、搜查、辨认、侦查实验以及旁听讯问犯罪嫌疑人、询问被害人、证人等现场取证活动；（3）案件讨论，受公安机关之邀，参与重大案件的讨论；（4）发表意见，对案件取证的合法性和有效性提出建议，对法律适用问题发表意见，引导公安机关下一步的侦查取证。

介入手段是介入程序规范的重要方面。总体而言，检察机关在提前介入中可以运用其在侦查监督中的各种手段和措施。归纳起来，主要有四种介入手段：一是创建专门文书。检察机关提前介入手段与常规检察环节既有相同之处，也有其特殊性。应分情况制发《提前介入审查意见书》《引导侦查取证通知书》等介入文书，将案件信息、介入行为等记录在案，归档备查。通过专门介入文书的创建以提升介入的针对性和实效性。二是立案情况监督。检察机关对公安机关应立案而不立案、不应立案而立案的，向公安机关发出《要求说明不立案理由通知书》，对公安机关不予说明理由或理由不充分的，制发《通知立案书》，通知公安机关立案。三是纠正侦查违法。检察机关在提前介入环节发现公安机关侦查活动违法的，应发出《纠正违法通知书》，公安机关应将纠正情况书面报告检察机关。四是发出检察建议。对不适合采用前述三种监督手段的，可向侦查机关发出检察建议。比如检察机关在提前介入中发现公安机关的侦查活动在程序上有瑕疵，但尚未造成严重后果且公安机关已主动改正的，可以检察建议方式要求公安机关在日后的侦查活动中注意预防和杜绝；

---

① 证据规格是在我国司法实践中发展起来的一个概念，指在刑事诉讼中进行定罪量刑所需要的基本证据以及各类证据的基本形式及取证要求。证据规格的主要价值在于统一执法尺度，保障所取证据的客观真实性，其所要求的"基本证据"是指导性的而不是强制性的，满足证据规格并不意味着达到证明标准。纵博：《刑事诉讼证据规格评析——以相关规范性文件为分析对象》，载《西南民族大学学报（人文社科版）》2017年第4期。

又如检察机关在提前介入中发现公安机关怠于履职，但尚未构成职务犯罪的，可以向公安机关发出检察建议，要求撤换办案人员。

（三）介入程序的终结

检察机关提前介入程序的结束主要有以下几种情形：一是公安机关提请批准逮捕或移送审查起诉，提前介入程序自然终结。检察机关审查批捕和审查起诉环节本身即是检察机关的法定检察环节，法定检察程序一旦开始也就意味着提前介入环节的结束。二是公安机关主动撤销案件，提前介入程序结束。比如公安机关侦查过程中犯罪嫌疑人已经死亡、当事人自愿和解的轻微刑事案件等，检察机关未发现公安机关有违法问题的，提前介入终结。三是因上级检察机关指定管辖使得案件已经移送其他公安机关侦查，检察机关在既有介入中未发现违法问题的，提前介入程序终结。四是因检察机关介入不当、介入错误或违法而导致提前介入程序终结。比如检察机关介入的时机过早或太晚，超出规定的介入范围、介入程序不规范、违反办案纪律、泄露侦查秘密等，经由检察机关主管领导或上级检察机关决定而终结介入。需要说明的是，因提前介入错误或介入违法而导致介入程序终结的，应当建立检察机关提前介入承办人责任制度，并按照最高人民检察院关于错案责任追究办法进行追责。

五、《监察法》下检察机关提前介入监委办理的职务犯罪案件问题

从前文述及《刑事诉讼法》和《人民检察院刑事诉讼规则（试行）》的有关规定来看，检察机关提前介入监督的对象应是公安机关及其侦查活动，对于公安机关及其侦查活动以外是否属于检察机关提前介入的领域，法律没有明确规定。从司法实践来看，检察机关提前介入并不限于公安机关的侦查活动，比如危害国家安全犯罪的案件依法应由国家安全机关侦办，提前介入针对的即是国家安全机关的侦查活动。[①]《监察法》颁布实施后，原本由检察机关侦查的职务犯罪案件转隶给了监委，由此，针对监委办理的职务犯罪案件，检察机关能否提前介入以及如何介入等问题已成为检察机关面临的一项新课题。对此，张军检察长在回应媒体记者时指出，"涉嫌犯罪的，向检察机关移送起诉，有些案件，检察机关还可以应监委的要求，可以提前介入，了解情况"。[②]显然针对职务犯罪案件的提前介入，张军检察长给予了肯定答复。只不过其所

---

① 孙永光：《六项举措强化提前介入侦查工作》，载《检察日报》2017年8月13日第3版。

② 参见《国新办举行2019年首场新闻发布会最高检领导就内设机构改革答记者问》，载http://www.spp.gov.cn/tt/201901/t20190103_404282.shtml，最后访问日期：2019年1月23日。

言的"移送起诉"，是不是提前介入监委办理的职务犯罪案件的时间节点？"有些案件"具体指的是哪些案件？"应监委要求"是否是检察机关提前介入的前置条件？"可以提前介入"是何种程度的介入？张军检察长没有详说，我们不妨以前文论述为基础稍作分析。首先，从法理基础看，检察机关可以提前介入监委调查的职务犯罪案件。这既是检察关作为国家法律监督机关之宪法定位的必然要求，也有《监察法》的制度支撑。① 从笔者对检察机关和监委的调研来看，监委在办理职务犯罪案件过程中也会主动与检察机关沟通，邀请检察机关派员提前介入，对证据标准、事实认定、案件定性及法律适用等提出意见。因此，检察机关提前介入监委调查的职务犯罪案件并无障碍。其次，从介入时机看，检察机关提前介入监委办理的案件需要把握两个时间节点：一是"案件移送审理之后"，这是检察机关提前介入的开始节点。根据中央纪委、国家监察委、最高人民检察检联合制发的"内部文件"《国家监察委员会与最高人民检察院办理职务犯罪案件工作衔接办法》的有关规定，检察机关提前介入是在案件移送监委案件审理部门审理之后。② 二是在案件"移送审查起诉"前，这是检察机关提前介入的最后节点。此与一般意义上对公安机关侦查活动的提前介入有所不同。在公安机关侦查活动中，检察机关履行侦查监督职能的第一道关口是审查逮捕，也即在公安机关立案之后报捕之前，检察机关即可提前介入。但在监委办理的案件中，《监察法》和《刑事诉讼法》均没有规定监委向检察机关"报捕"这一程序，因为监委依据《监察法》，履行的是调查职能而非侦查职能，监委可自行采取"留置"措施，其既不依刑事诉讼程序，也无须采用刑事强制措施。从实践来看，监委一般在将案件移送检察机关审查起诉前要求检察机关提前介入。再次，从程序启动看，"应监委要求"是检察机关启动提前介入程序的前提条件。根据《监察法》的有关规定，检察机关提前介入监委办理的职务犯罪案件本质上应理解为"协助"和"配合"，③ 检察机关协助的前提是监委向检察机关发出了邀请或提出了要求，而不是检察机关主动要求介入，此与提前介入公安机关侦查活动有别。最后，从案件范围看，由于介入的主动权不在检察机关，检察机关对介入的案件范围没

---

① 《监察法》第 4 条第 2 款：监察机关办理职务违法和职务犯罪案件，应当与审判机关、检察机关、执法部门互相配合，互相制约。依此，检察机关提前介入监委办理的职务犯罪案件，既是配合也是制约。

② 钟纪晟：《监委案件审理部门提前介入与检察机关公诉部门提前介入有何区别》，载《中国纪检监察报》2019 年 3 月 13 日第 8 版。

③ 《监察法》第 4 条第 3 款明确规定：监察机关在工作中需要协助的，有关机关和单位应当根据监察机关的要求依法予以协助。

有裁量空间，具体介入何种案件，由监委决定然后向检察机关提出介入的要求。因此，介入的具体案件范围应依据监委或监委与检察机关联合制定的有关规定来实施。地方监委与检察机关可结合本地区案件的性质、数量、特征、影响等要素，在"重大、疑难、复杂"的总原则下共同商定介入的具体案件类型。① 此外，检察机关提前介入的内容、手段、方式等方面，都与针对公安机关的提前介入存在一定差异，这些有待制度上的进一步规范和细化。囿于篇幅，这里不作展开。

六、结语

检察机关的提前介入具有强化法律监督和保障诉权实现的双重价值，因应了以审判为中心的刑事诉讼制度改革。一方面，检察机关通过提前介入，实现对侦查活动动态、直接、同步监督，保障了侦查活动的合法性和案件当事人的合法权益。另一方面，检察机关通过引导取证，保证了公安机关取证的合法性和有效性，有助于提升公诉质量和审判效率。为保障提前介入制度进一步发挥实效，浙江检察机关已率先在全省范围内实现基层公安机关检察官办公室全覆盖，通过检察官办公室的全面设置和提前介入，已经在立案监督、引导取证、纠正违法等方面发挥了重要作用。② 总体来看，检察机关的提前介入在充分发挥其成效的同时，仍面临一些问题，包括法律规定的完善、介入制度的实操性、介入程序的规范、介入后果的承担等方面，以及《监察法》实施背景下如何针对监委办理案件的提前介入进行规范等，仍有待学界的深入研究和实务部门的继续探索。

（原载于《法学杂志》2019 年第 9 期）

---

① 《国家监察委员会与最高人民检察院办理职务犯罪案件工作衔接办法》针对的是最高监察机关和最高检察机关，内容的原则性比较强，地方检察机关的提前介入有待进一步细化。

② 检察官办公室共引导公安机关侦查取证 1660 件次，案件抽查 1315 次，对执法办案视频（现场）巡查 923 次，同时，立案监督 411 件 671 人，监督撤案 79 件 119 人，纠正漏捕 48 件 71 人，发出书面纠正违法或瑕疵通报 663 件。参见范跃红、阮家骅：《浙江实现基层公安机关检察官办公室全覆盖引导公安机关侦查取证 1660 件次》，载《检察日报》2018 年 9 月 18 日第 1 版。

检察机关适用不起诉权的问题与对策研究

陈卫东[*]

不起诉权是我国检察机关的一项固有权力。随着刑事诉讼法的修改，不起诉权也日益完善。但实践中也暴露出了不起诉权适用中的一些问题，有必要对不起诉权的适用进行全面的反思与展望。特别是，在当前背景下，以审判为中心的诉讼制度改革不断推进、认罪认罚从宽制度入法、监察体制改革初步完成，这为不起诉权的适用提出了一些新的课题和要求。有鉴于此，本文从不起诉权的发展与变革谈起，分析不起诉权适用中存在的问题及其成因，进而探讨合理适用不起诉权的可能路径，以期为检察机关合理适用不起诉权提供理论参考。

一、我国不起诉权的变革和发展

检察机关的不起诉权是我国检察权的一项重要内容。自 1979 年刑事诉讼法规定不起诉权以来，历经几次变革与发展，不起诉权逐步发展完善，实现了不起诉权由实体性的定罪免罚权向程序性不起诉权、多元化发展的历程。

（一）不起诉权由实体性的定罪免罚权向程序性不起诉权的转变

我国 1979 年《刑事诉讼法》在第 11 条、第 101 条至第 104 条规定了检察机关的不起诉权及其适用的几种情形。其中，第 11 条规定的是法定不起诉制度，即适用于涉嫌犯罪的行为情节显著轻微、危害不大，不构成犯罪的，或者其他五种情形下，虽然有犯罪事实，但依法不追究刑事责任的，人民检察院应当作出不起诉的决定。第 101 条规定的则是免予起诉制度，即依照刑法规定不需要判处刑罚或者免除刑罚的，人民检察院可以免予起诉。

从 1979 年到 1996 年十几年的时间里，检察机关在行使不起诉权方面，存在一定程度的"扩大化适用"问题，突出表现为当时检察机关在"职务犯罪

＊ 中国人民大学刑事法律科学研究中心特聘教授，博士生导师。

案件"上面适用免予起诉的比例非常高，有些地方甚至高达 70% —80%。① 检察机关将免予起诉作为一种解决案件的非正规手段。比如说对于一些办不下去的"超期案""关系案""人情案"，很多情况下检察机关都免予起诉，对案件做终结处理。这一现象背后的原因是检察机关和法院对刑事案件的最终处理权限的边界划分模糊，以及实体法和程序法的划分界限不明确。因为当时我国法律没有明文规定人民法院审理案件应当遵循何种定罪原则，即无罪推定原则在当时还没有被写入刑事诉讼法。检察机关对于构成犯罪的被追诉人免予起诉，直接结束了刑事诉讼程序，具有与"定罪免刑"相当的权力和效果，实际上是"定罪不罚"，也就是说，当时的免予起诉权实际上已经变相地成为检察机关"定罪免罚"的手段。这一现象在当时引发了学术界、实务界对免予起诉权的质疑，这也是 1996 年《刑事诉讼法》修改过程中对免予起诉权的存废争论较为激烈的导火索，检察机关作为追诉机关有没有权力定罪免罚是当时争论的主要焦点。笔者有幸参与了 1996 年《刑事诉讼法》的修改，当时争论的场面至今仍历历在目。鉴于当时存在的各种"滥用免诉权""免诉权扩大化适用"的现象，1996 年《刑事诉讼法》修改后废除了免予起诉制度，规定了酌定不起诉制度，即"对于犯罪情节轻微，依照刑法规定不需要判处刑罚或者免除刑罚的，人民检察院可以作出不起诉决定"。同时，1996 年《刑事诉讼法》新增了"证据不足不起诉制度"，即："对于补充侦查的案件，人民检察院仍然认为证据不足，不符合起诉条件的，可以作出不起诉的决定。"可见，1996 年《刑事诉讼法》修改并没有彻底废除检察机关对于刑事案件的起诉裁量权，仍旧承认检察机关在起诉或不起诉上的裁量权。当然，酌定不起诉与免予起诉还是有本质的区别的。因为 1996 年《刑事诉讼法》首次规定了中国特色的"无罪推定"原则，即《刑事诉讼法》第 12 条规定"未经人民法院依法判决，对任何人都不得确定有罪"的原则。这就明确了定罪权仅属于法院所有，其他任何机关都不享有定罪的权力，也使得此不诉与彼免诉的含义属性不同。

从 1996 年取消检察机关"免予起诉制度"到目前有些学者主张限缩"酌定不起诉权"的观点，其理由根据在于检察机关的不起诉决定变相发挥着实体裁决的性质，甚至有取代法院司法裁判的作用。实际上，在笔者看来，检察

---

① 有统计数字显示，在 1989 年的 1—11 月某省检察系统立案侦查的贪污、受贿案共 544 宗 652 人，其中免予起诉的 210 宗 260 人，免诉率分别为 38.8% 和 40%；立案侦查的偷税、抗税案件 46 宗 52 人，免予起诉的 37 宗 42 人，免诉率为 80%。参见白淑卿：《关于完善免予起诉制度的思考》，载《现代法学》1990 年第 2 期，第 45 页。

机关行使不起诉权，包括酌定不起诉权并没有否定法院的审判权，正如笔者在多年前的文章中所述："从性质上看，不起诉免除了有罪之人因起诉可能受到刑罚制裁的可能性；从后果看，他与人民法院作出的免予刑事处分的法律效果是一样的，但不能由此认定检察机关行使审判权。"① 司法裁判权只能由人民法院享有，其他任何机关都无权行使，不论是检察机关还是其他行政机关都无权享有司法裁判权。尽管检察机关的不起诉权可以引发整个刑事程序终结的阻断效果，但检察机关的不起诉权属于刑事程序上的决定权，其所处理的只是程序法上的内容，而非实体处分权，不同于法院的审判程序和审判权。

（二）不起诉权的多元化发展

1. 确立了未成年人刑事案件中的附条件不起诉制度

2012 年《刑事诉讼法》修改时在特别程序编增设了未成年人刑事案件的特别程序，其中专门规定了适用于未成年人刑事案件的附条件不起诉制度，即"对于未成年人涉嫌刑法第四章、第五章、第六章规定的犯罪，可能判处一年有期徒刑以下刑罚，符合起诉条件，但有悔罪表现的，检察院可以作出附条件不起诉的决定"。实际上，附条件不起诉制度在修法前的试点中，并非只适用于未成年人刑事案件，也适用于成年人刑事案件。2012 年《刑事诉讼法》修改时，对于立法上是确立针对所有被追诉人的附条件不起诉制度，还是确立仅针对部分被追诉人的附条件不起诉制度存在争议，这种争议的核心还是担心检察机关不起诉权的扩张会导致不起诉权的滥用，侵蚀法院的审判权。最终，立法上确立的仅是未成年人刑事案件中的附条件不起诉制度。当然，立法初衷实际上是一种试点探索，将附条件不起诉制度先在未成年人刑事案件中进行试验，如果适用情况较好，那么，以后可以总结经验，将附条件不起诉制度规定到刑事诉讼法中。但无论如何，2012 年《刑事诉讼法》修改所确立的未成年人刑事案件中的附条件不起诉制度丰富了我国不起诉的类型，对于推动不起诉权的发展具有重要意义。

2. 确立了认罪认罚从宽案件中的特别不起诉制度

2018 年《刑事诉讼法》修改新增第 182 条规定的认罪认罚案件中检察机关的特别不起诉权，"犯罪嫌疑人自愿如实供述涉嫌犯罪的事实，有重大立功或者案件涉及国家重大利益的，经最高人民检察院核准，公安机关可以撤销案件，人民检察院可以作出不起诉决定，也可以对涉嫌数罪中的一项或者多项不起诉"。此条文规定涉及两个方面的内容：第一，核准权为最高人民检察院所

---

① 王作富、陈卫东：《必须坚持和完善免予起诉制度》，载《检察理论研究（创刊号）》1991 年第 1 期，第 50 页。

依法享有，公安机关的撤案决定、检察机关审查后的不起诉决定都应当报请最高人民检察院核准决定，而不能依据案件情况直接做撤案、不起诉处理；第二，检察机关的特别不起诉权不仅是起诉或不起诉的权力，还可以针对涉嫌数罪中的一项或者多项不起诉。由此可见，检察机关特别不起诉权的裁量性更强，具有更大的自主性。

二、我国不起诉权适用中的问题分析

在我国，不起诉制度的适用呈现出较为保守的状态，可诉可不诉的基本起诉，整体上不起诉率并不高。例如，据统计，我国 2013—2015 年，不起诉率分别为 5.1%、5.4%、5.2%，起诉人数与不起诉人数的比例大约为 20∶1。而与其他国家或地区横向比较而言，这一比例则显得非常低。例如，我国台湾地区 2003—2005 年的不起诉率一直在 30% 以上，而日本的不起诉率则维持在 40% 以上，在 2015 年甚至达到了 50.4%，而德国的不起诉率也在 20% 以上，是法院判处案件的两倍有余。[①]

导致我国不起诉权适用率不高的原因是多方面的，有理念上的原因，也有制度机制层面的原因。

（一）对不起诉权地位和重要性的认识不到位

尽管我国在 2012 年将"尊重和保障人权"写入《刑事诉讼法》，但传统的"重实体、轻程序""重追诉犯罪、轻保障人权"的诉讼理念一直存在于司法实践活动中。这影响了检察机关对不起诉权的认识，使得办案人员往往将不起诉同放纵犯罪联系在一起，而将起诉同打击犯罪联系起来。与之相应的是，这也影响了检察机关对不起诉权重要性的认识，在实践中产生了重起诉、轻不起诉或者将不起诉作为起诉附庸的认识和做法。例如，"一些检察官始终把追诉作为公诉权的核心内容和重要使命，把酌定不起诉放在提起公诉的从属地位"，长期采用构罪即捕、有罪即诉、以捕定诉的做法。[②] 而我国实践中不起诉案件十分少、不起诉率较低，反过来说，实际上就是检察机关的起诉率过高，片面追诉的倾向过于明显，而这与检察机关对不起诉权的认识和重视程度不高有着密切关系。

（二）检察机关内部考核机制的影响

1996 年《刑事诉讼法》修改时关于"免予起诉"制度的存废之争，对检

---

① 参见郭烁：《论酌定不起诉制度的再考查》，载《中国法学》2018 年第 3 期，第 235—238 页。

② 参见张树壮、周宏强、陈龙：《我国酌定不起诉制度的运行考量及改良路径》，载《法治研究》2019 年第 1 期，第 48 页。

察机关产生了深远影响，甚至威胁到了检察机关自身的地位，这使得检察机关在适用不起诉权方面显得较为慎重，也更为保守，以避免重蹈免予起诉制度被取消的覆辙。司法实践中，检察机关内部将不起诉案件严格控制在一定的范围内，并将不起诉率作为一项重要的考核指标，要求不可滥用和随意适用不起诉制度。例如，不起诉案件一直是公诉部门案件质量评查的重点，办案人员担心不起诉影响自己的办案业绩而对不起诉束之高阁，避免自己办理的案件成为案件评查的重点审查对象。又如，侦查监督工作中往往将捕后不诉作为逮捕质量不高的表现，直接影响到业务考核的效果，在捕诉分离的传统情况下，基于考核全院一盘棋的考虑，公诉部门对已经逮捕的案件，即便是符合不起诉的条件，也往往会提起公诉，这也导致不起诉的适用比例较低。当前，司法实践中在推进捕诉一体化改革，就不起诉权的适用而言，这可能会进一步影响不起诉的合理运用。实际上，这种内部的严格控制也导致了一定的弊端。例如，对不起诉权的严格控制妨碍了基层检察院的正常工作，对于那些达不到公诉标准又不满足不起诉条件的案件，办案人员无法处理，一旦起诉将会人为造成案件败诉。①

（三）不起诉权的适用程序较为烦琐影响办案业绩

对于起诉决定，按照改革的要求，通常在对案件审查起诉之后，检察官即可作出起诉的决定。但是，对于不起诉的案件，在改革之前，实践中检察长一般很少直接作出不起诉决定，多由检察委员会作出，且需层报备案，特别是对酌定不起诉的案件更是如此，主要是考虑到不起诉权的谨慎适用和对自身办案责任的分散化解，很多地方不起诉决定还必须交由人民监督员表决通过。② 而在改革之后，通常需要报请检察长或者分管检察长决定，但检察长或者分管检察长可能也会基于办案责任风险的转移而采取传统的办案思路，即提交检委会讨论决定，而非自己直接作出不起诉的决定。当然，这种内部的审批制可能会发挥一定的监督制约作用，避免不起诉制度的滥用，但毕竟相较于提起公诉程序而言更为烦琐和严格，公诉人往往会优先考虑起诉，而不是不起诉。而且，在改革的过程中，还在不断加强不起诉的程序建设。例如，依据最高人民检察院在2018年公布的《不起诉案件公开审查规则》，对不起诉程序需进行公开审查程序，即"人民检察院对于拟作不起诉处理的案件，可以根据侦查机关

---

① 参见杨娟、刘澍：《论我国刑事不起诉"三分法"的失败及重构》，载《政治与法律》2012年第1期，第37—44页。

② 酌定不起诉在实践中的适用情况，参见张树壮、周宏强、陈龙：《我国酌定不起诉制度的运行考量及改良路径》，载《法治研究》2019年第1期，第46—54页。

（部门）的要求，或者犯罪嫌疑人及其法定代理人、辩护人，被害人及其法定代理人、诉讼代理人的申请，经检察长决定，进行公开审查"。这种改革无疑对于提升不起诉程序的正当性具有重要意义，但也不可避免地加重了不起诉的程序负担。对于公诉人而言，不起诉是一种加重工作负担并可能会影响工作业绩、责任追究的制度，[①] 基于利弊考虑，公诉人无疑会更倾向于提起公诉以避免较重的工作负担以及可能的业绩影响、责任风险。例如，在学者的实证研究中，对于不愿意适用酌定不起诉制度的原因，64.5%的被调查者认为"怕麻烦"。[②]

（四）不起诉权的适用标准模糊

我国刑事诉讼法对于法定不起诉、证据不足不起诉的规定相对较为明确，但对于酌定不起诉的适用条件和标准规定得较为模糊、笼统。《刑事诉讼法》第 177 条第 2 款对"犯罪情节轻微，依照刑法规定不需要判处刑罚或者免除刑罚"的适用条件规定得较为笼统、模糊。第一，对于何为"犯罪情节轻微"的标准不明确，主观性较强，在司法实践中往往根据被追诉人的主观恶性、犯罪手段、社会危害性等事实和情节加以判断，这就会导致对于同一案件的处理，不同的人会有不同的判断，在这种情况下，往往会采取可诉可不诉的一般提起公诉这一做法。第二，对何为"不需要判处刑罚或免除刑罚"的判断标准也不明确，当前，"不需要判处刑罚或者免除刑罚"的标准仅出现在刑法总则规定中，没有具体到罪名的、可操作性强的标准或指引。在业绩考核、办案责任等多方面因素的影响下，在不起诉的适用标准不明确、不统一的情况下，公诉人往往会选择提起公诉，这也影响了不起诉制度的适用率。

（五）其他负面因素的影响

有学者曾经指出，不起诉率过低的原因主要是"三怕"：一怕被人怀疑存在私情私利或接受了说情送礼；二怕增加工作量影响办案业绩；三怕不诉后犯罪嫌疑人出现反复给自己带来风险。[③] 其中，第一怕就是担心遭受到外部舆论的质疑，容易对检察官的形象产生负面影响；而第三怕实际上就是担心办案责任的影响，担心因为不起诉而承担由此而来的出错风险。应该说，上述因素也

[①] 参见朱孝清：《检察机关在认罪认罚从宽制度中的地位和作用》，载《检察日报》2019 年 5 月 13 日第 3 版。

[②] 参见张树壮、周宏强、陈龙：《我国酌定不起诉制度的运行考量及改良路径》，载《法治研究》2019 年第 1 期，第 48 页。

[③] 参见朱孝清：《检察机关在认罪认罚从宽制度中的地位和作用》，载《检察日报》2019 年 5 月 13 日第 3 版。

是导致公诉人不敢适用不起诉权的重要制约因素。

三、加强不起诉权合理适用的必要性

不起诉权作为一项检察机关的固有权力具有重要的地位和作用。在我国，不起诉权的适用既不能完全放开，也不能完全不适用，对不起诉权的适用应当建立在敢用善用基础之上。对此，首先应当对不起诉权的功能和地位有清醒的认识。

（一）不起诉权具有监督引导侦查权、制约审判权的重要功能

我国的刑事诉讼程序一直以来都是流水线型的诉讼结构，依照诉讼程序的进程划分为侦查程序、审查起诉程序、审判程序。在现有诉讼结构和诉讼阶段模式下，检察机关的审查起诉程序处于"承上启下"的地位，发挥着监督引导侦查权、制约审判权的作用。一方面，通过审查起诉程序，对侦查机关侦查终结、监察委调查终结移送审查起诉的案件，检察机关有进行审查与"把关"的作用。只有符合法定起诉条件的案件，检察机关才会提起公诉，对于那些不符合法定起诉条件的案件，检察机关则不会提起公诉。因此，不起诉制度是检察机关监督引导侦查、调查依法进行的重要制度抓手。另一方面，检察机关的审查起诉程序也掌控了审判程序的入口。由于现代刑事诉讼程序采行不告不理原则，只有检察机关提起公诉，法院才有启动审判程序的可能性，法院不能自己主动审判案件；而且，法院的审判范围也要受到检察院指控范围的限制。对于那些不符合起诉条件的案件，检察机关通过作出不起诉决定进行过滤和筛查，限制了法院审判的范围，对法院的审判权构成了制约。可见，检察机关不起诉决定具有监督引导侦查权，同时制约人民法院司法审判权的诉讼效果，其程序意义十分重要。

当前，我国的程序建设已经取得了积极进展，各方面的制度建设日趋完善。但不可否认司法实践中还存在一些侦查不规范的现象。特别是党的十八大以来陆续揭露的一大批冤假错案更应当引起我们的警醒。根据最高人民法院的统计，自党的十八大以来，人民法院已经依法纠正了重大冤假错案 39 件 78 人；全国各级法院在过去五年总计对 2943 名公诉案件被告人和 1931 名自诉案件被告人依法宣告无罪。[①] 尽管导致冤假错案和法院宣告无罪的原因是多方面的，但检察机关在审查起诉过程中没有发挥好监督作用也是一个非常重要的原

[①] 参见周强：《最高人民法院工作报告》（2018 年 3 月 9 日在第十三届全国人民代表大会第一次会议上），载《人民日报》2018 年 3 月 26 日。

因。因此，在当前背景下，有必要加强对不起诉权的认识，充分认识不起诉权在监督引导侦查行为方面的积极功能，避免质量不高的案件进入审判环节。

（二）不起诉权是保障人权、修复社会关系的重要制度设置

检察机关作为国家的法律监督机关，作为客观公正的法律守护人，应当时刻从尊重和保障人权的理念出发审查决定是否起诉，而非秉持"打击和惩罚犯罪"这一单一的诉讼理念。应该说，对于那些没有提起公诉必要的案件作不起诉处理，有助于更好地发挥审查起诉程序在尊重和保障人权方面的积极作用。因为，对于那些没有追诉必要的被追诉人，在检察机关决定不起诉后可以直接回归社会、回归正常的生活，而不会经历被刑事追诉和应诉等一系列诉讼活动，避免了遭受长期羁押可能带来的身体和心理的损耗。1951年，时任英国检察长的肖克劳斯就曾对国会这样说道："凡是涉嫌犯罪的行为都必须自动成为起诉的对象——我国从没有这样的规则，我希望将来也不会有。"①

而且，不起诉权的运作往往和非刑罚化、恢复性司法紧密相关。实际上，执行刑罚并非恢复社会秩序的唯一要求，也并不是最好的方法。"20世纪以来，随着刑罚个别化理论的发展，刑罚不再是预防犯罪的唯一手段，根据行为人的具体情况，实行多元化的矫正措施，是刑罚预防犯罪的重要手段。"② 而且，在追求公平正义的前提下，尽快恢复被被追诉人所破坏的社会秩序才是更为关键的事情。

当前，我国正在推进以公力和解和私力和解为核心的诉讼制度体系建设。前者体现为认罪认罚从宽制度改革，而后者则体现为我国刑事诉讼法所确立的当事人和解的公诉案件诉讼程序。应该讲，如何发挥好认罪认罚从宽和刑事和解在教育矫治被追诉人、恢复被侵害的社会关系方面的积极作用是当前面临的一项重要课题。而这两项制度效果的发挥在某种意义上依赖于不起诉制度。因此，有必要提升对不起诉制度的认识，研究探索不起诉制度和认罪认罚从宽、刑事和解制度的衔接，更好地推进不起诉制度在认罪认罚从宽制度和刑事和解制度中的适用。

（三）不起诉权是实现案件分流的重要程序机制

检察机关对刑事公诉案件的不起诉也是一种对刑事案件进行分流的方式。"面对日益增多的刑事案件，不起诉制度可以发挥分流案件、减轻诉累的效

---

① ［英］麦高伟、杰弗里·威尔逊主编：《英国刑事司法程序》，姚永吉译，法律出版社2003年版，第155页。

② 陈卫东主编：《模范刑事诉讼法典》，中国人民大学出版社2011年版，第334页。

果。"① 对侦查机关侦查终结、监察机关调查终结移送审查起诉的案件，检察机关首先要进行审查，对符合起诉条件的，按照管辖范围依法提起公诉，请求人民法院依法审判；而对于不符合起诉条件，或者属于酌定不起诉情形的，依据案件、犯罪嫌疑人的特殊情况，并考量社会公共利益，作出不起诉的决定。这可以实现对案件的分流，避免没有起诉必要的案件进入审判程序，将有限的司法资源投入那些重大疑难案件上面。因此，我们可以看到，大陆法系很多国家或地区在实行起诉法定主义的同时，无不采行起诉裁量原则以疏解司法资源有限性所带来的困境。例如，日本在明治维新时期便开始出现的起诉犹豫制度，其背景之一就是当时政府为监狱增加经费而感到窘迫。② 在德国，法定起诉原则充满了很多的"漏洞"，允许存在诸多的例外，这些例外规定往往是基于利益考量的结果，即虽然将被追诉人提交审判很重要，但有时会存在超越了刑事法律所追求的一般利益的相反利益，这些利益包括在轻微案件中对检控资源和司法资源的节约。因此，起诉轻微的刑事案件没有太大的意义，因为这会导致施加的刑罚与起诉和裁判案件所耗费的资源不成比例，③ 而且，这实际上也是不正义的。因为"正义的第二种意义，简单来说就是效益"。④

当前，我国刑事案件多发，案件数量激增，但是司法资源的投入有限，刑事司法所面临的案多人少问题十分突出。以检察机关公诉部门受理的案件量为例，据统计，2013 年至 2015 年三年间，全国检察机关公诉部门受理案件数由 1106768 件 1612251 人上升到 1216872 件 1704665 人，刑事案件逐年增长，司法机关面临着越来越大的办案压力和挑战。而当前我国正在推进以审判为中心的诉讼制度改革，改革要求强化法庭审判在查明案件事实和定罪量刑中的作用，这实际上对刑事诉讼程序的正当化、庭审程序的实质化提出了要求。如何解决案件数量激增、案多人少与庭审实质化所带来的诉讼资源投入之间的矛盾是需要认真解决的问题。对此，我国已经进行了相应的改革，例如，我国在 2012 年扩大了简易程序的适用范围，在 2018 年《刑事诉讼法》修改时增设了速裁程序，这些都是基于诉讼效益价值所作的制度创新，对于实现案件的繁简分流、将有限的司法资源投入重大疑难案件上具有重要意义。实际上，除了上

① 陈卫东主编：《刑事诉讼法学关键问题》，中国人民大学出版社 2013 年版，第 216 页。

② 参见［日］田口守一：《刑事诉讼法》（第七版），张凌、于秀峰译，法律出版社 2019 年版，第 199 页。

③ 参见［德］托马斯·魏根特：《德国刑事诉讼程序》，岳礼玲、温小洁译，中国政法大学出版社 2004 年版，第 45 页。

④ ［美］理查德·A. 波斯纳：《法律的经济分析》，蒋兆康译，中国大百科全书出版社 1997 年版，第 1 页。

述制度建设之外，笔者认为，也应当重视不起诉制度在分流案件、调整司法资源合理配置方面的积极作用。通过对没有追诉必要的案件不提起公诉，可以减少进入审判环节的案件数量，为法院减负，使法院的审判集中于重大疑难案件中，实现繁者越繁、简者越简。而且，对于没有提起公诉必要的案件，也可以参照德国的做法简化审前程序，即没有必要进行详细侦查，只要能够证明被追诉人的假定罪行没有意义便可以了。①

四、加强不起诉权合理适用的路径

如前所述，不起诉权在实践中的问题是该用而不用，没有发挥好不起诉权的应有功能。因此，未来有必要加强不起诉权的合理适用。

（一）应从政策上为合理适用不起诉权解套

如上所述，不起诉权有其独特的价值和功能，加强不起诉权的合理适用，应当从多方面共同进行。其中，首要的是进行政策指引，从根本上转变办案人员的思维观念和办案方式。这就要求必须从政策上明确不起诉权的地位和作用，在审查起诉的时候严格掌握起诉的条件，对于可诉可不诉的应坚持不诉。

除了在政策上明确合理适用不起诉权之外，还必须在一些考核指标设计上也做出相应调整，从而更好地落实不起诉政策：第一，要取消不合理的不起诉指标设置，不能人为地给不起诉设置一定的指标，更不能传达出不起诉即办案无效的观念。第二，在案件评查中，不能只重点审查不起诉案件，应当将起诉案件和不起诉案件一并重视、同等审查，应起诉而不起诉只不过是人权保障初衷下的一种失误，而不应起诉却起诉则显示了检察机关打击犯罪的片面性，后者为害更为恶劣。第三，要改变将捕后不诉作为一种负面评价指标的做法。逮捕有其自身的适用条件，而且，逮捕必要性随着案件的进展可能会发生变化，即便是逮捕的案件也还存在解除、变更逮捕措施的可能性，因此，逮捕必要性并不等于起诉必要性，不能因为前期已经适用逮捕措施就认为必须要提起公诉，换句话说，不能将案件是否提起公诉作为评价逮捕质量的手段，限制规范逮捕措施的适用应当从其他方面入手，而非从考核捕后不诉入手。第四，在办案责任方面，则应科学设定承担错误不起诉责任的条件和情形，毕竟案件是否有起诉的必要是一个主观性很强的活动，特别是在事实的认定方面更是如此，因此，不能无限制地扩大不起诉方面的办案责任，要尊重办案人员自身的判

---

① 参见［德］托马斯·魏根特：《德国刑事诉讼程序》，岳礼玲、温小洁译，中国政法大学出版社2004年版，第45页。

断，适当设置错误不起诉的办案责任，为办案人员合理适用不起诉松绑。

（二）应从权力、组织上为不起诉权的合理适用提供保障

1. 应赋予检察官独立作出不起诉决定的权力。

如前所述，现有不起诉制度的"层层审批"的运行模式，使得检察长、检委会等主体主导着刑事案件的不起诉程序，更重要的是增加了不起诉的工作量和难度，导致检察官在适用不起诉方面的积极性不高。因此，有必要对不起诉的程序进行适当的简化，适当降低检察官适用不起诉的难度和工作量。在这方面的一个重要工作就是赋予检察官在不起诉方面的决定权，简化不起诉中的审批程序机制。具体而言，对于案件事实清楚，证据确实、充分的刑事案件，符合不起诉的适用条件的，应当自己作出不起诉决定；对于自己难以把握的复杂、重大案件可以提交审判长和审判委员会来决定。但是，应当明确检察官自己决定为主，检察长、检委会决定为辅的适用原则。当然，这并不意味着对不起诉案件便不可以进行监督。事实上，对于不起诉的案件，部门负责人或者主管领导都有进行监督的权力，只不过这种监督制约是以有必要为前提，而非对所有的不起诉案件都一概进行监督制约。而且，这种监督制约也是有其条件和程序限制的。①

2. 应由专人负责不起诉案件的处理。

实践中，有地方的检察机关提出，应当将起诉权和不起诉权同等重视，并将不起诉工作交由专门办案人员负责。对此，笔者认为不失为一种举措。由专门办案人员负责不起诉工作有一定的积极意义。第一，由专门办案人员负责不起诉工作可以为不起诉工作设置专门的工作量统计办法、考核办法和办案责任，避免司法实践中出现的重起诉、轻不起诉的做法，这有助于提升不起诉工作的重要性，并提升办案人员适用不起诉的积极性。第二，由专门办案人员负责不起诉工作也可以化解强化不起诉适用和对不起诉权监督制约方面的矛盾。在不起诉的适用上，一方面，人们期待不起诉制度的合理适用，以发挥不起诉的应有功能；另一方面，人们又担心不起诉制度的滥用。其中，前者要求应当尽可能地减少不起诉适用上的障碍，包括赋予更大的自主权、减少程序机制设计等；而后者则要求尽可能地加强对不起诉权的监督制约，这种矛盾的可能化解之道便在于将不起诉工作和起诉工作相分离，将不起诉工作交由专门的办案人员负责。当审查起诉的办案人员发现案件可能需要不起诉时，便将案件交由

---

① 关于检察首长指令权的监督制约，参见杜磊：《论检察指令权的实体规制》，载《中国法学》2016 年第 1 期，第 177—193 页；杜磊：《论检察指令权的程序性规制》，载《国家检察官学院学报》2016 年第 4 期，第 60—72 页。

专门负责不起诉案件的办案人员处理。这样，一方面避免了提起公诉的办案人员因为各种顾虑而不适用不起诉的问题；另一方面，也可以专门针对不起诉案件设置不同的程序机制以加强对不起诉权的合理规制。

（三）应加强不起诉权合理适用的制度建设

加强不起诉权的合理适用，在制度建设方面也存在改进的空间。

1. 明确不起诉权的适用条件

针对当前不起诉权特别是酌定不起诉的适用标准不统一问题，亟须在规范层面上加以明确。对此，可供参考的思路有两条：第一，应通过司法解释或者制定不起诉规定的形式，将司法实践中不起诉的具体情形和条件加以类型化，以统一不起诉的标准；第二，应加强不起诉的案例指导工作，以指导性案例的形式明确不起诉的适用条件，为办案人员适用不起诉制度提供参考。

2. 以认罪认罚从宽制度为背景合理适用酌定不起诉权

2018 年《刑事诉讼法》修改将"认罪认罚从宽制度"正式规定在《刑事诉讼法》法典中。认罪认罚从宽制度的入法对合理适用不起诉权提供了契机。但遗憾的是，《刑事诉讼法》仅在第 182 条规定了特别不起诉制度，为特别不起诉制度设置了严格的条件和程序机制。这就导致特别不起诉制度在司法实践中的适用情况并不会太高。相反，在认罪认罚案件中适用酌定不起诉制度的可能性更高，也更有意义。对此，笔者认为，《刑事诉讼法》在这方面规定的空白为实践中探索认罪认罚从宽案件中合理适用不起诉权提供了空间。司法实践中，可以以此为契机，探索认罪认罚从宽案件中适用酌定不起诉的条件和程序机制，推动不起诉权的合理适用。

3. 扩大附条件不起诉制度的适用范围

附条件不起诉制度将不起诉和被不起诉人履行特定的职责联系起来，一方面扩大了不起诉案件的范围，另一方面，也避免了传统上不起诉之后一放了之的监管空白，发挥了不起诉在教育矫治方面的积极作用。可以说，附条件不起诉制度在未成年人刑事案件中发挥了一定的作用，但该制度目前的适用范围较窄，并没有完全显现出该制度的优势。因此，未来有必要进一步扩大附条件不起诉制度的适用范围，将其扩展到包括成年人案件在内的所有的刑事案件。① 特别是在当前推动认罪认罚从宽制度改革，立法上明确了认罪认罚从宽的情况下，更有必要探讨附条件不起诉制度的适用范围，从而全面推动认罪认罚从宽

① 当然，对于如何构建成年人刑事案件附条件不起诉制度可以再具体探讨。相关讨论，参见何挺：《附条件不起诉适用对象的争议问题：基于观察发现的理论反思》，载《当代法学》2019 年第 1 期，第 160 页。

制度改革的发展。

4. 应明确不起诉决定的程序效力

明确不起诉决定的程序效力对于合理适用不起诉制度也具有一定的积极意义。在我国台湾地区，立法上明确规定了不起诉的实体确定力，即不起诉处分已经确定或者缓起诉期满未被撤销者，除非有法定的特殊情形，不得对于同一案件再行起诉。[①] 在日本，也有学者主张应当赋予不起诉以实体确定力，而且主张在没有任何理由取消不起诉决定之后又恶意进行公诉的，构成公诉权的滥用。[②] 当前，我国刑事诉讼法并没有明确规定不起诉决定的程序效力，即对不起诉的被追诉人是否还可以再次提起公诉并没有明确。在我国大陆地区，基于司法的实际情况，从避免被追诉人因为同一行为再次受到刑事追究的角度出发，有必要在制度上明确，对于发生法律效力的不起诉决定，除非发现新的证据，不得对同一犯罪行为再行起诉。

五、结语

不起诉权具有其自身的价值和功能，应当引起我国检察机关及办案人员的重视。但是，鼓励检察官敢用、会用不起诉裁量权，也要防止一种现象，即运动式地运用不起诉权。在我们国家，有一种非常特殊的现象，即运动式治理，即领导批示比法律法规更有效果，只要有领导批示，下级便跟风响应。这种方式有积极意义，即容易推进改革的发展，但弊端也很明显，即容易使得改革走样。对于不起诉权的适用也存在这种风险。尽管笔者赞同扩大不起诉权的合理适用，但也要注意防止不起诉权的过度扩张，避免一管就紧，一放就乱的老路。因此，在鼓励检察官适用不起诉权的同时，也有必要构建牢固的监督制约机制。目前，在不起诉的监督制约机制上，我国存在公安机关的复议复核权、被害人的申诉救济权和提起自诉权、被不起诉人的申诉权等制度建设，除此之外，还应当加强对不起诉案件的审查听证工作以及对不起诉案件的释法说理工作，提升不起诉的正当性和可接受性。

（原载于《中国刑事法杂志》2019 年第 4 期）

---

① 当然，对于这种立法存有不同的声音。参见林钰雄：《刑事诉讼法》（下册），新学林出版股份有限公司 2017 年版，第 168—169 页。

② 参见［日］田口守一：《刑事诉讼法》（第七版），张凌、于秀峰译，法律出版社 2019 年版，第 208 页。

我国酌定不起诉制度的运行考量及改良路径

——以刑事诉讼法修改后 S 省酌定不起诉案件为视角

张树壮*　　周宏强**　　陈　龙***

一、酌定不起诉制度的运行现状

酌定不起诉，是不起诉裁量权在检察机关刑事公诉活动中的制度化呈现，顺应了起诉法定主义与起诉便宜主义相互融合的世界发展趋势，对于贯彻宽严相济刑事政策、推进以审判为中心的刑事诉讼制度改革、完善矛盾纠纷多元化解机制、实现案件繁简分流，都具有十分重要的意义。然而修改后刑事诉讼法实施以来，由于诸多因素的影响，酌定不起诉制度在司法实践中没有充分发挥其应有的功能价值。主要表现在：

一是酌定不起诉适用比例低。2013 年至 2018 年，S 省的酌定不起诉适用比例分别为 3.43%、3.81%、3.54%、3.69%、4.28%、5.52%。2015 年全国检察机关第五次公诉工作会议后，酌定不起诉适用比例虽然有所上升，但始终在低位徘徊，特别是与其他国家和地区比较相差甚远。以日本为例，2000年酌定不起诉适用比例是 44.9%，2002 年是 47.4%，2005 年达到 53.4%。[1]在我国台湾地区，2002 年酌定不起诉适用比例为 39.8%，2003 年为 42.2%，2004 年为 36.7%，2005 年为 35.8%。[2] 当然，与美国、德国、日本等国所采用的一元化刑罚制度不同，我国在违法与犯罪二元化立法模式下，很多违法行为已经被治安处罚所替代。在承认差异的同时，我国酌定不起诉的总体适用比例低仍然是不争的事实。这种共识在调查问卷中也有所反映，检察官、法官、

　　* 四川省人民检察院副检察长。

　 ** 四川省人民检察院检察官。

 *** 四川省人民检察院检察官。

　　① 宋英辉：《国外裁量不起诉制度评介》，载《人民检察》2007 年第 24 期。

　　② 林钰雄：《刑事诉讼法》（下册），国家图书馆 2003 年版，第 3 页。

律师认为"目前酌定不起诉适用比例过低，不适应现实需要"的分别有152、156、166人，合计占被调查总人数的79%。

二是酌定不起诉适用在地区、时间段不平衡。根据表1所示，S省的各地区中，2013年至2018年酌定不起诉适用比例最高与最低值分别相差7.04、5.38、4.7、9.33、9.34、9.11个百分点。从不同时间段看，同一地区酌定不起诉适用比例也相差悬殊，差距较大的前三位分别相差9.92、8.66、8.61个百分点。S省不同地区、不同时间段之间酌定不起诉适用比例的差异，反映出各地区对酌定不起诉标准把握不一，即使是同一地区在不同的时间段适用酌定不起诉的标准也难以统一。

表1　S省各地区酌定不起诉适用比例情况（%）

年度 地区	2013	2014	2015	2016	2017	2018	年度 地区	2013	2014	2015	2016	2017	2018
1 市	2.51	2.42	1.93	1.55	1.95	3.35	12 市	3.78	3.43	3.44	3.80	7.75	8.68
2 市	3.26	2.88	2.52	2.49	3.74	4.03	13 市	3.05	4.36	4.37	6.18	11.29	11.71
3 市	1.97	2.66	2.25	2.90	1.98	3.91	14 市	4.57	4.86	4.74	6.52	5.22	5.16
4 市	2.36	3.36	2.67	3.00	2.67	4.22	15 市	4.62	3.52	4.69	5.03	4.41	4.41
5 市	6.50	4.70	4.11	5.18	6.28	8.22	16 市	4.31	6.34	4.81	4.76	6.1	6.81
6 市	5.17	6.02	6.58	6.56	5.19	4.67	17 市	3.23	3.09	4.32	3.95	3.85	6.92
7 市	4.75	4.52	5.20	5.29	7.39	11.65	18 市	3.12	4.43	4.33	3.27	3.91	4.98
8 市	3.85	5.19	6.15	7.53	7.78	12.46	19 市	4.55	5.18	5.34	4.38	8.85	6.69
9 市	1.87	2.51	1.88	1.67	2.29	4.22	20 市	8.02	5.23	5.28	4.68	7.85	7.92
10 市	4.29	4.68	4.74	4.28	4.6	4.69	21 市	3.42	4.92	4.03	4.03	3.78	5.24
11 市	3.13	4.43	2.74	4.49	6.28	5.4	22 市	0.98	0.96	1.90	10.88	3.29	5.93

三是酌定不起诉的功能作用未有效体现。第一，审前分流作用没有充分发挥。根据表2所示，2013年至2018年，S省法院判处3年以下有期徒刑的比例分别为83.22%、83.87%、85.29%、86.84%、84.92%、85.48%，特别是非实体刑判决比例分别为37.31%、34.78%、33.14%、35.77%、22.44%、23.46%。这表明法院的轻缓刑判决比例与检察机关的酌定不起诉适用比例差

距悬殊，在一定程度上反映出检察机关没有有效运用酌定不起诉进行审前过滤，致使大量轻微刑事案件涌入审判机关，加重了法院的审判负担。第二，简案快办优势没有充分体现。酌定不起诉案件的犯罪事实和情节比较简单，本应按照繁简分流原则实行简案快办。然而根据图 1 所示，S 省酌定不起诉案件延长审查起诉期限的比例高达 44.4%，比提起公诉案件延长审查起诉期限的 24.8% 整体高出 19.6 个百分点，耗费了大量的司法资源。第三，宽严相济刑事政策没有很好落实。适用酌定不起诉与法院判处免于刑事处罚的案件并无实质区别，并且单处附加刑、管制、缓刑等非监禁化的刑罚及刑罚执行方式，根据罪刑相适应原则，对其中部分案件作酌定不起诉处理也没有突破法律规定。2013 年至 2018 年，S 省法院判处缓刑、管制、单处附加刑、免于刑事处罚的平均比例分别为 28.70%、1.18%、1.24%、1.19%，而检察机关的酌定不起诉适用平均比例仅为 4.09%，这表明落实宽严相济刑事政策仍然有很大的适用空间。在不起诉案件中，以 2013 年至 2016 年为例，S 省存疑不起诉人数占比分别为 22.97%、24.99%、27.63%、28.36%，呈逐年上升趋势，疑罪从无理念不断深入人心。然而酌定不起诉人数在不起诉案件中的比例逐年下降，分别为 67.70%、63.47%、58.86%、61.60%，即使 2016 年有小幅度增长，但也未真正实现突破。

表 2 S 省法院轻缓刑判决情况

刑种 / 年度	有期徒刑三年及以下		缓刑		单处附加刑		免刑		管制	
	人数	比例	人数	比例	人数	比例	人数	比例	人数	比例
2013	36811	83.22%	14993	33.89%	845	1.91%	669	1.51%	735	1.66%
2014	36308	83.87%	13896	32.10%	601	1.39%	559	1.29%	591	1.37%
2015	39097	85.29%	14258	31.11%	481	1.05%	448	0.98%	568	1.24%
2016	47073	86.84%	18180	33.54%	551	1.02%	656	1.21%	686	1.27%
2017	60065	84.92%	14203	20.08%	759	1.07%	914	1.29%	697	0.99%
2018	54755	85.48%	13774	21.50%	651	1.02%	600	0.94%	376	0.59%

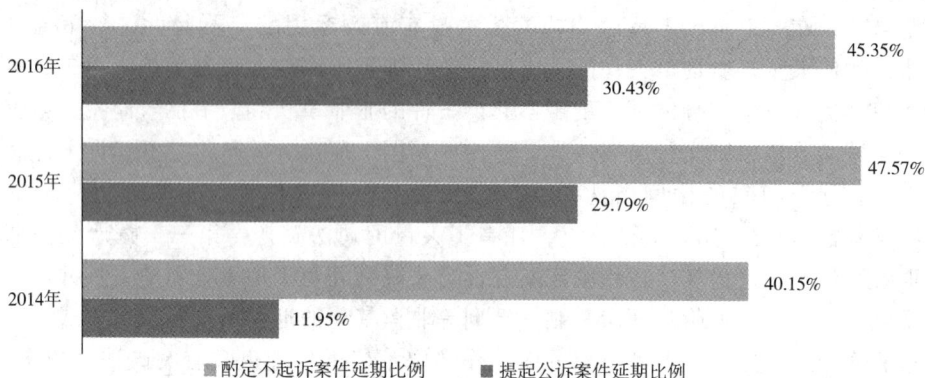

图1　S省公诉案件延长审查起诉期限情况

二、酌定不起诉适用比例低的原因分析

在调查问卷中，检察官认为本单位存在可以作酌定不起诉的案件，最终"作出起诉决定""退回公安机关作撤案处理的"分别为116人、42人，占总数的58%、21%。这表明检察机关对符合酌定不起诉条件的案件而未适用的现象大量存在。究其原因，总体来说，既有传统司法观念的束缚，也有法律规定的疏漏，还有适用程序的烦琐和内外部监督制约的压力。

（一）错误的司法观念与顾虑担心相互交织

从调查问卷统计结果来看，检察官、法官、律师虽然一致认同酌定不起诉制度，但由于角色定位和职责分工的差异，对于检察机关适用酌定不起诉又有所顾忌，表现出三种不同的矛盾心理：检察官希望体现检察权与担心适用成本高的矛盾心理聚合；法官希望减轻审判压力与担心侵犯审判权的矛盾心理聚合；律师希望提前结束诉累与担心暗箱操作的矛盾心理聚合。当然，我们应当看到，检察官自身陈旧的司法观念才是制约酌定不起诉适用的首要因素，其在面对符合酌定不起诉条件的案件时不愿作出酌定不起诉决定的心理状态，大体可以归纳为"一种倾向"和"四种害怕"。

"一种倾向"就是片面追诉倾向。由于传统的专政工具思维定势和大陆法系起诉法定主义的影响，一些检察官始终把追诉作为公诉权的核心内容和重要使命，把酌定不起诉放在提起公诉的从属地位，重打击犯罪、轻保护人权，重从重从严、忽视区别对待和宽严相济，片面强调司法公正、忽视诉讼效益的观念根深蒂固。长期以来，实践中构罪即捕、有罪即诉、以捕定诉的司法趋向还未从根本上得到改变。"四种害怕"让检察官对作出酌定不起诉决定心存顾虑。主要表现在：一是怕出错，在"谁办案谁负责、谁决定谁负责"的司法责任制下，担心因对酌定不起诉适用条件把握不准被追究错案责任；二是怕麻烦，作出酌定不起诉决定的程序烦琐，还要受到检察机关内外多方面的监督制约，不如一诉了之，将矛盾转移至法院；三是怕滥用，认为酌定不起诉的程序正当性争议较大，担心用得过多，效果不好，酌定不起诉权重蹈免予起诉覆辙；四是怕舆论，由于酌定不起诉案件的办理过程并不公开，担心遭受社会公众的质疑和指责，出现暗箱操作、司法腐败、打击不力等负面评价。在调查问卷中，检察官对"符合酌定不起诉条件的案件，不愿意作酌定不起诉处理"的有 36 人，占总数的 18%。针对"不愿意作出酌定不起诉处理的主要考虑是"这一问题，认为"追诉是公诉权的核心内容"的检察官有 70 人，占总数的 35%；怕出错、怕麻烦、怕滥用、怕舆论的分别有 27 人、129 人、49 人、33 人，占总数的 13.5%、64.5%、24.5%、16.5%。

（二）法律规定适用条件不明确、适用范围较窄

《刑事诉讼法》第 177 条第 2 款关于酌定不起诉适用条件的规定内容不甚明确，对"犯罪情节轻微"与"依照刑法规定不需要判处刑罚或者免除刑罚"两者之间是并列适用还是单独适用，"犯罪情节轻微"到底是仅指轻罪且情节轻微，还是也包括重罪但情节轻微，存在较大争议。在调查问卷中也能发现，检察官、法官、律师认为"酌定不起诉现有规定可操作性不强，对适用的条件规定不明确"的占总数的 53.5%；认为"犯罪情节轻微限于轻罪案件"的占总数的 77.3%。针对这些问题，最高人民检察院相继出台了《不起诉案件质量标准》《人民检察院办理未成年人刑事案件的规定》，以列举的方式进一步细化了酌定不起诉的适用范围。但笔者认为，这些规定仍然存在不足之处。《不起诉案件质量标准》规定的五种情形仍然需要满足《刑事诉讼法》关于酌定不起诉的适用条件，变相额外增加了限定条件，并且适用范围有严格限制。《人民检察院办理未成年人刑事案件的规定》针对的主体仅限于涉罪未成年人，也不具有广泛的适用性。

由于上述原因，S 省适用酌定不起诉的罪名和情节呈现出以下特点：第一，酌定不起诉适用的罪名单一。如图 2 所示，酌定不起诉主要集中在交通肇事罪、故意伤害罪、盗窃罪等轻罪名，分别为 2190 人、1250 人、1214 人，占酌定不起诉总人数的 22.9%、13.1%、12.7%，合占总数的 48.7%。第二，酌定不起诉适用的从宽情节单一。适用酌定不起诉主要集中在未成年人、坦白、自首、刑事和解、从犯、初犯偶犯等从宽情节，分别为 1213 人、9233 人、2859 人、2495 人、806 人、9080 人，占总数的 12.7%、96.4%、29.8%、26.0%、8.4%、94.8%。第三，酌定不起诉适用条件明确的案件类型适用比

例高。相关司法解释中明确了酌定不起诉适用条件的未成年人案件、轻伤害案件、刑事和解案件、认罪悔罪案件、初犯偶犯等案件类型，明显比其他类型案件适用普遍。S 省审查起诉受理、审结人数较多的案件依次是盗窃、故意伤害、危险驾驶、交通肇事，但由于交通肇事、故意伤害案件刑事和解的比例高，且法律及司法解释规定相对明确，适用酌定不起诉比例分别为 14.3%、6.45%，远远高于盗窃罪的 2.03% 和危险驾驶罪的 1.54%，酌定不起诉适用罪名排序则变更为交通肇事、故意伤害、盗窃、危险驾驶。

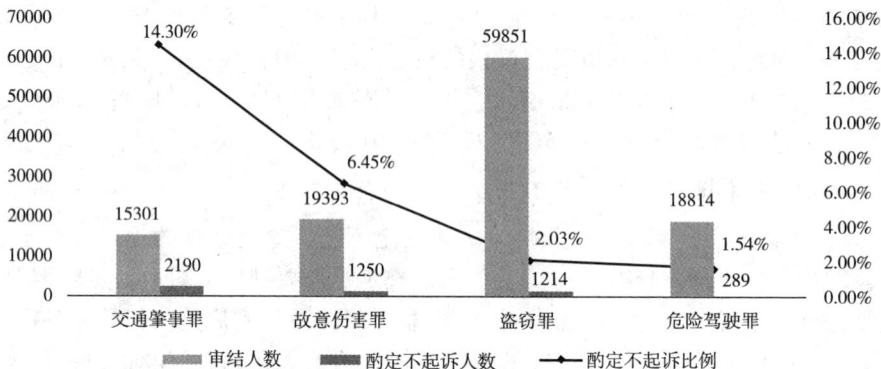

图 2　S 省适用酌定不起诉罪名情况

（三）适用酌定不起诉的程序烦琐

检察机关决定起诉和不起诉的行权，本质是国家控制犯罪，体现出典型的上命下从的行政属性。因此，酌定不起诉权并不是赋予检察官个人，而是赋予作为一个整体的检察机关。同时，相对于提起公诉案件，相关司法解释及检察机关执法工作基本规范对办理酌定不起诉案件设置了更为烦琐的办案程序，以保证酌定不起诉权依法正确行使。在调查问卷中，检察官认为"酌定不起诉适用率低的主要原因是程序烦琐、司法成本高"的有 166 人，占到总数的 83%。

适用酌定不起诉的程序烦琐主要体现在：第一，四级审批，层层把关。办案人员由于没有决定权，需要逐级上报公诉部门负责人审核，分管副检察长、检察长审批，并经过检察委员会讨论最终决定。虽然目前从立法上赋予了检察长决定酌定不起诉的权力，但检察机关出于对拟作酌定不起诉决定案件的谨慎态度以及办案责任的分散，仍然以检察委员会讨论决定为主。如图 3 所示，S 省酌定不起诉案件由分管副检察长决定的为 1044 人，仅占总数的 11%，而报经检察委员会讨论决定的案件为 6072 人，占总数的 63%。这种层层审批把关模式，必然会增加办案人员酌定不起诉意见的不确定性和被否决的风险。S省检察官拟酌定不起诉意见被公诉部门负责人、分管副检察长、检察长或者检察委员会否决的共计358人。第二，征求意见，解释说理。由于酌定不起诉制度的外部制约主体多元，为了减少对酌定不起诉决定的异议，检察机关往往需要向公安机关、当事人及其辩护人征求意见，通过释法说理工作说服侦查人员和当事各方认可。据统计，S省酌定不起诉案件向公安机关、犯罪嫌疑人、被害人征求意见数量呈逐年上升趋势，四年来分别合计为7203人、9310人、8007人，占酌定不起诉总人数的75.2%、97.2%、83.6%。第三，工作程序多。根据《人民检察院办理不起诉案件公开审查规则（试行）》第4条，对于存在较大争议并且在当地有较大社会影响的案件，拟作不起诉决定的需要进行公开审查。此外，根据酌定不起诉案件的不同情况，还需要对犯罪嫌疑人的犯罪原因、社会家庭等情况开展社会调查，或者促成当事人达成和解并审查和解协议的自愿性、合法性，或者责令被不起诉人退赃退赔、赔礼道歉等。第四，办案周期长。由于办案程序烦琐，S省酌定不起诉案件延长审查起诉期限数量呈逐年上升趋势，分别为759人、980人、1134人、1205人，占总数的36.2%、40.1%、47.6%、45.4%，均远远高于同期提起公诉案件的延长审查起诉期限比例。

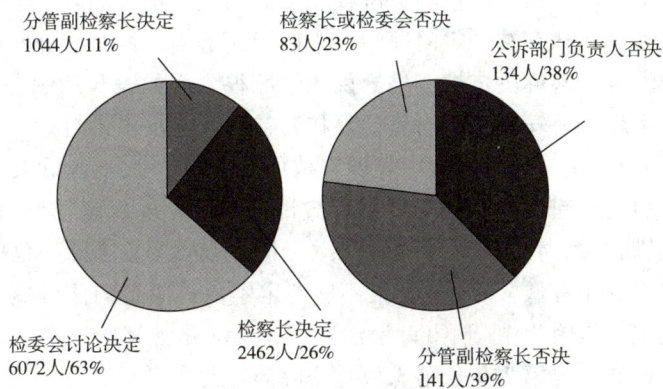

图3　S省酌定不起诉程序决定情况及被否决情况

（四）内外部监督制约的压力

基于社会各界对"免于起诉"制度口诛笔伐的教训，检察机关一度通过内部人为设定标准将不起诉适用控制在一定范围内。2007年最高人民检察院取消了对普通刑事案件不起诉率的考核指标，但职务犯罪酌定不起诉案件仍然通过上提一级批准、人民监督员程序等方式予以严格控制。随着检察机关案件管理机制改革的深入推进，最高人民检察院将职务犯罪业务中的侦结撤案、公诉不起诉，侦查监督业务中的捕后撤案、捕后不起诉，公诉业务中的撤回起诉、法院生效判决无罪等六类特定种类案件纳入案件质量评查的重点，可以说在一定程度上减弱了对普通刑事案件酌定不起诉的内部控制。但是内部监督的压力问题在司法实践中并未得到根本改变。各地仍然把不起诉率作为一种"隐形指标"，对办案单位、办案人员的工作成绩和业务绩效进行评价。办案单位为了得到上级的工作认可并且照顾与公安机关的关系，对本可作酌定不起诉处理的案件，宁愿采用稳妥的起诉方式。同时，已捕必诉的现象普遍存在。部分案件为了控制犯罪嫌疑人、保证诉讼顺利进行采取了逮捕措施，由于侦查监督业务中的捕后不起诉案件是案件质量评查的重点，酌定不起诉决定权本身又在于检察长或者检察委员会，办案单位出于整体利益考虑，对符合酌定不起诉条件的已捕案件优先选择起诉，避免案件成为重点评查的对象。实践中甚至出现案件非正常的诉讼程序倒流，办案单位建议公安机关撤回移送审查起诉作继续侦查处理。

根据《刑事诉讼法》第179条、第180条、第181条的规定，对于酌定不起诉决定，公安机关认为有错误可以要求复议、提请复核；被害人不服可以申诉或者提起自诉；被不起诉人不服可以申诉。这些规定的初衷是希望通过赋予外部复议复核、申诉和自诉权等救济权利来制约检察机关的酌定不起诉权，但是其具体制度设计却存在一定的弊端，难以全面落实，没有充分发挥作用。第一，实践中酌定不起诉决定被提出异议的情况很少。如表3所示，S省酌定不起诉决定作出后，公安机关提出复议复核、被害人提出申诉自诉、被不起诉人提出申诉的总共44人，占酌定不起诉人数的0.46%；被不起诉人提出异议的仅有2人；酌定不起诉决定被变更或者撤销的5人，外部制约作用微乎其微。第二，"公转自"程序缺乏可操作性导致形同虚设。"公转自"程序在司法实践中的运用比例非常低，S省被害人不服酌定不起诉决定向法院提起自诉的仅有5人。这主要是因为，《刑事诉讼法》第180条虽然赋予被害人自诉权且没有限定任何条件，但第210条第3项对法院受理此类自诉案件的范围及证据要求又另作了规定。对于被害人而言，其没有收集证据的权力，加之法律素养有限，仅凭个人的力量显然更加不易证明被告人犯罪并应当依法追究刑事责任。况且被害人即使有证据，通常此前已经提交给办案单位，一旦提起自诉，此时无法直接从办案单位获取证据，而法律规定只有在法院受理案件后，检察机关才应当将案件材料移送法院。因此，被害人的举证责任难以达到法院的受案标准，不能真正起到对酌定不起诉决定的制约作用。

表3　S省酌定不起诉决定被异议情况

被异议年度	公安机关		被害人		被不起诉人申诉	酌定不起诉决定变更或者撤销
	复议	复核	申诉	自诉		
2013	1	0	2	1	0	0
2014	13	0	2	0	0	3
2015	2	0	5	3	1	2
2016	9	2	3	1	1	0

三、改良酌定不起诉制度的路径设计

酌定不起诉的制度改良涉及刑法、刑事诉讼法、人民检察院刑事诉讼规则等一系列法律及司法解释的健全完善。从改良机理来说，不能仅着眼于法律条文上的修改或者简单舶来外国司法制度，还应在观念上、制度上、配套措施上进行相应的变更、优化及协调。笔者认为，可以从以下方面对酌定不起诉制度进行改良设计：

（一）适当放宽、细化酌定不起诉的法律适用标准

从立法上应当对酌定不起诉的适用条件予以拓宽和明确，既要有定性分析，还应有相应的量化标准。笔者认为，酌定不起诉的法律适用条件可以区分为罪名标准和刑罚标准。关于罪名标准，可以将犯罪情节轻微扩展为犯罪情节较轻，界定在根据犯罪的性质、手段、后果，可能判处3年有期徒刑以下刑罚的案件罪名，既包括轻罪案件也包括重罪案件；关于刑罚标准，可以将不需要判处刑罚或者免除刑罚拓宽为可能判处1年有期徒刑以下刑罚的案件，包括可能判处拘役、管制、单处附加刑、免于刑事处罚或者缓刑的案件。主要是基于以下几点考虑：第一，从刑罚体系来看，3年有期徒刑作为我国刑罚的一个特殊临界点，已成为衡量犯罪轻重与否的分水岭。很多个罪的法定刑幅度都是以3年有期徒刑为上限或者下限，将其作为酌定不起诉的罪名标准更为直观清晰，具有可操作性。第二，从制度协调性来看，首先，3年有期徒刑的罪名标准与刑法关于缓刑适用条件的规定一致，因为缓刑和酌定不起诉从是否羁押上看法律后果相当，其中部分案件无须浪费司法资源，等到审判阶段才宣告缓刑；其次，设置的罪名标准与刑事和解的适用条件基本一致，可以将刑事和解案件全部纳入酌定不起诉的罪名范围，增强刑事和解制度功能性价值的刚性；再次，随着修改后刑事诉讼法建立的附条件不起诉制度在实践运用中的日益成

熟，将酌定不起诉的刑罚标准扩展至 1 年有期徒刑以下已经具备了广泛的实践基础；最后，可以与认罪认罚从宽制度有效衔接，将酌定不起诉作为认罪认罚案件包括重罪案件的一种处理方式，通过在实体上从宽、程序上从简，有利于认罪悔罪的犯罪人尽早回归社会，体现恢复性司法理念，特别是在共同犯罪、涉众型犯罪中能够体现区别对待和宽严相济。第三，从司法实践来看，全国法院判处 3 年有期徒刑以下刑罚的案件量大，比重超过了 80%，将其中判处 1 年以下有期徒刑和非实体刑案件纳入酌定不起诉的案件评价范围，可以在很大程度上发挥酌定不起诉程序分流的重要功能，减轻法院的审判负担。

关于细化酌定不起诉适用的具体标准，有学者建议应当在立法体例上尽量采取列举的方法①。笔者认为这种观点值得商榷，考虑到刑事诉讼法属于国家基本法，不宜对各个刑事诉讼制度的规定太过细化，可以由最高人民检察院结合刑事诉讼法的相关规定对酌定不起诉的法律适用标准进行细化和规范。因此，笔者建议最高人民检察院以司法解释的形式，根据刑法总则和分则的规定，结合刑事公诉实践，参照最高人民法院《关于常见犯罪的量刑指导意见》，对具体常见罪名适用酌定不起诉的情形进行细化完善，同时明确酌定不起诉适用的排斥性条件，规范检察机关酌定不起诉权的行使。特别是最高人民法院《关于常见犯罪的量刑指导意见》在实践应用中已经成型，对于根据量刑指导意见可能判处 1 年有期徒刑以下刑罚的案件，符合法律适用标准的可以直接作出酌定不起诉处理。

（二）坚持主要事实清楚、主要证据确实充分的事实证据标准，赋予被不起诉人程序选择权

如果单纯从强调酌定不起诉效率因素出发，可能得出适当降低证明标准的结论，但这与司法公正和人权保障的法治精神相悖，也不利于体现宽严相济和恢复性司法的最大价值。我国未实行辩诉交易，缺乏建立在证据薄弱基础上的认罪协商基础，允许对事实证据存在疑问的案件适用酌定不起诉，容易造成酌定不起诉成为没有犯罪事实的法定不起诉、事实不清证据不足的存疑不起诉的"台阶"。笔者认为，酌定不起诉案件应当达到主要事实清楚、主要证据充分的标准。关于酌定不起诉是否应以被不起诉人认罪认罚为前提，理论界和实务界莫衷一是。笔者赞同将认罪认罚作为酌定不起诉的必要条件，建议在立法规定上赋予犯罪嫌疑人接受检察机关酌定不起诉决定或者接受法院审判的程序选择权。主要原因在于：一是权利保障的客观需要。从法条设计来看，被害人不

---

① 参见樊崇义、李岚：《"刑事起诉与不起诉"制度研究观点综述》，载《法学杂志》2006 年第 3 期。

服酌定不起诉决定，除了申诉还可以通过自诉权保障，而被不起诉人仅能依靠向检察机关申诉来进行救济。鉴于自我纠错难度远大于外力纠错，相对于被害人来说，被不起诉人的权利救济更加难以实现。二是恢复性司法模式的必然要求。对不认罪认罚的犯罪嫌疑人适用酌定不起诉，既不利于促进被不起诉人回归社会，又不利于消除当事人双方矛盾，修复社会关系。三是域外有相应的制度范例。如日本检察官依据《刑事诉讼法》第 259 条给予犯罪嫌疑人酌定不起诉处分时，不但应当根据犯罪嫌疑人的请求告知其不起诉结果，还"必须经过犯罪嫌疑人的同意"，未经犯罪嫌疑人同意，"应做起诉处分"。① 四是认罪认罚在酌定不起诉案件中极为普遍，具备现实基础。S 省被不起诉的 9578 人中，坦白认罪的有 9233 人，占总数的 96.4%。

（三）酌定不起诉决定权交由检察官独立行使

公诉权主要是对案件事实以及证明案件事实的证据依照法律规定进行独立判断，作出是否起诉的决定，具有独立性、亲历性和判断性，符合司法权的本质属性。完全以行政性的层层审批行使公诉权的办案模式，虽然在一定时期内从保证检察权集中性和统一性的角度发挥了积极作用，但是在目前司法责任制改革的大背景下，已经不符合司法规律、检察规律和现实需要。事实上，在一些改革先行地区，不起诉决定权已经下放给检察官。内部放权可分两步来完成：第一步是限缩提交领导审批及检委会研究的案件比例及范围，即能否作出酌定不起诉存有疑问或案件重大敏感复杂的，才能向上提交。第二步是将酌定不起诉权交由检察官行使。由于办案瑕疵在所难免，在强化司法责任的同时，还应细化与之配套的免责保障机制。需要指出的是，一些办案人员出于对案件质量重点评查的顾忌，存在对酌定不起诉案件径行起诉由法院判处缓免等刑罚的问题。目前，最高人民检察院关于特定种类案件评查的范围并不包括普通刑事案件的不起诉权运用，反而是将提起公诉案件撤回起诉以及被判无罪纳入评查内容。从长远来看，随着检察官业绩评价体系的完善，检察机关案件质量评查必然会针对所有类型案件，而非目前限缩的六种案件范围。只要不徇私枉法、没有故意或者重大过失，就无须瞻前顾后、畏首畏尾。鉴于公开审查制度对确保酌定不起诉权依法规范行使、司法公信力提升的重要作用，对一些社会影响重大、关注度高且案件当事人存在异议的案件，应当采取公开审查的方式进行，建议将该制度在刑事诉讼法中予以确认。

（四）酌定不起诉的外部救济应突出制度刚性和可操作性

笔者认为，公安机关的复议复核及被害人申诉救济，对酌定不起诉决定的

---

① 蔡墩铭、朱石炎：《刑事诉讼法》，五南图书出版公司，第 174 页。

自我纠错及适用完善仍具备相当价值，且赋予行权机关自我纠错的机会，符合权力配置规律，应当予以保留。而"公转自"程序则应当取消，建立强制起诉制度。具体设计为：被害人不服酌定不起诉决定的，应当向上一级检察院申诉；对上一级检察院维持不起诉决定不服的，可以向原作出决定的检察院的同级法院申请对案件进行审查。同级法院认为被害人申请判处被不起诉人刑罚的理由可能成立的，应通知检察院移送案件材料；经审查案件材料，认为酌定不起诉决定存在错误，应追究被不起诉人刑事责任的，裁定检察院提起公诉。此制度设计将被害人向检察机关申诉作为向法院提出申请的前置程序，也相应取消了被害人的举证责任，具有以下优点：一是由检察机关提起公诉符合国家追诉原则，确保检察机关独占起诉权。取消"公转自"程序使公诉权的稳定性和权威性得以恢复，有利于国家追诉的进一步完整和统一。二是以穷尽检察权救济为前提，体现出对公诉权的尊重。德国、日本的强制起诉制度均将被害人申诉作为启动法院司法审查的前提，先由检察机关自上而下监督纠正，再将不起诉裁量权纳入司法审查范围。三是被害人无须承担举证责任的救济机制，避免了个人能力、精力及主观认识等方面的局限，更具可操作性，能够实现对酌定不起诉权的有效制约。四是以法院的司法审查为最终救济手段，符合司法最终裁判原则。强制起诉制度将终局性裁判结果归拢法院，既让检察机关酌定不起诉权免受自诉权侵犯，也让不法、不公的决定受到强有力的监督制约，还让被害人的权利救济从"名义宽泛、实则难办"到"操作便捷、公权保障"，实现了名与实上的效果合一。

（五）完善检察机关配套的非刑罚处罚机制

有学者认为，只有法院对非刑罚处罚既具有决定的权力，也具有使用执行的权力，其他任何机关包括检察机关都不具有适用非刑罚处罚的决定权。[①] 笔者认为这种观点值得商榷。非刑罚处罚不具有刑罚的性质，而是刑罚的必要补充或者替代措施，适用非刑罚处罚并非是行使刑罚权。检察机关作为办案主体之一，也应作为适用非刑罚处罚的当然主体。从法律上看，酌定不起诉的适用条件，符合《刑法》第37条关于非刑罚处罚的适用规定。《刑事诉讼法》第177条第3款、《人民检察院刑事诉讼规则（试行）》第409条对检察机关在酌定不起诉案件中适用非刑罚处罚作了详细规定。司法实践中，检察机关对酌定不起诉案件作出非刑罚处罚决定的情况屡见不鲜。还有学者提出"探索检察机关不起诉的罚没权"。[②] 这种观点在法理上存在争议，涉及与检察权的本质

---

① 马克昌：《刑罚通论》，武汉大学出版社2002年版，第750页。
② 参见陈国庆、周颖：《刑事公诉制度改革十大趋势》，载《人民检察》2016年第12期。

属性是否相符、与行政处罚不同的确认程序和权利救济途径、与刑事诉讼法特别程序中检察机关没收申请权的制度衔接等系列问题。但笔者认为，赋予检察机关酌定不起诉的特别没收权具有合理性和正当性。从实然的角度，由检察官直接对被不起诉人行使特别没收权更具可操作性，移送主管机关处理的实际执行效果与立法初衷相去甚远。S省检察机关移送主管机关给予行政处分、行政处罚、没收违法所得的案件仅占酌定不起诉总数的 5.52%。如此低比例的原因主要在于，一是酌定不起诉案件情况具有多样性、复杂性，具体主管机关不明确；二是主管机关未实际介入案件办理，对案件情况不了解，担心承担责任而不愿处理；三是检察机关与主管机关衔接机制不顺畅，检察意见书缺乏制度刚性。从应然的角度，法律赋予检察机关具有程序终结功能的酌定不起诉权，据此，检察机关作为非刑罚处罚的适用主体同时被赋予特别没收权具有正当性。特别没收权由酌定不起诉权派生，基于酌定不起诉权而行使，与刑事诉讼法特别程序中的没收申请权有着本质区别。在适用对象上，没收申请权针对的是逃匿、死亡的重大犯罪案件嫌疑人，而特别没收权的没收对象是轻微刑事案件中已认罪的被不起诉人。在适用前提上，申请没收违法所得的犯罪行为尚未经过司法程序予以确认，而特别没收权中的被不起诉人已经过司法程序确认虽有犯罪行为但是不需要追究刑事责任。并且，《人民检察院刑事诉讼规则（试行）》第 410 条、第 296 条明确了检察机关对于不起诉案件查封、扣押的违法所得和涉案财产，可以直接决定返还被害人。这与没收违法所得上缴国库的法律后果并无实质区别。为了防止权力滥用，应当对酌定不起诉的特别没收权进行严格限制。第一，严格限定行使特别没收权的范围，界定在被不起诉人的违法所得及其孳息、犯罪工具、违禁品、证明犯罪事实的财物及其孳息，不包含与案件无关的财物、本人合法财产和善意第三人合法取得的财物。第二，行使特别没收权应当以被不起诉人自愿为前提，视为其积极配合办案的认罪悔罪表现。第三，严格限定行使特别没收权的工作程序，可以考虑特别没收决定，由检察官提出意见，报检察长或者检察委员会研究决定。第四，赋予被不起诉人不服检察机关特别没收决定的相应救济权利。

（六）健全酌定不起诉案件当事人获得法律帮助和辩护权的保障机制

熟悉相关权利及法律程序是当事人保障自身合法权益的基本前提。酌定不起诉案件当事人大多缺乏法律经验和法律知识，律师参与到案件中提供法律帮助、开展释法说理及矛盾化解工作，一方面可以让犯罪嫌疑人准确理解程序内容和适用后果，防止其为尽早解脱而被迫认罪等情况发生；另一方面可以让被害人客观公正看待检察机关酌定不起诉的合法性和合理性，更利于让其接受处理结果，达到修复被破坏社会关系的目的。囿于当事人对获得法律帮助的必要性认识不足，虽然法律规定了指定辩护和援助代理制度，但其适用范围较窄，律师代理酌定不起诉案件的比例不高。据统计，S省被酌定不起诉人聘请或指定辩护人的有 1788 人，仅占总数的 18.67%；被害人获得法律帮助的比例更低。"两高三部"《关于开展法律援助值班律师工作的意见》规定，法律援助机构在人民法院、看守所派驻值班律师，为没有委托辩护人的犯罪嫌疑人、刑事被告人提供法律咨询、程序选择、申请变更强制措施等法律帮助。此种做法跟以往相较有较大进步，但未在检察机关派驻却是一个很大缺陷。从酌定不起诉案件看，该规定就难以实现初衷。一是被酌定不起诉人的犯罪情节轻微，绝大多数都不需要羁押。S省被酌定不起诉人在侦查环节被拘留的 2051 人，被逮捕的 736 人，分别仅占总数的 21.41%、7.68%，更多的被不起诉人都处于非羁押状态。被害人更不可能到看守所向值班律师寻求法律帮助。二是从诉讼进程来看，作酌定不起诉即代表诉讼程序终结，在法院设置值班律师也无法满足需求。笔者认为，应当在检察机关设置值班律师，为未羁押犯罪嫌疑人、被告人及被害人提供法律帮助服务，增强当事人诉讼权利保障的及时性和实效性。同时，还应建立完善充分保障值班律师权利行使的制度机制，包括在作出酌定不起诉决定前认真听取其意见，保障其阅卷权、会见权等执业权利，提供必要的办公场所和工作报酬等，以保证律师依法充分为当事人维权。

（原载于《法治研究》2019 年第 1 期）

认罪认罚从宽中的特殊不起诉[*]

董　坤^{**}

2018 年刑事诉讼法在总结以往试点实践经验的基础上，将认罪认罚从宽制度纳入法律规范。从本次修改的内容看，对于认罪认罚案件在程序上的从宽，除了审判程序的简化、强制措施适用的宽缓化，还包括诉讼程序附条件的提前终止。[1] 2018 年刑事诉讼法第 182 条第 1 款规定："犯罪嫌疑人自愿如实供述涉嫌犯罪的事实，有重大立功或者案件涉及国家重大利益的，经最高人民检察院核准，公安机关可以撤销案件，人民检察院可以作出不起诉决定，也可以对涉嫌数罪中的一项或者多项不起诉。"[2] 这被认为是立法在审前程序中对特殊案件贯彻认罪认罚从宽的具体规定，同时也创设了一种新类型的不起诉——特殊不起诉。[3] 作为一项新的不起诉制度，如何理解其适用条件、审批程序以及选择性不起诉的理论意涵，有必要从条文含义出发，运用解释学和比较法学的研究方法进行剖析。

一、特殊不起诉的适用条件之一：重大立功

从条文规定看，特殊不起诉的适用前提是"犯罪嫌疑人自愿如实供述涉嫌犯罪的事实"，这与 2018 年刑事诉讼法第 15 条"犯罪嫌疑人、被告人自愿

---

　* 本文为作者主持的国家社科基金项目"立法规范下监察与司法的衔接机制研究"（编号：19BF－X100）的阶段性成果。

　** 最高人民检察院检察理论研究所研究员。

　① 参见胡云腾主编：《认罪认罚从宽制度的理解与适用》，人民法院出版社 2018 年版，第 3 页。

　② 该规定实际创设了两种制度：一是特殊案件的撤销制度；二是特殊案件的不起诉制度。囿于篇幅，本文仅讨论第二种制度，即特殊不起诉的适用条件、审批程序及其理论意义。但这些讨论对于特殊案件的撤销制度，也有适用价值。

　③ 作为一种新型的不起诉，目前学界和实务界的关注还不够，研究也未形成体系，以至在称谓上尚未统一。有的将其称为"特殊不起诉"，有的称为"特别不起诉"，还有的称为"核准不起诉"。就有权作出该类不起诉决定的检察系统看，称"特殊不起诉"的较多，故本文使用"特殊不起诉"的称谓。

如实供述自己的罪行，承认指控的犯罪事实"的"认罪"规定在实质含义上是一致的。也就是说，特殊不起诉的作出意味着犯罪嫌疑人已经认罪，特殊不起诉本身是认罪认罚从宽制度中的一环。在这一认识前提下，本文拟将目光聚焦于特殊不起诉的两个实质要件，对"重大立功"和"案件涉及国家重大利益"分别展开讨论。

就"重大立功"而言，既往的规范性文件已有解释。根据1998年最高人民法院《关于处理自首和立功具体应用法律若干问题的解释》第7条的规定，"重大立功"包括：犯罪分子有检举、揭发他人重大犯罪行为，经查证属实；提供侦破其他重大案件的重要线索，经查证属实；阻止他人重大犯罪活动；协助司法机关抓捕其他重大犯罪嫌疑人（包括同案犯）；对国家和社会有其他重大贡献等表现。上述所称"重大犯罪""重大案件""重大犯罪嫌疑人"，一般是指被追诉人可能被判处无期徒刑以上刑罚或者案件在本省、自治区、直辖市或者全国范围内有较大影响等情形。然而，在新的立法语境下，显然不能仅参照上述司法解释规定来把握特殊不起诉中的"重大立功"，而有必要从解释学和比较法学的研究进路重新阐释特殊不起诉中的"重大立功"，并揭示其背后的理论逻辑。

（一）"重大立功"应被限缩解释为"特别重大立功"

相较刑法第68条"有重大立功表现"的规定，特殊不起诉中"重大立功"的适用边界并非与之完全一致。

首先，每年司法机关在诉讼过程中适用刑法第68条认定犯罪嫌疑人、被告人有重大立功表现的情况不在少数。[①] 如果说这些案件基本符合特殊不起诉的适用条件，都报请最高人民检察院核准，拟作不起诉处理，则太不现实。毕竟特殊不起诉只能是极个别情形。[②] 因而，实践操作中对特殊不起诉中的"重大立功"需从严把握，拔高处理。

其次，从条文结构看，"重大立功"与"案件涉及国家重大利益"是并列的两个适用条件，说明二者在某种程度上具有相当性或同质性，应对二者作同

---

① 以2018年为例，截至2019年9月19日，笔者在"聚法案例库"选择裁判文书中的"本院认为"字段，抽取"重大立功""刑事""判决"以及"一审""2018年"等关键字段，发现2018年法院一审涉及被告人重大立功认定的案件有546件。经人工逐一筛查，确认法院一审认定被告人有重大立功的案件为250件。考虑到裁判文书每年60%—70%的公开上网率，2018年又是刚刚过去的一年，该年裁判文书的上网率可能更低，故推测2018年法院一审认定被告人有重大立功的案件应在400件以上。

② 截至2019年10月底，司法实践中还未出现一例经最高人民检察院核准，检察机关作出特殊不起诉决定的案件。

类解释。一般来说，案件若涉及国家重大利益，则往往与一国的政治、外交、国防、科技、经济等领域的重大利益相关。这往往是在一般的出罪条款、免责事由无法被适用时，司法最终求诸豁免①或赦免等手段的不得已之举，属于非常情境下的特别规定。② 按照同类解释规则，特殊不起诉中的"重大立功"与刑法第 68 条规定的"重大立功"并不具有同样的外延，其与"案件涉及国家重大利益"应具有基本相当的重要程度。③

最后，其他国家也有类似特殊不起诉的法律规定。比如，德国《刑事诉讼法》第 153e 条第 1 项规定："程序标的为德国法院组织法第 74A 条第 1 款第 2 项至第 4 项、第 120 条第 1 款第 2 项至第 7 项所称类型犯罪行为时，④ 如果犯罪行为人在行为后至其得知行为被发觉前，为避免针对联邦德国的存在或安全的危险，或者为避免针对宪法秩序的危险，有所贡献，经依照德国法院组织法第 120 条有管辖权的州高等法院同意，联邦总检察长可以对该犯罪行为不追诉。如果犯罪行为人在行为后向职务机关披露与犯罪行为有关的内乱、危害民主法治国家、叛国和外患罪方面的知悉情况，从而作出前述贡献，亦适用此规定。"⑤ 可见，在德国，犯罪嫌疑人只有在国家利益层面作出重大贡献，联

---

① 豁免可以分为实体性豁免和程序性豁免，程序性豁免不能完全消除行为的刑法意义，而只是阻却诉讼的进行。参见［意］杜里奥·帕多瓦尼：《意大利刑法学原理》（注评版），陈忠林译评，中国人民大学出版社 2004 年版，第 66 页。

② 参见赵秉志、阴建峰：《和谐社会呼唤现代赦免制度》，载《法学》2006 年第 2 期，第 123 页。

③ 参见孙谦主编：《认罪认罚从宽制度实务指南》，中国检察出版社 2019 年版，第 158 页，第 161 页；参见胡云腾主编：《认罪认罚从宽的理解与适用》，人民法院出版社 2018 年版，第 41 页。

④ 德国法院组织法第 74A 条第 1 款规定：州高等法院所在地的州法院的刑事庭管辖州高等法院所在辖区的下列刑事案件的初审：（1）刑法典第 80A 条情形下的危害和平罪行；（2）刑法典第 84—86 条、第 87—90 条、第 90A 条第 3 款以及第 90B 条情形下的危害民主法治国家罪行；（3）刑法典第 109d—109g 条情形下的危害国防罪行；（4）违反刑法典第 129 条规定的禁止建立犯罪组织，及结合刑法典第 129B 条第 1 款和社团法第 20 条第 1 款第 1 句第 1—4 项；该行为构成麻醉药品法规定的犯罪行为的除外；（5）绑架（刑法典第 234A 条）；（6）政治嫌疑（刑法典第 241A 条）。该法第 120 条第 1 款规定：下列情形，州政府所在地位于其辖区的州高等法院，就该州的刑事案件一审的审理和裁决有管辖权：（1）刑法典第 80 条情形下的危害和平；（2）叛乱（刑法典第 81—83 条）；（3）叛国和外患（刑法典第 94—100A 条），以及专利法第 52 条第 2 款规定的犯罪行为，实用新型专利法第 9 条第 2 款结合专利法第 52 条第 2 款规定的犯罪行为，或者集成电路布图设计保护法第 4 条第 4 款结合实用新型专利法第 9 条第 2 款和专利法第 52 条第 2 款规定的犯罪行为；（4）对外国机关及其代表的攻击（刑法典第 102 条）；（5）刑法典第 105 条和第 106 条情形下，对宪法机关的犯罪行为；（6）违背刑法典第 129A 条以及该条结合第 129B 条第 1 款规定的禁止建立恐怖组织的规定；（7）刑法典第 138 条规定的知情不举，如果该知情不举的犯罪行为为州高等法院管辖；（8）国际刑法典规定的犯罪行为。参见《世界各国刑事诉讼法》编辑委员会编译：《世界各国刑事诉讼法·欧洲卷》（上），中国检察出版社 2016 年版，第 339 页、第 344 页。

⑤ 《德国刑事诉讼法典》，宗玉琨译注，知识产权出版社 2013 年版，第 151 页。

邦检察总长才可能作出不起诉的决定，一般的贡献并不在其列。

综合上述分析，笔者认为特殊不起诉中的"重大立功"虽然仍属刑法第68条规定的"重大立功"情形，但其外延更为狭窄，较之一般意义的"重大立功"，其立功作用和效果也更大。因此，可将其限定为"重大立功"的顶格部分——特别重大立功。

在划清特殊不起诉中"重大立功"的外延后，需要进一步追问的是：对于犯罪嫌疑人因"重大立功"被予以特殊不起诉的，对犯罪嫌疑人的罪行是否还有情节轻重的要求。之所以提出这一问题，是为了划清特殊不起诉与酌定不起诉各自的适用范围，增强对特殊不起诉"重大立功"适用条件的全面认识。根据2018年刑事诉讼法第177条第2款的规定，酌定不起诉的情形包括两种：一是犯罪情节轻微，依照刑法规定不需要判处刑罚；二是犯罪情节轻微，依照刑法规定免除刑罚。就后者而言，刑法关于免除处罚的规定多见于有关自首、重大立功、犯罪预备、犯罪中止、防卫过当、避险过当、从犯或胁从犯等的规定中。如果犯罪嫌疑人犯罪情节轻微，且符合刑法第68条规定的因重大立功而免除处罚的情形，检察机关即可酌定不起诉。但需要注意的是，与特殊不起诉相比，酌定不起诉的适用情形虽然也包括犯罪嫌疑人有重大立功的情形，但适用酌定不起诉须犯罪嫌疑人犯罪情节轻微，而立法在规定特殊不起诉的适用条件时却未作此要求。因此，要准确界定酌定不起诉与特殊不起诉各自的适用范围，犯罪嫌疑人罪行的情节轻重遂成为需要讨论的问题。

刑法第5条规定，"刑罚的轻重，应当与犯罪分子所犯罪行和承担的刑事责任相适应"。这体现了量刑的基本原则——罪刑相适应原则，其基本内容可分解为两个方面：其一，刑罚与犯罪人所犯罪行相适应。"罪行"是指犯罪人已经实施的危害行为的性质、情节以及行为造成的社会危害后果大小等。其二，刑罚与犯罪人所承担的刑事责任相适应。在刑法理论上，"刑事责任"有多种含义，这里的"刑事责任"是指犯罪人的人身危险性。[①] 而人身危险性是指，不直接反映罪行本身的轻重但可以表明犯罪人改造难易程度、能否实现犯罪预防等的情形，具体包括罪前和罪后情况，如有无前科、自首、立功、退赃等。[②] 一般认为，立功是为鼓励犯罪分子改过自新、戴罪立功而设立的制度，学界多将其划入人身危险性的范畴。[③]

[①] 参见黎宏：《刑法学总论》，法律出版社2016年版，第27页。

[②] 参见初炳东：《罪、功、刑相适应——对犯罪后重大立功的认定与处罚问题的思考》，载《烟台大学学报（哲学社会科学版）》2007年第2期，第31页。

[③] 参见高铭暄、马克昌主编：《刑法学》，北京大学出版社、高等教育出版社2017年版，第31页；周光权：《刑法总论》，中国人民大学出版社2016年版，第57页。

通过对罪刑相适应原则的上述分析即可发现，立功仅是量刑时考虑的重要方面之一，其与犯罪人的罪行性质、犯罪情节是相互独立、互不包容的。犯罪嫌疑人有重大立功并不意味着其犯罪的性质、情节轻微。换言之，即使犯罪嫌疑人有重大立功表现，如果其罪行本身性质严重、情节恶劣，最终判处的刑罚也不会轻缓。所以，如果检察机关拟作酌定不起诉决定，除了犯罪嫌疑人有重大立功，其罪行和犯罪情节也必须轻微，才能达到免除刑罚的要求，从而符合酌定不起诉的适用条件。反之，对于罪行较为严重的犯罪嫌疑人，即使有重大立功，综合考量也达不到免除刑罚的程度，自然不能适用酌定不起诉。但是，如果犯罪人所立之功特别重大，以至其产生的价值明显高于追诉犯罪人罪行所产生的利益，此时就有必要采用"将功折罪"的思路，"抵消"甚至"忽略"犯罪人已经犯下的较重罪行，适用特殊不起诉，在审查起诉阶段即终结诉讼程序。

行文至此，对于特殊不起诉中"重大立功"的内涵，可以总结为两个方面：犯罪嫌疑人罪行较为严重，但有特别重大立功。首先，有特别重大立功的犯罪嫌疑人所犯罪行较为严重，依据一般的量刑规则最多从轻或减轻处罚，而不能免除处罚。这是特殊不起诉与酌定不起诉在适用条件上能够区隔开的前提。其次，犯罪嫌疑人所立之功已经超越一般重大立功的程度，在立功作用、效果和意义上非同一般，具有特殊性。这是"重大立功"能够与"案件涉及国家重大利益"并列的实质理由。

至于如何具体把握特殊不起诉中"重大立功"的特别程度，笔者认为，在规范层面，可以参照 1998 年最高人民法院《关于处理自首和立功具体应用法律若干问题的解释》中规定的重大立功较之一般立功在判断标准上的各种考量因素。以重大立功中的常见情形"检举、揭发他人重大犯罪行为"为例，对于"他人重大犯罪行为"，就可以从犯罪嫌疑人人数较多，涉嫌的犯罪可能判处死刑，所揭发的重大犯罪行为在全国范围内有重大影响等方面，进行综合分析，从严把握。更为重要的是，如果从理论层面思考，把握特殊不起诉中"重大立功"的程度，还要结合犯罪嫌疑人所犯罪行的严重程度作动态考量。从立功作为量刑情节的性质来看，立功本身与犯罪嫌疑人再犯可能性、人身危险性的大小并无必然联系。虽然立功在一定程度上可能会反映出部分犯罪人改过自新的态度，但从本质上说，立功作为量刑情节更多源自功利性的刑事政策考量。在适用特殊不起诉时，对"重大立功"的把握实质上正是借助了罪刑相适应原则背后的功利主义思想，通过罪与功的反复比较、权衡，逐渐厘清"重大立功"在实践中的范围和程度，最终落实具有"将功折罪"色彩的特殊不起诉制度。这种功利主义思想在刑事诉讼层面的典型体现即为其他国家和地区的污点证人制度，有学者指出，特殊不起诉制度与其他国家和地区的污点证人制度具有内在相通性。① 追根溯源，为了更加全面、深入地认识特殊不起诉中的"重大立功"，有必要在梳理其他国家和地区污点证人制度及其理论逻辑的基础上作进一步分析。

（二）制度归宿：中国特色的污点证人制度

污点证人制度，又称污点证人刑事豁免制度（Immunity of Witness），是指国家为取得某些重要的证据或者比较重大案件的证据，或者为追究首恶分子的严重罪行，对共犯或其他犯罪人作出承诺，如果他们放弃拒证权而提供这些重要证据，将不再对其进行刑事追究。② 《联合国反腐败公约》第 37 条第 3 款规定："对于在根据本公约确立的犯罪的侦查或者起诉中提供实质性配合的人，各缔约国均应当考虑根据本国法律的基本原则就允许不予起诉的可能性作出规定。"《联合国打击跨国有组织犯罪公约》第 26 条第 3 款也规定："对于本公约所涵盖的犯罪的侦查或起诉中予以实质性配合者，各缔约国均应考虑根据其本国法律基本原则规定允许免予起诉的可能性。"实际上，这两个公约中规定的对在侦查或者起诉中提供实质性配合的被指控人可以不予起诉，体现的正是给予污点证人审前不诉、刑事豁免的优待。

不少国家和地区都设有与污点证人类似的制度。在英国和我国香港特别行政区，污点证人被称为"边缘被告人"，是指当某项指控牵涉数名疑犯时，检控罪行远较主犯轻微的边缘疑犯，根据公共利益对"边缘被告人"可以不提出检控。③ 日本在 2016 年修改刑事诉讼法时，在第 350 条之二、第 350 条之三增设了"侦查、审判协助型协议合意制度"。该制度是指犯罪嫌疑人、被告人就"他人的案件"对侦查、审判提供协助的，检察官可以作出一项或者多项从宽处分。这些协助包括：（1）检察官、检察事务官或司法警察职员之讯问之际为真实之供述；（2）作为证人受询问时为真实之供述；（3）关于由检察官、检察事务官或司法警察职员所为之证据搜集，为提出证据或其他必要之协助。检察官可以作出的从宽处分包括：（1）不提起公诉；（2）撤回公诉之提起。④ 其中，犯罪嫌疑人就他人罪行作出供述，检察官可以不提起公诉，即可

---

① 参见陈光中：《认罪认罚从宽制度实施问题研究》，载《法律适用》2016 年第 11 期，第 13 页。

② 参见王以真主编：《外国刑事诉讼法学参考资料》，北京大学出版社 1995 年版，第 430 页。

③ 参见《香港检控署检控政策及常规（2002 年）》，载樊崇义主编：《中国诉讼法判解》（第 1卷），中国检察出版社 2003 年版，第 155 页。

④ 参见［日］田口守一：《刑事诉讼法》，张凌、于秀峰译，法律出版社 2019 年版，第 215 页、第 217 页；黄士轩：《日本最近刑事程序立法动向概观——以刑事协商制度及刑事免责制度的引进为中心》，载《月旦刑事法评论》第 11 期（2018 年），第 78 页。

视为日本的污点证人刑事豁免制度。我国台湾地区将污点证人称为"窝里反证人"，其"证人保护法"第 14 条第 2 项作了类似日本的规定，"被告或犯罪嫌疑人虽非前项案件①之正犯或共犯，但于侦查中供述其犯罪之前手、后手或相关犯罪之网络，因而使检察官得以追诉与该犯罪相关之第二条所列刑事案件之被告者"的，可以"参酌其犯罪情节之轻重、被害人所受之损害、防止重大犯罪危害社会治安之重要性及公共利益等事项，以其所供述他人之犯罪情节或法定刑较重于其本身所涉之罪且经检察官事先同意者为限，就其因供述所涉之犯罪，得为不起诉处分"。②

综观其他国家和地区的污点证人制度，都存在污点证人身负罪行，但因揭发他人犯罪而最终不被起诉的规定。这些规定并未要求污点证人的罪行必须轻微。而且，实践中通过检举或者作证，将首要分子、罪魁祸首绳之以法的污点证人往往是犯罪集团中较重要的成员。③ 可见，在其他国家和地区即使污点证人所犯罪行较为严重，但如果其给予司法机关实质性配合，如揭发他人重大罪行，就可能获得不起诉处分。

污点证人制度的理论基础，笔者认为是刑事诉讼中的利益权衡原理，其与刑法中的功利主义思想具有内在一致性。"所谓刑事程序中的权衡原则，是指在刑事诉讼立法与司法活动中，当两种以上的利益不能兼得或相对立的价值发生冲突时，国家及其代表官员根据一定原则和标准，确立某一方或某些方面更为优越而放弃另外的方面。"④ 在当前的司法实践中，贪污贿赂犯罪、恐怖活动犯罪、黑社会性质组织犯罪以及毒品犯罪等案件常常存在犯罪行为隐蔽、取证难度大的现实问题，不少案件最终因证据不足、事实难以查清而面临严重罪行无法追究的困境。对此，一些国家和地区在诉讼前端、取证环节引入利益权衡原理适时作出理性选择：与其因取证乏力导致证据不足而放纵犯罪，不如退而求其次，放弃对某些罪行并非特别严重的犯罪嫌疑人的追诉以换取其提供关键证据，从而实现对更严重罪行的指控和追究。质言之，其他国家和地区对污点证人的不起诉处分，实质上是基于利益权衡原理以国家部分放弃追诉权为代价实现对更严重犯罪的打击，是国家在侦办某些犯罪出现取证困难时不得已而

---

① 我国台湾地区"证人保护法"第 14 条第 1 项规定了该法第 2 条主要列举的 16 大类犯罪，除了第 2 条第 1 项以刑罚的程度进行规定外，其余都是从犯罪的种类进行规定。第 2 条第 1 项规定的是最轻本刑为 3 年以上有期徒刑之罪，除此之外，其他犯罪种类主要包括贪污、走私以及选举法、证券交易法、洗钱防制法等规定的特定犯罪。

② 林钰雄、王士帆主编：《刑事诉讼法》，台湾新学林出版股份有限公司 2018 年版，第 C‑421 页。

③ 参见李寿伟主编：《中华人民共和国刑事诉讼法解读》，中国法制出版社 2018 年版，第 445 页。

④ 宋英辉：《刑事诉讼原理导读》，法律出版社 2003 年版，第 118 页。

作出的妥协和让步。审视 2018 年刑事诉讼法第 182 条第 1 款的规定可发现，其与其他国家和地区污点证人制度中的审前不诉、罪行豁免殊途同归，背后的理论基础同为利益权衡原理。在这一原理下，犯罪嫌疑人较严重的罪行与特别重大立功表现，作为两项竞争性利益被置于天平两端，在轻重权衡后作出二选一的取舍。立法最终选择放弃追诉犯罪嫌疑人，而追求犯罪嫌疑人的特别重大立功所带来的收益。然而，放弃追诉严重罪行毕竟只是极其个别的例外，必须严格限制，因此就出现了报请最高人民检察院核准的严格要求。

笔者认为上述分析中的特殊例外有其存在的合理性，也有引入我国的重要价值。我国既往立法未明确规定污点证人制度，但刑法和刑事诉讼法规定，对于自首或有重大立功表现从而可能免除刑罚的犯罪嫌疑人，检察机关可以不予起诉。这似乎达到了与污点证人罪行豁免相同的效果，但二者本质上仍有较大差异。

首先，成立自首一般要求犯罪人主动投案。虽然成立刑法第 67 条第 2 款规定的准自首可以是犯罪人被动归案，但交代的罪行须为司法机关尚未掌握的本人其他罪行。而污点证人制度的适用阶段往往是立案侦查后，犯罪嫌疑人已经到案且多是被动归案。一言以蔽之，适用自首要求犯罪人主动投案并如实交代罪行；而污点证人制度本质上是犯罪嫌疑人与司法机关的审前合作，并不要求犯罪嫌疑人主动投案。

其次，如果犯罪人被动投案，供述其他罪行，虽然可以获得从宽处理，有酌定不起诉的可能，但适用酌定不起诉有两个必备条件：除依照刑法规定不需要判处刑罚或免除刑罚，还必须犯罪情节轻微。然而，实践中被当作污点证人来对待的犯罪嫌疑人，其犯罪情节往往并不轻微，因此无法适用酌定不起诉，这导致罪行较严重的犯罪嫌疑人缺乏向司法机关提供关键证据的足够动力。司法实务中曾有突破立功从宽底线直接不起诉的案件，比如 1999 年的重庆綦江虹桥案，[①] 但由于缺乏法律依据，引发了学界广泛的讨论和争议。

长期以来我国并未实质确立污点证人制度。然而，我国已经加入《联合国反腐败公约》《联合国打击跨国有组织犯罪公约》，公约中规定了污点证人制度。而且，随着我国刑事诉讼法的修改，引入污点证人制度的条件也渐趋成熟：一是以审判为中心的刑事诉讼制度改革加强了庭审对直接言辞原则的贯

---

① 由于影响恶劣、后果特别严重，重庆綦江虹桥案的被告人林世元不仅被判决成立受贿罪，而且被判处死刑。而该案的行贿人费上利，其行为尽管符合行贿罪的成立条件，但检察院考虑到费上利在林世元受贿案中积极出庭做证，对其行贿行为以费上利作为"污点证人"提供了关键证据为由未提起公诉。参见梁玉霞：《论污点证人作证的交易豁免——由綦江虹桥案引发的法律思考》，载《中国刑事法杂志》2000 年第 6 期，第 67 页。

彻，复杂案件证人出庭成为常态，普通案件关键证人出庭成为必要。二是增加了"不得强迫任何人证实自己有罪"的规定，国家不能强迫任何人提供对自己不利的证言和其他信息。污点证人自身有犯罪污点，其做证往往会自陷其罪，如果不能给予其审前罪行豁免，则很难促使其做证指控他人的犯罪。应当说，"不得强迫任何人证实自己有罪"原则的确立，使引入污点证人制度具有了紧迫性。三是2012年修改刑事诉讼法后，一系列证人出庭做证保护制度的建立也为污点证人的人身安全提供了法律保障。

鉴于司法实践的需要以及相关配套措施的完善，2018年刑事诉讼法第182条第1款新设了特殊不起诉制度，加大了对犯罪嫌疑人的从宽力度。在一些重大复杂、取证困难的案件中，对于那些积极配合追诉机关打击犯罪的犯罪嫌疑人，如果其能悔过自新、主动认罪，有特别重大立功表现的，即使其犯罪情节较为严重，也可作不起诉处理。这在一定程度上将污点证人制度纳入了我国的法律规范。而且，第182条第1款还规定，对有特别重大立功的犯罪嫌疑人的不起诉要经过最高人民检察院核准，这为特殊不起诉的适用提供了严格的程序保障，避免了滥用的可能性。

另外，通过比较"重大立功"特殊不起诉与污点证人罪行豁免制度可以发现，我国在某些方面似乎走得更远。例如，在我国，"重大立功"还包括对国家和社会有重大贡献等情形，如重大的发明创造等。这就使得我国的污点证人制度有了新的内涵。但在某些方面，我国的"重大立功"特殊不起诉的规定也限制了污点证人制度在我国的发展。参照日本和我国台湾地区的相关理论，按照陈述内容的不同，污点证人可以分为追诉协助型和自己负罪型这两种类型。前者是指就"他人的案件"向追诉机关提供实质性协助，而后者是就自己和同案犯的共同犯罪事实向办案机关作出交代。就我国而言，追诉协助型污点证人可视为有特别重大立功表现的人，自己负罪型污点证人则可视为有坦白或自首情节的人。我国引入了追诉协助型污点证人制度，将其转化为立法条文中的"坦白（或自首）＋重大立功"这一规定。而交代自己和同案犯共同犯罪事实的"坦白或自首"情形，即自己负罪型污点证人制度则未被引入。

二、特殊不起诉的适用条件之二：案件涉及国家重大利益

特殊不起诉的另一适用条件是"案件涉及国家重大利益"。通过与其他国家和地区相关制度的比较会发现，将"案件涉及国家重大利益"作为特殊不起诉的适用条件，在理论上进一步拓展了我国的起诉裁量范围。

（一）起诉裁量范围的扩展：从微罪不诉到维护国家利益

我国刑事诉讼中的公诉制度奉行起诉法定主义兼采起诉便宜主义，在犯罪

嫌疑人的行为符合起诉条件时，虽然原则上必须提起公诉，但检察机关仍有一定的起诉裁量权。然而，在以往的起诉便宜实践中，起诉裁量的情形仅限于微罪不诉，而未扩展至可因国家重大利益等公共利益需要对并非轻微的犯罪作出不起诉决定。① 同时，在我国刑法理论中，"案件涉及国家重大利益"既不是出罪事由，也不是决定刑罚轻重或者免除处罚的法定情节。故而，在我国既往的司法实践中，即使案件涉及国家重大利益，涉案人员也多被起诉追责。但是，根据利益权衡原理，如果追诉某一犯罪可能危及国家重大利益，则公权机关可以放弃追诉犯罪以维护更加重要的国家利益。"检察官执行刑事诉追，一方面是在保护国家利益，然若因其执行刑事诉追造成国家利益的损失，亦将与刑事诉追的本旨有所违背。所谓实行刑事诉追造成国家保护的不利益，乃是指该项诉追之执行将导致对于国家严重的不利益的危险。此时，基于政治之理由，得为诉追之放弃。"②

其他国家和地区也存在基于国家利益考量可以放弃追诉犯罪的起诉便宜制度。比如，德国《刑事诉讼法典》第153d条第1项规定："如果诉讼之进行将予德意志联邦共和国带来重大不利之危险，或其追诉将危及其他重大利益时，则得不对该类犯罪行为进行追诉。"③《英国皇家检察官准则》（*Code for Crown Prosecutors*）规定，皇家检察院在决定是否起诉时，有两个明确的阶段：第一个阶段是检验证据，以便确信有充分的证据可以形成有罪判决；第二个阶段是检验公共利益，如果阻止起诉的公共利益因素明显压倒支持起诉的因素，则起诉不会被提起。其中，阻止起诉的一项重要公共利益因素是，起诉所公开的案件细节可能危及信息来源、国际关系或国家安全。④ 荷兰最高检察院发布的国家起诉条例规定，如果起诉可能危害国家利益，如未来安全、和平和秩序或者适用新的立法，检察官可以放弃起诉。⑤ 可见，在不少国家，当国家利益、公共利益优于追诉犯罪的利益时，法律会赋予检察官起诉与否的裁量权。2018年刑事诉讼法增设特殊不起诉制度，将起诉裁量范围从以往的微罪扩展到"案件涉及国家重大利益"的情形，这是对我国起诉便宜实践的发展，也

---

① 参见龙宗智：《检察官客观义务论》，法律出版社2014年版，第215页。

② 张丽卿：《起诉便宜原则的比较研究》，载《台大法学论丛》1996年第3期，第141页。

③ ［德］克劳思·罗科信：《刑事诉讼法》，吴丽琪译，法律出版社2003年版，第106页。

④ 参见［英］罗布·艾伦：《起诉的替代措施》，载［英］麦高伟、杰弗里·威尔逊主编：《英国刑事司法程序》，姚永吉等译，法律出版社2003年版，第167页以下；［英］约翰·斯普莱克：《英国刑事诉讼程序》，徐美君、杨立涛译，中国人民大学出版社2006年版，第95页。

⑤ 参见何家弘主编：《刑事司法大趋势——以欧盟刑事司法一体化为视角》，中国检察出版社2005年版，第300页。

是与其他国家和地区制度、实践接轨的重要举措。

（二）"案件涉及国家重大利益"的内涵

至于"案件涉及国家重大利益"的具体内涵，可以参照刑法第 63 条第 2 款"案件的特殊情况"的规定以及对其的理论分析和官方解释来理解。从已有研究看，"案件的特殊情况"主要是指一些案件的判决关系到国家的重大利益，如外交、国防、宗教、民族、统战和经济建设方面的问题。① 立法机关对此解释表示认同。全国人大法工委就冯洲受贿案答复最高人民法院时曾指出："1997 年刑法第 63 条第 2 款关于因'特殊情况'在法定刑以下判处刑罚的规定，主要是针对涉及国防、外交、民族、宗教等极个别特殊案件的需要，不是对一般刑事案件的规定。"②

以上述观点为参照，结合立法机关对 2018 年刑事诉讼法第 182 条第 1 款相关表述的解读，笔者认为，对"案件涉及国家重大利益"的内涵可从如下几个方面把握：其一，影响起诉与否的利益考量必须限于国家政治、外交、国防、民族、宗教、科技、经济等重要领域。其二，影响起诉与否的案件本身具有特殊性，即案件的性质、犯罪嫌疑人的身份、起诉或作有罪判决的后果等关联因素会对上述领域的国家利益产生重大影响。例如，对某涉嫌犯罪的外国间谍是否提起公诉，就需要考虑对国家安全和外交关系的影响。"德国司法实践中，如果在交换间谍时一个曾经的间谍现在在其祖国担任高级别公职，若对其追诉会给联邦德国带来重大不利风险或危及其他重大公共利益，则不得对其启动刑事追诉程序。"③ 德国学者进一步指出："如果该行为人是所谓的'多嘴间谍'，因其言论反而防止了一事关国家安全的危险时，则该诉讼程序可中止进行。"④ 其三，不起诉的适用须严格限制，坚持最后手段原则。只有在犯罪嫌疑人没有任何出罪事由和免除处罚情节，也没有第 182 条第 1 款规定的"重大立功"情节时，才可基于个案中的利益权衡，出于国家利益层面的考虑适用特殊不起诉。

三、特殊不起诉的核准程序和救济途径

根据 2018 年刑事诉讼法第 182 条第 1 款的规定，在符合"重大立功"或

① 参见周道鸾等主编：《刑法的修改与适用》，人民法院出版社 1997 年版，第 166 页。

② 张永红、孙涛：《酌定减轻处罚刍议》，载《国家检察官学院学报》2007 年第 5 期，第 100 页。

③ Bertram Schmitt, Marcus Köhler, Strafprozessordnung: Gerichtsverfassungsgesetz, Nebengesetze und ergänzende Bestimmungen, 61. Aufl., C. H. Beck, 2018, S. 827.

④ ［德］克劳思·罗科信：《刑律诉讼法》，吴丽琪译，法律出版社 2003 年版，第 107 页。

者"案件涉及国家重大利益"的条件下，无论是公安机关撤销案件，还是检察院作出不起诉决定或者对部分犯罪不予起诉，都需要经过最高人民检察院核准。

（一）核准程序的内容和设立理由

在特殊不起诉制度确立以前，检察机关不起诉决定的核准程序主要是内部审批、本级把关。法定不起诉、酌定不起诉、证据不足不起诉以及附条件不起诉，均由拟作出不起诉决定的检察机关的检察长或检察委员会审核、批准。2018 年通过的《监察法》第 47 条第 4 款对此种审批模式作了一定调整，其规定，检察院对监察机关移送的刑事案件拟作不起诉决定的，须经上一级检察院批准。2018 年刑事诉讼法第 182 条第 1 款则将特殊不起诉的审批层级上升到最高人民检察院。之所以如此设计，笔者认为是基于如下理由：

一是为了确保特殊不起诉的办案质量和效果。能够适用特殊不起诉的案件都是极为特殊的案件，往往案情复杂、牵涉面广、涉及重大利益，因此处理案件时除了要严把证据关、事实关、法律关，还要在多重利益、多重关系、多重因素间作综合判断、权衡取舍。由最高人民检察院审核批准，可以从更高的站位、更宽的视野、更大的格局对此类案件作严格把关、审慎处理，确保特殊不起诉制度用对、用好，实现法律效果、政治效果和社会效果的有机统一。

二是为了统一特殊不起诉的适用标准。由于特殊不起诉的适用条件规定得较为原则和抽象，加之可能适用的案件数量极少，地方检察机关往往缺乏办理此类案件的丰富经验。如果将审批权下放给地方检察机关，容易导致适用标准出现地区差异。故而，由最高人民检察院对适用标准在全国范围内作统一把控，可以确保特殊不起诉适用标准的统一性。

三是为了严格控制特殊不起诉的适用数量，防止滥用。刑法第 87 条第 4 项规定，法定最高刑为无期徒刑、死刑的犯罪，经过 20 年，不再追诉；如果 20 年以后认为必须追诉的，须报请最高人民检察院核准。从多年的司法实践看，最高人民检察院在办理核准追诉案件时一直是"严格依法、从严控制"，[①] "以不核准追诉为原则，核准追诉为例外"。[②] 可以说，这种由最高层级司法机关核准的程序设置，其根本目的就是统一入口、严控数量。对照来看，对于更加属于例外情形的特殊不起诉案件，由最高人民检察院作为核准机关，当然是为了严控案件数量，避免特殊不起诉的适用被泛化。

关于特殊不起诉的核准程序，鉴于目前还没有明确细化的程序性规定，笔

---

① 参见 2012 年最高人民检察院《关于办理核准追诉案件若干问题的规定》第 2 条。
② 史卫忠等：《核准追诉中的若干实务问题考察》，载《人民检察》2016 年第 10 期，第 13 页。

者认为可以参考 2012 年最高人民检察院《关于办理核准追诉案件若干问题的规定》以及 2012 年《人民检察院刑事诉讼规则（试行）》第十章"审查逮捕"第四节"核准追诉"的相关规定，就认定特殊不起诉中"如实供述涉嫌犯罪的事实""重大立功""案件涉及国家重大利益"等条件所需的相关证据、有关法律文书以及是否需要保密等作出规定；同时，就具体的报批程序、办案期间等作出说明。

（二）对特殊不起诉的制约以及救济途径

值得进一步研究的是，在特殊不起诉决定作出后，之前移送案件的侦查机关、监察机关如果对不起诉决定有异议，能否申请复议、复核；被不起诉人、被害人对不起诉决定有异议时，能否向检察机关申诉，被害人能否向法院提起自诉。概言之，对于特殊不起诉决定，侦查机关、监察机关能否予以一定程度的制约，被不起诉人和被害人是否有救济途径。笔者对此持否定态度，理由如下：

首先，在检察一体原则下，不仅在某一检察机关内部检察长可以指挥所有部门的工作，而且上下级检察机关之间也存在上命下从的领导与被领导关系。对于最高人民检察院作出的决定，即使赋予侦查机关、监察机关或者被不起诉人、被害人向同级或上一级检察院提出复议、复核或者申诉的机会或权利，基于检察机关上下级之间的领导与被领导关系，不会出现下级检察机关否定上级检察机关作出的决定的情况。因此，针对特殊不起诉，传统的制约和救济途径已无法实行。

其次，特殊不起诉案件极为特别，数量极少，且由最高人民检察院核准，不起诉决定的作出往往是多方利益权衡下的慎重决断。如果允许特殊不起诉决定经由侦查机关、监察机关提起复议、复核或者被不起诉人、被害人提起申诉、自诉就被中止甚至被否决，则有损特殊不起诉决定的严肃性。

最后，从特殊不起诉条文规定所处的位置看，其为 2018 年刑事诉讼法第二编第三章"提起公诉"的最后一条，位列第 179 条"公安机关对不起诉决定的复议、复核"、第 180 条"被害人对不起诉决定的异议（申诉和自诉）"、第 181 条"被不起诉人对不起诉决定的申诉"等规定之后。"法律不作无意义的次序编排"[①]，从体系解释的角度看，立法者已经表明立场：无论是公安机关、监察机关的复议、复核，还是被不起诉人、被害人的申诉、自诉，均只针对第 179 条、第 180 条、第 181 条之前出现的不起诉类型，即法定不起诉、酌

---

① 王利明：《法律解释学》，中国人民大学出版社 2016 年版，第 177 页。

定不起诉、证据不足不起诉以及附条件不起诉，[①] 而特殊不起诉不属于上述 3 个条文中可以制约或给予救济的不起诉类型。

四、选择性起诉的理论意义

根据 2018 年刑事诉讼法第 182 条第 1 款的规定，犯罪嫌疑人认罪，同时有"重大立功"或者"案件涉及国家重大利益"的，经最高人民检察院核准，除了公安机关可以撤销案件、检察机关可以决定不起诉之外，检察机关还"可以对涉嫌数罪中的一项或者多项不起诉"。应当说，这一规定所涉及的选择性起诉制度，反映出我国刑事诉讼理论的新发展。选择性起诉意味着在协商性司法的理念下我国的罪数协商制度初露端倪；而对涉嫌数罪中的一项或者多项可以不起诉，则体现了刑事诉讼客体理论在我国立法和司法层面的新发展。

（一） 协商性司法的新发展

我国学者多认为，刑事司法领域的协商性司法是指诉讼主体基于合意，通过对话与磋商，达成互惠协议，以此解决刑事争端的司法模式。[②] 而随着 2018 年刑事诉讼法第 182 条第 1 款关于选择性起诉的规定的出现，我国的罪数协商制度初现端倪，这意味着我国的协商性司法有了新的发展。和一些西方国家一样，我国的刑事司法活动也经历了一个从对抗到合作、从合作到协商的过程。

1. 从尖锐对抗到最低限度的合作

我国的刑事司法历来强调严厉打击犯罪。在追诉犯罪的过程中，国家与个人处于对立的两端，被害人与犯罪嫌疑人、被告人之间充满对抗。然而，随着案件数量的增加，犯罪行为隐蔽性和有组织性的增强，以及取证的规范性要求越发严格，办理刑事案件越发困难。为了提高效率，破解案多人少的困局，我国的刑事司法萌生了最低限度的司法合作模式。该模式在宏观层面表现为"坦白从宽，抗拒从严"、宽严相济的刑事政策，在具体操作层面则运用自首、立功等制度激励犯罪嫌疑人积极认罪、主动供述，创设简易程序，鼓励犯罪嫌疑人、被告人认罪并主动放弃一些诉讼权利以换取量刑优惠。

然而，最低限度的合作模式缺乏实质对等性，效果并不理想。首先，合作

---

① 按照 2018 年刑事诉讼法第 282 条第 2 款的规定，附条件不起诉适用第 179 条、第 180 条的规定。另外，2014 年全国人大常委会《关于〈中华人民共和国刑事诉讼法〉第二百七十一条第二款的解释》规定，被害人对检察院对未成年犯罪嫌疑人作出的附条件不起诉的决定和不起诉的决定，不适用 2012 年刑事诉讼法第 176 条关于被害人可以向法院起诉的规定。

② 参见任华哲、程媛媛：《试论合作式司法在中国刑事实践中的发展趋势》，载《武汉大学学报（哲学社会科学版）》2008 年第 6 期，第 822 页。

的双方缺乏真正的地位平等，公权力机关占据主导地位，犯罪嫌疑人往往处于被动接受、简单表态的境地。以 1996 年刑事诉讼法增设的简易程序为例，该程序的启动主体仅为法院和检察院，并不包括犯罪嫌疑人、被告人。而且，由于当时辩护权的保障并不及时充分，大部分犯罪嫌疑人、被告人没有辩护律师，对案情了解不多、缺乏相关专业知识，导致"合作"多呈现为一边倒的态势。其次，协商的范围和程度都极为有限。在实行起诉法定主义的情况下，检察机关没有撤销指控、改变起诉罪名的权力，有关罪名和罪数的协商在我国是绝对禁止的。即使是量刑协商，由于当时"坦白从宽"还没有在刑法中被确立为法定量刑情节，在仅有被告人认罪坦白的情况下，法院只能酌定从轻处罚。① 这导致在量刑上双方讨价还价的空间极为有限。最低限度的合作模式在本质上仅仅降低了刑事诉讼过程对抗的尖锐性，其协商的实质性不强，当事人的获益也十分有限。

2. 从最低限度的合作迈向实质性协商

随着刑法关于量刑制度的规定不断完善，加之认罪认罚从宽制度、速裁程序的试点和最终被写入刑事诉讼法，司法合作模式中的协商性司法有了新发展。

首先，控辩双方地位越发平等，犯罪嫌疑人、被告人不再是被动接受的一方。通过对 2018 年刑事诉讼法第 173 条第 2 款与第 1 款的比较可以发现，对于犯罪嫌疑人认罪认罚的案件，检察院除了应告知犯罪嫌疑人享有的诉讼权利和认罪认罚的法律规定，还应当听取犯罪嫌疑人对涉嫌的犯罪事实、罪名、适用的法律规定、从宽处罚的建议以及适用何种审理程序等事项的意见。这表明犯罪嫌疑人在认罪认罚案件中已不仅是"事实"信息的提供者，同时也是案件处理走向的"意见"表达者，犯罪嫌疑人、被告人在协商性司法中的主体地位明显得到了加强。

其次，辩方的协商能力进一步增强。随着法律援助全覆盖的推行，犯罪嫌疑人、被告人获得律师帮助的可能性大大增加。即使犯罪嫌疑人、被告人没有委托辩护人，没有获得指定辩护，刑事诉讼法对值班律师制度的引入也提供了最低限度的专业法律服务。这使得犯罪嫌疑人、被告人不再孤身一人与强大的控方进行协商。

最后，协商的内容和幅度发生了新的变化。随着《刑法修正案（八）》把

---

① 2003 年最高人民法院、最高人民检察院、司法部联合发布的《关于适用普通程序审理"被告人认罪案件"的若干意见（试行）》第 9 条、《关于适用简易程序审理公诉案件的若干意见》第 9 条都规定："人民法院对自愿认罪的被告人，酌情予以从轻处罚。"

坦白从宽增设为法定量刑情节，坦白、自首、立功构成了有梯次的量刑从宽体系。最高人民法院2013年发布的《关于常见犯罪的量刑指导意见》也对犯罪嫌疑人、被告人"如实供述"和"当庭自愿认罪"的情形规定了具体的从宽标准。同时，速裁程序、简易程序以及普通程序简化审等多层次的诉讼程序也为控辩双方的程序协商提供了更多选择。更为引人注目的是，根据2018年刑事诉讼法第182条第1款的规定，犯罪嫌疑人自愿如实供述的，在符合一定条件时可以获得检察机关对其"涉嫌数罪中的一项或者多项不起诉"的优待，这其实已经突破了量刑协商的范围，增加了罪数协商的内容。①

3. 我国协商性司法的新发展

从对抗型司法转向合作型司法，从最低限度的合作迈向实质性协商，从量刑协商向罪数协商有限突破，我国的协商性司法在理论上和实践中不断发展。笔者认为，以此为契机，我国的协商性司法未来可以在以下两个方面开拓出更为广阔的发展空间。

一是从宏观上推进协商性司法的多元形态。协商性司法在西方国家已兴起多年，但由于各国在政治结构、人文生态、司法环境等方面存在差异，协商性司法的内涵和实践形态并不相同。恢复性司法、辩诉交易（认罪协商）、警察警告制度、污点证人制度以及不起诉制度（暂缓起诉）等都可以归结到协商性司法的名下。② 当下我国协商性司法的主要形态是偏向大陆法系认罪协商制度的认罪认罚从宽制度，其他如附条件不起诉等制度仍在起步阶段，而更加前端的警察警告制度更是处在理论推介阶段。结合2018年刑事诉讼法第182条第1款规定所涉及的起诉裁量制度的新发展，未来协商性司法理念下的起诉裁量制度可以进一步扩容。如将裁量不起诉的范围从微罪扩展到不属于微罪但涉及包括国家重大利益在内的内涵更为宽泛的重大公共利益案件。同时，将附条件不起诉（暂缓起诉）的适用从未成年人案件扩展到成年人案件，③ 乃至扩展到刑事合规领域；④ 相应地，刑罚适用条件也可以从1年有期徒刑以下刑罚放

---

① 参见魏晓娜：《结构视角下的认罪认罚从宽制度》，载《法学家》2019年第2期，第116页。

② 参见韩德明：《协商性司法：理论内涵、实践形态及其语境》，载《南京社会科学》2010年第5期，第91页。

③ 参见何挺：《附条件不起诉扩大适用于成年人案件的新思考》，载《中国刑事法杂志》2019年第4期，第46页以下。

④ 2016年，法国国会通过了《关于提高透明度、反腐败以及促进经济生活现代化的2016-1691号法案》。该法案吸收了美国和英国的经验，确立了法国式的暂缓起诉制度，允许检察机关与涉嫌犯罪的企业签订和解协议，确立三年考验期，涉案企业在此期限内缴纳罚款、赔偿受害者并制定或完善合规计划，在考验期满经审查确认履行了协议内容的，检察机关将撤销起诉。参见陈瑞华：《法国〈萨宾第二法案〉与刑事合规问题》，载《中国律师》2019年第5期，第81页。

宽到 3 年有期徒刑以下刑罚。至于特殊不起诉制度，可以考虑从现有的追诉协助型特殊不起诉扩展到自己负罪型特殊不起诉。

二是从微观上丰富我国认罪协商的多重内容。认罪协商是我国协商性司法的基本形态，主要内容为量刑协商，兼采程序协商和特殊情形下的罪数协商。以此为基础，未来可从以下三个层面再行推进。

首先，进一步拓宽量刑协商的幅度，丰富量刑协商的内容。为与认罪认罚从宽制度做好衔接，未来刑法应在总则部分将"认罪 + 认罚"规定为从宽处罚情节。[①] 在量刑的具体操作上，可考虑拓宽量刑协商幅度，加大量刑从宽力度。

其次，充实量刑协商中认罪、认罚的内涵。如除自首、坦白外，经教育后被动认罪、当庭认罪以及涉嫌数罪却只作部分认罪的，均可视为认罪。再如除同意量刑建议、愿意接受刑事处罚外，对于积极退赔退赃、预交罚金、履行义务、修复关系、同意适用简化程序等，也可以考虑纳入认罚的范畴。由此不断丰富认罪认罚体系，实现从宽的层次化。

最后，必要时可引入罪名协商制度。就我国认罪协商的类型看，从量刑协商到罪数协商，中间少了一个罪名协商的梯次。罪数协商是针对数罪直接撤销其中一项或者多项犯罪指控，但是，如果不直接撤销指控，而是将其中一罪或者多项犯罪变更为较轻的犯罪提起公诉，这在从宽幅度上有时会更大。从这个角度看，既然可以协商罪数，也应允许协商罪名。从司法实践看，针对在追诉某些犯罪时存在证明困难的情况，我国立法及司法解释曾通过设置推定、新增阶梯型罪名、设立抽象危险犯等方式来予以应对，但是仍有部分犯罪案件的办理存在惯常性的取证难题。例如，就主观要件事实的证明而言，除供述以外，其他能够发挥证明作用的直接证据非常少，如果行为人拒不供认或矢口否认，对主观要件事实的证明就会变得非常困难，比如，毒品犯罪案件中被告人是否明知其运输或持有的物品是毒品的证明，诈骗犯罪案件中被告人是否具有非法占有目的的证明。借鉴 2018 年刑事诉讼法第 182 条第 1 款规定特殊不起诉的思路，未来在一些犯罪嫌疑人有重大立功或者案件涉及国家重大利益的情况下，检察官除了可以考虑撤销犯罪指控、涉嫌数罪时对部分犯罪不予起诉，还可以考虑通过罪名协商实现降格指控，从而破解要件事实证明过程中的一些证明难题。当然，要实现这一点，需要从理念上改变我国刑事司法中的"客观

---

① 关于进一步的体系化、阶梯型的从宽规定，参见周光权：《论刑法与认罪认罚从宽制度的衔接》，载《清华法学》2019 年第 3 期，第 38 页以下。

真实"思维。① 同时，应严格控制罪名协商的适用范围。

（二）刑事诉讼客体理论的新发展

根据 2018 年刑事诉讼法第 182 条第 1 款的规定，检察机关既可以作出不起诉决定，也可以对涉嫌数罪中的一项或者多项不起诉。根据同一解释规则，同一概念在同一法律条文中应保持同一含义，上述条文中先后出现的"不起诉"应具有同样的法律规范含义。据此，对于一人涉嫌数罪并案处理的情况，若检察机关对其中部分犯罪不予起诉，也应当明确作出不起诉决定，出具不起诉处分的相关法律文书。可以说，第 182 条第 1 款的规定是对"刑事诉讼客体即为刑事案件"这一理论命题在立法上的肯认，有利于澄清以往对不起诉相关法律规定的误解，也有利于纠正司法实践中的一些错误做法和错误认识。

1. 不起诉中的刑事诉讼客体理论

在封建纠问式诉讼时期，犯罪嫌疑人、被告人作为刑事追诉的对象被视为刑事诉讼的客体，是口供的提供者，刑讯逼供是合法的取证手段。随着人权保障思想、控辩平等理念的发展，犯罪嫌疑人、被告人在刑事诉讼中的主体地位逐渐得到认可和确立，以辩护权为代表的各项诉讼权利也得到承认和加强。在近现代刑事诉讼中，一般认为，刑事诉讼的客体即为刑事案件，是刑事诉讼主体从事刑事诉讼活动所指向的标的或对象。

大陆法系国家的刑事诉讼理论认为，国家刑罚权是针对每一犯罪人的每一犯罪事实而存在的，因此，作为诉讼客体的案件包括犯罪人和犯罪事实两个要素。② 与实体法上的"案件"相对应的是程序法上的"诉"，二者有密切联系："诉，亦以一被告之一犯罪事实为其内容。是诉之个数，一般与案件之个数相等。详言之，即对于每一被告之每一犯罪事实起诉者，为一案件，亦即一诉；对于数被告或数犯罪事实起诉者，为数案件，亦即数诉。"③ 由此可知，实体法上代表具体刑罚权的一个个案件在程序法上转化为一个个诉。而诉的重要功能就在于依循案件的单一性原理，即人的单一和犯罪事实的单一，将客观层面的人和事拆分具体化为规范层面的一个个案件，然后将这些案件提交法院请求裁判，以实现刑罚目的。以案件为诉讼客体，诉能够对侦查移送的众多罪行产生"分案效果"。这种效果既包括将提起公诉的所有罪行拆分细化为一个个案件交付审判，并要求法院一一对应地作出裁判，不能漏判也不能超裁，以

---

① 参见向燕：《我国认罪认罚从宽制度的两难困境及其破解》，载《法制与社会发展》2018 年第 4 期，第 77 页。

② 参见陈朴生：《刑事诉讼法实务》，海天印刷厂有限公司 1981 年版，第 84 页。

③ 张建伟：《刑事诉讼法通义》，北京大学出版社 2016 年版，第 180 页。

此限定法院的审判对象和范围，还包括将那些没有达到起诉标准的罪行，以案件的形式从诉讼中一一分流出来，分别作出诉的终止即不起诉的处分。如果说提起公诉是积极的诉，不起诉就是消极的诉，两者都体现了诉的"分案效果"，也都应当产生相应的法律效力。

我国台湾地区长期以来就将案件视为诉讼客体，不起诉的对象是案件。比如，我国台湾地区"刑事诉讼法"第 252 条规定，若有本条列明的情形之一，对"案件"应为不起诉处分。第 253 条规定，"第 376 条第 1 项各款规定之'案件'，检察官参酌刑法第 57 条所列事项，认为以不起诉为适当者，得为不起诉之处分"。在我国台湾地区的司法实践中，一人犯有两罪，一罪起诉、一罪作出不起诉处分，作出两份法律文书的情况十分常见。而且，对于上述问题，早在民国时期就已经有了较为统一的认识。民国时期学者朱采真曾言："被告人犯了几个罪名，内中一罪已受或应受重刑的判决，他罪却是轻微的罪名，就是起诉，对于应执行的刑罚，没有什么重大关系。检察官基于这种认定，就得不起诉。"①

除此以外，大陆法系的一些国家也有类似规定。德国《刑事诉讼法典》第 153A 条有关暂缓起诉的规定就指出："如果负担与指示适于消除刑事追诉的公共利益，且罪责的严重性与此不相抵触，经负责开启审判程序的法院和被指控人同意，检察院可以对轻罪暂时不提起公诉，同时科处被指控人履行一定的负担与指示。"在德国，如果犯罪嫌疑人犯有数罪，对轻罪可以暂时停止程序，不提起公诉，作出暂缓起诉的处分。但是，如果该人还有其他重罪，则可以同时提起公诉。②

2. 我国司法实践对不起诉相关法律规定的误读

"刑事诉讼客体即为刑事案件"的理论命题在大陆法系国家和地区属于通说，不少国家和地区将该理论命题应用于不起诉制度，或在立法上加以明确，或在司法实践中加以贯彻。受大陆法系刑事诉讼客体理论的影响，"刑事诉讼客体即为刑事案件"的理念也早已成为我国理论界的共识。然而，理论上的共识并未在我国不起诉制度的相关立法中得到明确体现，部分司法机关对相关条文的误读也导致办案中出现偏差。

在 2018 年第三次修改刑事诉讼法以前，针对一人犯数罪并案处理的情况，如果检察机关在审查起诉中发现部分犯罪符合起诉条件、部分犯罪不符合起诉条件的，能否分别作出起诉和不起诉的决定，立法上并没有直接的规定。为了

---

① 朱采真：《刑事诉讼法新论》，世界书局 1929 年版，第 185 页。

② 《德国刑事诉讼法典》，宗玉琨译注，知识产权出版社 2013 年版，第 147 页以下。

解决实践中的现实问题，一些司法实务部门人员将参照的依据转向了法定不起诉的条文规定，即 1996 年刑事诉讼法第 142 条第 1 款的规定："犯罪嫌疑人有本法第十五条规定的情形之一的，人民检察院应当作出不起诉决定。"根据该规定，认为不起诉的对象应是"犯罪嫌疑人"，而非某一罪行或案件。因此，检察机关不能针对一名犯罪嫌疑人涉嫌实施的多项犯罪中的一项或几项直接作出不起诉决定并出具法律文书，只有在所有犯罪均不应或不宜起诉时才可以作出不起诉决定。按照这一理解，司法实践中针对上述问题的惯常处理办法是：若犯罪嫌疑人张三因涉嫌盗窃罪和诈骗罪被公安机关并案侦查，一并移送审查起诉，检察机关经过审查后认为张三构成盗窃罪但不构成诈骗罪，此时检察机关只需起诉张三构成盗窃罪，至于张三涉嫌的诈骗罪，办案人员只会在审结报告中说明不予认定的理由，而不再另行作出不起诉决定。然而，正是这种处理方式在实践中造成了诸多偏差。

其一，剥夺了被害人的救济权。实践中，检察机关针对某一犯罪嫌疑人涉嫌数罪中的一项或几项犯罪不予认定的，不会再专门出具不起诉决定书，从而也就不会有相关法律文书送达被害人。被害人即使对个别犯罪没有被提起公诉有异议，也无法依据 1996 年刑事诉讼法第 145 条向上一级检察院提起申诉。如果被害人向法院提起自诉，法院也大多以不属于自诉案件的受案范围为由，要求被害人撤诉或裁定不予受理。

其二，架空了公安机关的外部制约。由于不存在不起诉决定书，此前负责侦办案件的公安机关如果认为检察机关在审查起诉时存在"漏诉"的情况，也无法依据 1996 年刑事诉讼法第 144 条的规定向"漏诉"的检察机关要求复议，或者向上一级检察机关提请复核。这实际上是变相规避了公安机关对检察机关"隐性不起诉"的监督制约。有人曾提出："公安机关其实可以通过其他途径向检察机关反映自己的意见，如通过补充侦查提供新的证据，建议检察机关对这部分未起诉的案件事实提起公诉。如果意见不被采纳，公安机关可以在补充新的证据事实材料后，将案件重新移送检察机关审查起诉。若检察机关对此作出不起诉决定，公安机关认为有错误的，即可要求复议，乃至向上一级检察院提请复核。"① 对于这一解决方案，且不说公安机关能否再次启动补充侦查，单就该方案看，其仅针对检察机关因某一犯罪证据不足不提起公诉时公安机关该如何处理，但对于检察机关基于其他法定事由不予起诉的，让公安机关补充侦查，显然是药不对症。

---

① 本刊学习问答组：《公安机关认为检察院"漏诉"，能否要求复议？》，载《人民检察》2002 年第 3 期，第 63 页。

其三，虚化了检察机关上下级之间的监督和纠正路径。《人民检察院办理不起诉案件质量标准（试行）》规定，证据不足不起诉案件和酌定不起诉案件应报送上一级检察院备案。由于检察机关在对数罪中的某些犯罪不予认定后并不会单独作出不起诉决定，实践中备案程序基本被虚化，检察机关上下级之间的监督也因此被弱化。值得注意的是，即使上级检察机关发现下级检察机关就个别犯罪没有提起公诉存在处理错误，如何纠正也面临难题。2012 年《人民检察院刑事诉讼规则（试行）》第 425 条规定，"最高人民检察院对地方各级人民检察院的起诉、不起诉决定，上级人民检察院对下级人民检察院的起诉、不起诉决定，发现确有错误的，应当予以撤销或者指令下级人民检察院纠正。"据此，上级检察机关只能对下级检察机关明确作出的不起诉决定进行纠正，至于数罪中某项犯罪未被提起公诉，如果存在处理错误，能否纠正、采用何种程序纠正，都缺乏明确和充足的依据。

3. 2018 年刑事诉讼法第 182 条第 1 款的正本清源作用

通过前文的分析，笔者认为，我国司法实务部门的上述错误理解以及由此产生的现实危害，多源于对刑事诉讼客体理论的错误认识。其实，就 2018 年刑事诉讼法第 177 第 1 款的规定看，虽然条文表述中不起诉的对象是犯罪嫌疑人，但这完全可以理解为，立法是从单一案件即"一人一罪"的情形出发作最简化的表述，而未涉及"一人多罪"的情形。而且，第 175 条第 4 款规定："对于二次补充侦查的案件，人民检察院仍然认为证据不足，不符合起诉条件的，应当作出不起诉的决定。"第 177 条第 3 款规定："人民检察院决定不起诉的案件，应当同时对侦查中查封、扣押、冻结的财物解除查封、扣押、冻结。"从这两个条文看，不起诉的对象是案件而非犯罪嫌疑人。可以说，不起诉的对象是人还是案，立法并未给出直接、清晰的答案。司法实践的相关理解和做法存在较为严重的问题，亟须在立法上作出明确规定，以正本清源。因此，2018 年刑事诉讼法第 182 条第 1 款在规定特殊不起诉时，将不起诉的对象确立为"罪"，即具体的诉讼案件，进而明确对于同一犯罪嫌疑人涉嫌数罪的，可以对其中的部分犯罪提起公诉、对其中的部分犯罪作不起诉决定，就从立法上明确了诉讼客体是案件而非犯罪嫌疑人，从而起到了正本清源的作用：一方面，为今后实务人员办理案件作出了明确的指引；另一方面，能够为涉嫌数罪的犯罪嫌疑人、被害人在部分犯罪未被起诉时提供救济机会，并赋予有关机关相应的制约渠道，防止"隐性不起诉"的泛滥。

（原载于《法学研究》2019 年第 6 期）

附条件不起诉适用对象的争议问题：
基于观察发现的理论反思[*]

何 挺[**]

一、研究背景与路径

2012 年《刑事诉讼法》新设的附条件不起诉制度为涉罪未成年人提供了新的审前转向处遇的途径，而这一途径与现有的其他途径相比，更为符合少年司法所倡导的社会复归、教育感化和非犯罪化的理念，附条件不起诉制度的确立对于我国完全独立于成年人司法的少年司法体系的发展具有极大的助推价值。[①] 另外，在入法前的基层试点中，附条件不起诉就曾被适用于成年人，[②]而《刑事诉讼法》修改前的观点争鸣以及《刑事诉讼法》实施一段时间后的研究，将附条件不起诉扩展适用于成年人案件一直是一个呼声颇高并具有合理性的方案。[③] 虽然未成年人与成年人适用附条件不起诉的理念与指导思想迥然不同，但未成年人案件附条件不起诉的实践仍可为是否及如何扩展适用于成年人案件提供难得的参考经验。

总体而言，附条件不起诉制度的适用状况并不理想，主要表现为对法律条文理解不一、各地适用不平衡、适用数量低于预期以及配套机制缺乏等，而如何选择适用对象这一基本问题亦存在不少争议。任何一项制度只有在充分适用

---

* 本文系司法部国家法治与法学理论研究中青年项目"二元视角下附条件不起诉制度研究（编号：16SFB3027）"的阶段性成果。

** 北京师范大学刑事法律科学研究院副教授，博士生导师。

① 何挺：《附条件不起诉如何助推少年司法的整体发展？》，载《民主与法制》2017 年第 12 期，第 37 页。

② 例如，海淀区检察院在《刑事诉讼法》修改前的实践试点中，共对 15 人适用了附条件不起诉，其中 11 人为未成年人，4 人为成年人。参见北京市海淀区人民检察院公诉课题组：《附条件不起诉制度实证研究》，载《国家检察官学院学报》2009 年第 6 期，第 74 页。

③ 代表性观点如顾永忠：《刑事案件繁简分流的新视角——论附条件不起诉和被告人认罪案件程序的立法建构》，载《中外法学》2007 年第 6 期，第 712—720 页。

后才能暴露出制度设计及实践适用细节方面的问题，个别的"精品案例"呈现的通常是不具有反思价值的状况，对附条件不起诉实践状况的实证观察同样应建基于充分适用的基础上。2014 年底以来，B 市 A 区检察院开展了以充分拓展附条件不起诉的适用为主线与目标的改革试点项目。① 试点的核心内容之一是要求承办检察官对所有经办的未成年人审查起诉案件首先考虑适用附条件不起诉，不适用的则必须给出相应的理由，包括法定的理由和裁量的理由。试点期间，A 区检察院适用附条件不起诉的人数及占全部审查起诉未成年人人数的比率以几何倍数增长：2013 年适用附条件不起诉 2 人，占全部审查起诉未成年人人数的 1.0%；2014 年适用 3 人，占 3.0%；2015 年试点期间适用 15 人，所占比率飙升至 16.5%；2016 年和 2017 年的适用比率也达到 9.0% 和 15.5%。A 区检察院的试点实践为观察附条件不起诉制度充分适用时的实践状况提供了理想的"田野"。在 A 区检察院的试点中，笔者担任试点项目的顾问，从而获得了观察的"入口"，观察为笔者以"内在视角"收集资料提供了便利：能够全面接触试点过程中所有案件的相关数据，尤其是适用了附条件不起诉以及因有争议而最终未适用附条件不起诉案件的具体情况和后续处理；与检察官及社工就大量具体案件的深入交流也更有助于结合具体情境了解一线办案人员对于附条件不起诉适用对象的不同观点及其理由，而这种在观察过程中可以"随时"进行的更具针对性且"不着痕迹"的访谈效果也往往更胜一筹。

二、附条件不起诉适用的罪名限制

（一）罪名限制实践状况的观察发现

《刑事诉讼法》第 282 条将附条件不起诉适用案件的罪名限于《刑法》分则第四章、第五章和第六章规定的罪名，并绝对排除了其他罪名案件的适用。因为未成年人触犯这三章罪名的行为如果严重程度较轻，较为适宜通过附条件不起诉进行非犯罪化处理，同时这三章规定的犯罪也覆盖了司法实践中未成年人犯罪的绝大多数。观察发现，以《刑法》分则第四、五、六章罪名划定的范围虽然涵盖了大多数可以适用附条件不起诉的案件，但仍有"漏网之鱼"。

---

① B 市系我国经济和法治建设最为发达的地区之一，A 区系 B 市核心区域之一。A 区检察院于 2010 年成立未成年人检察处，系 B 市首家、全国较早成立的"捕诉监防合一"的未成年人案件专门办理机构。2013 年至 2017 年的五年中，A 区检察院平均每一办案年度审查起诉的未成年人数为 127 人，属于国内办理未成年人案件相对较多的地区。A 区检察院长期与司法社工合作，由专业社工为办理未成年人案件提供支持，联合政府社会多方力量，属于国内未成年人检察业务开展较好、经验较为丰富的代表之一。

一方面，《刑法》分则第二章"危害公共安全罪"中的部分罪名可能适于附条件不起诉。A区试点要求检察官对所有审查起诉后决定不适用附条件不起诉的案件给出不适用的理由，理由包括：罪名不适用、可能判处一年以上有期徒刑、无悔罪表现、再犯风险高和无监督考察必要等。分析检察官给出的理由发现，有数名涉嫌危险驾驶罪和交通肇事罪的未成年人仅因罪名超出法定范围而未能适用附条件不起诉。一般来说，这两个罪名均属于主观恶性相对较小的犯罪，交通肇事罪更属于过失犯罪，涉嫌此两种犯罪的未成年人与附条件不起诉所蕴含的教育挽救和复归社会的理念更为契合。司法实践中，危险驾驶与交通肇事案件均可以适用相对不起诉，尤其是交通肇事还常常基于与被害人达成和解等因素而大量适用相对不起诉，2015年A区也对一起未成年人交通肇事和一起未成年人危险驾驶的案件适用了相对不起诉。[①] 其他研究者亦发现，广州某区适用附条件不起诉范围较为宽松，突破了《刑事诉讼法》的规定，直接对一起酒后驾车的交通肇事案件适用了附条件不起诉。[②] 从适用相对不起诉的案件一般要比适用附条件不起诉案件更为轻微的角度来说，实无理由仅仅因为这两个罪名在《刑法》分则中被归类于看似更为严重的"危害公共安全罪"之下而不能适用附条件不起诉。从另一角度来说，危险驾驶罪与交通肇事罪在主观上所具有的忽视交通法规、对危及公共安全持放任的心态等主观态度，是否也更为适合通过附条件不起诉的监督考察及所附条件予以纠正也殊值考虑。而且，随着《刑法修正案（九）》将"追逐竞驶"等情形纳入危险驾驶罪，未成年人实施危险驾驶和交通肇事案件的可能性似乎也在进一步增大。[③] 进一步拓展来说，《刑法》分则第二章"危害公共安全罪"中规定的失火罪、非法持有、私藏枪支、弹药罪等罪名是否可以适用附条件不起诉也同样值得探讨。

另一方面，《刑法》分则第三章"破坏社会主义市场经济秩序罪"是否完全不能适用附条件不起诉亦值得思考。A区检察官曾经连续承办的两起未成年人案件，甲涉嫌非法制造发票罪（属于《刑法》分则第三章，即俗称的"卖假发票"），乙涉嫌伪造企业印章罪（属于《刑法》分则第六章，通过伪造印

[①] 鉴于危险驾驶行为社会关注度较高，适用相对不起诉更为谨慎。据A区检察官介绍，对该危险驾驶罪系请示上级检察院同意后才适用了相对不起诉。之所以适用相对不起诉，也主要是因为受罪名所限，不能适用附条件不起诉。

[②] 参见张友好：《功能·主体·程序：附条件不起诉制度省察》，载《政法论坛》2013年第6期，第100页。

[③] 有研究者经调查后认为，今后一段时间，交通肇事罪可能会是未成年人犯罪的"增长点"。参见张远煌、姚兵：《未成年人犯罪的主要特征及变化趋势——以湖北省未成年犯问卷调查为分析基础》，载《青少年犯罪问题》2009年第5期，第66页。

章的方式贩卖假证，即俗称的"卖假证"），两者的客观行为很相似，主观恶性都不大且均具有悔罪表现，都可能判处一年有期徒刑以下刑罚。但最终只有乙可以适用附条件不起诉，甲因为涉嫌罪名不在法律规定的范围之内而被排除在外。虽然最终检察官本着平等保护和挽救未成年人的理念，采用变通的方法，对甲在取保候审和审查起诉期间进行长达几个月的监督考察以观后效，并最终作出了相对不起诉的处理，但立法层面对《刑法》分则第三章的罪名排除适用附条件不起诉的问题在这两起个案的比对中已经充分呈现。

（二）基于刑法理论的反思与改进

实证观察的发现促使进一步反思《刑事诉讼法》通过《刑法》分则对犯罪的分类来限定附条件不起诉适用的罪名范围的立法思路。我国《刑法》分则对犯罪进行分类的标准是犯罪的同类客体。同类客体揭示的是同一类型犯罪在客体方面的共同本质，即一类犯罪不同于其他类型犯罪的危害性质，并在相当程度上反映出各类犯罪不同的危害程度。[①] 进一步来说，《刑法》分则中各章规定的罪名基本是以其危害的客体来归类的，而《刑事诉讼法》"引用"《刑法》分则的犯罪分类规定附条件不起诉适用的罪名范围，也同样基于不同犯罪行为危害的客体或法益不同这一基础。客体是犯罪构成要件中最为抽象的内容，成年人实施犯罪行为时尚无法分清，遑论未成年人。对涉嫌犯罪的未成年人来说，犯罪客体与其主观认识、主观恶性在很多情况下都无直接关联甚至毫无关联。因此，以高度抽象的犯罪客体为标准划定适用附条件不起诉的案件范围，是对心智发育未臻健全、理解能力有限的未成年人的过高要求，因而是不适当的。正如前述两起案件中，未成年人是无法分清"卖假发票"危害的是社会主义市场经济秩序，而"卖假证"危害的则是社会管理秩序。

此外，刑法理论上有关自然犯罪与法定犯罪的分类也为反思附条件不起诉的罪名限制提供了理论依据。自然犯与法定犯的分类虽然有不同的标准，但一般认为自然犯罪是指触犯社会基本伦理道德规范的犯罪行为，而法定犯罪则指没有触犯社会基本伦理道德规范，只是触犯法律的规定，才被作为犯罪处罚的犯罪行为。刑法学者认为，未满 16 周岁的未成年人主要是以家庭、学校传授给他们的社会伦理道德以及一般社会常识作为判断事物是非曲直的标准，无法准确判断贩卖毒品这一法定犯罪的危害性质，因此不宜承担贩卖毒品这一法定

---

① 高铭暄、马克昌主编：《刑法学》（第 6 版），北京大学出版社、高等教育出版社 2014 年版，第 312 页。

犯罪的行为责任。[①] 将这一观点的依据扩展开来，相比于自然犯罪，未成年人对于法定犯罪的认识能力不足，对于法定犯罪行为是否构成犯罪往往缺乏清晰的认识，实施法定犯罪的主观恶性也可能因此相对较小，在符合其他条件的情况下，可能更适宜采用包括附条件不起诉在内的非犯罪化的处理方式。而反观《刑事诉讼法》有关附条件不起诉适用罪名的规定，虽然包括了"妨害社会管理秩序罪"中的很多法定犯罪，但却排除了"危害公共安全罪"和"破坏社会主义市场经济秩序罪"两章中的很多法定犯罪，而这也正是检察官在办理上述两起案件时困惑不已的根源之一。

基于以上分析，划定附条件不起诉适用的罪名范围应当更多地考虑未成年人相对欠缺的主观认识能力，简单参照《刑法》分则基于犯罪客体进行的归类并不适当。一种改进的做法可能是改为排除绝对不能适用的罪名范围，而非限定能够适用的罪名范围，例如，明确规定《刑法》分则第一章"危害国家安全罪"、第七章"危害国防利益罪"、第八章"贪污贿赂罪"、第九章"渎职罪"以及第十章"军人违反职责罪"不适用附条件不起诉。事实上，未成年人涉嫌上述几章罪名的情况是极为罕见的，而极端情况下未成年人作为这些犯罪的共犯时一律不得适用附条件不起诉似乎也过于绝对，因此在《刑事诉讼法》已经就可能判处的刑罚作出限制的前提下，更为理想的方法可能是取消罪名的限制而交由检察官依照具体案情及未成年人的具体情况裁量决定，这可能也更为符合附条件不起诉作为检察官起诉裁量权行使方式这一方面的本质属性。

三、附条件不起诉适用的刑罚限制

（一）刑罚限制实践状况的观察发现

围绕《刑事诉讼法》第282条规定的"可能判处一年有期徒刑以下刑罚"的争议主要包括两个方面。一方面这一规定究竟指的是法定刑还是宣告刑。这一问题理论界与实务界已经统一了认识，"一年有期徒刑以下刑罚"是指可能适用的刑罚，即宣告刑，而非指法定刑。另一方面的争议则是可能判处的刑罚规定是否限制了附条件不起诉的适用及是否需要扩大范围。有研究者认为，现行规定对可能判处的刑罚要求限制了附条件不起诉的适用，并建议扩展至"可能判处三年有期徒刑以下刑罚"。[②] 事实上，在《刑事诉讼法》修改过程

---

① 韩轶：《未成年人犯罪立法之反思——相对负刑事责任年龄人的"入罪"范围及立法完善》，载《法学》2006年第1期，第65—66页。

② 黄维智：《附条件不起诉工作的实践及反思》，载《检察日报》2013年8月14日第11版。

中，多数观点也认为应该以"可能判处三年有期徒刑以下刑罚"作为适用附条件不起诉的刑罚限制。①

A 区检察院充分尝试附条件不起诉的实践以及对提起公诉案件法院量刑情况的后续跟踪为回答这一争议问题提供了很好的实证依据。2015 办案年度，A 区检察院共审查起诉未成年人 99 人，其中附条件不起诉 15 人，相对不起诉 32 人，起诉至法院的 52 名未成年人中共有 33 人被判处一年有期徒刑以下刑罚。如果以案件的最终处理结果为标准，将被相对不起诉和附条件不起诉的未成年人也计算在内，2015 年 A 区检察院审查起诉的案件中，可能判处一年有期徒刑以下刑罚或免除刑罚的未成年人共计 80 人，占全部未成年人人数的比率超过 80%。② 易言之，在 A 区检察院 2015 年度办理的未成年人案件中，超过 80% 的案件符合《刑事诉讼法》所规定的适用附条件不起诉的刑罚限制。为检验 A 区的情况是否具有代表性，笔者另行收集了同样未成年人案件数量相对较多的东部 Z 省 Y 区的相应数据：2015 办案年度，Y 区最终判处一年有期徒刑以下刑罚或免除刑罚（含相对不起诉与附条件不起诉）的未成年人占全部审查起诉未成年人的比率为 64.7%（详见表 1）。虽然不及 A 区，但总体仍然比率较高。虽然某些地区某一办案年度所办理的案件并不能完全代表我国的整体情况，但个别地区的较高比率足以提出一个问题：如果说"可能判处一年有期徒刑以下刑罚"在很大程度上限制了附条件不起诉的适用，那么其背后的原因究竟是实践中可能判处一年以下有期徒刑的案件确实太少，还是检察官在预估可能判处的刑罚时人为不适当地将一些案件排除出这一范围？

表 1　2015 办案年度 A 区与 Y 区未成年人犯罪案件最终处理结果分布情况

（单位：人）

地区	审查起诉总数	相对不起诉	附条件不起诉	法院判处一年有期徒刑以下刑罚
A 区	99	32	15	33
Y 区	116	5	3	67

（二）刑罚限制过严的真正原因：基于未成年人量刑特殊性的反思

从理论上来说，对未成年人的量刑应遵循不同于成年人量刑的原则，而不仅仅是在《刑法》分则以成年人为"模板"规定的法定刑基础上，简单地为

---

① 参见陈光中主编：《〈中华人民共和国刑事诉讼法〉修改条文释义与点评》，人民法院出版社 2012 年版，第 401 页。

② 实践中存在个别案件在起诉到法院后产生新的从轻甚至减轻的量刑情节，如赔偿与和解等，这些情节在审查起诉时是无法作为检察官预估刑罚的依据的，但这类案件并不多见。

未成年人打上一个"折扣"。少年司法的基本准则与理念都应当对未成年人的量刑产生影响，包括量刑应当体现儿童利益最大化的原则、应当充分考虑未成年人的个人情况和复归社会的需求等。最高人民法院颁布的《关于审理未成年人刑事案件具体应用法律若干问题的解释》第11条亦明确规定，对未成年罪犯适用刑罚，应当充分考虑是否有利于未成年罪犯的教育和矫正；除了考虑法定量刑情节外，还需要充分考虑实施犯罪行为时的动机和目的、犯罪时的年龄、是否初次犯罪、犯罪后的悔罪表现、个人成长经历和一贯表现等。如果检察官在考虑是否适用附条件不起诉时，能够从未成年人犯罪与量刑的特殊性出发，充分发掘并考虑包括个人成长经历和一贯表现在内的未成年人特有的酌定量刑情节，"一年有期徒刑以下"这一可能判处的刑罚方面的规定可能就不会成为限制附条件不起诉适用的"过高门槛"。正如笔者在观察过程中听到的一个看似"夸张"但却包含深意的说法："大多数未成年人案件，只要办案人员愿意'减'，可能判处的最低刑期很多都能减到一年以下。"而且，可能判处的刑罚是检察官在审查起诉阶段所进行的裁量，并不完全等同于法官最终的量刑，即使某一案件法院最终判处的刑罚超过了一年有期徒刑，也并不必然意味着检察官对于可能判处刑罚的裁量有误。然而，在司法实践中，由于办案人员对未成年人犯罪特殊性和少年司法特殊理念认识不足等，对于可能影响量刑的酌定量刑情节关注非常不够。有研究者通过收集某市两级法院300余个未成年人案件开展的定量研究也发现，除了"犯罪年龄"对法官量刑结果有显著影响之外，其他四个被上述最高法院的司法解释所明确规定的酌定量刑情节——是否初次犯罪、犯罪后的悔罪表现、个人成长经历和一贯表现——对于最终量刑的影响皆不显著，即司法实务中法院在对未成年人量刑时较少考虑这四个酌定量刑情节。[1]

可以进一步推论的是，办案人员由于对未成年人犯罪及量刑的特殊性缺乏深刻认识，而被"一年有期徒刑以下刑罚"和《刑法》分则以成年人为"模板"规定的法定刑所"桎梏"，对一些未成年人特有的酌定量刑情节未予充分考虑，并过高地预估了刑罚，可能是"一年有期徒刑以下刑罚"限制附条件不起诉适用背后的真正原因。当然，未来对于未成年人案件，将附条件不起诉适用的刑罚限制延展为可能判处三年有期徒刑以下刑罚亦属必要，但现阶段更具有现实可行性的则是使办案人员深刻认识未成年人量刑的特殊性，并能全面理解和掌握可能影响未成年人量刑的各种酌定因素，充分利用"可能判处一

---

① 莫然：《应然与实然之间的距离：未成年人量刑实证研究》，载《政法论坛》2015年第4期，第143—144页。

年有期徒刑以下刑罚"所架构的制度空间。

四、附条件不起诉与缓刑的适用对象

（一）附条件不起诉与缓刑适用范围的不完全重合

附条件不起诉的适用范围限于可能判处一年有期徒刑以下刑罚的未成年人，而我国《刑法》规定的缓刑适用范围则包括了被判处拘役和三年以下有期徒刑的情形，这一适用范围上的不完全重合导致另一个争议问题：可能判处一年以上三年以下有期徒刑，但同时判处缓刑的案件能否适用附条件不起诉？

刑法理论关于缓刑的性质主要存在两种不同观点：一种观点认为，缓刑是一种量刑制度，是刑罚裁量的表现；另一种观点则认为，缓刑是一种特殊的刑罚执行方式。[①] 但无论以哪一种观点为基准，无论缓刑是与累犯、自首类似的刑罚裁量，还是与减刑、假释类似的刑罚执行方式，缓刑都不是一个独立的刑种，判断某一刑罚是否属于"一年有期徒刑以下刑罚"应当以该刑罚的刑种和刑期来确定，而不是以是否判处缓刑为标准。因此，如果秉承上述刑法理论与规定对《刑事诉讼法》的规定进行解读，判处一年以上三年以下有期徒刑，但同时判处缓刑的情况是不能够适用附条件不起诉的，这一解读也符合立法者规定"一年有期徒刑以下刑罚"的目的。[②]

在笔者与检察官就个案是否适用附条件不起诉的讨论中，大多数承办人都认为，按照现行法律规定，如果考虑各种酌定量刑情节后可能判处的刑期仍然超过一年，就必然不符合附条件不起诉的范围，是否可能判处缓刑并不是需要考虑的因素。同时，大多数承办人也认为，被判处缓刑的未成年人在主观恶性和社会危险性方面一般都低于最终被判处实刑的人，最终被判处一年以上三年以下有期徒刑同时判处缓刑的未成年人如果符合其他条件，通过附条件不起诉进行审前转处似乎也具有合理性。A 区检察院在 2015 年起诉到法院的未成年人中，最终也有 2 人被判处一年以上三年以下有期徒刑同时判处缓刑。

（二）附条件不起诉与缓刑的高度一致性

回答上述争议问题需要回归附条件不起诉与缓刑两项制度本身，两者其实在许多方面具有高度的一致性。

---

① 黎宏：《刑法学》，法律出版社 2012 年版，第 394 页。

② 立法者认为，未成年人经过依法减轻可能判处三年刑罚的，其犯罪原本所对应的刑罚可能会在七年以上，这么重的犯罪适用附条件不起诉会引发社会争议。参见王尚新：《关于刑事诉讼法修改有关情况的介绍》，载《预防青少年犯罪研究》2012 年第 5 期，第 11 页。

首先，从名称上来说，附条件不起诉或缓起诉甚至可以被视为广义缓刑的一种。其他国家和地区《刑法》所规定的缓刑主要有刑罚暂缓宣告、刑罚暂缓执行和缓予起诉三种。缓予起诉，是对犯有轻微罪行的人，在一定期限内附条件暂缓起诉的制度。① 美国从 20 世纪 60 年代在有些州发展起来的审前考察监督（pretrial probation，亦可直译为"审前缓刑"）也属于一种特殊的缓刑。审前考察监督的决定由检察官在认定被告人有罪的情况下作出，被告人经过一定时间考察，表现良好，可免予起诉。② 美国马萨诸塞州的成文法还规定了须经由法官批准的审前缓刑，即在正式起诉或答辩有罪之前，由检察官与犯罪嫌疑人达成一致，将犯罪嫌疑人交付缓刑官监督考察，犯罪嫌疑人需要在考验期限内完成相应的条件，如果顺利通过考验期，对其的起诉将被撤销。与这些审前缓刑相比较，我国的附条件不起诉也可以归类于广义的缓刑之下。

其次，附条件不起诉与缓刑制度背后的价值取向或理论基础也趋于一致。缓刑制度产生于犯罪增长和再犯严重这一现实土壤，以教育刑理论所主张的刑罚的一方面目的在于改造和教育犯罪人为理论基础，以减少短期自由刑适用、实现刑罚个别化和通过使犯罪人回归社会实现特殊预防为目标。附条件不起诉制度的设立也同样体现了这些价值取向与理论基础。立法者谈及附条件不起诉立法理由时指出："附条件不起诉制度也给犯轻罪的未成年人一次改过自新的机会，避免了执行刑罚对其造成的不利影响，有利于使其接受教育，重新融入正常的社会生活。"③ 我国台湾地区学者在评析我国台湾地区适用于成年人的缓起诉制度时也指出，缓起诉以"特别预防为优先考虑"。④ 从缓刑制度的产生和以日益严重的未成年人犯罪为重要背景这一立场出发，同样适用于未成年人案件的附条件不起诉制度更是与之暗合。可见，两者在价值、功能与目标等方面亦高度趋同。

再次，从制度的核心要素来看，附条件不起诉与缓刑几乎是完全吻合的。"缓刑的最重要和独特之处在于行为人如果遵守了一定的行为准则，那么经过一定时间，就不再对其执行刑罚或者起诉。"⑤ 国外学者从世界大部分国家和地区不一而同的缓刑制度中归纳出缓刑的四个方面核心要素：一是适用案件的

---

① 高铭暄、马克昌主编：《刑法学》（第 6 版），北京大学出版社，高等教育出版社 2014 年版，第 282 页。

② 储槐植、江溯：《美国刑法》，北京大学出版社 2012 年版，第 276 页。

③ 郎胜主编：《〈中华人民共和国刑事诉讼法〉修改与适用》，新华出版社 2012 年版，第 473—474 页。

④ 张丽卿：《评析新增订之缓起诉制度》，载《月旦法学杂志》2002 年第 10 期，第 115—116 页。

⑤ 左坚卫：《缓刑制度比较研究》，中国人民公安大学出版社 2004 年版，第 4 页。

选择性（经由评估认为犯罪人适合）；二是有条件地推迟刑罚的适用（或者更为常见的是推迟监禁刑的适用）；三是个别化的监督考察；四是引导与（或）矫治处遇。[1] 以此四个要素为标准，附条件不起诉在适用案件上的选择性、通过暂不起诉推迟定罪与刑罚、六个月至一年监督考察期间内可根据个案情况选择适用附带处分以及附带处分所具有的矫治未成年人不良行为的功能，几乎与这四个方面核心要素完全吻合。进一步来说，附条件不起诉与我国《刑法》规定的唯一一种暂缓刑罚执行的缓刑相比，其制度差异可能仅体现在适用的阶段和作出决定主体的不同，但这并不影响其制度要素本质上的共通性。

最后，我国未成年人缓刑制度与附条件不起诉制度同样具有很多一致的地方。《刑法修正案（八）》对于未成年人适用缓刑的条件作了修改，明确规定对于被判处拘役、三年以下有期徒刑的未成年被告人，如果同时符合下列四个条件应当宣告缓刑：（1）犯罪情节较轻；（2）有悔罪表现；（3）没有再犯罪的危险；（4）宣告缓刑对所居住社区没有重大不良影响。上述四个方面条件除了"有悔罪表现"与适用附条件不起诉的条件直接重合外，其他三个方面条件实际上亦为检察官在考虑是否适用附条件不起诉时所考虑。例如，"再犯风险高"在 A 区试点中被明确作为可供选择的不适用附条件不起诉的理由之一。[2] 更明显的是，《刑法》第 72 条第 2 款规定，并由《关于对判处管制、宣告缓刑的犯罪分子适用禁止令有关问题的规定（试行）》所细化的适用于缓刑期间的禁止令制度中的很多具体禁止措施都与附条件不起诉的附带处分相重合。[3]

（三）将所有可能适用缓刑的案件纳入附条件不起诉的适用范围

基于以上分析，在附条件不起诉与缓刑在各个方面具有高度一致性的前提下，简单地将可能判处一年以上三年以下有期徒刑同时宣告缓刑的未成年人排除出适用附条件不起诉的范围并不恰当，即使此类案件在司法实践中所占比例并不高。与最终判处一年以下有期徒刑实刑的未成年人相比，最终被判处缓刑的未成年人通常主观恶性和社会危险性都更低，即使其被判处有期徒刑的刑期

---

[1] Eugene McLaughlin & John Muncie, The Sage DictionarYof Criminology, 3rd ed., Sage Publication, 2013, p. 340.

[2] 2015 年 A 区共有 7 名未成年人因检察官认为"再犯风险高"而未被适用附条件不起诉：其中 2 人为多起盗窃；2 人为有盗窃前科；1 人因盗窃被附条件不起诉，但在考验期内再次盗窃；1 人因盗窃被取保候审，但在取保候审期间再次盗窃；另 1 人为多次贩毒。

[3] 由于附条件不起诉目前只适用于未成年人案件，与笼统适用于成年人与未成年人的禁止令相比，《刑事诉讼法》规定并由《人民检察院刑事诉讼规则（试行）》第 497 条细化的附带处分可能更为适合于未成年人，包括被宣告缓刑的未成年人。

超过了一年。笔者梳理了最高人民法院于 2014 年 11 月 24 日发布的 98 例未成年人审判工作典型案例发现，其中未成年人犯罪典型案例中有很多案件的未成年人都被判处了一年以上三年以下有期徒刑并宣告缓刑，而其中不少案件的"案例评析"部分又展现了判处缓刑对于未成年人复归社会的积极影响。典型案例所具有的政策倡导性意味着，法院对于检察院提起公诉的未成年人案件，即使可能判处一年以上有期徒刑，也需要根据案件的具体情况尽量考虑宣告缓刑，以避免监禁对于其重新回归社会的负面影响。因此，对于可能判处一年以上三年以下有期徒刑同时宣告缓刑的未成年人而言，如果其最终可能由法院判处缓刑，却无法经由与缓刑具有高度一致性的附条件不起诉获得审前转处以尽快脱离刑事司法程序，这既不符合儿童利益最大化的原则，也有违对诉讼效率的追求。此外，判处缓刑后将适用社区矫正，而我国目前社区矫正乏力，且缺乏针对未成年人的措施，相比之下，附条件不起诉监督考察期间可以采取的措施以及各地检察机关未成年人案件办理的专门化与专业化的发展则更有利于未成年人复归社会。

鉴于此，附条件不起诉适用的案件范围应当将所有可能判处缓刑的案件纳入，并由检察官根据案件的具体情形裁量决定，而不能"一刀切"地将可能判处一年以上三年以下有期徒刑同时宣告缓刑的情形排除在外。[①] 当然，对于可能判处一年以上三年以下有期徒刑同时宣告缓刑的未成年人，鉴于其涉嫌犯罪的行为相对更为严重、可能判处的刑期更长，在适用附条件不起诉时应当在考验期限长短和附带处分方面设置更为严格的要求。

五、附条件不起诉与相对不起诉的选择适用

有关附条件不起诉与相对不起诉关系的争议从《刑事诉讼法》修改前的各地试点阶段绵延至今。虽然现在理论界与实务界关于如何理解两种不起诉之间关系的观点有多种，但占主流的仍是"阶梯论"——相对不起诉与附条件不起诉在严厉程度上呈梯级衔接，因而各自对应案件的严重程度也应当呈梯级衔接。同时，在阶梯论的基础上，基于使犯罪嫌疑人尽早脱离刑事诉讼程序和保障诉讼权利的考虑，在两种不起诉均可适用时，应当优先适用相对不起诉。[②] 最高人民检察院于 2012 年 10 月下发的《人民检察院关于进一步加强未

[①] 如果将适用附条件不起诉的刑罚限制扩展至可能判处三年有期徒刑以下刑罚，自然包括了所有可能适用缓刑的案件，但这有待《刑事诉讼法》的再次修改确认。

[②] 代表观点如刘学敏：《检察机关附条件不起诉裁量权运用之探讨》，载《中国法学》2014 年第 6 期，第 211 页。

成年人刑事检察工作的决定》第 21 条亦明确规定："对于既可相对不起诉也可附条件不起诉的，优先适用相对不起诉。"这一点在最高人民检察院于 2017 年 3 月发布的《未成年人刑事检察工作指引》中再次被明确。

（一）"阶梯论"与"相对不起诉优先"的理论与实践困境

以涉嫌犯罪行为的严重程度及相应可能判处的刑罚轻重，来区分附条件不起诉与相对不起诉的适用对象在逻辑上无疑是可行的，但如果以司法实践检验之则并非如此界限分明，或者说，以可能判处的刑罚为区分标准的阶梯论并不能给检察官提供一个清晰、适当的区分标准。首先，可能判处的刑罚本就是裁量的结果，《刑法》规定的"免除处罚"绝大多数都是"可以免除处罚"抑或"免除处罚"与"减轻""从轻"选择适用，检察官面对具体案件的裁量结果常常是既可能不需要判处刑罚或免除刑罚，也可能需要判处一年有期徒刑以下刑罚，实践中因此存在大量的既可相对不起诉也可附条件不起诉的案件。其次，在 2012 年《刑事诉讼法》修改前，相对不起诉作为审前分流未成年人的最主要途径在很多着力探索少年司法制度的地区得到了最大限度的运用，甚至其适用的案件范围早已突破了"不需要判处刑罚或者免除处罚"这一条件。对于这些地方的检察官，从某种意义上来说，《刑事诉讼法》增设附条件不起诉实际上并未扩大实践中可以裁量不起诉的未成年人案件范围，只是在其原本就可以考虑作出相对不起诉的案件范围内增加了附条件这种新的方式。而且，《刑事诉讼法》修改前在很多地方实际开展的"诉前考察"或"诉中考察"，实际上已经适用于相对较为严重的案件，并同样采用设置考察期限以决定是否相对不起诉的具体操作方法，这些已有做法进一步模糊了相对不起诉与附条件不起诉的界限。[①] 最后，对于办案检察官来说，完全或主要基于涉罪行为的严重程度及相应可能判处的刑罚来选择未成年人案件不起诉的种类，对实践参考价值并不大。正如有的检察官所指出的例外情况：即使是可以免除刑罚的案件，如果对未成年人适用相对不起诉不利于其改过自新的，基于教育改造的角度考虑，应当优先适用附条件不起诉。[②]

进一步来说，建基于阶梯论基础上的优先适用相对不起诉的观点，其实也未体现出未成年人案件及少年司法的特殊性，因而值得商榷。对于成年人而

[①] 例如，有的检察机关在尝试"诉中考察"过程中，在包括一部分基本符合相对不起诉条件案例的同时，也纳入了一些突破相对不起诉条件的案件，如抢劫案件占了约三分之二的比例。参见北京市西城区人民检察院课题组：《诉中考察制度研究》，载《国家检察官学院学报》2010 年第 6 期，第125—126 页。

[②] 陈胜才、盛宏文：《准确适用附条件不起诉与相对不起诉》，载《检察日报》2014 年 2 月 10 日第 3 版。

言，如果案件既可以适用附有考察期限和其他义务的附条件不起诉，也可以直接作出相对不起诉，那么基于保障权利和减少讼累的考虑，无疑应当优先适用不附带其他义务的相对不起诉。但对于未成年人而言，从未成年人的身心特点与长远发展来看，使其不受任何约束地尽快离开司法程序有时并非最佳的选择。① 从少年司法的特殊理念与制度出发进行分析更易于得出这一结论：

首先，少年司法所秉承的儿童利益最大化原则，并不等同于对已经出现不良行为的未成年人尽量不采用或少采用带有约束或义务性质的干预措施，儿童利益最大化同样应当着眼于儿童的未来发展。对于已经出现不良行为的未成年人来说，通过程度适当的干预措施使其脱离原来的罪错状态并回归正常生活才是真正意义上的儿童利益最大化。

其次，转向处遇是少年司法的核心理念与制度，相对不起诉与附条件不起诉是转向处遇的具体途径。根据有的学者考证，转向处遇可以分为无条件的转处和附条件的转处，经验证明，前者效果并不理想，因而转处项目通常都会附加一定的条件，存在对未成年人不同程度的监控。② 从这一点出发，相对不起诉对于未成年人并非必然是最佳选择。

最后，教育是少年司法的基本理念和内容，少年司法所特有的观护和保护处分措施绝大部分都是以教育为目的和内容的，即使这些措施的表现形式可能是对未成年人科以义务或限制。《联合国少年司法最低限度标准规则（北京规则）》第24条也明确规定："应做出努力在诉讼的各个阶段为少年提供诸如住宿、教育或职业培训，就业或其他任何有帮助的实际援助。"在我国目前司法程序外对涉罪触法未成年人教育支持机制仍极为匮乏的背景下，司法程序内以国家公权力为支撑、包含教育内容的措施的重要性更是不言而喻。对于需要通过监督考察进行干预和教育的涉罪未成年人而言，如果仅仅因为他的涉罪行为轻微不需要判处刑罚或免除刑罚而适用了相对不起诉，并因此"错失"了通过附条件不起诉所营造的时间与空间施以教育和干预的机会，可能是一种错误的选择，甚至可能就是我们所要极力避免的"不教而宽"。

从另一个角度来说，"相对不起诉优先"的观点和规定还可能是导致实践中附条件不起诉适用数量远低于预期的重要原因。在实践中，根据《刑法》规定存在大量既可相对不起诉也可附条件不起诉案件的情况下，在承办检察官

---

① 在与检察官访谈时了解的一个"非典型"案例恰能为此提供一个方面的注脚：对于某起未成年人案件，检察官决定适用附条件不起诉，但未成年人父母对于附条件不起诉监督考察期限只有六个月表示不满，他们希望期限越长越好，最好也别告诉孩子有期限，这样可以好好"管管他"。

② 林维：《未成年人刑事司法转处理念研究》，载《吉林大学社会科学学报》2006年第6期，第62页。

投入附条件不起诉案件的时间和精力几倍于相对不起诉的状况下，[①] 在我国大部分地区都缺乏对附条件不起诉监督考察有力社会支持的背景下，检察官优先选择适用相对不起诉甚至用相对不起诉处理绝大部分的未成年人审前分流案件，这不但表现为一种"合法"的选择，更是一种合乎"人之常情"的选择。

（二）附条件不起诉与相对不起诉选择适用的观察发现

上述分析可以在 A 区实践中观察到对应的"经验事实"：检察官在选择适用相对不起诉与附条件不起诉时的考虑因素往往是多元的，预估的刑罚可能仅仅为检察官大致划定了一个可以考虑裁量不诉的范围。A 区检察院 2015 办案年度相对不起诉的 32 名未成年人的情况比较多样，多种因素共同导致检察官最终决定适用相对不起诉：（1）其中 31 人系初犯、偶犯，因此被检察官认为主观恶性和社会危险性较小，具有直接适用相对不起诉的基本条件；（2）其中 18 人适用取保候审到移送检察院审查起诉时（绝大部分为公安机关直接取保候审）已经超过 8 个月，在这段较长的时间里，未成年人生活稳定，表现较好，具备家庭监护条件，因此检察官觉得没有通过附条件不起诉进一步监督考察的必要；（3）2 名未成年人涉嫌的是相对较为严重的贩毒，本不宜适用相对不起诉，但在审查起诉决定作出前已经经过了长达 4—5 个月由专业社工参与的有针对性的帮教，在此期间悔罪表现良好，家庭监管有力，因此被认为不需要继续通过附条件不起诉监督考察；（4）从罪名来看，除了常见的故意伤害（轻伤）、盗窃（数额均在 6000 元以下）外，也包括了贩毒、聚众斗殴、寻衅滋事、强制猥亵等基准刑相对较高的罪名，还包括了不属于《刑法》分则第四、五、六章的规定，因而不能适用附条件不起诉的信用卡诈骗、危险驾驶等罪名。

另外，A 区检察院对 15 名未成年人适用附条件不起诉的考虑因素同样多元：（1）其中 8 人因为两次从事同一犯罪行为，另有 1 人明知同案犯曾因类似事件被刑事处罚但仍伙同实施犯罪，检察官认为仍有再犯风险，需要继续进行行为矫治，因而适用附条件不起诉；（2）其中 8 人除涉嫌犯罪的行为外，另有夜不归宿、上网成瘾等其他不良行为需要通过监督考察进行矫治；（3）其中 4 人家庭监管教育问题较大，检察官认为需要进一步监督考察；（4）有两人需要在监督考察期间通过工作赚取收入，赔偿被害人损失；（5）与两名被相对不起诉的涉嫌贩毒的未成年人相比，另一名同样情节较轻的涉嫌贩毒的未成年

[①] 例如，决定相对不起诉通常只需要主管检察长审批即可，而决定附条件不起诉则要经由检委会讨论决定。此外，检察官在附条件不起诉监督考察期间常常需要投入大量的精力，并承受很大的心理压力。

人因为对于毒品来源交代不明，同时自己也吸食毒品而被适用了附条件不起诉；（6）从罪名来看，包括盗窃、妨害公务、强奸、伪造企业印章、贩毒和抢夺等，其中也包含了盗窃、抢夺等基准刑相对较低的罪名。对于犯罪情节轻微确实不需要判处刑罚或免除刑罚的案件，检察官也可能基于其他因素的考虑决定适用附条件不起诉。例如，一起未成年人数次盗窃便利店内食品和日常生活用品的案件，虽然盗窃数额仅几百元且存在最后一次未遂和追回赃物的情节，但检察官仍决定适用附条件不起诉而非相对不起诉，原因在于该未成年人衣食无着，相对不起诉后仍可能基于同一原因再次实施犯罪，因而需要通过附条件不起诉监督考察期间对其进行教育和技能培训以助其融入社会。

虽然个案的情况复杂多样，但从中可以发现一条"基本规律"：检察官在选择适用相对不起诉抑或附条件不起诉时，考虑更多的其实并非涉罪行为的严重程度及可能判处的刑罚这些"往回看"的"案内"因素，而是涉罪未成年人的现状以及对其脱离司法程序后走向的"预测"这些"往前看"的"案外"因素，而这恰恰体现了少年司法"面向未来"和"功夫在案外"的基本特质。因此，对于如何选择适用相对不起诉与附条件不起诉，应当采用一种更为契合未成年人身心特点与更为关注未成年人未来发展的区分标准。

（三）从"阶梯论"走向"监督考察必要性"

基于以上，笔者认为，应当摒弃优先适用相对不起诉的观点，采用"是否具有通过附条件不起诉进行监督考察的必要性"作为相对不起诉与附条件不起诉选择适用的标准，对于具有进一步监督考察必要性的案件，无论是否需要判处刑罚或免除刑罚，都应当适用附条件不起诉。检察官在具体案件中可以将一系列因素作为考虑是否具有监督考察必要性的依据，包括未成年人涉罪行为的客观情况、主观认识、导致犯罪的原因等，当然还可以包括人格甄别等心理学分析的结果。同时，对于"监督考察的必要性"则应以附带处分本身所具有的功能进行广义的理解，即考虑监督考察能为未成年人和案件处理提供哪些教育矫治和支持。《人民检察院刑事诉讼规则（试行）》第498条规定的教育矫治措施可以按照其功能大概分为以下四类：一是赔偿被害人损失和修复社会关系的附带处分，包括向被害人道歉、向被害人赔偿损失等；二是带有一定惩罚性质并弥补所实施的行为对国家和社会所造成的间接损害，并能同时对未成年人进行教育的附带处分，如义务劳动等；三是防止再犯的附带处分，包括戒瘾治疗、心理辅导、不得进入特定场所、不得与特定的人员会见或者通信、不得从事特定的活动等；四是帮助复归社会的附带处分，包括接受职业技能培训或相关教育等。只要有必要通过附带处分实现上述四个方面功能中的一个或多个，就可以视为有监督考察的必要性。当然，是否具有监督考察的必要性最终仍然依赖于个案判断，同时还有赖于深入全面的社会调查和后续的社会支持体系的建构，具体监督考察的期限和附带处分的具体方式也要实现个别化和灵活化。另外，采用"是否具有通过附条件不起诉进行监督考察的必要性"作为选择适用的标准，本身并不意味着两种不起诉中的某一种在适用上具有优先性，但考虑到绝大部分涉罪未成年人都在某一方面存在偏差或陷入困境，需要提供相应的教育支持，因此附条件不起诉在具体案件的选择方面客观上反而会具有一定的优先性。

长远来说，上述是否具有监督考察必要性的区分标准不应仅限于相对不起诉与附条件不起诉重叠案件中的选择适用，更应该作为未成年人审前转向处遇措施选择的整体性标准。比较理想的途径是，在未成年人案件中，以可能判处的刑罚在整体上划定可以适用裁量不诉的案件范围——如拓展至可能判处三年有期徒刑以下刑罚的案件，打破现行《刑事诉讼法》有关相对不起诉与附条件不起诉适用罪名与刑罚标准的人为区隔，将两种不起诉视为对所有案件均可选择适用的两种审前转处措施，并由检察官基于对是否具有监督考察必要性的裁量来选择适用。① 当然，这有待于《刑事诉讼法》的再次修改，或者有待于少年司法整体独立于成年人刑事司法来实现。

六、余论

附条件不起诉是否可以适用于成年人案件，是探讨适用对象不可回避的问题。在未成年人案件适用附条件不起诉一段时间后，毫无疑问可以也应当择机修改《刑事诉讼法》，在成年人案件中同样确立附条件不起诉制度。但未成年人案件和成年人案件适用的附条件不起诉差异巨大，即使它们共用一个相同的名字。它们之间的差异包括但不限于以下：第一，诉讼经济应当是成年人案件适用附条件不起诉的基本原则之一，但未成年人案件适用附条件不起诉着眼于未成年人的未来发展，诉讼经济绝不应该成为一项基本原则；第二，如本文第五部分所述，当既能相对不起诉又能附条件不起诉时，成年人案件基于权利保障的考虑应当优先适用相对不起诉，而未成年人案件则应基于是否有监督考察必要选择适用；第三，两者监督考察期间附带处分的主要目的有所区别，对成

---

① 这一方面可资佐证的是，根据有的学者考察，实施附条件不起诉的典型国家（如日本和德国）都采用了附条件不起诉和无条件不起诉（微罪不举）适用范围相重合的立法模式，即从可能判处的刑罚角度来说，附条件不起诉和轻微犯罪不起诉（类似于我国相对不起诉）适用的案件范围是相同的，如何从两者中选择适用由检察官基于一系列因素裁量决定。参见葛琳：《附条件不起诉之三种立法路径评析——兼评刑诉法修正案草案中附条件不起诉之立法模式》，载《国家检察官学院学报》2011 年第 6 期，第 99—100 页。

年人而言，要求其为之前的行为付出非刑罚的相应代价是其目的之一，而对于未成年人，重点则不在于要求其付出代价，而在于如何为其复归社会输入"正能量"，使其主动承担责任，教育是附带处分的核心内容和目的；第四，两者在监督考察期间可以附带的具体处分亦不相同，需要考虑成年人与未成年人的差异，例如我国台湾地区适用于成年人案件的缓起诉制度中适用最多的"向公库或指定之公益团体、地方自治团体支付一定之金额"这一附带处分就不应该适用于尚不能自食其力的未成年人。基于以上区别，《刑事诉讼法》修改如增设成年人案件的附条件不起诉制度，切不可将两种差异巨大的附条件不起诉制度合二为一，而应当为未成年人案件的附条件不起诉保留其特殊性和制度空间，实现附条件不起诉制度的"二元化"。

（原载于《当代法学》2019 年第 1 期）

"醉驾"不起诉裁量权的适用及完善[*]

蔡 巍[**]

"醉驾"入刑以来，各地特别是基层检察机关积极探索运用不起诉裁量权分流"醉驾"案件，取得了一定成效，但也暴露了一些问题，既有不起诉制度本身的问题，也存在运用不当的情况，需要完善。

一、"醉驾"适用不起诉裁量权的必要性

"醉驾"是指醉酒后在道路上驾驶机动车的犯罪行为。随着我国经济社会发展和机动车保有量的持续增长，酒后驾车、飙车和其他危险驾驶行为造成重伤、死亡的惨案频繁发生，产生极其恶劣的社会影响。为了积极回应社会各界严厉打击"醉驾"等危险驾驶行为的强烈呼声，有效维护人民群众生命财产安全，2011年施行的《刑法修正案（八）》增设危险驾驶罪，将醉酒驾驶作为危险驾驶的情形之一纳入刑法规制范围。"醉驾"入刑有效遏制了酒驾"醉驾"类交通事故的发生，据统计，2019年上半年全国公安交管部门共查处酒驾"醉驾"90.1万起，其中"醉驾"17.7万起，因酒驾"醉驾"导致死亡交通事故1525起，造成1674人死亡，分别同比减少20.7%、20.4%。[①] 与此同时，"醉驾"入刑大大增强了广大人民群众的风险防范意识，"开车不饮酒，饮酒不开车"的观念深入人心。但是"醉驾"入刑在带来积极效果的同时，也产生了负面作用，主要表现在以下两个方面：一是虽然因酒驾"醉驾"导

* 本文资料来源分为两个部分：其他国家和地区研究部分，有关荷兰酒后驾驶中的刑事处罚令制度规定由荷兰前检察官 Boukje Veelders（中文名冯宝荷）女士提供，我国台湾地区有关醉驾入刑的规定由我国台湾地区的李宜光律师提供。没有她（他）们的帮助，有关比较研究的部分不可能完成。国内研究部分，有关"醉驾"案件不起诉裁量权适用情况的数据由调研单位提供，并应要求隐去地名、单位名称。在此一并致谢！

** 最高人民检察院检察理论研究所副研究员。

① 参见《中国发布 | 公安部：上半年全国查处酒驾醉驾90.1万起致死1674人》，载 https://news.sina.com.cn/o/2019-07-24/doc-ihytcitm4240076.shtml，最后访问日期：2019年7月28日。

致的重大交通事故减少了，但是"醉驾"犯罪案件量持续攀升，并且一直在高位徘徊，造成司法资源紧张，加剧了基层司法机关"案多人少"的矛盾。特别是在经济发达地区，随着社会治理能力和治理水平不断提升，传统杀人、抢劫、盗窃犯罪持续减少，而"醉驾"案件总量则持续上升，占据了各类犯罪首位。以东部 Z 省为例，"醉驾"入刑以来，全省检察机关公诉部门受理审查的"醉驾"案件约占全省刑事案件受理总数的 20% 左右。2019 年 1 月至 4 月，"醉驾"案件已经上升至全省案件受理总量的 25.7%，超过盗窃罪，位居第一。大量"醉驾"案件挤占了基层司法机关有限的司法资源，给基层司法人员带来了沉重的办案负担。二是绝大多数"醉驾"案件并没有造成实际损害，或者损害较小，如冲撞道路交通设施、轻微剐蹭等，但是惩罚措施却过于严苛。不仅"醉驾"者可能被判处拘役、被剥夺短期自由，而且会留下刑事犯罪记录、被贴上犯罪"标签"，对其本人及其子女的工作、生活以及未来发展产生严重的负面影响。按照现行法律规定，受过刑事处罚的人不能担任法官、公务员等 22 种职业；律师、医师将被吊销资格证书，法官、检察官、公职人员会被开除党籍、开除公职，连出国申请签证、自己开公司申请营业执照都会受到影响。此外，"醉驾"者的家庭成员特别是子女受牵连最大，如果报考公务员、参军、入党，政审时会受到限制。"醉驾"涉及的人员范围广、受到的处罚重，长此以往会产生大量的社会对立面，引发不满和怨恨情绪，不利于社会稳定。

产生上述问题有公安执法方面的原因。相对于其他刑事案件，"醉驾"案件事实清楚，证据种类固定，办案成本低。在考核指标的引导下，公安交管部门不断加大查处力度，导致"醉驾"案件量持续在高位徘徊、总量上不降反升。但这不是上述"醉驾"问题产生的根本原因，况且严格执法、依法维护社会秩序、保障公共安全也是公安机关的职责所在。"醉驾"问题产生的根本原因在于我国轻罪立法还不完善。"醉驾"入刑是我国轻罪立法的重要组成部分，而且最具典型性、代表性。《刑法修正案（八）》自颁布以来，我国加快了轻罪立法的进程。轻罪立法的初衷在于使我国刑法结构从"厉而不严"向"严而不厉"调整，走向刑法现代化。① 而要实现"严而不厉"，一方面是降低犯罪门槛、扩大犯罪圈、严密刑事法网；另一方面则要改革传统刑罚制度，增加适合轻罪的刑罚，完善非刑罚处罚方法，实现轻刑化、非刑罚化。降低犯罪门槛和轻刑化、非刑罚化必须同时进行。但是，我国的轻罪立法目前仍然坚持区分违法和犯罪的二元体系，"仍然是在既有刑罚制度的框架内展开的，无

---

① 储槐植：《刑法现代化本质是刑法结构现代化》，载《检察日报》2018 年 4 月 2 日第 2 版。

论是刑罚的种类，还是刑罚执行制度，都没有发生根本性变化"①，结果导致"降低犯罪门槛"和"轻刑化、非刑罚化"之间脱节，轻罪立法没有实现预期的刑法结构向"严而不厉"的调整，而是"又严又厉"。具体到"醉驾"案件上，根据《刑法修正案（八）》，在道路上醉酒驾驶机动车的，车辆驾驶人员血液酒精含量大于等于80mg/100ml就达到"醉驾"的标准，相当于3两低度白酒或者2瓶啤酒的酒量，按照中国人的饮酒习惯判断，入罪的门槛很低，由此导致"醉驾"案件量猛增也在意料之内。问题在于，"醉驾"入刑后，与轻罪相适应的刑罚制度没有确立起来，适用的仍然是拘役、罚金等传统刑罚手段，处罚过重。针对"醉驾"入刑问题产生的原因，解决问题的路径主要有两条：第一条路径就是对"醉驾"犯罪做除罪化处理。方式有两种，一是在立法环节提高"醉驾"入刑门槛，具体来说就是提高呼气或者血液检测酒精含量80mg/100ml的"醉驾"入刑标准。但是，"这一标准是经过调查研究、多方论证的结果，具有较强的科学性，且实践操作多年，已得到社会广泛认可"②，改变此标准，需要有依据。"在罪刑法定原则的要求之下，现代各国的刑法当中都不会大规模地'除罪'"③，而且通过立法环节来限制犯罪规模，减少执法负荷，要考虑社会控制的需要。同样是在2019年，酒驾"醉驾"导致死亡的重大交通事故在减少，但是非死亡交通事故同比增加28.2%，打击酒驾"醉驾"犯罪形势依然严峻。④ 二是对"醉驾"的犯罪构成要素进行解释，限制"醉驾"的适用。"醉驾"是指在道路上醉酒驾驶机动车的犯罪行为，其中除了醉酒已经有了国家标准，规定在2004年5月31日发布的《车辆驾驶人员血液、呼气酒精含量阈值与检验》以外，其他有关"道路""驾驶""机动车"等"醉驾"犯罪构成要素都没有立法解释。司法实践中，某些地方通过制定地方性制定性文件，解释了"道路""驾驶"等"醉驾"犯罪各构成要素的认定标准，也达到了限制"醉驾"适用以及出罪的目的。以浙江省为例，2017年1月17日，浙江省高级人民法院、浙江省人民检察院、浙江省公安厅印发《关于办理"醉驾"案件的会议纪要》就规定，"道路"是指公路、城市道路和虽在单位管辖范围但允许社会机动车通行的地方，包括广场、公共停车场等用于公众通行的场所，不包括居民小区、学校校园、机关企事业单位内

① 何荣功：《我国轻罪立法的体系思考》，载《中外法学》2018年第5期。
② 陈国庆、韩耀元、吴峤滨：《〈关于办理醉酒驾驶机动车刑事案件适用法律若干问题的意见〉理解与适用》，载《人民检察》2014年第2期。
③ 姜涛：《刑事程序分流研究》，人民法院出版社2007年版。
④ 参见《中国发布丨公安部：上半年全国查处酒驾醉驾90.1万起致死1674人》，载https://news.sina.com.cn/o/2019-07-24/doc-ihytcitm4240076.shtml，最后访问日期：2019年7月28日。

等不允许机动车自由通行的通道及专用停车场。据此，"对于醉酒在广场、公共停车场等公众通行的场所挪动车位的，或者由他人驾驶至居民小区门口后接替驾驶进入居民小区的，或者驾驶出公共停车场、居民小区后即交由他人驾驶的，可以不作为犯罪处理"。但问题是，该会议纪要对"道路"的认定与《道路交通法》对"道路"的认定不同。《道路交通法》第119条并没有规定"道路"不包括"居民小区、学校校园、机关企事业单位内等不允许机动车自由通行的通道及专用停车场"，而2013年12月最高人民法院、最高人民检察院、公安部联合印发的《关于办理醉酒驾驶机动车刑事案件适用法律若干问题的意见》也采用《道路交通法》对"道路"的解释。地方性指导性文件与立法和司法解释不一致，引发学界对其效力的质疑，这种对"醉驾"的出罪方式需要理论界和实务界共同探讨。解决"醉驾"问题的第二条路径则是在坚持和完善轻罪立法这一大方向上，从刑事实体和程序两个方面与轻罪立法相配套的刑事制度改革。实体方面，要进行与轻罪立法相配套的刑罚制度改革，增设轻微刑罚制度、构建前科消灭制度等；① 程序层面上，则要发挥刑事诉讼程序对刑事立法的调节功能，完善出罪机制，赋予刑事司法主体以必要的执法弹性。具体到检察环节，就是要赋予检察官不起诉裁量权，对"醉驾"案件进行程序分流。行使不起诉裁量权是检察机关和检察官的职责所在。联合国《关于检察官作用的准则》规定，检察官不但有客观公正义务，必须不偏不倚地履行职责，而且应该根据国家法律，"在充分尊重嫌疑者和受害者的人权的基础上适当考虑免于起诉、有条件或无条件地中止诉讼程序或使某些刑事案件从正规的司法系统转由其他办法处理"。② 我国新修订的检察官法新增规定，检察官履行职责应当秉持客观公正的立场，办理刑事案件应当坚持罪刑法定原则，尊重和保障人权，既要追溯犯罪，也要保障无罪的人不受刑事追究等内容。这既是对联合国《关于检察官作用的准则》的落实，也体现了我国检察机关的宪法定位和检察官的职业特色，为不起诉裁量权的完善和适用提供了法律保障。利用不起诉裁量权分流"醉驾"案件，首先可以发挥不起诉裁量权的出罪功能。不起诉裁量权的制度基础是起诉便宜原则，"便宜原则，是指准许检察官依其'裁量'来决定案件是否提起公诉。亦即，纵使案件合乎起诉要件，检察官也可以依照合目的性的考量，自行权衡案件'宜否'提起公诉"。③ 对"醉驾"犯罪行使不起诉裁量权，将不需要判处刑罚或者免除刑罚

---

① 何荣功：《我国轻罪立法的体系思考》，载《中外法学》2018年第5期。
② 参见联合国《关于检察官作用的准则》第18条。
③ 林钰雄：《刑事诉讼法》（上册），中国人民大学出版社2005年版。

的案件筛选出来，可以节约司法资源、减少刑罚适用。其次可以给被不起诉的"醉驾"者以适当处罚，既符合广义上的罪、责、刑相适应原则，也可以达到预防"醉驾"犯罪的目的。对实施"醉驾"犯罪的人判处拘役、剥夺短期自由确实过于严苛，但是"醉驾"行为本身有社会危害性，需要给予处罚。而不起诉裁量权本身附带处分功能，检察机关在对"醉驾"犯罪人作出不起诉决定的同时适用刑罚替代措施，既能给犯罪人带来痛苦，使其承受"醉驾"的法律后果，又能解决惩罚过度问题。

二、我国"醉驾"不起诉裁量权的适用及存在的问题

我国不起诉裁量权在"醉驾"案件中的适用受打击"醉驾"刑事政策的制约。以 2017 年 5 月 1 日最高人民法院发布《关于常见犯罪量刑指导意见（二）（试行）》（以下简称《量刑指导意见（二）》）为分界线，打击"醉驾"的刑事政策在最高司法层面划分为两个阶段，不起诉裁量权的适用也相应地呈现出阶段性特征。《量刑指导意见（二）》颁布前，特别是在"醉驾"入刑初期实行的是"严打"的刑事政策。2011 年 9 月公安部下发的《关于公安机关办理醉酒驾驶机动车犯罪案件的指导意见》，2013 年 12 月最高人民法院、最高人民检察院、公安部联合出台的《关于办理醉酒驾驶机动车刑事案件适用法律若干问题的意见》分别规定"经检验驾驶人血液酒精含量达到醉酒驾驶机动车标准的，一律以涉嫌危险驾驶罪立案侦查""在道路上驾驶机动车，血液酒精含量达到 80 毫克/100 毫升以上的"以危险驾驶罪定罪，这两项规定奠定了"醉驾"入刑初期以及之后相当长一段时间内所实行的"严打"的刑事政策的基础，即不允许利用《刑法》第 13 条"但书"规定的"情节显著轻微危害不大"以及《刑法》第 37 条规定的"犯罪情节轻微不需要判处刑罚"这两种情形对"醉驾"做出罪处理。受这一时期打击"醉驾"刑事政策的影响，不起诉裁量权的适用普遍受到限制，具体表现为相对不起诉在"醉驾"案件中的适用率极低，个别省份的个别年份甚至出现全年只有 1 起"醉驾"案件适用相对不起诉的情况。经过 1996 年、2012 年、2018 年 3 次修改，我国《刑事诉讼法》相继确立了法定不起诉、存疑不起诉、相对不起诉、附条件不起诉以及特殊情况下的不起诉等五种不起诉制度，建立了不起诉裁量权的制度体系。但是，目前能适用于"醉驾"案件的只有法定不起诉、存疑不起诉和相对不起诉。广义上来说，检察官在决定是否适用这三种不起诉制度时，都需要对犯罪事实、证据、情节等进行判断，也因此都存在裁量的因素。但是我们这里所说的不起诉裁量权是作为出罪机制、发挥程序过滤作用的不起诉权。它是在教育刑、目的刑的刑罚目的观指导下，以起诉便宜主义为基础，由检察官根

据"起诉标准"而不是"审判标准"对已经构成犯罪的行为所作出的不起诉决定。按照此种标准衡量，符合起诉便宜主义原则、体现不起诉的裁量属性、且能够适用于"醉驾"案件的只有相对不起诉制度，相对不起诉的适用也成为考察不起诉裁量权在"醉驾"案件中适用情况的重要指标。2017 年，最高人民法院颁布《量刑指导意见（二）》，首次在最高司法层面明确规定"对于醉酒驾驶机动车的被告人，应当综合考虑被告人的醉酒程度、机动车类型、车辆行驶道路、行车速度、是否造成实际损害以及认罪悔罪等情况，准确定罪量刑。对于情节显著轻微危害不大的，不予定罪处罚；犯罪情节轻微不需要判处刑罚的，可以免予刑事处罚"。依据该司法解释，司法机关可以根据"醉驾"的情节决定是否利用《刑法》第 13 条"但书"条款和第 37 条出罪，表明打击"醉驾"的刑事政策已经从一律入刑、严厉打击调整为宽严相济。实际上在《量刑指导意见（二）》出台之前，江苏、湖北、天津、四川、上海、浙江等省、直辖市已经相继制定了有关处理"醉驾"案件的地方性指导性文件，为"醉驾"案件不起诉裁量权以及缓刑的适用"松绑"。与《量刑指导意见（二）》相比，这些地方性指导性文件明确规定了对"醉驾"免予刑事处罚或者不起诉的酒精含量标准，更具有可操作性。在最高人民法院司法解释以及地方性指导性文件共同指导下，不起诉特别是相对不起诉在"醉驾"案件中的适用大大增加。以东部 Z 省 S 市 Y 区为例，2016 年以来，"醉驾"相对不起诉人数占受理人数的 58%，占所有相对不起诉人数的 49%。今年以来，该院"醉驾"案件相对不起诉率已经达到 62%，位列该省第一。尽管不起诉裁量权在对"醉驾"案件程序分流的过程中发挥了积极作用，但还是存在一些问题，概括起来主要包括以下几点：

1. 各地打击"醉驾"犯罪的刑事政策存在差异，导致不起诉裁量权在"醉驾"案件中的适用出现严重不平衡

打击"醉驾"犯罪刑事政策是"宽"还是"严"有多种判断标准，包括对"道路""机动车"含义的解释，以及对醉酒驾驶机动车从重、从轻处罚标准的认定。落实到不起诉裁量权上，判断的标准则可以具体化为"是否明确规定可以认定为犯罪情节轻微的酒精含量标准"，该标准相当于适用相对不起诉的门槛，有无该标准以及该标准设置的门槛高低决定了相对不起诉适用的比例，进而可以反映出各地打击"醉驾"犯罪刑事政策的宽缓程度。由于在最高司法层面上，最高人民法院 2017 年颁布的《量刑指导意见（二）》只是笼统规定醉酒驾驶机动车"犯罪情节轻微不需要判处刑罚的，可以免予刑事处罚"，因此各地在制定地方性指导性文件时，对适用相对不起诉的酒精含量门槛的规定各有差异，导致适用情况失衡。以醉酒驾驶汽车为例，浙江规定酒精

含量在 140mg/100ml 以下，认罪悔罪，无从重情节的，可以不起诉或者免予刑事处罚；重庆、四川都是 130mg/100ml。① 相比之下，大多数地方只是笼统规定，情节轻微的可以不起诉或者免予处罚，导致有的基层检察院"醉驾"相对不起诉的适用比例达到 70%，而有的只有 1.1%。我国幅员辽阔，各地政治、经济、文化发展水平不平衡，无论是政府还是民间层面对公共安全的考虑和要求存在差异，对"醉驾"这种轻微犯罪的宽容度也不一样，制定不同的标准是可以理解的，但是差异如此之大，既影响了法制统一，也影响了公正、公平。

2. 过于依赖相对不起诉制度限制了对"醉驾"犯罪的程序分流

相对不起诉是在免予起诉被废除之后赋予检察机关的不起诉裁量权。1996 年《刑事诉讼法》修改之前，职务犯罪案件适用免予起诉的比例非常高，其中确实存在关系案、人情案问题，引发学界等对检察机关滥用不起诉裁量权的质疑，最终导致免予起诉制度被取消。为了避免重蹈免予起诉的覆辙，检察机关对不起诉裁量权的行使一直保持谨慎的态度，而相对不起诉作为免予起诉的"继任者"，其适用范围和决定程序都受到严格限制。检察机关通过规定不起诉的适用比例、预警比例、实行不起诉听证、公开审查制度等，确实起到防止不起诉裁量权滥用的作用，但也严重影响了检察机关先进公诉理念的形成，表现在不起诉裁量权的适用上存在求稳怕错、不敢适用的问题，可诉可不诉的都诉了，对"醉驾"犯罪也是一样，影响了不起诉出罪功能的发挥。

3. 对"醉驾"不起诉的后续处分跟不上，导致"醉驾"不起诉和酒驾的处理结果倒挂

依据《刑事诉讼法》第 177 条第 2 款以及《人民检察院刑事诉讼规则（试行）》第 409 条第 2 款，对于犯罪情节轻微不需要判处刑罚的，可以免予刑事处罚，但是可以根据案件的不同情况，予以训诫或者责令具结悔过、赔礼道歉、赔偿损失，或者由主管部门予以行政处罚或者行政处分。据此，检察机关对"醉驾"犯罪案件作出相对不起诉决定后，可以直接对被不起诉人予以训诫或者责令具结悔过、赔礼道歉、赔偿损失，但是如果需要给予行政处罚、行政处分的，人民检察院应当提出检察意见，移送有关主管机关处理。从司法实践看，训诫、责令具结悔过、赔礼道歉、赔偿损失等运用的比较好，公职人

① 参见浙江省高级人民法院、浙江省人民检察院、浙江省公安厅 2017 年 1 月 17 日颁布《关于办理"醉驾"案件的会议纪要》；重庆市高级人民法院、重庆市人民检察院、重庆市公安局 2018 年 9 月 12 日施行的《关于办理危险驾驶犯罪案件法律适用及证据规范问题的座谈会综述》；2017 年 3 月 1 日施行的四川省高级人民法院《关于常见犯罪量刑指导意见实施细则（二）》。

员因为"醉驾"犯罪被相对不起诉的，其所在主管机关也会给予其警告、记过等行政处分，存在问题的是对"醉驾"案件被不起诉人的行政处罚问题。依据现行《道路交通法》第 91 条，公安机关对饮酒后驾驶机动车的，可以行使暂扣、吊销机动车驾驶证、行政拘留、罚款等行政处罚权；对醉酒驾驶机动车，只规定由公安机关约束至酒醒，吊销机动车驾驶证，5 年内不得重新取得机动车驾驶证，没有规定公安机关是否需要对"醉驾"案件被相对不起诉人作出行政拘留或罚款。司法实践中，检察机关有的办案人员仅向公安机关送达不起诉决定书，很少提出行政处罚的检察建议，对于公安机关是否对相对不起诉人作出行政拘留或罚款没有建立跟踪反馈机制；有的虽然提出了检察建议，但是公安机关以没有法律依据为由拒绝落实。法律规定不明确、检察机关和公安机关之间衔接不畅，导致对"醉驾"不起诉的后续处分跟不上，"醉驾"案件的相对不起诉人可能未受到行政拘留或罚款，实际违法成本反而低于酒后驾驶，法律后果失衡。

4. 刑事和解赔偿与相对不起诉"捆绑"在一起，导致相对不起诉适用的先决条件过于严苛

北京、苏州有关办理"醉驾"案件的内部文件中，都规定犯罪嫌疑人认罪、悔罪态度较好，没有从重处罚情节，且积极赔偿损失并取得被害人谅解的，可以认定为犯罪情节轻微，检察机关可以作相对不起诉处理，刑事和解赔偿成为适用相对不起诉的先决条件之一。其他地区虽然没有这方面的规定，但是检察机关为了把案件办扎实，也经常采用"和解赔偿＋相对不起诉"模式分流"醉驾"案件。司法实践中，有赔偿被害人并获得被害人谅解的情节往往是检察机关作出相对不起诉决定的必要条件，尤其是故意伤害案和交通肇事案，凡是最终作出相对不起诉的，达成刑事和解率为 100%。[①] 但是这种模式只适用于有被害人的"醉驾"案件，大量没有被害人的"醉驾"案件将被排除在相对不起诉范围之外。

产生上述问题的原因多种多样。为了开拓视野，在更广阔的背景下寻求解决"醉驾"问题的思路，本文考察了荷兰和我国台湾地区检察官对"醉驾"案件程序分流的方式，以此反思我国"醉驾"案件中不起诉裁量权在构建和适用过程中产生的问题，找寻解决问题的答案。

---

① 俞永梅、周耀凤、王晶：《相对不起诉制度的运行与完善——以浙江省宁波市 855 份相对不起诉文书为分析样本》，载《人民检察》2018 年第 6 期。

三、荷兰和我国台湾地区检察官对"醉驾"的两种分流方式及其比较和借鉴

从世界范围看，各国和地区对于醉酒驾驶的行为无论是在入罪还是刑罚设置上都采取较为严厉的态度，但并不排斥设立出罪机制、赋予检察官在审前阶段对醉酒驾驶犯罪进行程序分流的权力。受资料限制，本文主要介绍荷兰和我国台湾地区对"醉驾"案件进行程序分流的规定，以提供镜鉴。

（一）荷兰

20 世纪 60 年代以来，随着经济社会发展，荷兰的"交通犯罪、经济犯罪等行政犯越来越多，警察机构和检察机关不堪重负，怎样使有限的刑事司法力量能够有效地控制层出不穷的犯罪？这就迫切需要制定有效的刑事政策"[①]。荷兰的做法之一就是提升检察机关处理案件的能力，检察官可以利用不起诉、"交易"制度或者处罚令程序对案件进行程序分流。对酒后驾驶犯罪，荷兰检察官用的最多的是刑事处罚令。荷兰的刑事处罚令是由检察官主导的一种案件庭外解决方式，规定在《荷兰刑事诉讼法》第 257A 条。与相对不起诉、附条件不起诉相比，刑事处罚令程序赋予检察官直接处理案件的权力，程序分流的效果更加明显。

荷兰没有违法和犯罪的区分，实行违法、犯罪一元化体系，因此也就没有"酒驾"和"醉驾"之说。只要酒后驾驶车辆达到 1994 年荷兰《道路交通法》第 8 条的认定标准，且呼气检测酒精含量超过每升 220 微克，或者血液检测酒精含量超过每毫升 0.5 毫克的，即构成犯罪。但是，由于酒后驾车行为在荷兰属于轻罪，适用的是金钱处罚、禁止驾驶和社区服务等非监禁刑，而且还有前科消灭制度，因此即使入罪，对犯罪人的惩罚也没有那么严苛。即使如此，为了慎用刑罚、保障犯罪人人权，荷兰检察官利用刑事处罚令处理的酒后驾车犯罪也很有限。为了规范、加速对酒驾犯罪的处理，荷兰制定了《酒驾和（或者）毒驾以及禁驾令期间驾车行为处理指南》（*Richtlijn voor strafvorderingrijden onder invloed van alcohol en/of drugs en rijdentijdens een rijverbod*），其中专门有检察官如何对酒驾犯罪发出刑事处罚令的规定（参见表 1）。[②] 从表 1 看，荷兰检察官（有经验的司机，不包括机动脚踏两用车、小轮摩托车）发出刑事处罚令

---

① 《荷兰刑法典》，颜九红、戈玉和译，北京大学出版社 2008 年版。

② 参见 Richtlijn voor strafvordering rijden onder invloed van alcohol en/of drugs en rijden tijdens een rijverbod（2018R004），https：//www.om.nl/organisatie/beleidsregels/overzicht－0/index/@ 102406/richtlijn－1f/，最后访问日期：2019 年 6 月 25 日。

分六个等级，上限为 750 欧元加上 6 个月禁止驾驶（不附条件），超出该范围、属于第七到第十六等级的，必须采用普通程序审理，不再适用刑事处罚令。

表1

BESTUURDERS MOTORRIJTUIGEN EX BROM－/SNORFIETS（不包括机动脚踏两用车、小轮摩托车）				
Tabel1 A Artikel8 lid2 onder A en BWVW1994 ERVAREN bestuurder ＊ motorrijtuigen ex brom－/snorfiets（适用的对象是有经验的司机，不包括机动脚踏两用车、小轮摩托车）				
级别	血液酒精浓度	呼吸酒精浓度	初犯	过去 5 年内因酒驾被定罪过一次	过去 5 年内因酒驾被定罪若干次
一级	0.54‰～0.80‰	235～350μg/l	处罚令：325 欧元	处罚令：425 欧元	425 欧元 + 4 个月禁止驾驶（不附条件）
二级	0.81‰～1.00‰	355～435μg/l	处罚令：425 欧元	处罚令：550 欧元	550 欧元 + 4 个月禁止驾驶（不附条件）
三级	1.01‰～1.15‰	440～500μg/l	处罚令：550 欧元	处罚令：650 欧元 + 2 个月禁止驾驶（不附条件）	650 欧元 + 4 个月禁止驾驶（不附条件）
四级	1.16‰～1.30‰	505～570μg/l	处罚令：650 欧元	处罚令：650 欧元 + 4 个月禁止驾驶（不附条件）	650 欧元 + 6 个月禁止驾驶（不附条件）
五级	1.31‰～1.50‰	575～650μg/l	处罚令 650 欧元 + 4 个月禁止驾驶（不附条件）	处罚令：750 欧元 + 6 个月禁止驾驶（不附条件）	750 欧元 + 6 个月禁止驾驶（不附条件）
六级	1.51‰～1.65‰	655～715μg/l	处罚令：750 欧元 + 6 个月禁止驾驶（不附条件）	850 欧元 + 7 个月禁止驾驶（不附条件）	850 欧元 + 7 个月禁止驾驶（不附条件）
七级	1.66‰～1.80‰	720～785μg/l	850 欧元 + 7 个月禁止驾驶（不附条件）	950 欧元 + 8 个月禁止驾驶（不附条件）	950 欧元 + 8 个月禁止驾驶（不附条件）
八级	1.81‰～2.00‰	790～865μg/l	950 欧元 + 8 个月禁止驾驶（不附条件）	1000 欧元 + 9 个月禁止驾驶（不附条件）	1000 欧元 + 9 个月禁止驾驶（不附条件）
九级	2.01‰～2.15‰	870～945μg/l	1000 欧元 + 9 个月禁止驾驶（不附条件）	1100 欧元 + 10 个月禁止驾驶（不附条件）	1100 欧元 + 10 个月禁止驾驶（不附条件）
十级	2.16‰～2.35‰	950～1020μg/l	1100 欧元 + 10 个月禁止驾驶（不附条件）	60 小时社服 + 12 个月禁止驾驶（不附条件）	60 小时社服 + 12 个月禁止驾驶（不附条件）

十一级	2.36‰~2.50‰	1025~1090μg/l	60 小时社服 + 12 个月禁止驾驶（不附条件）	70 小时社服 + 15 个月禁止驾驶（不附条件）	70 小时社服 + 15 个月禁止驾驶（不附条件）
十二级	2.51‰~2.75‰	1095~1195μg/l	70 小时社服 + 15 个月禁止驾驶（不附条件）	80 小时社服 + 18 个月禁止驾驶（不附条件）	80 小时社服 + 18 个月禁止驾驶（不附条件）
十三级	2.76‰ + hoger	1200μg/l + hoger	80 小时社服 + 18 个月禁止驾驶（不附条件）	90 小时社服 + 21 个月禁止驾驶（不附条件）	90 小时社服 + 21 个月禁止驾驶（不附条件）
特别十四级			90 小时社服 + 21 个月禁止驾驶（不附条件）	100 小时社服 + 24 个月禁止驾驶（不附条件）	100 小时社服 + 24 个月禁止驾驶（不附条件）
特别十五级			100 小时社服 + 24 个月禁止驾驶（不附条件）	110 小时社服 + 27 个月禁止驾驶（不附条件）	110 小时社服 + 27 个月禁止驾驶（不附条件）
特别十六级			110 小时社服 + 27 个月禁止驾驶（不附条件）		
Weigering art. 163 WVW1994（拒绝检测或者多次故意不采用正确的方法检测）					
拒绝检测			1000 欧元 + 9 个月禁止驾驶	1100 欧元 + 10 个月禁止驾驶	1100 欧元 + 10 个月禁止驾驶

（二）我国台湾地区

和大陆地区相同，我国台湾地区对醉酒驾驶机动车的行为也进行违法和犯罪的区分，如果吐气所含酒精浓度在每升 0.15ml 以上 0.24ml 以下的，属于违法行为，由警察进行行政处罚；0.25ml 以上属于刑事犯罪，依据刑事诉讼程序处理。和大陆地区不同的是，我国台湾地区对酒后驾车行为处罚的力度更大。台湾地区"刑法"第 185-3 条第 1 款规定，驾驶动力交通工具，吐气所含酒精浓度达每升 0.25ml 或血液中酒精含量达到 0.5% 以上的即构成犯罪，处二年以下有期徒刑，并处 20 万元新台币以下罚金。相比之下，大陆地区刑法规定"醉驾"的法定最高刑为拘役 6 个月，并处罚金。尽管对酒后驾车的行为采取严厉处罚的态度，但是我国台湾地区检察官仍然可以利用不起诉裁量权对酒驾案件进行程序分流。按照我国台湾地区"刑事诉讼法"，检察官拥有相对不起诉和缓起诉两种不起诉裁量权，都可以用来分流酒驾犯罪案件，但是"检方"更愿意采用缓起诉而不是相对不起诉，因为缓起诉会对犯罪嫌疑人产生更大的威慑和警戒作用。缓起诉被认为是附条件的便宜不起诉处分。依据我国台湾地区 2002 年新修订的"刑事诉讼法"第 253 条及之一、之二、之三的规定，缓起诉"'条件成就'包含两个部分，其一是经过一定的犹豫期间，其二是缓起诉未经撤销，两个条件'皆'成就时，才会产生如同确定不起诉处分之禁止再诉效力"。① 被告只有在犹豫期间履行负担完毕且没有故意实施其他犯罪的，检察官才能在犹豫期间届满后对被告作出不起诉决定，犹豫期间就是缓刑考验期。因此，对醉驾的被告适用缓起诉，能有效督促其履行义务、遵守法律。2008 年 4 月 16 日颁布的"台湾台北地方法院检察署办理缓起诉处分及附条件缓刑作业应行注意事项"（以下简称"台湾台北缓起诉注意事项"），其中第 1 条第 1 项第 3 款规定，酒后驾车构成公共危险的案件，"于缓起诉期间内再犯者，不宜再予缓起诉处分，宜声请简易判决处刑或起诉或必要之处理"。②

（三）比较与启示

虽然制度设计不同，但是荷兰和我国台湾地区的做法也有共同之处：

第一，针对酒后驾车行为制定专门的规定，分类翔实，处罚标准明确具体、一目了然，既便于执行，也能有效防止检察官滥用裁量权。

我国"台湾台北缓起诉注意事项"第 1 条全部都是关于检察官对酒后驾车构成公共危险的案件如何利用缓起诉处分的具体规定（参见表 2）。荷兰则专门制定"酒驾行为处理指南"，而且分类更加详细。受篇幅所限，本文只是翻译了"酒驾行为处理指南"其中一个文件，适用的对象是有经验的司机，而且不包括机动脚踏两用车、小轮摩托车两种车辆类型（参见表 1）。

表 2

酒测等级 测等级车型及给付标准	机车 （新台币）	小型车 （新台币）	大型车 （新台币）
第一级酒测每升在 0.25ml 以上，0.55ml 未满者	1 万 5 千元至 2 万元	1 万 6 千元至 2 万 5 千元	1 万 7 千元至 3 万元

① 林钰雄：《刑事诉讼法》（下册），中国人民大学出版社 2005 年版。

② 参见"台湾台北地方法院检察署办理缓起诉处分及附条件缓刑作业应行注意事项"，载 http://www.rootlaw.com.tw/LawArticle.aspx? LawID = a040090041019400 - 0970416，最后访问日期：2019 年 6 月 21 日。

续表

酒测等级 测等级车型及给付标准	机车 （新台币）	小型车 （新台币）	大型车 （新台币）
第二级酒测每升在 0.55ml 以上，0.75ml 未满者	2 万元至 4 万元	2 万 2 千 500 元至 4 万 2 千 500 元	2 万元 5 千至 4 万 5 千元
第三级酒测每升在 0.75ml 以上，0.9ml 未满者	4 万元至 6 万元	2 万 2 千 500 元至 6 万 2 千 500 元	4 万 5 千元至 6 万 5 千元
第四级酒测每升在 0.9ml 以上，1.1ml 未满者	6 万元至 8 万元	6 万 2 千 500 元至 8 万 2 千 500 元	6 万 5 千元至 8 万 5 千元
第五级酒测每升在 1.1ml 以上者	8 万元至 10 万元	8 万 2 千 500 元至 10 万 2 千 500 元	8 万 5 千元至 10 万 5 千元

虽然有这些具体规定，检察官也并非机械执法，在裁量时也要考虑其他因素。比如，荷兰检察官发出刑事处罚令，就要考虑被告失去驾照是否会失业；支付高额处罚是否有困难；是否有酒瘾需要救治以及是否发生交通事故等。

第二，酒精含量、车辆类型是基本的分类标准。

荷兰"酒驾行为处理指南"针对有经验的司机区分机动车、机动脚踏两用车和小轮摩托车等车辆类型，以酒精含量为标准确定十六个等级的处罚标准；"台湾台北缓起诉注意事项"则将酒后驾车构成公共危险的案件分成五个酒测等级，按照机车、小型车、大型车三种类型分别确定处罚标准。除此以外，荷兰还按照犯罪嫌疑人是否有驾驶经验在处罚标准上进行大的分类。

第三，对酒驾案件以金钱处罚为主。

从荷兰"酒驾行为处理指南"可以看出，对酒后驾驶行为，无论是采用刑事处罚令还是普通程序处理，金钱处罚都是主要的惩罚手段，不再赘述。而在我国台湾地区，要求被告向公库或者指定的公益团体、地方自治团体支付一定的金额则是被告主要承担的缓起诉义务。"台湾台北缓起诉注意事项"第一部分规定，"酒后驾车构成公共危险之案件依'刑事诉讼法'第 253 条之 2 第 1 项第 4 款及'刑法'第 74 条第 2 项第 4 款命支付一定金额之参考标准"[1]。

---

[1]　我国台湾地区"刑事诉讼法"第 253 条之 2 第 1 项第 4 款规定，检察官为缓起诉处分者，得命被告于一定期间内向指定之公益团体、地方自治团体支付一定之金额；"刑法"第 74 条第 2 项第 4 款规定，缓刑宣告，得斟酌情形，命犯罪行为人向公库支付一定之金额。参见林钰雄：《刑事诉讼法》（下册），中国人民大学出版社 2005 年版。

第四，多次实施酒驾犯罪的要加重处罚。

在荷兰，有经验的司机实施酒驾犯罪后，如果5年之内再次实施同样或者类似的酒驾行为，会加重一级处罚；如果5年内多次酒驾的，则不能适用刑事处罚令，只能按普通程序审理。与荷兰一样，我国台湾地区对多次实施醉酒驾车构成公共危险行为的，也要加重处罚。"台湾台北缓起诉注意事项"第1条第1项第2款规定："曾有一次酒后驾车公共危险记录，再犯者得依再犯者之级数自动加一级，但如再犯系属第五级，则依第五级处理。"

第五，要为犯罪嫌疑人、被告提供基本的权利保障和程序保障。

在荷兰，为了保证公正，检察官对酒驾发出刑事处罚令需要经过听审程序，有律师帮助。对经济有困难的犯罪嫌疑人可以提供法律援助。① 我国台湾地区的缓起诉制度则规定，向公库或指定之公益团体、地方自治团体支付一定之金额，应得被告之同意。②

从以上分析看出，我们不可能完全照搬荷兰或者我国台湾地区的做法，但至少可以从以下几个方面借鉴：

首先，检察机关对"醉驾"犯罪的程序分流权应该包括惩罚性、矫治性、教育刑等多种措施。根据《联合国非拘禁措施最低限度标准规则》（《东京规则》）第5.1条的规定，在审前处置阶段，"对轻微犯罪案件，检察官可酌情处以适当的非拘禁措施"。具体包括"支付罚款、社区服务、赔偿被害人、暂缓执行缓刑、参加戒除毒品或者酒精成瘾矫正中心，参加驾校培训或上述积累措施合并判处"。③ 这些非拘禁措施具有惩罚性、赔偿性以及矫治性作用，都是犯罪人必须承担的法律后果，具有"制裁"作用。"随着社会的不断进步，刑罚总是由重变轻，犯罪的法律后果总是由单一化向多元化发展；刑事制裁概念不再等同于刑罚概念，也将成为历史发展的必然。"④ 但是相比之下，根据我国《刑法》第37条和《刑事诉讼法》第177条第3款，检察机关作出不起诉决定后，只能对被不起诉人直接适用训诫、责令具结悔过、责令赔礼道歉、责令赔偿损失等非刑罚处罚方法，需要给予行政处罚或者行政处分的，只能提出检察建议，并由主管部门作出。程序分流手段少且不能直接由检察机关适

---

① 参见《荷兰刑事诉讼法》第257c条第1、2款，载《世界各国刑事诉讼法》（欧洲卷中），中国检察出版社2016年版，第880—881页。

② 参见我国台湾地区"刑事诉讼法"第253条之二第2款。参见林钰雄：《刑事诉讼法》（下册），中国人民大学出版社2005年版。

③ ［德］约阿希姆·赫尔曼：《论社区矫正与其他非拘禁措施——问题与解决思路》，颜九红译，载《中国刑事法杂志》2007年第2期。

④ 张明楷：《刑法学》，法律出版社2011年版。

用，限制了不起诉裁量权在"醉驾"案件中作用的发挥。

其次，可以借鉴我国台湾地区的缓起诉制度，在大陆地区建立"醉驾"附条件不起诉制度，完善检察官不起诉裁量权。如上所述，检察官程序分流权虽然是一种出罪机制，但是检察官也在此过程中行使了处罚权，既需要有与轻罪相配套的刑罚制度做制度支撑，也要考虑刑法结构以及由此决定的社会治理方式问题。从表1可以看出，禁止驾驶在荷兰是由检察官而不是警察行使，如果借鉴荷兰刑事处罚令制度，就需要将禁止驾驶等在我国属于行政处罚的措施纳入刑罚体系，改造的力度相当大，涉及行政处罚和刑罚的关系，要复杂得多。而我国台湾地区和大陆一样，实行违法和犯罪二元治理结构，禁止驾驶由警察行使，而不是检察官，因此建立附条件不起诉制度，不需要对行政处罚权进行重新划分，只要增加与之配套的非刑罚处罚方法即可。除此之外，我国目前已经建立了未成年人附条件不起诉制度，设立"醉驾"附条件不起诉制度具有制度基础，也积累了一定的实践经验，具有可行性。

最后，对"醉驾"处罚标准的分类应该更加详细，有利于执行，便于监督。

荷兰的刑事处罚令和我国台湾地区的缓起诉制度都对"醉驾"规定了比较详细的处罚标准，并且分成了不同等级。我国的相对不起诉制度没有赋予检察机关对"醉驾"案件的行政处罚权。未来也可以借鉴他们的做法，详细分类，便于执行。

四、我国"醉驾"不起诉裁量权的完善

（一）统一"醉驾"刑事政策，贯彻宽严相济

"醉驾"案件不起诉裁量权的适用受打击"醉驾"刑事政策的制约。虽然各地在惩治"醉驾"犯罪刑事政策的严厉程度上存在差异，但基本方向一致，即要实行宽严相济。但个别地区仍然对"醉驾"坚持严打的刑事政策。在这些地区，社会媒体往往对此类案件高度、持续关注，导致检察机关对"醉驾"适用不起诉持非常谨慎的态度，影响了不起诉裁量权在"醉驾"犯罪中的适用。应该通过明确"醉驾"出罪标准的方式，解决实践操作上的困难，加大不起诉的适用范围。

惩治"醉驾"坚持宽严相济的刑事政策，首先要坚持"醉驾"的立案标准，统一执法尺度。对现场查获经呼气测试，酒精含量大于等于80mg/100ml、达到醉酒标准的，无论对其检验结果是否有异议，均立案查处；对被查获或发生道路交通事故后，在呼气测试或者提取血样前故意饮酒，经检测其血液酒精

含量达到醉酒驾驶机动车标准的，立案查处。其次要综合考虑酒精含量以及有无驾驶资格、驾驶的车辆种类、行驶的道路种类、实际损害后果等反映"醉驾"实际危害程度的各种因素。还要结合被告人的认罪悔罪态度等，对于曾经酒后或者醉酒驾驶机动车被处罚的，应该加重处罚。最后应该考虑自首、立功等法定从宽情节。

（二）完善相对不起诉在"醉驾"案件中的适用

1. 改变"醉驾"案件中"和解赔偿＋相对不起诉"捆绑适用的模式。按照《刑法》第37条和《人民检察院刑事诉讼规则》第409条第1款的规定，对于犯罪情节轻微不需要判处刑罚、人民检察院决定相对不起诉的案件，可以根据案件的不同情况，对被相对不起诉人予以训诫或者责令具结悔过、赔礼道歉、赔偿损失。按照前后关系，对被相对不起诉人适用非刑罚处罚方法应该作为相对不起诉的后果，如果反过来，就成了在相对不起诉之上附加条件，相对不起诉成了和解不起诉、附条件不起诉。应该按照相对不起诉制度本来含义，不再将和解赔偿作为"醉驾"案件相对不起诉的适用条件，为相对不起诉松绑。

2. 积极与公安机关沟通、落实相对不起诉后的行政处罚。在立法层面没有解决"醉驾"不起诉后行政处罚如何落实的情况下，一方面应该加强检察机关和公安机关部门之间的沟通，争取在地方性指导性文件中首先规定，对人民检察院作不起诉处理的，公安机关应当依照或者参照《道路交通安全法》相关条款，对被不起诉人作出吊销机动车驾驶证、罚款等处罚；另一方面，主办检察官应该积极进行个案协调，主动提出检察建议，跟踪落实，使相对不起诉与行政处罚能有效衔接起来。

（三）建立"醉驾"附条件不起诉制度

建立"醉驾"附条件不起诉制度要解决以下问题：一是适用范围。未成年人附条件不起诉适用于可能判处1年有期徒刑以下刑罚，考虑到打击"醉驾"犯罪的需要，我国"醉驾"附条件不起诉适用范围可以确定在相对不起诉之上、可能适用缓刑的案件以下。根据浙江省有关规定，"醉酒"驾驶汽车适用缓刑的酒精含量标准为180mg/100ml以下。据此可以作出以下划分，即酒精含量在140mg/100ml以下，且无"醉驾"从重情节的，可以作相对不起诉处理；酒精含量在140mg/100ml以上、180mg/100ml以下，无"醉驾"从重情节，且认罪认罚的被告人，可以适用附条件不起诉或者缓刑。二是可以附加的义务。我国台湾地区检察官在不起诉之上附加的义务包括向被害人道歉、立悔过书、向被害人支付相当数额之财产或非财产上之损害赔偿；向公库或指定之公益团体、地方自治团体支付一定之金额；完成戒瘾治疗、精神治疗、心理辅导或其他适当之处遇措施等八项内容。我国应该以"醉驾"附条件不起诉制度的确立为契机，增设社区服务、戒瘾治疗等保安处分措施；要求"醉驾"当事人参加检察机关组织的有针对性的教育惩戒活动，包括观看"醉驾"车祸视频、参观监狱场所、担任交通事故残疾者护工、交通指挥劝导志愿者①；建立要求被不起诉人向公益机构给付的制度，为"醉驾"附条件不起诉制度的适用提供制度支撑，同时为我国轻罪刑罚制度改革进行积极探索。三是设定考验期限。因为"醉驾"犯罪最高法定刑为拘役 6 个月，因此可以设置 6 个月的考验期，督促"醉驾"犯罪人履行义务，减少二次醉驾可能性。

（四）"醉驾"不起诉裁量权的监督制约机制

随着检察官办案责任制的逐步落实，有些地方的检察机关已经将"醉驾"不起诉的决定权下放给检察官，分管检察长、检察委员会只对案件进行形式审查，不同意主办检察官意见的情况并不多。为了防止"醉驾"不起诉裁量权的滥用，应该针对"醉驾"案件特点，首先明确"醉驾"犯罪立案标准以及有关诉讼证据的要求，督促主办检察官把案件办扎实；其次应该建立监督制约机制，防止检察官滥用不起诉权：一是建立程序制约机制。"醉驾"不起诉裁量权的适用以被告人认罪为前提，如果适用"醉驾"附条件不起诉，还需要被告人自愿接受附加的义务。二是以权利制约权力。要为认罪认罚的"醉驾"犯罪人安排值班律师、法律援助律师等，提供法律帮助。三是制定检察机关有关"醉驾"不起诉工作指南。可以借鉴荷兰和我国台湾地区的做法，在 80mg/100ml 和 180mg/100ml 之间确立几个等级，分别确定每个等级的处罚标准，既便于案件承办人操作，也能防止权力滥用。

（原载于《苏州大学学报》2019 年第 5 期）

---

① 蒋芳伟：《论醉驾附条件不起诉控制模式》，载《山西警察学院学报》2019 年第 1 期。

检察机关的主导责任与认罪认罚案件的质量保障

顾永忠*

2019 年 7 月 20 日，最高人民检察院张军检察长在大检察官研讨班的讲话中明确指出，要切实履行检察官在刑事诉讼中的主导责任。修改后的刑事诉讼法确立的认罪认罚从宽制度，更是十分典型的以检察官主导责任为基础的诉讼制度设计，要把这一制度落到实处。该论述已成为检察机关全面落实、积极参与认罪认罚从宽制度的指导思想，充分表达了检察机关在新时期政法工作中敢于作为、勇于担当的时代精神，因此也得到理论界的广泛关注与支持。

既然是"责任"并且是"主导责任"，那么对于检察机关而言就重如千钧，丝毫不可懈怠。如果以犯罪嫌疑人、被告人是否认罪为标准，刑事案件可划分为犯罪嫌疑人、被告人认罪案件与犯罪嫌疑人、被告人不认罪案件两大类。而在犯罪嫌疑人、被告人认罪案件中，再以其是否认罚为标准，又可划分为认罪认罚案件和认罪不认罚案件。就办理刑事案件的质量标准而言，从整体上讲，不论以上何种案件都只有一个标准，那就是实体公正，程序正当。但具体到认罪认罚案件，其不仅有一些自身特点，而且认罪认罚从宽制度也有特定的要求，因此认罪认罚案件的质量标准虽然总体上仍是实体公正，程序正当，但却有特定的含义和具体的要求。这些特定的含义和具体的要求就是检察机关在认罪认罚从宽制度中担负的主导责任的核心内容。由于认罪认罚从宽制度实际上由认罪、认罚和从宽三个方面或三个部分组成，因此检察机关在认罪认罚从宽制度中的主导责任，实际上也体现、落实在这些具体方面。

一、确保认罪者系有罪之人且依法应当追究刑事责任是检察机关的首要责任

在认罪认罚从宽制度中，认罪应当是指犯罪嫌疑人、被告人的单方行为，但并非犯罪嫌疑人、被告人单方表示认罪就可无条件地纳入认罪认罚从宽制度

---

* 中国政法大学诉讼法学研究院教授、博士生导师，中国刑事诉讼法学研究会副会长。

之中加以处理。从认罪认罚从宽制度的立法精神来看，此处的"认罪"在法律上有着深刻的含义和严格的要求，即"认罪"是以有罪为前提，并且以对认罪者依法应当追究刑事责任为条件。这是认罪认罚从宽制度得以存在的合法性和正当性基础。

2018年修改后的刑事诉讼法在刑事诉讼程序中确立了认罪认罚从宽制度。不少学者认为其目的是提高诉讼效率，节约司法资源。在笔者看来这样的理解有失偏颇。认罪认罚从宽制度的理论依据和立法意图是在确保公正的基础上提高诉讼效率，节约司法资源。"确保公正"的首项要义就是认罪者必须是有罪之人。也就是说，立法机关在刑事诉讼法中确立认罪认罚从宽制度并不是张开双臂欢迎任何人认罪。相反，虽然欢迎犯罪嫌疑人、被告人认罪，但前提必须是犯罪嫌疑人、被告人确实是有罪之人。如果他们不是有罪之人，包括没有实施或参与实施所涉犯罪、实施或参与实施的行为依法不构成犯罪，甚至为了替他人顶罪而"认罪"，都不是认罪认罚从宽制度中所讲的"认罪"。因此，对于此类"认罪"，认罪认罚从宽制度决不能打开大门让其进入，而应当关闭大门，严禁入内。

"确保公正"的次项要义是，即使认罪者所实施的行为构成犯罪，但认罪者必须是依法应当追究刑事责任之人。如果犯罪嫌疑人、被告人认罪的行为属于依法不应当追究刑事责任情形的，诸如实施行为时未达到法定刑事责任年龄、行为人属于依法不负刑事责任的精神病人、犯罪已过追诉时效期限等，认罪认罚从宽制度也应当将其拒之门外。

根据刑事诉讼法的规定，虽然认罪认罚从宽制度适用于刑事诉讼的全过程，包括侦查阶段、审查起诉阶段和审判阶段，但在侦查阶段的适用主要表现在两个方面：一是对绝大多数认罪案件，侦查机关只是"应当记录在案，随案移送，并在起诉意见书中写明有关情况"；二是对极少数符合刑事诉讼法第182条规定条件的案件，"经最高人民检察院核准，公安机关可以撤销案件"。① 而法院在审判阶段适用认罪认罚从宽制度主要是以检察机关的适用并提出量刑建议为前提。不仅如此，在审判阶段的适用中，根据刑事诉讼法第201条的规定，对于认罪认罚案件，法院依法作出判决时，一般应当采纳检察

---

① 刑事诉讼法第182条规定犯罪嫌疑人自愿如实供述涉嫌犯罪的事实，有重大立功或者案件涉及国家重大利益的，经最高人民检察院核准，公安机关可以撤销案件，人民检察院可以作出不起诉决定，也可以对涉嫌数罪中的一项或者多项不起诉。

机关指控的罪名和量刑建议。① 这些无疑决定了检察机关在认罪认罚案件中的主导作用和主导责任。其中首要的责任就是严格审查把关，防止无罪之人或依法不应当追究刑事责任之人因"认罪"而进入认罪认罚从宽制度之中。这应当成为检察机关办理认罪认罚案件高度防范的一条红线，对于犯罪嫌疑人认罪的案件决不能掉以轻心，疏于审查，否则，将有可能铸成错案。对此，有的检察人员已经提出警示："在认罪认罚实践中已经开始产生顶罪、忽视重要量刑情节、认罪认罚基础不牢等问题，应当引起高度重视。认罪认罚必须以实质化的审查为前提。"②

二、确保认罪之罪名准确是检察机关的第二项责任

何谓认罪？根据刑事诉讼法第 15 条的规定应当包含两项要求：一是如实供述自己的罪行，二是承认指控的犯罪事实。"如实供述自己的罪行"与刑法第 67 条规定的自首中"如实供述自己的罪行"是一致的，含义也应当是一致的，是指"如实交代自己的主要犯罪事实"，也就是把自己独立实施或与他人共同实施的涉及犯罪构成要件的主要事实向办案机关如实交代。这也是通常所说的"认行为""认事实"。但仅作出如此表示还不能构成认罪，认罪还须"承认指控的犯罪事实"。这一要求应当是在检察机关拟对案件提起指控的时空条件下提出来的。所谓"指控"，不是单纯"指控事实"，而是"指控犯罪事实"，这里面当然包含了指控的罪名。没有罪名的指控在诉讼理论上是不能成为"指控"的，法院既不会，也不能受理此种"指控"。不仅如此，办理认罪认罚案件，检察机关提起指控还要向法院提出量刑建议，而如果没有指控罪名，量刑建议则无从提出和形成。所以，认罪之中当然包含了承认指控的罪名。

从犯罪嫌疑人、被告人的角度看，如果确实实施或参与实施了犯罪行为并且愿意认罪，做到"认行为""认事实"比较容易，但要做到承认指控的罪名则不容易，在事实和法律上此罪与彼罪界限不是很明确的案件中更是如此，常常会发生认罪错误。

从理论和法律上讲，犯罪嫌疑人、被告人在罪名上发生认罪错误包括两种

① 刑事诉讼法第 201 条规定，对于认罪认罚案件，人民法院依法作出判决时，一般应当采纳人民检察院指控的罪名和量刑建议，但有下列情形的除外：（一）被告人的行为不构成犯罪或者不应当追究其刑事责任的；（二）被告人违背意愿认罪认罚的；（三）被告人否认指控的犯罪事实的；（四）起诉指控的罪名与审理认定的罪名不一致的；（五）其他可能影响公正审判的情形。

② 参见刘哲：《以审判为中心是认罪认罚的坚强后盾》，载 http：//www. sohu. com/a/332570526 _ 120032，最后访问日期：2019 年 9 月 4 日。

情形：其一，本应构成重罪而承认为轻罪。此种情况的发生，除了犯罪嫌疑人、被告人不懂法的原因外，还有可能是避重就轻，故意为之。其二，本应构成轻罪而承认为重罪，这种情形往往是犯罪嫌疑人、被告人不懂法律或受他人影响使然。犯罪嫌疑人、被告人在认罪中发生罪名认识错误，不论是重罪认轻罪还是轻罪认重罪，如果检察人员在办案中不能严格审查把关，及时发现问题，而将错就错将案件纳入认罪认罚从宽制度中，无疑构成实体法适用错误。因此，确保认罪者所认之罪的罪名准确，是检察机关在认罪认罚从宽制度中担负的第二项责任。

三、确保认罪认罚的自愿性是检察机关的第三项责任

根据党的十八届四中全会提出的"推进以审判为中心的诉讼制度改革"的要求和国际社会达成共识的公正审判原则，任何犯罪嫌疑人、被告人如果不认罪，都有权要求对其进行公正审判，此种审判在我国刑事法理论中被称为庭审实质化的审判。既然获得公正审判或庭审实质化的审判是一项诉讼权利，那么犯罪嫌疑人、被告人自然也可以放弃，放弃的标志就是自愿认罪。基于此，笔者一直认为以审判为中心的诉讼制度与认罪认罚从宽制度之间是"应然要求"和"实然需要"的关系，① 也就是说在以审判为中心的诉讼制度中，内在地包含了认罪认罚从宽制度，后者是前者的应有之义。对一个案件到底适用庭审实质化的审判还是适用认罪认罚从宽制度，决定性因素是犯罪嫌疑人、被告人认罪与否及其选择。因此，犯罪嫌疑人、被告人认罪的自愿性是认罪认罚从宽制度得以产生和存在的根本基础。不仅如此，认罪认罚从宽制度还要求犯罪嫌疑人、被告人的认罚也必须是自愿的，这是刑事诉讼法第15条规定的"愿意接受处罚"的必然逻辑。如果只是自愿认罪，却不愿意接受处罚，也就是所谓的认罪不认罚案件，在司法实践中并不少见。对于这类案件，当然不能适用认罪认罚从宽制度。综上，检察机关应当把确保犯罪嫌疑人、被告人认罪认罚的自愿性作为其在认罪认罚从宽制度中担负的第三项责任。

如何确保犯罪嫌疑人、被告人认罪认罚的自愿性？这值得研究。笔者认为，首先，应确保犯罪嫌疑人、被告人明知认罪认罚的法律意义和后果，这是确保自愿性的基础。其次，应确保犯罪嫌疑人、被告人的认罪认罚是自由、明智、理性选择的结果，而不是被迫、受骗、侥幸选择的结果。最后，应允许犯罪嫌疑人、被告人认罪认罚之后提出反悔。如同婚姻自由既包括结婚自由也包

---

① 参见顾永忠：《以审判为中心背景下的刑事辩护突出问题研究》，载《中国法学》2016年第2期。

括离婚自由一样，认罪认罚的自愿性也包括认罪认罚的自由和认罪认罚之后又反悔的自由。只有认罪认罚的自由，没有其后又反悔的自由，认罪认罚的自愿性是值得怀疑的，也难以避免犯罪嫌疑人、被告人因外在因素或压力而违心地认罪认罚。

但在司法实践和诉讼理论中，对于是否允许犯罪嫌疑人、被告人认罪认罚之后又提出反悔存在不同认识和做法。对此有学者指出："对被追诉人签署认罪认罚具结书后的反悔，应当区分是否有正当理由。有正当理由的，司法机关应予支持，并倒查责任。"他还列出了八项可作为反悔正当理由的情形，包括"被追诉人认罪认罚非出于自愿的""被追诉人认罪认罚非出于明智的"等。①对此，笔者表示赞同。

四、确保"认罚"与"从宽"系控辩双方平等协商之结果，是检察机关的第四项责任

从字面意义看，"认罚"是犯罪嫌疑人、被告人"认罪"之后的又一单方意思表示，而"从宽"则是办案机关特别是检察机关根据犯罪嫌疑人、被告人的认罪、认罚表示对其作出的从宽处理，包括作出不起诉决定或向法院提出有利于被告人的量刑建议。从表面上看，犯罪嫌疑人、被告人认罪认罚是"因"，办案机关尤其是检察机关对其从宽是"果"。其实不然，从诉讼原理和刑事诉讼法关于认罪认罚从宽制度的规定看，认罪确系犯罪嫌疑人、被告人的单方意思表示，而认罚与从宽则应当是控辩双方平等协商之结果。对此，刑事诉讼法的有关规定体现得很明确。其一，刑事诉讼法第173条第2款规定，"犯罪嫌疑人认罪认罚的，检察机关应当告知其享有的诉讼权利和认罪认罚的法律规定，听取犯罪嫌疑人、辩护人或者值班律师、被害人及其诉讼代理人对下列事项的意见，并记录在案：（一）涉嫌的犯罪事实、罪名及适用的法律规定；（二）从轻、减轻或者免除处罚等从宽处罚的建议；（三）认罪认罚后案件审理适用的程序；（四）其他需要听取意见的事项"。由此可以看出，检察机关听取意见的内容既涉及实体上的定罪量刑问题，也涉及程序上的审理程序问题，范围较广。其二，刑事诉讼法第174条第1款规定，犯罪嫌疑人自愿认罪，同意量刑建议和程序适用的，应当在辩护人或者值班律师在场的情况下签署认罪认罚具结书。其中"同意量刑建议"充分表明检察机关向法院提出的量刑建议不是检察机关的单方行为，而是听取对方意见并获得对方同意的

---

① 参见朱孝清：《如何对待被追诉人签署认罪认罚具结书后反悔》，载《检察日报》2019年8月28日第3版。

结果。

综上可见，确保认罚与从宽系控辩双方平等协商之结果，是检察机关在认罪认罚从宽制度中担负的第四项责任。但是，在目前的司法实践中，量刑协商的程序性价值并没有完全凸显出来。为了确保协商的程序性价值，量刑协商必须有相应的程序性规定。

五、检察机关如何担负"四个确保"主导责任

以上"四个确保"表明检察机关在认罪认罚从宽制度中担负的主导责任重大、艰巨，不容轻视。如何做好"四个确保"，笔者提出以下建言：

一是高度负责、切实履行客观公正义务。从心理学的角度分析，检察机关及其检察人员在办理重大、疑难、复杂特别是不认罪案件时，都比较重视，方方面面的准备很充足，不打无准备之仗，不打无把握之仗。而认罪认罚案件大多数是轻罪轻刑案件，案件数量比较多，犯罪嫌疑人本人又认罪，加上检察人员办案负担较重，可能放松警惕，审查不严，以致出现问题。因此，检察机关及其检察人员在办理认罪认罚案件时应高度负责，切实履行客观公正义务，最大限度地防止在办理认罪认罚案件中出现冤错案件。

二是切实保障律师参与，充分听取律师意见。基于认罪认罚案件的特点和律师参与刑事案件的现状，我国立法机关高度重视律师参与认罪认罚从宽制度，试点阶段就创立了值班律师制度，之后在刑事诉讼法修改中正式确立该制度。根据现行刑事诉讼法的规定，认罪认罚从宽制度中必须有律师参与其中。律师来源及其身份包括三种：一是犯罪嫌疑人、被告人自己委托的辩护律师；二是法律援助机构指派的法律援助律师，也属辩护律师；三是因没有前两种律师而由法律援助机构为犯罪嫌疑人、被告人指派的值班律师。刑事诉讼法第173条和第174条明确要求，检察机关办理认罪认罚案件，应当听取辩护人或者值班律师就所涉案件定罪量刑及程序适用的意见，并应当在辩护人或者值班律师在场的情况下让犯罪嫌疑人签署认罪认罚具结书。可见，律师参与认罪认罚案件并充分听取律师的意见是法律的强制性要求，检察机关及其检察人员应当高度重视，充分保障。但从目前的司法实践来看，不论是保障律师参与还是听取律师意见方面都存在一些问题。

对于委托律师和法律援助律师而言，他们参与认罪认罚案件的问题不大，不仅在接受委托或法律援助机构指派后可以无法律障碍地介入认罪认罚案件，而且会见犯罪嫌疑人、被告人，查阅案卷材料的权利在刑事诉讼法上也有明确依据并且能够得到保障。目前存在的问题是检察机关充分听取律师意见这方面还有不足，特别是与犯罪嫌疑人及其辩护律师平等协商量刑建议方面有待提

升，这是今后应当重点解决的问题。

对于值班律师来讲，遇到的问题比较突出。一方面，刑事诉讼法赋予了值班律师实质上无异于审前辩护律师的职责，包括为犯罪嫌疑人、被告人提供法律咨询、程序选择建议，申请变更强制措施，对案件处理提出意见等法律帮助。另一方面，值班律师履行上述职责所必须享有的与在押犯罪嫌疑人、被告人会见和查阅案卷材料的权利没有得到明确保障。至于听取值班律师意见、与值班律师协商量刑建议，更是面临双重困难：一方面值班律师难以向检察机关提出与犯罪嫌疑人、被告人充分交流后形成的确有事实和法律依据的意见。另一方面，一些办理案件的检察人员也较少安排听取值班律师意见并与其协商量刑建议，只是让犯罪嫌疑人签署认罪认罚具结书时通知值班律师在场。如此一来，值班律师实际上被异化为"见证人"，而不是依法为犯罪嫌疑人、被告人提供法律帮助的律师。

对此，一些地方检察机关积极实践探索，在办理认罪认罚案件中重视保障律师的参与和听取律师的意见，特别是对值班律师面临的问题设法予以解决。如有的检察人员建议，对于轻罪案件，事实比较简单的，可由检察人员口头说明，或以提供案情摘要等方式方便值班律师了解案情、提出意见；对于重罪案件，建议由值班律师配合辩护律师参与认罪认罚案件，重点发挥辩护律师的职责作用。① 这一建议的初衷是好的，但可行性存在问题。根据刑事诉讼法的规定，值班律师参与认罪认罚案件是以犯罪嫌疑人、被告人既没有委托律师也没有法律援助律师为条件的，所以基本不可能在一个案件的同一诉讼阶段内既有值班律师又有辩护律师并且相互配合办案。湖北省武汉市硚口区在检察机关的推动下，实现了一项特色创新——值班律师全程法律援助化，即值班律师接受司法行政机关指派，取得犯罪嫌疑人、被告人委托后，身份转变为法律援助律师，不仅对犯罪嫌疑人、被告人认罪认罚的自愿性、合法性进行见证，还可以深度参与案件，提供更全面的法律帮助。据了解，该项机制已经在武汉全市推广。地方检察机关勇于探索，敢于创新的精神值得肯定。但解决律师参与认罪认罚从宽制度存在的问题还应依靠顶层设计。重点应当解决好两个问题：其一，律师的参与特别是值班律师的实质参与问题；其二，充分听取律师意见并形成控辩双方平等协商量刑建议的程序机制问题。

三是依法、理性尊重法院对认罪认罚案件审理程序的改变和量刑建议的调整。在认罪认罚从宽制度中检察机关与法院是何关系，刑事诉讼法第201条作

① 参见曹坚：《确定刑量刑建议适用范围、程序与内容》，载《检察日报》2019年8月12日第3版。

出了明确规定，对于认罪认罚案件，法院依法作出判决时，一般应当采纳检察机关指控的罪名和量刑建议。"一般应当"意味着只要检察机关指控的罪名和提出的量刑建议定性准确，量刑公正，符合程序，法院应当予以采纳。这也是之所以认为检察机关在认罪认罚从宽制度中负有主导责任的重要依据。但是，既然是"一般应当"而不是"一律应当"，就意味着法院在法定情形下有权不采纳检察机关指控的罪名和量刑建议。对此，根据刑事诉讼法第 201 条第 1 款的规定，出现下列所列情形，法院有权不采纳检察机关指控的罪名："（一）被告人的行为不构成犯罪或者不应当追究刑事责任的；（二）被告人违背意愿认罪认罚的；（三）被告人否认指控的犯罪事实的；（四）起诉指控的罪名与审理认定的罪名不一致的；（五）其他可能影响公正审判的情形。"这些情形实际上主要是检察机关没有做到以上所述"四个确保"时发生的问题。那么，对于这些情形法院有权不采纳检察机关指控的罪名，是不是可以直接改变案件所涉罪名？根据刑事诉讼法第 226 条的规定，除以上第（四）种情形外，一旦发生上述其他情形或者其他不宜适用速裁程序审理的情形，法院不能直接改变罪名，而应当按照普通程序或简易程序重新审理案件。量刑方面，根据刑事诉讼法第 201 条第 2 款的规定，检察机关的量刑建议明显不当的，法院应当依法作出判决。

可见，法院根据刑事诉讼法的规定有权不采纳检察机关指控的罪名和量刑建议，对此检察机关应当依法、理性尊重。从法理上讲，这是审判权的应有之义；从法律上讲，法院这样做也于法有据；从司法责任和国家赔偿责任层面上讲，如果法院对于检察机关明显错误的指控罪名或明显不当的量刑建议予以采纳，将来须独立承担法律责任。当然，从根本上讲，这都是为了维护当事人的合法权益，维护法律的统一正确实施，维护社会公平正义，与检察机关作为法律监督机关的使命是一致的。

（原载于《人民检察》2019 年第 18 期）

认罪认罚从宽程序解释和适用中的若干问题

万　毅 [*]

2018 年刑事诉讼法修正案总结吸收了前期试点工作的经验，正式增设了认罪认罚从宽制度，明确了刑事案件认罪认罚可以依法从宽处理的原则，并完善了刑事案件认罪认罚从宽的程序规定。然而，由于前期试点时间不足，以及立法准备周期过短，关于认罪认罚从宽制度在立法设计层面的诸多技术问题未及充分反映和反馈，使得刑事诉讼法修正案通过后，实务部门在解释、适用认罪认罚从宽制度时普遍产生了一些困惑和问题。笔者在跟踪前期试点工作成效和追踪修正案实施情况的背景下，针对实务操作中的几个主要问题进行了初步研究并形成此文，希望抛砖引玉、求教方家，为司法实务中解释和适用认罪认罚从宽制度提供可资借鉴的思路和方案。

问题一：认罪认罚从宽程序的性质及其适用范围

认罪认罚从宽制度是我国长期以来坚持的宽严相济、坦白从宽刑事政策的深化发展和制度化，是我国刑事法律制度自然演进的结果。虽然它也借鉴了其他国家和地区辩诉交易、认罪协商等制度的一些合理因素，但绝不是辩诉交易的翻版。[①] 这是我国主流观点对我国认罪认罚从宽制度的定性与定位。然而，若抛开形式上检察官裁量权大小的差异，从认罪认罚从宽程序的启动需要检察官与被追诉人（犯罪嫌疑人、被告人）双方达成合意，缺乏控、辩双方任何一方的同意，认罪认罚从宽程序均无法启动这一点而言，我国的认罪认罚从宽制度与辩诉交易、认罪协商等制度之间实际上存在内在本质上的同一性：都是一种基于控、辩双方的合意而启动的协商程序。正是在这个意义上可以说，我国的认罪认罚从宽制度本质上就是一种协商程序。

同时，我国《刑事诉讼法》第 201 条明确规定："对于认罪认罚案件，人民法院依法作出判决时，一般应当采纳人民检察院指控的罪名和量刑建议，

---

[*] 成都理工大学司法研究院教授。

[①] 最高人民法院刑一庭课题组：《刑事诉讼中认罪认罚从宽制度的适用》，载《人民司法》2018 年第 34 期，第 5 页。

但有下列情形的除外：……（四）起诉指控的罪名与审理认定的罪名不一致的；……"虽然上述法条明文规定人民法院受到人民检察院指控的罪名和量刑建议的约束，但实际上由于该法条第四项明文规定人民法院判决认定的罪名应当是经审理认定的罪名，而非起诉指控的罪名，这就意味着控、辩双方即使在起诉前对罪名经协商达成合意，该罪名对人民法院而言也没有约束力。换言之，罪名不在控、辩双方协商的范围之内，控、辩双方可以协商的仅限于量刑，基于此，我国的认罪认罚从宽程序其实是一种量刑协商程序而非认罪协商程序。

此外，我国《刑事诉讼法》第174条规定："犯罪嫌疑人自愿认罪，同意量刑建议和程序适用的，应当在辩护人或者值班律师在场的情况下签署认罪认罚具结书。"同法第176条第2款又规定："犯罪嫌疑人认罪认罚的，人民检察院应当就主刑、附加刑、是否适用缓刑等提出量刑建议，并随案移送认罪认罚具结书等材料。"根据上述法条之规定，认罪认罚从宽程序得以启动和适用的前提是检察官在审查起诉阶段与被追诉人就量刑建议达成合意，并由被追诉人签署认罪认罚具结书。这表明，认罪认罚的协商过程，完全由控、辩双方合力完成，人民法院并不介入这一协商过程，法理上称这种协商程序为庭外协商程序。①

需要注意的是，我国的认罪认罚从宽程序虽然称为"程序"，但其实并不是一个独立的程序类型，因为，我国刑事诉讼法并未针对认罪认罚案件设置一套独立的侦查、起诉和审判程序，认罪认罚案件最终仍然需要根据案件情况分别采用普通程序、简易程序和速裁程序三种法定程序来进行审理。在这个意义上而言，认罪认罚从宽程序其实更接近于一种"平台"程序，它本身需要与通行的侦查、起诉和审判程序进行兼容，并最终借助普通程序、简易程序和速裁程序来完成案件的审理工作。

我国刑事诉讼法并未对认罪认罚从宽制度适用的案件类型和罪名等明文加以限制，这意味着所有案件类型和罪名实际上都可以适用认罪认罚从宽程序，包括监察委员会负责立案调查的职务犯罪案件和单位犯罪案件。根据刑事诉讼法和监察法的相关规定，职务犯罪案件由监察委员会负责立案调查，但仍由人民检察院负责审查起诉。如果职务犯罪案件的被追诉人在审查起诉阶段认罪认罚，人民检察院经审查认为符合认罪认罚从宽程序的适用条件的，同样可以决

---

① 前期试点工作中，有观点主张针对一些量刑难度较大的案件，可以由人民法院提前介入对控、辩双方的量刑协商过程进行指导。这种观点之所以不正确，就是因为没有认识到我国的认罪认罚从宽制度是一种庭外协商制度，人民法院原则上不得介入量刑协商过程。

定对职务犯罪案件的被追诉人适用认罪认罚从宽程序。对于单位犯罪案件能否适用认罪认罚从宽程序的问题，实务中存在一定的争议。笔者认为，单位犯罪案件同样可以适用认罪认罚从宽程序，尤其是在"两高"明确提出加大民营企业合法权益司法保护的政策背景下，对单位犯罪案件适用认罪认罚从宽程序更是直接体现了上述政策的价值导向。实务操作中，对单位犯罪案件适用认罪认罚从宽程序的，可以由单位被告的诉讼代表人签署认罪认罚具结书，① 并由其代表单位被告听取权利告知。此外，关于认罪认罚从宽程序能否适用于第二审程序的问题，刑事诉讼法并未作出明确的肯定或否定性规定，实务中也有被告人在一审程序中不愿认罪认罚，但在一审判决作出后提起上诉时要求适用认罪认罚从宽程序。对此，笔者认为，虽然刑事诉讼法对此并未明文予以禁止，但考虑到认罪认罚从宽程序的立法目的在于提高诉讼效率、节约司法成本，如果在一审程序中不愿认罪认罚，再在二审程序中认罪认罚，由于此时程序已经反复启动和运转，司法成本业已消耗，所谓提高诉讼效率、节约司法成本的立法目的已然不可能实现，在这种情况下再适用认罪认罚从宽程序不符合立法目的。

问题二：控、辩双方在签署具结书后还能否撤回

刑事诉讼法并未对控、辩双方在签署具结书后还能否撤回认罪认罚的问题作出明确规定，但无论是在理论上还是实务中，这一问题都无法回避。因为，从诉讼法原理上讲，诉讼主体的诉讼行为本身即有一个发生、变更、终止的动态过程。在认罪认罚从宽程序中，被追诉人所签署的具结书，虽从表面上看是被追诉人的单方声明或承诺，但实际上是控、辩双方意思表示的合意，是一种诉讼契约。作为控、辩双方的一种合意行为，双方意思表示一经作出、达成合意即生效，并对双方产生约束力。但同时也可能因为事后双方的反悔等而发生变更（如撤回）或者因为双方的再次合意而终止。因此，即便新刑事诉讼法对能否撤回具结书没有作出明确规定，但法理上控、辩双方仍当然地享有撤回认罪认罚之意思表示的权利。

正基于此，实务中问题的关键并非控、辩双方是否有权撤回认罪认罚的意思表示，而是这种撤回权行使的具体条件和程序该如何设定与把握。笔者认为，要逻辑清晰地回答这一问题，必须回到认罪认罚从宽程序之本质与属性。认罪认罚从宽程序之立法目的，旨在提升司法效率、节约司法成本，殆无疑义。然而，该立法目的之所以能够达成，主要是基于辩方即被追诉人主动放弃了自身的对抗性辩护权，转而寻求与司法机关合作，承诺放弃刑事诉讼法对自

---

① 具体签署时应当先签署单位被告的名称，再签署诉讼代表人的姓名。

己的各种程序性保障与防护，以此来加快程序推进、提升司法效率。因此，认罪认罚从宽程序得以启动和运作的基础，实际上来源于被追诉人一方对自身权利的舍弃与让渡，而国家为此支付的"对价"，则是给予被追诉人在程序法上和实体法上的"从简"与"从宽"。由于认罪认罚从宽程序纯粹基于被追诉人对自身权利之让渡而启动，且该程序运转之结果，对于被追诉人的权利影响重大。是故，为防止被追诉人因一时脑热或不够谨慎而轻易作出认罪认罚的意思表示，以致酿成大错、追悔莫及，制度设计上应当基于公平对等之原则而给予被追诉人倾斜性关照与保护，允许其在作出认罪认罚之意思表示后任意反悔而撤回该承诺。因此，对于被追诉人而言，反悔并撤回认罪认罚之意思表示的权利，在行使上应当是任意性的，法理上不宜附具任何条件。对于被追诉人的该项权利，学者林钰雄称为"任意撤销同意权"："基于协商结果之重大拘束效力（纵使法院原则上亦不得推翻）及其对被告权益之影响，原则上应许被告在协商判决前随时撤销其与检察官之合意。"①

但是，与被追诉人不同的是，对于检察机关而言，决定适用认罪认罚从宽程序是检察官的职权。所谓职权，既是权力，亦是职责、义务。因而，对于检察官而言，一旦符合法定条件即应当决定适用认罪认罚从宽程序，而一旦决定适用该程序，检察官即有职责和义务严格遵守及执行该程序，以谨守并兑现承诺，而不得于事后随意变更（包括撤回）、终止。因此，在撤回权的行使上，检察官与被追诉人的权限迥异，检察官受到具结书的严格约束，不得任意撤回其决定。当然，具结书毕竟是控、辩双方的一种合意行为，性质上类似于契约。从公平的角度讲，既然是契约，那么，如若契约一方即辩方先行违反契约或拒不履行契约，如被追诉人曾经承诺向被害人赔礼道歉并垫付被害人的医疗费，结果却食言，则作为契约另一方的检察官当然也就有权撤回其决定。因此，对于检察官而言，其撤回权应限于当辩方违约或拒不履约的情形下方可行使。

综上，实务操作中应当肯定控、辩双方都享有撤回具结书的权利，但辩方即被追诉人的撤回权在行使上是任意性的、无条件的，控方即检察官的撤回权在行使上则受到较大限制，只能在辩方违约或拒不履约的情形下方能行使撤回权。

值得注意的是，在前期试点工作中，最高人民法院制发的《认罪认罚制度告知书》（以下简称《告知书》）中第6条明确规定："《认罪认罚具结书》签署后，犯罪嫌疑人、被告人可以要求撤回，但应书面向办案机关提出申请，

---

① 林钰雄：《刑事诉讼法》（下），元照出版有限公司2013年版，第280页。

并说明理由，人民检察院将重新提出量刑建议。犯罪嫌疑人、被告人未提出书面撤回申请，但对起诉书指控的主要犯罪事实、罪名和认罪表述提出异议的，视为撤回《认罪认罚具结书》。"该条款明确肯定了被追诉人的撤回权，且对被追诉人行使撤回权的条件和程序等作了明确规定。该《告知书》在新刑事诉讼法通过后仍在沿用，一定程度上弥补了立法的漏洞，然而，在法理上，《告知书》的相关规定却存在几个突出的问题：其一，《告知书》明确要求被追诉人行使撤回权必须书面说明理由，这违反了前述被追诉人撤回权行使上的任意性原则。这是因为，如果明确要求被追诉人书面说明理由，那么，人民检察院和人民法院是否需要审查该理由成立与否？如果人民法院和人民检察院经审查认为该理由不成立的，是否可以不准许被追诉人撤回？在在皆是问题。对此，笔者认为，从前述被追诉人撤回权行使的任意性原则而言，《告知书》显然不应当要求被追诉人书面撤回申请时附具理由，故建议"两高"制发新的《告知书》范本时予以废除。其二，《告知书》未明确规定应当告知被追诉人人民检察院亦有权撤回适用认罪认罚从宽程序的决定。《告知书》之目的在于对被追诉人进行明确的提示，以尽诉讼关照义务，但告知、提示本身也应当包括风险警示。如前所述，在被追诉人先行违约的情形下检察机关可能会撤回其决定，这一点对于被追诉人而言是一个程序风险，基于诉讼关照义务，《告知书》应当明确警示被追诉人：如果其不履行承诺的退赃退赔等义务，则人民检察院有权撤回适用认罪认罚从宽程序的决定，那么，被追诉人将不再享有程序法和实体法上的从宽处理。正基于此，笔者认为，"两高"在制发新的《告知书》范本时应当增加这一警示性规定。

另一个相关问题是控、辩双方行使撤回权的时间节点如何设置？从比较法的角度看，我国台湾地区"刑事诉讼法"第455条之3曾规定在量刑协商程序中，控、辩双方撤回协商声请的时间节点为法院讯问及告知程序终结前。我国台湾地区"刑事诉讼法"之所以如此设定时间节点，主要是因为程序上法院在讯问及告知程序终结后，即应当庭判决，因而，逾此控、辩双方再无行使撤回权之时间与空间。然而，我国大陆的认罪认罚从宽程序在结构上与我国台湾地区的量刑协商程序有所不同：其一，我国台湾地区的量刑协商程序是一个独立的程序类型，而我国大陆的认罪认罚从宽程序并不是一个独立的程序类型，而是一个可以分别兼容速裁、简易和普通程序的"平台"程序。按照我国大陆刑事诉讼法的规定，除了衔接、适用速裁程序的认罪认罚案件必须当庭宣判之外，适用其他两类程序的认罪认罚案件并不需要当庭宣判。因此，相对而言，我国大陆刑事诉讼法留给控、辩双方行使撤回权的时间和空间更为充裕。其二，我国台湾地区的协商程序中法院告知并讯问程序与当庭宣判程序直接连接，是宣判前的最后一个流程，而根据我国大陆《刑事诉讼法》第190条的规定："开庭的时候，审判长查明当事人是否到庭，宣布案由；宣布合议庭的组成人员、书记员、公诉人、辩护人、诉讼代理人、鉴定人和翻译人员的名单；告知当事人有权对合议庭组成人员、书记员、公诉人、鉴定人和翻译人员申请回避；告知被告人享有辩护权利。被告人认罪认罚的，审判长应当告知被告人享有的诉讼和认罪认罚的法律规定，审查认罪认罚的自愿性和认罪认罚具结书内容的真实性、合法性。"以及第224条之规定："适用速裁程序审理案件，不受本章第一节规定的送达期限的限制，一般不进行法庭调查、法庭辩论，但在判决宣告前应当听取辩护人的意见和被告人的最后陈述意见。"结合上述两个法条可以发现，在我国大陆刑事诉讼法规定的速裁程序中，法院在告知并讯问程序之后，尚有听取辩护人意见和被告人的最后陈述意见之程序，因此，控、辩双方撤回权行使之时间节点可以放宽到法院听取辩护人意见和被告人的最后陈述意见程序。基于上述两个程序构造上的特点，笔者认为，实务操作中可以将认罪认罚从宽程序中控、辩双方行使撤回权的时间节点设定为两种：一是采用简易程序和普通程序审理的认罪认罚案件，控、辩双方可以在一审判决宣告之前行使撤回权。之所以不规定为一审判决生效之前，是因为一审判决宣告后控、辩双方可以上诉或抗诉，而判决生效后控、辩双方可以提出再审抗诉或申请再审。二是采用速裁程序的认罪认罚案件，由于法律要求法院当庭宣判，因此，控、辩双方应当在法院听取辩护人意见和被告人的最后陈述意见程序终结之前行使撤回权，因为，法院一旦听取辩护人意见和被告人的最后陈述意见后就将当庭宣判，逾此则只能谕知控、辩双方提起抗诉或上诉。

问题三：认罪认罚从宽程序的合法性瑕疵是否影响其效力

认罪认罚从宽程序的适用以控辩双方协商达成合意为前提，但在协商过程中可能产生某种合法性瑕疵。例如，《刑事诉讼法》第174条规定："犯罪嫌疑人自愿认罪，同意量刑建议和程序适用的，应当在辩护人或者值班律师在场的情况下签署认罪认罚具结书。"但实务中辩护人或值班律师在被追诉人签署具结书时可能基于某种原因而未能在场，此时基于具结书而生效的认罪认罚从宽程序即可能存在合法性瑕疵；此外，适用认罪认罚从宽程序处理的案件，还可能在双方协商达成合意后，出现其他程序上的合法性瑕疵。例如，我国《刑事诉讼法》第176条明确规定："人民检察院认为犯罪嫌疑人的犯罪事实已经查清，证据确实、充分，依法应当追究刑事责任的，应当作出起诉决定，按照审判管辖的规定，向人民法院提起公诉，并将案卷材料、证据移送人民法院。"但实务中控、辩双方在协商时可能因为疏忽而并未注意到当地司法机关对该案并无地域管辖权，后检察机关仍就该案向人民法院提起公诉，而人民法院直到开庭审理才发现本院对该案实无管辖权。面对上述程序合法性瑕疵，该认罪认罚从宽程序是否仍然有效？而正在进行的审判程序是否还应当继续进行审理？

从形式上看，辩护人或值班律师于被追诉人签署具结书时并未在场以及人民法院对案件缺乏管辖权等，均违反了刑事诉讼法的明文规定，整个认罪认罚从宽程序存在着比较明显的合法性瑕疵。对此，实务中有观点认为，这种情况下人民法院不能再继续适用认罪认罚从宽程序予以审。该观点认为，我国《刑事诉讼法》第 201 条规定："对于认罪认罚案件，人民法院依法作出判决时，一般应当采纳人民检察院指控的罪名和量刑建议，但有下列情形的除外：……（五）其他可能影响公正审判的情形。"该观点据此认为管辖错误应当属于该条款所指"其他可能影响公正审判的情形"，进而主张不能再适用认罪认罚从宽程序继续审理，而应当转换为普通程序重新审理，或者建议检察机关撤回起诉，将案件移送有管辖权的人民检察院重新审查起诉，重新进行认罪认罚协商。

但是，对于上述观点，笔者持有不同意见。因为，如果按照上述观点操作实务，则立法上倡导的认罪认罚从宽程序提升司法效率的价值目标，将恐难实现，在程序的倒流与回转中，不仅国家的司法成本将上升，被追诉人的讼累在无形中亦将加剧。因此，笔者主张，实务中遭遇认罪认罚从宽程序的合法性瑕疵，首先应当征求被告人的意见，若被告人当庭明确表示认可认罪认罚的自愿性以及具结书内容的真实性，并明确表示愿意继续适用认罪认罚从宽程序予以审理，那么人民法院实不宜强行倒流或回转程序，而应当基于对被告人意愿的尊重继续适用认罪认罚从宽程序进行审理。其中的原理正在于：虽然上述程序瑕疵的存在，客观上确实影响到了认罪认罚从宽程序的合法性基础，但从立法目的出发，刑事诉讼法之所以要求辩护人或值班律师于被追诉人签署具结书时在场，目的仍然是保证被告人认罪认罚的自愿性以及具结书内容的真实性，进而保障被追诉人的合法权益。而程序上之所以对于有合法性瑕疵的程序实行倒流或回转，归根结底仍然是为了救济被追诉人的合法权益。但在一般法理上，作为权利主体的被追诉人本有权放弃自身权利、让渡刑事诉讼法对自身的各种程序性保障，这可视为被追诉人对自身权利的处分；一旦被追诉人明确放弃或让渡自身权利的情况下，法律上自无必要再强行启动程序保障或救济其权益，而应当尊重其意愿。基于上述原理，人民法院在审理中发现签署具结书时辩护人或值班律师缺席的，应当征求被告人意见，来决定究竟是立即终止认罪认罚从宽程序（转为普通程序重新审理），还是继续审理。如果被告人作出明确的意思表示，愿意适用认罪认罚从宽程序继续审理的，则人民法院应当继续适用认罪认罚从宽程序审理该案并作出判决。同理，刑事诉讼法上之所以设立审判管辖制度（包括地域管辖和级别管辖），根本上仍是为了保障被告人的公正审判权。据此，即使程序上出现了审判管辖错误的瑕疵，但若作为权利（公正审判权）主体的被告人明确表示愿意放弃该权利而选择继续审理，那么，人民法院自然应当予以尊重，而不宜强行终止程序进而倒流或回转程序。

正基于上述认识和分析，笔者认为，认罪认罚从宽程序即使出现合法性瑕疵，亦不必然影响该程序的效力，究竟是终止程序还是继续审理，关键因素是被告人的意愿和意思表示。盖因认罪认罚从宽程序的启动和运作，是以被追诉人放弃自身权利为前提和基础的，因而该程序之启动，首先需要征得被追诉人的同意，彰显的是对被追诉人程序处分权的尊重；而程序运作中一旦出现合法性瑕疵，权益遭到侵害、受影响最大的仍然是被告人，此时应当进一步凸显对被告人意愿的尊重，将程序是否继续进行的选择权交由被告人行使：如果被告人看重自身权益保障，固然可以终止正在进行的认罪认罚从宽程序；但如果被告人更看重司法效率并减少自身讼累，那么程序亦可继续进行。① 但另外，从人民法院的角度讲，固然应当充分尊重被告人的意愿，但毕竟具结书签署时辩护人和值班律师均未在场，因而作为认罪认罚从宽程序的审查者、监督者，此时人民法院承担着保障被告人合法权益的义务。为防止被告人因为缺乏辩护人和值班律师的帮助导致知情权行使不充分，不能充分理解和认识到自己行为的法律后果，人民法院在该类案件中应当履行"加重告知义务"，所谓"加重告知义务"，一是应当重新履行《刑事诉讼法》第190条之告知程序，告知被告人享有的诉讼权利和认罪认罚的法律规定；二是应当明确告知被告人享有程序选择权（可以选择程序倒流或回转，亦可以选择继续审理）以及继续审理的法律后果。人民法院唯有在确证被告人充分知情的前提下，才能决定继续审理。

问题四：认罪认罚案件法院如何开庭审理

由于我国刑事诉讼法规定的认罪认罚从宽程序本质上并不是一个独立的程序类型，而是一个平台程序，可以兼容普通程序、简易程序和速裁程序。因此，实务中审理认罪认罚案件可能分别采用上述三种类型的程序，与之相适应，实务操作中可能采取三种不同的庭审方式。

首先，对于采用普通程序和简易程序审理的认罪认罚案件，由于我国刑事

---

① 其实，比较法上也是有经验可资借鉴的，例如在我国台湾地区"刑事诉讼法"实务中即认为：地域管辖错误不能阻碍协商程序继续进行，唯有事物管辖错误才不能继续适用协商程序，目的是防止诉讼无谓延宕。

诉讼法已经对普通程序和简易程序的审理方式作出了明文规定，实务中据此进行操作即可，毋庸多言。唯需注意的是，由于认罪认罚案件的特殊性，其庭审程序之结构安排上在实务操作中需要根据认罪认罚案件的特点和要求作出相应的调整，庭审重心要适当地偏向和侧重于对被告人认罪认罚自愿性以及具结书内容的真实性、合法性的审查。例如，根据我国《刑事诉讼法》第190条之规定，被告人认罪认罚的，开庭的时候，审判长应当告知被告人享有的诉讼权利和认罪认罚的法律规定，审查认罪认罚的自愿性和认罪认罚具结书内容的真实性、合法性。虽然该法条整体上系针对普通程序的庭审而设，但仍应类推适用于采用简易程序及速裁程序审理的认罪认罚案件。据此，在适用普通程序和简易程序审理认罪认罚案件的庭审中，应当首先适用《刑事诉讼法》第190条，在开庭的时候，由审判长告知被告人享有的诉讼权利和认罪认罚的法律规定，再审查认罪认罚的自愿性和认罪认罚具结书内容的真实性、合法性，之后方可按照普通程序和简易程序的法定流程进行审理。

其次，对于采用速裁程序审理的认罪认罚案件，由于速裁程序是2018年刑事诉讼法修正时新增之程序，故《刑事诉讼法》第224条第1款对速裁程序的审理方式作出了专门规定："适用速裁程序审理案件，不受本章第一节规定的送达期限的限制，一般不进行法庭调查、法庭辩论，但在判决宣告前应当听取辩护人的意见和被告人的最后陈述意见。"据此，该法条明确了速裁程序审理的三大基本原则：一是开庭审理；二是一般不进行法庭调查、法庭辩论；三是在判决宣告前应当听取辩护人的意见和被告人的最后陈述意见。但实际上，就实务操作面而言，仅凭上述原则性规定，并不足以支撑和解决速裁程序的具体审理方式问题。

最具争议性的焦点问题就是，法院采用速裁程序审理认罪认罚案件时，是否还需要调查犯罪事实？依照《刑事诉讼法》第224条及类推适用第190条之条文表述，似乎人民法院在速裁程序中只需从形式上对被告人认罪认罚的自愿性、真实性和合法性进行审查后即可作出判决，而无须再调查案件的实体事实，即只作形式审查。但情况真是如此吗？从诉讼法理上讲，速裁程序实际上可称为"最简易程序"，其对审理程序的缺省和克减已经趋近极致，正如俗语所说"能减的都减了、能省的都省了"，对此毋庸讳言。然而，即便如此，仍不能轻易得出结论，认为速裁程序即无须调查犯罪事实。实际上，速裁程序对审理程序的缺省和克减，主要是对法庭调查程序的大幅简化以及对法庭辩论程序的克减，而非完全无须调查犯罪事实。理论上，人民法院仍需在开庭审理中调查犯罪事实，只不过无须采用通常庭审中的证据调查方式，而是采用当庭讯问被告人、听取检察官的意见，并结合庭前检察机关移送之案卷材料来综合认定犯罪事实，进而以之作为判决的事实基础。因此，速裁程序在本质上并非不调查犯罪事实，而是调查事实的程序和方式方法极度简化。据此，对于速裁程序而言，虽然不实行实质化庭审，但亦绝非单纯的形式化审查。

由此可见，法院采用速裁程序审理认罪认罚案件，并不是不需要查明事实，而是简化并修正了调查事实的方式和程序而已。正基于此，实务操作中，人民法院在采用速裁程序审理认罪认罚案件时，除了要重点审查被告人认罪认罚的自愿性以及具结书内容的真实性、合法性之外，还应当重视对案件基础事实的调查，包括指控的犯罪事实是否构成犯罪、指控的犯罪事实是否为被告人所实施，以及自首、立功等是否有证据材料予以证明。在前期试点工作中，在酒驾案等领域就曾发生多起被告人冒名顶罪的案件，险些酿成冤假错案，重要原因即在于办案人员只重视对被追诉人认罪认罚自愿性、真实性的审查，而忽略了对案件基础事实的调查。这是值得警惕的教训。

问题五：发生《刑事诉讼法》第201条之情形，程序上如何处理

我国《刑事诉讼法》第201条规定："对于认罪认罚案件，人民法院依法作出判决时，一般应当采纳人民检察院指控的罪名和量刑建议，但有下列情形的除外：（一）被告人的行为不构成犯罪或者不应当追究其刑事责任的；（二）被告人违背意愿认罪认罚的；（三）被告人否认指控的犯罪事实的；（四）起诉指控的罪名与审理认定的罪名不一致的；（五）其他可能影响公正审判的情形。人民法院经审理认为量刑建议明显不当，或者被告人、辩护人对量刑建议提出异议的，人民检察院可以调整量刑建议。人民检察院不调整量刑或者调整量刑建议后仍然明显不当的，人民法院应当依法作出判决。"对于上述规定的内容和意旨，学界和实务界存在不同的解读，争议较大，已经影响到实务操作，实有必要从程序法理的角度予以澄清。

首先，该条款立法目的旨在廓清检察机关与人民法院在认罪认罚案件中的诉讼地位及权限。由于该法条明文规定"人民法院依法作出判决时，一般应当采纳人民检察院指控的罪名和量刑建议"，据此，人民检察院与被追诉人在庭前协商达成合意的量刑意见以及检察官起诉时提出的量刑建议将对人民法院产生拘束力，法院原则上应当予以采纳。这正是认罪认罚从宽程序特殊性所在，凸显了检察机关在认罪认罚从宽程序中的主导地位，正因为此，法谚上才有所谓"认罪认罚从宽程序是检察官的程序"一说。与此同时，该法条后半段又以但书形式规定"但有下列情形的除外：……"据此，在法定五种可能影响公正审判的情形下，人民法院可以例外地不受检察官量刑建议的约束。而是否符合法定五种可能影响公正审判的情形，自然需由人民法院加以审查，这表明人民法院在认罪认罚从宽程序中居于审查、监督者的地位，其审查、监督的目的是确保公正审判的实现。

其次，对该法条中所谓"人民法院依法作出判决"一语，在实务操作中究竟该如何解释和操作？是指人民法院可以径直作出判决，还是必须回转程序重新审理？法条规定本身并不明确。笔者认为，所谓"人民法院依法作出判决"，必须区分不同案件情况来讨论其具体如何操作：

其一，对于采用速裁程序和简易程序审理的认罪认罚案件，人民法院在审理中发现存在五种可能影响公正审判的情形时，不能直接作出判决，而应当终止认罪认罚案件的审理程序，转换程序后重新审判。但关于程序究竟该如何转换，存在争议。根据最高人民法院的意见，适用速裁程序或简易程序审理认罪认罚案件时，一经发现有下列情形之一的，应当转为普通程序审理：一是被告人的行为不构成犯罪或者不应当追究其刑事责任的；二是被告人违背意愿认罪认罚的；三是被告人否认指控的犯罪事实的；四是案件事实不清、证据不足的；五是其他不应适用速裁或者简易程序的。按照这一观点，速裁转换程序实际上就分为转简易程序和转普通程序两种类型。① 对此，最高法院还举例加以说明，认为在采用速裁程序审理的认罪认罚案件中，如果影响量刑的情节有变化需要通过法庭调查来查清的，则可以转换为简易程序重新审理，而无须转换为普通程序。② 同时，照此观点推论，采用简易程序审理的认罪认罚案件，即使人民法院发现存在法定五种可能影响公正审判的情形，需要终止正在进行的简易程序，但只要案件仍符合简易程序的适用条件，仍然可以在程序倒流后重新启动简易程序进行审理，唯有符合最高法院列出的五种情形的案件方才需要转换为普通程序重新审理。对此，笔者持有不同意见，原因之一：简易程序与速裁程序一样，性质上都属于普通程序的简化版本，都对庭审程序进行了缺省并对被告人的诉讼权利进行了克减，只是程序简化的程度不同而已。既然《刑事诉讼法》第201条规定程序回转的要件是"可能影响公正审判"的情形，那就说明这一程序障碍已经涉及被告人的公正审判权问题，合法性存疑且性质相当严重，再采用简易程序审理显然已经不足以保障被告人的合法权益。是故，一旦发现《刑事诉讼法》第201条之五种可能影响公正审判的法定情形时，无论是将速裁程序转换为简易程序，抑或重启简易程序更新审判，皆难以保障被追诉人的公正审判权，而应当直接回转为普通程序重新审理。原因之二：最高法院之所以主张速裁程序可以转换为简易程序，以及可以重启简易程序更新审判，不外乎基于诉讼效率的考虑。以最高法院所举之例为例，即影响

---

① 胡云腾主编：《认罪认罚从宽制度的理解与适用》，人民出版社2018年版，第110页。

② 胡云腾主编：《认罪认罚从宽制度的理解与适用》，人民出版社2018年版，第110页。

量刑的情节有变化而需要通过法庭调查来查明的，最高法院的意见是可以转换为简易程序处理，原因当然是简易程序更有效率。但笔者认为，这种顾虑完全没有必要，因为在影响量刑的情节有变化而需要通过法庭调查来查明的情况下，由于被告人对指控的犯罪事实并无异议，仍然属于被告人认罪案件，在对该类案件采用普通程序审理时，法庭调查和法庭辩论程序都可适度简化，例如，可以对证据进行"打包"式举证与质证、法庭辩论仅仅围绕争点进行等。实际上，这种以被告人认罪为前提的普通程序简化审，在程序结构上已经与简易程序并无太大的差别，与其要求速裁程序转换为简易程序重新审理，或者重启简易程序更新审判，不如直接一步到位转换为普通程序重新审理。况且，审判实践中情况复杂多变，如果在速裁程序转换为简易程序重新审理之后，程序上出现新问题又需要转换为普通程序的，岂不是又需要再次转换程序，徒增烦琐、实无必要。在理论层面而言，提倡速裁程序可以根据情况分别转换为简易程序和普通程序重新审理，就需要设定两套程序转换的条件和机制，更是增加了实务操作中的烦琐，毫无意义。因此，笔者建议，凡是采用速裁程序和简易程序审理的认罪认罚案件，一旦发现《刑事诉讼法》第201条之五种可能影响公正审判的法定情形时，都一步到位直接转换为普通程序重新审判，即使是发现影响量刑的情节有变化需要通过法庭调查来查明的情形，亦一律转换为普通程序重新审理。

其二，对于采用普通程序审理的认罪认罚案件而言，由于其程序本身即为实质化审理程序，并未缺省程序及克减被告人的权利，因此，实务中即使遭遇五种可能影响公正审判的情形，法院亦可直接依法作出判决，而无须转换程序；如果法院认为已经进行的法庭调查程序有遗漏的，可以重开法庭调查，然后一发作出判决。

最后，《刑事诉讼法》第201条第2款规定："人民法院经审理认为量刑建议明显不当，或者被告人、辩护人对量刑建议提出异议的，人民检察院可以调整量刑建议。人民检察院不调整量刑建议或者调整量刑建议后仍然明显不当的，人民法院应当依法作出判决。"对于该条款，实务中该如何解释和操作，不无争议。问题主要集中在两个方面：

第一，关于该条款与前一条款的关系问题。根据体系解释的方法，该条款实际上是前一条款的例外条款和排除条款，即，被告人如果承认自己所犯罪行，对指控的犯罪事实没有异议，而仅仅是对量刑建议提出异议，或者人民法院发现量刑建议明显不当的，可以通过检察机关主动调整量刑建议的方式来解决，而无须转换程序。从诉讼经济的角度讲，这一例外程序的设计有其合理性。因为，如果指控事实无争议而仅仅是量刑上存在争议，检察机关调整量刑建议即可解决，而无须转换程序重新审理，以致费时耗力。但是，关于该条款的适用对象，有观点认为，该条款仅适用于采用速裁程序审理的认罪认罚案件。对此，笔者持有不同看法，因为，无论从该条款的内容表述还是其所处篇章结构的位置来看，均未限定为速裁程序方可适用，因此，法解释上就不宜将其限缩解释为仅适用于速裁程序，而应当解释为三种类型的程序皆可适用。

第二，在前期试点工作中，部分地区的法院因为追求快速结案往往不待检察机关调整量刑建议即径行判决，引发检察机关之强烈不满，认为法院不当削夺检方之权力。从条文本身的表述来看，确实明确赋予了人民检察院调整量刑建议的权力，对此，人民法院应予尊重和保障，不宜不待检察机关调整量刑建议即径行判决。但问题是，检察机关该以何种方式又当依据何种程序来调整量刑建议，前期试点中各地做法不一，刑事诉讼法修正时对此亦未作出明确规定。最高法院的意见是量刑建议调整的程序不能太烦琐，否则会使认罪认罚从宽制度丧失其应有的功能。实践中，检察机关如在尚未开庭时决定调整量刑建议的，可以通过电话等方式先行沟通，开庭前再当场确认。如果庭审过程中根据量刑情节的变化决定调整的，则可在休庭后现场进行沟通和调整。无论是庭前还是庭中调整，均可通过当庭发表新量刑建议，当事人、辩护人确认的方式记入法庭笔录，而不必再重新制作起诉书、认罪认罚具结书等文书。① 对于最高法院的上述意见，笔者实不敢苟同，因为程序上太过便利反而显得过于草率和随意。且不说调整量刑建议需要重新与被告方进行协商，当庭调整技术上是否可行，单从诉讼法理上讲，检察机关起诉时提出之量刑建议，不论是否明确记载于起诉书中，抑或以书面形式附于起诉书后，都属于控方主张的诉讼请求，属于起诉指控的明确对象，一经提出即产生诉讼法上的效力，根据诉审对象同一的原理，控方起诉指控的对象同时也构成了法院的审判对象。因此，检察机关调整量刑建议，本质上属于公诉之变更，除非经过法定程序以法定方式予以变更，否则，不得随意为之。从我国公诉理论和实务来看，根据《人民检察院刑事诉讼规则（试行）》（以下简称《规则》）第458条之规定："在人民法院宣告判决前，人民检察院发现被告人的真实身份或者犯罪事实与起诉书中叙述的身份或者指控犯罪事实不符的，或者事实、证据没有变化，但罪名、适用法律与起诉书不一致的，可以变更起诉；发现遗漏的同案犯罪嫌疑人或者罪行可以一并起诉和审理的，可以追加、补充起诉。"显然，调整量刑建议应属该条款所称之"罪名、适用法律与起诉书不一致"的情形，应当采用变更起诉的方式和程序来解决。据此，人民法院经审理认为量刑建议明显不当，或

---

① 胡云腾主编：《认罪认罚从宽制度的理解与适用》，人民出版社2018年版，第101页。

者被告人、辩护人对量刑建议提出异议的，人民法院可以建议人民检察院调整量刑建议；人民检察院认为有必要调整量刑建议的，也可以申请人民法院休庭，以变更起诉的方式调整量刑建议。

然而，实务中的现实问题在于，按照普通程序和简易程序审理的认罪认罚案件，采用上述变更起诉的方式和程序调整量刑建议固无问题，但若采用速裁程序审理的认罪认罚案件，沿用上述变更起诉的方式和程序来调整量刑建议，就可能产生程序上的障碍。这是因为，《规则》第461条规定："变更、追加、补充或者撤回起诉应当报经检察长或者检察委员会决定，并以书面方式在人民法院宣告判决前向人民法院提出。"这意味着变更起诉必须履行检察机关内部的审批流程而无法当庭完成。然而，刑事诉讼法却要求法院在速裁程序中必须当庭宣判，由此就可能产生程序上的冲突。由于《规则》本身并不能约束人民法院，因而，实务中人民法院为了达到刑事诉讼法要求的当庭宣判，就可能不待检察机关完成调整量刑建议的审批手续即径直作出判决。这也正是前述试点工作中在该问题上爆发检、法冲突的根本原因所在。

笔者认为，当前我国正在推行检察官办案责任制改革，强调"谁办案、谁定案""谁定案、谁负责"，调整量刑建议与变更起诉实际上仍属于"定案"的范畴，属于员额检察官的分内之事。因此，建议秉承检察改革之精神，将变更起诉的决定权下放给员额检察官，允许员额检察官在庭审中根据案件情况自行决定变更起诉、调整量刑建议。实务操作中，为平衡检、法两家的利益，在采用速裁程序审理的认罪认罚案件中，人民法院经审理认为量刑建议明显不当，或者被告人、辩护人对量刑建议提出异议的，人民法院应当给人民检察院调整量刑建议预留一定的时间（短则10分钟），要求人民检察院在法庭休庭期间立即与被告人重新进行量刑协商并完成相关法律手续，进而在恢复庭审后当庭变更起诉、调整量刑建议，然后人民法院再据此作出判决。

问题六：一审判决作出后被告人上诉，程序上如何处理

我国刑事诉讼法并未限制被告人在认罪认罚从宽程序中的上诉权，因此，被告人的上诉权不能因为适用认罪认罚从宽程序而被剥夺。从前期试点中的情况来看，实务中被告人可能在两种情形下提起上诉：一是"假上诉"。即，被告人表面上系因不服一审判决而提起上诉，但其真实目的是希望"打擦边球"，利用上诉期达到留所服刑之目的。二是"真上诉"。即，被告人确实对一审判决不服或者因其他程序性事由而提起上诉，前者如法院未采纳检察机关的量刑建议，而被告人则认为量刑过重，后者如被告人认为值班律师能力不适任、为其提供了错误的法律帮助和咨询而提起上诉。

对于"假上诉"而言，实属形式上合法而实质上违法的规避法律行为，亦属违背司法伦理的不诚信之举，因而政策上应予以批判并从程序上予以预防。前期试点期间有检察院秉着"针尖对麦芒"的态度、采取抗诉的方式应对被告人的"假上诉"行为。但笔者认为这一做法并不妥，因为这种情形并不符合抗诉权行使的法定目的和法定条件。笔者认为，要有效防止"假上诉"现象，关键还是从源头上治理，要求检察官在提出量刑建议时，就应当对这一情况有所预判，所提出的量刑期间应当避免或杜绝被告人借上诉期留所服刑的可能，打消其侥幸心理。

对于"真上诉"而言，由于我国刑事诉讼法并未禁止被告人上诉权的行使，自应予以允准。但二审法院对这类上诉案件该如何审理，却是一个核心问题。笔者认为，由于我国的认罪认罚从宽程序可以衔接、适用普通程序、简易程序和速裁程序三类程序，因而，实务中，二审程序如何审理仍然必须分为两种情形讨论：其一，对于一审采用普通程序和简易程序审理的认罪认罚案件，由于这类案件的一审程序经过实质化的开庭审理，因此，其二审按照刑事诉讼法的有关规定操作即可；但对于一审适用速裁程序审理的认罪认罚案件，最高人民法院刑一庭《刑事诉讼中认罪认罚从宽制度的适用》课题组曾提出，速裁案件事实证据、法律适用均无争议，通过法律帮助、告知权利、书面具结、当庭询问、最后陈述等途径，已充分保障了被告人选择程序、发表意见、参与诉讼的权利，因此，其二审应以不开庭审理为原则。原判认定事实和适用法律正确、量刑适当的，应当裁定驳回上诉，维持原判；原判认定事实没有错误，但适用法律有错误，或者量刑不当的，应当改判；原判事实不清或者证据不足的，应当裁定撤销原判，发回原审人民法院适用普通程序重新审判。① 据此，最高人民法院提出了二审书面审理为主且可以直接改判的观点。对此，笔者不能苟同，因为，与前两类程序（普通程序和简易程序）不同，适用速裁程序审理的认罪认罚案件，实际并未经历实质化的开庭审理，这意味着被告人在一审程序中并未实际行使法定的各项诉讼权利，此时如果允许二审法院直接维持原判或改判，那么就意味着被告人仅经历一次实质化庭审就被定罪处罚，这无疑是变相剥夺了被告人的审级利益。因此，笔者建议，更为合理的做法是，由"两高"司法解释对此作出明确的规定，凡是一审适用速裁程序审理的认罪认罚案件，无论是一审判决后被告人上诉或检察院抗诉，二审法院均应当发回原审人民法院适用普通程序重新审判，以保障被告人的审级利益。

此外，实践中还存在一种被告人"违约上诉"的情况，即，被告人在一

---

① 最高人民法院刑一庭课题组：《刑事诉讼中认罪认罚从宽制度的适用》，载《人民司法》2018年第34期，第8页。

审中与检察官达成了认罪认罚从宽协议，在获得从宽判决后随即以量刑过重为由提起上诉，目的是希望利用"上诉不加刑"原则获得更轻的判决。对于被告人的这种行为，可以视为一种违约行为，因为，在认罪认罚从宽案件中，检察官所提出的量刑建议，实际上是与被告人协商的结果，只要人民法院在检察官量刑建议的幅度内量刑，被告人自应遵守协议息讼服判，否则认罪认罚从宽制度提高诉讼效率、节约司法成本的立法目的就无法实现。然而，被告人却在一审判决后以量刑过重为由提起上诉，显然违反了之前与检察官达成的协议，属于一种违约行为。按照前述检察官撤回认罪认罚决定的条件，在被告人违约的情况下，检察官自应撤回认罪认罚决定，但由于此时一审判决已经作出，不再具备撤回的条件，因此，检察官只能提起抗诉，请求二审法院撤销一审判决重新量刑，以此达到变相撤回认罪认罚决定的效果。当然，在该类案件中仍应遵守前述原理，如果一审是采用速裁程序审理的，二审法院原则上不得直接改判，而应当发回原审法院重新审理。同时，对于被告人的这种"违约上诉"行为，由于涉及被告人的重要权益保障，建议在《告知书》）中予以明确告知，让被告人事先充分知情（尤其是知悉该行为的法律后果），打消其内心的侥幸心理。

问题七：认罪认罚具结书是否可以在本案或他案中作为证据使用

在前期试点工作中，最高人民法院制发的《告知书》中第 7 条曾明确规定："犯罪嫌疑人、被告人撤回《认罪认罚具结书》后，犯罪嫌疑人、被告人已签署过的《认罪认罚具结书》不能作为本人认罪认罚的依据，但仍可能作为其曾作有罪供述的证据，由人民法院结合其他证据对本案事实进行认定。"对于该条款，究竟该如何解释适用，尤其是被追诉人曾经认罪认罚这一事实，是否可以在本案或他案中作为证据使用，实务中不乏争议。

从比较法的角度考察，对于被追诉人曾经作出有罪供述，后因各种原因而未能达成认罪认罚协议或者达成协议后又撤回的，被追诉人之前所作有罪供述能否在本案或他案中作为证据使用，确有不同的规定与做法。以美国为例，为鼓励被告人与检察官达成认罪协商，美国联邦证据法和刑诉规则规定，被告人于认罪协商过程中所作之讨论或陈述，于任何刑事、民事诉讼不得作为不利于被告之证据。但实务中检察官通常会要求被告人放弃这一权利，否则会拒绝与其达成协议。换言之，美国实务中采取了促使被告人主动放弃权利的方式间接达到了将其之前所作有罪供述用作本案或他案证据的目的。而与此相反，我国台湾地区"刑事诉讼法"第 455 条之 7 则明文规定，法院未为协商判决者，被告或其代理人、辩护人在协商过程中之陈述，不得于本案或其他案件采为对被告或其他共犯不利之证据。

是否允许将被追诉人之前的有罪供述，作为本案或他案证据使用，其实是一个价值权衡问题。赞成者认为，被追诉人之前所作有罪供述，完全系其真实、自愿的意思表示，性质上属于庭外供述，自无不可作为本案或他案证据使用之理由。然而反对者认为，其一，在性质上，并不能完全排除被追诉人之前所作有罪供述，系检察官以从轻处罚利诱之结果，故证据的真实性和合法性存疑；其二，在政策上，如若允许将被追诉人之前的有罪供述，作为本案或他案证据使用，将使得被告人对与检察官达成协商顾虑重重，不利于鼓励被告人与检察官进行协商，可能不当限制协商程序的适用率；其三，在伦理上，允许将被追诉人之前的有罪供述，作为本案或他案证据使用，可能不恰当地暗示甚至是明目张胆地鼓励检察官以协商为名行套取被追诉人有罪供述之实，而这有违司法诚信之伦理。显然，价值权衡问题属于"诸神之争"，不可能得出一个统一的结论，不同的法文化和法体系完全可能作出不同的价值选择。基于此，《告知书》明确规定犯罪嫌疑人、被告人已签署过的《认罪认罚具结书》仍可能作为其曾作有罪供述的证据，并非完全不合理。但在实务操作中仍应注意以下问题：

首先，《告知书》仅明确犯罪嫌疑人、被告人已签署过的《认罪认罚具结书》仍可能作为其曾作有罪供述的证据。这意味着犯罪嫌疑人、被告人已签署过的《认罪认罚具结书》可以在本案中作为证据使用，但能否在他案中用作证据，仍不明确。从法理上讲，既然可以在本案中用作证据，当然亦可以在他案中用作证据。例如，共同犯罪中作为共犯之一曾签署过《认罪认罚具结书》，则该具结书在其他共犯的审判程序中仍可以作为证据用以指控其他共犯。

其次，从证据学的角度讲，具结书本身仅仅只是被追诉人所作的一种声明（认罪的意思表示），虽然可以据此认定被追诉人曾作出有罪供述这一事实，但具结书本身并没有关于犯罪事实（时间、地点、行为等）的任何具体描述，因此，不符合证据所具有的还原案件事实的基本功能和要求，实务中不能将具结书直接作为口供来用，更不能径直以具结书作为认定案件事实的证据。实务操作中，真正可以作为证据（口供）来用的，应当是检察官在与被追诉人进行协商时所制作之笔录。这也就是为何《告知书》会规定"由人民法院结合其他证据对本案事实进行认定"的原因所在。据此，即使控、辩双方经协商未能达成认罪认罚协议，但只要被追诉人曾经作出有罪供述的，检察官仍应将该笔录入卷，并在证据目录中列明。

（原载于《中国刑事法杂志》2019 年第 3 期）

认罪认罚从宽制度证明标准差异化的实证研究

李小东[*]

一、问题的提出

刑事司法领域"案多人少"的矛盾是刑事案件速裁程序和认罪认罚从宽制度这两项改革试点的现实动因。[①] 在同步推进以审判为中心刑事诉讼制度改革的大背景下，这两项试点承担着通过案件繁简分流，为疑难、复杂案件的庭审实质化节省出充足司法资源的任务。[②] 因此，如何合理设计这两项制度的内在运行机制，减少司法者的工作量和提高诉讼效率就成为开展试点工作的重点。其中，证据方面的工作无疑是最为核心的内容。由于司法实践中证据的收集、固定、审查和认定往往占用了绝大多数的司法资源，因而各地的试点大都围绕证据来做"减法"，大力探索各种简化的证明机制，其中最引人注目的就是认罪认罚案件"证明标准差异化"的实践探索。[③] 本文将围绕"认罪认罚案件证明标准差异化"这一理论和实践的重要问题从以下三个方面展开研究：

其一，我国证明标准的规范内涵。证据确实、充分是统一的、单一的概念范畴，还是多层次的实践话语？证据确实、充分与排除合理怀疑的规范联系是什么？这些问题既是证明标准差异化的理论前提，也是证明标准差异化探索的实践方向。

其二，认罪认罚案件证明标准差异化在试点实践中的表现形式，即差异化的证明标准体现在哪些诉讼证明活动中？其实践含义是什么？这些问题是对证明标准差异化探索实践的实证描述，旨在揭示证明标准差异化在司法实践中的

---

* 中国政法大学刑法学博士研究生，广东省人民检察院副检察长。

① 魏晓娜：《完善认罪认罚从宽制度：中国语境下的关键词展开》，载《法学研究》2016 年第 4 期，第 79 页。

② 谢澍：《认罪认罚从宽制度中的证明标准——推动程序简化之关键所在》，载《东方法学》2017 年第 5 期，第 131 页。

③ 孙长永：《认罪认罚案件的证明标准》，载《法学研究》2018 年第 1 期，第 169—171 页。

具体样态，以及它是否改变或者降低了法定的证明标准。

其三，认罪认罚案件证明标准差异化实践的法律效果，即证明标准差异化对于司法实践的影响如何？是否有利于司法效率的提高，是否会造成案件质量的下降或者司法不公？这些问题是检验证明标准差异探索的最终标准，也是进一步实践探索的根据，即证明标准差异化的范围、对象等问题的探索要根据实践效果的反馈来加以调整。

上述第一个问题，笔者拟采用法解释学的方法对我国刑事诉讼法关于证明标准的相关条文进行规范分析，第二和第三个问题则偏重实证研究的方法，将选取两个具有代表性的试点地区的认罪认罚案件总体数据进行对比分析，以论证证明标准差异化机制的可行性和实效性。

二、证明标准构成要素的层次性

我国刑事诉讼中的证明标准是"证据确实、充分"，但该标准长期以来被司法一线认为是太过抽象，缺乏可操作性。随着 2012 年刑事诉讼法第二次修订，以及 2018 年刑事诉讼法修改过程中对上一轮修订的承继，"证据确实、充分"被拆分成三个层面的构成要素。根据现行《刑事诉讼法》第 55 条第 2 款的规定："证据确实、充分，应当符合以下条件：（一）定罪量刑的事实都有证据证明；（二）据以定案的证据均经法定程序查证属实；（三）综合全案证据，对所认定事实已排除合理怀疑。"证明标准的三项要素所反映内容具有不同层面的规范内涵：第一项是证明标准对证明对象范围的要求，包括定罪事实和量刑事实两个方面，它是证据裁判原则的基础性要求。第二项是证明标准对单个证据的内在属性和证据的运用方式的形式要求，即证据查证方式。定案的证据必须具备客观性、关联性、合法性的属性，并且按照法定程序予以收集、审查、运用和认定。其中的法定程序主要是指法庭调查中的举证、质证程序。第三项是证明标准对刑事审判所应达到证明程度的目标及手段的设定，即应当通过排除合理的怀疑来达到"证据确实、充分"的证明目标。它是证明标准的核心，可称之为"狭义的证明标准"。我国的刑事司法实践普遍采用印证证明的方法来审查确认定案证据是否达到"确实、充分"的程度，而排除合理怀疑则是印证证明的必要补充，是通过合理疑点的发现、验证和排除而达到的"内心确信"。[①] 换言之，排除合理怀疑是自由心证的证明方法，是印证证明的辅助性证明手段，从反面角度验证定案证据是否达到"确实、充分"的程度，

---

① 龙宗智：《中国法语境中的"排除合理怀疑"》，载《中外法学》2012 年第 6 期。

可称之为"定罪辅助性标准"。

进一步分析可以发现，上述三个层次构成要素的属性是有差异的：证明标准的证明对象是范围而没有度量的维度，无所谓高低大小或者说降低升高的问题；证据的客观属性和运用方式，即证据的查证方式也是定性的维度，无所谓高低大小的量化问题；唯有证明方法对证明目标的实现程度是一个定量的问题，虽然它难以用明确的数值表现，但却可以基于司法经验来比较判断综合证据证明案件事实的可靠性程度，如按英美证据法理论的研究，由低到高大致有以下几个层级：有合理根据怀疑、合理相信、优势证明、明晰而有说服力的证明、排除合理怀疑。① 在试点实践中，学界所讨论的"不降低证明标准"正是针对证据确实、充分这一证明目标的实现程度——排除合理怀疑这一狭义的证明标准而言的，至于证明对象范围、证据查证方式等两个层面的证明标准则仅有差异化的问题，而无所谓"降低"的问题。

狭义的证明标准所设定的目标，对于司法机关的诉讼证明活动有法律上的拘束力；换言之，按照法定的证明目标来开展诉讼证明活动是各司法机关的法定职责。既然我国的刑事诉讼法对侦查机关、检察院、法院设定的是同一的诉讼证明目标，即"案件事实清楚，证明确实、充分"，② 那么我们就不能再人为地为不同诉讼主体在不同诉讼阶段设定差异化的证明目标。因此，在理论上基于诉讼主体或者诉讼阶段差异而主张证明标准差异化的观点，③ 违反我国刑事诉讼法的规定，混淆了证明目标的规范设定和证明目标的实现程度两个问题，错误地将不同诉讼阶段对证明目标实现程度存在差异的事实，作为证明标准应当实行差异化的理由。在实践中，轻率地降低证明目标的要求可能导致"侦查权懈怠，丧失查明案件事实真相的动力""给侦查滥权提供诱惑，引发虚假的认罪认罚"等问题。④ 实际上，速裁程序和认罪认罚从宽制度试点过程

---

① 李学宽、汪海燕、张小玲：《论刑事证明标准及其层次性》，载《中国法学》2001 年第 5 期，第 126 页。

② 我国立法机关也明确提出："'证据确实、充分'是我国刑事诉讼法对侦查机关侦查终结移送起诉、检察机关提起公诉的要求，也是审判程序中人民检察院完成被告人有罪的举证责任，人民法院判决被告人有罪的证明标准。"郎胜主编：《中华人民共和国刑事诉讼法修改与适用》，新华出版社 2012 年版，第 122 页。

③ 汪海燕、范培根：《论刑事证明标准层次性——从证明责任角度的思考》，载《政法论坛》2001 年第 5 期，第 81 页；王圣扬：《刑事证明标准层次性论略》，载《政治与法律》2003 年第 5 期，第 54 页；张显伟、韩延飞：《刑事诉讼证明及其层次化分析》，载《广西社会科学》2009 年第 4 期，第 57 页。

④ 刘铭：《认罪认罚从宽制度在侦查阶段的适用——以三地试点规则为例》，载《中国刑警学院学报》2018 年第 5 期，第 17 页。

中，不同的诉讼主体在不同诉讼阶段也都是按同一的证明目标要求去收集、固定、审查和认定证据的，而不会因犯罪嫌疑人、被告人认罪认罚就降低自身的职责要求，放弃对实现证据确实、充分目标的努力。①

　　既然"诉讼主体差异论"和"诉讼阶段差异论"无法证立"证明标准差异化"，那么"证明标准差异化"的正当性何在？这事关认罪认罚案件证明标准差异化探索实践的合法性问题，是所有实务部门都必须首先面对的根本性问题。笔者认为，这一问题的答案还是需要回到实现证明目标的方式（模式）上寻找。

　　印证和心证这两种证明方式对证据的数量、种类、范围和查证过程等的要求存在很大的差异，而两者的合并适用则会进一步形成更丰富的差异化样态。其一，印证是用多个证据的综合判断来认定事实，心证无数量上的严格限制，如果在案证据足以使裁判者形成内心确信，孤证亦可定案。② 其二，印证所需的证据必须来源不同，要求的证据的范围全面和种类多样；③ 心证没有硬性要求，可以根据单方面可靠来源的证据定案，如在受贿案件中，即便仅有行贿一方的证据指控，但若达到排除合理怀疑的确信程度则亦可定案。④ 其三，印证侧重证据同一性的客观审查，对证明过程的形式没有严格要求；心证侧重证据可信性的内心过程，对证据查证的方式、程序有更严格的要求，主要是法庭调查过程的对抗化和实质化。印证和心证的方式都是实现证明目标的合法手段，依法运用都可以实现证据确实、充分的证明目标，不会造成司法不公，因而基于它们的不同特性对诉讼证明活动做出差异化的制度安排是被法律所允许；换言之，在既定的证明目标约束下，可以按照不同的证明方式对证明标准构成要素提出差异化要求。

　　认罪认罚从宽制度有利于保障有罪供述的自愿性和真实性，在此基础上"由供到证"可以有效收集关键性的客观证据，因而认罪认罚案件的证据结构相比一般刑事案件，更适合采用自由心证的证明方式，即"可以降低客观印证的证据要求，采用形成裁判者的内心确信的心证标准认定事实、适用法律，

---

　　① 针对刑事速裁程序试点情况的问卷调查显示，有超过95%的法官、检察官、警察和律师都回答自己在办理案件过程中做到证据确实、充分。李本森：《刑事速裁程序试点研究报告——基于18个试点城市的调查问卷分析》，载《法学家》2018年第1期，第169页。

　　② 龙宗智：《印证与自由心证——我国刑事诉讼证明模式》，载《法学研究》2004年第2期，第110页。

　　③ 薛爱昌：《为作为证明方法的"印证"辩护》，载《法学研究》2018年第6期，第33页。

　　④ 周洪波：《中国刑事印证理论批判》，载《法学研究》2015年第6期，第139页。

以降低司法资源消耗，提高司法效率"。① 在认罪认罚案件中优先适用心证方式，必然使得认罪认罚案件达到法定证明标准的证据范围、数量和证明过程的要求低于一般刑事案件的，但对于具体变化尺度则难以事先统一、硬性地设定，而只能通过试点探索，再提炼成相应的证明规则。因此，刑事速裁程序和认罪认罚从宽制度这两项制度试点地区的实务部门普遍是在恪守排除合理怀疑的标准下，围绕证据确实、充分的第一项和第二项构成要素展开差异化探索，或者是限缩证明对象范围，或者是简化证据查证程序、步骤。

三、认罪认罚案件证明标准差异化的实践形式

就笔者进行的资料收集和实地调研来看，司法实务中各地对于认罪认罚证明标准的探索差异较大。但大部分试点地区对证明目标的实现程度——排除合理怀疑这一构成要素的探索并没有太多直接的实质性表现。就笔者所收集、掌握的材料来看，没有地区直接喊出将证明标准降低至"排除合理怀疑"标准以下的情形。即便是探索力度较大的上海地区，其在上海市高级人民法院、上海市人民检察院出台的《刑事案件认罪认罚从宽制度试点工作实施细则（试行）》（以下简称《上海实施细则》）第二部分的"证明标准"中也仅是重申狭义的证明标准："证据与证据之间、证据与案件事实之间无矛盾或者矛盾得以合理排除"和"对于证据存在下列情形之一，不能排除合理怀疑的，不得适用认罪认罚从宽制度"。如果说各地在刑事案件速裁程序和认罪认罚从宽制度的试点中有明显的证明标准差异化探索的话，也主要是集中在另外两个层次的构成要素上，即证明对象范围和证据查证方式的不同。

（一）证明对象范围的差异化探索

证明对象范围的限缩最有利于减轻侦查机关的取证负担，可以极大程度地提高审前阶段的办案效率，故而侦查机关和检察院有很强的探索动力。在全国各地的试点中，证明对象范围差异化探索也是集中在侦查机关的取证范围上，概括起来有"原则""类案""个别"三种形式：

1. 原则式。上海市认罪认罚试点原则性地规定了认罪认罚案件差异化证明对象范围，其在《上海实施细则》规定："（一）办理认罪认罚案件要做到主要犯罪事实清楚，主要证据确实充分。（二）主要犯罪事实是指与犯罪构成以及重要量刑情节有关的事实，包括：犯罪主体、犯罪的对象、手段、后果，影响量刑的主要情节。对于犯罪的具体时间、地点和作案细则无法查清的，但

---

① 龙宗智：《刑事印证证明新探》，载《法学研究》2017 年第 2 期，第 165 页。

不影响犯罪事实成立的，可以概括表述。（三）主要证据确实充分是指主要犯罪事实与量刑事实都有相关证据证实；……取证程序符合法律规定。"上海市试点缩小了认罪认罚案件的证明对象及对应证据的取证范围，将证明对象缩小至犯罪构成要素和对量刑结果有重大影响的情节，即量刑协商或者量刑辩论中争议大的情节，并且将待证对象的证据范围缩小至主要犯罪证据——但"何谓主要证据"则是相对模糊，缺乏可操作性的。这一证明对象范围的限缩是同时适用于侦查机关、检察院和法院，对认罪认罚案件司法效率的全程提速有较大的作用。

2. 类案式。南京市建邺区人民检察院认罪认罚试点则在"现场抓获危险驾驶案"和"盗窃案现行犯"两大类案中，探索了"主要犯罪证据"的操作化标准。其《速裁程序"一步到庭"办案模式证据标准差异化审查指引》（以下简称《南京证据标准指引》）在规定"应当具备的基本证据"基础上，还规定了"差异化证据标准"，明示这类案件取证范围限缩的具体内容，如在第5条规定："在现场查获的危险驾驶案件，在符合认罪认罚的速裁程序情况下：（一）在道路明显属于公共交通管制道路的，无须收集证明道路状况的证据；（二）所驾驶车辆系汽车、未造成交通事故不涉及事故责任认定的，无须对车辆进行技术鉴定；（三）在犯罪嫌疑人、被告人认罪认罚的情况下，侦查阶段在其醒后做一次讯问即可，可以不重复多次讯问；（四）可以不调取共同饮酒吃饭等相关证人证言。"

3. 个别式。广州地区在《广州市刑事案件认罪认罚从宽制度试点工作座谈会纪要》中专门规定，侦查机关办理认罪认罚案件可以简化对身份证明材料的调取，在证明身份的证据材料确实充分的情况下，可以不调取户籍材料；"对于前科记录中已在生效刑事判决文书被依法认定的部分，可以不再调取该判决之前的刑事判决书或者执行监狱出具的刑满释放证明"。这些规定缩减了认罪认罚案件中犯罪主体要素证明要求的证据种类、范围和数量，一定程度上减轻了侦查机关的取证负担。

以上三种形式，原则式的证明标准差异化探索力度无疑是最大的，对我国刑事证据制度有实质性改变，但可操作性不强，仍有待进一步的探索积累经验，以便今后形成更具体的证据规则；类案式贴近实务、可操作性强，对于一些被实践证明可行的差异化标准可以进一步推广，由各地区结合实际制定出台相应的类案证据指引。至于个别式则可以针对一些取证难度高、工作量大、但却争议小、对定罪量刑作用不大的证据种类。

缩小取证范围和减少证据数量要求首先是减轻了侦查机关的取证负担，顺应这一探索，也有个别地区的检察院对审查起诉的证据范围要求做了相应的限缩。例如，《南京证据标准指引》规定，现场查获的危险驾驶案件重点审查血液检测报告，现场抓获的盗窃案件则重点审查被盗现金、被盗财物的价值鉴定等，这也就大幅限缩了起诉案件的证据审查范围，减轻了检察官工作量。取证、查证范围的缩小进一步引发连锁反应，导致法院查证事实的证据量也开始萎缩。如在认罪认罚案件特别是适用速裁程序的案件中，法院简化或者取消法庭调查、法庭辩论而集中审查认罪认罚的自愿性、真实性和合法性——这一试点探索成果在 2018 年刑事诉讼法修改时被吸纳了，规定在第 190 条第 2 款之中。

但是，需要明确的是减少证据量如将证据限定为"基本证据"，是否就表明是降低了证明标准呢？换言之，证据量的多少与证明标准所要求的心证程度之间是否具有直接的对应关系呢？事实上，证据量多并不一定意味着心证程度高，反之亦如此。印证的证据数量也不是说越多就越好，只要与待证事实有关的证据具备即可，要求所有与案件相关的事实都收集到且都要相互印证是不现实、不经济的。① 因此，不能说证明范围的缩减，证据量的减少就一定是证明标准的降低，只能说是证明标准发生了变化，证明难度有所降低。

（二）证据查证方式的差异化探索

证据查证方式的差异化在试点之前已经被广泛实践。我国刑事诉讼法本来就明确规定了适用普通程序和简易程序的案件分别采用不同的法庭调查程序。速裁程序和认罪认罚从宽制度的试点探索进一步丰富证据查证程序的差异性，除了继续探索速裁案件的简化庭审方式，还针对认罪认罚案件证据的收集、固定和审查增设了专门的程序。具体而言：

其一，速裁案件庭审程序简化的探索已经被 2018 年修改后的刑事诉讼法吸纳，其第 224 条规定，适用速裁程序审理案件，一般不进行法庭调查、法庭辩论。笔者在调研过程中发现，实践中，检察机关不专门就证据当庭展开举证、质证，大多是简要宣读起诉书，法庭庭前核实的证据材料，判决书中也仅仅表述为指控的事实清楚，证据确实、充分，不再对证据专门展开论述。换言之，据以定案的证据不是通过举证、质证等严格程序予以查证。而在传统不认罪的普通程序中，检察机关必须当庭详细说明证据的来源、内容和证明事项，法官通过对证据的当庭质证，详细听取控辩双方的意见，辅之以庭外调查核实，同时对证据的采纳与否予以相应地回应，再综合判断认定案件事实。两相比较，速裁程序的证据调查可谓大为简化。当然，在认罪认罚从宽案件中，即

---

① 薛爱昌：《为作为证明方法的"印证"辩护》，载《法学研究》2018 年第 6 期，第 33 页。

使是在简易程序和被告人认罪认罚的部分普通程序中，查证程序的简化情形也多有出现，如在一些被告人认罪认罚适用简易程序的案件中，检察机关简要说明证据的来源、内容和证明事项，法官当庭询问被告人对证据的意见但并不展开，裁判文书中亦不对证据着重分析论证，对认定的事实所依据的证据只简单表述证据名称。① 应当说，上述认罪认罚从宽案件中证据查证方式的简化无疑是减轻了法官的庭审负担，但是不是直接降低了证据确实、充分的证明标准不无疑问。不能单纯以简化的法庭调查程序为由，就推论实质上证明标准被降低了。

其二，认罪认罚案件的法庭调查程序简化，原则上不进行全面审查，因此为了确保据以定案的证据查证属实，在审前阶段就必须建立更为严格的证据审查程序。有的试点地区在审查起诉阶段增设了"证据开示"程序。例如，广州市中级人民法院、广州市人民检察院等七部门会签的《关于开展刑事案件认罪认罚从宽制度试点工作实施细则（试行）》（以下简称《广州实施细则》）第20条规定："犯罪嫌疑人自愿认罪认罚的，人民检察院应当向其辩护人或者值班律师开示证据，并记录在案。"证据开示程序是指在辩护人或者值班律师在场见证下，将案件指控事实的证据列表和主要情况向犯罪嫌疑人开示。② 证据开示程序与法庭调查程序在功能上有一定的相似性，既有利于确保辩方在信息对称、充分知悉证据的基础上做出自愿选择，也有利于客观全面的查证证据——在证据开示过程中，犯罪嫌疑人及其辩护人或者值班律师对证据提出异议或者质疑的，检察机关应当审查回应，必要时进行调查复核，以确保定案的证据查证属实。换言之，在认罪认罚案件的审查起诉中，检察机关应当采取更为严格的证据审查程序和方式，而不宜采用简化的方式。检察办案程序并未简化。

其三，对于认罪认罚案件的证据，侦查机关仍应当通过法定程序予以收集、固定，保证证据的客观性和合法性。这是因为犯罪嫌疑人自愿认罪认罚，并不免除侦查机关依法取证的职责。③ 例如，《杭州市检察机关适用认罪认罚从宽制度办理的案件审查起诉规则》第3条规定，办理认罪认罚案件，应当坚持证据裁判，依照法律规定收集、固定、审查和认定证据。《广州实施细则》规定得更为具体，其第5条第3项规定："严格遵循证据裁判原则。依照

① 孙长永：《认罪认罚案件的证明标准》，载《法学研究》2018年第1期，第180页。
② 赵恒：《认罪及其自愿性审查：内涵辨析、规范评价与制度保障》，载《华东政法大学学报》2017年第4期，第48页。
③ 刘铭：《认罪认罚从宽制度在侦查阶段的适用——以三地试点规则为例》，载《中国刑警学院学报》2018年第5期，第17页。

法律规定全面收集、固定、审查和认定证据，不得以犯罪嫌疑人、被告人认罪认罚代替案件的侦查审查起诉和审判职能。"在试点中，为了严格保障犯罪嫌疑人、被告人的自愿性和真实性，有的地区甚至要求侦查机关对于重大、敏感的认罪认罚案件在收集被告人有罪供述的讯问过程中同步录音录像。例如，深圳市人民检察院制定的《认罪认罚从宽制度实施细则（试行）》（以下简称《深圳实施细则》）第16条规定："公安机关可以根据案件实际情况，对犯罪嫌疑人的认罪认罚情况进行同步录音录像，固定相关证据。"有的试点地区则要求检察机关对认罪认罚具结过程同步录音录像。认罪认罚案件证据查证过程的同步录音录像有利于固定供述的证据资格和证明力，[①] 以及保障认罪认罚的自愿性和真实性。

综上所述，认罪认罚案件证据查证方式的简化主要体现在裁判上，而对于审前的侦查和审查起诉环节，司法机关在原有的证据收集、固定、审查和认定要求基础上，可能采用更为严格的证据查证程序，以确保认罪认罚案件的自愿性和真实性，防范冤假错案。这些严格的证据查证程序说明，认罪认罚从宽制度的适用并不必然是降低证明目标实现的程度，反而可能为了满足程序公正的要求，进一步提高认罪认罚案件审前阶段的证明标准。因此，在这个意义上讲，学者所谓"认罪认罚案件实质上降低了证明标准"的观点是片面的，只着眼于简化的庭审程序，而未充分考虑在一些审前环节增设的证据查证的严格程序。综上，笔者认为司法实践中为落实认罪认罚从宽制度的探索并未降低"证据确实、充分"的证明标准，只是通过减少证明对象的范围，简化证明程序来达到降低庭审证明难度的效果，但审前的证明负担并未降低。而且庭审中证明对象和证明程序的变化只能说明是证明标准的不同或差异，无所谓高低问题。

四、认罪认罚案件证明标准差异化的实际效果

认罪认罚案件证明标准差异化的探索在司法效率方面的价值是备受实务界和学界肯定的，[②] 但是在司法公正、保证办案质量等方面实务界和学界则仍是心存疑虑的，有的将证明标准差异化误以为是降低证明标准、会导致案件质量

---

① 秦宗文：《认罪认罚从宽制度的效率实质及其实现机制》，载《华东政法大学学报》2017年第4期，第41页。

② 汪海燕：《认罪认罚从宽案件证明标准研究》，载《比较法研究》2018年第5期，第72页；樊崇义、李思远：《认罪认罚从宽制度的理论反思与改革前瞻》，载《华东政法大学学报》2017年第4期，第7页。

下降，存在冤假错案的风险，因而再三强调坚持法定证明标准的立场。① 但是，全国各地试点实践却从不同层面内涵对证明标准进行差异化探索，这些探索实践有其实践的必然性和可行性，那么证明标准差异化的探索实践是否真会导致办案质量的降低或者损害司法公正呢？

对于这一问题，可以通过试点地区的实证数据予以解答。笔者选取了广东地区两个典型的样本作为研究对象，力图通过对比研究检验证明标准差异化对办案质量、司法公正的影响情况。样本一是广东省广州市，样本二是广东省深圳市。广州市和深圳市是速裁程序、认罪认罚从宽制度的试点地区，年均刑事案件量均超过 2 万件，样本的数据量大，可信度高：

样本一广州市在认罪认罚试点中严格遵循法定证明标准，未对认罪认罚取证范围和定罪标准作差异化要求，其证明标准差异化体现在证据查证方式上增设了"证据开示程序"。广州市试点在证明标准差异化问题上持保守立场，严格落实客观真实原则和人权司法保障原则，探索创新幅度有限，在全国 18 个试点地区中极具代表性。

样本二深圳市的认罪认罚试点大胆探索了证明标准差异化，证据对象范围上限缩为"主要证据"，《深圳实施细则》第 3 条第 2 款规定，适用速裁程序和简易程序办理的认罪认罚案件，在坚持证据裁判原则的前提下，可以收集、固定、审查和认定主要证据；没有在审前阶段增设"证据开示"或者其他证据查证程序，但在侦查阶段增设了认罪认罚过程的同步录音录像要求。深圳市的证明标准差异化主要体现在认罪认罚协商程序启动的证明标准上，按照《深圳实施细则》第 7 条第 2 款的规定，主要犯罪事实清楚，基本证据确实、充分，犯罪嫌疑人不认罪，也不承认犯罪事实的案件，但辩护人要求启动认罪认罚协商程序的，人民检察院可以与犯罪嫌疑人及其辩护人或者值班律师启动认罪认罚协商。深圳市在证明标准差异化的问题上大胆探索、创新，走在全国 18 个试点地区的前沿。

如果按照证明标准差异化的范围、程度来划定差异度的位阶——认罪认罚案件的取证范围、查证方式和定罪辅助性标准改变越大则所处的位阶越高，改变越小则位阶越低——那么深圳市的试点无疑是处于顶端的位阶，广州市则是处于底端的位阶，因而两者形成鲜明的对比，这有利于准确地检验证明标准差异化对司法公正和办案质量的影响。笔者采集了广州地区和深圳地区认罪认罚从宽制度试点从开始至结束（2016 年 12 月—2018 年 10 月）近两年的认罪认

---

① 秦宗文：《认罪认罚从宽制度的效率实质及其实现机制》，载《华东政法大学学报》2017 年第 4 期，第 38 页。

罚案件全样本数据，其中广州地区包含市区两级 12 个样本的数据，深圳地区包含市区两级 9 个样本的数据。其总体情况如表1。

表1　广州地区与深圳地区认罪认罚从宽制度试点案件总体情况

广州地区认罪认罚从宽制度试点案件总体情况					
试点单位	适用认罪认罚案件总数		认罪认罚起诉案件数		占同期起诉比例
	件	人	件	人	%
A 区	1775	1922	1757	1931	63.61
B 区	2526	2662	2437	2566	79.20
C 区	812	887	802	877	37.44
D 区	2087	2346	2076	2211	50.67
E 区	3925	4762	3689	4477	60.31
F 区	1439	1615	1422	1593	57.14
G 区	2592	2807	2532	2747	67.48
H 区	3006	3181	2979	3151	58.50
I 区	1267	1407	1231	1368	80.04
J 区	1302	1449	1288	1434	81.26
L 区	1878	2175	1861	2144	56.36
市级	100	223	87	200	8.72
合计	22709	25436	22161	24699	59.71
深圳地区认罪认罚从宽制度试点案件总体情况					
a 区	1412	1890	1241	1640	48.90
b 区	1907	2456	1784	2324	58.68
c 区	1962	2355	1618	1950	55.47
d 区	231	284	201	244	68.60
e 区	8323	9336	7438	8377	58.28
f 区	4902	5679	4303	4974	62.26
g 区	856	894	615	647	54.81
h 区	321	396	260	316	86.96
市级	784	1053	735	924	46.08
合计	20698	24343	18195	21396	57.80

从表1可知，广州、深圳两地刑事案件适用认罪认罚从宽制度适用总量均超过2万件，适用比例将近60%，高于全国平均水平，个别区域甚至可达80%。从深圳和广州两地公布的数据来看，两年试点的认罪认罚案件的无罪判决为0件。

笔者采用的是以下三个指标来衡量证明标准差异化对办案质量和司法公正的影响：

一是程序回转率，即认罪认罚案件由速裁程序、简易程序转化为普通程序的比例。如果法院在庭审过程中发现案件办理质量达不到标准，那么法院就应当将适用从快程序审理的认罪认罚案件变更为普通程序，因而程序回转率是一个可以检验审前案件办理质量的重要指标。按照上文分析，证明标准差异化并不会导致办案质量降低，因此，笔者提出假设一：在数据采集过程中误差波动的正常范围内，广州市和深圳市的程序回转率不会有明显的差异。

二是上诉率，即一审认罪认罚案件的被告人上诉比例。上诉率既是衡量司法公正、程序公正的重要指标，也是检验刑事判决质量的基本指标。同理，笔者提出假设二：广州市和深圳市的上诉率不会有明显差异，排除数据采集误差的正常波动，深圳的上诉率不会高于广州的上诉率。

三是抗诉率，即一审认罪认罚案件的检察机关提出抗诉比例。同理，笔者提出假设三：在数据采集过程中误差波动的正常范围内，广州市和深圳市的抗诉率不会有明显的差异。

以下是广州市和深圳市两年试点在这三项指标的数据对比表，通过对该表的比较分析，可以对以上三个假设加以检验。

表2　广州地区和深圳地区认罪认罚试点案件的三大指标对比

广州地区认罪认罚试点案件三大指标的情况										
试点单位	一审判决		适用审理程序（件）			上诉	上诉率	抗诉	抗诉率		
	件	人	速裁程序	简易程序	普通程序	程序回转	人	%	人	%	
A 区	1445	1581	1398	231	128	0	10	0.63	0	0.00	
B 区	2225	2317	1153	1034	85	3	22	0.95	1	0.04	
C 区	732	798	535	233	34	0	0	0.00	1	0.13	
D 区	2101	2373	1548	335	148	4	9	0.38	2	0.08	
E 区	3029	3724	1901	772	460	422	159	4.27	0	0.00	
F 区	1344	1512	791	537	16	1	8	0.53	1	0.07	
G 区	2240	2548	1979	340	27	111	77	3.02	0	0.00	

| 试点单位 | 一审判决 | | 适用审理程序（件） | | | 上诉 | 上诉率 | 抗诉 | 抗诉率 |
	件	人	速裁程序	简易程序	普通程序	程序回转	人	%	人	%
广州地区认罪认罚试点案件三大指标的情况										
H 区	3003	3165	1468	1399	51	75	138	4.36	0	0.00
I 区	1213	1354	1011	154	48	17	38	2.81	0	0.00
J 区	1192	1332	918	178	103	0	32	2.40	4	0.30
L 区	1642	1869	980	836	45	6	0	0.00	1	0.05
市级	60	135	0	0	80	0	9	6.67	9	6.67
合计	20226	22708	13682	6049	1225	639	502	2.21	19	0.08
深圳地区认罪认罚试点案件三大指标的情况										
a 区	770	1003	767	367	107	0	57	5.68	0	0.00
b 区	1474	1875	449	1063	272	0	27	1.44	0	0.00
c 区	1322	1587	67	1453	98	0	19	1.20	0	0.00
d 区	194	222	136	41	24	0	23	10.36	0	0.00
e 区	6593	7201	6433	964	41	0	80	1.11	12	0.17
f 区	3494	4045	6	4265	32	0	5	0.12	0	0.00
g 区	446	462	460	121	34	0	28	6.06	0	0.00
h 区	110	133	4	254	2	0	0	0.00	0	0.00
市级	605	676	0	0	735	0	0	0.00	0	0.00
合计	15008	17204	8322	8528	1345	0	239	1.39	12	0.07

假设一的检验：深圳地区的试点重心放在审前阶段的认罪认罚协商程序中，经审前平等协商、达成一致，在审判阶段的争议降至最少，故未能收集到程序回转的数据。广州地区的试点坚持严格证明标准的，在试点中存在一小部分的程序回转案件，大概占一审案件的 3.4%，这一比例不算高，笔者进一步调查了解到，这些程序回转的案件，主要因为适用速裁程序的审限过短，审理法官为了延长审限而临时变更为简易程序或者普通程序，其并不是因为案件存在事实不清或者证据不足等方面的问题——数据也反映这一事实，程序回转案件数量大是发生在广州市 E、G、H 等全市案件量排名前三的地区，这些地区"案多人少"矛盾极其突出，因而难以大规模适用时限短的速裁程序，其中 E、G 两区速裁程序案件均将近 2000 件，它们的回转也就占了全市程序回转案件量的 83.41%。因此，从查明案件事实的角度看，深圳地区和广州地区的认罪认罚案件程序回转方面不存在明显差异，其差异主要是由于司法资源缺乏的

现实原因造成，而非由于事实不清、证据不足等办案质量不高的因素造成的，因而在这一意义上，假设一可以得到验证。

假设二的检验：从总体数据来看，深圳地区认罪认罚案件的上诉人数和上诉率分别为239人和1.39%，都远低于广州地区的502人和2.21%。但这并不足以推论：深圳地区相对宽松的证明标准并未导致办案质量明显下降。反而从个案的数据来看，深圳有3个区的上诉率高于5%，d区甚至高达10.36%，有两个区为0件（不排除统计误差的原因），数据波动极大；反观广州的个案数据分布比较均衡，仅有3个区的上诉率高于3%，最高的也仅6.67%。司法公正总是个别的，总体的数据并不可靠。在排除数据统计误差的情况下，深圳与广州的数据两相比较可以大致推论，深圳降低认罪认罚协商程序的证明标准存在案件质量降低的风险。这主要是因为对"主要犯罪事实清楚，基本证据确实、充分，犯罪嫌疑人不认罪，也不承认犯罪事实的案件"适用认罪认罚从宽制度，导致案件办理过度依赖被告人的有罪供述，因而被告人有通过上诉博取轻刑甚至无罪的心理动机，故而导致上诉率畸高。反之，广州地区实行证据开示制度，有利于被告人在充分了解证据的情况，基于理性而自愿选择认罪认罚，故而可以预先减少一些不必要的上诉案件。

假设三的检验：深圳地区和广州地区的数据直观反映，两地的抗诉案件数量和抗诉率分别为（12件，0.07%）和（19件，0.08%），大致是相同——这就直接验证了假设三。就笔者的了解，认罪认罚案件的抗诉绝大多数是因为被告人认罪认罚态度不真诚，恶意利用上诉制度博取更大利益，导致从宽处理的量刑事实基础发生重大变化，以及法院未经与检察院协商调整量刑建议就直接不采纳量刑建议等情况。

总的来说，以上三组数据的对比分析表明，广州地区在认罪认罚案件中坚持法定证明标准，但在办案质量和司法公正上并没有取得显著高于深圳地区的实际效果；反之，深圳地区采用相对宽松的证明标准，也并未导致案件办理质量和司法公正明显下滑。因此，证明对象范围和证据查证方式等方面的证明标准差异化与案件办理质量、司法公正没有明显的相关性，其主要影响的是司法效率。但值得强调的是，在认罪认罚从宽制度适用过程中放宽狭义上的"证据确实、充分"标准，而宽泛地进行认罪认罚协商存在一定的办案风险，建议谨慎对待深圳这一方面的探索经验。

综上所述，广东省广州地区和深圳地区在证明标准差异化探索的实际效果启示我们：在恪守"排除合理怀疑"的狭义证明标准的前提下，因应认罪认罚案件的特点和规律，对证明对象范围和证据查证方式进行差异化处理，可以在保证司法公正和案件办理质量的前提下，最大限度地提高司法效率。在全面实施认罪认罚从宽制度的过程中，全国各地的司法机关可以结合实际情况，对认罪认罚案件的证明对象范围做合理限缩，并完善证据开示、自愿认罪认罚过程的同步录音录像等证据的收集、固定、审查和认定程序，以在更高层次上实现公正和效率的统一。

（原载于《中国刑事法杂志》2019 年第 3 期）

认罪认罚案件中量刑从宽的实践性反思[*]

周　新[**]

在认罪认罚从宽制度被写入《刑事诉讼法》的背景下，人们愈发关注认罪认罚案件的从宽规则话题。[①] 2018 年，全国人大正式颁布了《中华人民共和国刑事诉讼法修正案》（以下简称新《刑事诉讼法》），初步明确了认罪认罚案件的从宽处理规则，由此，认罪认罚成为法定的从宽处罚情节。但是，遗憾的是，立法者似乎没有尝试从《刑事诉讼法》层面划定认罪认罚案件的从宽处理体系。尽管部分研究成果和试点经验已经解决了部分争议，但仍然暴露出一些影响认罪认罚从宽制度实践效果的难题。[②] 更何况，相当比例的研究成果都是在理论假设的基础上形成的，这反映了人们似乎较少关注试点实务的真实情况。在认罪认罚从宽制度立法化的背景下，着眼于实现该制度的改革功能，笔者借助数据分析、阅卷、个别访谈等实证研究方式，[③] 归纳试点状况、总结试点经验，为立法者审慎地设计符合司法实际需求的相应从宽规则提供有益的思路。

一、认罪认罚从宽制度的量刑从宽实践

（一）基本概况

自速裁程序、认罪认罚从宽制度试点至今，人们已经对"从宽"及其类

---

[*] 本文系国家社科基金"认罪认罚从宽制度改革研究"（编号：17BFX059）的研究成果。

[**] 广东外语外贸大学法学院副教授。

[①] 参见周新：《认罪认罚从宽制度立法化的重点问题研究》，载《中国法学》2018 年第 6 期。

[②] 参见周新：《认罪认罚从宽制度试点的实践性反思》，载《当代法学》2018 年第 2 期。

[③] 笔者主要在南方 A 市、B 市进行调研，也收集了其他部分试点地区的情况。A、B 两市均是我国经济发达的南方沿海城市，总体而言，法治水平较高，公检法司等单位的办案人员的素质较高，在刑事速裁程序、认罪认罚从宽制度的试点期间，两个城市的探索力度较大，建立健全了相关试点机制，也积累了相对特色的经验。受限于调研经费等原因，调研单位是 A 市 3 个区、B 市 1 个区，分别标注为 A1、A2、A3、B1。在此基础上，笔者集中分析了与认罪认罚案件的量刑从宽规则相关的问题。

型有了相当程度的共识立场。① 域量刑从宽而言，试点地区制定当地试点文件之时，通常会选择以 30%—20%—10% 作为量刑的层级减损比例。只要是认罪认罚案件，试点法院一般都会给予一定程度的从宽处罚，以示"激励"。以 A 市为例，2017 年全年，该市各基层法院审结的一审刑事案件数量共计 18637 件，审理的被追诉人共计 23738 人，其中，认罪认罚案件共计 9937 件，审理的被追诉人共计 11246 人。而在这 11246 人中，共有 10707 人最终予以从宽处罚，占认罪认罚人数的 95.21%，占全部刑事被追诉人人数的 45.1%。我们可以初步认为，认罪认罚从宽制度与最终的从宽处理结果之间，存在较大的关联性。

1. 从轻处罚是从宽的主要形式

虽然最高司法机关和相当多的试点单位出台的规范文件指出，办案单位可以采取四种量刑从宽形式，分别是免予刑事处罚、从轻处罚、依法减轻处罚以及法定刑以下报核。但是，根据《刑法》《刑事诉讼法》的规定，免予刑事处罚、依法减轻处罚的适用条件比较高，而法定刑以下报核的适用条件更甚苛刻，可以说，相较于前两种从宽形式，后一种形式的适用比率很低。因此，相当多的试点法院一般只能选择在从轻处罚的幅度内进行裁量。以 A 市为例，2017 年该市各基层法院审理的能够获得认罪认罚从宽处理的被追诉人共计 10707 人，其中免予刑事处罚的人数共计 100 人，从轻处罚的人数共计 9780 人，依法减轻处罚的人数共计 781 人，法定刑以下报核的人数共计 9 人。

结合图 1，我们注意到，只有较少的案件才会适用免予刑事处罚或者法定刑以下报核的从宽形式。究其原因：其一，这与认罪认罚案件的性质有关。在被追诉人选择认罪认罚的情况下，鲜有在法院审理环节认定为无罪的情况，因此，对于大部分的案件而言，被追诉人需要受到刑罚的制裁。其二，减轻处罚、免予刑事处罚以及法定刑以下报核的情形由法律明确规定，适用的条件较之于从轻处罚而言也更为严格，因此，适用率也远不如从轻处罚。

2. 30%—20%—10% 的层级方案较受欢迎

尽管最高司法机关一直在笼统地强调对认罪认罚的被追诉人进行从宽处罚，通过调研，笔者发现，不少办案人员认为，既然存在认罪认罚情节，那与之相应的从宽幅度也应获得独立评价的地位。相当多的试点单位通过试点文件或者实践规则的方式，接受了 30%—20%—10% 的方案，即从侦查阶段、审查起诉阶段到审判阶段，被追诉人认罪认罚之后可以获得的量刑从宽的减损比例层级方案。而且，法官有权行使自由裁量权。据调研反馈，这种"三二一

① 参见赵恒：《论从宽的理论基础与体系类型》，载《宁夏社会科学》2017 年第 2 期。

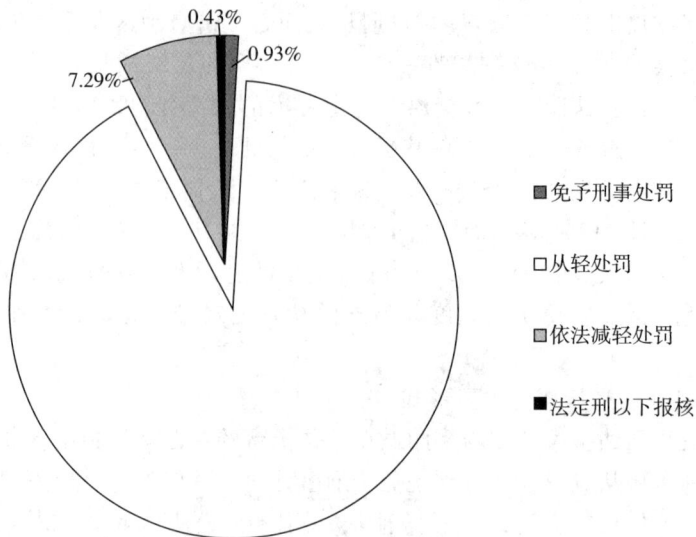

0.43%
0.93%
7.29%

- 免予刑事处罚
- 从轻处罚
- 依法减轻处罚
- 法定刑以下报核

图1 2017 年全年 A 市各基层法院办理认罪认罚案件的量刑从宽

方案"愈发受到欢迎是因为这种层级化思路可以提升认罪认罚程序的效率，毕竟选择的时机不同，量刑从宽的程度也不同。而将最高档次设计为 30%，使认罪认罚的量刑激励具有相当的吸引力，又与最高达 40% 以上的自首、立功等量刑情节的从宽幅度形成梯级，从而避免造成量刑情节之间的不均衡。

3. 量刑结果大体与量刑建议保持一致

2017 年底，最高司法机关向全国人大所作的《关于在部分地区开展刑事案件认罪认罚从宽制度试点工作情况的中期报告》（以下简称《中期报告》）显示，法院对量刑建议的采纳率为 92.1%。关于检察院提出量刑建议与法院作出裁判之间的差异，法学理论界、实务界的争议比较大，主要分为精准量刑建议和幅度量刑建议。目前试点单位比较欢迎的做法是，对于某些特定的案件类型，如交通肇事罪、危险驾驶罪，可以采用精准量刑建议，除此之外，通常只采用幅度量刑建议。即对于大部分案件，法院尊重检察机关的量刑建议，并且最终的量刑结果与检察机关的量刑建议保持一致。但是也出现了法院不在量刑幅度内裁判的情形。究其原因，除了量刑情节发生变化以外，还主要与当前缺乏统一的量刑指南有关，即检察机关与法院在对量刑的判断与衡量上存在差异，进而使得量刑结果与量刑建议相左。总体而言，调研地区的量刑建议采纳情况基本上符合全国平均水准，也符合《关于在部分地区开展刑事案件认罪认罚从宽制度试点工作的办法》（以下简称《试点办法》）的规定："对于认罪认罚案件，人民法院依法作出判决时，一般应当采纳人民检察院指控的罪名和量刑建议。"

（二）通过阅卷的多维反馈

关于认罪认罚情节的量刑从宽，我们还不能简单地停留在了解数据层面。在 A 市、B 市，为了更详细地了解量刑从宽的实际情况，笔者分别采取随机抽取阅卷和个案精准阅卷的方式，来多角度地分析量刑从宽的现状。具体而言，随机抽取阅卷便于了解从宽的类型，以及从宽的主要特点，个案精准阅卷便于分析法院最终确定从宽幅度的依据，认罪认罚具结书上的量刑建议对法院的约束力，以及检察机关、律师的意见对法院最终量刑的影响。

1. 随机阅卷

笔者随机调取 A1 区法院案卷 19 份、A2 区法院案卷 21 份、A3 区检察院案卷 16 份。在这 56 份案卷中，笔者挑选出同时具备检察机关从宽理由、被追诉人或者律师的意见、法院认定的从宽理由以及法院最终的量刑结果四个要件的案件，共计 8 例，作为研究从宽问题的典型案例。

通过分析，笔者发现：

（1）检察机关的从宽理由相对单一

检察机关的从宽理由集中于"如实供述""自首""退赃退赔"和"被害人谅解"四个方面，较之于辩护人、值班律师或者被追诉人提出的"从宽"理由而言相对单一。其原因主要在于：其一，认罪认罚从宽制度的适用与"自首""坦白""如实供述"有所重合，因此，检察机关在适用认罪认罚从宽制度时不可避免需要考虑"自首""坦白""如实供述"的因素；其二，检察机关的控诉职能使其在从宽情节方面不如被追诉人及律师考虑得周到。

（2）在确定"从宽"时，法院会综合考虑诉辩双方的意见

针对诉辩双方之间的关于"从宽"情节的合理建议，法院在最终的量刑时均会予以考量，并在判决书中体现其主张。尤其是在盗窃案与交通肇事案中，诉辩双方当庭就具体的量刑范围进行协商，法院一般折中裁判，一方面体现其中立地位，对诉、辩双方各自意见均表示尊重；另一方面，由于检察机关的从宽理由相对单一，而被告方往往在"从宽"情节的考虑方面更为全面，法院的"综合考虑"也是合理量刑之需要。

（3）法院最终量刑基本与检察机关的量刑建议相一致

虽然在一般情况下，法院量刑基本上与检察机关的量刑建议相一致，即使超出检察机关的量刑建议范围进行量刑，最终的量刑与量刑建议的量刑差距也并不大。不过，在调研时，笔者还了解到，仍然存在法官超出量刑建议范围予以量刑的情况。以 A 市为例，2017 年 1 月至 5 月，该市各基层法院采纳检察机关指控罪名和量刑建议的案件共计 2602 件，所占比例为 84.78%，而认为

量刑建议明显不当而不予以采纳的案件共计 7 件，所占比例仅为 0.23%。总体而言，尽管不予采纳的案件较少，但是，我们却不可忽视其中的重要致因，主要包括以下三方面：第一，缺乏统一的量刑指南。不少受访法官均表示，由于当前在公、检、法、司四个机关之间尚未形成统一的量刑指南，检察机关提出的量刑建议有时会超出法院的常规量刑范围，在此情况下，为了维护个案之间量刑的均衡，防止同类案件量刑差异过大，法院很有可能在量刑建议之外进行量刑。第二，部分检察官提出量刑建议的能力偏低。部分法官表示，检察官提出量刑建议的能力参差不齐，部分检察官提出量刑建议的能力偏低，加之没有统一的量刑指南和量刑精准化的要求，使得量刑建议书中的量刑有时与法院的常规量刑相差较大，法官不得不超出量刑建议范围进行量刑。第三，法官对量刑建议的消极态度。尽管法官对于量刑有最终裁量权，但是面对检察机关提出的精准量刑建议，有些法官仍然认为量刑建议的提出是对司法裁判权的挑战，他们更愿意检察官提出宽泛的量刑建议。

2. 个案精准阅卷

随后，笔者借助个案精准阅卷的方式，通过横向对比检察机关的量刑建议、律师的量刑意见及判决之间的关系，从而更加深入地了解认罪认罚案件的"从宽"问题。

（1）检察机关与律师提出量刑建议的情况

针对 A1 区 76 份案卷及 A3 区 84 份案卷，通过比较分析，笔者发现，在上述共计 160 份的认罪认罚案件中，检察机关均提出了相对确定的量刑建议。然而，不常见的是以下案件，即律师提出较为精确的量刑意见而非仅仅宽泛地请求法院依法从宽处理的案件。在 160 份案卷材料中，在审判阶段，律师参与的案件共计 53 件，而只有 20 例案件律师提出较为精确的量刑意见。其中，在 A1 区共计 76 份案卷材料中，在审判阶段，有律师参与的案件共计 33 件，律师提出较为精确的量刑意见的案件共计 18 件，占全部案件比例的 54.5%，而在 A3 区共计 84 份案卷材料中，在审判阶段，有律师参与的案件共计 20 件，律师提出较为精确的量刑意见的案件仅有 2 件，占全部案件比例的 10%。由此可见，在认罪认罚案件中，在审判阶段，有律师参与的案件数量并不多，而在为数不多的律师参与的案件中，律师提出较为精确的量刑意见的案件更为少见。律师的缺席意味着无法实现真正的量刑协商，更无法为被追诉人争取最大限度的从宽。因此，保障律师在认罪认罚案件中的参与，发挥律师在提出量刑意见方面的专业优势是认罪认罚从宽制度得以顺利运行的重要因素。

（2）判决与认罪认罚具结书量刑建议的关系

在 160 份判决中，支持律师的量刑意见或者不支持检察机关量刑建议的案件共计 13 例，其中 A1 区 1 例，A3 区共计 12 例；既支持检察机关量刑建议又支持律师量刑意见的案件共计 6 例，均为 A1 区的判决；而剩余的 141 件案件，最终的量刑结果均与认罪认罚具结书的量刑建议相一致，在认罪认罚具结书的量刑幅度内进行量刑，具体而言，详见图 2。

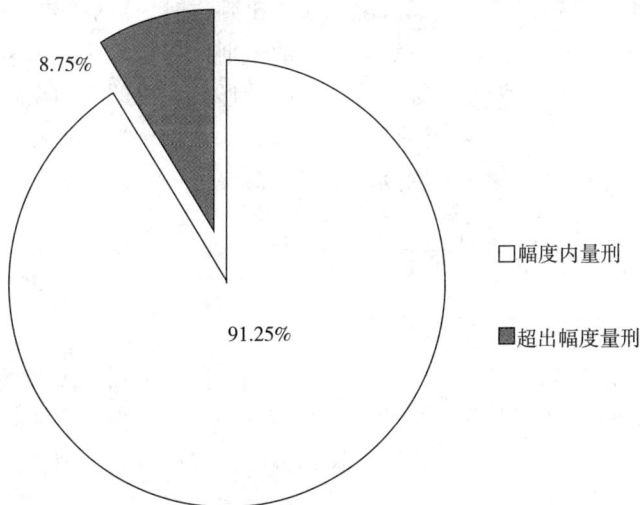

8.75%

91.25%

□ 幅度内量刑

■ 超出幅度量刑

图 2　具结书量刑建议与判决结果关系

可见，对于大部分的认罪认罚案件，法院对具结书的量刑建议持肯定的态度，所占比例为全部案件的 91%，这与 A 市的总体数据情况基本保持一致。但是，仍然有 9% 的案件，法院超出量刑建议的范围进行量刑。通过统计分析，笔者发现超出量刑幅度范围的共计 13 例案件。

第一，超出量刑建议幅度范围进行量刑的结果与量刑建议之间差距不大。在超出量刑幅度进行量刑的 13 例案件中，超出的幅度通常在 1 个月至 6 个月之间，超出的量刑幅度并不大。尤其是危险驾驶类案件，超出的幅度基本上在 1 个月左右。而为了这么短的刑期，就超出认罪认罚具结书的量刑幅度进行量刑，否认具结书中量刑建议的效力，如此做法是否得当，还有待进一步商榷。

第二，超出量刑建议幅度范围进行量刑与律师参与并无必然关系。在上述 13 例案件中，6 例案件有律师参与，并且提出从轻处罚的量刑建议，而有 7 例案件没有律师参与。这说明，法院最终超出量刑幅度进行量刑与律师参与并无必然的关系，法官有极大的自由裁量权。

第三，超出量刑建议幅度进行量刑时，法官写作判决书的说理性不足。[①] 在这 13 例案件中，没有一份判决书就最终的量刑超出量刑建议幅度的原因作出解释，而仅仅是笼统地将被追诉人所有的量刑情节进行罗列。但是，罗列的量刑情节既包括从重的量刑情节，也包括从轻的量刑情节，与没有签署认罪认罚具结书的案件的判决书并无太大差异。

结合近几年的相关试点文件和新《刑事诉讼法》的条款，改革者倾向于认为，对于认罪认罚案件，人民法院依法作出判决时，一般应当采纳检察院指控的罪名和量刑建议。换言之，法院最终的量刑应当以采纳人民检察院的量刑建议为原则，以不接受为例外，并且例外的情形有法律的明确规定。而上述的 13 例案件却均不属于例外规定的情形。可以说，在认罪认罚从宽制度的实务中，法院量刑方面仍然存在不规范的情况，需要进一步的改进与完善。

二、影响量刑从宽的多重因素剖析

（一）影响"从宽"幅度的因素

在认罪认罚从宽制度背景下，以提高或限缩"从宽"幅度为判断标准，我们可以把影响"从宽"幅度的因素划分为肯定因素和否定因素。以下因素并非仅仅指认罪认罚，而是与认罪认罚相关的情节或者影响因素。

1. 肯定因素

肯定因素即能够提高"从宽"幅度的因素。在认罪认罚案件中，较之于一般案件而言，具有肯定因素的案件的"从宽"幅度更大。结合访谈与阅卷的情况，笔者将肯定因素归纳为以下六个方面。

（1）被害人的谅解

试点单位办案人员反映，对于被追诉人及其近亲属已经向被害人退赃、退赔的，或者双方当事人达成和解，并由被害人出具谅解意见的，可适当加大从宽幅度。但是部分办案人员还表示，有时被追诉人认罪态度良好，愿意积极赔偿，可是被害人"狮子大开口"，漫天要价，这是颇为棘手的难题。[②] 对此，某些办案人员认为，即使没有达成赔偿协议，被害人没有出具书面谅解意见，不影响认罪认罚从宽制度的适用，也不影响对被追诉人的从宽，只不过，在程

---

① 长期以来，我国就存在刑事判决书的说理性不足的问题，在认罪认罚从宽制度启动试点以后，人们更加关注简化裁判文书之后的司法说理话题。参见左卫民：《认罪认罚何以从宽：误区与正解——反思效率优先的改革主张》，载《法学研究》2017 年第 3 期。

② 参见秦宗文：《认罪认罚从宽制度实施疑难问题研究》，载《中国刑事法杂志》2017 年第 3 期。

序的选择适用领域，办案机关可能会适用认罪认罚从宽制度下的简易程序，而非速裁程序。

（2）再犯的可能性

根据调研反馈，针对再犯可能性高的被追诉人，法官在最终量刑时会在从宽幅度内从重判决，反之，针对再犯可能性低的被追诉人，则会在从宽幅度内从轻判决。判断再犯可能性的主要标准包括是否为初犯、累犯以及涉及的罪名、身份以及悔罪表现。

（3）简化程序的选择适用

认罪认罚从宽制度的一大特点在于程序的简化，从而有助于提升诉讼效率，同时，由于被追诉人的自愿认罪行为有利于节约诉讼资源，因此，国家可以为其提供刑罚"从宽"作为激励。但是，对于"认罪认罚"却不同意适用速裁程序或者简易程序的被追诉人是否可以从宽，人们存有争议。例如，A2区试点文件规定了，如果"被告人认罪认罚，不同意适用速裁程序或者简易程序审理的，按简易程序进行审理，不影响对'认罪'或'认罚'的认定，构成犯罪的，依法从宽处理"。不难判断，只要被追诉人认罪认罚了，即使其坚决不适用速裁程序或者简易程序，由于其已经"认罪"，在法庭审理过程中，尤其是法庭调查阶段，法官仍然可以简化程序审理。此时，虽然适用了较为烦琐的普通程序，但其实质仍然属于程序的简化，也就不会影响被追诉人获得从宽处罚的"激励"。而且，A2区试点文件还规定了，如果被追诉人同意适用速裁程序的，法官在量刑时可酌情从轻处罚。如此一来，将速裁程序作为酌定从轻处罚的情节，也体现简化程序选择适用与"从宽"之间的关系。

需要注意的是，对于共同犯罪，部分被追诉人认罪认罚但是部分被追诉人不认罪认罚时，根据2018年《刑事诉讼法》第223条的规定，如果共同犯罪案件中部分被追诉人对指控的犯罪事实、罪名、量刑建议或者适用速裁程序有异议的，法院不得适用速裁程序。这与部分试点地区的规定不同。例如，根据《A市检察机关刑事案件认罪认罚从宽制度试点第二阶段工作指导意见》第22条的规定，"对于共同犯罪中部分犯罪嫌疑人、被告人认罪认罚的案件，同案处理时程序上不能从简，但实体上可以从宽，也可以视情况采取分案处理的办法"。对此，我们应当遵循的方案是，"为慎重公正处理，只要其中一个被告人对指控事实、罪名、量刑建议或者适用程序有异议，则不能适用速裁程序"。①

---

① 参见胡云腾主编：《认罪认罚从宽制度的理解与适用》，人民法院出版社2018年版，第61页。

（4）退赔退赃的数额

积极退赔退赃同样是影响"从宽"的肯定性因素。退赔退赃数额是影响从宽幅度的重要参考因素之一。它不仅在量刑协商之前能够对量刑建议产生影响，在量刑建议形成后，由于退赔退赃行为的出现，检察机关可以重新拟定量刑建议，将退赔退赃行为的从宽因素考虑于其中。除此之外，笔者还了解到，"退赔退赃"行为还是认罪认罚案件上诉的重要原因，即在法院判决之后，具有"退赔退赃"行为的，属于出现的"新证据""新事实"的情况，被追诉人可以提起上诉，要求从轻处罚。

（5）家庭因素的人性化思考

家庭因素也是从宽幅度的考虑因素之一。这种因素基本上是由被追诉人本人或者律师提出来的。例如夫妻双方共同犯罪，但家中有未成年子女需要照顾的，无论是在适用强制措施还是最后量刑，办案机关都会考虑上述情形。不过，需要注意的是，无论是否适用认罪认罚从宽制度，家庭因素都是法官在量刑时会考虑的因素，其本质是法理中对人性与道德的妥协。

2. 否定因素

所谓否定因素，即能够限缩"从宽"幅度的因素。在认罪认罚案件中，较之于一般案件而言，具有否定因素的案件"从宽"幅度更小，而刑罚适用更为严格。结合访谈与阅卷的情况，笔者总结否定因素有两个方面：

（1）累犯

对于累犯是否能够适用认罪认罚从宽制度，不同试点单位的争议较大。按照《试点办法》的规定，累犯仍然可以适用认罪认罚从宽制度。原因在于，累犯自愿认罪认罚，同样有利于节约司法成本。对于其"认罪认罚"这一点，可以予以从宽，但对于其累犯的法定情节，则仍然可以依法从重。上述试点办法区别对待累犯和认罪认罚情节，也就意味着二者可同时适用。然而，根据《A市检察机关刑事案件认罪认罚从宽制度试点第二阶段工作指导意见》的要求，当地检察机关要慎重判断，具有累犯、惯犯等情节的案件可否适用认罪认罚从宽制度。也即，对于犯罪性质恶劣、犯罪手段残忍、犯罪后果严重的犯罪分子、惯犯、累犯以及严重影响群众安全感的案件，应当慎重适用认罪认罚从宽制度。可以说，在A市，对于认罪认罚从宽制度的适用，试点单位仍然设置了一定的限制。而在B2区，针对"累犯""惯犯"问题，多位司法一线工作人员表示，对于累犯，在从重处罚的同时不再给予从宽处罚。例如，B2区检察院《认罪认罚从宽制度实施细则》中明确规定的"慎重适用认罪认罚制度"的情形就包括"曾适用认罪认罚从宽制度获得从宽处罚后，再次故意犯罪的""被告人系惯犯或以犯罪为常业的案件""犯罪嫌疑人、被告人系主观恶性深，人身危险性大的累犯、再犯的案件"。究其原因在于，A2区是全国典型的案多人少地区，而且再犯率高、外来流动人口犯罪率高，在此背景下，如果办案机关仍然对累犯适用认罪认罚从宽制度，并予以从宽，可能不利于对罪犯的再教育，也无法缓解再犯率居高不下的现状。当然，在其他调研地区，笔者了解到，各个办案单位同样强调加大惩戒累犯、惯犯的力度，建议在量刑幅度上与初犯、偶犯进行区分，但不排除适用认罪认罚从宽制度，只不过，在累犯可否适用认罪认罚从宽制度的条件方面，各个调研单位把握的宽松程度有异，同样反映了上述现象。

（2）办案价值不高

"办案价值"是部分试点单位在试点文件中提出的表述。办案价值与诉讼效率相关，却又不完全等同。可以说，诉讼效率是办案价值的表现之一。例如，在A2区，当地基层法院的文件就明确规定了："对于犯罪性质恶劣、犯罪手段残忍、社会危害严重、群众反映强烈的犯罪分子，尤其是认罪对于破案、侦查、审判价值不大的，从宽时应慎重、严格把握。"这一规定前半部分体现的是办理案件所涉及的社会价值，即对于性质恶劣、情节严重的案件而言，从宽处理可能会导致不良的社会影响。而后半部分体现的则是对办理案件本身的价值，如对于事实不清、证据不足的案件而言，被追诉人不认罪认罚无形之中会增加侦查的压力，而如果被追诉人能够认罪认罚并正确引导侦查人员的侦查方向，提高诉讼效率，则可以对其从宽处理。但如果被追诉人是在事实清楚、证据确实充分的情况下认罪认罚的，此时，被追诉人的认罪认罚不能对案件的破案、侦查、审判产生实际的帮助作用，那么，"从宽"的适用也因此更为慎重。在其他调研地区，一线办案人员同样表达了类似的看法。例如，在B2区，尽管"公、检、法"三机关均对最高达60%的从宽幅度表达异议，但也表示，如果对案件侦破能够具有特别重大的影响，他们不反对60%的从宽幅度，只不过，对于一般的案件而言，事实基本清楚，证据基本充分，或者事实、证据的收集、认定难度不大的，则无须对其顶格适用60%的从宽幅度。

（二）诉讼阶段与"从宽"体系的关系

诉讼阶段与"从宽"体系的关系不仅体现于从宽幅度在不同诉讼阶段的不同设置，还体现于从宽幅度设置方面不同诉讼阶段的诉讼主体之间的关系。

1. 各地实践："三二一"模式与"六四二一"模式

不同诉讼阶段"认罪认罚"在"从宽"幅度上有不同的体现。目前，相对一致的看法是，从宽幅度随着诉讼程序的推进而降低，即越早"认罪认罚"，所获得的从宽幅度就越高。比较分析，调研地区主要适用两种从宽模式。

（1）"三二一"模式

"三二一"模式是指在认罪认罚从宽制度中，以诉讼阶段作为划分依据的最为常见的从宽模式，即根据启动的不同阶段设立不同的量刑幅度。具体而言，在侦查阶段启动的，从宽幅度为30%，而在审查起诉、审判环节启动的，从宽幅度分别为20%—10%。① A1区、A2区、A3区均采用这一模式，但是也有某些具体操作的差异。

最为典型的是，部分试点单位以逮捕作为获得最高减损幅度的时间节点。以A1区为例，被追诉人在侦查阶段认罪认罚的，被逮捕前认罪认罚的，最高可减少基准刑的30%；被逮捕后或审查起诉阶段认罪认罚的，最高可减少基准刑的20%；审判阶段认罪认罚的，最高可减少基准刑的10%。需要注意的是，在A1区，当地检察机关将逮捕也作为从宽幅度的划分标准，其原因主要在于，被追诉人被逮捕了，说明已经有证据证明被追诉人有犯罪事实，并且可能判处徒刑以上的刑罚，或者采取取保候审不足以防止发生社会危险性。这就意味着当侦查机关申请逮捕，检察机关作出批准逮捕的决定时，侦查机关的侦查活动已经有所突破，并且检察机关也对相应的案件材料进行了审查。此时，认罪认罚所节约的诉讼资源远不如在立案侦查之时就自愿认罪的产生的价值。因此，笔者认为，将逮捕作为划分从宽幅度基准刑的判断标准，亦具有合理性。

（2）"六四二一"模式

"六四二一"模式是B市统一的从宽模式。根据《B市人民检察院认罪认罚从宽制度实施细则（试行）》的规定，侦查阶段即认罪认罚，如实供述犯罪行为、积极退赃退赔，且在后续的审查批捕、审查起诉、审判阶段未发生转变并签署具结书的，可以在法定刑幅度内减少基准刑的60%以下；审查批捕、审查起诉阶段自愿认罪认罚且签署具结书的，且在后续的审判阶段态度未发生转变的，可以在法定刑幅度内减少基准刑的40%以下；审判阶段自愿认罪认罚且签署具结书的，可以在法定刑幅度减少基准刑的20%以下；被追诉人的态度虽有反复，但在庭审结束前自愿认罪认罚且签署具结书的，可以在法定刑幅度内减少基准刑的10%以下。然而，通过调研，笔者发现，相当多的办案人员却认为，"六四二一"模式虽然能够有效激励被追诉人同意认罪认罚从宽制度，但是在实践过程中，它确有更为显著的消极影响，不仅导致量刑畸轻畸重的现象，使得个案量刑差异大，而且对于累犯、惯犯而言，过高的从宽幅度不利于刑罚惩罚作用的发挥。是故，受访检察官、法官大多赞成"三二一"

① 参见周新：《论宽的幅度》，载《法学杂志》2018年第1期。

模式更符合司法实践。

2. 程序启动阶段与"从宽"幅度的关系

根据《试点办法》的规定，办案机关可以在侦查、审查起诉、审判三阶段中的任意一个阶段启动认罪认罚从宽制度。

（1）侦查阶段

在实践中，在侦查阶段启动认罪认罚从宽程序的较为罕见，反映在"从宽"方面就意味着顶格从宽基本上不可能。原因在于：其一，侦查机关的侦查标准并不会因为制度的适用而降低，认罪认罚从宽制度的适用并不会对侦查阶段效率的提升有明显影响，因此，侦查机关在制度适用方面的积极性普遍不高；其二，侦查阶段多数只能实现"认罪"，而现有自首、坦白、如实供述的相关规定，能够满足侦查机关现实之需，因此，制度适用对于侦查机关而言作用浅显。

（2）审查起诉阶段

由检察机关启动认罪认罚从宽程序是实践中的常态。在 A1 区、A3 区、B1 区，虽然受访检察官反映当地检察机关针对认罪认罚从宽制度采取了很多创新性的举措，然而，通过访谈、阅卷，笔者发现，在认罪认罚案件的从宽方面，检察机关所起的作用还是比较有限的。其一，如上述，检察官在提起公诉之时，对从宽原因概括简单，以单一的"如实供述""自首""坦白"居多，缺乏对其他从宽因素的考量；其二，检察官提出的量刑建议过于宽泛，仍以较大幅度的量刑建议为主，相当于《刑法》规定的一般性条款的幅度。① 这实际上仍然将从宽的判断与决定权交由法官行使，就意味着审前量刑协商不能发挥制度所预想的效果。

（3）审判阶段

结合调研，笔者发现，在 A2 区，法官可以在审判阶段启动认罪认罚从宽制度，这是颇具典型性的方案，即法院主动启动该制度。在控辩双方基本上就定罪问题达成一致意见之后，法官允许双方就量刑问题进行协商。在协商一致的情况下，被追诉人可享有 10% 的从宽幅度。当然，不少试点单位的法官表示，在审判阶段启动认罪认罚从宽制度，容易增加法官工作负担，而且办案期限紧张，影响办案效率，还是偏向于在审前起诉阶段完成协商、具结等工作。

三、认罪认罚的量刑从宽规则的完善

立足《刑事诉讼法》修改的大背景，结合既有试点做法，立法者既需要

---

① 参见赵恒：《论从宽的正当性基础》，载《政治与法律》2017 年第 11 期。

总结各试点地方的创新与改革，又需要为认罪认罚从宽制度的立法化开拓新路径。就认罪认罚案件的量刑从宽规则而言，笔者认为，建构与之相应的合理的量刑从宽方案，改革者还需要关注三个层面的问题，分别是认罪认罚情节与其他情节的区分、多层次从宽体系、统一量刑指南。

（一）认罪认罚内涵的准确界定

目前，关于认罪认罚的争议及其与自首、坦白等相似情节的关系，我国法学理论界的争论比较大。对此，笔者认为：第一，"认罪"应当是承认指控犯罪事实且认可指控的罪名。毕竟，主张被追诉人无法准确知悉其涉嫌罪名的观点，不但忽视了辩护律师、值班律师所提供的法律辩护与帮助的作用，而且也忽视了法院、检察院承担的释法说理责任的价值。第二，"认罚"包含控辩双方均赞同的刑法评价后果，属于被追诉人对包括量刑建议在内可能刑法评价后果的接受，以控辩双方协议的具体内容为准，所提量刑建议是否必须精准刑可以根据程序类型而有差别。①

那么，在此基础上，我们有必要将认罪、认罚与从宽联系起来解读这一制度的深刻内涵，为了避免披着新制度外壳运行旧规范，就意味着改革者应单独构建多层次、动态发展的从宽体系，特别是赋予不起诉制度新的生命力。② 以量刑从宽为例，除了确定层级化的从宽递减比例之外，立法者还得确定不同量刑情节的适用关系。考虑到目前认罪认罚情节仍然处于酌定适用的状态，不少试点单位往往只是宣传却不适用，恐怕有违认罪认罚从宽制度的立法精神。③ 是故，笔者主张，应当在《刑法》《刑事诉讼法》中明确认罪认罚作为法定量刑情节。而且，如果仅仅是"可以"从宽，那么不论是检察机关提出量刑建议还是法院作出判决，司法机关都拥有较大的自由裁量权，也可以不给被追诉人从宽处罚，同时，考虑到《刑法》规定的法定减轻处罚的各种条件，都是案发前或是案发中出现的特定事由，还没有其他兜底性条款，因此，被追诉人认罪认罚的行为属于犯罪之后的举动，不属于法定减轻处罚的情形，进而，原则上，即使被追诉人认罪认罚，办案机关只能在法定量刑范围内进行从轻处罚，而不能减轻处罚。当然，《刑法》《刑事诉讼法》可以作出调整，并专门规定例外的允许减轻、免除处罚的情形。

在此基础上，立法者在确定认罪认罚案件的量刑从宽思路时，其一，办案

---

① 参见周新：《认罪认罚从宽制度立法化的重点问题研究》，载《中国法学》2018年第6期。
② 参见张智辉：《认罪认罚与案件分流》，载《法学杂志》2017年第6期。
③ 参见赵恒：《论量刑从宽——围绕认罪认罚从宽制度的分析》，载《中国刑事法杂志》2018年第4期。

机关应当综合分析各种从宽、从重处罚的情节，还得区分从轻、减轻甚至是免除处罚的情节，从而评判考量确认降低基准刑的幅度；其二，适当地区分认罪、认罚两个情节与认罪认罚情节在量刑从宽幅度方面的差异，毕竟，被追诉人认罪认罚案件的量刑与被追诉人只认罪而对量刑建议有异议的案件量刑应当有所区别，否则认罪认罚从宽制度就与简易程序无异了；其三，允许认罪认罚情节适当地吸收其他量刑情节，尤其是与被害人相关的内容，主要包括赔偿被害人、与被害人达成谅解、退赃退赔。实际上，这是在确定"认罚"的合理范畴，被追诉人所认之"罚"，可以赔偿被害人的条件，只不过办案机关享有裁量、确定的权力。

综上，我们可以进一步认为，既然立法者将认罪认罚作为法定的从宽量刑情节，无论是检察院制作起诉书、量刑建议等文书，还是法院制作判决书，都应当明确与认罪认罚情节相关联的法律评价后果。[1] 尤其是在简化的判决书（以要式裁判文书、简式裁判文书为主）中，法官应当格外突出认罪认罚情节带来的从宽减损比例，提高认罪认罚案件的说理程度，便于被追诉人、检察机关、被害人以及社会公众了解不同情节的法律影响，提高认罪认罚案件裁判文书的可接受性。

（二）多层次从宽体系

目前，结合最高司法机关和部分试点单位的探索立场，我们可以认为，尽管 30%—20%—10% 的量刑从宽规则仍然存在一定理论不足，但是，这一规则越来越受到认可，也成为认罪认罚从宽制度试点的基本共识之一。一方面，更高幅度的量刑减损思路很可能有悖于罪责刑相适应的原则，损害刑罚威慑力，难以获得接纳；另一方面，还有部分学者在探讨提高最高减损比例的思路，但是没有获得较大范围的认可。

其实，着眼于法律适用的明确性，为了解决当前认罪认罚从宽制度适用中量刑从宽方案不明的问题，笔者认为，在当前一段时间内，立法者应当首先总结既有试点经验，采取已经得到较多认可的方案，才能进一步巩固认罪认罚案件办理流程的规范性、科学性。随着相关方案的适用，立法者可以考虑进一步完善相应的量刑从宽规则，主要是划分更加科学的层级化方案，比如，最高减损比例是 30%、40%，还是更高等。而且，关于认罪认罚的量刑从宽的层级化，我国不少试点单位都要寻求合适的比例递减思路。只不过，不同试点地区、不同试点单位的规范化、统一化水平还有待提高。可以说，多层次的量刑

---

[1] 参见王新清：《刑事裁判文书繁简分流问题研究》，载《法学家》2017 年第 5 期。

从宽方案是认罪认罚从宽制度"从宽"体系构建的必然模式。以多层次的从宽体系作为未来的从宽方向，具有其优越性：其一，从宽的内容全面，涉及强制措施、起诉与否、量刑、执行等多个方面，能够灵活地解决在认罪认罚从宽制度的适用中涉及从宽的问题；其二，从宽的适用贯穿侦查、检察、审判、执行四个阶段，对于各个阶段认罪认罚的被追诉人均能找到合适的从宽模式。

总体而言，笔者认为，认罪认罚案件的量刑从宽体系的完整性体现为以下四个方面：第一，区分主刑和附加刑的从宽，即结合认罪认罚的诉讼阶段、完整性、稳定性等具体情节，对被追诉人给予不同幅度的从宽；第二，刑罚执行方式的从宽，即对于适用认罪认罚从宽制度的被追诉人，在能够适用缓刑的情况下，尽可能对其适用缓刑；第三，强制措施的从宽，对于适用认罪认罚从宽制度的被追诉人，通过羁押必要性审查，可以将逮捕强制措施变更为取保候审或者监视居住；第四，案件处理结果的从宽，对于适用认罪认罚从宽制度的被追诉人，并不一定必须起诉至法院，对于能够作出相对不起诉处理的案件作出不起诉处理，在检察院审查起诉阶段实现案件分流。

（三）制定相对统一的量刑指南

不少试点单位均赞同统一量刑指南的重要性，其中，部分试点地区已经开始着手这一方面的工作。笔者认为，与认罪认罚案件相关的量刑指南，应该是在最高人民法院的《关于常见犯罪的量刑指导意见》的基础上形成的，应格外关注认罪认罚案件的量刑问题。如此一来，我国就可以有效地缓解量刑意见未能关注认罪认罚情节之特殊性的尴尬。[1] 尤其是，针对适用速裁程序的简单轻微案件，量刑意见制定者应当注重规范有期徒刑、拘役和管制的适用标准，对这些简单刑事案件的量刑加以调控。[2] 而与之相关的量刑评议表则分为量刑起点、特殊量刑情节（连乘）、一般量刑情节（加减）、独任审判员或合议庭自由裁量四个部分。通常来说，这种相对统一的认罪认罚量刑指南，基本上应该涵盖常见的量刑情节，在适用的过程中，办案人员需要注意下列问题。

1. 规范性与灵活性相结合

在试点期间，虽然《关于常见犯罪的量刑指导意见》和试点文件量化了各个量刑情节，但是相关的幅度范围仍然有 20%—60%。这种宽泛的量化标准在实质上仍然赋予了法官较大的自由裁量权，而不同的法官就同一案件按照该量刑评议表上的评判标准其结果也会导致较大的差异，影响法律适用的平等性、一致性。因此，立法者应当把握好量刑评议表的幅度，将规范化与灵活化

---

① 参加赵恒：《刑事速裁程序试点实证研究》，载《中国刑事法杂志》2016 年第 2 期。
② 参见李本森：《刑事速裁程序试点实效检验》，载《法学研究》2017 年第 5 期。

相结合，是从宽体系建构不得不考虑的问题。

具体而言：第一，从宽处理包括因犯罪情节显著轻微，不认为是犯罪的，直接撤销案件、不起诉或者宣告无罪；犯罪情节轻微，不需要判处刑罚或者免除刑罚的，依法不起诉或宣告免予刑事处罚；同意检察院量刑建议，或者在审判阶段认罪认罚，签署具结书，可以免予刑事处罚、判处缓刑，或者依法从轻、减轻处罚。第二，适用认罪认罚从宽制度审理案件，对被追诉人在综合考量全案量刑情节的基础上，在量刑指导意见允许的幅度内，充分考虑各种法定和酌定情节，根据案件的全部犯罪事实及量刑情节的不同情形，确定各种量刑情节的适用及其调节比例，在此基础上给予一定幅度的从宽处罚，最后调节的结果要体现罪责刑相适应原则以及同一地区、同一时期、案情相似的案件刑罚应当基本均衡。第三，被追诉人及其亲友已向被害人退赃、退赔，或双方当事人达成和解，并由被害人出具书面谅解意见的，可适当加大从宽幅度。可以说，对于认罪认罚的量刑从宽，立法者既要规定法定的从宽情节，又要在允许的幅度范围内设定某些酌定情节，不仅有利于实现个案的公正，而且有利于实现同一地区、同一时期相似案件刑罚的均衡性，实现从宽处理的规范化与灵活化的统一。

2. 公、检、法、司联合适用

针对实务中经常发生的量刑意见仅存在于法院的现象，未来与认罪认罚相关的量刑指南应当适用于公、检、法、司等办案机关，必要时可以向被害人、社会公开。毕竟，对于公诉人而言，量刑标准不统一容易导致量刑建议的偏差，而为了避免偏差的出现，不得不增大量刑幅度的范围，由此，与量刑精准化的尝试背道而驰；对于律师而言，缺乏统一的量刑标准也不利于其给被追诉人提供合理的量刑建议，无法充分发挥律师在量刑协商方面的作用。因此，我们可以借鉴其他代表性国家如英国、德国制定量刑指南的经验，由最高人民法院、最高人民检察院、公安部、司法部等牵头组织制定相应的操作规范文件，明确各单位之间在量刑方面的工作互通，在此基础上探讨制定相对统一的量刑意见。

（四）规范确定不同案件情节的影响

由于某一案件通常不会仅有认罪认罚一项量刑情节，这就使得在明确认罪认罚、从宽内涵的基础上，我们还得慎重区别不同案件情形的影响，这实际上就是判断影响量刑从宽的积极因素、消极因素。具体而言，首先，在区分认罪认罚与自首、坦白等容易混淆的概念之后，我们得关注累犯、未成年人等其他案件情形的影响。目前，我国《刑事诉讼法》规定涉嫌犯罪的未成年人认罪认罚的，不需要签署认罪认罚具结书，但这不意味着未成年人无法获得与之相应的从宽"激励"。其实，全国人大在修订《刑事诉讼法》时已经调整了前期试点文件的规定，允许未成年人认罪认罚，只是不用签署具结书，这就说明，对未成年人进行保护的特殊需要并不排斥对案件的快速审理，换言之，通过坚持适用认罪认罚从宽制度快速审理原则，促进未成年犯罪嫌疑人尽早自愿认罪认罚，通过简易程序或者普通程序来从宽处理，从而更好地实现教育、感化、挽救的目标。① 其次，柔性司法凸显的人文关怀，服务于司法为民的宗旨。这种理念体现在部分认罪认罚案件的处理过程和结果中。尤其是针对部分还需抚育未成年人的被追诉人，法院在判断认罪认罚情节的从宽幅度时，一般会提高相应的比例，在笔者了解的某些案件中，法院甚至会在检察建议幅度之下作出裁判。最后，完善认罪认罚具结及检察建议制度，提高检察机关办理认罪认罚案件的工作质量与社会效果，通过丰富建议说理内容、简化工作环节等方式，确保检察建议与法院裁判的一致性。

（原载于《法学》2019 年第 6 期）

---

① 参见胡云腾主编：《认罪认罚从宽制度的理解与适用》，人民法院出版社 2018 年版，第 33—35 页。

认罪认罚从宽制度中
量刑建议的精准化途径与方法

——以杭州市检察机关的试点实践为基础

鲍　键* 陈申骁**

自从刑事案件速裁程序试点及刑事案件认罪认罚从宽制度试点以来，围绕着检察机关的量刑建议究竟如何操作，无论是司法界，还是理论界都存在较大的争议。《刑事诉讼法》第 176 条第 2 款规定："犯罪嫌疑人认罪认罚的，人民检察院应当就主刑、附加刑、是否适用缓刑等提出量刑意见……"《刑事诉讼法》第 201 条规定："对于认罪认罚案件，人民法院依法作出判决时，一般应当采纳人民检察院指控的罪名和量刑建议……"笔者认为，上述两个"应当"的刚性规定，决定了当前检察机关的量刑建议权具有不同于以往仅是"建议"的重要价值，在制度设计层面，强化了检察机关量刑建议的实际功能和法律权威，检察机关应当推动量刑建议精准化发展。本文拟以杭州市检察机关的实践为例，探讨检察机关推进量刑建议精准化的必要性及现实操作路径。

一、检察机关推进量刑建议精准化的重要意义

1996 年《刑事诉讼法》修改后，全国陆续有一些基层检察院开展量刑建议工作探索，如 1999 年北京市东城区检察院率先引入公诉人当庭发表量刑建议机制，随后，江苏省、浙江省一些检察机关也相继开展有关量刑建议的尝试。2008 年，最高人民法院颁布《人民法院量刑程序指导意见（试行）》，逐步凸显量刑程序在刑事案件审理中相对独立的地位。2010 年"两高三部"制定的《关于规范量刑程序若干问题的意见（试行）》首次明确人民检察院"可

---

* 浙江省杭州市人民检察院公诉二部主任。
** 浙江省杭州市人民检察院公诉二部副主任科员。

以提出量刑建议。量刑建议一般应当具有一定的幅度"。2014 年，最高人民法院决定在全国法院正式实施量刑规范化工作，并先后出台《关于常见犯罪的量刑指导意见》《关于常见犯罪的量刑指导意见（二）》等规范性文件。我国量刑规范化改革至今成效显著，经过 10 年的实践，人民法院已建立起相对成熟的刑事案件量刑规范化体系，在常见量刑情节的适用、量刑的基础方法以及常见犯罪的基准刑等方面，均形成了较为统一明确的标准。通过检法协作，近几年来，检察机关的量刑建议水平也有了显著提升。

（一）量刑建议精准化有利于深化以审判为中心的刑事诉讼制度改革成效，推进庭审实质化

随着以审判为中心诉讼制度改革的不断推进，刑事审判活动对于定罪事实和量刑事实以及定罪程序和量刑程序都予以充分关注。"两高三部"《关于推进以审判为中心的刑事诉讼制度改革的意见》第 13 条规定："法庭辩论应当围绕定罪、量刑分别进行，对被告人认罪的案件，主要围绕量刑进行。法庭应当充分听取控辩双方意见，依法保障被告人及其辩护人的辩论辩护权。"《人民法院办理刑事案件第一审普通程序法庭调查规程（试行）》第 44 条规定："被告人当庭不认罪或者辩护人作无罪辩护的，法庭对定罪事实进行调查后，可以对与量刑有关的事实、证据进行调查。"

由此可见，量刑事实和程序的独特价值日益凸显，特别是在被告人认罪案件中，量刑问题成为重要的关注焦点。因此，检察机关做好量刑建议的精准化工作，有利于检察机关积极适应庭审实质化改革要求，扩大控辩双方的争点范围，强化控辩双方的诉讼职能。根据庭审实质化的要求，公诉人提出的量刑建议，既要充分考虑刑法和个案的量刑情节，又要在被告人权益与被害人利益、社会公共利益之间作出抉择，这就意味着量刑建议一定要根据个案的特色有所不同，应当具备一定的精准性。此外，公诉人提出具体的量刑建议，有利于被告人及其辩护人有针对性地提出辩论意见。通过确保控辩双方围绕事实、量刑问题向法官充分发表意见，可以改变传统庭审活动结束后法官单独决定案件量刑的局面，增加案件的透明度和公正性，实现个案公正。

（二）量刑建议精准化有助于促使犯罪嫌疑人尽早认罪，树立司法公信力

传统办案模式下"坦白从宽"政策难以有效落实，问题之一在于是否量刑从宽的模糊性，能否从宽、从宽多少都存在诸多不确定，直接影响适用效果。倘若量刑建议过于宽泛从而导致犯罪嫌疑人或被告人心理预期模糊化，无法进行有效的"选择"，反而导致犯罪嫌疑人或被告人存在"放手一搏"的

心态。

认罪认罚从宽制度设立的主要目的在于促使犯罪人员尽早认罪认罚，从而节约司法成本，提高司法效率。而要督促犯罪行为人尽早认罪，就要求检察机关能够提供相对明确的量刑信息，促使其作出利己的选择。在辩诉交易的发源地美国，明确的量刑指南一直被司法界认为具有重要的意义。有学者指出："量刑指南通过'创设了一种对审判后法庭可能判处的刑罚进行清楚、确定的预期'而改变了辩诉交易的性质。那些不切实际地幻想——即使在庭审中败诉仍然能获得量刑减让——已经破灭，被告人现在不能再这么想了。即使量刑指南实际上并未加大答辩后与审判后量刑（很难衡量的东西）之间的差距，它们只是使得这种差距在被告人眼中变得更为明显。自然的后果应该是，更多的被告人将会愿意答辩有罪。"① 通过明确量刑预期，让被告人"参与"量刑过程，对其获刑过程提供足够的信息评估，打消其可能存在的获得更轻刑罚的侥幸心理，从而增加对认罪的选择，减少不必要的上诉，最终才能实现认罪认罚从宽的制度导向。

以审判为中心的诉讼制度改革要落地见效，一个重要前提是有效地实现案件繁简分流，而认罪认罚从宽制度是确保实现程序性繁简分流的基础性制度设计。可以说在认罪认罚从宽制度全面推进的背景下，精准化的量刑建议是促使犯罪嫌疑人进行程序选择，从而实现案件繁简分流的基础性工作。检察机关作为案件的过滤把关者和程序分流的调控者，② 发挥认罪认罚从宽制度的主导作用，必须做好量刑建议的精准化工作，才能确保提高认罪认罚适用率。

在早期的"量刑规范化试点"改革中，一些检察院所提出的量刑建议幅度过大，基本等同于法律所规定的幅度，对于被告人、人民法院而言缺乏约束力和参考价值，事实上没有发挥应有的效果，也不可能实现认罪认罚的有效主导。

从实效考量，在认罪认罚从宽制度中，现阶段检察机关提出的精准量刑建议有着更充足的条件和基础。检察机关在诉前与犯罪嫌疑人、辩护人充分沟通，可以充分了解掌握各种法定、酌定情节等量刑信息，提高量刑建议准确性；而在具结过程中，检察机关可以通过展示各类量刑信息，告知犯罪嫌疑人量刑建议的标准、计算方法，并作出相对精准的量刑建议，可以使得犯罪嫌疑

---

① 参见［法］乔治·费希尔：《辩诉交易的胜利——美国辩诉交易史》，郭志媛译，中国政法大学出版社 2012 年版，第 228—229 页。

② 参见朱孝清：《检察机关在认罪认罚从宽制度中的地位和作用》，载《检察日报》2019 年 5 月 13 日第 3 版。

人能对量刑规则、可能的刑罚及认罪与否所产生的不同量刑后果有比较清晰的认知，督促其主动作出"理智"的选择，从而促使其就是否认罪认罚以及程序适用问题与检察机关进行协商。

（三）量刑建议精准化有利于规范自由裁量权，强化检察机关法律监督

我国刑法分则对个罪配置的法定刑绝大多数是幅度的法定刑，法官对于量刑拥有一定的自由裁量权。法官的自由裁量有其存在的必要性和合理性，但员额法官在定罪量刑的同时也会受到其工作环境、个人观念、法律理解等主客观因素的影响，导致部分刑事案件量刑不均衡。而在认罪认罚从宽制度下，由于检察机关的量刑建议具有相对刚性，一定程度上，形成审判量刑权向检察机关的"让渡"或"分享"，从而形成检察官量刑建议权与法官刑罚裁量权的双向制约。如果检察机关提出的量刑建议相对精准，有利于同时限缩员额检察官和法官的自由裁量权，实现检法共同规范量刑适用，避免相同案件不同处理。

从检察机关自身来说，量刑建议的精准化发展是检察机关发挥法律监督职能的客观要求。在提升量刑建议精准化的基础上，检察机关对审判机关判决中未接受量刑建议的案件，则可以从判决与量刑建议的差异程度及是否有合法、合理事由等方面进行考量。在存在判决量刑畸重畸轻的情况下，检察机关可以通过提起抗诉，履行审判监督的法律职责。倘若检察机关指控时所提的量刑建议本身就宽泛而模糊，那很难对法院基于自由裁量权下的裁判进行有效的法律监督。

二、精准量刑建议在认罪认罚从宽制度中的运用与发展

《刑事诉讼法》第 176 条第 2 款规定："犯罪嫌疑人认罪认罚的，人民检察院应当就主刑、附加刑、是否适用缓刑等提出量刑建议，并随案移送认罪认罚具结书等材料。"全国人大常委会将原来《刑事诉讼法修正草案》一审稿中"可以"最终改成了"应当"，这样改动不只是为了提升效率和可操作性，更是对检察机关提出量刑建议的质量提出了更高的要求。

自认罪认罚从宽制度试点以来，浙江省杭州市检察机关着力强化"四个维度"——拓宽广度、规范尺度、提升精度、展现温度，不断提升量刑建议水平，量刑建议的精准化途径不断得到拓展。①

①　2017 年 12 月"两高"《关于在部分地区开展刑事案件认罪认罚从宽制度试点工作情况的中期报告》中对于杭州试点工作中"分级量刑激励制度""值班律师转任辩护人机制""智能化办案"等亮点工作着重介绍。

（一）扩大适用范围，以机制建设拓宽适用的广度

长期以来，检察机关在审查起诉中更着重于案件定性分析，对于量刑工作比较生疏，更多是在对裁判结果的审查中关注量刑问题。而量刑建议权，不仅要求办案人员关注案件的事实、定性，更要关注量刑建议的精准把握，确保量刑建议"有理、有据、有效"。

1. 扩大罪名覆盖，扩展案件范围，横向拓宽广度

杭州地区检察机关在刑事案件速裁程序试点工作基础上，注重扩大适用范围，通过让更多罪名、更多案件纳入认罪认罚适用范围，不断提高适用率及量刑建议水平。首先，拓宽适用认罪认罚刑事案件罪名，除极少数危害特别严重的犯罪外，原则上使该制度覆盖绝大多数罪名。其次，在量刑领域积极探索，从初期适用3年以下认罪认罚案件，到全面向3年以上刑期案件拓展，并向10年以上量刑领域探索，通过案件类型的全覆盖，实现量刑建议的全覆盖。最后，拓展刑罚种类，对于所提出的量刑建议应涉及主刑、附加刑，是否适用缓刑等方面，坚持在对主刑有效把握基础上，逐步对附加刑及缓刑的适用提出明确建议，强化对不同刑罚尺度的把握。

2. 全程考察表现，分层建议量刑，纵向拓展深度

对犯罪嫌疑人（被告人）的从宽建议幅度，不能仅仅根据犯罪嫌疑人到案后的供述，还必须结合犯罪嫌疑人到案后的一贯表现才能得出精准的量刑建议。在认罪认罚案件中，通过程序设置，将精准量刑融入侦查、批捕、起诉、审判的全程环节中，丰富评价体系，从是否认罪的二维判断转变到全面考察，丰富评价体系，从而实现量刑的精准化。

杭州市检察机关创制了"犯罪嫌疑人认罪认罚情况记录表（表1）"，表格式记录从侦查到提起公诉环节犯罪嫌疑人的认罪认罚情况，根据犯罪嫌疑人主观恶性程度、具体认罪认罚时间点、节约司法资源程度等不同环节节点，设计出"逐级折扣"的量刑减让规则，从而鼓励犯罪嫌疑人及早认罪，节约司法资源。通过构建从侦查阶段至审判阶段不同阶段认罪的"阶梯化"量刑从宽幅度，全流程动态查考，将是否认罪、认罪阶段的时间节点、悔罪态度、羁押期间表现列入量刑建议从宽幅度等级评定体系，结合其所犯的罪行恶劣程度、社会危害程度、造成的侵害后果、有无积极退赃等综合因素，在提出量刑建议时下降刑期幅度10%—30%。通过纳入上述数据、指标，使得犯罪嫌疑人直观地了解、比较自身的从宽幅度，鼓励引导犯罪嫌疑人尽早认罪悔罪，改过自新。

（二）统一检法认识，以规范确保量刑建议的尺度

认罪认罚从宽制度下检察机关的量刑建议工作，不是"另起炉灶"，而是

在既有工作基础上通过检法协作，进一步细化量刑规范标准。考虑到案件情况千差万别，员额检察官、法官经验、能力上的差异，以及认罪认罚从宽制度适用案件类型多样等因素，检察机关难免会与审判机关在量刑尺度上产生分歧。为确保认罪认罚从宽制度的贯彻落实，需规范检察机关量刑建议的统一标准。

表1：认罪认罚情况记录表

犯罪嫌疑人（被告人）		涉嫌罪名		
所处阶段	是否认罪认罚	讯问时间	犯罪嫌疑人（被告人）签名确认	案件承办人员签名确认
采取强制措施前	□是 □否			
	□是 □否			
	□是 □否			
刑事拘留后提请批准逮捕或者变更强制措施前	□是 □否			
	□是 □否			
	□是 □否			
审查批准逮捕期间	□是 □否			
取保候审、监视居住后移送审查起诉前	□是 □否			
	□是 □否			
	□是 □否			
执行逮捕后移送审查起诉前	□是 □否			
	□是 □否			
	□是 □否			
移送审查起诉后提起公诉前	□是 □否			
	□是 □否			
	□是 □否			
提起公诉后作出判决前	□是 □否			
	□是 □否			

1. 注重检法对接，共同规范量刑适用尺度

由于我国先前的量刑规范改革是由人民法院主导的。检察机关经验不足，需要向审判机关"取经"。杭州一些基层检察机关通过同级检、法两家会商讨

论，以已判决案件为基础，按照量刑指导意见并结合本地实际，通过出台文件规范形式明确更大范围的常见罪名有关量刑情节，制定常见罪名的量刑参考表（表2），依照犯罪数额与量刑情节，以表格形式将具体量刑建议细化到以"月"为单位，明确了量刑浮动的量化指标，使量刑建议有据可查，从宽幅度心中有数。

表2：杭州市某某区检察院关于诈骗犯罪的量刑参考表

常用量刑参考（以诈骗为例）		
罪名	犯罪情节和量刑幅度	
	犯罪数额/元	刑期	罚金/元
	6000（较大）	6月	2000
	9133.3	7月	2000
	12266.6	8月	2000
	15399.9	9月	2000
	18533.2	10月	2000
	21666.5	11月	2000
	24799.8	12月	2000
	27933.1	1年1月	4000
	31066.4	1年2月	4000
	34199.7	1年3月	4000
诈骗	37333	1年4月	4000
	40466.3	1年5月	4000
	43599.6	1年6月	4000
	46732.9	1年7月	4000
	49866.2	1年8月	4000
	52999.5	1年9月	4000
	56132.8	1年10月	4000
	59266.1	1年11月	4000
	62399.4	2年	6000
	65532.7	2年1月	6000
	68666	2年2月	6000

续表

常用量刑参考（以诈骗为例）		
罪名	犯罪情节和量刑幅度	
	犯罪数额/元　　　　　刑期	罚金/元

罪名	犯罪数额/元	刑期	罚金/元
诈骗	71799.3	2 年 3 月	6000
	74932.6	2 年 4 月	6000
	78065.9	2 年 5 月	6000
	81199.2	2 年 6 月	6000
	84332.5	2 年 7 月	6000
	87465.8	2 年 8 月	6000
	90599.1	2 年 9 月	6000
	93732.4	2 年 10 月	6000
	96865.7	2 年 11 月	6000
	100000（巨大）	3 年	8000
	注意事项	（1）通过发送短信、拨打电话或者利用互联网、广播电视、报刊杂志等发布虚假信息，对不特定多数人实施诈骗的	增加基准刑的 20% 以下
		（2）诈骗救灾、抢险、防汛、优抚、扶贫、移民、救济、医疗款物的 （3）以赈灾募捐名义实施诈骗的 （4）诈骗残疾人、老年人或者丧失劳动能力人的财物的 （5）造成被害人自杀、精神失常或者其他严重后果的 （6）惯犯或者流窜作案，危害严重的 （7）挥霍诈骗所得财物，致使无法返还的 （8）其他可以从重处罚的情形	增加基准刑的 20% 以下

2. 根据案件适用程序，注重量刑建议的点面结合

认罪认罚从宽制度推行后，检察机关需要积累量刑建议经验，与法院也有一个磨合沟通、统一量刑标准的过程，因此检察机关应根据案件庭审的不同程序，采取相对明确的起刑点和相对模糊的量刑区间相结合的方法，提出确定型和幅度型两种量刑建议，逐步提高量刑建议的精准率。一方面，对于案情较为简单，影响定罪量刑的情节较少，已有较明确量刑指导意见的刑事速裁案件，

如危险驾驶、盗窃等，在起诉书中明确了建议的起刑点。对于案情相对复杂，影响定罪量刑情节较多的简易审案件，如容留他人吸毒、寻衅滋事等，则单独出具量刑建议书，建议较有弹性的量刑区间。另一方面，对可能判处 3 年以下有期徒刑刑罚并适用速裁程序的案件，可根据基准刑和从宽幅度提出确定的刑期建议，对可能判处 3 年有期徒刑以上刑罚并适用简易程序的刑事案件，可提出幅度在 3—6 个月以内的刑期建议。通过点面结合的量刑建议，不仅减少了检察机关因量刑建议准确性承受的压力，尊重了法院的自由裁量权，有益于扩大适用案件范围，而且一定区间量刑留给犯罪嫌疑人争取较轻刑罚的希望，有助于增加嫌疑人对量刑建议的接受度。

在前期试点改革基础上，杭州地区检察机关对量刑建议的区间幅度作以下区分：对可能判处 1 年以下有期徒刑案件，量刑建议应当精确到点；可能判处 3 年以下有期徒刑的案件，《量刑指导意见》涵盖的罪名量刑建议应当精确到点，其他罪名提出幅度量刑建议的，区间幅度应在 1—3 个月以内；对可能判处 3 年以上有期徒刑的案件，一般提出幅度量刑建议，区间幅度应在 3—6 个月以内；对可能判处 10 年以上的案件，一般提出幅度量刑建议，区间幅度应在 1—2 年以内。试点至今，杭州市两级检察机关针对适用认罪认罚案件采用确定型量刑建议占总适用数的 81.5%，幅度型量刑建议占总适用数的 18.5%，此举使人民法院接受量刑建议的采纳率大大提高，据统计，杭州市两级院认罪认罚案件量刑建议采纳率普遍在 95% 以上。通过明确量刑和幅度量刑相结合适用，与人民法院不断磨合，逐步提高量刑建议的采纳率。

（三）注重创新方法，不断提升量刑建议的精度

1. 创新量刑机制，综合评价提出科学建议。在精准化实现量刑建议的过程中，检察机关在具体量刑建议的计算中，要综合考察法律依据、司法解释、量刑指导、既往判例、同案犯平衡等多方因素，科学制定量刑方法。杭州部分基层检察机关提出"四步量刑法"，即根据基准刑期定档、实体情节加减、程序情节浮动、赔偿退赃情况预留可调节刑期等四步骤，确保量刑结论由计算得出，实现量刑建议体系的相对统一、规范、公平。

2. 调整量刑建议，增强检察机关建议的权威性。在共同犯罪案件中，同案犯之间常有不同认罪悔罪态度，因此必须通过对不同认罪态度的被告采取不同量刑建议，实现差别化对待，体现宽严相济刑事政策，鼓励被告人争取认罪从宽处理。例如，杭州市某区检察院办理的朱某、陈某、仲某、霍某赌博案中，朱某和陈某系主犯，仲某和霍某系从犯，朱某、仲某在取保候审之后翻供，在审查起诉阶段拒不认罪，霍某一直不认罪，而陈某一直认罪。检察机关根据各嫌疑人不同的认罪态度向法院提出了朱某有期徒刑 10 个月，罚金 5000

元；陈某有期徒刑 6 个月，罚金 2000 元；仲某有期徒刑 8 个月，罚金 4000 元；霍某有期徒刑 6 个月，罚金 1500 元的量刑建议，获得法院采纳。该案判决后，在当地看守所形成了较大的反响，在押犯罪嫌疑人认罪认罚主动性显著提高，这也从侧面体现了检察机关用好精准量刑的积极意义。

对于在审查起诉阶段签字具结同意量刑建议的被告人，在审判阶段无故反悔的，检察机关则建议法院不再给予其认罪认罚从宽处罚的"优惠"，不再根据其在审查起诉阶段的具结书及原量刑建议进行判刑，并在公诉意见中提出新的量刑建议，以体现认罪认罚从宽制度的正向示范性效应。

3. 科技助力办案，智慧办案系统辅助精准量刑。在认罪认罚从宽制度工作中，要积极探索利用互联网、大数据、人工智能等新科技，利用检察机关开发的公诉案件智能审查辅助系统办理认罪认罚案件，发挥人工智能在认罪认罚案件办理中数据采集、量刑规范等方面的优势。以大数据为引领，建立规范有效的量刑建议数据库。将办案中形成的量刑建议数据收集、整理，科学分类并录入公诉案件智能审查辅助系统，设置具体的量刑建议标准，为量刑建议工作提供有力的数据参考，从而使公诉人在办案中不但有例可循，而且有据可考。

（四）践行枫桥经验，展现人文司法的温度

杭州检察机关积极践行枫桥经验，践行恢复性司法，将被害人权益保护引入认罪认罚从宽制度，修复因犯罪而损害的社会关系。对于有被害人的案件，检察机关通过认真听取被害人及其代理人的意见，并将犯罪嫌疑人（被告人）是否与被害人达成和解协议或者赔偿被害人损失，取得被害人谅解作为提出量刑建议的重要考虑因素。通过被告人认罪认罚，促进双方和解，实现"打击犯罪有尺度，人性化办案有温度"。

1. 拟定不同量刑建议，促进赔偿、谅解。对于因邻里纠纷等引起的伤害、故意毁坏财物或交通肇事类案件，退赃、赔偿、被害人谅解与否等直接影响到对嫌疑人的量刑，公诉人提出具结时，可以采取附条件量刑建议的方法，即明确告知犯罪嫌疑人退赃、赔偿前后可能产生的量刑变化，若愿意退赃、赔偿的，则给其一定时间，在具结书上写明根据退赃或赔偿与否两种情形及对应的不同量刑建议。法院审判时只要根据不同的情形，选择一种量刑建议即可。此举在实现量刑精准化的同时，也实现了犯罪嫌疑人自我认罪悔罪获得司法正向评价的即时效果，满足了被害人追回损失的合理诉求，从而最终实现了认罪认罚即可获得从宽的制度示范效果。

2. 前置社会调查程序，提高缓刑适用率。适用认罪认罚从宽制度的案件，宣告缓刑率较高，但实践中是否适用缓刑需委托司法局进行社区矫正，由于社区矫正的调查结果出具时间存在可能晚于检察机关提起公诉时间的情况，故在认罪认罚从宽制度实施初期，存在多起未被法院采纳缓刑建议的案件。为避免类似问题再次出现，对符合缓刑条件的犯罪嫌疑人，可将上述委托司法局进行社会调查的程序前置至公安侦查阶段。侦查机关在将案件移送检察院审查起诉前，认为犯罪嫌疑人可能判处缓刑的，一般应当启动审前社会调查，及时核查犯罪嫌疑人居住地、违法犯罪记录、监管条件等，并将上述材料一同附卷随案移送，通过同步委托调查时间与案件审查时间，进一步提高量刑建议的采纳率。

3. 借助"诉前会议"① 机制，搭建多方沟通平台。检察机关要加强与被害人、犯罪嫌疑人及其辩护律师的诉前沟通，听取其对量刑情节认定、量刑建议的意见，跟踪掌握量刑情节的变化情况，确保量刑建议精准有效。辩护人可在诉前会议上提交其收集的能够证明犯罪嫌疑人无罪、罪轻或者减轻、免除刑事责任的证据材料，参会各方均可在会上充分发表意见。如杭州市某区办理的刘某甲、刘某乙涉嫌串通投标、诈骗案件中，该案涉及被害人小区业主近百户，已多次上访并被多家媒体报道。检察机关审查该案时多次到现场进行调查，并召集多方参加诉前会议，在综合听取被害单位赔偿诉求及谅解意向、消防大队工作人员对小区消防修缮改造的专业意见、辩护律师对案件定性及量刑等意见后，促成两名犯罪嫌疑人当场签订具结书，会后嫌疑人家属即作出赔偿。在促成认罪认罚并取得被害方谅解后，该院提出确定刑量刑建议，获得法院判决支持并赢得各方认可，真正实现息诉服判。

三、量刑建议精准化在认罪认罚从宽制度改革中的完善

检察机关量刑建议的精准化是司法机关量刑规范化改革与认罪认罚从宽制度改革发展的结果，接下来也必将进一步完善与发展。笔者以为，有以下几个方面值得进一步思考。

第一，充分发挥律师作用，创建新型量刑沟通机制。《刑事诉讼法》创设了值班律师制度。但在实践中，往往存在值班律师案件参与率低、参与程度不够、控辩协商中律师作用不明显等困境。为此，要让值班律师充分发挥作用，促进量刑公开，实现量刑公正。首先，应逐步建立并扩充、完善"值班律师预约制度"，探索值班律师转任指定辩护人机制，采取律师"讯问时全程在场"或者"具结前单独会见"两种不同模式，在犯罪嫌疑人认罪、量刑具结

---

① 诉前会议，是杭州市检察机关开展的一项试点改革，是指检察机关在对审查起诉过程中在决定提起公诉之前，针对证据合法性、认罪认罚等特定事项，召集侦查人员、当事人以及辩护人、诉讼代理人进行交流沟通，就案件处理达成意见的一种审查起诉机制。

等关键节点提前预约律师前来提供法律帮助。其次，积极探索检察阶段就犯罪嫌疑人认罪认罚的量刑建议的三方沟通机制。通过在检察阶段构建良性的三方量刑沟通机制，赋予犯罪嫌疑人充分认知权，提高其法律认知。保证律师参与控辩协商，依法听取律师对量刑建议、程序适用等方面的意见，并在律师在场的情况下由犯罪嫌疑人签署具结书，以保证控辩协商的公正性、犯罪嫌疑人认罪认罚的自愿性和具结书内容的真实性、合法性。积极调动值班律师提供法律服务的积极性，通过控辩双方对于案件定性、量刑的充分协商沟通，也有助于提升检察机关提出量刑建议的准确程度。

第二，着力完善认罪认罚自愿性保障机制，探索证据开示制度。证据开示制度，是指在诉前向犯罪嫌疑人展示证据，确保犯罪嫌疑人充分了解知悉证据的基础上做出认罪认罚的自愿选择，从本质上来说，保证了犯罪嫌疑人的知情权，有利于嫌疑人在充分了解证据的基础上做出明智选择。"如果被告人对自己有罪无罪的证据一无所知，却要让他自愿认罪，会带有浓厚的诱供和纠问色彩，因此证据展示是实现各诉讼参与主体信息对称的最好的办法。"[1] 而在司法实践中，犯罪嫌疑人能够知悉的控方证据必然有限，且诉讼过程中控辩双方又都或多或少不愿向对方透露关键的信息。针对特定认罪认罚案件，在审查起诉环节设立认罪案件证据开示程序，由检察机关主持控辩双方就全案证据开示（包括对犯罪嫌疑人有利、不利、有罪、无罪的全部材料），使嫌疑人真正做到认罪且服法，可以确保检察环节犯罪嫌疑人认罪认罚的真实性、自愿性和明智性，同样量刑证据的开示也保证了检察机关提出的精准化的量刑建议具有合理性及科学性。

第三，建立健全认罪认罚制度下二审程序的量刑建议机制，完善量刑环节检察监督。在二审程序中，量刑轻重常常是上诉人关注的焦点。在认罪认罚从宽制度改革推进过程中，检察机关的二审工作要与一审案件紧密联系。检察机关一方面要积极履行法律监督职责，对于被告人提起上诉的一审适用认罪认罚的刑事案件，就适用认罪认罚是否正当、量刑部分是否从宽、被告人上诉理由是否合理等进行审查，尤其要对被告人无合理理由仅就量刑上诉的，因上诉导致的一审认罪认罚的程序性基础不存在，检察机关应及时行使抗诉职能，履行监督职责，从而确保认罪认罚制度的法律权威；另一方面，针对部分上诉案件中上诉人在二审阶段要求认罪认罚，且案件确有适用认罪认罚从宽的必要性的，可通过适用认罪认罚从宽制度，来达到减少社会对抗，修复社会关系的良好效果。

---

[1] 左卫民等：《简易刑事程序研究》，法律出版社 2005 年版，第 292 页。

第四，以量刑规范化为载体，推进政法办案一体化系统建设。如何更好破解案多人少难题提高办案质效，如何提高量刑精准化推进认罪认罚制度改革，是检察机关亟待回答的时代命题。利用人工智能、大数据等技术，通过业务协同、数据共享和流程再造，破除政法各单位就量刑规范以及其他执法办案信息系统之间存在的数据壁垒，有助于进一步统一量刑尺度，细化评判标准，推进信息化条件下的协同办案。检察机关与同级法院通过政法办案一体化信息建设，可以逐步扩大不同领域罪名有关量刑规范意见。检察机关自身可以研发具有科学研判功能的量刑建议参考信息，通过预置量刑计算规则，结合法定、酌定量刑情节，利用大数据形成的量刑建议数据库，智能提出量刑建议，辅助提升量刑建议的精准度。

（原载于《法律适用》2019 年第 13 期）

做强民事检察

民事检察精准化发展路径探析[*]

汤维建[**]　　王德良[***]

民事检察制度肇始于 1982 年 3 月发布的《民事诉讼法（试行）》，经过近 40 年的探索和完善，已经完成基础制度的构建，其在中国特色司法制度中的地位和作用也不断得到强化。当前，检察改革正深入推进，在机构改革中，各级检察机关成立了专司民事检察的部门或者办案组，由此在实践层面将民事检察从以往笼统的民事行政检察中独立出来。站在新的起点上，民事检察必须坚持走精准化发展的路径。2019 年 2 月最高人民检察院发布的《2018—2022 年检察改革工作规划》提出：健全以"精准化"为导向的民事、行政诉讼监督机制。明确民事、行政诉讼监督标准，突出办理具有社会意义、有指导价值的典型案件，增强监督的精准性和监督效果。然而，何谓民事检察的精准化？为什么在现阶段要提出民事检察精准化这一命题？如何实现民事检察的精准化目标？对于这些问题均需给出明确的答案。

一、精准监督的内涵界定

精准监督体现了新时代人民群众对民事检察的新期待和新要求，也是对以往民事检察中粗放办案方式的一种革新。在强劲司法需求的推动下，在检察机关接续开拓性的探索中，民事检察的制度内涵不断丰富，无论是监督对象和范围，还是监督手段和方式都呈现多元化的趋势。在具体的监督需求面前，检察机关必须选择最佳的监督进路，在方法与目的、投入与产出之间实现匹配和平衡，这实际上就是精准监督的问题。精准监督的价值主要表现在监督资源的节约、监督程序的深入、监督效果的理想等方面，简言之，即监督准、质量高、效果好。一是监督准。监督是民事检察的发力点和行使检察权的外在表现形

* 本文系北京市习近平新时代中国特色社会主义思想研究中心项目、北京市社会科学基金重点项目《中国特色社会主义程序法治研究》（编号：18KDAL027）的阶段性研究成果。

** 中国人民大学法学院教授。

*** 中国人民大学法学院博士生，天津市人民检察院检察官。

式，在当前的实践中，民事检察监督所要关注的问题日益多元化和复杂化，精准监督要求检察机关聚焦关键问题，找准监督方向，针对案件的实际情况，在监督范围、监督对象、监督方式的选择上更加准确地回应实践需求，以最少的司法资源投入推动更多实际问题的解决。二是质量高。随着立法规范的不断完善，在司法实践中，检察机关法律监督职能呈现逐步拓展之势，即由抗诉层面的监督到检察监督基本原则层面的监督再到检察机关法律监督层面的监督。在多元化的监督视野下，精准监督要求检察机关摒弃"就案办案"的模式，在抗诉目的之外有更高的监督诉求，抽丝剥茧，深挖造成具体案件失范问题的深层次原因，将监督触角引向深入。三是效果好。检察监督是民事诉讼制度中最具有中国特色的本土化资源之一。精准监督应坚持问题导向，通过履行检察机关在民事诉讼领域的监督职能实现多元化的功能和价值，在实体纠错、程序保障之外，还能在政策表述、公益保护、化解矛盾、优化治理等方面给出"检察方案"，以实现政治效果、社会效果、法律效果的高度统一。

二、精准监督的意义探析

精准监督回应了当前民事检察制度适用中存在的一些突出问题，是一个极具实践价值的课题。

（一）精准监督有助于检察机关优化资源配置，提高办案水平

相对于成熟的刑事检察，民事检察起步晚、底子薄，"重刑轻民"的观念在各级检察机关都不同程度存在，但民事检察工作关乎人民群众最为迫切的司法感受，并且在实践中形成了具有规模效应的司法诉求，而检察机关办理各类申请民事监督案件呈现"受案数量多、结案相对少、监督规模小"的非理想状态。在检察机关整体的法律监督格局中，无论从办案规模还是从办案影响力上，民事检察都与刑事检察等存在显著差距。当前，检察改革深入推进，刑事检察、民事检察、行政检察、公益诉讼检察"四大检察"都面临做优做强做实的新使命、新目标和新要求，这一背景之下，将现有的资源配置向民事检察过分倾斜并不现实。此外，当前各级检察机关推进的机构改革中，民事检察、行政检察、公益诉讼检察三项工作都是在原有民事行政检察机构的班底上开展的。也就是说，仅从民事检察的视角来看，相关资源配置难以大幅度优化，必须寄希望于精准监督，将现有资源更加均衡有效地布局到民事检察工作中，在宏观与微观的良性互动中精准发力，以集中有限的工作力量实现更优的监督效果。

（二）精准监督有助于督促被监督者纠正错误，提升审判水平

检察机关的监督并非高人一等，而是要技高一筹，精准监督在理念中即包含这一逻辑，特别是在审判活动监督这一传统民事检察领域，硬碰硬的监督要求检察机关必须拿出更具专业性和说服力的观点和主张。实践中通过民事检察监督最终改变法院生效裁判的案例很多，笔者仅选取其中一个典型案例予以说明。该案是由 T 检察机关办理的一起抗诉案件，① 案件起因于一起一死群伤的交通事故，围绕死者经济损失问题存在委托关系、挂靠关系、雇佣关系、保险关系、损害赔偿关系等复杂的法律关系。原审法院在道路交通事故人身损害赔偿这一案由的主导下对诸多法律关系进行展开，并得出了乳山公司、永正公司不承担法律责任的结论。对此，检察机关以原审法院在原告坚持按照合同关系起诉的情况下修改案由为切入点，认定该案原告与永正公司之间构成涉及交通、住宿、餐饮等内容的复合合同，应当参照最为类似的客运合同关系进行处理。对此，永正公司作为承运人应当承担安全保障义务，法院应基于代理关系，追究乳山公司的责任。法律实践需要面对的实际情况总是比法律所能直接描述的内容更加复杂，法律关系的竞合决定着诉讼标的的竞合，而受害人在民事诉讼活动中寻求救济的地位却是单一的，随着民事司法制度的不断完善，对于诉讼标的的竞合，当事人应当具有话语权。该案中，检察机关敏锐地抓住这一点，从原审法院对于案由的修改入手，从而厘清案情中复杂的关系，明确了责任主体的责任分配，得出了令人信服的结论。总之，对于业务属性极强的审判活动，检察机关在监督中必须做到精准有力，将问题找准、说透，特别要将案件所反映的深层次问题尤其是理念问题传导给审判机关，如该案中所涉及的当事人对于诉讼标的的选择权，对审判人员作出裁判发挥了积极的作用。

（三）精准监督有助于扩大民事检察的社会影响力，提升监督的权威性

尽管随着法律的完善和检察机关的探索实践，民事检察呈现出新的发展动向，但传统民事检察仍是以对诉讼活动的监督为主，并没有在强劲的司法需求面前作出有力的回应。检察机关通过精准监督，有助于在更大的范围和更深的层次上发挥监督作用，将民事检察更好地与中心工作、大局工作结合起来。如，在依法平等保护民营企业合法权益的落实方面，民事检察有条件也有责任在对涉及民营经济主体的民事案件进行监督的过程中，发现影响民营经济发展的体制机制问题，并通过对案件实体开展审判活动监督、提出改进行政执法工

---

① 参见最高人民检察院民事行政检察厅编：《民事行政检察精品案例选》，中国检察出版社 2016 年版，第 56—69 页。

作检察建议等方式促进营商环境的改善。再如，虚假诉讼是民事检察近年来越来越关注的一个突出问题，虚假诉讼背后不仅是对司法资源的浪费，更是对国家利益、社会公共利益及相关公民合法权益的侵犯，民事检察不仅要通过监督实现对社会公益和公民合法权益的保护，还应当关注虚假诉讼所涉及的深层次问题。

三、精准监督的外延展开

在强劲的实践需求及民事检察制度不断完善的背景下，精准监督不仅是监督理念的更新，更需要对民事检察工作在外延上把握好如下几个方面。

（一）范围精准

监督范围的不断扩大是近年来民事检察制度最重要的发展动向，其具体体现在由诉讼向非诉讼、由审判向执行、由裁判向调解、由诉后向诉中、由实体向程序、由案件监督向案件检察等多个方面。[1] 范围精准要求检察机关准确把握监督重点，特别应关注从诉讼监督向诉讼外法律监督的拓展，注重在案件监督纠正、法律实施、社会治理等不同的层面考虑检察机关能够进行监督的领域和方式，通过程序载体的选择最大限度发挥检察机关法律监督的职能作用，在民事检察中解决案件所反映的实际问题。精准监督必须正视民事检察的内容在各地发展的不均衡及地缘性特征，在监督重点的选择上也应有所侧重。如某地虚假诉讼成风，那就可以将此作为该地民事检察工作的重点；如春节之前农民工讨薪讨债问题高发，就可以将涉及农民工讨薪讨债的支持起诉工作作为民事检察工作的阶段性重点。由此形成的精准监督经验，又可以通过积累和共享，逐步在民事检察中产生规模效应。

（二）对象精准

监督对象的不同决定着监督程序和方式的选择，因此在民事检察监督启动之初首先应确定监督对象，以精准定位民事检察在具体案件中的正确走向。对象精准不仅包括复杂案件中监督方位的选择，还包括在整体的监督诉求中对个案的遴选。民事检察因应监督范围扩大的发展动向应当坚持全面监督的原则，意即民事检察监督的视角应遍及民事诉讼各个环节。但全面监督并非不受约束，民事检察监督权运行的边界除了考虑民事检察的权能属性，还应当考虑实施监督的必要性。民事检察监督应正视现有资源配置上的稀缺性，坚持合比例性原则，将监督的力量实施于最需要监督的案件之中，切忌将全面监督等同于

---

① 参见汤维建：《民行检察监督制度发展的新动向》，载《河南社会科学》2011 年第 1 期。

每案监督。如对不同程度的程序违法或结果不公的案件，显然应将更多的监督力量投入存在严重失范问题的案件中，对于情节轻微的则可以通过息诉、和解等方式进行化解。

（三）程序精准

程序精准是精准监督的题中之义。程序精准首先要求民事检察监督程序的规范，在办案中应遵从受案条件、办案期限、审查标准、司法文书等程序规则。当然，这仅是一般民事检察工作必须遵守的要求，精准监督还要求进行更加科学有效的程序设计，通过更加完善的程序机制解决民事检察工作中面临的实际问题，当前实践中主要包括合议制、听证及调查核实等内容。其一，合议制。合议制是指通过组织对案件的合议讨论，共同完成对具体民事监督案件的事实认定和法律适用，这一程序旨在对办案人员的专业素养、业务水平和办案经验等进行整合，凝聚合力，以弥补民事检察当前监督能力方面的短板。当然，合议制的适用必须坚持繁简分流，一般在复杂案件或者有重大影响的案件中适用。其二，听证制度。听证制度是通过召开听证会的方式，就具体案件听取双方当事人及社会各方代表的意见建议，以利于检察机关精准确定案件争议焦点，强化在所涉具体问题处置上的针对性、客观性和确当性。检务公开是司法体制改革的一个重要事项，听证制度是检务公开的重要内容，其体现了检务公开的实质化、深入化，为检察机关的精准监督提供了客观公正的信息来源，也是对民事检察精准监督的程序检验。其三，调查核实权。调查核实权是检察机关落实法律监督权最为重要的手段支撑。在精准监督的视野下，调查核实权的行使首先应着眼于对案件真实情况的发现，以保障审查结论的精准性；其次，调查核实权的行使还有利于弥补证据缺陷，维护弱势群体的利益，维护民事诉讼结构的实质平衡，体现民事检察监督的公正性；最后，调查核实权的行使有利于检察机关对诉讼活动实施全面监督，拓展民事检察的监督空间。可见，调查核实权的行使既是程序精准的体现，也是检察机关把握范围精准、对象精准等标准的程序保障。

（四）方式精准

监督方式是检察机关在民事检察中呈现给监督对象及社会公众的、承载着监督结论的外在表现形式，因此方式精准是彰显精准监督要求的最直观标准。在强劲的实践需求之下，在传统的抗诉方式之外，检察机关探索出诸多新型的监督方式，尽管有些还不完善，但依然发挥了开拓性作用，显现出监督方式多元化的发展趋势。精准监督要求监督方式与监督对象相适应，既考虑监督所涉及的问题类型，还要考虑监督事项所涉及的违法程度，方式精准是民事检察中定性分析和定量分析相结合的结果。从当前民事检察的实际情况来看，方式精准主要包括以下三个方面：一是根据监督所处的诉讼阶段选择监督方式。诉讼阶段主要分为诉前、诉中、诉后三个节点，相应地，诉前监督方式主要着眼于程序的启动，包括支持起诉、督促起诉等；诉中监督方式主要着眼于程序存在的瑕疵，包括检察建议、纠正违法通知等；诉后监督方式最为典型的方式即为抗诉，还包括再审检察建议、移送犯罪线索、检察和解等方式。二是根据监督内容选择监督方式。如对审判结果监督通常采用抗诉、再审检察建议等方式，但这些监督方式对不涉及实体内容的执行活动则难以适用；在诉讼程序和非诉程序的监督方面也存在相同的逻辑，对于没有再审纠错程序设计的非诉程序也不能适用抗诉等监督方式；在对程序性事项和实体性事项的监督中，对于前者主要采取检察建议、纠正违法通知等方式，对于后者则主要依赖于抗诉等方式。三是根据监督事项所涉及的违法程度选择监督方式。对于重大违法情形应当采用强度最大的监督方式，最典型的即为抗诉；对于违法情节稍轻的一般违法情形，可以抗诉也可以提出再审检察建议；对于轻微的违法情形，如存在程序瑕疵但并未影响案件实体结果公正的情形，通常可以通过检察建议、和解等方式进行监督。方式精准除了考虑具体监督方式适用的程序空间外，更重要的是应针对具体情形适用强度不同的监督手段，特别是对抗诉等强监督方式要有必要的限制，倡导以问题为导向进行监督方式的分流处置。此外，方式精准并非意味着在具体的民事监督案件中只能采取单一的监督方式，实践中应针对具体情况，该抗诉的抗诉、该提出检察建议的提出检察建议，必要时还可以结合纠正违法通知、移送违法违纪线索等，将多种监督方式辩证配合使用。方式精准主要是使民事检察保持适度的张力，除了在程序选择上关注抗诉与检察建议等监督方式的分野外，还应注重诸多监督方式之间的接续、配合、转换和升级。如对于裁判结果的违法问题采用再审检察建议实施监督后，若法院拒不采纳，检察机关则应当适时启动抗诉程序进行跟进监督，确保发现的问题得以妥善解决。

（五）说理精准

民事检察必须强化检察官的客观义务，尽可能从民事检察监督的目标定位出发，保持各种价值的平衡、融合，减少其对立、冲突带来的内耗。[①] 这既是检察机关在精准监督中应当秉持的理念，也是彰显民事检察正当性、权威性所必需。增强说理性是检察机关深化检务公开的要义之一，精准说理能够将检察

---

① 参见路志强、高继明：《中国民事检察制度的法理思考——以评析理念变迁为基点》，载《西南政法大学学报》2013年第5期。

机关的观点进行充分展示，由此使民事检察监督更加令人信服。说理精准主要包括两个方面：一是对所针对问题及其认定依据的说理，即监督的必要性。检察机关应准确地指出民事监督案件所存在的违反法定程序、诉讼结果不公等具体情形，并就如何推理出这一审查结论进行说理，释明认定的法律依据和推理过程，由此得出认定存在具体问题的必然性和唯一性。二是对监督方式选择的说理，即监督的适当性。监督方式的选择实质上为监督对象的整改限定了方向，如抗诉必然引发案件的再审。对此，检察机关需要就其选择的监督方式与所针对问题的相适应性及其程度进行说理，以彰显在履行检察监督职能中保持了必要的理性。此外，检察机关还应当在说理中释明所行使的具体监督职能的法律授权来源，说明办案所经历的相关程序，这些是为了表明检察机关依法监督并强化其精准说理的正当化基础。

（六）论辩精准

在民事检察所关注的民事诉讼活动中，检察机关作为一种公权力机关仅具有法律监督的单一属性而不同时具有诉权属性，检察机关需要通过论辩将监督的观点传达给法院或其他监督对象。论辩的过程实际上就是检察机关负担说服责任的过程，论辩精准是完成此一说服责任的必要路径。论辩精准首先应准确地表达检察机关对于案件的认识，其次，还应立足于具体问题的解决选择适宜的表达方式。检察机关在论辩中必须坚持客观的视角，不能因为监督因素的介入而打破民事诉讼固有的平衡结构。为达至这一效果，检察机关应主动与监督对象之间建立有效的沟通机制，对于监督对象的整改提供必要的支持，使其感受到检察监督的重心在于解决问题，通过有理、有力、有节的论辩提升监督对象对检察机关监督主张的认同感，从而在确保司法公正和统一司法的基础上形成和谐监督的关系。在重大案件或者典型案件中，积极践行检察长列席审判委员会制度，以此为平台充分发表检察机关的意见，就焦点问题进行沟通，将检察机关对于具体案件的认识及所秉持的价值取向更加充分地传达给作为监督对象的审判机关。论辩精准的落实思路不能囿于具体个案，更加有效的方式是通过良好沟通渠道的建设优化检察机关的表达氛围，如通过会签文件、联席会议、案例研讨等方式，对检法两家在办案中发现的问题进行常规性研讨，以阶段性、领域性的共识代替个案中的交锋，以良性的互动机制构筑监督与支持并举、反馈与完善并重的工作格局。

（七）督促纠正精准

对存在问题的督促纠正是民事检察监督的逻辑终点，因此，督促纠正精准是集中彰显民事检察效果的关键环节。督促纠正精准，既要体现在个案的监督效果上，也要体现在整体的监督效果上；既要体现在办案的效果上，还要体现在体制机制完善上；既要体现在对事的效果上，还要体现在对人的效果上；既要体现在权利救济的效果上，还要体现在综合的社会效果上。督促纠正精准既需要在程序中灵活调适监督视角，还需要在监督中具有担当作为的执着精神，在具体工作中主要应做好以下几点：一是强化一般案件督促纠正的深入程度。应找准问题，特别是应结合办案，分析司法审判或者社会治理等方面存在的隐患、漏洞，通过恰当的监督方式督促监督对象整改完善，实现对问题的源头治理。二是强化典型案件督促纠正的示范作用。在民事检察中强化个案筛选，对于在司法理念及社会治理方式等方面有示范引领价值的案件，应在相应的范围内就督促纠正过程及结果进行公开，通过具体案件的督促纠正将正确的价值判断传导至特定领域、特定范围、特定群体之中，实现理念纠偏、政策宣讲、工作改进的示范效果。三是强化类案监督的规模效应。注重对个案督促纠正效果的集成使用，主要是针对办案中发现的具有普遍性、倾向性、苗头性问题进行类案监督。需要强调的是，督促纠正精准的前提是民事检察监督的有效性，应着力追求检察监督效果的刚性约束。对此，检察机关应基于对督促纠正结果的跟踪评价，特别是针对检察建议等相对较为轻缓的监督方式建立相应的工作机制，比如实行检察建议上级检察院备案制，对于督促纠正结果不理想的，由上级检察院跟进监督。

四、应处理好几对关系

在精准监督的视野下，应以优化监督促强化监督，在多种监督进路中进行取舍或整合，这其中应重点处理好以下几对关系。

（一）同级监督与上级监督的关系

同级监督是近年来随着检察机关的探索和法律的修改完善而逐步确立的民事检察监督模式，从目前的制度设计来看主要涉及两种情形：一是对程序违法监督、执行监督、非诉程序监督等，在该情形下，同级监督是唯一可用的监督模式；二是对生效裁判的诉后监督，同级监督与上级监督可以选择适用。因此，虽然同级监督的含义相对宽泛，但在探讨同级监督与上级监督关系的语境下，同级监督也仅是就诉后监督而言，即主要指再审检察建议这一监督方式。[①] 为了实现精准监督，在处理同级监督与上级监督的关系时，必须关注其

---

① 参见汤维建：《尊重规律：民事诉讼法修改后检察制度的新发展》，载《人民检察》2014 年第3 期。

各自的程序优势和制度宗旨，主要包括如下三个方面：

一是同级监督优先。以往，上级检察院抗诉是民事检察唯一的监督方式，这种模式在长期的实践中使众多当事人形成了向上级检察机关申请监督的路径依赖。上级监督模式模糊了上下级检察机关之间的职能界限，易使民事监督案件在程序上不断向上流动，最终在民事检察监督体系中形成了"倒三角"的司法状态，一方面使上级检察院的监督案件规模庞大，另一方面一些基层检察院则长期处于无案可办的状态。同级监督模式是针对民事检察最为突出的结构性问题作出的因应，其减轻了当事人申请监督的讼累，并将矛盾吸附在基层，能够充分发挥同级检察机关在调阅案卷、核实情况、化解矛盾等方面的优势，进而有力地提振检察监督的权威，并且能够缓解"倒三角"的状态而在上下级检察机关之间形成资源的均衡使用。因此，无论是从制度逻辑抑或实践理性来看，同级监督优先都更加符合精准监督的初衷，在当事人笼统地提出监督申请或同时申请抗诉和再审检察建议时，检察机关应当优先适用同级监督。

二是充分发挥上级监督的程序保障作用。同级监督优先旨在实现以最少的司法资源消耗达至最大的监督效果，符合精准监督的逻辑，但再审检察建议本身在程序刚性上所存在的劣势易使其在复杂的实践中并非都能达到理想的状态。因此，必须注重同级监督与上级监督的接续发力，以促成监督目的的实现。这种情况主要是指下级检察机关的再审检察建议未被法院采纳的，下级检察机关应依法提请抗诉，由上级检察机关通过抗诉实施跟踪监督。

三是强化上级检察院对下级检察院的领导力和指导力。上下级检察院之间应凝聚监督合力，以案件交办、督察督办、指定管辖、线索集中管理等方式，由上级检察院统一调配力量，从而使同级监督资源优势和上级监督的制度刚性有机结合，更加精准地达到监督目的。上级检察院的领导指导是将上级监督的压力传导至同级监督的有效途径，但从目前情况来看，检察机关内部上级检察院的指导领导能力与下级检察院特别是基层检察院办案工作的实际需求并不平衡，这种短板将影响同级监督的效果。对此，上级监督机制的完善并非只着眼于上级检察院对案件的具体办理，还应当从完善领导指导能力着手。

（二）抗诉型监督与建议型监督的关系

所谓抗诉型监督与建议型监督的区分主要就监督方式而言，其中抗诉型监督主要是对生效裁判的诉后监督，建议型监督则是针对程序性事项、诉中监督事项、轻微违法事项进行的监督。两种监督所着眼的问题有显著不同，在精准监督的语境中具有不同的程序价值，处理抗诉型监督与建议型监督关系的重心在于坚持问题导向，主要包括以下几个方面：一是两种监督模式的合并使用。即便在同一民事检察监督案件中，抗诉型监督与建议型监督也并不是非此即彼的关系，应当针对具体问题该抗诉的抗诉、该提出检察建议的提出检察建议，必要时可以将多种监督方式合并使用，以达至多元化的督促纠正效果，防止出现机械监督、片面监督的问题。如针对某一实体结果严重错误的民事案件，检察机关当然可以通过抗诉进行监督，同时，针对案件中的送达程序瑕疵，还可以通过检察建议的方式进行监督，以督促法院改进相关工作。精准监督在二者之间不可偏废，特别是不能用高强度的抗诉型监督覆盖乃至忽略建议型监督所应当指向的问题。

二是两种监督模式的程序指向。抗诉型监督主要适用于对生效裁判的诉后监督，因此其仅能指向审判机关；建议型监督的对象则相对广泛和灵活，只要是能够在民事检察中发现并适宜纳入法律监督视野的事项，检察机关就可以通过检察建议的方式进行监督，检察建议可以指向所有与案件相关的单位，只要其认为该单位存在应当督促纠正的问题。精准监督应当更加关注建议型监督在民事检察监督范围和空间上的拓展作用，以此作为解决问题的有力抓手。

三是强化建议型监督的效力。司法从来是经验性的，制度应然功能的发挥受制于社会生活、私权主张、制度成本等因素而不能靠纯粹的逻辑演绎，应然状态与实然状态的偏离是民事检察面临的常态，民事检察在深度、广度上的诸多变量因素使其在制度设计上不能过度刚性。[①] 因此，建议型监督更容易在精准监督的实践中找到公正与效率的平衡点。但建议型监督的效果取决于监督对象的态度，这种客观的程序形态决定了其在效力上的弱势。[②] 精准监督首先要求检察机关在检察建议中把问题找准、说透，提高检察建议的说服力和权威性，使建议型监督能够充分发挥作用。若检察建议没有达至监督目标，则可以借助抗诉型监督这一强势监督手段跟进监督。当然，囿于抗诉型监督的适用范围，以跟进监督为思路探讨建议型监督与抗诉型监督的关系，也只限于可以抗诉的情形。

（三）程序型监督和实体型监督的关系

程序型监督与实体型监督是就民事检察的监督对象而作出的划分，实践中，程序性事项和实体性事项是引发民事检察监督问题的一体两面，程序违法往往导致裁判结果不公，实体结论的偏差可以通过程序的规范予以避免。精准监督应准确把握案件所反映的失范性状，找出其原因所在，厘清案件所涉及的程序问题与实体问题在逻辑上的因果联系，进而选择正确的监督对象，找到监

---

① 参见胡金龙、张剑锋：《论民事检察权的理性演绎——以〈民事诉讼法〉修改为视角》，载《西南政法大学学报》2013年第2期。

② 参见汤维建：《民事检察监督应当把握好六个"度"》，载《人民检察》2015年第2期。

督的切入点。

实体型监督和程序型监督是检察机关民事检察监督的两大场域，然而长期以来，检察实践偏重于以抗诉为监督的主要方式和路径，因而偏重于结果导向性的实体型监督。实体型监督有利于纠正司法文书中的结果性错误，也有利于聚焦检察资源发掘、探析司法审判中存在的程序性违法因素，从而既纠正了错误的实体性内容，又纠正了违法的程序性内容，是一举而多得的综合性监督方式。然而应同时看到，过于执着于实体型监督容易导致检法之间认识论上的差异和冲突，在精准监督上所遇到的障碍性因素较多，因而其监督的成功概率具有或然性，同时其监督的成本也相对较高。2012 年修改民事诉讼法后，检察监督的触角覆盖了实体型违法监督和程序型违法监督两大领域，程序违法监督成为检察机关行使法律监督职能一个新的生长点。程序违法监督具有诸多优势，比如它能够防错于未然，在裁判结果因程序违法而产生错误之前，检察机关及时向审判机关提出监督意见，由审判机关纠正业已发生的程序违法因素，从而确保程序公正自始至终得到切实的贯彻落实，由此保障实体裁判结果的正确性。程序违法监督对司法审判所产生的震荡较小，监督成本低而监督收益大，应当成为检察机关实施法律监督的新的重点领域。① 精准监督要扭转这种传统抗诉路径依赖下的工作惯性，在当前的实践中，应强调提升程序型监督适用的比重，使程序型监督与实体型监督之间实现平衡。这个问题包括两层含义：第一，对于民事审判活动中的程序违法问题，应及时运用程序型监督手段予以纠正，由此实现对于实体问题的源头治理。第二，即便在诉后监督中，也应重视程序型监督的作用。实体结论的探讨仅对具体案件有意义，而程序上的探讨和完善则更具可复制性，所产生的监督效果具有直观性、可视性和影响力。强化程序型监督的作用主要是着眼于程序性事项的客观性，方向更易把握，纠错更加及时，效果更加凸显。

（四）私权救济型监督与公益保障型监督的关系

私权救济型监督与公益保障型监督是着眼于民事检察的功能而作的划分，在精准监督的视野中，对于两种监督内容的选择，应当遵循不同的程序基础，即私权救济型监督以当事人主义为原则，公益保障型监督以职权主义为原则。

民事检察工作中，私权救济型监督主要是对当事人再审诉权的救济，这种救济并不是检察机关直接对当事人受损的合法权益进行补正，而是通过引起再审程序为当事人提供救济的可能性。在探讨两种监督模式关系的视野下，公益

---

① 参见汤维建：《民事诉讼法律监督基本原则的新发展》，载《检察日报》2012 年 9 月 18 日第 3 版。

保障型监督仅是着眼于启动再审程序的监督，而不包括改善社会治理等类型的公益型监督。私权救济型监督的正当性来源于强劲的社会需求，实践中，申请再审难始终是当事人在法院审判程序框架内迫切需要得到解决的现实问题，检察机关的抗诉和再审检察建议是当事人的最后一条救济途径。① 私权救济型监督中检察权的介入是对当事人再审诉权的保障而非替代，必须尊重当事人对权利的处分，除非原审案件存在损害公益的情形，检察监督只能在当事人提出监督申请的情况下才可启动。

基于对民事诉讼私权性质的理解，同时也基于维护司法裁判既判力的考虑，检察机关往往会有意识地避免主动介入民事纠纷，强调尊重当事人对民事实体权利和诉讼权利的处分权。② 实践中，绝大多数的民事监督案件都是来自当事人的申诉，但这并不意味着公益保障型监督将丧失发挥作用的空间，事实上，公益和私益的界限有时并非泾渭分明，往往形成相互渗透和交叉的关系。因此，私益型监督和公益型监督在程序上的分野是相对的而非绝对的，民事检察监督中的当事人主义和职权主义往往是交错运行的：一是关于民事检察监督审查范围上的职权主义。按照处分权的要求，检察机关对于案件的审查范围应当与当事人申请监督范围一致，但从与抗诉相关的司法解释及程序规则来看，当事人主义仅彰显于案件的程序启动环节，客观上相当于将当事人申诉作为民事监督的案件线索，但审查内容水到渠成地转化为对原审裁判的全面监督，只要发现在私益性内容之外存在公益性的错误因素，检察机关就可以依职权扩大监督范围，将违法的公益性裁判因素纳入监督范围，此时，检察机关的监督事由已经超脱了当事人的申请内容，这就为检察机关开展公益保障型监督提供了空间。二是公益保障型监督的要求还对当事人主义构成了程序上的反向制约，如当事人撤回申诉或者达成和解，检察机关应当就是否损害国家利益和社会公共利益进行审查，并非当然依据当事人的处分而终结审查。在现代法治社会中，社会利益关系呈现更多的整体性和共同性，对待当事人"意思自治"原则的同时，还要强调国家的适当干预。③ 因此，精准监督的视角必须对准私益纠纷引发国家利益和公共利益受损的民事裁判。三是公益型监督应当从广义上加以阐释和适用。如恶意诉讼或恶意调解虽然没有损害国家利益和社会公共利益，但损害了案外第三人的合法权益，此时检察机关应当在案外第三人的申诉

---

① 参见杨会新：《论我国民事检察权的运行方式与功能承担》，载《法学家》2016 年第 6 期。

② 参见史滢帆：《从法制统一到权利救济：当代中国民事检察监督制度的功能变迁》，载《兰州大学学报（社会科学版）》2016 年第 3 期。

③ 参见最高人民检察院法律政策研究室：《我国民事检察的功能定位和权力边界》，载《中国法学》2013 年第 4 期。

下启动监督程序。

（五）法治型监督与政策型监督的关系

大力推进民事检察监督，以加强对公权力监督为核心，推动健全多元化民事检察监督格局，是近年来民事检察制度改革和发展的一大主题。从"以办案为中心"向"以公权力监督为核心"的转变，从国家治理的层面，强调了民事检察监督的核心是对民事审判权和民事执行权的监督，这种着眼于对民事审判权和执行权的监督即为"法治型监督"。法治型监督彰显民事检察的核心要义，在民事检察中属于常态监督，构成了民事检察制度运行的基本载体。在公权力监督的理念下，法律监督权与法院审判权、执行权相伴而行，贯穿于民事诉讼活动的始终，由此成为民事诉讼程序构造中的必备元素。法治型监督的基本特征在于：其一，检察机关对民事司法的监督重在对审判机关审判行为的监督，对于当事人违反法定诉讼程序、滥用诉权的行为，检察机关通过对审判权的监督实施间接而非直接的监督。其二，检察机关对审判机关所实施的监督，必须于法有据，依法监督是检察机关行使法律监督权的根本特性和基本依循。其三，法治型监督的目的在于确保立法在司法中得到准确而统一的适用，并保障司法程序的公正性和正当性，由此使审判机关作出公正而正确的裁判。然而，检察机关对民事诉讼所实施的法律监督除具有法治性的特点外，有时还会呈现政策型特征。政策型监督具有显著的政策导向，反映了检察机关实施法律监督的阶段性或局部性特征，彰显了中国特色社会主义检察制度的内在张力和巨大的包容特性。

在处理法治型监督与政策型监督的关系时，应坚持以法治型监督作为民事检察的常态性监督方式，将以政策型监督为主要内容的专项监督工作作为解决突出问题的手段。在精准监督的视野下，对法治型监督要做实做深，对政策型监督要用活用好。如检察机关支持起诉工作，这一制度设计所着眼的是诉前阶段，审判权尚没有发挥作用的空间，法治型监督无从谈起，但该项工作着眼于弱势群体诉讼能力方面的欠缺，通过为其提起诉讼提供支持，来保障具体案件中诉讼结构的实质平衡。政策型监督更应当关注回应实践需求，如对涉及民营企业家、民营企业的案件，在依法监督的基础上应当更注重法治化营商环境的营造和保护。

政策型监督虽然彰显检察机关回应实践需求的更高作为，在精准监督中具有典型引领意义，但其必须尊重法治型监督的基本规律。仍以支持起诉为例，尽管检察机关可以在诉前阶段通过支持起诉回应帮扶弱势群体的政策要求，但在该案进入审判程序之后，检察机关则不能以政策型监督的视角继续介入，否则会打破诉讼结构的平衡。如需要对案件继续进行监督，则只能对程序违法、审判结果不公等问题以法治型监督的角度切入。

（六）本体型监督与延伸型监督的关系

本体型监督与延伸型监督是着眼于民事检察业已形成的多元化监督格局而言，其中本体型监督主要包括抗诉监督、程序违法监督、调解监督、执行监督等法律规定比较完善的监督形式，而延伸型监督则在广义上包括两个方面，向前延伸包括支持起诉、督促起诉以及民事公益诉讼等，向后延伸包括检察调解、息诉和解、社会监督等。狭义上的延伸型监督即为社会监督意义上的检察监督。这里仅在狭义上使用这一概念。本体型监督聚焦检察机关传统的主责主业，主要是对审判权和执行权的监督，延伸型监督则是针对其他公权力主体或基于更加多元的价值目标而进行的监督。

民事检察监督作为检察机关法律监督的一种具体手段，不仅在法律范围内行使，还向社会各个层面进行辐射。① 我国法律赋予了检察机关介入民事司法程序的广泛权限和多样化事由，使得检察机关既可以为了监督审判权和执行权等公权力的合法行使而介入民事司法程序，也可以为了实现国家的社会治理职能而对民事领域的某些违法行为进行干预。② 因此，延伸型监督是民事检察内涵不断丰富的背景下应当更加重视的内容。随着民事检察工作的不断深入，传统上"以办案为中心"的监督格局已逐渐转向"以加强对公权力的监督为核心"的监督格局，这一格局的变化拓展了民事检察监督的内容。在精准监督的视野下，检察机关可以对监督对象进行程序链条上的细分，针对局部程序所牵涉的不同公权力主体进行更加具体的监督。如，针对案件所反映的社会治理中的隐患问题，向相关部门提出改进工作的建议；再如，就发现的刑事犯罪线索向公安机关移送，形成司法合力等。

本体型监督与延伸型监督并不存在逻辑上的因果关系，因此在程序上是可以独立发生和存在的。如，在本体型监督过程中发现某行政机关存在履职方面的瑕疵，可以向该行政机关制发检察建议督促其整改，但该检察建议与本体型监督的内容不能合二为一。在民事检察中实现精准监督，应注重在监督中开拓视野，强化延伸型监督在实践中的作用，以此作为本体型监督的重要补充，并由此提升民事检察在社会整个领域的影响力。

（七）息诉型监督与纠错型监督的关系

实践中民事监督案件多为基于当事人申诉启动，在绝大多数民事检察工作

---

① 参见王晓、任文松：《社会系统论视域下的社会治理创新——以检察机关两种民事检察职能调和与统一为例》，载《福建论坛（人文社会科学版）》2018年第9期。

② 参见韩静茹：《民事检察权的基本规律和正当性基础》，载《湖北社会科学》2018年第4期。

中，检察机关需要关注与法院和当事人两个方向的互动，如果法院的审判、执行活动存在问题，则需要对法院进行监督，此为纠错型监督；如果没有发现问题，则需要对当事人进行息诉，使之在检察机关的介入、说服和协调下，消除对法院裁判所存在的心理隔阂和顾虑，从而服判息诉，心悦诚服地接受法院的司法裁判，此为息诉型监督。从理论上讲，对于案件的审查必然得出原审案件或对或错的结论，不存在对错不清的中间状态，因此息诉型监督和纠错型监督应当是泾渭分明的。探讨两者的关系，主要是针对原审案件存在轻微错误的情形，因为在精准监督的视野中，不仅要考量原审案件是否存在错误，还要考量检察机关需要付出的司法资源、相应的监督程序对于审判权威的影响、当事人因该瑕疵裁判的存在而受到的实际影响及其可补救的程度、案件中所涉及的公益私益比重等因素。

民事检察监督始终应当恪守的基本原则是利益权衡原则，既要尽量纠正错误裁判以维持司法公正性，又要辩证、务实地看待错案，注重保护裁判的既判力和司法秩序的稳定性。① 对单纯因为认识不同而发生的实体结论的轻微偏差或者程度不甚严重的程序违法等司法瑕疵，应当从民事检察监督谦抑性原则出发，更加倾向于采用息诉型监督而慎用纠错型监督，当然同时也应针对所发现的司法裁判中存在的问题向审判机关发出工作改进的建议和意见。息诉型监督并非一概要当事人以撤回申诉的方式息诉服判，检察机关还可以通过检调对接、和解等方式促成当事人之间达成妥协调和的方案，以弥补原审案件对当事人权益造成的不当影响。从纠错型监督向息诉型监督的变通，实质上是通过更加灵活的程序在可能的范围内实现对审判权、执行权的法律监督，使司法审判和执行程序中的错误或瑕疵得到纠正或补救，同时也使当事人的权益获得应有的保障，减轻了当事人经历抗诉、再审、执行等多重环节的程序负担，维护了法院审判权的公信力和权威性，节省了民事检察监督的成本支出，符合双赢多赢共赢的监督理念，也是精准监督的应有之义。

精准监督首先是一种监督理念，对现阶段民事检察工作的发展提供方向性指引；其次，它是一种要求或标准，民事检察应当以此为基准向更高的层次发展；再次，它是一种方式或路径，民事检察应当在体制、机制和程序等诸方面的建设和完善上，体现精准监督的实质内涵；最后，精准监督还是一种效果，通过精准监督应展示民事检察新面貌新形象新作为。在对精准监督的把握中，应避免三种误解或错误做法：

一是将精准监督等同于选择性监督。检察监督不可能全面开花，亦步亦趋

---

① 参见汤维建：《民事检察监督制度的定位》，载《国家检察官学院学报》2013 年第 2 期。

地全面监督只能是一种理想而非现实，因此，民事检察监督事实上离不开对所受理的各种申诉案件的遴选和筛查。但这种遴选和筛查的标准不是该案的监督能否带来类案效应或政策性效应，而依然是看该案本身是否存在足以需要启动法律监督的实质性事由，如实体裁判的错误或程序违法等，如果存在这些需要监督的法定事由，检察机关则应一概启动监督程序，而不应以精准监督为名行选择性监督之实。当然，在监督的趋势性倾向上对监督资源作出阶段性的倾斜配置则不仅是许可的，也是理所当然的。比如，目前在公益型监督、程序型监督、治理型监督、息诉型监督等方面多加发力，与精准监督的理念是契合的。

二是将精准监督异化为偏执性监督。民事检察监督应当恪守协同监督的理念，在监督中说理，在说理中监督，而不是无理还要将监督坚持到底。因此，精准监督重在健全完善监督的体制和机制，通过完善的体制和科学的机制以及正当的程序使精准监督一步一步得到实现，精准监督是体制精准、机制精准和程序精准的自然结果，而不是一厢情愿地对监督成功率的简单追逐。如果监督的主张、观点、意见是错误的或站不住脚的，则不能以精准监督为外在压力而滥用或空耗监督资源。

三是将精准监督异化为烦琐监督。精准监督不等于在所监督的案件上平均用力。目前民事监督案件呈几何级数量锐增，民事检察监督的资源在短期内不可能有根本性改观，为此就必须实行监督案件的繁简分流，将所有需要监督的案件按其复杂性、疑难程度以及影响力大小，分流为复杂的监督案件、一般的监督案件和简单的监督案件等多个层次，在此基础上，将稀缺的监督资源优化配置到各种类型的监督案件之中，从而在监督的公正性和效率性价值目标上取得个案平衡和动态平衡，由此体现民事监督案件的个案正义和实质正义。

（原载于《人民检察》2019年第10期）

民事执行检察监督程序的启动模式和制度设计[*]

吕洪涛^{**}　　肖正磊^{***}　　覃　攀^{****}

对诉讼活动实行法律监督，是宪法和法律赋予检察机关的重要职责，是我国社会主义检察制度的重要特色，是检察机关法律监督性质和职能的重要体现。结合司法实践反思现行民事执行活动法律监督程序启动问题，对完善民事执行检察监督乃至整个民事诉讼法律监督程序具有重要意义。

一、民事执行检察监督程序启动机制的立法

最高人民检察院 2013 年公布的《人民检察院民事诉讼监督规则（试行）》（以下简称《监督规则》），以及最高人民检察院、最高人民法院 2016 年联合印发的《关于民事执行活动法律监督若干问题的规定》（以下简称《执行监督规定》）中关于民事执行检察监督程序的启动主要采取"二元化"模式，即依当事人申请启动与检察机关依职权启动。

在讨论"二元化"模式之前，有必要先检视民事诉讼监督案件的"来源"。《监督规则》规定的民事诉讼监督案件的来源包括三类：当事人向检察院申请监督，当事人以外的公民、法人和其他组织向检察院控告、举报，检察院依职权发现。对比已经废止的《人民检察院民事行政抗诉案件办案规则》（以下简称《办案规则》）中规定的检察机关受理的民事、行政监督案件四大来源，即当事人或者其他利害关系人申诉的，国家权力机关或者其他机关转办的，上级检察院交办的，以及检察院自行发现的。可以看出，现行《监督规则》从发现者的角度整合了《办案规则》中规定的四大来源，从案件线索来

─────────

＊ 本文系 2017 年度最高人民检察院检察理论研究课题《民事执行检察监督受理与管辖相关问题研究》（编号：GJ2017C27）的研究成果。课题主持人：吕洪涛；课题组其他成员：肖正磊、谭秋桂、刘小艳、陈爽、覃攀。

＊＊ 最高人民检察院第六检察厅副厅长。

＊＊＊ 最高人民检察院第六检察厅副厅长，全国检察业务专家。

＊＊＊＊ 四川省人民检察院第六检察部检察员，四级高级检察官。

源看，这种类型化整合虽更加清晰，但也未脱离外部传来和检察机关自行发现这两大类渠道。

1. 依当事人申请启动。《监督规则》分别从"应当受理的情形"和"不予受理的情形"两个方面规定了当事人向检察机关申请民事执行检察监督的受理条件。《监督规则》并未对当事人申请监督的范围作任何限定，只要"认为民事执行活动存在违法情形的"，均可以向检察机关申请监督。在赋予当事人比较宽泛的申请监督权利的同时，《监督规则》第33条规定了当事人申请监督而检察机关不予受理的情形，即法律规定可以提出异议、申请复议或者提起诉讼，当事人没有提出异议、申请复议或者提起诉讼的，但有正当理由的除外；当事人提出异议或者申请复议后，法院已经受理并正在审查处理的，但超过法定期间未作出处理的除外。可见，该条规定沿用了民事诉讼法对生效民事判决、裁定和调解书申请检察机关法律监督的法院救济程序前置的理念。此外，《监督规则》将当事人申请监督与当事人以外的公民、法人和其他组织控告、举报并列，排除了当事人以外的公民、法人和其他组织的申请监督权。《执行监督规定》则赋予了利害关系人、案外人与当事人同等的申请监督权。

2. 依职权启动。对于哪些情况下，检察机关可以依职权启动民事执行检察监督程序，《监督规则》规定了三种情形：损害国家利益或者社会公共利益的，审判、执行人员有贪污受贿、徇私舞弊、枉法裁判等行为的，依照有关规定需要检察院跟进监督的。《执行监督规定》规定了四种情形：损害国家利益或者社会公共利益的，执行人员在执行该案时有贪污受贿、徇私舞弊、枉法执行等违法行为，造成重大社会影响的，需要跟进监督的。最高人民检察院2016年4月施行的《人民检察院行政诉讼监督规则（试行）》规定了三种情形；损害国家利益或者社会公共利益的；审判、执行人员有贪污受贿、徇私舞弊、枉法裁判等违法行为的；其他确有必要进行监督的。除"损害国家利益或者社会公共利益的""审判（执行）人员有贪污受贿、徇私舞弊、枉法（裁判）执行等违法行为"两类情形在上述三个司法解释中的规定前后较为一致外，对其他哪些情形下检察机关可以依职权启动监督程序，三个司法解释的规定并不一致。

二、民事执行检察监督程序启动机制及运行现状的反思

为全面摸清民事执行检察监督程序启动机制在司法实践中的运行情况，笔者对2017年、2018年全国民事执行检察监督办案数据进行分析并结合调研情况发现，总体来看，民事执行检察监督案件来源渠道不畅的问题还较为突出。实践中，依当事人申请监督案件的数量相对较少，大量的监督案件仍是检察机

关依职权启动，尤其是有相当数量的案件是通过联合案件质量评查和批量调卷审查等方式纳入依职权监督范围。而依职权受理的相关规定较为模糊，如"国家利益、社会公共利益"如何界定，"重大社会影响"的范围如何界定等问题在实践中尚未形成统一认识。另外，关于监督案件的管辖问题，《监督规则》和《执行监督规定》均规定了同级管辖原则，即"由执行法院同级检察机关管辖"，但这一管辖原则无法解决委托执行案件、提级执行案件、指定执行管辖案件，异议、复议案件应由哪级检察机关管辖的问题，导致司法实践中较为混乱。

笔者认为，民事执行检察监督程序启动机制相关规范及实践样态存在问题的根源在于，"依当事人申请受理"与"依职权受理"这种"二元化"设计对民事执行检察监督制度功能与定位的模糊。依申请监督是为了保护民事私益（个人利益），依职权监督是为了保护国家利益和社会公共利益。这种从保护法益的不同区别民事执行检察监督启动程序的做法，不但难以论证民事执行检察监督的正当性基础，也容易导致实践中的操作不一。

从检察机关法律监督的法定性出发，宪法赋予检察机关的监督职能体现的是公权力对公权力的监督与制约，检察机关对法院执行活动的监督，就是运用检察权督促法院规范行使裁判执行权，在此过程中产生的对执行当事人、利害关系人私权的救济是公权力对公权力监督中产生的附带效果。因而，强调对权利的救济，不论是对私益还是对公益的保护，都弱化了检察权监督审判权的本质属性。

从检察机关法律监督的中立性出发，监督本质上来说只是一种监督、纠错机制，并不代表一方当事人反对另一方当事人。但在"二元化"的制度模式之下，由于部分案件是依照一方当事人申请启动的，而在最终的实际效果上又不可避免地落实为对当事人一方的有利或不利的判断，导致社会公众产生法律监督帮助一方当事人打压另一方当事人的错误判断，受到不利影响的当事人一方也必然对法律监督的合理性产生怀疑和抵制。①

从法律监督的应然性出发，检察机关作为国家法律监督机关，其重要职责是保障法律正确实施，进而维护国家法制统一、尊严和权威，而按照"二元化"模式，在检察机关依当事人申请启动程序和依职权启动程序之间存在空白地带，特别是在涉及当事人私权的领域，如果没有当事人申请监督或者撤回监督申请，而法院的民事审判和执行活动又明显不当的，检察机关当然应依职权启动监督程序。

---

① 参见汤维建：《我国民事检察监督的定位及完善》，载《国家检察官学院学报》2007 年第 1 期。

上述分析表明，"二元化"的执行监督程序启动模式造成检察机关法律监督权的职能错位。因此，对民事执行监督启动程序的制度设计应当摒弃"二元化"的定式，回归到宪法和法律对执行监督乃至检察机关法律监督的本来定位上，也就是检察机关启动民事执行检察监督程序的基础是法院的执行行为违反法律规定，可以称之为"一元化"的程序启动路径。

三、民事执行检察监督程序"一元化"启动模式的法理分析

所谓民事执行检察监督"一元化"启动模式是指监督程序启动不区分依当事人申请监督还是依职权监督，当事人的监督申请、检察机关履职中发现的执行违法行为均是检察机关民事执行检察监督的线索来源，检察机关发现法院民事执行活动违法，符合监督条件的，可以径直启动民事执行检察监督程序。

（一）采取"一元化"程序启动模式更符合民事诉讼法的规定

《民事诉讼法》第235条规定检察机关有权对民事执行活动实行法律监督，该条是对检察机关民事执行监督权的授权式规定，应该理解为民事执行检察监督的范围包括从执行裁决行为到执行实施行为的全过程，且不以当事人是否申请监督为限。参考民事诉讼法关于检察机关对生效民事判决、裁定监督的规定来看，《民事诉讼法》第208条关于检察机关对于生效判决、裁定提出监督意见（包括抗诉和检察建议）的前提是"发现有本法第二百条规定情形之一的"，并不以当事人申请监督为必要。第209条虽然规定了当事人申请检察建议或者抗诉的条件，但仅是对当事人申请监督的限制，并不对检察机关启动监督程序造成阻碍。因此，检察机关对生效判决裁定提出检察建议或抗诉的唯一条件是"发现"有《民事诉讼法》第200条规定情形之一的，对民事执行活动启动监督程序的唯一条件也应该是"发现"民事执行活动违反法律和司法解释的规定。

（二）采取"一元化"程序启动模式更便于协调民事执行检察监督与执行救济之间的关系

现行民事诉讼法律法规明文规定的执行监督或执行救济机制主要有三种，分别是上级法院对执行法院的监督、当事人的执行救济和检察机关的执行监督。上级法院对执行法院的监督暂且不论，当事人的执行救济和检察机关的执行监督之间的协调问题存在争议。根据宪法对检察权的定位，民事执行活动法律监督制度的启动方式应该立足于制度本质属性进行考量，而不能简单因为其具有权利救济功能就认为监督与救济在制度属性及目的上具有一致性。在现行二元启动模式下，监督实质上让位于救济。而采取"一元化"的启动模式则

能有效协调监督与救济之间的关系。由于"一元化"模式将程序启动的前提统一为检察机关"发现"执行活动违法，当事人申请监督仅是检察机关"发现"违法的一种渠道或方式，当事人的监督申请是否能转换为检察机关的监督活动，还必须经过检察机关的再判断。这样就较好地回避了因为操作层面的混乱带来的概念逻辑上的混乱，为监督与救济在观念上的分野提供了条件。

在明确民事执行检察监督是对公权力监督而非对当事人权利救济的基础上，民事执行活动法律监督与执行救济是否存在位序问题也需要再讨论。赞成两者存在位序关系的主要依据是《民事诉讼法》第 209 条的规定，即所谓的"当事人申请再审在先原则"。[①] 因而认为在执行阶段，当事人的执行救济和检察机关的法律监督在序位关系上同样可以适用上述原理。[②] 当事人申请再审在先原则是否存在姑且不论，认为执行监督可以准用民事诉讼法关于生效裁判监督的规定实际是源于一种概念和制度上的误判，即认为两者同属对法院民事诉讼活动的监督，受理制度设计应具有同一性，制度效果亦应具有同一性。虽然两者同属民事法律监督，但从监督效果看，仍然存在区别。检察机关对生效裁判提出抗诉，按照《民事诉讼法》第 211 条的规定，属于必然引起再审的事由。检察机关对当事人抗诉申请的审查与法院对当事人再审申请的审查法律效果基本相同，从避免多头申诉的角度出发，探讨两者之间是否存在位序关系尚具有一定的合理性。但民事执行检察监督的目的并非一定要启动再审程序，而是督促法院重新审查或者重新采取执行行为，[③] 如若法院认为原执行行为或裁定没有错误，其只要向检察机关回函说明即可。而执行异议、复议程序中，无论原执行行为是否存在错误，法院都必须作出新的裁定。由此可见，民事执行活动法律监督与执行异议、复议制度不论是在制度功能还是程序设计上都各不相同，当然也不存在竞合关系或确定位序先后之必要。

从保护当事人权利角度看，提出异议、申请复议与申请检察机关法律监督都是当事人的权利，当事人向法院寻求救济和申请检察机关法律监督不存在顺位关系，当事人可以选择行使，法律并未作出限制，也无权剥夺或限制当事人的权利。[④] 不能因为当事人没有优先选择异议、复议的救济途径，就剥夺其向检察机关申请监督的权利，这种对权利的限制和剥夺，理应由法律进行规定。当然，对原案当事人、利害关系人、案外人申请监督且已同时向法院提出执行

---

① 李浩：《处分原则与审判监督——对第 7 号指导性案例的解读》，载《法学评论》2012 年第 6 期。

② 参见郑世保：《再论民事执行检察监督和执行救济的序位关系》，载《法商研究》2015 年第 4 期。

③ 参见谭秋桂：《民事执行检察监督的对象、方式及保障》，载《人民检察》2012 年第 21 期。

④ 参见郑新俭：《最高人民法院、最高人民检察院〈关于民事执行活动法律监督若干问题的规定〉的理解与适用》，载《人民检察》2017 年第 2 期。

异议、复议或者提起诉讼，法院已受理的，检察机关仍应告知其待法院作出异议、复议裁定或判决后再申请监督，以避免干扰正常的执行救济程序。

（三）采取"一元化"程序启动模式更利于规范检察机关的民事执行检察监督

《监督规则》第41条对于检察机关依职权监督仅规定了损害国家利益、社会公共利益，审判、执行人员有贪污受贿行为等以及需要跟进监督三种情形，《执行监督规定》第7条增加了类似《人民检察院行政诉讼监督规则（试行）》第9条的兜底条款，并将内容调整为"造成重大社会影响的"，试图增加依职权监督的弹性，但这样的规定仍然存在两方面的问题：一是在依当事人申请受理和依职权受理并存的情况下，为何独有"造成重大社会影响的"就可以不考虑当事人处分原则而由检察机关依职权启动监督程序？二是"造成重大社会影响"的标准过于模糊，而损害国家利益、社会公共利益，执行人员有贪污受贿等违法行为且司法机关已立案的标准又过于严苛，检察机关在实务中往往倾向于适用该条款，较易导致兜底条款的滥用。相反，在"一元化"模式下，执行监督程序启动的唯一理由是发现法院的执行程序存在违法情形，而当事人监督申请乃至控告仅是检察机关发现执行违法线索的渠道之一，因而不需要过分考虑当事人处分原则。

四、民事执行检察监督程序"一元化"启动模式的制度设计

（一）"一元化"程序启动模式的指导思想

与权利救济功能伴生的权利救济思想和当事人主义思想是民事审判的基本功能和指导思想。"一元化"程序启动模式需要在制度设计上回归到宪法和民事诉讼法对检察机关民事诉讼法律监督本来规定上，首先要在指导思想上树立与民事审判相区别、具有独立价值的指导思想和原则。

1. 树立监督而非救济的指导思想。权利救济的基本内容，是通过权利确定、权利恢复与权利补偿来维护当事人的合法权利。检察机关行使检察权，既不能确定争议的权利，也不能恢复、补偿受侵害的权利，因而不产生对当事人的救济功能。民事检察的基本任务是监督法院依法公正行使审判权、执行权。通过促进法院公正审判、依法执行，可以有效维护诉讼当事人的合法权利，民事检察也就间接具有了权利救济的效果。需要注意的是，民事检察活动可以促进民事审判活动，但并非民事审判活动。民事检察活动可以促进权利救济，但并非权利救济。

2. 树立职权主义而非当事人主义的指导思想。不告不理、当事人处分原

则等当事人主义思想是与权利救济思想相伴生的。民事检察不具有权利救济功能，当事人处分原则当然不适用于民事法律监督。民事检察的基本功能是监督并纠正民事诉讼违法活动，监督的主体是检察机关，监督的对象是法院及其审判、执行人员的民事诉讼活动。民事诉讼的当事人既非监督的主体又非监督的对象，故而不是民事法律监督的当事人，当然也就不存在以当事人请求权为基础的当事人主义。民事检察的制度构架决定了民事法律监督只能采取职权主义而不是当事人主义，申请人向检察机关的监督申请与控告、申诉、检察机关在履职中发现等一样，只是检察机关监督线索的重要来源，但不是唯一来源，更不是监督的前提。

3. 树立重点监督而非全面监督的指导思想。法律监督的主要职责是保障法律正确实施，维护社会公平正义，维护国家法制统一、尊严和权威。这就决定了民事法律监督的对象应该是民事审判、执行程序中危害法律统一正确实施，影响诉讼活动公平公正的严重违法行为。首先，虽然检察机关法律监督的对象是错误的审判、执行行为，但启动监督程序不可避免地影响生效裁判的既判力，甚至可能中断正在进行的诉讼活动，因此有必要在监督范围上作限制性规定，以保持法律监督必要的谦抑性。其次，检察机关法律监督虽不承载权利救济的功能，但在没有当事人申请情况下启动的监督程序在实际效果上仍会介入诉讼当事人的私权自治领域，因此在此种情况下，启动监督程序应当具有充分理由。最后，法院审判和执行案件规模远远超过检察机关法律监督的办案规模，检察机关既不可能也无必要监督每一件审判、执行案件。检察机关对严重违法的审判、执行行为进行监督，并通过监督对法院之后的诉讼活动形成规范和指引，能起到更好的法律效果和社会效果。

（二）"一元化"程序启动模式的程序设计

1. 执行监督案件线索的来源。参考相关司法解释和司法文件的规定，执行监督案件线索来源应当包括但不限于以下几个方面：原案诉讼当事人、利害关系人、案外人申请监督、控告或举报的，国家权力机关或有关机关移送的，检察机关在履职中发现的，等等。执行监督案件线索由检察机关控告申诉部门统一管理。

2. 执行监督案件线索的初审程序。为保证检察机关集中力量监督严重违法的民事执行行为，可以参考国家监察体制改革前检察机关自侦案件的初查程序设立初审程序。执行监督案件线索的初审程序由检察机关民事检察部门负责。初审程序主要审查原案诉讼当事人、利害关系人、案外人的监督申请书、控告材料及举报材料、相关证据材料、原审判决、裁定、相关执行裁定等。初审程序原则上不调阅法院的审判、执行卷宗，必要时可由承办检察官决定开展调查核实工作。对经过初审认为不符合立案条件的，由承办检察官径行作出不立案决定。

3. 执行监督案件的立案程序。对经过初审认为符合立案条件的，检察机关应当作出立案决定。检察机关决定立案应当符合以下条件：（1）法院的执行裁定或执行行为明显违法，可能对原案当事人、利害关系人、案外人造成较大损失或明显影响其实体权利的；（2）法院的错误执行裁定或执行行为损害国家利益、社会公共利益的；（3）有证据证明执行人员在执行该案时有贪污受贿、徇私舞弊、枉法执行等违法行为的；（4）其他确有必要立案的。

4. 执行监督案件的管辖。执行监督案件原则上由作出具有法律效力的执行行为的法院所在地的同级检察机关管辖，上一级检察机关认为由自己管辖更为合适的，可以由该上一级检察机关管辖。对执行复议裁定的监督，除复议裁定发回原执行法院重新审查执行异议或者重新作出异议裁定的情形外，复议裁定作出维持或者撤销、变更异议裁定的，由作出该复议裁定的法院的同级检察机关管辖。对因执行异议之诉作出的判决、裁定的监督，按照对生效判决、裁定监督的管辖原则确定管辖。

（原载于《人民检察》2019 年第 11 期）

民事诉讼精准监督的实现与保障[*]

滕艳军[**]

针对当前民事诉讼监督质效不高、权威不足的情况，最高人民检察院（以下简称"最高检"）新一届党组和张军检察长明确提出，民事诉讼监督要树立精准监督的理念，在精准监督上下功夫，通过优化监督实现强化监督，即优先选择在司法理念方面有纠偏、创新、进步、引领价值的典型案件，争取抗诉一件促进解决一个领域、一个地方、一个时期司法理念、政策、导向的问题，发挥对类案的指导作用，防止通过粗放式办案片面追求办案数量。最高检2019年2月发布的《2018—2022年检察改革工作规划》（以下简称《工作规划》）亦明确指出，要健全以"精准化"为导向的民事诉讼监督机制。"理念一新天地宽"。民事诉讼监督理念的变革必然带来监督标准、监督方式、监督程序、监督机制的变革与重塑。在"四大检察"格局已显、民事行政检察机构分设的背景下，如何以新理念引领民事检察工作创新发展，真正做强民事检察工作，成为一个重要课题。

一、贯彻民事诉讼精准监督理念需要厘清的几个关系

（一）厘清权力监督与权利救济的关系

民事诉讼监督的本质是检察机关对法院行使审判权的监督，是检察机关对公权力监督的重要内容之一。检察机关进行民事诉讼监督的最终目的在于纠正法院在审判权行使过程中的违法行为及由此带来的不法后果，具体表现为民事

---

* 本文系国家检察官学院2019年度科研基金项目《民事诉讼精准监督的价值、路径与保障》（编号：GJY2019D07）的阶段性研究成果。
** 最高人民检察院第六检察厅检察官。

裁判结果监督和审判人员违法行为监督。① 对当事人私权利的救济是检察机关进行审判权监督带来的客观效果，是民事诉讼监督的副产品。检察机关加强民事诉讼监督，在一定程度上契合了当事人对私权利救济的需求，但不能据此将检察机关定位为当事人私权利的救济机关，这亦有违"人民检察院是国家的法律监督机关"这一宪法定位。民事诉讼精准监督并未改变民事诉讼监督的本质，而是对监督标准、监督质效等提出了更高的要求。只有厘清权力监督与权利救济的关系，才能实现对监督标准、监督方式、监督程序和监督机制的变革和重塑，把精准监督的各项要求落到实处。例如，强调民事诉讼精准监督的公权力监督本质，可以为检察机关扩大依职权监督找到法理依据，从而克服目前民事诉讼监督案源过多依赖当事人申请监督所带来的弊端，进而为办理虚假诉讼监督案件和限缩复查案件、实现精准监督的目标提供制度保障。

（二）厘清对事监督与对人监督的关系

民事诉讼监督的对象是法官的裁判行为与裁判结果（包括调解），既包括对事的监督，也包括对人（法官）的监督。民事诉讼精准监督必须坚持对事监督与对人监督相结合。其中在对事监督方面，既要加强对具有纠偏、创新、进步、引领价值的裁判结果监督案件的办理，也要加强对深层次违法行为的监督；在对人监督方面，要构建与司法责任制相适应的监督机制，促使监督效果直接触及法官的切身利益。2018 年，全国检察机关"监督纠正 1484 件'假官司'，同比上升 48.4%；对涉嫌犯罪的起诉 500 人，同比上升 55.3%"。② 在上述虚假诉讼监督案件中，虽有部分当事人以虚假诉讼罪被追究刑事责任，但进行虚假裁判、调解的法官多未承担相应的司法责任。民事诉讼精准监督在加强对事监督的同时，应当加大对人的监督力度，及时采取监督措施促使法院追究法官的违法裁判责任，实现对事监督与对人监督的双向关照。

（三）厘清办案数量与办案质效的关系

民事诉讼精准监督要做到办案数量与办案质效的有机统一。第一，民事诉讼精准监督与保持适度办案规模并不矛盾。2018 年最高人民法院审结案件

---

① 广义上民事诉讼监督包括民事裁判结果监督、审判人员违法行为监督和执行监督等内容，狭义上的民事诉讼监督仅包括民事裁判结果监督和审判人员违法行为监督。从最高人民检察院检察长张军 2018 年 10 月 24 日在第十三届全国人大常委会第六次会议上作的《最高人民检察院关于人民检察院加强对民事诉讼和执行活动法律监督工作情况的报告》相关表述来看，系采狭义内涵。

② 参见 2019 年 3 月 12 日张军检察长在第十三届全国人民代表大会第二次会议上所作的最高人民检察院工作报告。

31883 件，地方各级法院审结、执结案件 2516.8 万件，其中大部分为民事案件。① 同期，最高人民检察院提出民事抗诉 33 件，地方各级检察院提出民事抗诉 3900 件，提出再审检察建议 4087 件。② 民事诉讼监督案件数量与审判执行案件数量对比严重失衡，说明扩大案源并保持适度办案规模仍是当前民事检察部门的重要任务。民事诉讼精准监督并非不追求办案规模，而是追求具有更高质效的办案规模，通过"挤水分"达到办案数量与办案质效的有机统一。第二，民事诉讼监督中大量不支持监督案件的价值不能予以否定。通过不支持监督案件的办理，检察机关可以有效维护法院的审判权威、促进社会矛盾化解以及保护相关当事人的合法权益，产生良好的法律效果和社会效果。另外，精准监督与不支持监督是民事诉讼监督的一体两面，只有对每一个监督线索依法审查后，检察机关才能作出监督与否的决定，不能用精准监督案件的价值否定大量不支持监督案件的价值。

（四）厘清个案监督与类案监督的关系

民事诉讼精准监督在性质上属于个案监督，精准的个案监督可以发挥对类案的案例指导作用。民事诉讼类案监督则是对同类案件或同类问题进行研究，并以类案检察建议的方式进行监督，旨在统一监督标准并促进法院减少类案裁判差异。具体而言，类案监督包括对同类案件中同类问题的监督、对不同类案件中同类问题的监督以及对同类案件中不同类问题的监督三种情形。从案由来看，民事诉讼监督案件主要集中于合同纠纷，且其中以借款合同、买卖合同和建设工程施工合同居多。从监督事由来看，民事诉讼监督案件主要集中于适用法律确有错误、认定基本事实缺乏证据证明、有新的证据足以推翻原判决。"与个案监督相比，民事检察类案监督具有能动性、对事性、普遍性、建设性等特点和优势，能够扩大检察监督的范围，预防类似问题发生，拓展监督职能，提高监督的效率和效益，增强监督效果。"③ 2018 年最高检就法院在民事公告送达中存在的不规范问题向最高人民法院发出类案检察建议，指出法院在民事公告送达中存在的主要问题并提出建议，效果良好。民事诉讼监督应当坚持精准监督与类案监督相结合，以此不断提升民事诉讼监督的质效。

---

① 参见 2019 年 3 月 12 日周强院长在第十三届全国人民代表大会第二次会议上所作的最高人民法院工作报告。

② 参见 2019 年 3 月 12 日张军检察长在第十三届全国人民代表大会第二次会议上所作的最高人民检察院工作报告。

③ 李敏：《民事检察类案监督的界定及其实施路径》，载《中州学刊》2017 年第 7 期。

（五）厘清监督与支持的关系

民事诉讼监督实质上是启动纠错程序，促进审判机关重新审视并自我纠错。"监督不是你错我对的零和博弈，也不是高人一等。"监督机关与审判机关责任和目标是共同的，两者要形成良性、互动、积极的工作关系，使法律监督在出发点和落脚点上、在主观和客观方面都发挥促进审判机关更全面依法规范司法的作用，共同维护司法公正、提高司法公信力。① 通过精准监督，能够有效提升监督权威，促使审判机关自动纠错。同时，通过精准监督，科学把握案件的受理条件和监督条件，可以有效防止不符合受理条件的案件进入监督程序，防止对不符合监督条件的案件启动再审程序，充分维护裁判结果的既判力和稳定性。即精准监督寓支持于监督之中，在监督中支持，在支持中监督，从而实现双赢多赢共赢以及政治效果、社会效果和法律效果的有机统一。

二、民事诉讼精准监督的实现路径

（一）科学界定民事诉讼精准监督的监督标准

民事诉讼精准监督应当坚持法定性标准与必要性标准相结合。法定性标准是就民事诉讼监督的依据而言的，主要是指检察机关应当依据《民事诉讼法》第200条的相关规定来审查民事裁判结果和民事审判活动的违法性。必要性标准是就民事诉讼监督的效果而言的，主要是指检察机关应当结合监督的社会效果、裁判作出时的司法政策和社会背景等因素对监督的必要性进行审查，在对相关因素综合考量后再作出是否予以监督的决定。例如，对于终审判决在认定事实或适用法律方面存在一定错误，但实体判决结果正确或者相对公正的，一般不宜进行监督；对于终审判决存在程序瑕疵，但未影响实体判决结果的，一般不宜进行监督；要适当偏重办案的社会效果和政治效果，以能否实现监督的目的来判断，其着眼点不应局限于个案公正，而应立足于整体法律价值的实现；要适当兼顾判决作出时的司法政策以及相关司法政策出台的社会背景，切忌机械监督、就案办案；要适当尊重法官的自由裁量权，对于法官行使自由裁量权有一定的合理依据，但在比例分配方面稍有不当的案件，一般不宜进行监督。

科学界定民事诉讼精准监督的标准，应当注意以下问题：第一，民事诉讼精准监督不是选择性监督。强调办理在司法理念方面有纠偏、创新、进步、引

---

① 参见2018年10月24日张军检察长在第十三届全国人大常委会第六次会议上所作的《最高人民检察院关于人民检察院加强对民事诉讼和执行活动法律监督工作情况的报告》。

领价值的典型案件，旨在扩大民事诉讼监督的影响力，有效树立监督权威，并非选择性监督。只要案件符合法律规定的监督条件，均应予以监督，这是民事诉讼监督的原则和底线。精准监督是在"四大检察"发展不平衡、对法院的监督权威尚未有效树立的情况下所采取的一种司法策略，是对当前有限的民事诉讼监督资源的合理运用，是做强民事检察工作的有效途径。第二，民事案件的典型性不同于刑事案件的典型性。刑事案件往往与人的自由与生命密切相关，其本身易引起关注而成为影响力案件，监督一案即可达到影响一片、教育社会面的目的。民事案件多与人的经济利益相关，虽然物权、合同、侵权、劳动、公司等民商事领域有着丰富庞杂的法律适用规则，但具体的个案在实践中影响力较小。对此，进行精准监督的思路应当是先从普通个案中总结和发现可能影响一个领域、一个地方、一个时期司法理念与政策导向的问题，进而把案件办成典型性案件，从而发挥对类案的指导作用，切忌根据民事诉讼监督案件的标的大小和社会影响判断案件是否具有典型性。

（二）合理设置民事诉讼精准监督的监督方式

《工作规划》提出要完善抗诉、再审检察建议、纠正意见、检察建议等多元化监督格局。全国人大常委会法制工作委员会在 2019 年给最高检的《关于人民检察院在开展行政诉讼监督中可否采用纠正意见的监督方式问题的意见》中指出，民事诉讼法以及其他法律未规定检察机关在行使对民事审判活动和民事执行活动的法律监督职权时可提出纠正意见，因此检察机关不应采取提出纠正意见的方式。据笔者理解，民事诉讼精准监督主要系根据案件是否具有典型性来设置监督方式：对于在司法理念方面有纠偏、创新、进步、引领价值的典型案件，一般选择提请抗诉的监督方式，由上级检察机关进行监督；对不具有典型性但依法应予监督的案件，一般选择再审检察建议的方式，由同级检察机关进行监督；对无须改变裁判结果的瑕疵类案件，一般选择检察建议的方式进行监督，并倡导进行类案总结并发类案检察建议，不提倡多发个案检察建议。

需要指出的是，根据《民事诉讼法》第 208 条的规定，抗诉与再审检察建议在适用条件方面是相同的，只是对监督主体提出了不同要求。确立再审检察建议的初衷在于加强同级监督，破解民事诉讼监督案件"倒三角"的情况。而根据最高检《人民检察院民事诉讼监督规则（试行）》（以下简称《民事诉讼监督规则》）的相关规定，再审检察建议在适用范围上排除了实体法上的"适用法律确有错误"和"审判人员审理该案件时有贪污受贿，徇私舞弊，枉法裁判行为"两种情形，在程序上排除了"判决、裁定是经同级法院再审后作出"和"判决、裁定是经同级法院审判委员会讨论作出"两种情形，这种设定在多数情况下对再审检察建议与抗诉的适用范围仍无法作出适当区分。民事诉讼精准监督对监督方式的设置，合理区分了抗诉、再审检察建议、检察建议的适用范围，可考虑在修改《民事诉讼监督规则》时予以确认。在实践中应当致力于把抗诉和再审检察建议均做到刚性、做成刚性，这是作出上述区分并实现民事诉讼精准监督的重要保障。

（三）优化设计民事诉讼精准监督的监督程序

目前，为了引导各级民事检察部门树立精准监督和借助外脑的办案理念，不断完善办案程序，切实提高办案的精准度和监督的权威性，最高检民事检察部门已发通知要求省级检察院对提请最高检抗诉的民事诉讼监督案件，必须经过本院检察委员会讨论和专家咨询委员会咨询论证。通知的目的在于进一步规范省级检察院提请抗诉案件的办理程序，最大限度发挥民事诉讼监督的效能，实现精准监督所要求的政治效果、社会效果和法律效果的有机统一，并非为了限缩案件数量而阻碍省级检察院依法提请抗诉。根据《民事诉讼监督规则》的相关规定，检察机关提出再审检察建议应当经过本院检察委员会讨论决定，但对于提请或提出抗诉是否应当经过本院检察委员会讨论决定并未作出规定，当前正在修改的《民事诉讼监督规则》对此应当予以明确。

为了进一步优化司法资源配置，提升司法效率，实现精准监督的工作目标，最高检第六检察厅2019年2月出台的《关于实行案件繁简分流暂行工作办法》，就所办理的省级检察院提请抗诉案件、最高法诉讼结果监督案件、复查案件实行繁简分流，根据具体情况分别适用简易程序和普通程序。适用简易程序的案件在调取法院卷宗、撰写审查报告、集体讨论以及向领导报批等环节上有所简化，可资借鉴。在此需指出，监督程序的设计与司法权的配置密切相关，对监督程序的设计不能突破或限缩本轮司法责任制改革中所配置的检察官办案权限，务必通过监督程序的设计保障和监督检察官依法行使职权。

（四）建立健全民事诉讼精准监督的工作机制

一是健全检察一体化工作机制，形成四级检察机关分工负责、各有侧重的工作格局。按照民事诉讼监督规律，不同层级检察机关民事检察工作的侧重点应有所不同，应当积极引导省级检察院和市级检察院以生效裁判结果监督为重点，基层检察院以审判人员违法行为监督和执行监督为重点，形成分工负责、各有侧重的工作格局。同时，积极发挥检察一体化工作优势，加强各级检察院之间、各检察业务部门之间线索移送、案件调查、出庭、诉讼监督等业务协作，健全案件审核报备和督办转办交办机制，形成办案合力。二是建立科技借助工作机制，充分运用信息化智能化手段推进民事检察工作。要深化民事检察工作与现代科技深度融合，完善全国检察机关统一业务应用系统，推进智慧检务工程，全面构建应用层、支撑层、数据层有机结合的新时代智慧检察生态。要依托人工智能、大数据等技术，统筹研发智能辅助办案和管理系统，完善关键信息自动抓取、类案分析、结果比对、办案瑕疵提示、超期预警等功能，促进法律统一适用，助力提高司法质量、效率和公信力。三是健全借助"外脑"工作机制，充分发挥民事专家委员会的优势作用。从近年来省级检察院报送的提请抗诉案件来看，其支持率尚未超过50%，这与提请抗诉案件质量、上级检察院与下级检察院对抗诉标准的把握以及信访问题等多种因素相关，在此情形下，最高检要求省级检察院提请抗诉案件必须经过本院专家委员会咨询论证有一定的现实意义，但从长线考虑，做强民事检察工作必须处理好"重自强"与借助"外脑"之间的关系，防止过分依赖"外脑"而导致检察官怠于履职尽责。

三、完善民事诉讼精准监督的制度保障

（一）民事诉讼监督效果的刚性保障

提出抗诉是目前民事诉讼监督最具刚性的监督手段，但从监督效果来看，仍存在刚性不足的问题。进行民事诉讼精准监督，必须建立健全监督效果的刚性保障制度。一是建立案件跟踪监督制度。对检察机关提出抗诉后，在法定时限内未予裁定再审或长期未审结的案件，应当定期跟踪查询案件进展，督促审判机关提升工作效率。二是健全案件跟进监督制度。对检察机关抗诉后法院拒不改判的案件、提出再审检察建议后拒不采纳的案件，应当在分析研判的基础上采取跟进监督措施，强化监督效果。在监督实践中，跟进监督案件数量相对较少，跟进监督制度运行效果并不理想。为此，检察机关应当明确规定跟进监督案件的办理程序，用足用好后续监督手段，不断增强民事诉讼监督的刚性。

（二）民事诉讼监督调查核实权的强制性保障

调查核实是检察机关正确有效行使民事诉讼监督职权的必要措施。2018年修订后的《人民检察院组织法》第21条明确规定，检察机关因民事诉讼监督的需要可以进行调查核实，有关单位和个人应当予以配合。《民事诉讼监督规则》第65条至第73条对检察机关需要进行调查核实的情形、调查核实措施、调查核实程序及有关单位和个人的配合义务进行了详细规定。但在监督实践中，调查核实权的运行情况并不理想，其主要原因在于调查核实权缺乏强制性保障，即相关立法对于无正当理由拒绝配合甚至阻碍调查的情形并没有规定处罚措施。《民事诉讼法》第114条规定，有关单位拒绝或者妨碍法院调查取证的，法院除责令其履行协助义务外，并可以予以罚款。法院对有上述行为的

单位，可以对其主要负责人或者直接责任人员予以罚款；对仍不履行协助义务的，可以予以拘留；并可以向监察机关或者有关机关提出予以纪律处分的司法建议。希望立法机关在民事审判和监督中，对法院的调查取证权和检察机关的调查核实权予以同等保障，明确规定有关单位和个人对检察机关的调查核实不予配合时，检察机关可以采取的处罚措施；同时，在调查核实措施方面，明确规定检察机关因民事诉讼法律监督所需，可以约谈和询问案件承办法官，了解案件审理和执行情况。

（三）民事诉讼监督制度运行的规范化保障

2012 年民事诉讼法修改后，最高检及时制定了《民事诉讼监督规则》，保障和规范检察机关依法履行民事检察职责。但随着监督实践的发展和监督理念的更新，《民事诉讼监督规则》的部分规定已不适应新时代民事检察工作创新发展的要求，有必要及时作出修改，以此加强民事诉讼监督制度运行的规范化保障。主要涉及以下几个方面：一是修改完善案件受理制度，适当扩大检察机关依职权监督的范围，并明确将虚假诉讼监督列入依职权监督的范围。二是进一步理顺案件审查办理机制，建立案件繁简分流工作机制，合理配置司法资源，提升司法效率。三是在精准监督理念的指引下，明确抗诉与再审检察建议的适用范围，不断增强抗诉的精准度和监督的权威性。四是对案件复查制度的存废表明态度，建议将复查案件的启动方式设置为依职权，取消依申请的启动方式。五是进一步严格提请抗诉案件办理程序，适当引入专家委员会制定。六是增加民事诉讼类案监督的相关规定，突出民事诉讼监督案件的办理效果。七是明确跟进监督案件的启动和办理程序，不断增强民事诉讼监督的刚性。

（原载于《人民检察》2019 年第 13 期）

做实行政检察

"四大检察"融合背景下行政检察的新方位

张步洪[*]

在"四大检察"新格局中，行政检察地位尤为特别。一方面，行政诉讼监督兼具监督审判权、行政权的职能，"一手托两家"。它与行政审判、实质意义上的法治政府建设几乎同时起步，如今却是"四大检察"中的最弱项、最短板。另一方面，广义行政检察承载的检察权监督行政权的职能，很大程度上影响甚至决定着检察权法律监督属性的纯度。因为，法律监督是一种以公权力监督公权力的制度。行政权是现代国家中最强大的一类公权力。可以说，新时代行政检察的发展空间将在很大程度上影响甚至决定新时代检察制度的成长空间。

一、新时代行政检察需要在国家权力监督体系中寻找定位

由检察机关作为国家法律监督机关的性质所决定，一般认为，广义上的行政检察是以检察权监督行政权的制度安排。同时，行政诉讼法赋予检察机关的行政诉讼监督职能被认为是狭义的行政检察制度。在"四大检察"融合发展与新时代法治建设这样一个宏大命题之下，笔者从广义的行政检察开始分析，最终落脚到作为行政诉讼监督的行政检察上。

在新中国法制发展史上，检察权监督制约行政权由来已久。重视检察权监督行政权的作用，是由我国特殊国情和特殊体制决定的。新中国成立伊始，党和政府在人民群众心目中具有崇高威望，因而在相当长的时间里都没有建立起以社会力量有效监督政府的制度。在此背景下，以公权力监督公权力的制度显得尤其重要。这既是中国特色检察制度的基本前提，也是行政检察制度的逻辑起点。

新中国成立伊始，检察机关曾经被赋予直接监督行政权的重任，只是由于当时尚不具备推行法治的思想基础和制度条件，检察机关未能真正承担起有效

---

* 最高人民检察院第七检察厅副厅长。

监督行政权的使命。1978 年，检察机关恢复重建时，党中央和社会各界仍然对检察权监督行政权寄予厚望，法律赋予检察机关一项具有监督行政功能的重要职能——职务犯罪侦查。1989 年行政诉讼法明确规定，检察机关对行政诉讼实行法律监督。行政诉讼本来就是以审判权监督行政权的诉讼制度，法律授权检察机关进行监督，旨在通过审判权、检察权的协同作用，更加有效地规范行政权的行使，以更好地保障公民、法人和其他组织的合法权利和正当利益。

强化检察权对行政权的监督，是党的十八大构建国家权力监督体系的一个重要方面。党的十八届四中全会决定赋予检察机关包括提起行政公益诉讼等多项旨在监督行政权的新职能。国家监察体制改革客观上要求进行国家公权力监督体系内部各项制度之间的局部再优化。这都为行政检察在现行公权力监督体系的新格局之下寻找新定位提供了重要契机。同时，在公权力监督体系不断完善的今天，对公职人员进行监督主要由监察机关负责，在对行政行为进行监督方面，行政复议、行政审判、审计监督等制度早已完成了理论证成、规范设计和实践积累。在理论上研究检察权监督行政权的制度，也必须尊重这一前提。在此基础上，检察权能够在多大程度上、多大范围内监督行政权，还受到检察职权法定原则、行政权接受普遍监督原则的约束。

二、行政检察具有与刑事、民事、公益诉讼检察融合的强烈需求

基于以人民为中心的监督理念，按照推进国家治理体系和治理能力现代化的要求，为满足国家和社会多样化的司法需求，"四大检察"应当相互支撑、一体协同。行政检察对于"四大检察"相互协同具有强烈的需求。

一是以行政检察、刑事检察协同推动刑事责任、行政责任无缝对接。在我国，公法上的违法行为根据社会危害性程度可分为行政违法与刑事犯罪，分别由行政机关、刑事司法机关按照行政程序、刑事司法程序予以追究。关于行政检察与刑事检察相衔接，一方面，行政诉讼监督中发现相关行为可能构成犯罪需要追究刑事责任的，应当移送刑事检察部门作专业判断。另一方面，刑事检察案件凡涉及需要行政机关对行为人处以行政处罚的，或者涉及行政行为违法需要行政机关依法纠正的，检察机关需要依法进行相应的延伸监督，经过检察官作专业判断之后，推动相应行政执法主体依法履行职责。

二是以行政检察、民事检察局部融合促进行政争议与民事纠纷协同化解。实践中，当事人反复申诉的案件，主要有两类：其一，涉及当事人重大核心利益的争议，如工伤认定、不动产确权、商标专利确权等引起的争议；其二，民事与行政交叉案件。毫无疑问，当初国家通过立法将行政诉讼从民事诉讼中独立出来具有多重积极意义。但是，将具有高度关联性的民事纠纷与行政争议强

行切开，不同司法办案组织各管一段，也不利于从根本上解决争议。有些案件，法院审理民事案件涉及对行政行为合法性的判断，审理行政案件又涉及行政相对人的基础民事权利。一旦民事判决与行政判决相互冲突，双方就会各执一词、反复诉讼甚至申诉、上访。作为民事检察与行政检察相互融合的一个切入点，可以考虑由民事检察官和行政检察官共同组成办案组审查民事、行政交叉案件。

三是以行政检察、公益诉讼检察有机融合形成检察权监督行政权的协同作用。行政检察、公益诉讼检察都是检察权监督行政权的重要职能。由人员编制和办案规模等因素所决定，此次机构改革后，为优化配置有限的专业资源，多数基层检察院、分州市检察院的行政检察与公益诉讼两种职能由同一机构承担，不存在互移线索问题；最高人民检察院和绝大多数省级检察院实行行政检察、公益诉讼检察部门分设。这样的架构，一方面，需要明晰行政检察与行政公益诉讼检察的边界，以方便准确统计分析、精准指导各项具体工作。另一方面，最高人民检察院和省级检察院层面，两个机构之间需要加强专业合作，比如，共同推动落实好党的十八届四中全会明确提出的行政检察改革举措，充分利用两种案件资源共同研究合法性与合公益性之间的关系。

三、"四大检察"协同背景下行政检察的新方向

在"四大检察"格局中，行政检察不是以检察权监督行政权的宏大叙事展开的，而是以行政诉讼监督这一窄口径切入。尽管行政诉讼监督与行政审判、实质意义上的法治政府建设几乎同时起航，三十年多后，检察机关要在行政诉讼领域深耕细作，依然要面对能力不足、方法不多等多重困扰。行政检察补齐自身短板，进而在国家和社会生活中更好地、实质性地发挥重要作用，就是为"四大检察"新格局作出贡献。为此，行政检察必须按照"讲政治、顾大局、谋发展、重自强"的新时代检察工作总体要求，练内功、图"自强"，力争在较短的时间、以较快的速度提升专业判断和价值判断能力。

"四大检察"都要牢固树立以人民为中心的监督理念。行政检察以为民为中心，具有特殊的使命与要求。法律授予检察机关行政诉讼监督职能的目的，与行政诉讼法第一条规定的行政诉讼立法目的高度契合，无论监督促进依法公正审判，还是推动解决行政争议、维护公民组织合法权益、监督促进依法行政，都是以人民为中心的客观要求与直接体现。1989年起草制定行政诉讼法时，赋予检察机关诉讼监督职能，就是为了以检察权、审判权的合力监督强大的行政权。检察机关在行政诉讼监督中，要着力保障公民、组织诉权，维护公民、组织合法权益，认真对待每一个公民、组织的监督申请；审查办理行政机

关申请监督案件，认真听取行政相对人的意见。同时，行政诉讼监督还具有与民事诉讼监督不同的特点。由行政权的特点所决定，相当一部分行政诉讼案件都涉及国家或者社会公共利益。检察机关开展行政诉讼监督，应当很好地承担起国家和社会公共利益代表的角色。在诉讼中，检察机关并不寻求公共利益时时处处凌驾于个体利益之上，而是追求公益与私益在诉讼中均得到有效保护。按照以人民为中心的司法理念，作为行政诉讼监督沿袭行政审判"合法性审查"思路的一个转向，在尊重行政权、审判权边界的前提下，要以高超的判断力，采用各方均可接受的方式，立足检察职能，按照符合法律、符合公益、符合平等保护原则的要求，切实减轻当事人讼累，促进行政争议实质性化解，推动审判权、行政权更好地朝着双赢多赢共赢的目标行使。

（原载于《人民检察》2019 年第 19—20 期合刊）

论新时代行政检察

肖中扬[*]

  党的十九大指出中国特色社会主义进入新时代，我国发展已进入新的历史方位。新的时代人民对美好生活需要日益丰富，在民主、法治、公平、正义、安全、环境等方面的要求也日益增长；新的时代全面深化改革进入深水区，国家治理体系和治理能力有待进一步完善；新的时代需要依法治国、依法执政、依法行政共同推进，需要法治国家、法治政府、法治社会一体建设。依法治国的关键是政府依法行政，新时代依法治国的实践要求行政主体在法治的轨道上开展工作，要求强化对行政权运行的制约和监督，让权力在阳光下运行。毛泽东主席讲，"只有让人民来监督政府，政府才不敢松懈"。[①] 习近平总书记强调，"要健全权力运行制约和监督体系""保证人民赋予的权力始终用来为人民谋利益"。[②] 我国宪法规定检察机关是国家的法律监督机关，代表人民行使法律监督权力。依据宪法的授权开展行政检察工作，监督行政权依法、规范、有序运行，促进行政法治，是新时代加强以法治权、以权治权的重要抓手，是推进全面依法治国、全面深化改革的重要方面，对在新时代维护宪法权威，在新的历史方位建设社会主义法治国家具有重要的理论和现实意义。

---

 [*] 中国政法大学博士研究生。
 [①] 著名的"窑洞对话"——1945 年 7 月毛泽东与黄炎培的谈话。
 [②] 习近平：《习近平谈治国理政》，外文出版社 2014 年版，第 142 页。

一、关于行政检察的基本界定

（一）关于行政检察的不同学说

行政检察目前尚无统一的概念和定义，理论研究成果并不多见。[①] 依据对监督范围的不同把握标准，代表性的观点大致有三种：

1. 广义说。该学说认为，检察权应有效制约行政权，表现在对一般违法性行政行为的监督。"一般违法性行政行为，从抽象行政行为看，主要有行政主体制定的规范性文件违反上位法或制定规范性文件的程序违反法律规定。从具体行政行为看，主要有证据不足、适用法律法规错误、违反法定程序、超越权限、滥用职权、不履行或拖延履行法定职责、行政处罚显失公正等。"[②] "检察机关作为我国专门的法律监督机关，重要职责之一是全面维护好社会主义法制的统一，应该有权对规范性文件的合法性进行检察监督，并有宪法和法律依据。对于行政机关在行政过程中所制定的除法规、规章以外的规范性文件，应属于检察机关的监督范畴之内。"[③] "除了具体行政行为是行政检察的主要内容外，把抽象行政行为纳入行政执法检察监督的范围以提高监督效果。"[④]

2. 狭义说。较广义说而言，狭义说缩小了行政检察的范围。该观点认为，行政检察应主要把监督范围集中在实施行政行为过程中的部分违规情形和违法现象。"目前，检察机关针对行政行为的直接监督，基本上停留在探索和论证阶段。对于行政活动的监督，仅限于特定的行政领域或者特定的行政事项。"[⑤] 部分行政行为与行政活动，主要是行政主体对侵害公民合法权益、国家利益和社会公共利益违法行政行为和不作为以及对劳动教养活动的监督、职务犯罪的预防等方面。[⑥] 从行为类型上看，"行政处罚、行政强制措施、行政许可、行政征收、行政给付、行政奖励、行政检查、重大行政决策、行政不作为等都可

---

① 张牧遥、王小米在《行政检察监督要论》一文中写道："在笔者收集和阅读的寥寥材料中，极少数研讨也较为简略，如尹吉、倪培兴在其作《当代检察监督体制研究》中虽以一章之名研讨行政检察监督体制，却仅13页，内容也较为空泛；张智辉教授在《检察权研究》中，以千字左右简论了行政执法领域的检察监督，其重心显在论述检察建议而非行政检察监督；唯张步洪先生在《行政检察基本体系初论》中对我国本就稀缺的行政检察监督作了一次近似起步性的述评。"载《淮阴师范学院学报（哲学和社会科学版）》2017年第5期。

② 王学成、曾翀：《我国检察权制约行政权的制度构建》，载《行政法学研究》2007年第4期。

③ 韩成军：《人民代表大会制度下检察机关一般监督权的配置》，载《当代法学》2012年第6期。

④ 崔建科：《论行政执法检察监督制度的构建》，载《法学论坛》2014年第4期。

⑤ 张步洪：《行政检察基本体系初论》，载《国家检察官学院学报》2011年第2期。

⑥ 唐光诚：《论人民检察院对行政执法的监督》，载《中共天津市委党校学报》2012年第2期。

纳入检察监督范围"。① 监督的侧重点应放在"维护国家利益、社会公共利益和集体利益上，具有主动监督的特点。"② 主要有涉及国家利益、社会公共利益的行政许可行为、社会影响较大涉及公民人身权和财产权的行政强制行为、严重侵犯公民人身权和财产权不属于行政诉讼受案范围的行政执法行为、对行政执法中发现涉嫌犯罪案件应当移送而不移送行为的监督。③

3. 最狭义说。这种观点的基本主张为，将所有行政执法的具体行政行为都纳入检察监督的规制范围不利于实行有效监督，缺乏必要性和现实性。具体而言："从行政权最容易寻租和被滥用的角度，将限制公民人身和财产权利的行政强制、涉及国有资源分配的行政许可、一定强度的行政处罚等纳入检察监督的视野比较现实和可行。"④ 应当围绕社会公共利益这一核心，监督重点是"国有资产转让、环境资源保护、食品药品监管、土地审批、基本建设项目等领域的不作为、乱作为，严重损害国家利益、社会公共利益的情形"。⑤ 检察机关对这几类行政行为进行监督不但符合法理，也与当前法律法规对检察权监督行政权的规定精神一脉相承。

（二）对有关行政检察学说的评析

上述几种学说，共同之处在于都强调了开展行政检察的重要性和必要性，区别在于对于监督范围的界定有所不同，有的侧重检察权对行政权的全面制约，有的认为监督的重点应当放在实施行政行为过程中的违法情形和违规现象，还有的从监督的现实紧迫需要出发，仅界定几种行政行为作为检察监督的对象，每种观点的理论定位不同，侧重点存异，但价值取向趋同，在理解的基础上分析其特点对进一步深入研究行政检察具有积极的参考意义。

1. 对广义说的评析。广义说实质就是将抽象行政行为和具体行政行为都纳入检察监督的范围。在现有法律框架下，对部分抽象行政行为的监督方式主要限于权力机关监督和上级行政机关的监督，以及由审判机关在行政诉讼中进行附带审查。根据《宪法》和《立法法》的相关规定，检察机关并没有监督行政机关抽象行政行为的权限，检察机关虽负有维护法制统一的基本职责，但

---

① 郑锦春、乌兰：《行政执法检察监督的正当性及其机制探析》，载《中国检察官》2014 年第 5 期。
② 姚来燕：《关于行政执法检察监督的立法设想》，载《东方法学》2013 年第 1 期。
③ 陈冰如等：《论检察机关行政执法监督制度的构建》，载《西部法学评论》2015 年第 1 期。
④ 广东省人民检察院课题组：《论我国行政执法检察监督制度的构建》，载《中国检察官》2011 年第 8 期。
⑤ 傅国云：《行政执法检察机制改革的几点设想》，载《法治研究》2016 年第 3 期。

法律监督权之行使必须针对具体案件或行为进行。①

2. 对最狭义说的评析。该说具有一定的可操作性，但是将检察监督的范围仅局限于几项行政活动，其监督作用得不到有效发挥。毋庸讳言，对于所有侵害行政相对人合法权益的行政行为，都应当纳入检察监督的对象。

3. 对狭义说的评析。较之广义说和最狭义说，狭义说的观点较为合理，但是，狭义说的观点也有其不足之处，"行政执法检察监督的范围应当是侵犯国家、公共利益或不特定主体合法权益的情形"② 的观点值得商榷。因为多数行政执法的对象是十分具体的个人或者法人，将其排除在监督的范围之外显然不尽合理。

（三）对行政检察的基本界定③

界定行政检察，无外乎要考虑监督主体、监督对象、监督规则、监督范围四个方面的问题，其中监督范围是最为关键和核心的要素。实践中，如果监督的范围过于狭窄，无法对权力进行全面有效的监督，难以避免权力滥用的发生；如果对行政权力限制过度，监督范围过大，则不利于行政主体对社会事务进行有效管理，也会限制其为公众服务的积极性。因此，监督的范围应当宽窄适宜。考虑到开展行政检察监督尚处于探索和完善阶段，从可行性和可操作性角度出发，应当将行政检察的重点放在损害国家利益和社会公共利益的行政违法行为方面，同时也应当包括损害个人、法人合法权益的行政违法行为。基于此，所谓行政检察是检察机关为了有效地支持和促进依法行政，根据宪法授予其享有的法律监督权，以相关法律规定为基础，按照一定的法律程序，监督行政机关行使职权，并对履行监督职责过程中发现的损害国家利益、社会公共利益以及公民法人合法权益的违法行政行为进行纠正的活动。这种监督具有以下特征：

1. 宪法性

在我国，最高权力机关通过宪法将国家专门法律监督权授予检察机关，"人民检察院依照法律规定独立行使检察权"。④ 人民检察院依据宪法和法律监督制约行政权、审判权，确保权力的运行符合宪法和法治原则。由检察机关承担对行政行为的监督职责，对行政主体的行政执法行为实施具有法律效力的督

---

① 山西省人民检察院课题组：《诉讼外行政检察监督论析》，载《湖南科技大学学报》2016 年第 3 期。

② 李果：《行政执法检察监督热的再思考》，载《学术论坛》2015 年第 2 期。

③ 主要是一个表明界限或使一种事物与其他事物区分开来的问题。参见 ［英］哈特：《法律的概念》，张文显、郑成良、杜景义、宋金娜译，中国大百科全书出版社 1996 年版，第 14 页。

④ 《宪法》第 136 条。

促。这既是对宪法精神的实际落实，也是法律监督本意的回归。因此，行政检察具有宪法性，其目的亦在于维护宪法的统一、尊严、权威。

2. 专门性

人民代表大会及其常委会的监督只能是宏观的监督和对国家、社会重大事项的监督。[①] 基于人大监督的非职业化、非经常性，[②] 需要将专门的法律监督权赋予专门的机关行使。因此，检察机关被授权作为专门的法律监督机关，弥补宏观监督的不足。这种专门的法律监督权，具有一定的排他性，由检察机关独立行使。检察机关通过建立专门机构、[③] 配备专门人员，运用专门的手段、方式保证监督权的实现，使得国家权力机关的宏观监督向中观、微观监督转化，开展经常性监督，保证国家权力监督体系的正常运转。专门性的特征使其与立法监督、行政诉讼等外部监督和行政复议等内部监督形式有了明确具体的划分界限，监督效力和监督结果也有着明显的区别。

3. 主动性[④]

检察权锲入行政执法活动的法律监督，是以积极主动的形式出现，不同于行政复议、行政诉讼等被动监督方式。我国行政复议及行政诉讼程序启动需要行政相对人提出诉求，遵循"不告不理"的原则。开展行政检察是检察机关的职责所在，检察机关应当积极主动履行职责，但是主动性并不代表要"四处出击"，而是在法律规定的情形出现时才能实施监督行为。即只要其在履行职责过程中发现存在法律规定监督范围之内的行政违法行为就应当启动监督程序，纠正违法行为，督促行政机关依法行使职权。这种监督相对于中立裁判的司法监督和行政机关内部监督具有明显优势，在监督力度和监督效果上更具保障性。

4. 程序性

如前所述，行政检察具有主动性，但主动性不能是肆意的、放任的，相反要保持谦抑性、有限性，通过制定完备的程序来规范行政检察行为。现代法治国家确立了以科学、公正的程序规范公权力的行使过程的正当程序原则。[⑤] 按照正当程序的要求，当国家权力对公民、组织的权利造成不利影响时，国家机关就有义务为该公民、组织提供表达意见的救济机会。检察机关对行政执法进

---

① 朱孝清：《中国检察制度的几个问题》，载《中国法学》2007 年第 2 期。
② 傅国云：《行政检察监督的特性、原则与立法完善》，载《人民检察》2014 年第 13 期。
③ 我国检察机关设立民事行政检察部门作为专门开展民事行政检察工作的机构。
④ 张艳丽：《行政权运行机制研究》，黑龙江大学 2003 年硕士学位论文。
⑤ ［英］丹宁勋爵：《法律的正当程序》，李克强、杨百揆、刘庸安译，法律出版社 1999 年版。

行监督也要遵循正当程序原则，其受正当程序约束的程度依据对公民、组织的权利义务关系影响程度的不同而有所不同。

二、行政检察的正当性与实践探索

在明确了行政检察基本属性的前提下，有必要对其正当性进行探讨。"在现代社会，大多数国家实际上都实行行政权力优先的原则，虽然行政机关的职责在于执行立法机构制定的法律和决定，但是它在立法过程中往往是选择地支持一部分法案成为法律；或者使用浑身解数将其修改得面目全非，合乎自己的意愿之后再让它通过而成为法律。"① 因此，在现代国家中，无一不是对行政权力进行制约和监督，以防止行政权的滥用。

（一）行政检察的正当性

行政检察在包含人大监督、监察监督、审计监督、行政机关上级监督以及公民、法人和其他组织监督等整体国家法律监督体系之中，依照一定的程序对行政机关的行政行为进行监督，不代行，不干预，建议纠正违法行为，推动严格公正执法，维护社会的公平正义。具体而言包括以下几方面：

1. 保障行政权规范运用

行政权比较活跃，其积极实施保障了国家秩序的正常运行。因其所具有的主动性、广泛性、扩张性容易导致权力被滥用，其恣意运行极易侵害公民合法权益。"在权力问题上，不是建立在对人性的信赖上，而是要用法律加以约束，防止其行为不端。"② 如何规范和约束行政权力，防止其超越合理的范围，已经成为国家治理现代化的重要内容。权力监督体系是否完善是衡量国家法治化程度的一个重要标准，全面推进依法治国的核心和关键在于有效控制公权力。人民检察院监督行政权依法运行既是其应当承担的重要职责，也是顺应合理规范行政权运行的必然要求。

2. 维护法律统一实施

实践证明，从法在实际生活中真正发生作用的意义上说，法的执行要比立法更触及具体的利益关系，因而也就更为重要，更需要正确实施。行政执法涉及大到国家安全、重大公共利益，小到公民日常生活的各个领域，千姿百态，千变万化。据不完全统计，80%的法律、地方性法规和几乎所有的行政法规都需要由行政机关执行。在实际执法过程中，有的执法人员依法行政观念欠缺，

---

① 王学辉、宋玉波等：《行政权研究》，中国检察出版社2002年版，第22页。
② 美国《独立宣言》起草人之一托马斯·杰斐逊语。

长官意志严重,[①] 轻法律手段重行政手段、轻规范执法重个别处理;有的重责任轻权利,片面强调行政相对人应当服从行政机关管理,忽视对当事人合法权利的维护,有法不依、执法不严问题仍然存在;有的地方存在"地方保护主义"[②]"部门保护主义"的倾向,破坏了国家政策的统一性和法律的严肃性。对行政执法活动展开监督,纠正不作为、乱作为、慢作为,确保行政权力不越位、不错位、不缺位,有利于实现良法善治。

3. 维护社会公共利益

行政权在行使过程中会对国家、公共利益及公民的合法权益造成实际影响,违法的行政行为更是会有损公共利益。[③] 比如,当前环境污染、危害食品药品安全、国有资产流失等问题较为突出,负有监管职责的行政机关疏于监管或者处置不当容易使公共利益受到侵害。行政权行使遵循效率原则,检察权监督注重公正。[④] 在现代国家,检察机关被称为"公共利益的代表",[⑤] 维护公共利益是检察机关和检察官的立身之本。检察制度就是为防止公共利益受损而对有关国家机关是否遵守法律、是否损害公共利益而行使检察权的制度。[⑥] 行政检察具有强烈的公益性,检察机关开展行政检察,对行政主体进行监督,对涉及国家利益、社会公共利益的行政违法行为进行督促、纠正,确保其合法、正当,[⑦] 以此实现对公益的维护,对正义[⑧]的追求。从这个层面上讲,行政检察的正当性来源于维护公益的必然要求。

4. 促进全面深化改革

全面深化改革以完善和发展中国特色社会主义制度、推进国家治理体系和治理能力现代化为总目标,全面深化改革是一场注重法治引领、强化制度创新的根本性变革。[⑨] 行政检察既是司法体制改革的重要内容,又是以法治思维和法治方式促进行政管理规范化、现代化的重要保障。当前改革已进入攻坚期和

---

① 张文显:《习近平法治思想研究(下)——习近平全面依法治国的核心观点》,载《法制与社会发展》2016年第4期。

② 王芳、肖文圣、周敏倩:《论地方保护主义的隐性腐败性——基于利益攸关视角》,载《陕西行政学院学报》2016年第1期。

③ 刘畅、肖泽晟:《行政违法行为检察监督的边界》,载《行政法学研究》2017年第1期。

④ 苏扬、张宏波:《违法行政行为检察监督制度探析》,载《法制与社会》2017年第28期。

⑤ 姜涛:《检察机关提起行政公益诉讼制度》,载《政法论坛》2015年第6期。

⑥ 刘畅、肖泽晟:《行政违法行为检察监督的边界》,载《行政法学研究》2017年第1期。

⑦ 孙谦主编:《中国特色社会主义检察制度》,中国检察出版社2009年版,第245页。

⑧ 正义是给予每个人他应得的部分的这种坚定而恒久的愿望。[罗马]查士丁尼:《法学总论——法学阶梯》,张企泰译,商务印书馆1989年版,第5页。

⑨ 郭春雨:《改到深处是法治》,载《人民法院报》2017年7月25日。

深水区，关系复杂、利益冲突多、协调难度大等问题凸显，剩下的都是难啃的硬骨头，继续全面推进会触及多方利益，重点领域和关键环节的很多改革任务是借助行政执法实现的，能否依法行政、依规办事是关乎改革成败的根本所在。开展行政检察工作，在监督的边界内，寓支持于监督，督促行政主体严格、规范、公正、文明执法，努力完成改革任务，真正实现改革目标。既可以增强社会对政府管理能力的信心，增强社会公众对改革的信心，[①] 又能够确保改革的质效。因此，可以说行政检察的正当性来源于促进全面深化改革。

5. 推动全面依法治国

"法令行则国治，法令弛则国乱。"[②] 依法治国、建设社会主义法治国家，是新时代中国特色社会主义理论和实践的重要组成部分，也是我们党和政府管理国家事务和社会事务的基本方略。全面依法治国是国家治理的一场深刻革命，要建设法治政府，推进依法行政，严格规范公正文明执法。[③] 为实现依法治国的基本方略，必须加强监督制度建设，强化对行政权力的制约和监督。这既是有效保障公民基本权利的客观需要，更是全面推进依法治国的重点环节。[④] 检察机关在全面依法治国中肩负着特殊责任，是推进全面依法治国的重要力量。[⑤] 服务建设法治政府、推动依法行政，包括健全行政执法与刑事司法衔接机制，促进严格规范公正文明执法等，都是行政检察工作契合新时代全面依法治国内在要求的应然体现。

（二）行政检察的实践探索

新中国成立以来，我国的政治制度、经济制度、司法制度都在不断探索完善之中，行政检察同样经历了萌芽起步、逐步发展、日趋合理的过程。行政检察的实践探索大致经历了新中国成立初期的"一般监督"、到检察机关恢复重建后的实践中侧重"司法监督"、再到 2000 年以来通过落实两法衔接机制发挥监督作用、直至目前的多样化模式和有效经验的四个阶段。

1. 新中国成立初期的"一般监督"

新中国成立初期，在列宁的法律监督思想和苏联检察实践的影响下，1954年的《人民检察院组织法》赋予了检察机关广泛的监督职能，被称为"一般

---

① 穆虹：《全面深化改革必须全面推进依法治国》，载《求是》2014 年第 22 期。

② 王符：《潜夫论·述赦第十六》。

③ 习近平：《决胜全面建成小康社会夺取新时代中国特色社会主义伟大胜利——在中国共产党第十九次全国代表大会上的报告》，载新华网 2017 年 10 月 27 日。

④ 宁吉喆：《强化对行政权力的制约和监督》，载《人民日报》2014 年 12 月 2 日。

⑤ 《深化依法治国实践 全面加强检察监督》，载《检察日报》2017 年 11 月 3 日。

监督"，① 主要包括对有关国家机关违反法律的行政决定和措施，以及对国家机关工作人员的违法行为实行的检察监督的活动。1949 年《中央人民政府组织法》第 28 条规定，最高人民检察署对政府机关、公务人员和全国国民之严格遵守法律负最高检察责任。此后，《中央人民政府最高人民检察署试行组织条例》第 3 条、《中央人民政府最高人民检察署暂行组织条例》第 3 条、《各级地方人民检察署组织通则》第 2 条等 3 部法律文件也对一般监督作出原则性规定，② 并得到了"五四宪法"的肯定。③ 由于监督范围太过宽泛，检察机关未能真正履行对行政权"一般监督"的职能。

2. 恢复重建后侧重于"司法监督"

1978 年，五届全国人大一次会议通过的宪法规定重新设置人民检察院，1979 年的《人民检察院组织法》第 5 条规定了各级人民检察院的职权，包括对于公安机关的侦查活动、人民法院的审判活动、对于刑事案件判决、裁定的执行和监狱、看守所、劳动改造机关的活动是否合法，实行监督。1979 年人民检察院组织法删去了 1954 年该法中关于"最高人民检察院对于国务院所属各部门、地方各级国家机关、国家机关工作人员和公民是否遵守法律，行使检察权"的规定，即检察院的"一般监督"职能。检察机关恢复重建后，主要监督公安、监狱、看守所等部门在刑事诉讼过程中的相关活动，监督对象仅是在刑事诉讼中享有相关职权的公安、监狱等部门，未涉及其他行政部门，因此说检察机关恢复重建后的行政检察侧重于"司法监督"。

3. 2000 年以来的"两法衔接"④

2000 年 10 月，国务院在全国范围内开展了严厉打击制售伪劣商品违法犯罪的活动。为解决行政执法机关向司法机关移送涉嫌犯罪案件缺乏明确法律规定的问题，2001 年 4 月，国务院制定关于《整顿和规范市场经济秩序的决定》，明确要求加强行政执法与刑事司法的衔接，对破坏市场经济秩序构成犯罪的行为及时移送司法机关处理，这是第一次提出"两法衔接"的概念。2001 年国务院颁布的《行政机关移送涉嫌犯罪案件的规定》明确规定，检察

① ［俄］维诺库罗夫：《检察监督》，刘向文译，中国检察出版社 2009 年版，第 113 页。
② 王桂五：《王桂五论检察》，中国检察出版社 2008 年版，第 189 页。
③ 1954 年《宪法》第 81 条规定，中华人民共和国最高人民检察院对于国务院所属各部门、地方各级国家机关、国家机关工作人员和公民是否遵守法律，行使检察权。地方各级人民检察院和专门人民检察院，依照法律规定的范围行使检察权。
④ "两法衔接"指行政执法与刑事司法衔接，是检察机关、监察机关、公安机关、政府主管部门和有关行政执法机关探索实行的旨在防止以罚代刑、有罪不究、渎职违纪等社会管理问题而形成行政执法与司法合力的工作机制。

院对行政部门涉嫌犯罪案件的移送进行监督。① 2011 年，中办、国办转发了《关于加强行政执法和刑事司法衔接工作的意见》，对"两法衔接"工作作出全面规定。各地围绕涉嫌犯罪案件的移送加强监督制约，在防止"以罚代刑"的同时也对行政机关依法行政起到了支持和促进的积极作用。

4. 多样化的实践探索

在落实"两法衔接"机制基础上，检察机关进一步积极探索开展行政检察的途径，监督方式日益丰富。

一是规范检察建议工作。2001 年最高人民检察院制定的《民事行政抗诉案件办案规则》第 48 条规定，对于存在制度隐患的国家机关，或者严重失职应追究纪律责任的国家机关工作人员，检察机关可以提出检察建议。2009 年最高人民检察院发布《检察建议工作规定（试行）》，较为全面地规定了检察建议的适用条件、内容要求、制发程序，使检察建议工作更加规范。

二是开展行政公益诉讼。2015 年 7 月 1 日，十二届全国人大常委会作出《关于授权最高人民检察院在部分地区开展公益诉讼试点工作的决定》，据此最高人民检察院以生态环境和资源保护、国有资产保护、国有土地使用权出让、食品药品安全等领域为重点，在北京、内蒙古、吉林等 13 个省份的检察机关开展为期 2 年的提起公益诉讼试点。截至 2017 年 5 月，各试点地区办理行政公益诉讼诉前程序案件 6774 件，行政机关纠正违法或者主动履职的 4358 件，占 75%，即 3/4 的行政机关在行政公益诉讼的诉前程序中纠正了违法行为，履行了法定职责。② 目前，检察机关提起行政公益诉讼已经明确写入了修改后的行政诉讼法，这标志着行政公益诉讼制度在我国已经初步建立起来。③数据显示，2017 年 7 月至 2018 年 8 月，全国检察机关平均每月办理行政公益诉讼诉前程序案件 3000 件以上、提起公益诉讼超过 100 件；今年 3 月，最高人民检察院还公布了《湖南省蓝山县环保局不依法履行职责案》《成都市双流区市场监管局违法履职案》等 10 起检察机关公益诉讼典型案例，④ 社会反响良好。

三是省级人大常委会作出决议、决定。目前，大多数省级人大常委会通过的有关决定、决议都对检察机关监督行政执法活动作出了规定；吉林省人大常委会《关于加强民事行政检察工作的决议》明确规定，全省各级人民政府应

---

① 《行政机关移送涉嫌犯罪案件的规定》第 14 条。
② 最高检民行厅厅长胡卫列解读《关于修改民事诉讼法和行政诉讼法的决定》，载中国人大新闻网，最后访问日期：2017 年 6 月 27 日。
③ 张宇、孙慧：《浅析行政公益诉讼制度的建立与发展》，载《商情》2017 年第 27 期。
④ 《检察机关公益诉讼典型案例》，载《人民法院报》2018 年 3 月 3 日。

当依法行政、依法办事,积极支持检察机关履行法律监督职责。2015 年《宁波市行政执法监督工作机制建设试点工作实施方案》提出,开展行政执法检察监督与政府法制监督协作机制建设试点工作,进行协同监督;2016 年《厦门市人民代表大会常务委员会关于加强人民检察院法律监督工作的决议》提出,市、区人民政府应当积极探索并完善依法行政与检察监督互动工作机制。

四是因地制宜地鲜活实践。2011 年、2014 年广东省人民检察院先后下发《关于确定行政检察促进社会管理创新试点单位的通知》和《关于开展行政违法检察监督试点工作的意见》,确定了 13 个开展行政违法行为检察监督的试点单位,办理了一批成功案例。山东、[①] 山西、[②] 浙江、广西、黑龙江等省也开展了行政执法检察监督试点工作。宁夏自治区各级检察机关通过"两法衔接"信息平台对各类行政执法案件进行审查。

各地的实践探索亮点纷呈,各具特色,取得了良好的社会效果和法律效果。据不完全统计,2012—2014 年,全国检察机关共办理督促行政机关履行职责案件 409838 件。[③] 2011 年—2016 年宁夏自治区检察机关共审查各类行政执法案件 18327 件,发出检察建议书 34 份,监督行政执法机关移送涉嫌犯罪案件 142 件 175 人,法院作出有罪判决 29 件 41 人,还监督了诸如腾格里沙漠环境污染案等一批有影响的行政执法案件,得到广大人民群众的高度赞誉。2013 年山西省开展行政检察监督专项活动,全省各地检察机关共发出督促起诉意见书、检察建议书 4190 件,为国家追缴、挽回经济损失 24.1 亿余元。[④]

诚然,在实践过程中行政检察仍然存在一些亟待解决的问题。一是对行政违法行为进行监督的具体权能没有予以明确,行政检察的范围、内容也亟待法律确认。目前有的地方人大通过规范性法律文件对此作出规定,有的是以检察机关与相关部门联合发文的形式进行规定,但是既有的规定较为原则、零散,系统性、操作性不强,检察机关的职能作用难以充分发挥。二是监督程序欠缺具体、统一的操作规范。比如,开展行政检察如何发现线索、如何调查核实、如何进行处理,是否对外公布,每个程序步骤的具体时限等都没有明确的规定。三是监督方式有限。目前主要是通过制发检察建议、支持起诉、督促起

---

① 2011 年,山东省人民检察院确定在全省十个基层检察院开展行政执法检察监督试点工作。

② 山西省检察院 2014 年 5 月开展了对行政执法行为进行检察监督的试点工作,选择太原等 4 个市级检察院作为试点先行。在总结试点工作经验的基础上,2015 年 5 月该院下发《关于探索开展行政执法行为检察监督专项活动的实施方案》,载《检察日报》2014 年 6 月 12 日。

③ 最高人民检察院民事行政检察厅:《行政检察工作的现状与发展》,载《国家检察官学院学报》2015 年第 5 期。

④ 谢文轶:《行政检察工作的现状与发展》,载《国家检察官学院学报》2015 年第 5 期。

诉、提起公益诉讼等方式开展监督，方式方法不多，不能适应行政法治发展的客观需要。

三、其他国家和地区行政检察的比较研究

根据检察机关在国家权力体系中的地位，各国的行政检察可以分为从属模式和独立模式两种类型。

（一）从属模式

采用该模式的国家不乏大陆法系和英美法系的代表性国家。这些国家大多采用立法权、司法权、行政权等三权分权制衡[①]的国家建构，检察权及检察机关从属于行政权及行政机关，并由司法行政部门负责人作为检察机关的首长。在这种模式下，由于检察权并不是独立的国家权力，加之检察机关隶属行政机关，因此行政检察属于行政机关内部的监督，或者可以说在检察权的从属模式下并不存在严格意义上的行政检察。对行政权及行政执法的监督主要通过制约立法权、司法权的运行来实现。典型国家代表有大陆法系的德国，英美法系的英国和美国。

1. 德国。19世纪末巴伐利亚州在其行政法院内设立检察官，负责对政府违法行为提起公诉。[②] 1960年联邦德国《联邦行政法院法》明确规定设立行政诉讼公益代表人制度，认可联邦、州和地方三级检察官有权作为相应公益代表人，代表国家和社会分别参加联邦最高、州高等和地方行政法院的诉讼。[③]还规定了停止作为之诉，即检察官针对政府实施的对公共利益可能造成威胁的行政执法提出的预防性停止作为之诉，如政府颁布开垦森林的许可，可能会影响周边的生态环境。且这种行政行为可能造成的损害是事后的救济手段无法挽回的，此时，检察官可以提起停止作为之诉。通过诉讼监督行政权的行使，进而保障和维护国家和社会公共利益。

2. 英国。在英国，检察总长的职责是保护国家公益，代表公共利益监督行政活动，并对公共机构实施的行政行为提起诉讼，请求法院进行司法审查。[④] 还设置了专门监督行政机关及公务人员行政行为的机构，如行政裁判所和议会行政监察专员署，行政裁判所及行政监察专员署监督侵害公民权益的不

---

① ［法］卢梭：《社会契约论》，何兆武译，商务印书馆2003年版，第71页。

② ［日］清水澄：《行政法泛论》，金已澜译，商务印书馆1912年版，第61页。转引自王柯瑾：《行政公益诉讼制度研究》，山东出版社2009年版，第183页。

③ 胡建淼：《十国行政法》，中国政法大学出版社1993年版，第223页。

④ 王名扬主编：《英国行政法》，中国政法大学出版社1987年版，第206页。

良行政，即虽然不违法但却不合理的行政行为。①

3. 美国。在美国，法律规定一旦出现官员违法行政的情形时，国会就可以授权检察长，向法院主张维护公共利益而提起诉讼，来实现对行政权进行有效的监督。《美国法典》第 28 卷第 547 条规定："联邦总检察长可参与他认为美国的利益要求他参与以及认为美国感兴趣的任何民事或行政案件。"② 实践中，如果有政府机关或其他行政机构的行为损害美国社会公众的利益，检察长有权指派检察官就某一行政违法案件进行调查和复审。"美国检察官在参与行政诉讼方面具有广泛的权力，美国联邦检察长有权决定并参与他认为涉及联邦利益的任何行政诉讼案件，美国检察官有权决定并参与他认为涉及社会公共利益的任何行政诉讼案件。"③

（二）独立模式

采用该模式的国家大多采用一元分立权力结构的国家建构，④ 即在立法机关之下，检察机关与行政机关各自独立，对权力机关负责，比如苏联、越南等。在这种模式下，检察权及检察机关独立于行政权及行政机关，行政执法检察属于外部监督。典型代表是苏联。

1. 苏联。1977 年的《苏维埃社会主义共和国联盟宪法》第 164 条规定，一切部、国家委员会和主管部门、企业、机构和组织、地方人民代表苏维埃执行和发布命令的机关、集体农庄、合作社和其他社会组织、公职人员以及公民是否严格和一律遵守法律，由苏联总检察长及其所属各级检察长行使最高检察权。⑤ 苏联检察机关有权代表国家对各权力机关、管理机关、社会团体、企业和其他各种机关以及苏联公民是否确切遵守法律实行监督。总检察长要求所有检察机关主动对法制实行一般监督。其中，区检察署是检察体系中的基本单位，绝大多数的检察工作都由区检察署执行。监督工作主要围绕以下步骤展开：首先，监督地方权力机关和国家管理机关发布的法令是否合法。其次，审查决定中所规定的行政处分的种类、范围和实施处分的程序是否合法。再次，审查强制性决定的发布是否遵守了特别程序的规定。当区检察长发现存在行政违法行为时，无论针对何种情况，都应立即采取消除违法行为的统一措施，比如对非法决议、决定、命令、其他法令或非法行为提出抗议；提出关于消除促

---

① ［英］威廉·韦德：《行政法》，徐炳等译，中国大百科全书出版社 1997 年版，第 365 页。

② 甄贞主编：《检察制度比较研究》，法律出版社 2010 年版，第 349 页。

③ 金明焕主编：《比较检察官制度概论》，中国检察出版社 2007 年版，第 278 页。

④ 樊崇义：《一元分立权力结构下的中国检察权》，载《人民检察》2009 年第 3 期。

⑤ 李勇：《传承与创新：新中国检察监督制度史》，中国检察出版社 2010 年版，第 189 页。

成非法行为的原因和条件的意见书；直接向机关领导人员提出建议，请求恢复公民或团体受到侵犯的权利。①

2. 俄罗斯。俄罗斯现行的《检察机关法》系统规定了俄罗斯联邦检察机关组织和活动等基本内容，规定俄罗斯联邦检察机关在国家的多个领域实施广泛的检察监督职能。作为俄罗斯联邦的"护法机关"——俄罗斯联邦检察机关旨在"保障法律至高无上，保障法制的统一和巩固，保护法人和公民的权利与自由，捍卫社会和国家的利益"。2014 年 2 月，俄罗斯联邦通过了《关于俄罗斯联邦最高法院和俄罗斯联邦检察机关的俄罗斯联邦宪法修正案》，从国家基本法的层面对检察制度进行了修改。与之相适应，《俄罗斯联邦检察法》也进行了相应的修改。修改后的《俄罗斯联邦检察法》规定，检察长有权通过法律手段，借助检察监督文件向主管机关提出消除违法行为，以及追究过错人责任的要求：（1）对抵触法律的文件提出异议，以国家名义要求撤销非法文件或者予以修正，恢复受到侵害的公民权利和自由，以及国家或其他机关的合法利益；（2）送达消除违法行为的提请书，被送达机关应在一个月内审议并采取措施消除行为以及产生条件；（3）提起行政违法诉讼；（4）采取措施赔偿物质损失；（5）宣布关于禁止实施违法行为的预先警告。②

（三）评析与启示

以上国家或有政体上的差异，或有具体监督手段、方法的不同，但是在强化对行政权的监督、确保行政机关依法行政方面的要求是统一的，对行政检察制度的存在价值均予以肯定并积极实践。其共性之处还表现在：

1. 注重在行政检察方面建章立制。把各种监督主体的地位、职责、权限，权力行使的方式、程序等用明确的法律规定下来，增强行政检察的权威性和可预见性，从而达到威慑犯罪分子、规范监督行为、政府行为的目的。③ 比如美国的《涉外贿赂法》，德国的《联邦官员法》《纪律惩戒法》、英国的《防止贪污法》《文官守则》、俄罗斯的《俄罗斯联邦检察法》等。

2. 以公益为标准开展监督活动。这一点在从属模式国家表现尤为明显，检察机关更多被视为国家利益、社会公益的代表，以公益代表人的身份活跃于保护国家和社会公共利益的一系列活动中，对行政部门的行政执法活动发挥着监督作用。

3. 保持监督权行使的谦抑性，划定合理的权力边界，兼顾好平衡。一方

---

① 谢鹏程：《前苏联检察制度》，中国检察出版社 2008 年版，第 112—116 页、第 202—206 页。

② ［俄］维诺库罗夫：《检察监督》，刘向文译，中国检察出版社 2009 年版，第 151—162 页。

③ 陈奇星、罗峰：《略论西方国家的行政监察机制》，载《政治与法律》2000 年第 3 期。

面保障行政权足够强大，以提高服务公民的效率；另一方面，通过监督防止政府权力的滥用，保证公民的合法权益得到最坚固的维护。加强行政检察的目的是支持和促进依法行政，保障行政行为公正高效透明运行，保障公民、法人或者其他组织的合法权益，检察机关应当坚守监督的边界，①，保持应有的理性。总而言之，无论是英美法系还是大陆法系，无论是从属模式的国家还是独立模式的国家，虽然所处时代、政治体制、法制状况迥异，对检察监督的规定不尽相同，上述共性内容是相通的，对我们构建新时代中国特色行政检察体系提供了参考。

四、完善新时代行政检察体系的初步设想

党的十八届四中全会对检察机关的行政检察工作提出了一系列具体要求："完善对涉及公民人身、财产权益的行政强制措施实行司法监督制度""检察机关在履行职责中发现行政机关违法行使职权或者不行使职权的行为，应该督促其纠正""探索建立检察机关提起公益诉讼制度""完善检察机关行使监督权的法律制度"。这些重要精神成为实践中丰富行政检察的内涵、建立健全行政检察监督体系的政策依据。当前，我国已经进入中国特色社会主义新时代，行政检察工作应当在习近平新时代中国特色社会主义思想的指引下，主动适应新时代的发展要求，充分发挥法律监督应有的职能作用，进一步明确行政检察的内容、重点、程序、方式等，健全完善检察机关与行政机关协调配合的工作机制，积极构建、完善具有中国特色的新时代行政检察体系。

（一）树立契合新时代特点的指导理念

1. 服务促进国家治理能力、治理体系现代化

国家治理体系和治理能力的现代化，是使国家治理体系制度化、科学化、规范化、程序化，使国家治理者善于运用法治思维和法律制度治理国家。② 促进国家治理体系和治理能力的现代化，必然要求依法行政，行政权固有的扩展性和侵犯性，③ 需要通过外部的监督来防止权力行使的负面效应。检察机关发挥监督职能作用，一方面提供法律服务，保障依法行政，另一方面监督行政权规范行使，实现行政法治化和行政执法的规范化。因此，服务促进国家治理能力现代化是新时代行政检察的价值导向。

---

① 张智辉：《检察权优化配置研究》，中国检察出版社 2014 年版。

② 辛向阳：《国家治理体系和治理能力现代化的基本内涵》，载《马克思主义文摘》2014 年第 7 期。

③ 吴筠：《行政权初论》，武汉大学 2004 年硕士学位论文。

2. 注重权力之间平衡制约

"一项宪法制度之所以能够成功，就在于它成功地在专断的权力一端与受限制的权力一端之间达到平衡并维持这种平衡。"① 此外，当权力之间能够形成大体平衡的机制时，社会的稳定程度以及普遍对社会的认可度也比较高。把握住法律监督权的实际功能，健全符合法治发展趋势的检察监督制度才具有更为长远的生命力。② 在行政检察中，需要特别强调权力制衡的理念，从坚持公正与效率相统一的角度把握行政权与检察权之间制衡的有度、有效。基于保障行政权高效运行的考虑，检察机关应当减少对行政机关不必要或不当的干涉与介入，保持监督"有度"。同时，检察机关对履行职责中发现的行政机关违法行使职权或者不行使职权的行为依法进行监督，通过督促其纠正违法行政行为以达到监督的"有效性"，从而维护社会公平正义，实现公正与效率的统一。

3. 坚持共同目标一致性

检察工作与行政工作都是新时代党和国家工作的重要组成部分，在建设法治国家中肩负着重要责任，服务和保障广大人民群众的合法权益、促进经济社会发展、维护社会和谐稳定的目标是完全一致的。源于这样的认识，检察机关在履行职责过程中，应当进一步加强与行政机关的协调和沟通，增进共识，相互支持，密切配合，为解决好人民群众最关心、最直接、最现实的利益诉求、解决好人民日益增长的美好生活需要和不平衡不充分的发展之间的主要矛盾③作出共同努力，积极推动行政检察监督和行政机关的内部纠错机制的紧密衔接与良性互动，共同维护社会主义法制的统一、尊严和权威。检察权与行政权之间，即监督者与被监督者之间，除了制约，更重要地是认识到监督者积极开展监督是为了更加有效地帮助被监督者，被监督者应摒弃抵触、排斥监督的错误观点而乐于接受监督者的监督。④

4. 保持监督的谦抑有限

行政检察谦抑有限的理念包括两个方面，一方面，检察权是一种有限权力，⑤应当对行政权保持谦抑，防止检察权过分干涉甚至代替行政权。控制权

① ［美］博登海默：《法理学——法律哲学与法律方法》，邓正来译，中国政法大学出版社1999年版，第149页。

② 李勇：《新中国检察监督制度史的启示》，载《检察日报》2013年1月10日。

③ 习近平：《决胜全面建成小康社会夺取新时代中国特色社会主义伟大胜利——在中国共产党第十九次全国代表大会上的报告》，新华网2017年10月27日。

④ 王中开：《论我国行政权与检察权的权力配置及相互关系》，山东大学2011年硕士学位论文。

⑤ ［英］弗里德利希·冯·哈耶克：《法律、立法与自由》，邓正来、张守东、李静冰译，中国大百科全书出版社2000年版，第457页。

力是检察机关对行政执法活动开展法律监督的应然目的，但是应当避免检察机关妨碍行政执法机关在应对纷繁复杂的社会管理事务时的能动性与自主性。行政执法权的专业性、技术性以及为确保行政执法时效所需的独立性，决定检察机关应当给予行政执法机关必要的尊重。另一方面，是对其他监督权力保持谦抑，尊重其他监督机关职权的行使和职能的发挥，并尽可能依托其他监督机制和行政系统内部监督机制作用的发挥，在其他各种外部监督和内部监督方式不能或难以发挥预防、制止和纠正行政违法行为的情况下，秉持谦抑有限①理念，根据相关法律、法规、政策性文件明确授权而开展的"特定监督"，确保行政检察的实效。

5. 立足国情，创新思维

实践没有止境，理论创新也没有止境。坚持解放思想、实事求是、与时俱进、求真务实，一切从实际出发，总结国内成功做法，借鉴国外有益经验，勇于推进理论和实践创新，是党带领人民在改革开放实践中积累的宝贵财富，②也是新时代开展行政检察工作的重要遵循。前文所述从属模式和独立模式下行政检察的有些内容虽然值得我们学习借鉴，但是世界上没有完全相同的政治制度模式，政治制度不能脱离特定社会政治条件和历史文化传统来抽象评判，不能生搬硬套。我国人民代表大会制度有别于西方的三权分立理论，权力的分立和制衡不是我国检察权配置所追求的目标，具有协调、统一性质的监督才是其真正的价值预设。③检察机关如何代表公共利益，如何加强对违法行政行为的监督，如何规范权力有序运行，都要牢牢立足我国仍处于并将长期处于社会主义初级阶段、仍是世界上最大的发展中国家的最大实际，创新思维和理念，积极顺应新时代的要求、以发展的眼光对行政检察课题作出中国式的解答，彰显中国特色、时代特色，贡献中国智慧和中国方案。

（二）准确把握监督的对象、内容、效力

监督对象是开展行政检察的客体要素，监督内容是开展行政检察的关键所在，监督效力是开展行政检察的价值归宿，三者的内容相互联系，相互影响，对于准确理解、全面把握行政检察具有重要理论和实践意义。

1. 监督对象

明确监督对象是开展行政检察的前提。由于抽象行政行为的普遍约束性、反复适用性和准立法性，其中可能包含大量的专业设定和较全面的行为考虑，

---

① 傅国云：《论行政执法检察监督》，载《法治研究》2017 年第 7 期。

② 四个坚持是党的十八届三中全会对 35 年改革开放成功实践进行的科学总结。

③ 刘宗珍：《理解检察权：语境与意义》，载《政法论坛》2015 年第 5 期。

就检察机关、特别是基层检察院现阶段的力量来看，难以对抽象行政行为实现有效监督。所以，从监督的现实可能性和现有监督能力出发，目前行政检察监督的对象可以是具体行政行为，但又不是全部的具体行政行为。具体行政行为种类众多，包括如"许可、审批、征收、给付、确认、裁决、检查、奖励、处罚、强制等"。① 其中，行政复议、行政裁决、行政调解、行政仲裁等行为是"行政机关根据法律的授权，按照准司法程序审理和裁处有关争议或纠纷，以影响当事人之间的权利、义务关系，从而具有相应法律效力的行为"。② 这些行政司法行为不是行政检察的对象，在许可、审批、征收、处罚等具体行政执法行为中，那些会损害到相对人合法权益的损益性行政执法行为③是行政检察的重点。从递进式的角度考虑，现阶段，可以重点从影响群众生产生活、社会反映强烈的问题入手；长远来看，检察机关应当站在全面维护社会公共秩序高度，对所有损害权力秩序、权利秩序的违法行政行为进行监督。④

2. 监督内容

对行政检察的内容存在不同看法。有观点认为，应以行为是否合法为审查标准。⑤ 也有观点提出，检察机关对行政执法检察监督，以合法性审查为主，以合理性审查为例外。⑥ 笔者赞同监督内容是对行政行为合法性监督的观点，因为"合理性问题主要取决于具体行政行为所面对的事实，具有一定的特殊性"，⑦ 属于行政机关自由裁量的内容。行政机关在作出行政行为时，会综合考虑与相对人及其行为相关的各种因素，如相对人的年龄、性别、学历、生活背景等社会因素；这些因素往往难以形成符合要求的文书材料，检察人员无法收集和审核这些材料，进而使得检察监督难以有效进行。权力之间可以相互监督和制约，但是却绝对不能相互替代。⑧ 因此，行政检察的内容应限于对合法性的监督，止步于对合理性的监督。⑨ 对合法性的监督具体体现在时间和空间

---

① 姜明安：《论行政执法》，载《行政法学研究》2003年第4期。

② 邓云园：《完善我国行政行为司法审查制度的思考》，载《知与行》2017年第2期。

③ 损益性行政行为，是指给行政相对人带来不利后果的行政行为，通常表现在行政主体为行政相对人设定义务或者剥夺、限制其权益。

④ 张雪樵：《违法行政检察监督的谱系化》，载《人民检察》2016年第11期。

⑤ 颜翔：《行政检察监督体制之改造——以行政权监督转向为视角》，载《江西社会科学》2015年第3期。

⑥ 杜睿哲、赵潇：《行政执法检察监督：理念、路径与规范》，载《国家行政学院学报》2014年第2期。

⑦ 姚来燕：《关于行政执法检察监督的立法设想》，载《东方法学》2013年第1期。

⑧ 韩成军：《具体行政行为检察监督的制度架构》，载《当代法学》2014年第5期。

⑨ 田野：《行政执法检察监督的发展与界限——行政执法与检察监督机制研究研讨会观点综述》，载《人民检察》2015年第16期。

两方面的监督。对时间表现形式的监督，即行政执法行为的各环节是否在法律规定的时间内完成，其步骤和顺序有没有被打乱，有没有被遗漏等。对空间表现形式的监督，即对特定行政执法行为的方式进行监督，比如是否采取了法律规定的书面方式或其他方式，还是采取了法律禁止的方式，或者法定方式是否存在瑕疵等。

3. 监督效力

行政检察不具有终局性。[①] 行政检察对于行政行为并没有实体上的处分权，属于程序性权力，是一种对行政权违法行使的异议权。检察机关对于履职中发现的违法行政行为，建议、督促行政主体[②]履行其相关职责或者纠正其违法行为，对行政违法或滥用职权提出异议，有关行政主体必须在程序上接受，至于对行政执法中违法情况是否纠正以及如何纠正，应当由行政主体自行决定，行政检察并不具有终局或实体处理的效力。在对行政权力的监督体系中，行政检察只是其中之一，对于违法行政行为，还可以开辟针对行政违法的诉讼途径，即允许被害人提起他针对作为统治者的国家的行政诉讼。[③]

（三）设置合理的监督程序

任何实体的目标定位都需要借助程序的技巧以安排和落实，法律上实体性的目标追求只有被装置于程序性的逻辑框架中，才能真正体现出其实践意义。[④] 设置科学合理的监督程序是开展监督工作的保证。

1. 发现程序

检察机关在履行职能过程中发现行政违法行为，且根据相关法律规定该行政违法行为属于监督范围的情况下，启动行政检察程序。线索来源包括控告申诉检察部门受理控告、举报、申诉过程中发现的行政违法行为；侦查监督、公诉等部门办理刑事案件过程中发现的行政违法行为；民事行政检察部门受理民事、行政诉讼申诉过程中发现的行政违法行为；以及开展专项活动发现的行政违法行为等。最近，最高人民检察院对相关内设机构的职能进行了调整和整合，将民事检察部门和行政检察部门予以分设，可以预见开展行政检察工作的专门机构和力量势必得到加强。由此而来，随着全国检察机关相关内设机构的对应设置，行政检察线索的来源部门也会随之改变。

---

① 张彬：《论行政权检察监督的现实与理论依据》，载《人民法院报》2014 年 3 月 19 日。

② 行政主体包括国家行政机关和法律、法规授权的组织。

③ ［德］拉德布鲁赫：《法学导论》，米健、朱林译，中国大百科全书出版社 1997 年版，第 133 页。

④ 谢晖：《论法律程序的实践价值》，载《北京行政学院学报》2005 年第 1 期。

2. 调查、核查程序

对发现的违法行政行为线索，检察机关应当有权调阅行政执法卷宗，查阅行政机关的立案文书、行政处罚文书及相应材料，以确定行政执法程序是否合法。[1] 当前，检察机关主要通过协商获取阅卷权。一是在启动之初，及时与有关行政机关及其上级机关的相关监督职能部门进行沟通，以会议纪要等形式明确调卷审查权。二是以规范性文件等形式，对区域内检察机关启动行政执法活动监督后，依法享有调卷审查的权力予以统一确定。除书面调查外，要全面听取行政相对人、行政主体的意见或辩解，必要时对客观证据或证人证言进行复核，以厘清事实，明辨是非。

3. 处理程序

在调查、核查程序结束后，确实发现行政主体存在违法行为，检察机关应当主动将最终形成的审查意见向被审查的机关书面通报，加强沟通、促进达成共识，从而促使行政机关在检察建议提出之前自行纠正行政违法行为。对于行政机关未自行纠正的，检察机关应当在规定的期限内采取书面形式作出处理决定：一是认为符合监督条件的，应当通过检察建议书、纠正违法意见书、发出禁止令等方式提出监督意见。二是发现有关主管人员或直接责任人员存在违纪违规行为的，应当移交有关部门处理；行政机关对检察建议的内容是否采纳、持何种意见，应当在一定时间内向检察机关进行回应、回复。

4. 公布程序

对于检察机关开展行政检察工作最终形成的法律文书和有关综合材料，通过公报、官方网站、新闻媒体依次进行发布，逐步向社会公开。以公开促履行，借助社会公众和舆论监督的力量，增强行政检察监督的效果。

（四）综合运用多样化的监督手段

实践中，在运用好检察建议、专项报告等监督方式的基础上，积极探索发出检察意见、纠正违法通知书、行政执法备案、提起行政公益诉讼等，并保持灵活性，强化监督的多元手段，形成开放的体系，[2] 提升整体监督力度和效率，发挥监督的综合效能。[3]

1. 检察意见。[4] 主要针对明显违反法定程序、违法行政行为后果严重提出

---

[1] 丁军青、黄学昌、相华生：《行政执法检察调查基本问题研究》，载《人民检察》2011 年第 24 期。

[2] 作为"开放的"体系，它总是未完成，也是不可能完成的。引自［德］卡尔·拉伦茨：《法学方法论》，陈爱娥译，商务印书馆 2003 年版，第 362 页。

[3] 郑新俭：《推进行政违法行为检察监督》，载《人民检察》2016 年第 11 期。

[4] 肖中扬、杨静：《论"三农"行政检察》，载《中国刑事法杂志》2017 年第 2 期。

的纠错意见，督促行政执法主体进行整改。对于检察意见，被监督对象应当服从和接受，并及时作出处理和回应。检察机关应当实时跟进，督促落实，保证监督效果。

2. 纠正违法通知书。这是督促行政执法主体改变特定违法行为的监督方式。适用于行政机关违反法律的明确规定，并且法律规定是羁束性的情形，检察机关据此直接要求行政机关作出或改变特定行为，① 检察机关应当按照法定程序向行政执法主体发出《纠正违法通知书》。②

3. 行政执法备案。行政执法备案是指行政机关的执法部门在作出具体的行政行为后，应当将相关材料报送到有关行政机关备案记录，并且接受该机关的审查监督。其中，检察机关可以对行政执法后行政机关制作的结论性文件进行备案审查。③

4. 检察令状。④ 适用于行政机关的特定行为（或不作为），且对权益的侵害具有紧迫性，需要立即制止（或强制），或者相对人已经穷尽了其他法律救济手段的情形。⑤ 根据令状所起的作用，可以简单划分为禁止令、执行令。检察令状虽然具有强制力，行政机关必须先予执行，必要时检察机关可以自己执行；但更多地表现为一种紧急情况下的救济，而非最终救济。

5. 提起行政公益诉讼。⑥ 就具体案件而言，一旦发现行政机关对检察机关提出的检察建议、纠正意见等诉前监督措施无视、不接受，或者虽然表示接受但实际上不纠正其违法行为，在符合提起行政公益诉讼的情形下，检察机关可以采用行政公益诉讼的方式来维护国家利益以及社会利益。现行《行政诉讼法》对行政公益诉讼作出明确规定，"人民检察院在履行职责中发现生态环境和资源保护、食品药品安全、国有财产保护、国有土地使用权出让等领域负有监督管理职责的行政机关违法行使职权或者不作为，致使国家利益或者社会公共利益受到侵害的，应当向行政机关提出检察建议，督促其依法履行职责。行

---

① 解志勇：《行政检察：解决行政争议的第三条道路》，载《中国法学》2015 年第 1 期。

② 贾小刚：《非诉行政执行检察监督的制度构建》，载《人民检察》2015 年第 4 期。

③ 姚来燕：《关于行政执法检察监督的立法设想》，载《东方法学》2013 年第 1 期。

④ 王华伟、刘一玮：《试论行政执法检察监督方式之改进——以"检察督促令"为契点》，载《湖北社会科学》2017 年第 6 期。

⑤ 解志勇：《行政检察：解决行政争议的第三条道路》，载《中国法学》2015 年第 1 期。

⑥ 公益诉讼是指有关国家机关、社会团体和公民个人根据法律的授权，对违反法律、侵犯国家利益或社会公共利益的行为，向法院提起诉讼，请求人民法院进行纠正和制裁的诉讼活动。2015 年 2 月 5 日，最高人民检察院公布《关于贯彻落实〈中共中央关于全面推进依法治国若干重大问题的决定〉的意见》，把探索建立检察机关提起公益诉讼制度，作为"加强对违法行政行为的法律监督，积极促进依法行政"的重要任务。

政机关不依法履行职责的，人民检察院依法向人民法院提起诉讼"。① 较之《人民检察院提起公益诉讼试点工作实施办法》，新法列举的行政公益诉讼范围增加了食品药品安全领域。随着该项工作的推进完善，行政公益诉讼的范围将会进一步扩大，以更加有力地维护社会公共利益。

（五）提供有力的监督保障

针对当前行政检察的现状，可以从明确具体权能、整合修改现有法律规定、建立完善相关工作机制等方面为新时代行政检察工作提供有力的保障。

1. 明确检察机关对行政主体进行监督的具体权力

现行《人民检察院组织法》规定"人民检察院是国家的法律监督机关"。人民检察院通过行使检察权，"维护国家利益和社会公共利益，保障法律正确实施，维护社会公平正义，维护国家法制统一、尊严和权威"。② 具体到行政检察工作，可以规定知情权、质询权、要求行政机关承担说明义务的权力、提前介入权、调查权、督促执法权和行政违法纠正权、公布公示权等。知悉行政机关相关执法信息和情况是开展监督的前提和基础，因此，开展行政检察首先要赋予检察机关对相关行政活动的知情权；③ 检察机关可以对其知悉了解的相关情况提出疑问，进行质询，要求行政机关提供作出行政行为的依据，④ 对检察机关的质询行政机关有说明的义务；在对行政机关的答复不满意时，检察机关可以行使提前介入权，就有关情况向行政机关及其工作人员进行调查核实，收集固定相关的证据，即此时检察机关享有调查核实的权力和收集固定证据的权力，⑤ 在此基础上行使督促执法权和行政违法纠正权，要求行政机关严格规范执法，及时纠正违法行政行为，并对相关情况进行公示公布。

2. 整合修改现有法律规定

如前所述，有关行政执法检察监督的规定，主要散落于行政法规、司法解释和多部门联合发布的意见等低位阶的规定中，而且还存在诸多不协调之处。应当对繁杂的规定进行梳理，对不合时宜的条文进行修改和完善，把重要制度上升到法律层面予以规定。通过进一步修改有关基本法律，从总体上界定和完善行政检察的职能职权、行使职权的程序；在行政法律法规中，进一步明确细

---

① 王红建：《行政诉讼法新增"行政公益诉讼"条款看点在哪里？》，载法制网，最后访问日期：2017 年 7 月 4 日。

② 《人民检察院组织法》第二条。

③ 陈涛：《论检察机关诉讼监督的知情权和侦查权》，载《法制与社会》2012 年第 32 期。

④ 张雪樵：《违法行政检察监督机制的谱系化》，载《人民检察》2016 年第 11 期。

⑤ 杜睿哲、赵潇：《行政执法检察监督：理念、路径与规范》，载《国家行政学院学报》2014 年第 2 期。

化行政检察的各项程序路径；进一步将现行法律法规关于行政检察监督规定的任意性规范表述修改为强制性法律规范，对《检察意见书》和《纠正违法通知书》等监督方式的效力予以明确，增加检察监督的刚性和力度。明确被监督机关及检察机关自身不依法履行职责和义务的法律责任，根据造成后果的严重程度分别承担行政责任、刑事责任等，将监督中遇到的问题尽量都纳入法治化轨道上来，最大限度减少非法治化监督对行政权产生的干扰以及行政执法监督的乏力状态。①

3. 健全检察机关与行政执法机关协调配合的工作机制

一是建立常态化工作协调机制。建立由各级行政部门和检察机关共同组成的相对固定的监督保障协调机构，健全上至国务院与最高人民检察院之间，下至基层人民政府与同级人民检察院之间常态化的工作协调机制。各组成单位既相互独立又相互配合，保持经常性工作沟通，通过定期召开联席会议、情况通报、工作会商等形式，加强日常工作联系，加强协作配合，推动形成工作合力，共同研究解决执法过程和监督过程中遇到的实际问题，实现对行政行为的有效监督。

二是建立健全信息共享机制。信息畅则监督顺。当下，网络信息技术日新月异，社会信息化深入发展，新一轮科技革命深刻影响人们生活和行政执法工作。科技、网络、信息都在发展变化，人民群众、行政部门、检察机关之间相互联系和依存日益加深，所以无论行政主体还是检察机关都要主动适应、拥抱新一轮科技革命，善于运用信息化手段开展工作。建设信息共享平台，推动行政部门与检察机关之间的信息互联互通，充分利用互联网、大数据，实现信息共享，拓宽监督线索来源。建立信息通报制度，检察机关对已经启动的行政执法程序监督的数据、制发检察建议等情况，应当及时向行政机关及其上级部门、司法行政部门等具有对行政权监督的机构、部门进行通报，积极争取支持，为开展行政检察奠定良好基础。

三是动态协作配合机制。检察机关应当确定专门机构负责动态跟踪相关信息在各行政执法主体之间流转、互通的情况，定期了解监测对检察机关意见的处理过程所处阶段、程度，及时督促行政执法机关反馈处置结果，明确相关检察建议、纠正违法意见等的答复期限、落实期限以及逾期未落实的跟进监督措施，切实提高纠正行政违法行为和检察监督的质量效率。

---

① 刘峰：《行政执法活动的检察监督研究——以甘肃省检察机关行政执法检察监督为例》，兰州大学 2016 年硕士学位论文。

结语

"法治的精髓就是制约和监督国家行政机关及其工作人员",① 全面依法治国是中国特色主义新时代的本质要求和重要保障,② 依法治国关键在于依法行政。加强对行政权运行的监督制约，依法及时有效纠正违法行政行为是新时代行政检察工作的目标和发展方向。检察机关应当自觉以习近平新时代中国特色社会主义思想引领更新检察理念、调高工作定位，加快构建权责明晰、监督有效、保障有力的行政检察监督体系，不断创新、发展行政检察工作的理论、制度和实践体系，不断提高行政检察的质量效率和公信力，以新时代新作为更加有效地为促进国家治理体系和治理能力现代化服务，为建成社会主义法治国家以及法治政府贡献力量。

（原载于《法学评论》2019 年第 1 期）

---

① 张文显：《法哲学范畴研究》，中国政法大学出版社 2001 年版，第 166 页。
② 习近平：《决胜全面建成小康社会夺取新时代中国特色社会主义伟大胜利——在中国共产党第十九次全国代表大会上的报告》，载新华网 2017 年 10 月 27 日。

做好公益诉讼检察

检察公益诉讼比较研究[*]

张雪樵^{**}

检察公益诉讼是项新制度、新业务。习近平总书记最早在 2014 年十八届四中全会从决策层面提出检察公益诉讼，并且一直给予高度重视和肯定。今年中央深改委第三次会议还批准了高检院成立公益诉讼厅的决议。但是，公益诉讼通过立法制度加以完善是段很长的路。去年两法修改，各为公益诉讼增加了一款原则性条款。今年 3 月份，"两高"会签通过了《关于检察公益诉讼案件适用法律若干问题的解释》（以下简称《检察公益诉讼司法解释》），虽然在司法实务层面作了比较多的规定，但在法理、制度的体系上仍留下很多需要进一步厘清的认识问题和有待规范的制度空间。怎么去认识这个新事物，在工作推进中要把握好哪几个方面呢？这是检察系统、党政机关及社会各界所关心的。俄国教育家乌申斯基说：比较是一切理解和思维的基础，我们正是通过比较来理解新世界上的一切。今天跟大家研讨的课题是"检察公益诉讼比较研究"，试图探析检察公益诉讼的今天是怎样，将来可能向什么方向发展等问题。

下面将比较中国公益诉讼与国外公益诉讼、检察公益诉讼与传统诉讼、检察公益诉讼与刑事公诉、检察公益诉讼与其他公益诉讼，希望能加深对检察公益诉讼的认识。

一、中国公益诉讼与国外公益诉讼制度的比较

（一）公益诉讼的制度起源与理论基础

公益诉讼制度起源很早。早在古罗马时期，由于保护公益的政权机构不健全，授权市民代表社会集体进行起诉，这是公益诉讼的起源。但这项制度没有延续下来，直到近代法国学者狄骥创立了客观诉讼和主观诉讼的概念，后经德

* 本文根据张雪樵副检察长 2018 年 11 月 12 日在国家检察官学院讲授的大检察官讲堂第三讲"检察公益诉讼比较研究"整理而成，经作者同意，现予刊载。

** 最高人民检察院副检察长。

国、日本学者借鉴，在大陆法系国家诉讼法学研究中被广泛使用，为大陆法系国家的公益诉讼制度奠定了理论基础。客观诉讼是与主观诉讼相对的概念。主观诉讼是解决私人权益问题，客观诉讼解决公共利益问题。客观诉讼以维护社会公共利益或客观法律秩序为目的，这是两者的区别之一。区别之二是原告资格。主观诉讼要求原告必须与诉讼标的有利害关系，客观诉讼不要求原告与诉讼标的有利害关系，但必须由法律明确规定。区别之三是判决效力。一般的民事诉讼、刑事公诉、行政诉讼，判决内容的实施执行只会对当事人产生影响，而不会影响当事人以外的人。但是客观诉讼是跟多数的、不确定的民众有关系，判决效力不限于诉讼当事人，及与公共利益相关的任何人。

（二）主要国家公益诉讼制度

1. 法国

早在 1804 年《拿破仑民法典》、1807 年《法国民事诉讼法典》就赋予了检察官提起和参与民事诉讼的权力。1976 年修订的《法国民事诉讼法典》赋予检察院较广泛的民事诉权，第 422 条和第 423 条规定了检察院作为主当事人提起民事诉讼的两种情形：一是在法律有特别规定的情形时，检察院依职权提起诉讼；二是除法律有特别规定的情形之外，在事关公共秩序时，检察院得为维护公共秩序进行诉讼。检察机关参加民事诉讼的方式有两种：一是以主当事人（相当于独立当事人）的身份提起诉讼。在这类诉讼程序中，检察官可以是原告，也可以是被告，其诉讼权利义务与普通民事案件当事人并无区别。二是以从当事人（即联合当事人）的身份参加诉讼。在此情形下，检察官并非真正意义上的当事人，其职责是为法官准确适用法律提供意见。

2. 德国

检察机关可以提起或者参加民事诉讼，包括作为财政利益的代表，享有启动类似民事公益诉讼的权力。

在行政方面，建立公益代表人制度，在联邦和州的层面分别为联邦公益代表人和州公益代表人。德国《行政法院法》设立了联邦公益代表人制度，第 35 条第 1 款规定："在联邦行政法院中设有 1 名检察官，为维护公益，该检察官可以参与在联邦行政法院中的任何诉讼。但不包含纪律惩罚审判庭的案件以及军事审判庭的案件。该联邦行政法院检察官听命于政府。"目前，只有拜仁州的公益代表人设立在检察院。为了维护联邦的利益即公共利益，联邦行政法院的检察官原则上有权参与任何在联邦行政法院进行的诉讼。需要注意的是，是"参与"而不是"提起诉讼"，不论是联邦利益代表人还是州公共利益代表人，都不能作为原告提起诉讼，只能作为独立于诉讼当事人和法院的诉讼参与人，参与适用法律的过程，保护联邦或州的利益以及超越个案的公共利益。

3. 日本

在民事方面，日本检察官作为公益代表人对裁判所适用法律和执行法律，负有监督的权限。近年来日本在公益诉讼领域最为重大的进展，就是在 2006 年修改、2007 年 6 月开始实施的《消费者合同法》中首次引进了消费者团体诉讼制度。这项制度的突出特点在于赋予经过一定认证程序的消费者保护团体或组织以原告当事人的资格，允许其向企业或商家的经营者提起以禁止某种营业行为为请求内容的诉讼。这一制度对我国发展完善与侵害众多消费者合法权益相关的民事公益诉讼有借鉴意义。日本没有检察机关在行政方面的公益诉讼。

4. 英国

公益诉讼在英国被称为"以公法名义保护私权之诉"。在英国，总检察长代表国王，为公共利益而采取行动是总检察长的专利。总检察长可以在私人没有起诉资格时出借自己的名义帮助私人申请与公益有关的司法审查。主要程序是，由公民告发，经过总检察长或者由其授权的检察长审查核实后，可以授权公民以总检察长的名义向法院提起行政诉讼。实践中，总检察长将自己名义转让出去后，一般不会再关注公共利益保障问题，也就很少再主动提起公益诉讼。实际提起诉讼者仍然是公民，诉讼费用也由公民负担。第二种情形是由总检察长或者授权的检察长，对行政机关滥用行政权力侵害社会公共利益的行为，代表公益直接提起行政诉讼，要求法院发布阻止令或者作出确认判决。这个应当是关于行政公益诉讼的规定，虽然在制度上存在，但实践中却很少。因为只是一个程序性权力，制度本身的性质和意义跟我们不同。

5. 美国

检察机关作为公诉机关，主要负担刑事公诉任务，但在法律授权的情形下也可以提起民事诉讼，如 1969 年《环境保护法》、1970 年《清洁空气法》《防止空气污染条例》和《防止水污染条例》均赋予了检察机关提起环境公益诉讼的权力。在参与方式上，检察机关有权直接单独提起民事诉讼。如认为案件直接涉及国家利益，总检察长可以自行决定参与该民事诉讼，检察官在这些诉讼中可以是原告，也可以是被告，享有上诉权。美国的"私人检察总长"理论，与英国的制度一脉相承，私人基于公共利益的维护而享有法律授权的类似于检察总长的起诉资格。

6. 俄罗斯

如果检察长认为有保护国家或社会利益，或保护公民权利及合法利益之必要，有权提起诉讼或在诉讼的任何阶段介入诉讼。检察机关对行政违法行为享有监督权，不是一般意义上的建议权，而是可以直接责令停止行政执行，其法律效力已经超越提起行政公诉了。

（三）中国的借鉴与创造

在了解上述几个国家检察公益诉讼制度的基础上，可以归纳得出以下几点结论。一是上述国家没有检察机关提起行政公益诉讼制度。英国即使有相类似规定，但也不是真正意义上的检察机关提起行政公益诉讼。什么原因？两大法系国家的检察机关属于行政机关序列，或者说，对行政机关不享有监督权。检察机关更多意义上是作为诉讼机关来发挥作用的。二是只有我们中国的检察机关能提起真正意义上的行政公益诉讼，这是全世界范围内的首创。什么原因？是中国的国情，包括我们的政治体制所决定的。因为我们的"一府一委两院"都是在党的领导下作为人民政权的国家机关，是以人民为中心的，"一府一委两院"包括行政机关都有保护公益的职责。还有很重要一点，就是检察机关作为法律监督机关的宪法定位。去年 9 月 11 日世界检察官联合大会在北京召开年会，总书记专门发来贺信，第一次提出"检察官是公共利益的代表，肩负着重要的职责。"公共利益保护得好不好，行政机关依法负有监督管理的职责。检察官是公共利益的代表，如果行政机关监管得不好，检察官可以出来说话。因为监督的"督"，是"目"字下面一个"叔"，检察官是自家门里的第三方，以第三方的角度来督促行政机关保护公共利益，监督行政机关有没有做好。

二、检察公益诉讼与传统诉讼的比较

（一）总体区别

1. 诉权来源

传统的民事、行政诉讼基本是主观诉讼，都是以权利救济为目标，以诉权保障为底线。为了公正处理当事人的实体利益，需要充分保障当事人的诉讼权利，即以诉权保障为底线。这就是通常说的，程序正义来源于实体正义，且为了保障实体正义的实现。在整个诉讼过程中，当事人可以完整、充分、自由地行使诉讼权利。你的权利你作主。和解、撤诉、调解等，都由当事人自主决定。

但是检察公益诉讼不一样，公益诉讼是以公益保护为核心，以职权法定为基础。以公益保护为核心，就是说公益保护是公益诉讼的核心价值标准，是这项制度的出发点和落脚点。换言之，就是不能把公益诉讼作为谋取检察机关实际利益的手段。要防止转隶改革后，让公益诉讼像反贪反渎那样承担监督查处国家工作人员任务的惯性思维，也要防止把民事公益诉讼的赔偿款项直接或者间接转化为检察机关预算外经费的错误做法。如果借公益之名谋检察机关私益，那会损害这项来之不易的新制度。以职权法定为基础，就是说所有赋予检察机关在公益诉讼中的职权，包括调查取证权、诉讼权利的行使与处分等，都应当遵循职权法定原则。检察院是公权力机关，所有职权都必须源于法定，包括诉讼权利也是有限制的。不能把自己视为普通的当事人，想怎么做就怎么做，即使实体合理，即使诉讼法有相应的诉讼程序规定，也要严格遵循职权法定原则，这是国家机关与普通当事人之间质的区别。从这个意义上来说，检察机关作为公益诉讼起诉人的诉讼权利不仅没有多于普通当事人，相反还要少一些。

譬如关于处分诉讼请求的问题。因环境污染或者砍伐林木提起民事公益诉讼，通过鉴定，要求赔偿 200 万元。这 200 万元怎么来的，是鉴定机构确定的，主观因素很强。法庭组织双方调解时，被告说 200 万元太高付不出来，150 万元现金可以。这个案子最终以赔偿 150 万元胜诉。但是有一个问题，凭什么 150 万元可以结案？法律没有赋予检察官处分 50 万元的权力，是否要问责？检察院的权力都是法律授予的，法律没有规定就不能做。现在有些可以撤诉，但前提是诉讼请求已经全部实现，撤诉只是程序处分，而不是实体处分。

2. 诉讼地位

无论在传统诉讼还是公益诉讼中，检察机关都与本案没有直接利害关系。但是，检察机关在这两类诉讼中的诉讼地位不是一样的。在传统的民事诉讼、行政诉讼中，检察机关是诉讼监督者，不是诉讼当事人。即使是抗诉启动的再审程序，检察官只是宣读抗诉书，而不参与庭审调查与辩论，更不会进行调解。但是在公益诉讼中，检察院提起诉讼，是公益诉讼的主导者，要不要诉、诉讼请求是什么、举哪些证据、什么时候可以撤诉等，是检察机关来决定的，是诉讼的当事人。不要听到诉讼当事人，就认为矮化了检察权，诉讼当事人是诉讼权利的最大享有者，地位远高于诉讼参与人。检察机关作为抗诉机关在再审法庭上不能参与调查与辩论，就是因为不是诉讼当事人。

有人说，检察机关是法律监督者，在公益诉讼中也不能忘记法律监督的定位。这没问题，检察机关提起公益诉讼制度的来源就是法律监督权。但法律监督权的样态是多样化的，既有诉讼监督式，也有提起诉讼式，还有检察建议式等，每个监督样态下监督方式都不一样。在此需要探讨两个问题。一是提起公益诉讼的身份与法律监督的关系问题。提起行政公益诉讼本身是法律监督的具体化，但是作为提起诉讼者必须遵循诉讼规律和诉讼法赋予的诉讼任务，这是实实在在的，很具体、很直观的，不能以宏观层面的法律监督定位来替代提起诉讼者的诉讼角色。我们大可不必担心，在诉讼中，检察院的诉讼权利并不比原告多，哪怕少一点，都不影响法律监督权的存否，两者之间不存在逻辑关系。

二是检察院在公益诉讼中怎样进行诉讼监督？诉讼监督到底放在什么位置，有人提出不同意见。一方面检察院起诉某某局，另一方面又要诉讼监督，既是运动员又是裁判员是不可以的，检察院做当事人时不可以监督法官。这种观点在刑事公诉中也是争论了很多年。首先申明，检察机关对所有的民事诉讼和行政诉讼依法进行法律监督，在法律中已经规定，无须讨论。因此，即便有质疑，我们也要坚持对公益诉讼的诉讼监督权。

但是这个诉讼监督权何时行使，怎么行使，则是另一个问题。出庭检察官，正就某损害事实是否存在以及因果关系是否充分进行质证调查、激烈辩论，如果此时发现法官主持庭审不对头，是不是可以立刻行使诉讼监督权？这是很实际的一个问题。人民检察院有诉讼监督权，不等于出庭检察官可以代表检察机关直接行使。出庭检察官发现法官违反审判程序，是可以提出异议的，但这个监督是"监督权利"，不是"监督权力"。这个异议权与坐在对面的被告当事人以及代理人的普通监督权利是一样的。监督权是一个广泛的概念，公权有监督权力，老百姓则有监督权利。我们要遵循：诉讼监督不破两造平等地位，诉讼监督不影响人民法院依法独立审判权。要把握好出庭检察官作为诉讼参与人享有监督权利与人民检察院依职权监督违法审判行为的不同时间节点。对违法审判行为或者其他更严重的问题，检察院有调查权和监督权，但是要经过检察长另行指派检察官依照程序进行，而不是出庭检察官当庭行使。

（二）行政公益诉讼与一般行政诉讼的关系

1. 诉讼请求的比较

行政诉讼有撤销之诉、确认之诉，变更之诉，赔偿之诉、履行之诉等。行政公益诉讼主要有两个诉讼请求，一是确认违法，二是判令依法履行公益监管职责。违法包括两类，一是作为违法，二是不作为违法。从目前来看公益诉讼案件大多数是针对违法不作为，首先要确认违法，其次检察机关要求行政机关依法履行监管职责。要正确把握好确认违法和履行职责两个诉讼请求之间的关系，违法性的确认是前提，督促履行职责则是诉讼请求的核心。核心请求是最重要的不能丢的。具体要把握两个方面：

（1）行政公益诉讼是督促之诉，不是追责之诉

一般民事诉讼、行政诉讼的诉讼请求都比较明确。比如张三告李四应该还多少钱，或者要求行政机关撤销某行政处罚等。公益诉讼请求有的可以写得比较具体。比如告税务局没有去征缴某纳税企业应该征缴的数额。但是像环保案件，某环保局管辖的河流、空气污染了，某家企业排污、排放有毒气体等，公益诉讼请求就得写得比较笼统，一般表述为依法督促、依法请求判令某机关履

行职责。这是由行政公益诉讼性质决定的。发现行政机关有违法不履行监管职责的行为，检察机关可以监督，但是监管职责具体怎么履行，该罚多少钱，还是吊销营业执照或者停止经营，这属于行政权的范畴。如果在诉请当中直接明确，最后写入判决书了，不就是司法权代替行政权了吗？行政相对人因为不是当事人，还无法提起"民告官"的行政诉讼，不能剥夺了他的诉权。所以，行政公益诉讼的诉讼目的主要是督促行政机关依法履职保护公益，是督促之诉。只要公益保护好，诉讼任务就完成了，对相关人员是否追责不是公益诉讼本身承担的任务，所以行政公益诉讼也不是追责之诉。当然，如果在诉讼过程中发现某干部违法渎职要依法移送线索，一定要把握好调查重点是在公益损害的治理，而不是哪个干部的违法调查，千万不要把公益诉讼办案变相为原来的职务犯罪初查。

（2）行政公益诉讼是督促之诉，也是协同之诉

行政公益诉讼虽然是四个领域，但涉及面很广，仅仅生态环境保护的办案任务就十分繁重艰巨，检察机关办理公益诉讼案件，主要是起到撬动巨石的支点或者杠杆作用，解决问题的主力军还是政府，是社会百姓。所以，要提倡行政公益诉讼是协同之诉，是双赢多赢共赢的理念。

有两个问题需要注意。一是诉讼请求与诉前建议的匹配性。有的地方检察院发检察建议，要求县环保局履行好辖区内防治污染的职责。这个建议太粗线条了，没有针对违法行为，人家也不知从何纠正，等于没有发。检察建议与后面的诉请要有匹配性，要体现违法事实的具体性和针对性。就某时某地，什么样的行为，什么问题，不能发笼统的检察建议，如果建议比政府工作报告还要笼统，比法律条文还要原则，那就不是司法办案了。二是确认违法诉讼请求的灵活性。有的诉讼进行到一半，政府很有压力，把问题解决了，请求撤诉。我们要灵活处理，毕竟政府有自己的难处。公益诉讼不是为了胜诉而起诉，是为了公益问题的解决，如果解决就可以撤诉，这是公益诉讼特有的。有的案件，检察院坚持要判决行政机关违法，这是不正确的，前面已经强调，督促保护公益是核心请求。如果行政主体在检察机关提起诉讼后全面履行了职责，可以不再坚持违法性确认的诉请，如此可以更大程度激发被告行政主体的整改积极性，充分履职以达到最有效保护公益的目的。

2. 第三人的设置

传统的行政诉讼和民事诉讼都可以有第三人。

行政公益诉讼试点期间也有第三人。试点期间出现这样的情况。检察院起诉环保局，要求依法履行职责处理辖区内水泥厂超标排放污水的问题。环保局告知涉事企业申请为案件第三人，法院也同意了。结果环保局在庭上承认违

法，但涉事企业一直在帮自己也同时在帮环保局辩解不违法。法院判决行政机关败诉，被告不上诉，但第三人上诉。去年下半年，高检院在与最高法研究制定司法解释时提出，行政公益诉讼不能有第三人，这是由诉讼性质本身决定的。第一，行政公益诉讼是"官告官"，不是针对第三人的私权。第二，第三人是行政相对人，一般有自己的法益请求，法院如果直接判决支持，那行政机关就没有机会作出行政处罚了，这样就会导致司法权直接取代行政机关首次处理权的结果，这是违背法理的。此外，涉事企业或自然人成为第三人，就不能再做证人。而且，在程序上，双方当事人在没有争议的情况下，陪同第三人参加二审，是极不经济的。

3. 举证责任分配

传统的行政诉讼实行举证责任倒置。由被告行政机关举证说明先前作出的处罚决定是否合法，证明不了合法就推定违法，这有利于保护老百姓的合法权益。

但公益诉讼举证责任应该怎么分配？行政诉讼法在修法的时候，行政公益诉讼还没有，所以现在行政诉讼法只规定了举证责任倒置。公益诉讼不能简单套用举证责任倒置。被告因不作为被告上法庭，再承担证明行为合法性的责任，证明不了就推定违法，这不合常理。

再者，检察机关是专门的诉讼机关，有一定的调查权。民事诉讼法基于诉讼监督有一条规定，行政诉讼法没有规定，但是可以参照民事诉讼法执行。所以，关于检察机关在公益诉讼中的调查权有法律规定，但是不全面且过于简单。这次修改后人民检察院组织法增加了规定，检察机关调查取证，有关单位应该配合。在行政公益诉讼中，检察院要先举证，初步证明被告行政机关的违法性，被告行政机关也要举证证明自己的合法性，双方都有举证责任。

4. 撤诉条件

在传统诉讼中，原告撤诉是诉权的处分。在行政公益诉讼中，检察机关不能随便撤诉，法律没有规定，在实践中可以这么把握。如果被告已经纠正违法行为或者依法全面履行了职责，或者人民检察院的诉讼请求全部得到实现，可以撤诉。如何把握行政机关全面履职的标准，这关系到诉前督促能否以理服人，一旦提起诉讼能否立于不败之地。怎么把握呢？一是从行为要件上看，是否有效制止违法行为。相关主体侵害公益的违法行为直接损害公益，如果这些违法行为没有停止，公益损害必然会持续发生，负有相关监管职能的行政主体的全面履职就无从谈起。二是从结果要件上看，受损公益是否得到有效恢复。即使违法行为不再持续，但受损的公益并未得到有效恢复，公益受侵害的状态仍在持续，负有相关监管职能的行政主体当然不能束手旁观。三是从职权要件上看，在前面两者均未达到的情形下，是否穷尽行政手段。具体而言，如果已经保护了公益，并且不存在新的公益侵害，一般也就失去了督促其依法履职的诉讼空间。而如果前两者均未实现，但行政主体已经穷尽了法定的履职手段，就不宜对行政主体进行督促，总不能让行政主体滥用职权。这三个判断要件是有先后顺序的，前两者为先，"穷尽行政手段"是判断是否全面履职的最终标准。

5. 类案效应

传统行政诉讼是一事一诉，打一场官司只解决一个人的问题，或者一件事的问题。但是公益诉讼不是针对一个人或者某一个问题，而是针对某一类问题。张军检察长提出公益诉讼要"办理一案，警示一片，教育一面"，这方面有很多成功的案例。有的地方就一个案子发几十个检察建议，片面追求数量没有质效。应该就通过办好一个案子，乘势追击，趁热打铁，变成机制建设，变成整个地方的规范性建设，整体推动党委、政府治理社会问题。做成一个案例，胜过一打文件；纠正一家错误，警示一片问题，教育治理一面。创新"一事一案"的传统模式，把普通案件做成依法行政的标杆案例；颠覆你输我赢的博弈格局，把公堂之争转化为公益保护的多赢共赢。这就是良法善治的深层张力和国家治理的现代化伟力。

（三）检察民事公益诉讼与一般民事诉讼的比较

最早规定检察机关可以提起民事诉讼是在 1954 年的《人民检察院组织法》。当时检察机关已经开始依据组织法办理民事案件，有的是参与，有的是起诉，其中 1957 年办了 2000 多起。自 20 世纪 90 年代起，一些地方检察机关基于法律监督机关的宪法定位，探索通过检察机关直接提起诉讼保护公益的方式，弥补我国公益保护制度的不足，更好保护国家利益和社会公共利益。1997 年，河南省方城县检察院以原告身份起诉该县工商局擅自出让房地产致使国有资产流失案，是改革开放以来检察机关提起的第一起公益诉讼案。此后，湖南、浙江、山东等地检察机关也相继成功办理了国有财产、环境保护等领域的公益诉讼案件。在 2012 年民事诉讼法修改之前，这方面工作也是很有起色，但是在修法的时候没有把检察机关的职权写进去，只有法律规定的机关和社会组织可以提起公益诉讼。2015 年检察机关开展公益诉讼试点时，又恢复了民事公益诉讼。

1. 诉讼请求

民事公益诉讼与普通民事诉讼的诉讼请求在法律规定上都是一致的，都包括停止侵害、消除妨害、赔偿损失、赔礼道歉等。但实践中生态环境类民事公益诉讼增加了生态修复责任。有什么好处？首先就可以解决或者应对目前的环境损害鉴定难的问题。环境案子都要鉴定，可鉴定机构很少，鉴定费贵。这是所有环境类案件的拦路虎。现在绕过修复评估环节，通过生态修复来补偿，是一个积极应对。要注意这种法律责任的规范化。既然是一种法律责任，就必须要具有规范性、可比性、应该具有量化度，不能随意，不能因人情影响度量。

2. 实体处分

基于当事人的权利处分原则，传统民事诉讼可以调解或者撤诉。在检察民事公益诉讼中，检察机关只有提起诉讼的权力，而没有对公共利益进行处分的权力。对此最高人民法院、最高人民检察院《关于公益诉讼案件适用法律若干问题的解释》（以下简称《检察公益诉讼司法解释》）不再规定调解、和解作为一种结案方式；同时还规定，检察院申请撤诉要求具备一个前提："诉讼请求全部实现"，即社会公共利益损害得以实际修复，包括被告承担的紧急处置费用、修复费用、鉴定费用等。

三、检察公益诉讼与刑事公诉的比较

（一）诉讼职权

刑事公诉的职权包括审查起诉、支持公诉。公诉权包括决定起诉、不起诉，提起公诉、支持公诉权，都与诉讼有关。公诉机关当然对整个诉讼过程具有诉讼监督权。

检察公益诉讼包括调查取证、检察建议或公告、提起诉讼、支持诉讼。其中调查取证、检察建议属于诉讼的准备或者前置程序。检察机关依法应当对诉讼进行法律监督。

貌似两者的职权差不多，值得讨论的是两类诉讼职权有没有司法属性的问题。公诉虽然是指控犯罪，但其审查的是两造的对立主张，侦查机关的有罪主张与犯罪嫌疑人的无罪或者罪轻观点。所以，检察机关的公诉权也是居中审查作出法律决定，属于"准司法"机关。检察机关的指控罪名以及量刑建议绝大多数得到法院支持。但检察公益诉讼呢？检察机关一但调查取证，形成法律认定后提起诉讼，虽然也是遵循客观原则，但属于单方的诉讼行为，不符合司法属性的要求，是纯粹的"控方"或者"原告"。检察机关在转隶前，侦查部门的办案人员不能作公诉人，只能作为出庭证人参与诉讼。公益诉讼中的检察官先调查后出庭，必然与公诉人不一样，没有公诉人的超脱，其职权没有司法属性。有没有司法属性很重要，决定了公益诉讼与刑事公诉的区别。

（二）两造关系

总体而言，检察公益诉讼与刑事公诉在诉讼平等、程序对抗这两个方面是一致的，但在实体意义上的平等、实体利益方面存在区别。

1. 公诉

首先，公诉中的诉讼平等，更多意义上是诉讼程序、诉讼权利的平等。开庭时谁先说谁后说，哪些可以说哪些不可以说，双方是平等的，但是实体上是不平等的。一方是检察机关，另一方是被告人，怎么平等？公诉人坐在台上，不怒而威；被告则是受到人身自由限制的嫌疑人，他的语言态度将决定他的命运，哪怕站着，也是矮了三分。其次诉讼能力是不平等的。公诉人的后盾是一个检察院，或者是整个一体化的检察系统，双方的诉讼能力呈明显的强弱之分。正基于诉讼实体上的不平等，要强调在刑诉对抗程序中被告人的人权保障。

2. 行政公益诉讼

必须申明，行政公益诉讼中两造的诉讼地位是平等的。有一种观点认为，检察院在行政公益诉讼中不是原告，诉讼地位比原告高。同时由于提起公益诉讼是基于法律监督的宪法地位，因此诉讼地位还高于作为被告的行政机关。这种观点是有问题的。行政机关与检察机关都属于党委领导和人大监督的公权力主体，都是人民政权的组成部分，政治地位是一样的。检察院与原告有区别，是因为诉讼法关于原告与本案有利害关系的适格要求。如果检察院享有的诉讼权利要多于原告、多于被告，有什么理由？不交诉讼费，这实质上是为了诉讼便利，原则上不是影响胜负的诉讼权利。能不能说检察院打官司一定要赢，而政府是可以输呢？检察院法律监督能不能高人一等？我们不能一面对问题或者分歧就搬出"法律监督"的概念而拿不出充分的法理或者实践的案例来支持。

与刑事公诉不一样的是，公诉双方的实体利益是基本对立的，哪怕被告人认罪，但他希望恢复自由的愿望与控方目标是相反的。在行政公益诉讼中，双方虽然程序对抗，围绕行政行为合法与否进行辩论，但双方都是为了维护公益，是同一个目标、同一个价值追求，诉讼上的实体利益殊途同归。所以，行政公益诉讼不像一个纯粹的诉，与其说是一个诉讼，倒更应归类为一种解决问题的方式。

3. 民事公益诉讼

民事公益诉讼中的两造关系是检察机关作为公益起诉人与被告侵权人之间的关系。二者的诉讼地位是平等的，至少诉讼权利是平等的，但与刑事公诉一样，双方的诉讼能力也是极不对等。民事公益诉讼的被告方处于劣势，其合法权益可能受到不公正地减损。所以，检察机关提起民事公益诉讼要保持谦抑性，不要过早、过多、过深介入。2012 年修改后民事诉讼法没有把检察机关列为公益诉讼的适格主体，2017 年修改后民事诉讼法又增设了公告程序，就是这个道理。

（三）二审程序

公益诉讼中，检察机关提起二审是称"抗诉"还是"上诉"，曾经争议很大。上诉、抗诉，一字之差，意义不同。抗诉具有公信力的评价因素；上诉则仅是作为当事人不服原判而要求提到上级法院审理。前面已经介绍，公诉具有司法属性，检察院审查起诉提起公诉具有居中裁判的准司法功能，只是不称为判决而已，所以法律规定公诉机关要求提起二审可以称抗诉。而公益诉讼是检察院自己的案件，自己调取的证据，没有司法属性，如果提起二审套用刑事公诉上的抗诉概念，很难站得住。再说，公益诉讼规定在民事诉讼法、行政诉讼法中，目前只能适用这两部法律，不能把刑事诉讼法中的规定挪到民事诉讼法、行政诉讼法中来。

另一个问题，谁去上诉？是提起诉讼的检察院还是上级检察院？刑事公诉案件中，法律很明确，由上级院出席二审法庭。对公益诉讼，《检察公益诉讼司法解释》规定由原提起诉讼的检察院和上级院同时出席二审，这是一个新模式，可能在世界范围内也是首创，至今还没有进行理论上的研究论证。既然是个"新生儿"，就可以先试着喂养，不要因为随父姓或者随母姓的分歧搁在那儿饿死了。可以明确的是，上级院同时出庭的设计初衷是为了加强上级院对下级院的指导把关，补强检方的庭审能力。上级院的出庭绝不是履行诉讼监督的职责，否则有悖于民事诉讼法、行政诉讼法的平等原则。近期，最高人民法院召开第二次全国法院环境资源审判工作会议，最高人民法院环境资源审判庭相关负责人对检察公益诉讼的二审庭审程序作了明确："第一，上级人民检察院并非二审程序中独立的一方当事人，也不是与原审公益诉讼起诉人共同作为一方当事人。第二，上级人民检察院在二审庭审中发表意见的，可以在裁判文书中表述为'派员参加了庭审并发表意见。'"基层检察机关可以本着有利于开展公益诉讼的目的与审理案件的人民法院尽量求同，对新问题可以边探索实践边研究完善，要坚定保护公益的制度初心和中国特色社会主义检察制度的自信。

综上我们可以得出结论：公益诉讼中不能简单照搬刑事诉讼法中的公诉程序。要坚持遵循民事诉讼法、行政诉讼法的诉讼规律，包括最具特色的平等原则，即两造的平等地位和平等的诉讼权利义务。除法律特别规定外，检察公益诉讼必须严格适用民事诉讼法、行政诉讼法。

四、检察公益诉讼与其他公益诉讼的比较

（一）与社会组织民事公益诉讼的比较

检察公益诉讼多了公告程序，最主要的目的是对其他有权提起公益诉讼的

主体进行告知。只有在没有原告主体时才以补充诉讼的角色提起诉讼。所以，检察机关在民事公益诉讼中，法律赋予的是有限诉权。有一个问题：在提起刑事附带民事公益诉讼的实践中，检察机关从一并履行职责的便利性和提高诉讼效率的角度考虑，是否可以不履行公告程序？首先，民事诉讼法规定检察机关提起民事公益诉讼应当履行公告程序；其次，无论如何，检察机关不能以办案效率等理由剥夺社会组织的诉权。《检察公益诉讼司法解释》明确了刑事附带民事公益诉讼的新类型，但司法解释不破上位法，不能限制或者影响法律规定的国家机关和社会组织的相关诉权，所以，还是要严格执行公告程序。在操作中，可以提前发布公告，如果因为公告时限而影响刑事诉讼的办案进程，则可以单独提起民事公益诉讼。

（二）与政府提起环境损害赔偿诉讼的比较

1. 与检察公益诉讼的有机衔接。政府提起环境损害赔偿诉讼是今年开始的。政府可以就民事主体的污染损害请求赔偿，可以作为权利人跟侵权主体磋商谈判，谈不成就可以起诉。但是现在还没有出现这样的案例，全国范围内制度的设计也还待规范。这种情况下，我们怎么办？对环境损害，我们认为应该先由政府作为原告，如果政府不请求赔偿，或者不起诉，检察院可以督促政府依法履行提起赔偿诉讼的监管职责。也就是说，应该先用行政公益诉讼督促政府请求赔偿，如果政府还不做，或者赔得不合理，再提起公告，再起诉要求赔偿。所以这个制度出台之后，生态环境领域的民事公益诉讼会减少，会向行政公益诉讼转化。当然药品、食品、消费者权益保护等领域还是要做实民事公益诉讼的。

2. 政府的诉讼地位问题。政府向辖区内的某家企业提起赔偿诉讼的原告身份与检察院的公益诉讼起诉人身份，两者的诉讼地位、诉讼权利是否平等？是否职能一样，请求一样，地位一样？这启发我们思考，虽然检察机关在民事公益诉讼当中是以公益起诉人的身份，不是原告，但地位和权利应该和政府原告是一样的。

以上是今天的讲课内容，目的就是通过具体比较，思考检察公益诉讼的定位在哪里，如何使接下来的制度设计更为合理，以及今后的发展方向。有很多不全面的地方请大家批评。

（原载于《国家检察官学院学报》2019 年第 1 期）

深化实践探索　推动公益
诉讼检察工作可持续发展[*]

胡卫列[**]

公益诉讼检察工作在党中央坚强领导和社会各界大力支持下，在最高人民检察院党组高度重视和各级检察机关全力推进下，取得了快速发展。但必须清醒地看到，这项工作仍面临许多困难和挑战，需要我们始终保持高度警醒，强化忧患意识，把握正确的发展方向。"可持续发展"是公益诉讼检察工作面向长远的发展追求，要在现有的发展基础上推动进一步发展，实现整个制度的行稳致远。综合公益诉讼"回头看"专项活动以及最高人民检察院专项巡视等各方面反映的情况和问题，当前公益诉讼检察工作必须着力加大办案力度、提高办案质量、增强办案效果，以扎实的办案实效推动制度成效不断显现，让党中央、各级党政机关和社会各界实实在在感受到检察公益诉讼的制度价值，让人民群众有更多的获得感、幸福感和安全感，唯此方能促进工作实现可持续发展。

一、检察公益诉讼的制度定位

检察公益诉讼是一项年轻又具有鲜明中国特色的制度。其源头是党的十八届四中全会提出的"探索建立检察机关提起公益诉讼制度"。习近平总书记将其作为10个单独需要说明的问题之一，专门作了说明，深刻地阐明了设立检察公益诉讼制度的目的、需要解决的问题以及制度价值。对于行政机关违法侵害公益的行为，由于公民、法人和其他社会组织与案件没有直接利害关系，不享有诉权，因而相关立法赋予检察机关代表公益提起诉讼的权力。可见，行政公益诉讼检察制度设计的初衷，就是为了更好地运用司法职能，补足行政诉讼

---

* 本文节选自最高人民检察院第八检察厅厅长胡卫列在2019年最高人民检察院领导干部业务讲座上的授课，有删节。

** 最高人民检察院第八检察厅厅长。

公益保护的制度缺失，监督行政机关纠正违法，维护社会公共利益，促进法治政府建设，从而与全面依法治国紧密结合起来。

从授权试点到全面实施再到机构设置，检察公益诉讼发展的几个最重要的历史节点，都由中央深改组（委）研究决策，全国人大常委会以法定形式予以确认。随后，党中央、国务院以及中共中央办公厅、国务院办公厅发布的一些规范性文件中都有关于建立检察公益诉讼制度的内容。分析发现，这些文件本身也都是改革措施，主要是为落实党的十八届三中、四中全会精神而制定的一系列具体制度。这些制度中，公益诉讼是作为司法保障机制得以确立的。综合来看，检察公益诉讼的制度定位十分清晰：

第一，检察公益诉讼是党中央亲自决策、亲自部署、亲自推进的重大改革举措。第二，检察公益诉讼是以法治思维和法治方式促进国家治理体系和治理能力现代化的重要制度设计，既体现了党的十八届三中、四中全会的主旨，也是落实党的十八届三中、四中全会精神的保障措施，将两个全会的主旨结合起来，能够更加准确地把握检察公益诉讼的制度定位。第三，检察公益诉讼体现了检察机关法律监督职能运行的特点和规律。中央深改组（委）几次会议强调，建立检察机关提起公益诉讼制度的目的是更好地发挥检察机关的法律监督作用，要以强化法律监督为导向。对此可从以下两个角度进行分析和解读：一是从自身运行角度。检察机关提起公益诉讼既是作为公共利益的代表，同时也具有监督性和程序性。行政公益诉讼的诉前程序，就是典型的监督程序，具有鲜明的监督属性；同时监督的效力、效果又体现为启动一定程序，诉前检察建议旨在提醒行政机关自我纠错，如果行政机关不纠正错误，检察机关则启动诉讼程序。二是与其他监督机制和职能的关系角度。其一，不排斥、依赖或激活其他制度发挥作用。行政公益诉讼就依赖诉讼制度实现监督价值，保障监督刚性；行政机关承担维护公益的直接、主要责任，检察机关事实上是作为支点撬动和激活现有制度更好发挥作用。其二，具有有限性。检察公益诉讼的职能范围是法定的、有限的，这是所有公权力的共性。其程序的启动、方式和效果也都具有有限性。维护公益效果的实现，通常需要多项职能综合发挥作用。其三，具有协同性和兜底性。在我国公益保护制度体系中，行政机关是第一道屏障，承担主要职能，检察机关是第二顺位的。作为督促之诉、协同之诉，检察公益诉讼只是在其他监督方式、其他治理手段未能有效发挥作用时才进行兜底，而非冲在公益保护一线。兜底性与有限性并不冲突，其强调的是在有限范围内发挥兜底作用。

二、检察公益诉讼的制度实践

检察公益诉讼走过了四年不平凡的历程。从试点探索到全面实施，最高人民检察院上一届党组作出全面的工作部署，体现了自上而下推进和自下而上促进相统一，上下协同、共同推进的特点。新一届党组对公益诉讼检察工作作出新的安排部署，将其作为"四大检察""十大业务"之一。张军检察长强调，公益诉讼是新时代检察工作发展的着力点，是我们各项检察监督工作中更带有主动性的诉讼职能，也是一项为人民群众新时代更高水平、更丰富内涵的需求提供服务的检察业务。这一定位主要有三方面意义：第一，明确了新时代检察工作发展的着力点，阐明了公益诉讼在检察工作新格局中的地位和重要性。第二，强调了公益诉讼检察职能的新特点。不同于传统司法职能的被动性，公益诉讼检察要主动发现问题，发出诉前检察建议督促履职，通过个案办理促进面上整治，这就对公益诉讼办案人员素质能力提出了新的要求。第三，有利于满足人民群众在民主、法治、公平、正义、安全、环境等方面内涵更丰富、水平更高的需求，这是对公益诉讼检察时代背景和时代要求的解读，其核心是社会主要矛盾发生变化，检察机关必须更好地作出回应。

当前，公益诉讼检察工作主要围绕以下九个方面重点展开：

第一，抓好专项报告。2019 年 10 月下旬最高人民检察院向全国人大常委会作关于公益诉讼检察工作的专项报告，11 月全国政协双周协商座谈会也要就公益诉讼检察工作做专题研究。党委、人大、政府、政协等各个国家机关都高度关注公益诉讼检察工作，都在以各种不同方式推动和支持这项工作的开展。

第二，抓落实。一是关于"回头看"。根据张军检察长指示，最高人民检察院组织对 2018 年办案情况"回头看"，组成 6 个调研组，抽调各省检察人员进行交叉检查。各省也做了相应的工作部署。目的就是检查和发现问题，把工作做实。结合主题教育活动的要求，"回头看"工作开展得很深入，对基层办案情况了解得很详细很具体，调研报告很翔实很充分。关于"回头看"，前半段工作已经取得了实效，现在关键是后半段，就是要进一步将"回头看"成果落实到具体办案和工作成效上。二是关于会签文件的落实。2018 年底，最高人民检察院与生态环境部会同国家发展和改革委员会、司法部、自然资源部、住房和城乡建设部、交通运输部、水利部、农业农村部、国家林业和草原局联合印发《关于在检察公益诉讼中加强协作配合依法打好污染防治攻坚战的意见》（以下简称《意见》），不仅对生态环境领域公益诉讼检察工作作出指引，而且对整个公益诉讼工作都具有指导意义。《意见》每一条都针对具体问题，体现了鲜明的问题导向。但有的条款还比较原则，有些条件尚不完全具备，各地可与相关行政机关加强沟通协调，结合实际具体落实。

第三，抓专项。"保障千家万户舌尖上安全"检察公益诉讼专项监督活动于 2018 年 8 月部署，2019 年增加新的重点领域。专项监督启动后，食品药品安全领域公益诉讼案件占比从 14.7% 提升到 33.7%。"守护海洋"检察公益诉讼专项监督活动，主动对接建设海洋强国国家战略。"携手清四乱、保护母亲河"专项行动，由最高人民检察院与水利部联合部署，河南省检察院和黄河水利委员会共同发起，沿黄河九省区检察院和河长办参加。为服务保障长江经济带发展，最高人民检察院于 2018 年 7 月在武汉市召开长江经济带检察工作座谈会，提出着力强化服务长江经济带发展的"十项检察举措"，创设了长江论坛。开展专项监督活动就是要聚焦党中央重大战略部署和人民群众关切，突出重点，集中力量，主动发挥检察职能。各地也围绕本地经济社会发展大局，开展大量体现当地特色的专项活动，取得显著成效。

第四，抓办案。张军检察长强调，要坚持以办案为中心，在办案中监督，在监督中办案。办案是公益诉讼检察工作的第一要务，一切监督体现在办案中。办案是整个公益诉讼检察工作最核心的抓手和最终成效的体现。对最高人民检察院来说，一是推进重点案件的办理，二是强化案例指导。目前已建立案例月报制度，形成案例库，同时进行案例筛选，加紧典型案例和指导性案例的发布。

第五，抓制度和规范化建设。目前最高人民检察院第八检察厅正加紧制定人民检察院公益诉讼办案规则，修订办案指南，并注意总结、推广各地在办案程序和办案机制等方面探索创新的新经验、新做法。

第六，抓指导督导。公益诉讼检察是新业务，公益诉讼检察部门是新机构，公益诉讼检察队伍不少是新人员，强化日常工作指导尤为重要。

第七，抓新领域、新类型案件。鼓励稳妥、积极开展新领域探索，密切关注、引导、培育、支持有价值个案的办理，并组织开展相关理论研究，在江苏省江阴市举办了公益诉讼"等"外领域探索研讨会，邀请系统内外的理论和实务专家参与研讨，取得丰硕成果。

第八，抓公共关系建设。公共关系是一个新概念、一项新工作，对于检察公益诉讼来说尤其重要。因为这项工作是与社会各方面发生关系的事业，工作的每个环节，从案件线索来源到最后办理环节，都是在广阔的社会关系中实现的。只有与各方面社会主体良性互动，才能促进工作健康发展。一是争取党政机关和人大的支持。迄今为止，已经有 24 个省的省委省政府主要领导作出批示，26 个省委省政府或"两办"联合下发支持公益诉讼检察工作的文件，黑龙江、湖北、河北等10个省级人大常委会通过了支持公益诉讼的决定，市县两级也出台了不少支持检察公益诉讼的规范性文件和具体举措。二是与行政机关协作配合。实践中，一些行政机关对公益诉讼经历了从抵触到消极接受，再到主动要求的过程。检察机关通过实实在在的办案使其体会到制度价值，也通过文明规范依法办案使其认识到检察机关可以成为同盟军，支持行政机关共同实现执法目的。三是加强对外交流宣传。组织人大代表进行视察，检察公益诉讼是近两年全国两会期间检察工作的一个主要热点问题，2019年还被作为重点建议案。要积极与社会组织、学术团体、学者等进行广泛沟通交流，争取形成更多共识。与国外检察机关、司法机关和相关国际组织也应加强交流合作，以获得越来越多的国际认同。

第九，抓科技支撑。最高人民检察院第八检察厅和检察技术信息研究中心一起推动快速检测实验室建设、无人机驾驶培训等工作。公益诉讼办案子系统在案件管理办公室、检察技术信息研究中心支持下已于2019年正式上线。

从办案情况来看，检察公益诉讼实践呈现快速发展的态势，积累了丰富的案件样本，实践已经走在了制度的前面，形成了鲜明的中国特色和独特优势：一是党的领导。无论是制度的创设还是发展，都是在习近平总书记和党中央领导下，在各级党委政府、人大的支持下推进的结果。二是具有人民性。我国检察公益诉讼制度保护的是"国家利益和社会公共利益"，这与其他国家的公益诉讼制度有所不同。原因在于我国的国家利益、社会公共利益、人民利益根本上是一体的、一致的，本质上都是人民利益。检察机关提起公益诉讼代表人民，为了人民，实践的发展也依靠人民。从线索发现到案件办理都有群众的参与和监督，也有各级人大和人大代表的监督与支持。三是专门机关履职。由国家法律监督机关专门履职是具有中国特色的公益诉讼制度设计。检察机关提起公益诉讼相较于其他主体具有很多天然优势，包括具有法定职责、专业优势、专门队伍等。四是多元主体协同。不同国家机关、社会组织都不会置身事外，都是公益诉讼的共同参与者。

检察公益诉讼的制度价值主要体现在：首先，制度初衷的实现，对于完善诉讼制度、维护国家和社会公共利益、促进法治政府建设都有帮助。其次，有助于推进国家治理、社会治理和乡村治理。一些公益诉讼案件的办理，不仅解决了很多长期得不到解决的问题，而且实现了综合整治，体现了公益诉讼检察助力提升社会治理、乡村治理效能的制度价值。最后，有助于国家战略的实现。积极发挥职能作用，助力推进"三大攻坚战"、乡村振兴战略、长江经济带发展；服务于促进经济转型和发展，在污染治理中，促进企业进行结构调整和转型，同时注重民生保护。此外，检察公益诉讼还在扶贫攻坚、弘扬社会主义核心价值观、传统文化保护等领域发挥作用，比如英烈名誉保护、传统村落保护、少数民族文化保护等。

三、推进公益诉讼检察工作的几点思考

在充分肯定成绩的同时，要以主题教育的标准要求来检视公益诉讼检察工作存在的问题。比较突出的问题有：一是主动服务大局的意识和能力不强，存在就案办案问题。二是对公益诉讼的价值追求、方向重点把握不准，工作思路不清，办法不多。有的存在畏难情绪，不想作为；有的没有准确把握公益诉讼的边界限度，超越法治的底线，追求轰动效应和新闻效果，滥用权乱作为。这两种倾向在实践中不同程度地存在，要切实加以防范和纠正。三是调查核实权运行保障机制不健全。对此，要有更加坚定的信心和决心来克服困难，解决问题，推动发展。

（一）明确新时代公益诉讼检察工作的新要求

在2019年大检察官研讨班上，张军检察长提出要常态化开展公益诉讼"回头看"，推动解决损害国家利益和社会公共利益问题。保证数量是基础，提升质量是关键，优化结构是重点，这是关于公益诉讼检察工作的专门表述。一是从检察机关的总体工作要求和工作总基调来看，要从讲政治、顾大局、谋发展、重自强的高度准确把握公益诉讼检察工作的方向和着力点，归结起来就是聚焦党和国家工作大局，以人民为中心。这不仅是讲政治的基本要求，也是中国检察公益诉讼制度的根本特征，同时也是促进公益诉讼可持续发展、获得更多支持的有效途径和保障。二是端正公益诉讼工作政绩观，将正确的目标追求和发展理念贯穿全过程。检察公益诉讼绝不是单打独斗，单靠检察机关自身不能保证价值目标必然实现，而有赖于别的程序、别的制度设计、别的机构组织的职能运行，所以要反复督促和跟进落实，这是公益诉讼"回头看"常态化的意义所在。

关于办案数量和质量的关系，要从强化办案力度的角度去理解。一方面要求不能重数量轻质量，另一方面又要求不能完全忽视数量，不注重办案。这是基于目前公益诉讼检察工作处于"稳升"这一特定发展阶段而提出的要求。一定的办案规模对于集中体现办案效果，获得更多社会关注认同，锻炼公益诉讼检察队伍，促进制度发展都具有积极意义。但我们不提具体的数量指标，只要求认真履职，数量应该是一个自然而然的结果。同时，在数量和质量的关系中，要把提升质效放在更加突出的位置，追求有质量而非单纯的数量。质效是公益诉讼案件办理最核心、最根本的价值追求。

关于诉前程序和诉讼的关系，2019 年的公益诉讼工作要点提出，要以提高行政公益诉讼诉前程序的质量为抓手。公益诉讼案件 95% 左右是行政诉前程序案件，换言之，公益诉讼的办案成效，更多的是通过行政诉前程序实现。如果诉前案件办理质量提高了，整个公益诉讼检察工作的质量和效果也就有基本保证。对于进入诉讼程序的公益诉讼案件，呈现的结构特点是刑事附带民事公益诉讼一家独大、比例持续上升。刑事附带民事公益诉讼有其独特的意义和作用，把恢复性司法理念融入传统刑法以惩罚为主的制度设计中，追求刑事司法效果的最大化。恢复性司法理念还可以贯穿于行政公益诉讼、刑事附带民事公益诉讼与认罪认罚从宽工作中，结合起来进行探索，通过有效的程序设计更好地实现办案效果。

（二）牢固树立正确的工作理念

一是双赢多赢共赢理念。其核心是要共赢而不是你输我赢。从深层次思考，这一理念蕴含着中国传统"和"文化的精髓，追求和谐而不是对抗。二是"一把手"工程。公益诉讼是一项新职能，需要与方方面面协同，特别是需要党政机关支持、行政机关配合，所以需要一把手亲自抓，以调动整个检察系统的力量。从目前来看，公益诉讼案件所牵涉的法律类型和其他关系比较复杂，要求办案人员具有较高的综合判断、综合协调能力。入额院领导直接办理，可以更高的站位、更便捷的协调沟通、更有力地推动促进案件办理和效果落实。三是精准监督。根据各地的具体情况确定监督的重点领域，突出重点事项、重点案件的办理，做到办理一案，警示一片，教育引导社会面。四是智慧借助。智慧借助包括借助外脑、社会力量，还有借助科技。

（三）把握两个目标，推进公益诉讼可持续发展

第一，加大办案力度，以更加丰富鲜活的实践，积累更加扎实的成效，发现更多的问题，在解决实际问题中推动检察公益诉讼制度发展。第二，推进制度和规范建设。主要着重于以下几个层面：一是对各地实践经验做法进行总结、梳理和推荐、分享，包括办案程序、办案机制的探索等；二是针对实践中普遍或突出的问题，及时发布指导性案例、典型案例和指导性意见；三是出台司法解释和规范性文件。

（四）营造各级领导关注支持、行政机关协同配合、社会各界广泛参与的良好氛围

一是继续积极推动地方人大常委会出台公益诉讼专项决定，以地方立法的形式，为解决突出问题提供具有可操作性的规范依据。二是继续加强与行政机关的务实合作。三是突出重点，创新方式，加大宣传力度，提高公益诉讼的社

会知晓度、认同度和参与度。优化宣传内容，重点宣传习近平总书记和党中央对公益诉讼工作的重视，地方各级领导的关心，其他部门、机关和社会各界的支持，把双赢多赢共赢理念落实到宣传工作中，把方方面面的共同努力彰显出来。

（五）加强学习，提高业务能力水平

要把学习放在更加重要的位置。一要学习掌握司法解释和规范性文件，包括最高人民法院、最高人民检察院联合制定的司法解释，最高人民检察院印发的办案指南和相关文件，与行政机关会签文件等，各地可结合实际在落实中创新完善。二要学习掌握指导性案例、典型案例。三要关注最高人民检察院发布的信息，包括编发的工作情况、《检察日报》及官微上发布的信息等。四要注重检答网的使用。五要学习业务指导书籍。六要开展具有针对性和实效性的培训。

四、关于办理检察公益诉讼案件的几点思考

（一）关于线索

关键是如何理解法律规定的"在履行职责中发现"，该规定体现既授权又限权的立法精神，即在授权的同时，为防止公权力滥用，又给予一定的限制。这里的限制性要求就是，不能混同于行政管理、行政执法职能，在没有其他任何线索来源的情况下，禁止到正常运行的机关、企事业单位进行一般性检查或调取材料等，干扰其日常工作。

（二）关于立案

把握好案件类型的选择。调研中发现，有的地方检察院更愿意办理民事公益诉讼案件。但从公益诉讼制度设计的初衷看，重点还是要放到行政公益诉讼案件办理上。实践中民事公益诉讼案件的办理虽然阻力小，但也会带来新问题，如涉及几个公益损害主体的，其责任划分时，可能面临很困难的事实认定和很复杂的民事法律关系，如果转换视角从监督行政机关的角度去处理案件，这些复杂的问题就相对容易解决。

（三）关于调查取证

当务之急是要强化证据意识。证据意识不强，调查取证能力水平不高，证据材料粗糙、不规范等问题尚在相当范围内存在。高质量的调查取证是保证办案质量的前提。要明确公益诉讼主要案件类型的证明对象、证明目标、调查取证的范围和证据要求等，提出检察建议必须有证据作为支撑并达到证据的标准

要求。

（四）关于鉴定

最高人民检察院作了很大努力推动缓解鉴定难问题。一是解决鉴定机构少、成本高的问题，在司法部支持下已取得积极进展。二是与法院加强沟通，明确专家意见书的法律地位，避免每起案件都要启动鉴定程序。三是检察机关公益诉讼快速检测实验室建设也已经启动。

（五）关于尽责履职的标准

这是对行政公益诉讼案件是否提起诉讼的判断标准，在《意见》中已经明确，主要有三个判断标准：违法行为有没有得到制止，公益损害有没有得到恢复，行政机关有没有履行所有的监管职责。最终的判断标准就是行政机关是不是穷尽了所有的监管手段。

（六）关于诉前检察建议

首先，要求检察建议内容必须明确和具体，这是诉前检察建议和社会治理检察建议的最大区别。不能笼统地建议行政机关依法全面履职，应当明确建议行政机关履行哪些职责、怎么履职、达到什么要求，进行说理论证。其次，符合程序性要求，提升办案过程的司法化和诉讼化水平。一些地方检察院实践中探索的诉前圆桌会议、听证、公开宣告、现场送达等，都较有示范意义。程序性要求的核心是公开性、诉讼化，其实质是多方利益主体的面对面对话，这也是司法民主化的体现，让当事人在与其有关联的事项中充分参与，可以促使其接受处理决定，更愿意承担相应法律后果，也更能保障办案效果落实。要跟进监督，进一步完善成效评估机制和形成具有可操作性的整改落实标准。

（七）关于提起诉讼

行政公益诉讼法庭辩论要聚焦于行政机关是否有职责，是否尽责履职，是否存在尽责履职不能的客观情形，公益损害的事实及其与行政机关不履职行为的因果关系等。诉前要围绕这些方面开展准备工作。

（八）关于管辖

相关法律中一些特殊的管辖规定与公益诉讼实践有关联，比如行政诉讼案件的级别管辖、环境资源领域公益诉讼案件的集中管辖等，当前面临的主要问题并不是法律或者理论上的问题，而是实践中的问题，可以通过上级检察院和法院积极沟通来解决。

（九）关于案例指导

在目前制度规范还不完善的情况下，应把案例指导制度放在更加突出的位置。如何发现、筛选、编发、培育、应用案例，涉及的问题也不少。指导性案例的核心价值是案例，应有真正的实践指导意义，包括公益诉讼案件范围领域的探索、程序性的探索、新理念、新做法等方面要体现出制度价值，要有针对性，有助于解决实践中的突出问题且符合法治精神和原则。

（十）关于新领域新类型案件探索

这是检察机关回应中央要求和人民群众期待的一项重点工作。在探索中要坚持稳妥、积极的原则：一是用足用好现有的法律制度，比如对食品药品不能作过于狭义的理解。二是对于中央政策文件有明确要求的领域，如安全生产领域等，检察机关应加强与相关部门的沟通协调，积极开展探索实践。三是对于其他领域侵害公益的突出问题，检察机关在做足做实相关工作后，也应进行探索。

检察公益诉讼是一项具有鲜明中国特色的检察制度和诉讼制度，在有些领域尚没有可以参照的模式，需要去创制规则，深化实践探索，以切实的办案成效让人民群众有更多的获得感幸福感安全感，进而推进中国特色检察公益诉讼的制度、理论和文化建设。

（原载于《人民检察》2019 年第 19—20 期合刊）

论检察公益诉讼的证明标准[*]

洪 浩^{**} 朱 良^{***}

　　作为公共利益的代表，"由检察机关提起公益诉讼符合检察制度的要求。"① 2014 年 10 月 23 日党的十八届四中全会通过的《中共中央关于全面依法治国若干重大问题的决定》首次提出 "探索建立检察机关提起公益诉讼制度"，拉开了我国检察公益诉讼制度构建和完善的序幕。自 2015 年至 2017 年，全国人大常委会、最高人民法院和最高人民检察院通过单独或者联合颁布规范性法律文件的方式对检察机关提起公益诉讼的角色定位、案件范围以及程序内容等作出了一系列规定。2017 年 6 月 27 日，全国人大常委会通过《关于修改〈中华人民共和国民事诉讼法〉和〈中华人民共和国行政诉讼法〉的决定》，在法律层面正式确立了我国的检察公益诉讼制度，具有中国特色的社会主义检察公益诉讼制度体系基本形成。与一般的民事诉讼、行政诉讼以及公益诉讼不同，"检察机关提起公益诉讼是一种特别的诉讼"②。换言之，"检察公益诉讼具有不同于普通民事诉讼、行政诉讼的特点和规律，突出强调了检察机关作为公共利益代表的特殊地位和重大责任"③。因此，科学构建符合检察公益诉讼内在规律的证明标准是新时代检察机关能够有效发挥公益诉讼职能的关键。

　　目前我国法律规范并没有对检察公益诉讼这一特殊诉讼程序的证明标准作出专门的设定。具体而言，在民事公益诉讼中，检察机关提起公益诉讼的证明

---

　　* 本文系国家 "2011 计划" 司法文明协同创新中心资助项目（教技函〔2013〕26 号）的研究成果。

　　** 武汉大学诉讼制度与司法改革研究中心教授、博士生导师，主要研究方向为诉讼法学、证据制度。

　　*** 武汉大学诉讼制度与司法改革研究中心助理研究员，研究方向为刑事诉讼法学。

　　① 洪浩、寿媛君：《我国公益诉讼制度构建的困境与出路——以新世纪以降相关文献梳理为视角》，载《山东社会科学》2017 年第 3 期。

　　② 参见 https：//mp. weixin. qq. com/s/ZSBYAQmT76weJdxLXE901Q。

　　③ 张雪樵：《〈最高人民法院最高人民检察院关于检察公益诉讼案件适用法律若干问题的解释〉的理解与适用》，载《检察日报》2018 年 3 月 17 日第 3 版。

标准依据《民事诉讼法》的相关规定。在行政公益诉讼中，检察机关提起公益诉讼依据的则是《行政诉讼法》的相关规定。不难看出，我国法律并没有为检察公益诉讼设定独立的证明标准体系。然而，检察公益诉讼在证明主体、证明能力以及诉讼程序上与一般的民事诉讼、行政诉讼以及公益诉讼具有本质性区别。首先，在程序上，检察机关提起公益诉讼一般都要经过立案、调查、审查终结以及法庭审判等过程，而一般的民事诉讼和行政诉讼并没有诉前程序。其次，在证明主体上，检察机关是国家的法律监督机关，具有法定的权威性和专业性，这是一般的证明主体无法比拟的。最后，在案件范围上，检察公益诉讼一般是涉及国家或者社会公共利益的案件，社会影响程度与案件难度一般高于普通的民事或者行政诉讼案件。因此，为了有效发挥制度的优越性和先进性，助力国家治理体系和治理能力的现代化，检察机关公益诉讼制度必须具有一套与其相匹配的证明标准体系。不遑多论，构建科学的检察公益诉讼的证明标准体系具有现实的必要性和紧迫性。

一、我国检察公益诉讼证明标准之厘定

从 2014 年党的十八届四中全会提出"探索建立检察机关提起公益诉讼制度"到 2018 年 3 月 1 日"两高"联合发布《关于检察公益诉讼案件适用法律若干问题的解释》，检察公益诉讼经历了将近 4 年的探索和发展，形成了具有中国特色的检察公益诉讼结构和模式。换言之，我国的检察公益诉讼具有阶段特性，一般表现为立案阶段、诉前阶段和审判阶段。由于每个阶段的任务和目的不同，所以每个阶段的"输入"和"输出"条件也存在差异，进而决定了每个阶段的证明标准的不同。理论上，随着检察公益诉讼的依次推进，检察机关对于待证事实的认识慢慢加深。基于认识规律之考量，下一个阶段的证明标准一般比前一个阶段的证明标准高。实践中，由于检察公益诉讼的具体程序规则还有待完善，其证明标准依然存在着层次不明等问题。下文将以诉讼的进程为顺序，对检察公益诉讼各个阶段的证明标准展开论述。

（一）可能损害：立案阶段之证明标准

立案阶段的证明标准主要是检察机关在履行职务过程中对发现的案件线索进行审查，判断其是否符合公益诉讼启动的准线。不难看出，检察公益诉讼立案阶段的证明标准是判断待证事实是否属于公益诉讼案件的主观要件，具有程序分流、权力控制和权利保障等重要功能。2015 年 12 月 24 日最高人民检察院公布的《人民检察院提起公益诉讼试点工作实施办法》，对检察机关提起的民事公益诉讼和行政公益诉讼的立案标准进行了同一性规定，确立了"可能

损害"的证明标准。也就是说，只有在检察机关认为可能存在损害社会公共利益的行为之后，检察公益诉讼程序才能正式启动。比较而言，这个标准相当于美国 9 等证明标准中的第 8 等，也即 "达到怀疑的程度"①。具体而言，这是一种盖然性较低的主观性证明要求，相当于我国刑事诉讼中 "认为有犯罪事实需要追究刑事责任" 的立案标准。"所谓主观性的证明要求，原本是自由心证原则的内在应有之义，是指法律对裁判者认定案件事实提出了内心确信程度的要求。"② 检察机关启动检察公益诉讼程序的标准是认为可能存在损害公益的事实发生，这种主观性的证明要求不需要裁判者对待证事实达到内心确信的程度。一方面，损害事实的发生是检察公益诉讼立案调查的结果，而不是其前置条件，设置太高的立案标准不符合认识规律。另一方面，在检察公益诉讼立案程序中设置太高的标准可能会妨碍检察公益诉前程序的展开，导致检察机关错过最佳的取证时机。毕竟，作为检察公益诉讼必经程序的立案阶段，是检察机关后续调查展开的合法依据。所以，基于维护公共利益和及时原则的要求，在检察公益诉讼立案阶段设置一个较低的主观性标准具有一定的合理性。

（二）客观真实：审查终结之叙述要求

2015 年《人民检察院提起公益诉讼试点工作实施办法》规定，检察机关制作审查终结报告时应当全面、客观和公正地叙述案件事实。具体而言，"全面"要求检察机关叙述的时候应当充分阐释案件的全部情形，禁止片面地叙述审结报告；"客观"要求检察机关必须事实求是地叙述案件的真实情况，投射到证据领域，则要求证明案件事实的证据必须真实；"公正"要求检察机关在书写审结报告的时候应当不偏不倚，审结报告的内容既要包含对案件有利的叙述也要包含对案件不利的内容。表面上看，审结报告的要求符合客观真实的形式要求，具有诉前阶段证明标准的表征。"客观真实是指符合案件客观事实的认识，是真实，不符合案件客观事实的认识，是不真实。"③ 然而，"诉讼查明的事实不同于现实存在的事实，过去发生的冲突或者纠纷无法原封不动地再予以重现，并且诉讼法设计的诉讼程序受到时间、空间的限制，加之正当程序价值的约束，某些方面'客观真实'不能实现"④。实质上，全面、客观和公正的要求只针对检察机关审结报告的书写，并不具有证明标准的本质特征。一方面，证明标准是裁判者对案件事实的判断要求，不是案件查清后的书写规

---

① 王圣杨：《诉讼证明责任与证明标准研究》，中国人民公安大学出版社 2012 年版，第 214 页。
② 陈瑞华：《证明标准中的主客观要素的关系》，载《中国法学》2014 年第 3 期。
③ 张子培等：《刑事证据理论》，群众出版社 1982 年版，第 94 页。
④ 刘金友主编：《证明标准研究》，中国政法大学出版社 2009 年版，第 293 页。

则。另一方面，证明标准是对负有举证责任一方的证据要求，具有卸除其举证责任的法律效果。虽然"越是关键、重要的事实和情节，在证明标准上越应从严掌握，而对于那些法律意义相对次要的事实和情节，可以适当放宽"[①]，但正如犯罪事实和情节有不同层次一样，检察公益诉讼在不同的诉讼阶段也应当设定不同的证明标准。检察公益诉讼具有不同的阶段，每个阶段的任务和目的不同，证明标准也应当有所差异。毕竟，审判才是检察公益诉讼的中心阶段，在审查终结时设定客观真实的最高证明标准显然不妥。不遑多论，审结报告中的全面、客观、公正的要求并不是诉前阶段的证明标准，我国法律并没有设定检察公益诉讼诉前阶段的证明标准。

（三）初步证明：法院受理之形式规定

在检察公益诉讼中，法院受理主要是指人民法院对检察机关提交的证据在质和量等方面进行审查后，对符合法律规定的案件决定立案，进而引起审判程序的诉讼行为。而作为立案实质化表现形式之一的受理标准，主要是指检察机关提供证据证明案件事实需要达到的程度。2015 年 4 月 15 日最高人民法院《关于人民法院登记立案若干问题的规定》，要求当事人提出起诉、自诉的应当提交与诉请相关的证据或者证明材料，标志着一审民事诉讼、行政诉讼和刑事自诉立案登记制在法律规范层面的正式确立。随后，2015 年最高人民检察院在《人民检察院提起公益诉讼试点工作实施办法》中，对检察机关提起公益诉讼的证明要求作出了明确的规定，要求检察机关在提起公益诉讼时应当提交社会公共利益已经受到损害的初步证明材料。2016 年 12 月 8 日最高人民法院《关于进一步做好检察机关提起公益诉讼案件登记立案工作的通知》[②]，对检察机关的程序事项的证明要求作出了规定，增加了检察机关应当提交已经履行诉前程序证明材料的要求。2018 年 3 月 2 日，最高人民法院和最高人民检察院联合发布了最高人民法院、最高人民检察院《关于检察公益诉讼案件适用法律若干问题的解释》，对检察公益诉讼中法院的受理条件做了进一步完善。自此，我国检察公益诉讼法院受理的条件基本确定，主要包含提供诉讼请求方面的证据、损害结果方面的证据和诉前程序方面的证据三部分。其中，诉讼请求方面的证据和诉前程序方面的证据属于程序性证据材料，损害结果方面的证据属于实体性证据材料。但是，无论是程序性的证据还是实体性的证据，都是形式性审查，不涉及裁判人员内心确信问题。不难看出，我国法律并没有

---

① 陈光中等：《刑事证据制度与认识论》，载《中国法学》2001 年第 1 期。

② 最高人民检察院民事行政检察厅编：《检察机关提起公益诉讼实践与探索》，中国检察出版社 2017 年版，第 438—439 页。

规定检察公益诉讼法院受理阶段的证明标准。在检察公益诉讼的法院受理阶段，检察机关只要提供形式性的证据材料，就能进入法院审理阶段。

（四）高度盖然：审判阶段之参照规则

目前，我国的检察公益诉讼法律规范并没有明确规定审判阶段的证明标准。根据 2015 年 12 月 24 日最高人民检察院印发的《人民检察院提起公益诉讼试点工作实施办法》第 56 条可知，我国检察公益诉讼审判阶段的证明标准适用的是《民事诉讼法》和《行政诉讼法》的相关规定。在民事诉讼中，司法解释制定者认为最高人民法院《关于民事诉讼证据若干规定》为我国的民事诉讼审判阶段设定了"高度盖然性"的证明标准。[1] "高度盖然性即法官从证据中虽未形成事实必定如此的确信，但内心形成事实极有可能或非常可能如此的判断。"[2] "如果用心证百分比衡量，至少应为 85%。"[3] 然而，关于行政诉讼的证明标准，我国立法及司法解释并没有予以明确的规定。理论上，有学者认为，"刑事、民事、行政三大诉讼适用同一证明标准，即确实、充分标准。"[4] 亦有学者指出，"行政诉讼的证明标准应和刑事诉讼的证明标准相同，要高于民事诉讼的证明标准"[5]。还有学者强调，"行政诉讼的证明标准应当低于刑事诉讼、高于民事诉讼，可以将其表述为法律真实"[6]。不难看出，我国学术界定关于行政诉讼证明标准的观点众说纷纭、莫衷一是。制度上，我国检察公益诉讼在审判阶段确实没有独立的证明标准。司法实践中，检察机关提起的民事公益诉讼在审判阶段适用的是我国民事诉讼的证明标准。但是，由于我国行政诉讼法律部门并没有明确行政诉讼的证明标准，所以我国检察机关提起的行政公益诉讼在审判阶段只能参照适用我国民事诉讼中的证明标准。

二、我国检察公益诉讼适用同一证明标准之反思

关于证明标准的设置，我国学界一直存在"多元证明标准说"和"同一

① 李国光主编：《最高人民法院〈关于民事诉讼证据的若干规定〉的理解与适用》，中国法制出版社 2002 年版，第 462 页。

② 江伟主编：《民事诉讼法》（第四版），高等教育出版社 2013 年版，第 225 页。

③ 霍海红：《提高民事诉讼证明标准的理论反思》，载《中国法学》2016 年第 2 期。

④ 陈一云主编：《证据学》，中国人民大学出版社 1991 年版，第 118 页。

⑤ 刘善春：《行政程序和行政诉讼证明标准研究》，载《行政法学研究》1993 年第 2 期。

⑥ 王圣扬：《诉讼证明责任与证明标准研究》，中国人民公安大学出版社 2012 年版，第 258 页。

证明标准说"之争。① 持"多元证明标准说"的学者认为，诉讼程序应当根据诉讼类别、案件事实和程序阶段适用不同的证明标准。"同一证明标准"又称为一元证明标准，是指不论诉讼阶段、证明关系和程序类别如何，三大诉讼都应当适用相同的证明标准，即案件事实清楚，证据确实、充分。相比而言，笔者认为"多元证明标准说"符合事物的发展规律，更适合我国的检察公益诉讼。一方面，"同一证明标准说"并没有将诉讼之间的区别、案件之间的差异、认识过程的渐进和经济成本的高低作为考虑因素，存在较大的理论缺陷和实践困境。另一方面，我国检察公益诉讼具有程序阶段性、对象多元性和证明专业性等特征，不同的诉讼阶段和证明关系需要设定不同的证明标准。

（一）同一证明标准的理论反思

"同一证明标准的理论基础主要是唯物主义认识论。"② "唯物主义认识论确信人们的理性认识能力是无限的、无条件的"③，所以在诉讼中查明事实，将待证事实证明到客观真实的状态是完全可能的。有学者指出，"进行证明的过程，从认识论来说，是司法人员等，通过调查研究，认识案件事实情况的过程。"④ 不可否认，同一证明标准具有一定程度上的合理性，但是也具有一定程度上的局限性。笔者认为，检察公益诉讼是新时代检察制度的创新和发展，适用同一证明标准还需要进行理论反思。首先，不论是检察机关提起的民事公益诉讼还是检察机关提起的行政公益诉讼，都有一个对历史事实的再认识过程。但是，"从本体论的角度来看，本原的历史事实仅存在于与现实隔离的历史彼岸，现实中所存在的只是历史的印记，不论给予多么合理的解释，也绝对不可能是本原的历史事实"⑤。所以，在检察公益诉讼中，要求检察机关将案件事实证明到客观真实的标准不具有现实可能性。其次，检察机关提起民事公益诉讼和行政公益诉讼的目的具有差异性。检察机关提起民事公益诉讼的目的主要是为了让侵权人承担民事责任，恢复被损害的公益。然而，检察机关提起行政公益诉讼的目的是督促行政机关依法行政、严格执法。比较而言，两者证明的内容不同，证明的难度亦有较大差别。显然，在这种情形适用同一证明标

---

① 谢登科：《论刑事简易程序中的证明标准》，载《当代法学》2015年第3期；霍海红：《提高民事诉讼证明标准的理论反思》，载《中国法学》2016年第2期；王圣扬：《诉讼证明责任与证明标准研究》，中国人民公安大学出版社2012年版，第258页。

② 陈一云主编：《证据学》，中国人民大学出版社1998年版，第115页。

③ 葛洪义：《法学研究中的认识论问题》，载《法学研究》2001年第2期。

④ 刘金友主编：《证据理论与实务》，法律出版社1992年版，第202页。

⑤ 王敏远：《一个谬论、两句废话、三种学说》，载王敏远编：《公法》（第四卷），法律出版社2003年版，第182页。

准必然与检察公益诉讼的客观规律相悖。再次，从成本论的角度来看，检察公益诉讼需要消耗相应的人力资源、物力资源、财力资源和时间资源，这些资源的投入都是司法运作的成本。① 在检察公益诉讼中适用高要求的同一标准必然会进一步加剧司法供给侧不足的矛盾。最后，从价值论的角度来看，"裁判者解决利益争端时并不一定非要建立在客观事实基础上，因为利益争端的解决，诉讼目的的完成有时可以与事实真相的查明毫不相干，追求客观真实在诉讼中有十分重要的价值，但不是法官唯一要考虑的价值，也不是任何情况都处于第一的地位②。"

（二）同一证明标准的实践困境

与刑事诉讼程序相似，检察公益诉讼具有明显的阶段性特征，其每个阶段都有独立任务和目的，适用同一证明标准不符合诉讼的客观规律。由于检察公益诉讼是一个循序渐进的过程，证明主体对待证事实的认知也要经历一个由浅到深的阶段，不能一蹴而就。"从各国的司法实践来看，一般都将证明标准作了区分。"③ 一方面，案件的性质不同，证明的内容必然存在区别。检察机关提起的行政公益诉讼和检察机关提起的民事公益诉讼需要证明的内容不同。在民事公益诉讼中，检察机关不仅要证明侵权行为、因果关系、损害结果、主观过错等，还要证明损害赔偿的数额，证明难度较高。而在行政公益诉讼中，检察机关只需要提出行政行为违法的初步证据和履行诉前程序的形式材料即可，证明难度较低。另一方面，同一证明标准在某种程度上已然造成了两种诉讼案件数量的严重失衡。④ 此外，在程序事实和实体事实方面，检察公益诉讼的程序事项一般都有相关的规范性文件佐证，证明相对容易。而实体事项则因案件的情节不同而相对较为复杂，证明相对较难。如果对这两方面都做同一的要求，必然有失偏颇。客观地说，"证明标准是基于社会需求而作出的理性平衡，在客观真实难以确知、事实意义上的司法错误难以评判的情况下，调控司法错误比例的一种方法"⑤。虽然检察公益诉讼具有一般诉讼的普适性特征，

---

① 刘金友主编：《证明标准研究》，中国政法大学出版社 2009 年版，第 368 页。

② 王圣扬：《诉讼证明责任与证明标准研究》，中国人民公安大学出版社 2012 年版，第 220 页。

③ 美国的证据法针对不同的待证事实，确定了多个等级的证明标准；按照德国的证据理论，证明标准包含很有可能或大致相信和内心确信等。参见陈瑞华：《刑事证据法学》，北京大学出版社 2012 年版，第 247—250 页。

④ 截至 2017 年 3 月，检察机关办理的民事公益诉讼案件有 144 件，占 2.76%；检察机关办理的行政公益诉讼案件有 5074 件，占 97.24%。参见最高人民检察院民事行政检察厅编：《检察机关提起公益诉讼实践与探索》，中国检察出版社 2017 年版，第 74 页。

⑤ 林喜芬：《证明理性化与刑事定罪标准之调整——基于放空司法错误的视角》，载《法制与社会发展》2011 年第 1 期。

但是阶段性、专业性和多元性彰显中国特色。因此，在证明标准上应当结合司法实践的实际状况，针对不同的案件、情节和阶段适用多元性的证明标准。

三、我国检察公益诉讼证明标准的应然选择

检察公益诉讼是一种新的诉讼形态，在我国尚处于摸索阶段。证明标准是诉讼的重要内容，对于法院查明案件、定分止争具有重要作用。根据《人民检察院提起公益诉讼试点工作实施办法》和《人民法院审理人民检察院提起公益诉讼案件试点工作实施办法》可知，在检察公益诉讼案件中适用的分别是民事诉讼和行政诉讼中的证明标准。我国立法并没有为检察公益诉讼设立专门的证明标准体系。但是，检察机关提起的民事公益诉讼与一般的民事诉讼在案件类型、证明主体以及诉讼程序上具有明显区别。此外，我国行政诉讼在立法上还没有明确规定行政诉讼的证明标准，有关行政诉讼证明标准的研究还停留在学术讨论的范畴。证明标准是检察机关提起行政公益诉讼不可回避的事项。因此，在充分认识到检察公益诉讼的阶段性、案件的差异性、两大诉讼的二元性以及鉴定的专业性等问题，构建我国检察公益诉讼的证明标准体系是当下必须直面的课题。

（一）建立层次化的证明标准梯度

与普通的民事诉讼和行政诉讼不同，检察公益诉讼具有一定的阶段递进性。普通的民事诉讼和行政诉讼的开始以法院的立案为标志，证明关系主要发生在庭审阶段。与此不同的是，检察公益诉讼的开始与刑事诉讼有些类似，它是以检察机关的立案为标志，在法院审判阶段之前还有诉前阶段。检察机关在对公益诉讼案件立案以后，只有经历诉前程序和审查终结等程序之后才可能进入审判程序。检察公益诉讼的每个阶段都有自己独特的任务和目标，后一阶段任务的展开建立在前一阶段任务完成的基础之上。因此，从检察公益诉讼的纵向诉讼结构来看，应当建立层次化的证明标准体系，针对不同的诉讼阶段设定不同的证明标准。在检察公益诉讼的立案阶段，只要发现有损害公益的初步证明材料，即达到合理怀疑的标准就应当立案。在检察公益诉讼的审查终结阶段应当将证明标准提高一档，因为案件已经经过检察机关的调查，是否有公益损害的事实也大概明了了，提高证明标准有利于检察机关严格办案，保证案件质量。其实，证明标准层层递进是符合检察公益诉讼的司法实践的。首先，从认识论的角度来看，检察公益诉讼的程序是动态递进的，前后阶段循序交替前进。随着程序的推进，证明主体的认识程度必然逐渐加深。从这一角度来看，设置层次化的证明标准体系遵循了自然科学的事物认识规律。其次，从目的论

的角度来看，检察公益诉讼每个阶段的任务和目标不同，设置层次化的证明符合具体问题具体办法的方法论，有利于每个阶段的顺利进行。最后，从成本论的角度来看，随着案件的正向进行，投入的司法成本是逐渐增加的，如果一开始就设置较高的证明标准，不仅会将大量案件阻挡在检察公益诉讼之外，还有可能造成由于前期投入过多而导致后期程序乏力和司法供给不足等问题。因此，因应检察公益诉讼的纵向结构，在不同的诉讼阶段设定一定的证明标准具有现实必要性和可行性。

（二）针对不同对象设定不同的证明标准

检察公益诉讼中公益的范围主要包含生态环境和资源保护、食品药品安全、国有财产保护、国有土地使用权出让以及英烈人格权等，每种类型的案件在证明内容和证明难度上都具有不同的特点。证明内容上，生态环境和资源保护、食品药品安全这两种类型的案件涉及的内容比较专业，需要借助具有专门技术的部门或者专家才能完成相关的证明活动。相对而言，国有财产保护、国有土地使用权出让和英烈人格权领域的证明内容涉及的专业性知识较少。证明难度上，在生态环境和资源保护、食品药品安全以及国有财产保护案件中，检察机关收集证据、固定证据和展示证据的难度相对较大，集中体现在环境污染后损害赔偿的证明、因果关系的证明和食品药品损害程度的证明等领域。举证责任方面，环境侵权案件实行的是举证责任倒置，与其他几种检察公益诉讼的举证责任分配方式有所区别。然而，在检察机关的取证能力高于被告的取证能力的情况下，依然适用举证责任倒置规则，不仅违反了"平等武装"的诉讼原则，而且造成了审判阶段证明标准的虚化。值得注意的是，根据不同的证明要求将证明分成不同的种类是大陆法系国家的通例。[①] 因此，从横向角度来看，针对不同待证事实应当适用不同的证明标准。第一，针对不同的案件类型应当适用不同的证明标准。"犯罪的性质越重，必要的证据最低要求就越高。"[②] 同理，在检察公益诉讼中，针对简单容易的案件应当适用较低的证明标准，而针对复杂疑难的案件需要适用较高的证明标准。第二，针对不同的情节适用不同的证明标准。"对于构成实质性正义的事实适用较高的客观真实的证明标准，而对于那些无关紧要的时间因素、背景性事实则可以适用较低的法

---

① 在德国的刑事证据理论中，常使用"证明"和"说明"两种概念。与德国相类似，日本根据不同的证明要求，将证明分为"严格证明"和"自由证明"。参见李学宽、汪海燕、张小玲：《论刑事证明标准及其层次性》，载《中国法学》2001 年第 5 期。

② ［英］塞西尔·特纳：《肯尼刑法原理》，华夏出版社 1989 年版，第 549 页。

律真实的证明标准。"① 第三，针对同一案件中的实体事实和程序事实可以适用不同的证明标准。"程序事实并非本案的实体事由，其决定正确与否，与本案的真实发现是间接关系，所以对于实体事实应当适用类似于日本的严格证明，而对于程序事实则可以适用自由证明。"②

（三）把握两大公益诉讼的差别，合理调度证明标准

检察公益诉讼主要分为检察机关提起的民事公益诉讼和行政公益诉讼两大类，这两大类公益诉讼在诉讼目的、证据规则和诉讼能力方面存在较大差别。检察机关提起民事公益诉讼的主要目的是通过法院的审理判处侵权人承担相应的民事责任。根据诉讼法和相关实体法的规定，检察机关应当承担将侵权行为、损害结果、因果关系和赔偿数额等证明到一定程度的责任，否则就要承担败诉的后果。而在检察机关提起的行政公益诉讼中，其主要目的是监督行政行为是否违法，双方主要是针对行政机关的行政行为是否违法进行举证和质证。与检察机关提起的民事诉讼相比较，其证明的内容和证明的难度都不可同日而语。在证据规则上，检察机关提起的民事公益诉讼遵循的是《民事诉讼法》的一般原理，适用谁主张谁举证的证据规则。检察机关需要将待证事实证明到高度盖然性的程度。而在检察机关提起的行政公益诉讼中，适用的是举证责任倒置规则，一般由作为被告的行政机关对自己行政行为的合法性进行证明，若不能达到证明标准，被告将承担败诉的风险。从诉讼能力来看，在检察机关提起的民事公益诉讼中，作为国家的法律监督机关的检察机关在人力、物力以及时间等方面都占有一定的优势，主要体现在取证、举证和质证等能力要高于作为一般民事主体的被告。因此，基于平等主体原则而建立的"优势证据"证明标准是否能够适用于检察机关提起的民事公益诉讼仍有待商榷。相比之下，在检察机关提起的行政公益诉讼中，诉讼双方都是国家机关，在诉讼能力上的差距并不明显。基于被告能力强于原告而实行举证责任倒置的证据规则，并不适用于检察机关提起的行政公益诉讼。不难看出，检察机关提起的民事公益诉讼和行政公益诉讼具有许多实质性差别，应当适用不同的证明标准。

（四）规范公益诉讼鉴定机构，设定公益专家辅助机制

在检察公益诉讼中，许多案件都涉及专门的问题和知识，需要具有专门知识的专家介入才能查清楚。但是，由于鉴定机构的多元、权威意见的缺失以及诉讼人员专业技术水平不高等方面因素的存在，我国的诉讼中出现了一些案件

---

① 王圣扬：《诉讼证明责任与证明标准研究》，中国人民公安大学出版社 2012 年版，第 228 页。
② 刘金友主编：《证明标准研究》，中国政法大学出版社 2009 年版。

经过鉴定之后依然无法达到证明标准的实践问题。毋庸置疑，检察机关在法律业务这一块具有比较强的实力，但是在检察公益诉讼中许多技术性的问题需要借助专业的机构鉴定才能解决。实际上，我国检察机关内部的专业性人才还比较缺乏，对专业问题的证明必须借助鉴定机构的鉴定意见才能完成。当然，作为一方诉讼参与人的被告，其法律和专门的技术更为缺乏。而且我国专门的公益诉讼机构不仅数量少而且鉴定意见冲突的情形时常发生，经常导致案件处于真伪不明的状态。不难看出，在缺乏专门的鉴定机构的情况下，诉讼双方当事人很难将案件的待证事实证明达到审判阶段的证明标准。因此，规范公益诉讼鉴定机构，建立专业化的公益鉴定体制具有一定的现实紧迫性。此外，从审理者的角度来看，审理案件的审判员或者陪审员存在与检察机关一样的困境，即法律知识丰富的审判人员无法对专业性的鉴定意见作出专业性的裁判。在某种程度上，这必然会影响审判人员对审判阶段待证事实是否达到证明标准的正确判断。因此，在检察公益诉讼的审判阶段，适当增加合议庭专业陪审员的席位具有一定的必要性和可行性。

检察公益诉讼是新时代检察制度的创新与发展，对构建法治国家、法治政府和法治社会三位一体格局和监督行政机关依法行政、严格执法以及保障公共利益具有重要作用。但是，作为检察公益诉讼证据基石的证明标准还停留在套用民事诉讼和行政诉讼证明标准的阶段，具有中国特色的检察公益诉讼证明标准体系还未建立。更为遗憾的是，行政诉讼的证明标准在立法上和理论上还存在较多的争议。笔者主要立足于立法和实践，在分析和介绍我国检察公益诉讼证明标准现状的基础上，结合有关证明标准的先进理论，从阶段性、多元性和经济性等角度系统论述了构建我国检察公益诉讼证明标准需要注意的因素。从纵向角度看，检察公益诉讼具有类似于刑事诉讼而不同于普通民事诉讼和行政诉讼的阶段性特征，可以分为立案阶段、诉前阶段和庭审阶段等，具有程序循序渐进和认识递进性等特点，契合了层次性的证明标准理论。从横向角度看，不同案件、不同主体和不同诉讼在案件内容、证明能力和程序目的等方面存在差异，投射到检察公益诉讼中，影印出了证明标准应当多元的客观规律。因此，从纵横两个维度出发，立足于立法和实践构建出的立体性检察公益诉讼证明标准体系具有正当性。

（原载于《山东社会科学》2019年第7期）

环境正义的司法治理路径探索

——六枝特区人民检察院环境
行政公益诉讼案评析[*]

刘 艺[**]

《孟子·告子下》中有一则"以邻为壑"的故事。白圭自夸治水本事比大禹还强。孟子则指出：两者有高下之分，因"禹之治水；水之道也；是故禹以四海为壑。今吾子以邻国为壑；水逆行谓之洚水。洚水者；洪水也。仁人之所恶也；吾子过矣"。白圭治水违背了"己所不欲，勿施于人"的伦理准则，还将负外部性后果强加于邻国。这种以邻为壑的行为历来备受诟病。2016 年贵州省六盘水市六枝特区人民检察院诉贵州省安顺市镇宁布依族苗族自治县丁旗镇人民政府环境行政公益诉讼案（以下简称六枝案），正是借助司法治理手段纠正以邻为壑行为的典型案例。

一、案件背景与特色

亚里士多德曾提出著名的"公地悲剧"论断："无论何物，只要它属于最大多数的人共有，它所受到的照料也是最少。"[①] 但产权私有化却未必是防止"公地悲剧"的有效方法。实证研究表明因规模经济等因素的存在，公共所有权在生态上和经济上都比私人所有权更有效率。[②] 公有制主导是我国社会主义

[*] 该文为国家社科基金重点项目《检察机关提起行政公益诉讼的理论反思与制度构建研究》（编号：15AFX009）、国家重点研发计划"公共安全风险防控与应急技术装备"重点专项 2018 年（司法专题任务）《重点领域公益诉讼案件动态监督关键技术研究》（编号：2018YFC0830800）阶段性成果之一。

[**] 中国政法大学法治政府研究院教授。

[①] Hardin Garrett, The Tragedy of Commons, 162 Science (1968), p. 1243 – 1248.

[②] 参见 [美] 丹尼尔·H. 科尔：《污染与财产权——环境保护的所有权制度比较研究》，严厚福、王社坤译，北京大学出版社 2009 年版，第 25—29 页。

经济体制的特征，但公有财产和资源的管制手段仍需进一步完善也是客观现实。解决办法之一是通过完善国家治理体系与治理能力，增加司法对行政的监督功效。2014 年 10 月，党的十八届四中全会发布的《中共中央关于全面推进依法治国若干重大问题的决定》提出"探索建立检察机关提起公益诉讼制度"。一项具有中国特色的公益司法保护制度①呼之欲出。当然，对于我国这样的行政管理大国而言，司法治理绝不可能替代行政管制；但其客观性、中立性可在一定程度上弥补行政治理之不足，形成国家多元治理机制的耦合。选择由宪法规定的法律监督机关提起公益诉讼涉及检察权与行政权的重新配置，自然事关国家治理体系的改革。2015 年 7 月 1 日，第十二届全国人大常委会第十五次会议作出了《关于授权最高人民检察院在部分地区开展公益诉讼试点工作的决定》（以下简称《授权决定》），授权最高人民检察院在北京等 13 个省、自治区、直辖市内共 846 家基层、市级检察院开展提起民事和行政公益诉讼两年的试点工作。7 月 2 日，最高人民检察院发布《检察机关提起公益诉讼改革试点方案》（以下简称《试点方案》）。

六枝案是试点期间检察机关提起的第三件环境行政公益诉讼案件，也是人民法院跨区划管辖并当庭宣判的第二件环境行政公益诉讼案件。除此之外，该案还创造了多项"第一"：第一件由省级人民检察院指定基层检察院办理的环境行政公益诉讼案件；第一件被人民法院驳回一项诉讼请求的行政检察公益诉讼案件；第一件诉基层人民政府的行政公益诉讼案件。案件引发了关于检察行政公益诉讼起诉条件、行政公益诉讼证明责任分配、乡镇人民政府环境管理职能内涵、跨行政区划管辖原则与办案权限的协同及确定标准以及在行政公益诉讼中人民法院应该有哪些审判职责等问题的讨论，为试点中后期同类型案件的办理提供了宝贵思路。本案判决生效后，六枝检察院还对判决执行情况进行监督。一次暗访和一次明查让丁旗镇人民政府加快了垃圾清理填埋、现场覆土和修建挡土墙的工作，促使法院判决内容全部履行，表明检察机关在公益司法保护全过程中都承担了积极责任。作为一个以环境正义为目标的案件，本案还提供了反思司法治理与行政治理关系的绝佳范本。

二、争议与反思

该案在五个方面引发了深入思考：检察公益诉讼的起诉条件是否应该比普通行政诉讼的起诉条件要求更高？检察机关提交公益损害初步证明的属性以及

---

① 参见刘艺：《检察公益诉讼的司法实践与理论探索》，载《国家检察官学院学报》2017 年第 2 期。

提交初步证明是否改变了行政诉讼的举证责任分配原则？检察公益诉讼的管辖原则应该如何确定？被告丁旗镇政府在案涉地块临时堆放垃圾是否违法？在行政公益诉讼中人民法院应该具备哪些审判职责？

（一）检察公益诉讼是否应该设置比普通行政诉讼更高的起诉条件

本案起诉时，公益诉讼人六枝特区检察院为证明丁旗镇政府行为违法且损害了社会公共利益，提供了《专家意见书》并申请出具该意见书的吴永贵教授出庭。有人对此提出反对意见，认为《试点方案》加重了检察机关的证明责任。另外，检察官对"国家和社会公共利益受到侵害的初步证据"中的"初步证据"的具体所指有疑问。比如，因环境损害鉴定费用高、鉴定周期长，检察机关通过聘请专家出具专家意见的方式来证明生态环境损害的状况是否可行？通过其他物证或者证人证言的方式是否可行？

《试点方案》要求检察机关起诉时需要提交国家和社会公共利益受到侵害的初步证据。① 这的确比《行政诉讼法》第 49 条规定的普通原告起诉条件要求更高。《试点方案》设定更高的起诉条件，主要基于三重理由。首先，行政公益诉讼是客观诉讼，公益受损具有客观性，应该用客观证据来证明；其次，检察机关启动诉讼的能力高于普通原告，调查能力也高于普通原告，应该承担更多的启动诉讼的证明责任；最后，确立更高的合理立案标准也是为防止检察机关选择性起诉或者报复性起诉。为达到合理立案标准，检察机关在调查行政违法行为时必须在主张事实的充分性和救济主张的合理性方面收集证据。② 本案公益诉讼人为符合起诉条件，准备了证明本案垃圾堆放造成环境污染、被告行政机关未履行法定职责的事实和证据，还对附近村民进行询问、对案件现场进行调查，并委托专家进行实地勘验和评估、申请专家出庭提供陈述等，完全达到《人民检察院提起公益诉讼试点工作实施办法》（2015 年 12 月 16 日）（以下简称《实施办法》）的起诉条件，为此后办理行政检察公益诉讼提供了范本。

（二）检察机关提交损害初步证明的属性以及提交证明是否改变了行政诉讼举证责任分配原则

本案出现了两份专家意见。一份是检察机关起诉时提交的专家意见；另一份是清镇市人民法院环资庭在庭审之前聘请专家出具的意见。开庭之前丁旗镇政府主动进行了整改，将垃圾予以清运，覆土后种上树木。人民法院因案件争

---

① 参见《试点方案》第二部分"主要内容"中第（二）部分"提起行政公益诉讼"第 4 条。
② 参见刘艺：《检察机关提起公益诉讼亟须厘清的几个问题》，载《学习时报》2015 年 8 月 27 日。

议事实发生变化，在庭审前聘请专家对丁旗镇政府整改情况进行实地查勘，固定证据，同时确认环境损害情况及拟定相应的修复方案。① 人民法院主动聘请专家出具专家意见属于积极履行审判职责的表现，值得称赞。

从法律依据看，尽管民事诉讼法及相关司法解释对专家辅助人进行了规定，但行政诉讼法与 2018 年出台的最高人民法院《关于适用〈中华人民共和国行政诉讼法〉的解释》（法释〔2018〕1 号），（以下简称《行政诉讼法适用解释》）都未规定专家辅助人的内容。《最高人民法院关于行政诉讼证据若干问题的规定》（法释〔2002〕21 号）里有专门知识的人出庭对鉴定意见质证，对专门问题发表意见，但并未明确规定专家辅助人的诉讼地位以及专家意见的属性。管辖本案的法庭是最高人民法院批准创设的全国首家专门管辖生态环保案件的清镇市人民法院环资庭。该法庭 2008 年就成立了环保专家咨询委员会，在案件审理过程中邀请环保专家就专业问题发表意见。因此，本案管辖法院无论在立案审查阶段还是在庭审阶段，都认同专家意见这种形式，且在经过严格审查之后还将专家意见直接写进了判决书中，用以指导被告采取相应的补救措施。

但本案这两份专家意见的性质是不同的。检察机关在起诉阶段提交的专家意见主要是"体验性"陈述，意在证明损害的客观存在，应视为当事人陈述，不应当成专家证人证言。而后一份专家意见是对专业问题进行回答、解释、说明，应属于专家证人证言。因为检察机关在起诉阶段无论提供鉴定意见、专家意见还是证人证言都属于起诉的前提条件之一，并不涉及举证责任分配问题，也并未破坏行政诉讼法的举证责任分配原则。但是，由于立法上对专家辅助人制度的定性不统一造成司法实践混乱。比如，本案庭审中人民法院要求被告对公益诉讼人提供的专家意见进行质证等。《中华人民共和国民事诉讼法释义》②中将《民事诉讼法》第 79 条③视为专家证人出庭。《最高人民法院关于适用〈中华人民共和国民事诉讼法〉的解释》（法释〔2015〕5 号）第 122 条则规定："具有专门知识的人在法庭上就专业问题提出的意见，视为当事人的陈

---

① 参见罗朝国、彭强：《检察机关提起环境行政公益诉讼若干问题探析——评六盘水市六枝特区人民检察院诉安顺市镇宁县丁旗镇人民政府》，载《法律适用》2017 年第 20 期。

② 王胜明主编：《中华人民共和国民事诉讼法释义》，法律出版社 2012 年版。该书由全国人民代表大会常务委员会法制工作委员会编写，王胜明主编，准确地反映了立法宗旨和法律条款内容，具有观点权威性和内容解释的准确性。

③ 根据我国《民事诉讼法》第 79 条规定："当事人可以申请人民法院通知有专门知识的人出庭，就鉴定人作出的鉴定意见或者专业问题提出意见。"

述。"而且最高人民法院明确指出专家辅助人常被错误地理解为专家证人。①
2018 年最高人民检察院《关于指派、聘请有专门知识的人参与办案若干问题
的规定（试行）》（高检发释字〔2018〕1 号）也认为此问题尚有争议，因此
未对这类证据进行定性。笔者认为，该问题是行政检察公益诉讼实践中亟须解
决的关键问题，应针对行政公益诉讼的特性以及提交的不同阶段，对由不同诉
讼参与人提交的意见进行区分与定性。

（三）管辖原则的突破与创新

人民法院和人民检察院都采取了跨区划指定管辖与办理本案。2015 年，
经最高人民法院批准，贵州省人民法院对环境案件采取的是"145"集中管辖
模式：1 个高级人民法院，4 个中级人民法院和 5 个基层人民法院设立生态环
境审判庭或人民法庭实行跨地级行政区域管辖贵州省 9 个地州市 88 个县市区
的环资案件。②清镇市人民法院环资庭管辖贵阳市、安顺市和贵安新区。本案
被告为安顺市镇宁自治县丁旗镇人民政府。根据《行政诉讼法》第 18 条跨区
划管辖原则与一般地域管辖原则，该案应由清镇市人民法院环资庭管辖。而清
镇环资庭一直坚持环资案件巡回审判模式，坚持到案发地，甚至是田间地头去
开庭。本案选择在安顺市中院开庭审理，正是遵循了这一原则。从庭审的效果
看，该案在案发地审判的宣传教育效果很好，实现了"审理一案教育一片"
的效果。

根据《实施办法》第 29 条第 1 款的规定，本案应由安顺市镇宁县检察院
提起。但镇宁县检察院并非试点检察院，无办案权限。六枝特区是试点检察
院，也是该案环境损害的结果地，且该案是六枝检察院在办理公诉案件中发现
的线索，因此指定由六枝检察院跨行政区划对本案进行管辖有合理性理据。但
根据《实施办法》第 29 条第 3 款规定，丁旗镇人民政府的上级安顺市人民检
察院无法指定六盘水市的六枝检察院来管辖此案。贵州省检察院参照《行政
诉讼法》第 18 条规定，突破了行政诉讼法的一般地域管辖原则，指定了本辖
区内无管辖权的试点检察院办理公益诉讼案件，让本案呈现出公益诉讼人、被
告和受理法院所在地都完全不同的局面；加上法院采取了异地开庭方式，本案
出现"四分离"的情形。

问题的解决可以回到《授权决定》。根据授权决定，最高人民检察院有权

---

① 沈德咏主编：《最高人民法院民事诉讼法司法解释理解与适用》，人民法院出版社 2015 年版。
该书是人民法院在民事诉讼法修改后贯彻实施工作领导小组对该《解释》的权威解读。

② 贵阳中院和清镇市人民法院环境资源庭、遵义中院和仁怀市人民法院环境资源庭、遵义县环
境资源庭、黔南州中院及福泉市人民法院环境资源庭、黔西南州中院及普安县人民法院环境资源庭。

决定授权省份内开展试点工作的检察院。如试点期间，最高人民检察院批准了《贵州省人民检察院关于开展提起公益诉讼试点的实施方案》和参与试点的市、县人民检察院名录。因此，本案的指定管辖可以由省级人民检察院报最高人民检察院批准即可。另外，跨区域指定管辖或者办理之后，会出现同一案件人民法院和人民检察院指定的法院和检察院辖区不同的问题。当然，宪法、行政诉讼法都没限制这种情形。但本案也暴露了法检不同步推行跨行政区划司法管辖制度改革必将带来的诸多法理问题。建立跨行政区划人民法院、检察院的改革源起于十八届三中全会决定提出的"探索建立与行政区划适当分离的司法管辖制度"。十八届四中全会发布的《中共中央关于全面推进依法治国若干重大问题的决定》明确提出"探索建立跨行政区划的人民法院和人民检察院，办理跨地区案件"。2014 年修改的《行政诉讼法》第 18 条只规定了最高人民法院批准若干人民法院跨行政区域管辖行政案件的情形；2017 年修改《行政诉讼法》时没有新增最高人民检察院有权批准跨区划人民检察院的权限。虽然检察公益诉讼制度正式确立，个案中因无授权而指定管辖的前提限制消除了，但最高人民法院、最高人民检察院《关于检察公益诉讼案件适用法律若干问题的解释》（法释〔2018〕6 号）第 5 条还是没有提出跨区划管辖的基本原则。笔者认为检察公益诉讼案件办理原则与管辖原则需要精巧的设计，且应正视环境损害发生地的检察机关往往比行为发生地或被告所在地的检察机关有更强意愿的现实，设置灵活的指定管辖原则，避免造成相关诉讼出现"主客场"现象。本案实践也说明，跨行政区划人民法院、人民检察院改革以及检察公益诉讼改革应统筹协调改革步伐，系统建构跨行政区划管辖的司法体制。

（四）被告丁旗镇政府决定在案涉地块临时堆放垃圾是否违法

案发前临时堆放垃圾的土地产权存在一定争议。丁旗镇政府认为土地的实际管理权归属于丁旗镇，由龙潭村享有集体土地产权。因此丁旗镇政府与龙潭村三户村民签订了土地租赁合同后指定该地块为临时垃圾堆放场。而六枝检察院提供文件证明该块面积 7.1383 亩土地已由贵州省人民政府划归六枝木冈镇人民政府管辖。因此，该临时垃圾堆放点是典型的邻避（Not In MyBackyard，NIMBY）项目。丁旗镇在争议地块上，更准确地说是直接在别人家后院建立临时垃圾堆放场，的确解决了自己人口多垃圾多的问题，却带来了严重的负外部性；当然木岗镇人民政府也存在管理缺位的问题。二者共同造成了邻避的环境污染问题。

本案中丁旗镇政府对人民法院认定自己主动设置临时垃圾堆放场的行为违

法表示不理解。根据 2015 年修改的《贵州省城镇垃圾管理办法》① 第 7 条第 2 项、第 10 条第 1 项、第 11 条第 1 项明确规定，负责本辖区内的垃圾管理工作的镇人民政府应该进行垃圾清运工作；而且规定了镇人民政府设置垃圾处理设施时应当根据《城市环境卫生设施设置标准》，设置封闭式垃圾箱、垃圾池、转运站等环保设施，并逐步关闭过渡性的简易设施。而丁旗镇人民政府既违法指定非本辖区的土地作为临时垃圾处置场地，也未采取防扬散、防渗透、防流失、防雨等防治措施。黔西喀斯特地形区域岩溶裂隙、管道较发达，堆放产生的垃圾渗滤液通过岩溶漏斗或者裂隙下渗进入岩溶管道将污染水资源与土壤资源，污染后果十分严重。但本案公益诉讼人和人民法院在起诉书和判决书中依据《固体废物污染环境防治法》第 40 条、第 41 条、第 42 条认定被告违反了环境管理义务，② 应属适用法律错误，因为《固体废物污染环境防治法》第 40 条、第 41 条、第 42 条规范的是城市生活垃圾。而该法第 49 条明确指出，农村生活垃圾污染环境防治的具体办法，由地方性法规规定；所以贵州省内乡镇人民政府垃圾管理职责的依据是《贵州省城镇垃圾管理办法》第 7 条第 2 项、第 10 条第 1 项、第 11 条第 1 项。

（五）在行政公益诉讼中人民法院应该具备哪些审判职责

人民法院在判决中支持了公益诉讼人第一项、第三项诉讼请求，驳回了第二项诉讼请求。这是试点期间第一件被法院驳回一项诉讼请求的案件。本案检察机关提起的三项诉讼请求其实已超越行政诉讼"一行为一诉"原则。起诉书中共提出三项诉讼请求，但实际指向两个行政行为：一是被告违法指定六盘水市木岗工业园区原龙岩飞机制造厂用地作为临时垃圾堆放场的行政行为；二是被告放任其辖区的龙潭村在该地块倾倒垃圾的不作为。人民法院在立案时并未要求公益诉讼人③变更诉讼请求，可见审判机关同意对公益诉讼人诉讼请求指向的两个行政行为进行实质合法性审查。但庭审开始之前被告下发通知之后，第二项诉讼请求已无提供救济必要，法院不可能再提供救济，理论上可以将以上情形列为诉由消失事项，适用驳回诉讼请求判决。但传统行政诉讼判决

---

① 2003 年 1 月 9 日贵州省人民政府第 64 号令发布，2003 年 3 月 1 日起施行；后又根据 2004 年 7 月 1 日《贵州省人民政府修改废止部分政府规章的决定》第一次修正和根据 2008 年 8 月 4 日《贵州省人民政府修改废止部分政府规章的决定》第二次修正。

② 参见《贵州省清镇市人民法院行政判决书》（2016）黔 0181 行初 12 号、《贵州省六枝特区人民检察院行政公益诉讼起诉书》（六检行公诉〔2015〕1 号）。

③ 《试点方案》规定检察机关以公益诉讼人身份提起行政公益诉讼。但 2018 年 3 月 2 日最高人民法院、最高人民检察院《关于检察公益诉讼案件适用法律若干问题的解释》规定，人民检察院以公益起诉人身份提起诉讼。但因该案发生在试点期间，仍然用公益诉讼人称谓来指称提起诉讼的检察机关。

类型适用情形并没有列举出这种情形，只规定诉讼请求不成立或者被告行为不违法才适用驳回诉讼请求。但这种适用情形与本案事实并不相符。本案中，检察机关在办理诉前程序时已向丁旗镇政府发出检察建议，督促其履行监管职责，禁止其辖区内的龙潭村在原龙岩飞机制造厂地块倾倒垃圾。但直至案件起诉时，丁旗镇政府都未对龙潭村违法倾倒垃圾的行为进行制止，公益诉讼人据此提出判令丁旗镇政府履行监管职责的诉讼请求有事实和法律依据。而丁旗镇政府在公益诉讼人起诉后才向龙潭村下达书面文件，禁止该村继续在原龙岩飞机制造厂地块倾倒垃圾。法院以检察机关的这项诉讼请求不成立或者被告违法行为不存在为由驳回第二项诉讼请求显然与事实不符。建议行政诉讼法或者相关司法解释增加"当诉讼请求已经解决或者已经没有提供救济的必要"时，可以因诉由消失而适用驳回诉讼请求。

其次，当诉讼请求看似实现时，人民法院还需对行政机关新作出的行政行为之合法性进行审查吗？无论是原告的诉权还是公益诉讼人的诉权都不包含要求完全符合实体权利义务状况判决，更不包括胜诉判决请求权的内涵。诉权的核心内容仍是符合程序公正原则的"提起诉讼，要求判决"诉讼请求权。[1] 因此，当诉讼请求已经实现，人民法院是可以做出驳回诉讼请求判决的。但从我国行政诉讼司法实践来看，法院往往会依据原告诉讼请求进行审理但并不会局限于原告的诉讼请求进行裁判。[2] 特别是行政公益诉讼属客观诉讼，法院审判应该对可诉行政行为进行全面、实质性的合法性审查。就本案而言，人民法院还可以围绕通知行为的合法性进行审查，其审查范围不受诉讼请求的限制。

最后，当诉讼请求的目的达成后，应由人民法院驳回诉讼请求还是应由公益诉讼人撤回诉讼请求？即是应该由人民法院释明公益诉讼人可以变更诉讼请求或者撤回诉讼，还是由公益诉讼人自己决定？该案审理之时，2018 年《行政诉讼法适用解释》并未出台，法院没有明确向公益诉讼人释明可变更或者撤回诉讼请求，而交由公益诉讼人自行决定是否放弃或者撤回诉讼，公益诉讼人在庭审中表示不再坚持这项诉讼请求。但公益诉讼人实际上享有三项权利：一是变更诉讼请求，并要求法院对新的行政行为进行审理；二是不变更诉讼请求，请求法院仍对原行政行为进行审理；三是因诉讼目的已实现而撤回诉讼请求。若公益诉讼人当庭明确表示不再坚持，则是放弃了以上三项诉讼权利。因是试点期初办理的案件，法检双方对于如何行使释明权和决定权都没有经验，

---

① 参见［德］康拉德·赫尔维格：《诉权与诉的可能性》，任重译，法律出版社 2018 年版，第146 页。

② 参见张松波：《论行政诉讼原告诉讼请求对法院的拘束力》，载《行政法学研究》2019 年第 1 期。

出现这些问题实属正常。但关于诉讼请求变更等问题，2018 年《行政诉讼法适用解释》第 94 条第 2 款规定人民法院主动释明与 2018 年"两高"《关于检察公益诉讼案件适用法律若干问题的解释》第 24 条规定人民检察院自主决定则采取了完全两种不同的审判模式，其间的分歧则需正视。

三、启发与展望

党的十八大以来，党和政府高度重视生态安全。十九大报告中提出构建政府为主导、企业为主体、社会组织和公众共同参与的环境治理体系时，却并未将司法机关作为环境治理体系的主体之一。实践证明，检察公益诉讼无疑是运行司法手段破解发展难题，补齐生态"短板"，维护生态安全，助推绿色发展的重要手段和积极探索。除了办理环境刑事案件之外，检察公益诉讼两年试点工作证明了公益诉讼为代表的新型司法治理手段也是环境治理、特别是基层环境治理的一种有效方式。据不完全统计，贵州省在试点期间起诉垃圾堆放点的案件共 42 件。从全国试点案件中被告类型统计数据来看，乡镇人民政府当被告的次数也位列前三甲。

但司法治理超越个案效力与行政治理形成系统性功效，才是国家治理能力提升的重要表现。因此，司法机关办理行政公益诉讼案件时并不应该将眼光局限于约束行政机关的层面，而应该考虑借助个案积极推动制度完善、增进社会整体福利。正如本案在提供诸多法理经验的同时，也反映出一些亟待解决的体制问题。特别从治理角度观察，环境行政公益诉讼制度需在以下几个方面进一步完善。

（一）"公开"促沟通

环境行政公益诉讼属客观诉讼。与主观诉讼相比，客观诉讼以恢复客观法律秩序为目标，具有鲜明的公共性。所谓"天下人管天下事"，环境行政公益诉讼先天就具有公开的需求。诉讼除了定分止争、保护权利外，本来也有信息公开与加强沟通的功能。通过检察机关发出检察建议、提起诉讼、人民法院作出判决并执行，可以公开污染信息、行政治理存在局限性的信息等。被告丁旗镇人民政府对检察机关的监督活动起初有一定的抵触情绪。作为最基层的治理主体，一直受到督查检查频繁、权力福利上移而责任压力下移等现实问题困扰。通过诉前检察建议、庭审与判决执行阶段的沟通，被告认识到垃圾没有倒与不倒的选择权，只有认真履职禁止倾倒的义务和规范临时垃圾堆放场的义务；只有努力克服封闭的决策机制之不足，才能防止环境邻避项目。如果没有司法公开，传统环境执法沟通关系只限于行政机关与相对人；环境行政公益诉讼司法程序建立了环境法律在行政阶段实施与在司法阶段实施的全流程公开机制。但是这种全流程公开机制还需进一步完善如公开办案过程中的专家意见、诉前检察建议、判决文书，也可以网上直播庭审等。只有采取了全流程公开才可以将环境治理沟通关系扩展到行政机关、检察机关、审判机关之外更大范围的主体参与到治理中来，并通过充分沟通寻求各方参与治理的最佳方案。

（二）"公益"靠协同

环境治理是典型的系统工程，而一个系统能否正常发挥功能与其各部分间是否协同运行紧密相关。环境行政公益诉讼作为环境治理这个大系统的一部分，其功能和机制设计应超越狭隘的司法视角，充分注意与其他相关机制的协同互动。以本案涉及的问题为例，农村垃圾处置场涉及水资源（包括地下水资源）和集体或者国有土地资源的保护和利用问题。这些资源的公共性质十分明确，违背公益的做法应该被制止，而这些公益的保护也绝不是某个机关或团体独自可以实现的。近期最高人民检察院与生态环境部等九部委联合印发《关于在检察公益诉讼中加强协作配合依法打好污染防治攻坚战的意见》（2019 年 1 月 2 日实施），已经有了比较成功的示范效果。但是从未来发展趋势来看，还需要更大范围和更深层次的协作。就农村垃圾治理问题，2015 年《全面推进农村垃圾治理的指导意见》（建村〔2015〕170 号）就由十个部委共同签署。而为了实现中共中央、国务院印发《乡村振兴战略规划》中提出2020 年实现 90% 以上行政村生活垃圾得到有效处理这一目标，不仅需要进一步完善环境行政治理，还需要人民法院、人民检察院在依法审理、依法提起农村农业禽畜、水产养殖污染物排放和农村生活垃圾排放案件时，防治农业面源污染，推进农村人居环境综合整治。并且通过个案办理类案，通过类案找出司法治理与行政治理的耦合机制，展开专项的多系统同步整治活动，实现央地协同、部门协同、官（方）民（间）协同、地区协同。

（三）"公平"要全面

环境正义是整体意义上的公平。环境行政公益诉讼作为一种司法治理手段首先要追求司法公平，但这种司法公平必须在整体公平之下才有实质意义。实际上，包括本案在内的众多环境行政公益诉讼案件从不同角度提示了整体环境公平的建构方向。例如，本案揭示了环境治理义务在国家、社会和个体之间的分配应该从整体角度进行全面衡量。国家为防止城镇垃圾往乡村转移设定了许多限制性措施，但因存在地方保护主义和部门自身利益，很难抵制环境行政决策或者环境执法惯性或者倾向性地让乡镇或者村集体承担更重的环境危害负担。而跨区划司法的中立性可以发挥一定的遏制作用。但是司法裁判的形式正义还需要与实质正义结合，个案中折射出来的正义观与长远的正义理念也应结合，地区的局部正义与整体环境正义理念应结合。根据行政治理组织原则下不同主体的执行能力和经济的能力差异，还应继续推进治理秩序的架构、层次、规范与权威等问题。① 本案厘清了乡镇人民政府在环境治理体制中只负转运而非处置职责，还应推动农村生活垃圾的现代化管制之实现，即理顺垃圾生产者（村民）、收集者（村集体组织）、转运者（镇人民政府）和处理者（县人民政府）都应承担相应的权利义务。② 只有兼顾了政策层面、经济层面、社会层面的整体正义理念的司法正义才具有普遍性和权威性。未来环境行政公益诉讼机制的完善应超越狭义的司法公平，应从整体公平角度进行建构。孟子曰："行之而不著焉，习矣而不察焉，终身由之而不知其道者，众也。"法学界和实务界不应停留在检察公益诉讼制度成功确立的喜悦中，更不应对制度运行中的问题"习矣不察"，而应努力完善相关机制，通过司法治理助力环境正义全面实现——正所谓"不忘初心，方得始终"。

（原载于《中国法律评论》2019 年第 2 期）

---

① See David Levi - Faur（edied），Oxford Handbook of Governance，Oxford UniversitYPress，2012，p. 83.

② 参见《 "十三五"生态环境保护规划》第五章第四节。

刑事附带民事公益诉讼的困局与出路[*]

刘加良^{**}

　　刑事附带民事公益诉讼是指具有程序性诉讼实施权的检察院在针对特定领域损害公共利益的犯罪行为提起刑事公诉时，附带向审理刑事案件的法院提起，请求判令致使公共利益受到损害的有责主体承担民事责任的诉讼。2018年，我国刑事附带民事公益诉讼异军突起，在检察公益诉讼起诉案件中独占鳌头，但"一条两款"的法源现状映衬出其欲实现有效运行而应尽快解决规则供给不足的问题。以制度变迁为逻辑起点，找准刑事附带民事公益诉讼的基本法律规范依据，是确定其特有规则体系之规模大小和内容构成的前提。目前，刑事附带民事公益诉讼在起诉主体和被诉主体层面遇到的困境，致使案件分流困难、附带起诉与单独起诉界限模糊，笔者于本文将重点用实证分析的方法，对刑事附带民事公益诉讼的基本法律规范依据和主体困境的破解进行研析，期待能够凝聚共识并对相关规则的精细化建构有所裨益。

一、刑事附带民事公益诉讼后来居上的原因

　　截至 2016 年 12 月底，检察机关提起公益诉讼试点地区检察机关提起公益诉讼 495 件（2016 年初为 12 件），其中行政公益诉讼 437 件、民事公益诉讼 57 件、行政附带民事公益诉讼 1 件。① 2016 年 12 月最高人民检察院印发的《关于深入开展公益诉讼试点工作有关问题的意见》首次提出探索提起刑事附

---

　　* 本文系国家社会科学基金项目"检察民事公益诉讼的基本法理与有效运行研究"（编号：19BFX108）的阶段性成果。

　　** 山东大学法学院副教授，山东大学检察理论研究中心（最高人民检察院检察基础理论研究基地）研究员，法学博士、博士后。

　　① 参见王地：《检察机关提起公益诉讼案件数量"井喷"的背后》，载《检察日报》2017 年 2 月 26 日。

带民事公益诉讼。① 2017 年 3 月 29 日安徽五河县检察院就董守伟、董守亚污染环境罪提起全国首例刑事附带民事公益诉讼。② 截至 2017 年 6 月，试点地区检察机关提起公益诉讼 1150 件，其中行政公益诉讼 1029 件（89.48%）、民事公益诉讼 94 件、行政附带民事公益诉讼 2 件、刑事附带民事公益诉讼 25 件（占起诉案件的 2.17%）。③ 不难看出，在 2015 年 7 月至 2017 年 6 月的两年试点期内，刑事附带民事公益诉讼很迟才具有规范依据，具体案例从无到有间隔了很长的时间，其对检察公益诉讼起诉案件"行主民辅"的基本结构尚不能构成冲击。

2017 年 7 月至 10 月，全国检察机关提起公益诉讼 40 件，其中行政公益诉讼 10 件、民事公益诉讼 4 件、刑事附带民事公益诉讼 26 件。④ 笔者在调研中了解到，2017 年 7 月至 12 月，全国检察机关提起公益诉讼 233 件，其中民事公益诉讼 29 件（占 12.45%）、刑事附带民事公益诉讼 74 件（占 31.76%）。自 2018 年 3 月 2 日起施行的最高人民法院、最高人民检察院《关于检察公益诉讼案件适用法律若干问题的解释》（以下简称《检察公益诉讼司法解释》）以联合司法解释的方式为刑事附带民事公益诉讼提供了正式的规范依据。2018 年 12 月 25 日最高人民检察院公益诉讼部门负责人在以"检察公益诉讼工作深入发展，实现办案全覆盖"为主题的新闻发布会上透露，与试点期间相比，刑事附带民事公益诉讼占比较高已成为检察公益诉讼办案中出现的新特点之一。⑤ 2019 年 1 月 17 日在北京召开的全国检察长会议披露，2018 年全国检察机关共提起公益诉讼 3228 件，是两年试点期间的 2.8 倍，其中行政公益诉讼占 18.2%、民事公益诉讼占 5.1%、刑事附带民事公益诉讼占 76.7%（2476件）。检察公益诉讼也有调结构的问题，"刑事附带民事公益诉讼相对简单，阻力、难度小。作为开局、探索，占了绝大多数，也并不容易"。⑥ 显而易见，

---

① 《关于深入开展公益诉讼试点工作有关问题的意见》第 5 点第一句指出："检察机关在履行职责中发现破坏环境资源保护罪或生产销售伪劣商品罪的刑事案件犯罪嫌疑人的违法行为侵害社会公共利益，符合提起民事公益诉讼条件的，可以探索一并提起刑事附带民事公益诉讼。"

② 参见周瑞平：《国内首例刑事附带民事公益诉讼宣判》，载《人民法院报》2017 年 7 月 18 日。

③ 参见徐日丹、闫晶晶、史兆琨：《试点两年检察机关办理公益诉讼案件 9053 件》，载《检察日报》2017 年 7 月 1 日。

④ 参见闫晶晶：《公益诉讼全面推开后全国检察机关四个月立案 4597 件》，载《检察日报》2017 年 11 月 30 日。

⑤ 参见闫晶晶、戴佳：《检察机关将积极审慎探索公益诉讼新领域》，载《检察日报》2018 年 12 月 26 日。

⑥ 刘嫚：《最高检检察长张军：公益诉讼需"调结构"重点监督政府部门行政执法不到位致公共利益受损问题》，载 https：//www.sohu.com/a/289626748_ 161795，最后访问日期：2019 年 6 月 15 日。

刑事附带民事公益诉讼在 2018 年呈现出"井喷"态势，起诉案件数量实现了从很少到很多的改变，检察公益诉讼起诉案件的基本结构受到根本性的冲击，之前"行主民辅"所带来的疑难问题因此被遮蔽很多。

2018 年是检察公益诉讼进入全面推进阶段的首个完整年度。刑事附带民事公益诉讼在 2018 年的高速发展，应主要归因于自上而下消灭办案空白的考核压力和刑事附带民事公益诉讼容易办理的客观特征。2018 年 11 月检察公益诉讼办案实现全覆盖，全国基层检察院全部消灭立案空白和诉前程序办案空白。① 这一成绩的取得与检察系统自上而下的督察压力和侧重数量的考核压力紧密相关，不少省份自我加压地把消灭起诉案件空白与消灭立案空白、诉前程序办案空白同时作为必须实现的目标。依据自 2015 年 1 月 7 日起施行的最高人民法院《关于审理环境民事公益诉讼案件适用法律若干问题的解释》第 6 条的规定，环境民事公益诉讼案件由中级以上法院管辖，中级法院将管辖权移转给基层法院须经过"一案一授权"的报批程序。依据自 2016 年 5 月 1 日起施行的最高人民法院《关于审理消费民事公益诉讼案件适用法律若干问题的解释》第 3 条的规定，消费民事公益诉讼案件只能由中级法院管辖。民事案件的受理规则致使检察民事公益诉讼之起诉主体的级别受制于审判法院的级别。基层检察院提起食药安全领域的消费民事公益诉讼肯定不被法院受理，基层检察院提起环境民事公益诉讼除非事先经过省级检察院与对应的高级法院流程烦琐的协商一致，不然也将无法通过"受理关"。这样，检察民事公益诉讼起诉主体的高阶化使得基层检察院在民事公益诉讼中近乎无所作为。行政机关在当地权力结构中的影响力远大于监察体制改革后职务犯罪侦查权已被剥离的检察院，这使得"不敢办"和"不愿办"成为部分基层检察院对待行政公益诉讼的公开态度。生态环境和资源保护、食品药品安全、国有财产保护和国有土地使用权出让四大领域所涉的行政机关对落实诉前检察建议书日渐重视，诉前程序行政机关整改率不断攀升，② 致使行政公益诉讼起诉案件的空间只能反向收窄，"办不成"和"办不好"由此成为不少基层检察院的共同担心。刑事附带民事公益诉讼相对应的刑事案件由中级法院一审的可能极小，③ 检察一体

---

① 参见闫晶晶、戴佳：《全国检察机关实现公益诉讼办案全覆盖》，载《检察日报》2018 年 12 月 26 日。

② 2018 年 1 月至 12 月全国检察机关办理的生态环境和资源保护领域公益诉讼案件的诉前程序行政机关整改率达到 97%。参见闫晶晶、徐盈雁：《环境资源公益诉讼诉前程序行政机关整改率达 97%》，载《检察日报》2019 年 2 月 15 日。

③ 根据我国《刑事诉讼法》第 21 条，危害国家安全、恐怖活动的刑事案件和可能判处无期徒刑、死刑的刑事案件才由中级法院一审。

化的办案机制使得基层检察院更容易从其内设的刑事检察部门发现办案线索，刑事证据可以为附带的民事侵权行为之要件事实的证明所用，这样就明显减少了附带的民事侵权行为事实证据的调查核实的工作量。这些因素的叠加，导致刑事附带民事公益诉讼备受基层检察院的青睐，外在的压力驱动和内在的趋易避难意识共同致使刑事附带民事公益诉讼在 2018 年数量大增，引人注目。

二、刑事附带民事公益诉讼的基本法律规范依据之争及其消弭

刑事附带民事公益诉讼的基本法依据是我国《刑事诉讼法》还是我国《民事诉讼法》，不仅会影响对"起诉书能否把《刑事诉讼法》列为法律依据之一""刑事附带民事公益诉讼提起前应否履行诉前公告程序"和"我国《人民陪审员法》自 2018 年 4 月 27 日起施行后一审法院审理刑事附带民事公益诉讼案件时是否必须适用七人陪审合议庭（四名人民陪审员和三名法官）"三个微观问题的确定性回答，而且会对检察公益诉讼的基本类型划分和我国《民事诉讼法》第 55 条第 2 款作为检察民事公益诉讼之基础性法律规范依据的覆盖面产生实质性影响。

2016 年 1 月最高人民检察院法律政策研究室时任主任万春在第八批指导性案例（检例第 28 号至第 32 号）新闻发布会上指出，检察民事公益诉讼和刑事附带民事诉讼在三方面有本质区别。其一，涉案范围不同。检察院提起刑事附带民事诉讼的前提是犯罪行为致使国家财产、集体财产遭受具体的物质损失；检察院提起民事公益诉讼的前提是范围比国家财产、集体财产更为宽泛的公共利益受到侵害。其二，涉及领域不同。检察民事公益诉讼的领域具有特定性，而检察院提起刑事附带民事诉讼则没有领域的限制。其三，诉讼前提不同。刑事附带民事诉讼以犯罪行为发生且提起公诉为前提，而检察院提起民事公益诉讼以没有适格主体或适格主体不起诉为前提。[①] 这种立足于规范分析、侧重阐释差异之处的官方解读说明，早在刑事附带民事公益诉讼于 2016 年 12 月拥有规范依据之前，作为检察公益诉讼规则创制之最大贡献者的最高人民检察院即放弃了从我国《刑事诉讼法》规定的制度框架中寻找依据的进路。然而，如此明确的解读在检察系统内部并未迅速成为共识。从笔者调研了解的情况看，《检察公益诉讼司法解释》于 2018 年 3 月施行前以及施行后的一段时间内，很多刑事附带民事公益诉讼起诉书都把我国《刑事诉讼法》第 101 条

---

① 参见徐日丹：《公益诉讼案例"升格"背后有何深意——最高检有关部门负责人就第八批指导性案例回应媒体关切》，载《检察日报》2016 年 1 月 5 日；万春等：《最高人民检察院第八批指导性案例解读》，载《人民检察》2017 年第 6 期。

作为法律依据之一。全国政协委员巩富文（2014 年 11 月至 2017 年 9 月任陕西省人民检察院副检察长）在 2018 年 3 月全国"两会"上建议应及时修改我国《刑事诉讼法》关于检察院提起刑事附带民事诉讼范围的规定，使其与民事公益诉讼的案件范围相一致，[①] 但 2018 年 10 月 26 日第十三届全国人民代表大会常务委员会第六次会议通过的我国《刑事诉讼法》第三次修正则对相应条款保持不变。

刑事附带民事公益诉讼提起前应否履行诉前公告程序，在很长的时间内众说纷纭。持否定观点的论者近乎一致地把"三十日的诉前公告程序会导致审查起诉期间的延长，会影响刑事公诉和附带民事公益诉讼的协同办理"作为首要的理由。[②] 针对履行了诉前公告程序的湖北省利川市人民检察院诉吴明安等人生产销售不符合安全标准食品刑事附带民事公益诉讼案，来自最高人民检察院的点评者对履行诉前公告程序持否定立场，其认为："刑事附带民事公益诉讼中，民事公益诉讼是附属于刑事诉讼的程序，刑事案件的审理和民事公益诉讼案件的审理同时进行，受刑事案件期限限制，检察机关公告后再由相关社会组织提起民事公益诉讼，在时间和程序上严重滞后。并且不论是检察机关还是相关社会组织提起民事公益诉讼，根本目的均是保护社会公共利益，只要社会公共利益得到有效充分的保障，提起诉讼主体没有必要进行严格的区分。"[③] 实践中，对未履行诉前公告程序的刑事附带民事公益诉讼，有的法院予以受理，[④] 有的法院则不予受理，相同情形却被差异化对待的问题赫然出现并持续至今，很多未履行诉前公告程序的案件之所以能够获得法院的受理，是因为检

---

① 参见白龙飞：《构建新时代中国特色公益诉讼立法体例》，载《检察日报》2018 年 3 月 8 日。

② 参见杨翔：《刑事附带民事公益诉讼应无须公告》，载《江苏法制报》2018 年 5 月 21 日；龙婧婧：《刑事附带民事公益诉讼可简化诉前程序》，载《检察日报》2018 年 12 月 12 日。

③ 周伟：《湖北省利川市人民检察院诉吴明安等人生产销售不符合安全标准食品刑事附带民事公益诉讼案》，载《中国检察官》2018 年第 14 期。

④ 江苏省淮安市清江浦区检察院于 2018 年 9 月 7 日就陈华等 14 名被告污染环境罪提起刑事附带民事公益诉讼，之前曾于 2018 年 6 月 9 日发布民事公益诉讼公告，公告期满后没有适格主体自愿起诉，参见魏从金、宦莉莉、曹亚楠：《回乡创业入歧途》，载《检察日报》2018 年 10 月 18 日；2018 年 5 月 16 日石家庄桥西区法院开庭审理刘某销售假药刑事附带民事公益诉讼案（系我国《人民陪审员法》施行后河北法院组成七人合议庭审理的公益诉讼首案），检察院在 2018 年 4 月起诉前曾发布公告，公告期满后没有适格主体起诉，参见雷德亮、乔西宣：《卖假药者涉嫌犯罪还被提起民事公益诉讼》，载《人民法院报》2018 年 5 月 17 日；重庆江津区检察院就王某生产、销售有毒、有害食品罪提起刑事附带民事公益诉讼（重庆首例提起十倍价款惩罚性赔偿请求的公益诉讼案）前，曾于 2018 年 8 月 3 日发布公告，公告期满后没有适格主体起诉，参见李立峰、沈悦：《制作血旺时添加福尔马林被判 10 倍赔偿》，载《检察日报》2019 年 4 月 24 日；浙江金华兰溪市检察院于 2019 年 5 月就章某涉嫌生产、销售假药罪提起刑事附带民事公益诉讼前，曾发布公告，公告期满后没有适格主体起诉，参见范宝华：《蹿红的乡村医生缘何成为公益诉讼对象》，载《检察日报》2019 年 5 月 20 日。

察院和法院进行了有利于己方的沟通协调，这种非常态、任意性的操作降低了检察公益诉讼的法治化水平。显而易见，若按否定论者的逻辑，就刑事附带民事公益诉讼而言，检察院将是唯一的起诉主体，检察公益诉权的谦抑性与补充性将不复存在，适格主体的公益诉权将失去用武之地，"社会国家化"将得到不当的强化；刑事附带民事公益诉讼将因具备完整的类型独立性而与检察民事公益诉讼、检察行政公益诉讼并列存在。

《检察公益诉讼司法解释》第 7 条规定，人民法院审理一审检察公益诉讼案件可以适用人民陪审制。这一规定因与我国《人民陪审员法》第 16 条冲突而很快被废止。在我国《人民陪审员法》施行后，法院审理一审检察公益诉讼案件适用人民陪审制具有法定的强制性，一审法院审理刑事附带民事公益诉讼案件时是否必须适用七人陪审合议庭从此成为崭新的论题。若应适用而未适用，则构成"审判组织的组成不合法"，这属于二审程序和准用二审程序的再审审理程序中发回重审以及再审申请审查程序中裁定再审的法定理由。虽然我国《人民陪审员法》第 16 条第（三）项所规定的涉及生态环境保护的社会影响重大案件、涉及食品药品安全的社会影响重大案件与根据我国《民事诉讼法》和《行政诉讼法》提起的公益诉讼案件可能存在重合，但如果刑事附带民事公益诉讼不以我国《民事诉讼法》为依据，一审法院适用七人陪审合议庭还需要同时满足"社会影响重大"的要件，此时一审法院必然要面对何谓"社会影响重大"的判断难题，判断的困难和较高的运行成本很可能会使一审法院放弃适用七人陪审合议庭，进而降低民众对刑事附带民事公益诉讼的参与度。2018 年暑期上海铁路运输法院以"属于涉及长江流域生态环境保护的社会影响重大案件"为由，组成七人陪审合议庭对马某甲、马某乙污染环境刑事附带民事公益诉讼案（上海首例环境资源领域的七人合议庭案件）开庭审理，此案适用七人陪审合议庭的依据是我国《人民陪审员法》第 16 条第（三）项。[①] 如此以"首例"为亮点的案例无法以小见大地说明一审刑事附带民事公益诉讼案件或然性适用七人陪审合议庭不会遇到区域差异或院际差异，其实在我国《人民陪审员法》施行后刑事附带民事公益诉讼案件由三人陪审合议庭或独任法官审理的案例依然存在。[②]

对《检察公益诉讼司法解释》中规定"制定目的""参照适用""刑事附

---

① 参见蔡新华、徐璐：《两男子利用雨水窨井偷排毒水获刑——上海首例七人大合议庭审理污染环境刑事案件开庭纪实》，载《中国环境报》2018 年 8 月 8 日。

② 辽宁省（营口市）大石桥市人民检察院于 2018 年 11 月 29 日就任某某销售有毒、有害食品罪提起刑事附带民事公益诉讼，辽宁省大石桥市人民法院适用简易程序，由法官任睿独任审判，并于 2018 年 12 月 13 日作出判决。参见辽宁省大石桥市人民法院（2018）辽 0882 刑初 570 号刑事判决书。

带民事公益诉讼"的条文（分别为第1条、第26条、第20条）进行文义解释和体系解释，进而得出"我国《刑事诉讼法》不是刑事附带民事公益诉讼的基本法依据"的结论，是规范出发型的论证尝试。从《检察公益诉讼司法解释》之"总—分—总"的结构和各部分的条文数量看（见表1），刑事附带民事公益诉讼未被赋予能够与检察民事公益诉讼、检察行政公益诉讼鼎足而立的地位，其只是被视为检察民事公益诉讼的特殊形态。"为正确适用《民事诉讼法》《行政诉讼法》关于检察公益诉讼制度的规定"是《检察公益诉讼司法解释》的制定目的，即便我国《刑事诉讼法》也有相关的规定，《检察公益诉讼司法解释》也不会承担促进其正确适用的使命。既然刑事附带民事公益诉讼母容置疑地是检察公益诉讼的下位概念，并且《检察公益诉讼司法解释》未规定的其他事项排斥适用我国《刑事诉讼法》及相关司法解释，那么其基本法依据只能被锁定为我国《民事诉讼法》。

表1 《检察公益诉讼司法解释》基本构成

编号	名称	具体条文
第一部分	一般规定	第1条至第12条
第二部分	民事公益诉讼	第13条至第20条
第三部分	行政公益诉讼	第21条至第25条
第四部分	附则	第26条至第27条

时至当下，凝聚共识和克服实践乱象已刻不容缓，规范出发型论证尝试的说服力已呈现出渐趋衰竭的态势，聚焦于立法权限的法理分析亟待登场。刑事附带民事公益诉讼涉及刑事责任与民事责任的共存与吸收问题，在被告同一的情形下，其对民事责任的先行承担（属于认罪悔罪的表现）会影响到法院对其刑事责任的判定[①]。由此可知，刑事附带民事公益诉讼不仅涉及诉讼制度，还涉及犯罪与刑罚。根据我国《立法法》第8条的规定，有关诉讼制度、犯罪与刑罚的事项只能制定法律（制定主体为全国人大和全国人大常委会），故《检察公益诉讼司法解释》无法成为刑事附带民事公益诉讼的最高法源。在检

[①] 2018年10月修改后的我国《刑事诉讼法》第15条增加规定认罪认罚从宽制度。最高人民检察院检察委员会专职委员、第一检察厅厅长张志杰在2019年2月14日国务院新闻办公室举办的中国生态环境检察工作新闻发布会上指出，检察院在办理破坏环境资源保护犯罪案件中，把生态修复作为犯罪嫌疑人、被告人认罪、悔罪的表现。对积极自愿履行生态修复义务的犯罪嫌疑人、被告人，确需提起公诉的，可依法向法院提出从轻量刑的建议。参见徐盈雁、闫晶晶：《公地治理的世界性难题是如何破解的》，载《检察日报》2019年2月15日。

察公益诉讼于 2017 年 6 月整体上获得国家立法确认之前，刑事附带民事公益诉讼不可能先行拥有基本法律规范的依据。如果一味等待我国《刑事诉讼法》的未来修改并拒绝把《民事诉讼法》作为刑事附带民事公益诉讼的上位法，一方面相当于指责刑事附带民事公益诉讼的过往运行欠缺合法性，另一方面相当于默认刑事附带民事公益诉讼在我国《刑事诉讼法》未来修改前仍可违法运行。在"凡属重大改革必须于法有据"已成为指导改革方针的形势下，如此举动不会获得国家治理决策层的容忍与认可，也不会获得民众的理解与支持。

将我国《民事诉讼法》确定为刑事附带民事公益诉讼的基本法律规范依据，首先，可避免刑事附带民事公益诉讼削足适履地适用我国《刑事诉讼法》及其司法解释所规定的刑事附带民事诉讼制度，可把刑事附带民事公益诉讼运行的合法性追溯到 2017 年 6 月检察民事公益诉讼入法之时，可使赔礼道歉的诉讼请求在既有的法制框架中找到依据，进而有助于从物质损害赔偿和精神损害赔偿两个维度同时实现对公共利益的周全保护；其次，可避免刑事附带民事公益诉讼成为诉前程序适用的例外类型，有助于捍卫检察公益诉权的谦抑性与补充性，可确保适格主体的民事公益诉权不被剥夺，有助于借诉前公告期对刑事公诉产生的压力来厘清附带起诉和单独起诉的关系以增加检察民事公益诉讼的起诉案件数量；最后，可避免一审刑事附带民事公益诉讼案件适用七人陪审合议庭的判断困难，可明确我国《人民陪审员法》第 16 条第 （二）项是一审刑事附带民事公益诉讼案件必须适用七人陪审合议庭的依据，有助于借助七人陪审合议庭在促进民众参与方面的优势来提高检察公益诉讼的社会知晓度。

三、刑事附带民事公益诉讼的主体困境及其破解

（一）起诉主体困境及其破解

刑事附带民事公益诉讼起诉主体的级别受制于刑事案件审判管辖的确定，因为依《检察公益诉讼司法解释》第 20 条第 2 款，刑事附带民事公益诉讼案件由审理刑事案件的法院管辖。破坏生态环境和资源保护、食品药品安全领域侵害众多消费者合法权益等损害社会公共利益的刑事案件一般不是影响到全省（自治区、直辖市）或全国的一审重大刑事案件，故这类刑事案件由高级法院或最高法院一审管辖将极其罕见。

进一步观察，我国《刑事诉讼法》第 21 条规定危害国家安全、恐怖活动的一审刑事案件和可能判处无期徒刑、死刑的一审刑事案件由中级法院管辖。可见，罪名和最高法定刑是确定中院管辖一审刑事案件之范围的并列判断因

素。环保领域可提起刑事附带民事公益诉讼的罪名除了我国《刑法》第六章第六节"破坏环境资源保护罪"（第338条至第345条）所规定的15个外，①还包括走私珍贵动物、珍贵动物制品罪（我国《刑法》第151条第2款），走私国家禁止进出口的货物、物品罪（我国《刑法》第151条第3款），走私废物罪（我国《刑法》第152条第2款），非法转让、倒卖土地使用权罪（我国《刑法》第228条），非法经营罪（我国《刑法》第225条），放火罪（《刑法》第114条、第115条第1款），失火罪（《刑法》第115条第2款），②投放危险物质罪（《刑法》第114条、第115条第1款），过失投放危险物质罪（《刑法》第114条、第115条第1款），非法制造、买卖、运输、储存危险物质罪（《刑法》第125条第2款），盗窃、抢夺危险物质罪（《刑法》第127条第1款），抢劫危险物质罪（《刑法》第127条第2款），非法携带危险物品危及公共安全罪（《刑法》第130条），重大责任事故罪（《刑法》第134条），危险物品肇事罪（《刑法》第136条）、③盗窃罪（《刑法》第264条）等罪名。④食药安全领域可提起刑事附带民事公益诉讼的罪名除了《刑法》第三章第一节"生产、销售伪劣商品罪"（第140条至第144条）所规定的5个外，⑤还有非法经营罪等罪名。在这些罪名中，最高法定刑为无期徒刑的只有八个（走私珍贵动物、珍贵动物制品罪，非法制造、买卖、运输、储存危险物质罪，盗窃、抢夺危险物质罪，抢劫危险物质罪，盗窃罪，生产、销售伪劣产品罪，生产、销售劣药罪，生产、销售不符合安全标准的食品罪），最高法定刑

---

① 这15个罪名依次是污染环境罪，非法处置进口的固体废物罪，擅自进口固体废物罪，非法捕捞水产品罪，非法猎捕、杀害珍贵、濒危野生动物罪，非法收购、运输、出售珍贵、濒危野生动物、珍贵、濒危野生动物制品罪，非法狩猎罪，非法占用农用地罪，非法采矿罪，破坏性采矿罪，非法采伐、毁坏国家重点保护植物罪，非法收购、运输、加工、出售国家重点保护植物、国家重点保护植物制品罪，盗伐林木罪，滥伐林木罪，非法收购、运输盗伐、滥伐的林木罪。

② 笔者调研得知，山东省日照市岚山区人民检察院2018年5月对刘加振提起刑事附带民事公益诉讼对应的罪名就是失火罪。该案中作为被烧毁的省级重点公益林之集体所有权人的岚山区巨峰镇柿树园村放弃提起刑事附带民事诉讼。

③ 陕西省忻州市静乐县人民检察院2017年11月对祁某、贾某提起的刑事附带民事公益诉讼对应的罪名是危险物品肇事罪。参见马倩如：《粗苯泄漏造成环境污染》，载《检察日报》2018年1月8日。

④ 山东省滨州市无棣县人民检察院2018年4月对许某某提起的刑事附带民事公益诉讼对应的罪名是盗窃罪。该案于2019年4月公开开庭审理并当庭宣判，徐某某被判处有期徒刑六个月、缓刑一年；此案因"将取土量不多、涉案金额较小、罪名难以确定的非法取土行为定性为盗窃国家、集体财产，以盗窃罪对被告人课以刑罚，在定罪上实现了新的突破"而于2019年6月被山东省高级人民法院公布确定为十起环境资源审判典型案例之一。参见山东省滨州市无棣县人民法院（2018）鲁1623刑初77号刑事附带民事判决书。

⑤ 这5个罪名依次是生产、销售伪劣产品罪，生产、销售假药罪，生产、销售劣药罪，生产、销售不符合安全标准的食品罪，生产、销售有毒、有害食品罪。

为死刑的只有两个（生产、销售假药罪和生产、销售有毒、有害食品罪），其余罪名的法定刑均没有无期徒刑、死刑的设置。另外，从司法实践的状况看，破坏环境资源保护犯罪案件罪名相对集中、会持续增的罪名不多，[①] 食药犯罪呈现出轻刑化特征。[②] 由此可知，可提起刑事附带民事公益诉讼的刑事案件由中级法院一审管辖的少之又少，这决定了刑事附带民事公益诉讼案件在实然层面几乎全是由基层检察院提起并由基层法院审理的。

刑事附带民事公益诉讼起诉主体的基层化已经构成对海事法院案件受理范围规则和民事级别管辖规则的严重冲击，规则适用不统一的现象已经存在。根据自 2016 年 3 月 1 日起施行的最高人民法院《关于海事法院受理案件范围的规定》，污染海洋环境、破坏海洋生态责任纠纷案件由海事法院专门管辖，一般法院对其无权管辖。尽管最高人民法院近年来先后发布多个文件调整高级法院和中级法院管辖第一审民事案件的标准，但基层法院管辖一审民事案件的标的额仍被有所区分地设有上限（见表 2）。刑事附带民事公益诉讼由基层检察院提起并由基层法院审理的实践常态，不仅会使海洋生态环保领域的公益诉讼案件由海事法院大量地流向地方法院，而且会使超过基层法院管辖诉讼标的限额的案件被轻易截留在基层法院审理，这些案件被诉主体的级别管辖利益和地域管辖利益则会被非法剥夺。如此的判断并非主观臆测，其已经被典型案例所印证。2018 年 3 月 22 日江苏省（属连云港市）灌南县人民检察院对山东某渔业有限公司（以下简称：某公司）、何某某等 18 名被告人向江苏省灌南县人民法院提起公诉，同时对 46 名被告及某公司等 3 个单位提起刑事附带民事公益诉讼，请求判令被告以增殖放流、劳役代偿、建立海洋牧场等方式修复海洋生态或赔偿修复费用 1.3 亿余元及承担损害调查、评估费用，并在媒体公开赔礼道歉。[③] 此案若采取单独起诉的方式，则应由当时管辖区域为江苏及上海沿海海域（包括洋山深水港及周边海域）和长江水道浏河口以下通海水域的上海海事法院管辖，二审则应由上海高院人民管辖。

---

① 在 2018 年全国检察机关办理的生态环境领域刑事案件中，滥伐林木罪和非法占用农用地罪案件占我国《刑法》第六章第六节全部犯罪案件的 50％，非法捕捞水产品罪和非法采矿罪（批捕人数、案件数同比分别上升了 190％和 145％）案件上升迅猛。参见徐盈雁、闫晶晶：《公地治理的世界性难题是如何破解的》，载《检察日报》2019 年 2 月 15 日。

② 2015 年至 2017 年江苏省苏州市全市法院共审结 191 件涉 327 人的食药犯罪案件，判处缓刑 161 人（占比 49.24％），判处三年以下有期徒刑 114 人（占比 34.86％）；证据固定困难影响违法所得的认定，在一定程度上导致量刑较轻。参见王岑、李雄、丁瑞琦：《发挥司法审判职能守卫舌尖上的安全——江苏苏州中院关于食品药品犯罪案件的调研报告》，载《人民法院报》2018 年 5 月 31 日。

③ 韩东良、王从帅：《灌南检方公诉偷捕大案》，载《中国环境报》2018 年 4 月 2 日。

表 2　一审民事案件级别管辖

省域	当事人住所地均在受理法院所处省级行政辖区		当事人一方住所地不在受理法院所处省级行政辖区	
	中级法院	高级法院	中级法院	高级法院
京、沪、苏、浙、粤	1 亿元以上	50 亿元以上	5000 万元以上	50 亿元以上
津、冀、晋、蒙、辽、皖、闽、鲁、豫、鄂、湘、桂、琼、川、渝、贵、陕、新	3000 万元以上		2000 万元以上	
吉、黑、赣、云、甘、青、宁	1000 万元以上		1000 万元以上	
藏	500 万元以上		500 万元以上	

　　为克服刑事附带民事公益诉讼的起诉主体困境，实践中出现了基层检察院根据我国《宪法》第 132 条关于"上级检察院领导下级检察院"的规定或 2018 年 10 月修改的我国《人民检察院组织法》第 24 条关于"上级检察院可以办理下级检察院管辖的案件"的规定将管辖权向上转移给上一级检察院的做法。例如，四川省（属雅安市）石棉县检察院将雷某等五人涉嫌非法捕捞水产品罪移送雅安市人民检察院审查起诉，2018 年 7 月 30 日雅安市检察院向雅安市中级人民法院提起刑事附带民事公益诉讼，请求判令五被告承担生态环境修复费用 9.75 万元；2018 年 10 月 9 日雅安市中级人民法院公开开庭审理此案，判决雷某等五人 10 日内连带赔偿生态环境修复费用 9.75 万元。① 这种与《检察公益诉讼司法解释》第 20 条第 2 款几乎截然相反、"就高不就低"的做法并不能产生规模化的效应，因为管辖权上移是案件管辖规则的补充性、例外性设计，一旦将其常规化，不仅会侵蚀案件管辖规则的科学性与体系性，而且会实质性地加重基层以上级别的检察院办理刑事公诉案件和刑事附带民事公益诉讼案件的负担。可以预见，出于避免办案负担加重的考虑，基层以上级别的检察院不久就会对基层检察院的管辖权上移申请持排斥态度。

　　尊重现有的海事法院案件受理范围规则和民事级别管辖规则，把海洋生态环保领域的案件和诉讼标的额（主要体现在赔偿损失请求项中）超出基层法

---

　　① 参见刘德华、易雪艳、钟锦鸣：《一条朋友圈炫耀微信引出电鱼案》，载《检察日报》2019 年 2 月 19 日。

院管辖上限的案件排除到基层检察院可提起刑事附带民事公益诉讼的范围之外，是克服其起诉主体困境的更好方案。如此一来，有利于增加基层以上级别检察院单独提起民事公益诉讼的案件数量，促进检察公益诉讼起诉案件的结构趋于合理，保障被诉主体的管辖利益，提高检察公益诉讼裁判文书的社会认可度。

值得指出的是，目前法院对环境资源案件集中管辖的持续推进，会对刑事附带民事公益诉讼的起诉主体数量和案件类型分布产生不小的影响。2019 年 1 月 2 日最高人民检察院、生态环境部、国家发展和改革委员会、司法部、自然资源部、住房和城乡建设部、交通运输部、水利部、农业农村部、国家林业和草原局联合印发的《关于在检察公益诉讼中加强协作配合依法打好污染防治攻坚战的意见》第 6 条规定："在法院实行环境资源案件集中管辖的地区，需要提起诉讼的，一般移送集中管辖法院对应的检察院提起诉讼。"《江苏省高级人民法院关于设立环境资源法庭并跨区域管辖环境资源案件的通知》（苏高法〔2019〕16 号）第四部分指出："要建立公安、检察、法院异地管辖对接机制，对于刑事诉讼、检察公益诉讼案件，协调检察机关采取相应的集中管辖，由集中管辖检察院向具有管辖权的环境资源法庭提起诉讼，或由检察机关属地管辖，跨越行政区划向具有管辖权的环境资源法庭提起诉讼。"2019 年 5 月江苏法院全面启动环境资源审判 "9 + 1" 机制改革，以生态功能区为单位设置环境资源审判法庭，在南京设立西南低山丘陵区域环境资源法庭，在苏州设立太湖流域环境资源法庭，在无锡设立长江流域环境资源第一法庭，在南通设立长江流域环境资源第二法庭，在淮安设立洪泽湖流域环境资源法庭，在盐城设立黄海湿地环境资源法庭，在连云港设立灌河流域环境资源法庭，在徐州设立淮北丘岗区域环境资源法庭，在宿迁设立骆马湖流域环境资源法庭，设立环境资源法庭的法院集中管辖全省由基层法院管辖的一审环境资源案件，其余基层法院不再受理、审理环境资源案件；在南京市中级人民法院设立南京环境资源法庭，集中管辖九个生态功能区法庭所审结案件的上诉案件和全省中级法院管辖的环境资源案件。[①] 可以预见，在环境资源案件实行集中管辖的区域，刑事附带民事公益诉讼由与集中管辖法院对应的检察院提起将成为常规，与集中管辖法院不对应但数量占有绝对优势的检察院将丧失提起刑事附带民事公益诉讼的主体资格，并将丧失提高应对庭审以及后续执行之专业能力的机会，它们会将办案的重心移向食药安全领域；对起诉主体资格的垄断会让与集中管辖

[①] 顾娟、刘露：《江苏法院全面启动环境资源审判机制改革》，载《民主与法制时报》2019 年 5 月 18 日。

法院对应的检察院本能地把办案重心锁定在生态环保领域，对食药安全领域要么无暇兼顾，要么放弃。

（二）被诉主体困境及其破解

从范围层面看，刑事附带民事公益诉讼的被告与刑事被告人的关系可分为全同模式、全异模式（如表3中案例3）、交叉模式（如表3中案例5）、包含模式（如表3中案例2、案例4）和包含于模式（如表3中案例1），后四种模式的出现意味着刑事附带民事公益诉讼被告与刑事被告人不一致。

表3　刑事附带民事公益诉讼被告与刑事被告人不一致的部分案例概况

编号	起诉主体	起诉时间	刑事附带民事公益诉讼被告	刑事罪名	刑事被告人	出处
1	云南鲁甸县检察院	2018 年 11 月	胡某、郭某、段某	生产、销售不符合安全标准的食品罪	胡某等 17 人	《检察日报》2019 年 1 月 2 日
2	安徽芜湖镜湖区检察院	2018 年 7 月 16 日	某精密螺丝（浙江）有限公司、平湖某金属回收有限公司及李某某、涂某某等 13 个被告	污染环境罪	平湖某金属回收有限公司不是刑事被告人	《检察日报》2018 年 7 月 18 日
3	上海铁路运输检察院		三刑事被告人所供职的位于上海松江区的某公司	污染环境罪	龚某、贺某和向某	《中国环境报》2018 年 8 月 3 日
4	江苏连云港灌南县检察院	2018 年 3 月 22 日	某公司等三家单位和何某某等 46 名自然人被告	非法捕捞水产品罪	某公司、何某某等 18 名被告人	《检察日报》2018 年 3 月 23 日
5	江苏无锡惠山区检察院	2018 年上半年	河南某医药科技公司、河南某药业公司、牛某、万某	生产、销售假药罪	河南某医药科技公司法定代表人冯某、河南某药业公司法定代表人郭某、牛某、万某	《检察日报》2018 年 4 月 20 日

最高人民法院从发布《检察公益诉讼司法解释》开始把"刑事附带民事

公益诉讼被告与刑事被告人一致"作为受理刑事附带民事公益诉讼的必要条件来对待。2018年3月最高人民法院副院长江必新解读《检察公益诉讼司法解释》时指出，新增刑事附带民事公益诉讼是"鉴于刑事诉讼和民事公益诉讼的诉讼主体一致，基本事实相同"，目的在于"节约诉讼资源，提高诉讼效率，妥善确定犯罪嫌疑人的刑事责任和民事责任"。① 如此设定制度目的，显示了国家本位主义和效率优先主义，程序保障主义和公正优先主义黯然而退，这样，刑事附带民事公益诉讼在价值追求方面存在一定偏差。在2018年11月召开的第二次全国法院环境资源审判工作会议上，最高人民法院环境资源审判庭时任副庭长王旭光明确指出："在刑事附带民事公益诉讼案件中，如果存在附带民事公益诉讼被告与刑事被告人范围不一致等不符合附带审理条件的，可以释明民事公益诉讼应当单独提起。"② 然而，表3中的案例说明，最高人民法院的相关解读与要求并未很好地成为检法系统的办案准则，法院对附带起诉和单独起诉的释明责任没有履行到位。

在全同模式下，刑事被告人出于争取从宽量刑的考虑，积极赔偿的意愿较强，实际获得赔偿的可能更大，附带民事公益诉讼的裁判结果往往能够提前实现或有效实现，民事责任会对刑事责任进行部分的吸收，二审程序被提起的概率会相应地降低，案结事了的效率得到彰显。在单位不构成犯罪但须对与犯罪行为竞合的民事侵权行为承担责任时，全异模式、交叉模式或包含模式就会出现，此时检察院对无刑责主体须履行有异于侦查程序的取证程序，无刑责主体为有刑责主体争取量刑从宽的动机不具有必然性和直接性，相反，其会在民事责任最小化之目标的驱动下产生程序上的激烈对抗，审判组织对程序的组织指挥会面临很大的挑战，刑事附带民事公益诉讼之"缩短办案周期，节省诉讼资源，妥定法律责任"的制度目的将很难实现。在包含模式下，检察院确定刑事附带民事公益诉讼之被告的合理性极易被质疑，有无赔偿能力若成为确定标准，虽然有利于解决民事部分之裁判结果实现难的问题，但"有钱从宽"的实践外观将会在同一案件中客观呈现且无法被给予低度容忍。

"不明显拖延刑事诉讼进程"和"被诉主体人数较少，案情较为简单"均不能成为接受刑事附带民事公益诉讼被告与刑事被告人不一致的理由。其原因主要是以下两个。其一，对是否构成明显拖延刑事诉讼进程的主客观认定有赖

---

① 参见江必新：《认真贯彻落实民事诉讼法、行政诉讼法规定全面推进检察公益诉讼审判工作——〈最高人民法院、最高人民检察院关于检察公益诉讼案件适用法律若干问题的解释〉的理解与适用》，载《人民法院报》2018年3月5日。

② 王玮：《如何判断被诉行政机关是否依法履职》，载《中国环境报》2018年11月29日。

于起诉主体视角、被诉主体视角和裁判者视角的有机结合，然而这三类主体对刑事诉讼进程快慢的诉求以及能够施加的影响却存在很大的差异，"仁者见仁，智者见智"的分歧性认定难以避免。其二，何谓"人数较少"和"案情较为简单"，至今没有明确的规范标准和达成共识的理论标准，其容易成为基层检察院截留案件或推诿案件的借口。

把"刑事附带民事公益诉讼被告与刑事被告人一致"设定为法院受理的硬性条件，一方面有助于破解全异模式、交叉模式、包含模式和包含于模式下所存在的困境，有利于确保刑事附带民事公益诉讼的制度目的得到完美的实现；另一方面有助于为附带起诉和单独起诉划出清晰可见、简便易判的界限以促进基层检察院和基层以上级别检察院的办案负担趋于均衡。

四、余论

"从公益性诉讼实施权配置的角度来分析，无论是社会组织还是检察机关，其提起民事公益诉讼均不在于维护其自身合法权益，前者动员社会资源维护社会公共利益，后者利用公共资源维护社会公共利益。"[①] 刑事附带民事公益诉讼的运行，必须重视国家资源的投入产出比，低投入产出比的相关实践越少越好。2019年1月，最高人民检察院完成内设机构改革，省级以下检察院内设机构改革全面展开。[②] 受制于业务机构的数量，基层检察院独立设置公益诉讼案件办案机构将相当罕见，公益诉讼和民事检察、行政检察归属同一业务机构的情形将极为普遍。办案机构的非独立化、人员编制的屈指可数以及起诉审批权自2019年1月起由省级检察院下放至市级检察院，办理刑事附带民事公益诉讼案件还是会继续成为基层检察院无奈的选项或本能的"爱好"。若被告持续以社会底层人员（如因犯生产、销售不符合安全标准的食品罪而被追责的炸油条摊贩）居多，则刑事附带民事公益诉讼就会给人"捡软柿子捏"的不好印象，办案质量和效果就不会得到实质性的提高。本文的探讨尽管以促进刑事附带民事公益诉讼的有效运行为依归，但无法做到一应俱全，还需接力性的探讨。

（原载于《政治与法律》2019年第10期）

---

① 黄忠顺：《公益性诉讼实施权配置论》，社会科学文献出版社2018年版，第152页。

② 参见姜洪：《最高检组建十个业务机构突出系统性整体性重构性》，载《检察日报》2019年1月4日。

检察公益诉讼若干程序问题研究

高德清[*]

2017 年 6 月 27 日，第十二届全国人民代表大会常务委员会第二十八次会议通过关于修改《中华人民共和国民事诉讼法》和《中华人民共和国行政诉讼法》（以下分别简称《民事诉讼法》《行政诉讼法》）的决定，增加了检察机关提起公益诉讼条款，自 2017 年 7 月 1 日起施行，检察公益诉讼制度正式建立。2018 年 4 月 27 日，第十三届全国人民代表大会常务委员会第二次会议通过《中华人民共和国英雄烈士保护法》（以下简称《英烈保护法》），将侵害英烈姓名、肖像、名誉、荣誉的行为纳入检察公益诉讼范围。随着司法实践的深入，由于制度供给不足，检察公益诉讼的一些程序问题日益凸显，亟待依据民事、行政诉讼的一般理论和制度，结合公共利益保护需要加以解决。本文就检察公益诉讼实务中的诉讼时限（起诉期限）、管辖、诉讼竞合、适格被告等问题作一探讨，以期为完善立法和法律适用提供有益的借鉴。

一、诉讼时效（起诉期限）问题

检察公益诉讼时效（起诉期限）应当遵循民事、行政诉讼时效（起诉期限）的一般规定。但由于起诉主体的特殊性，检察机关在公益诉讼中是公共利益的代表，自身没有利益需要保护，不是当事人，对侵害公共利益的行为无法立即、直接感知，因而，检察公益诉讼时效（起诉期限）与普通民事、行政诉讼时效（起诉期限）又有所区别，主要表现在诉讼时效（起诉期限）起算点的确定上。[①]

（一）民事公益诉讼时效起算点

在普通民事诉讼中，诉讼时效自权利人知道或者应当知道权利受到损害以

---

* 浙江省人民检察院民事行政检察处副处长，三级高级检察官。

① 检察公益诉讼是由诉前程序与诉讼程序共同构成的新型的复合型诉讼模式以及由此形成的诉前和诉讼两种形态，启动诉前程序和发出检察建议也存在期限问题。本文主要着重于探讨提起诉讼的时效（起诉期限），对于启动诉前程序和发出检察建议的期限暂时不作讨论。

及赔偿义务人之日起计算。在民事公益诉讼中，检察机关是行使诉讼权利的主体，诉讼时效自然从检察机关知道或应当知道公共利益受到损害以及赔偿义务人之日起计算。结合检察机关的履职特点，"检察机关知道或者应当知道"中的"知道"，是指检察机关通过接受公众举报、其他机关移送、检察机关自行收集或检索自办案件等途径，获得公共利益受到损害的信息并知悉赔偿义务人；"应当知道"，是指根据客观事实推定检察机关知道公共利益受到损害并知悉赔偿义务人。实践中有两种情形需要处理：

第一，检察机关从本院办理的其他案件中获取线索的公益诉讼案件诉讼时效起算点的确定。检察机关从本院办理的案件（例如审查逮捕、审查起诉、控告申诉案件）中获得线索，进而提起民事公益诉讼的，应当自检察机关受理相关案件之日起计算诉讼时效，而不以民事行政检察部门接收案件之日为诉讼时效起算点。在检察公益诉讼中，行使诉讼权利的主体是人民检察院，而不是侦查监督、公诉、控告申诉检察、民事行政检察或案件管理部门这些具体的检察业务部门。这些部门之间的分工只具有检察机关内部性质，不直接对外产生效力。它们一般也不能以自己的名义，而只能以检察院的名义行使权力。其中一个部门获得了案件线索，即应视为人民检察院获得了线索。至于其他检察院移送的案件，也应当自接受案件的人民检察院收到案件之日起计算诉讼时效，因为每个检察院都是独立的权力行使主体，移送线索的检察院与接收线索的检察院不能互相替代。

第二，经检察机关公告，法律规定的机关或者有关组织提起民事公益诉讼的案件诉讼时效起算点的确定。这类案件，应当以法律规定的机关或有关组织知道或者应当知道公共利益受到损害以及赔偿义务人之日为诉讼时效起算点。法律规定的机关或者有关组织系独立于检察机关的起诉主体，检察机关公告所起的是提示、询问、督促作用，起诉与否，依然是法律规定的机关或者有关组织自己的权利。所以，其诉讼时效不以检察机关知晓之日作为起算点。同样，法律规定的机关或有关组织不起诉或因超过诉讼时效不能起诉，检察机关提起诉讼的，其诉讼时效则自检察机关受理相关案件之日起计算。也就是说，对于同一个诉讼标的，是由法律规定的机关或有关组织起诉，还是由检察机关起诉，其实际的诉讼时效起算点有可能并不相同。

（二）行政公益诉讼的起诉期限起算点

行政公益诉讼中，检察机关的诉讼请求是要求人民法院判决行政机关依法履行职责或纠正违法行政行为，采取某种行政措施保护公共利益。因此，行政公益诉讼后续可能会引发行政机关对相对人作出行政决定，以及相对人对行政决定不服而提起行政诉讼。因此，行政公益诉讼起诉期限的起算点既涉及检察机关与行政机关的关系，还涉及行政机关与相对人的关系。

根据《行政诉讼法》第46条规定，行政公益诉讼的起诉期限起算点为检察机关知道或者应当知道作出行政行为之日；违法行政行为有连续或者继续状态的，从行为终了之日起计算。对于行政不作为导致公共利益受损害的，起诉期限起算点为检察机关知道或者应当知道行政机关不作为之日；如果公共利益受损害状态一直持续，意味着行政机关的不作为行为一直存在，检察机关始终可以提起行政公益诉讼。根据《行政诉讼法》第47条规定，相对人申请行政机关履行保护其人身权、财产权等合法权益的法定职责，行政机关在两个月内不履行的，其起诉期限起算点为行政机关接到申请之日起两个月。由于检察机关不是相对人，不存在申请行政机关履职的情形，也就不存在依申请行政机关履职的时间计算起诉期限起算点的情形。至于检察机关向行政机关发出诉前检察建议并规定回复期限的，则应以回复期满之日作为起诉期限起算点。由于诉前检察建议体现了检察机关对公共利益保护的主张，起到了中断起诉期限的作用。2018年3月2日施行的最高人民法院、最高人民检察院《关于检察公益诉讼案件适用法律若干问题的解释》（以下简称《检察公益诉讼司法解释》）第21条规定了行政公益诉讼中行政机关对诉前检察建议一般情况下两个月、紧急情况下15日回复期，照应了《行政诉讼法》第47条的规定，实现了行政公益诉讼与普通行政诉讼的对接。行政诉讼的诉因主要有"不作为"和"乱作为"两种，与普通行政诉讼以"乱作为"为主要诉因相比，目前的司法实践中，行政公益诉讼大部分是由于"不作为"而引起的案件。因而，这种对接就显得特别有意义。

确定行政公益诉讼起诉期限，还须考虑行政处罚时效问题。①《行政处罚法》第29条第1款规定："违法行为在二年内未被发现的，② 不再给予行政处罚。法律另有规定的除外。"第2款规定："前款规定的期限，从违法行为发生之日起计算；违法行为有连续或者继续状态的，从行为终了之日起计算。"这是法律规定的不变期间，因此，如果违法行为两年内未被发现，就属于已经

---

① 单纯的行政处罚时效，在实践中和理论上，其起算点有发现说、立案说、双标准说等不同的意见。参见陶涛、包亚丽、周琴：《行政处罚责任追究的时效问题探讨》，载《中国卫生法制》2016年第3期。

② 关于对违法行为的发现，何为适格的发现主体，有三种选择：第一种主体是所有行政机关发现，均为有效的发现，无论发现的行政机关是否有权主管；第二种主体是对被发现违法行为有主管职责的行政机关；第三种主体是对被发现违法行为有主管职责的行政机关的工作人员。何谓适格的发现方式，则有两种选择，即发现主体感知（例如看到、听到）或对违法行为进行立案。从行政机关的职能管辖基本原理、便于规范行政机关行政行为以及有利于相对人的角度出发，应该以主管行政机关的立案时间作为"发现时间"最为合理。

超过行政处罚时效，行政机关不应再针对该违法行为作出行政处罚，检察机关提起行政公益诉讼时，也就不应该提出要求行政机关作出行政处罚的诉讼请求。但是，责令改正违法行为不受行政处罚时效约束。《行政处罚法》第23条规定："行政机关实施行政处罚时，应当责令当事人改正或者限期改正违法行为。"可见，改正违法行为是行政责任的一种，但不具有处罚的特性，不属于行政处罚。因此，行政机关作出责令改正的决定不适用行政处罚时效制度。检察机关可以请求法院判令行政机关作出行政决定，责令相对人改正违法行为（恢复原状）；如果相对人不履行，检察机关可以请求人民法院判令行政机关通过代履行等行政强制方式来保护公共利益。

二、管辖问题

检察公益诉讼中，检察机关的管辖应当与法院的审判管辖对应。但由于相关司法解释的规定，民事公益诉讼面临一审案件管辖层级过高的问题。在行政公益诉讼中，检察机关的管辖还涉及行政机关的管辖问题。所以，应对公益诉讼管辖作细致的考虑。

（一）民事公益诉讼的管辖

这里涉及的主要是级别管辖。最高人民法院《关于审理环境民事公益诉讼案件适用法律若干问题的解释》第6条、《关于适用〈中华人民共和国民事诉讼法〉的解释》第285条均规定，民事公益诉讼案件由侵权行为地或者被告住所地中级人民法院管辖。《检察公益诉讼司法解释》第5条规定："由市（分、州）人民检察院提起的第一审民事公益诉讼案件，由侵权行为地或者被告住所地中级人民法院管辖。"2018年3月12日最高人民检察院民事行政检察厅出台的《检察机关民事公益诉讼案件办案指南（试行）》（以下简称《民事公益诉讼办案指南》①）规定："人民检察院办理民事公益诉讼案件，一般由侵权行为地或被告住所地的市（分、州）人民检察院管辖。"由此可见，司法解释确定的基调是一审民事公益诉讼案件由中级人民法院管辖。

在检察公益诉讼制度建立之前，民事公益诉讼由法律规定的机关或有关组织提起，因为当时案件数量较少，且一般案件重大、案情复杂、影响面广，一审案件由中级人民法院管辖是必要的。检察公益诉讼制度正式建立后，公益诉讼案件数量大幅增加，且从办案机关与案发地的空间距离、司法人员对案发环

---

① 最高人民检察院民行厅同时还出台了《检察机关行政公益诉讼案件办案指南（试行）》，以下简称《行政公益诉讼办案指南》。它和《民事公益诉讼办案指南》以下统称《检察公益诉讼办案指南》。

境的熟悉程度、诉讼成本看，宜将一审民事公益诉讼案件交基层人民法院、基层人民检察院管辖。由中级人民法院管辖一审民事公益诉讼案件，既不符合诉讼经济的原则，也不利于充分发挥基层司法机关的主体作用，不利于将矛盾化解在基层。《检察公益诉讼司法解释》出台前，实践中有的地方曾采用"一案一议"的做法，人民检察院、人民法院从基层起分别逐级向上请示，两家协商，最后由省人民检察院、高级人民法院分别指定基层人民检察院、人民法院管辖。尽管《民事公益诉讼办案指南》规定了指定管辖，"上级人民检察院可以根据案件情况，在与人民法院沟通协商后，共同将民事公益诉讼案件指定辖区内其他人民检察院或者跨行政区划人民检察院管辖"，但实施中不可避免地要耗费大量的协调成本。鉴于司法解释与现实需求之间的这一矛盾，长远来说，应当修订司法解释，明确由基层人民检察院、人民法院对第一审民事公益诉讼案件行使管辖权，使基层司法机关对民事公益诉讼案件管辖制度化常态化，有重大影响的案件，才由上级司法机关管辖。

（二）行政公益诉讼的管辖

这里涉及的主要是地域管辖。在行政公益诉讼中，检察机关的作用是监督行政机关依法履行职责，而诉讼目的的最终达到，还需要行政机关实施行政行为。因此，不能抛开行政机关谈行政公益诉讼。这就要求行政公益诉讼案件的司法管辖应当与行政机关的行政管辖相衔接，以更好地通过行政公益诉讼保护公共利益。实践中需要考虑两种特殊情形：

第一，跨区域行政公益诉讼案件的检察管辖的确定。跨区域是指损害公共利益行为发生地、结果发生地、相对人住所地、行政机关所在地中的两个或两个以上不在同一个县（市、区）或其以上的行政区划。根据《行政处罚法》第20条规定，行政处罚由违法行为发生地的县级以上地方人民政府具有行政处罚权的行政机关管辖。法律、行政法规另有规定的除外。据此，行为地（包括行为发生地、结果发生地）如果同时涉及两地以上，则各涉及地的行政机关都有权管辖，相应地，各涉及地的人民检察院也都有权管辖。有管辖权的人民检察院之间应当通过协商，确定实际管辖；如果不能达成一致，层报共同的上级人民检察院决定。必要时，还可以考虑由不同地域有管辖权的人民检察院分别管辖。鉴于检察公益诉讼是诉前程序与诉讼程序的复合体的特性，还可以分段考虑管辖：在诉前程序中，由若干有管辖权的人民检察院分别管辖；如果诉前不能解决公共利益受损问题，进入诉讼阶段，再由其中某一个有管辖权的人民检察院管辖，负责提起诉讼。

第二，涉及责令停业整顿、扣缴或吊销营业执照处罚的跨区域案件的行政管辖及检察机关行政公益诉讼请求的确定。行政公益诉讼案件中，涉及责令停业整顿、扣缴或吊销营业执照等处罚，如果相对人的住所地和行为地相分离，或者行使管辖权的行政机关不是相对人住所地行政机关的，检察机关应相应调整起诉对象和诉讼请求。在行政管辖方面，对此种情况，原国家工商行政管理总局有关规章以及有关答复明确了行政处罚中的"谁发照谁吊销"原则。《企业法人登记管理条例施行细则》第 58 条规定："登记主管机关对辖区内的企业进行监督检查时，有权依照有关规定予以处罚。但责令停业整顿、扣缴或吊销证照，只能由原发照机关作出。"《关于公司登记机关是否有权对非本机关登记注册的公司违反登记管理规定的行为实施行政处罚问题的答复》规定："对公司违反登记管理规定实施吊销营业执照处罚的，应由原公司登记机关作出。"原国家食品药品监督管理总局《食品药品行政处罚程序规定》第 16 条第 1 款规定："依法应当吊销食品药品行政许可或者撤销批准证明文件的，由原发证或者批准的食品药品监督管理部门决定。"所以，涉及对相对人予以停业整顿、扣缴或吊销营业执照等"人身性""资格性"处罚的跨区域案件，行使行政管辖权的行为地市场监督管理机关只能建议相对人住所地市场监督管理机关（也就是发放营业执照的市场监督管理机关）作出处罚。检察机关在提出诉讼请求时，应当考虑这些规定，即只能针对有"人身性""资格性"行政处罚权的行政机关提出相应的履职诉讼请求。

三、特殊危害行为的可诉性问题

在检察公益诉讼中，已经实际损害公共利益的行为当然可以成为提起诉讼的诉因。现实中，需要注意的是有重大损害危险的行为以及一类危害公共利益的行为，是否可以成为提起公益诉讼的诉因，对其可诉性应当如何判断。

（一）有重大损害危险行为的可诉性

这类行为是指尚未产生实际危害，但是潜藏重大危险、具有一定紧迫性的行为。例如，某公司从事危化物品生产、销售，有证据表明该公司严重违反危化物品生产、销售管理规范，将危化物品储存在铁桶中露天堆放，虽然危化物品尚未泄漏，但是经风吹雨淋，有极大的泄漏可能，一旦泄漏，后果甚为严重。这类行为的可诉性，是检察公益诉讼实践中不可回避的问题。

2015 年 7 月 1 日最高人民检察院印发的《检察机关提起公益诉讼改革试点方案》中，仅规定对"损害社会公共利益""造成国家和社会公共利益受到侵害"的，可以提起公益诉讼。从字面上看，这里的"损害""侵害"并不涵盖重大损害危险行为。2015 年 1 月 7 日最高人民法院颁布的《关于审理环境民事公益诉讼案件适用法律若干问题的解释》，以及最高检民行厅《检察公益诉讼办案指南》中，则规定了生态环境和资源保护领域中有重大损害危险的行为属于民事公益诉讼案件范围，但在行政公益诉讼和食品药品安全领域民事公益诉讼案件的相关规定中，并未明确对重大损害危险行为是否可以提起公益诉讼。

从法理上讲，公共管理的意义不只是在于处理已经发生的纠纷或者危害，还在于通过采取必要的措施，消除危害隐患，防患于未然，防灾成本永远小于救灾成本。僵化地等待损害的发生，然后提起"挽回型"诉讼，不符合诉讼的目的，有违权利保护的初衷。为减少公共利益保护的社会成本，特别是为了防止无法挽回的重大损失，检察公益诉讼应当有相应的预防性举措或制度，所以，进行预防性诉讼非常必要。① 对于有重大损害危险的行为予以紧急处置，符合公共管理和诉讼制度的目的。因此，对公共利益有重大损害危险的行为，应当具有可诉性和纳入检察公益诉讼范围，检察机关可以提起公益诉讼。但是需要适当限制，也就是说，以具有实际损害的行为为原则，以具有重大危险的行为为例外。

（二）一类行为的不可诉性

这里主要涉及的是行政公益诉讼。一类行为是指若干行为人实行的若干个同类行为。这类行为在特定区域常常带有普遍性，具有违法主体同类、违法行为类似、主管行政机关同一等特点。例如，某个县域范围有数十家从事电镀经营的企业，由于技术力量有限、节省生产经营开支等原因，不少企业不同程度存在违法排污、污染环境的行为。司法机关出于节约办案成本、提高办案效率和效益的考虑，很容易对这类案件并案办理。因此，有必要对这类行为的行政公益诉讼的可诉性进行分析，作出合理判断。

在传统的行政检察中，检察机关可以针对一类行为提出检察建议，要求行政机关进行整改。但这一做法难以在行政公益诉讼中适用。从诉讼原理上看，司法手段与行政手段不同，司法是通过诉讼解决个案问题，诉讼具有特定性、相对性。基于一类行为的普遍性、非特定化，如以其为起诉对象，与诉讼的特定性、相对性原理相悖。而且，一类行为涉及面广、整治难度大、成本高，以一类行为为诉讼对象，诉讼的推进、行政机关的整改都会面临很大的困难和不确定性。因此，不管是从诉讼效益、诉讼效率、调查取证难度、行政执法效果考虑，还是从法院执行判决的可能性、司法机关解决行政争议的能力等出发，或是从诉讼原理判断，都不宜对一类行为提起诉讼。这是行政公益诉讼与传统行政检察的区别之一。

---

① 参见张旭东：《预防性环境民事公益诉讼的程序规则思考》，载《法律科学》2017年第4期。

实践中，检察机关可以考虑先针对特定对象（即行政相对人）、特定行为提起行政公益诉讼，要求行政机关对特定行政相对人的特定行为依法履职，采取行政措施。就前例而言，检察机关可以就某一个电镀企业的违法排污行为向人民法院起诉，要求行政机关履行监管职责，对该企业的违法行为实施处置和治理。通过个案诉讼，向行政机关和该类企业传导信号，提醒行政机关和企业重视该类污染行为造成的危害，促进对该类污染行为的整治，以末端治理推动源头治理。经过个案诉讼后，行政机关仍然不对一类行为组织整改的，检察机关可以逐一就其他行政相对人的违法行为，向人民法院提起行政公益诉讼，要求行政机关依法履行职责。对由于一类行为造成公共利益重大损害的行政机关主管人员或者责任人员涉嫌违法犯罪的，应当依法依规移送有关部门处理。

四、诉讼竞合问题

竞合的实质是"跨界"，即一个行为涉及若干个法律关系，触动了若干法条，违法行为人承担多种法律责任，包括民事责任、行政责任、刑事责任或者这三类责任内部的不同具体形式的责任，从而出现诉讼类型和案件类型的竞合。对竞合问题作出合理界定，进行适当处理，有利于准确适用法律，实现诉讼目的，规范案件管理，确保公共利益保护效益的最大化。

（一）诉讼类型竞合

这里指民事公益诉讼和行政公益诉讼的竞合。同一个行为如果既受民法调整，也受行政法调整，就会产生行政责任和民事责任的竞合。对生态环境和资源保护领域、食品药品安全领域的损害公共利益的行为，由于民事诉讼法和行政诉讼法均规定可以相应提出民事、行政公益诉讼，因而使民事公益诉讼和行政公益诉讼在这两个法定领域里产生了竞合。对这两类侵害公共利益的行为，既可以提起行政公益诉讼，也可以提起民事公益诉讼。由于行政公益诉讼、民事公益诉讼的被告不同，使这种竞合带有准竞合的特征，但仍然改变不了其竞合的本质。[①] 例如，针对破坏生态环境行为，检察机关通过启动行政公益诉讼程序，请求人民法院判决行政机关通过行政执法，作出行政处罚，责令行为人停止违法行为、修复生态、赔偿损害，也可以通过启动民事公益诉讼程序，请求人民法院直接判决行为人承担民事责任。

选择诉讼类型的基本原则和主要方法是，结合具体情况进行分析判断，看

---

① 准竞合中，当事人并不完全同一。参见黄茂荣：《法学方法与现代民法》，中国政法大学出版社 2001 年版，第 320 页。

哪一种诉讼类型更有利于保护公共利益。对于危害结果已经造成的，只能通过赔偿或者修复来保护公共利益，且行为人有承担责任的能力的，可以优先考虑民事公益诉讼。对于公共利益损害状态尚在持续的，可以通过行政机关采取行政执法措施消除危害，或者行为人已不复存在，或者已经丧失承担责任的能力的，可以优先考虑行政公益诉讼。特定行政机关的公共利益保护积极性、侵权行为人的生产经营状况及其态度，也是影响诉讼类型选择的因素。需要注意的是，提起民事公益诉讼，不影响行政机关给予侵权行为人以行政处罚。提起行政公益诉讼，也不影响通过民事公益诉讼追究行为人的民事责任。可能的情况下，提起行政公益诉讼并附带民事公益诉讼也是一个选择。

对于检察机关来说，选择不同的诉讼类型，在诉讼请求、证明责任、调查取证的要求等方面有所区别。选择行政公益诉讼，检察机关只要证明存在公共利益受到侵害、相关行政机关负有相应法定职责且没有依法履行职责即可。选择民事公益诉讼，检察机关不但需要证明存在公共利益受到损害、确定明确的侵权行为人，还需要证明公共利益受到侵害的具体程度、恢复被损害公共利益需赔偿的金额，以及侵权行为（违法行为）与损害结果之间的相当因果关系[①]等。相对来说，针对同一个侵害公共利益行为，检察机关在民事公益诉讼中的举证责任要重于行政公益诉讼。在行政公益诉讼以及后续的恢复受损害公共利益过程中，由于行政机关的介入，一部分任务被转移到了行政机关。

（二）案件类型竞合

当前，行政公益诉讼有生态环境和资源保护、食品药品安全、国有财产保护、国有土地使用权出让等四个法定领域，民事公益诉讼有生态环境和资源保护、食品药品安全、英雄烈士保护等三个法定领域。案件类型竞合是指特定行政公益诉讼案件涉及两个或两个以上法定的公共利益保护领域。具体归入哪个领域，会影响举证责任分配和公共利益保护效果。实践中，有国有财产保护案件与生态环境和资源保护案件、国有土地使用权出让案件的交叉，食品药品安全领域案件与生态环境和资源保护领域案件的交叉，具体表现为以下三类问题。

第一类，国有财产权保护领域案件与生态环境和资源保护领域案件的竞合。例如，行为人非法砍伐国有林木、非法捕捞湖泊中的鱼类、非法从河道取水、非法采矿等，既破坏了生态环境与资源保护，也损害了国有财产权。对此，应当视危害行为的具体影响、证据收集情况等决定其归入领域。根据"特别优于一般"的原则，应当生态环境和资源保护案件类型优先。生态环境

---

① 根据《检察公益诉讼司法解释》，人民检察院提起民事公益诉讼应当提交被告的行为已经损害社会公共利益的初步证明材料，提起行政公益诉讼应当提交被告违法行使职权或者不作为，致使国家利益或者社会公共利益受到侵害的证明材料。

和资源保护与国有财产保护两大领域存在一定的交叉，其中有一部分破坏生态环境和资源保护的情形也属于损害国有财产的范围，例如盗伐国有林木、非法捕猎野生动物、非法采矿等。但这类国有财产已被法律赋予了特殊意义，纳入生态环境和资源保护，它已不同于普通意义上的国有财产。将这类案件归入生态环境和资源保护领域，有利于更加充分地、综合性地保护公共利益。

第二类，食品药品安全领域案件与生态环境和资源保护领域案件的竞合。例如污染水源地水质的行为，既破坏了环境公共利益，又侵害了食品安全公共利益。对于此类行为，倾向于归为生态环境和资源保护公益诉讼案件，因为固然污染水源可能会导致生产出不合格的饮用水，但是水源毕竟不是饮用水，从水源到饮用水，中间还要经过重重过滤、净化、灭菌、检测等程序，水源污染被自来水生产所阻断。归为生态环境和资源保护案件，更能体现对该类行为的准确评价。

第三类，国有财产权保护领域案件与国有土地使用权出让领域案件的竞合。例如，行为人受让国有土地使用权时，没有按照出让合同支付土地使用权出让金，既侵害了国有财产权，也妨碍了国有土地使用权正常出让秩序。对此类行为，应纳入国有土地使用权出让案件范围。首先，国有土地使用权出让金是国有财产的一种类型，归为国有土地使用权出让案件，符合"特别优于一般"的原则。其次，这类案件归为国有土地使用权出让案件，在法律关系界定上更加准确，与行为的本质更吻合，更加有利于查清案情，作出处理。最后，普通的国有财产保护案件多数为国有财产被动地受到行为人的侵害，而涉及国有土地使用权出让的案件则往往与行政机关的不作为有关，行政机关带有一定的"能动性"，而不完全取决于行为人的侵权行为。归为国有土地使用权出让案件，更加符合该类案件的特性。

由此可见，对于类型竞合的案件，要全面考量案件的性质、公共利益损害的范围、公共利益保护的效果等，合理地确定案件类型。

五、行政公益诉讼的适格被告选择问题

行政公益诉讼中，被告是依宪法或行政组织法的规定而设置的行使国家行政职能的国家机关，或者根据法律法规授权的组织。它们在行政诉讼中可以统称为行政机关。① 大部分情况下，行政公益诉讼的被告是明确的，面临的一些

---

① 行政机关有广义与狭义之分。广义上的行政机关是指从中央到地方的各级人民政府和各部门机构。狭义的行政机关，仅指各级人民政府。参见胡建淼：《行政法学》（第二版），法律出版社2003年版，第70页。

问题也多属于行政诉讼一般性问题。① 当前在行政公益诉讼的实际操作中，重点要解决的是由于职能交叉带来的适格被告选择问题。

（一）临时性机构与行政机关之间的适格被告选择

通常，各行政执法领域都有相应的主管行政机关，但法律法规一般不规定行政机关的具体名称，而以"某某主管部门"来指称，以适应各地行政机构设置的差异性。例如，《中华人民共和国森林法》（以下简称《森林法》）第10条规定："县级以上地方人民政府林业主管部门，主管本地区的林业工作。"但具体到每个地方，林业主管部门是谁，是林业局、农林局，还是其他局，可能有所不同。同时，一些地方出于经济建设、社会发展等需要，设立了各种"管委会""指挥部""办公室""中心"等，这些机构如果承担了相应的行政职能，它们是否为主管部门，也值得探究。② 例如，有的地方成立了治水办公室，那么涉及非法排放污水的环境行政公益诉讼案件中，应当以环保局还是以治水办公室为被告？对此，可以区分违法行政行为和违法不作为两种不同的情形进行处理。

针对违法行政行为提起的行政公益诉讼，按照"谁作出谁负责"的原则，以作出违法行政行为的行政机关为被告。如果是临时性机构作出违法行政行为的，由于临时性机构不具有行政主体资格，其法律后果由组建该机构的行政机关，一般是同级人民政府承担。最高人民法院《关于适用〈中华人民共和国行政诉讼法〉的解释》第20条第1款规定："行政机关组建并赋予行政管理职能但不具有独立承担法律责任能力的机构，以自己的名义作出行政行为，当事人不服提起诉讼的，应当以组建该机构的行政机关为被告。"如果该机构由地方党委单独发文或者党委、政府联合发文组建，依然应当以同级人民政府为被告，以与行政诉讼的一般规定和原理相适应。

针对违法行政不作为的行政公益诉讼案件，按照"谁主管谁负责"的原

---

① 行政诉讼被告资格中有些问题得到了很好的解决，例如，最高人民法院《关于适用〈中华人民共和国行政诉讼法〉的解释》第20条对开发区管理机构及其所属职能部门的被告资格问题作了规定。但仍然有不少问题悬而未决，例如关于被告资格的确定标准问题，有学者认为应摒弃"行政主体资格说"，采用"行为主体标准说"，参见杨小军：《行政被告资格辨析》，载《法商研究》2003年第6期。

② 临时性机构的行政诉讼被告资格问题争议颇大。这些机构有三类：第一类是设立于行政机关内部的临时性机构，自然不具有行政诉讼被告资格；第二类是若干行政机关联合设立的临时性机构，这样的机构通常由党委、政府决定或批准，其缺乏独立的办公场所、财政资金来源，不具有行政诉讼被告资格；第三类是具有独立的办公场所、财政拨款的临时性机构，这样的机构应当具有行政诉讼被告资格，其中就包括各类开发区管理机构。通常认为，由于不具备独立承担行政责任的能力，临时性机构不是适格的行政诉讼被告。但这种观点在理论上缺乏依据，而且也不利于保护相对人的诉权及其合法的实体权益。本文由于重点是讨论公益诉讼问题，故暂且采用通行观点。

则，以承担主管职能的部门作为被告。明确主管职能部门的关键是明确行政机关的职责。这既需要依据法律的规定，同时，鉴于法律规定的原则性和各地情况的差别性，还必须参考：第一，党委、政府机构改革方案。方案规定各行政机关具体的职责范围，是对法律规定的行政职责的细化。第二，权力清单。有的地方推行了权力清单制度，比较详尽、具体、明确地列明了本地各行政机关的职责范围。前述案例中，不管是环保局还是治水办公室，是谁的职责就以谁为被告。如果不是治水办的职责或职责不明的，则应当以环保局为被告。

（二）乡镇政府（街道办事处）与县（市、区）政府职能主管部门之间的适格被告选择

临时性机构与行政机关之间的关系是基于职能管辖交叉，而乡镇政府（街道办事处）与县（市、区）职能主管部门之间的关系是基于职能管辖与属地管辖的交叉。由此而产生的行政公益诉讼适格被告选择问题，同样可以区分违法行使职权和行政不作为两种情况进行处理。

针对违法行使职权提起行政公益诉讼的，按照"谁作出谁负责"的原则确定被告，即如果是乡镇政府（街道办事处①）作出的违法行政行为，以乡镇政府（街道办事处）为被告；如果是县（市、区）政府职能主管部门作出的违法行政行为，则以县（市、区）政府职能主管部门为被告；县（市、区）政府职能主管部门设在乡镇、街道的派出机构作出的违法行政行为，以县（市、区）政府职能主管部门为被告。

针对行政不作为提起的行政公益诉讼，按照"谁主管谁负责"的原则确定被告。确定"谁主管"的标准，首先要以相关法律为根据，例如前述《森林法》规定，森林管理由县级以上人民政府林业主管部门负责，则只能以县林业主管局（例如县林业局）为被告；相关法律规定不明确的，则根据县（市、区）政府有关辖区内行政职能划分的规定确定，即县（市、区）政府规定乡镇政府（街道办事处）和县（市、区）政府主管部门共同负有相应职责的，列为共同被告；规定其中一个主体负有职责的，以该负有责任的主体为被告；职责分工规定不明的，可将两者列为共同被告。

（原载于《法治研究》2019 年第 3 期）

---

① 行政公益诉讼中，乡镇政府作为一级政府当然可以作为被告。根据《中华人民共和国地方各级人民代表大会和地方人民政府组织法》，街道办事处是市辖区、不设区的市人民政府的派出机关，属于依法享有行政职权，能够独立对外承担法律责任的行政主体，具备作为行政诉讼被告的资格。

图书在版编目（CIP）数据

检察智库成果. 第4辑／童建明主编. —北京：中国检察出版社，2020.6
ISBN 978 - 7 - 5102 - 2427 - 0

I. ①检⋯ II. ①童⋯ III. ①检察机关 – 工作 – 研究成果 – 中国 IV. ①D926.3

中国版本图书馆 CIP 数据核字（2020）第 065520 号

检察智库成果　第 4 辑

童建明　主　编　谢鹏程　邓思清　副主编

出版发行：中国检察出版社

社　　址：北京市石景山区香山南路 109 号　（100144）

网　　址：中国检察出版社（www.zgjccbs.com）

编辑电话：(010)86423709

发行电话：(010)86423726　86423727　86423728

　　　　　　(010)86423730　68650016

经　　销：新华书店

印　　刷：北京宝昌彩色印刷有限公司

开　　本：710 mm×960 mm　16 开

印　　张：32.75

字　　数：601 千字

版　　次：2020 年 6 月第一版　2020 年 6 月第一次印刷

书　　号：ISBN 978 - 7 - 5102 - 2427 - 0

定　　价：116.00 元

检察版图书，版权所有，侵权必究
如遇图书印装质量问题本社负责调换